기업과 지식재산 평가를 위한

기술평가 이론과 사례

손광식

포항공과대학교 공학박사
이노비즈협회 전문위원
해양수산과학기술진흥원 기술평가PD
기술보증기금 기술평가수석팀장
SK하이닉스(구 현대전자) 반도체연구소 부장

기업과 지식재산 평가를 위한
기술평가 이론과 사례

2024년 6월 20일 초판 인쇄
2024년 6월 25일 초판 발행

지은이 손광식 | **펴낸이** 이찬규 | **펴낸곳** 북코리아
등록번호 제03-01240호 | **전화** 02-704-7840 | **팩스** 02-704-7848
이메일 ibookorea@naver.com | **홈페이지** www.북코리아.kr
주소 13209 경기도 성남시 중원구 사기막골로 45번길 14 우림2차 A동 1007호
ISBN 978-89-6324-389-4 (93320)

값 43,000원

기업과 지식재산 평가를 위한

기술평가 이론과 사례

손광식 지음

기술보증기금
기술신용평가사
추천도서

기업·기술가치평가사,
기술평가사 참고도서

북코리아

CONTENTS

제2부 수익접근법 (수익추정법)

제8부 기술평가서 점검표와 검증사례

제9부 기술평가의 법적 배경과 현물출자

일러두기

▮ 교재의 범위

기술평가는 기술가치평가와 기술력 평가로 구분되며, 본 교재는 기술가치평가와 기술력 평가에 관한 이론과 사례 이외에 매출액 추정법, 기술평가서 작성법, 기술평가서 검증, 기술평가의 법적 배경, 평가지표 등에 관한 내용을 포함한다.

▮ 용어의 통일

기술평가 용어(개념) 중 일부는 통일된 정의가 없으나 실무에서 사용되고 있다. 예를 들어, '기술가치'와 '기업가치'라는 용어는 통일된 기본 수식으로 정의되나, '사업가치'라는 용어는 통일된 정의가 없다. 또한, 용어(개념) 중 일부는 정의(용어의 뜻)와 무관하게 사용되고 있다. 예를 들어, '여유현금흐름 추정기간'은 문자 그대로 여유현금흐름의 추정이 이루어지는 기간을 뜻하며, '조정 후 기술의 경제적 수명'에서 '사업화 소요기간'을 차감한 기간으로 정의하는 것이 타당하다. 또한, 일부 용어는 직관적으로 이해되지 않는 경우가 있다. 예를 들어, '수익접근법'은 미래의 수익을 추정하여 현재가치로 환산하고, '비용접근법'은 과거의 비용을 산정하여 현재가치로 환산하며, 시장접근법은 기존의 거래사례를 참고하여 기술의 가치를 결정하기 때문에 이들을 각각 '수익추정법'과 '비용산출법' 그리고 '거래사례참고법'이라고 하면 더 직관적으로 이해될 수 있다. 이에 따라, 본 교재에서는 다음과 같이 기술평가에 사용되는 용어를 통일하고, 직관적으로 이해되는 용어를 병행하여 표기(병기)하였다.

기존 용어	통일 용어	기존 용어	통일 용어
수익접근법	수익추정법(병기)	비용(원가)접근법	비용산출법(병기)
시장접근법	거래사례참고법(병기)	기술, 대상기술 등	평가대상기술
평가자	기술평가자	평가기관	기술평가기관
평가기준일 등	기술평가기준일	기술가치금액 등	기술가치평가금액
경제적 수명 등	기술의 경제적 수명	주체, 사업주체 등	사업화 주체
기술수명 등	기술수명주기	○연차, ○연도	○차년도
핵심변수, 투입변수	핵심변수(투입변수) (병기)	매출성장률	매출액증가율

▮ 편집의 방향

수익접근법, 비용접근법, 시장접근법과 이를 응용한 기술가치평가 방법과 사례를 제시하여 실무에서 활용하도록 하였다. 특히, 수익차액추정법과 비용차액산출법은 벤처기업과 기술혁신형 기업의 실무에서 유용하게 사용될 것으로 기대한다.

저자는 미래의 수익을 추정하여 현가로 환산하는 모든 평가방법을 수익접근법의 응용으로 보아 편집하였다. 또한, 수익접근법과 이를 응용한 평가방법에서, 기술의 경제적 수명, 여유현금흐름, 할인율, 기술기여도와 같은 핵심변수(투입변수)를 추정하는 다양한 방법을 제시하여 실무에서 활용하도록 하였다. 이들 핵심변수는 평가지표와 여유현금흐름 변수를 평가하여 결정하며, 핵심변수를 독립변수로 하여 종속변수인 기술가치평가금액을 산정한다.

수익접근법과 응용	핵심변수(투입변수)			
	기술의 경제적 수명	여유현금흐름	할인율	기술 기여도
수익접근법 (수익추정법)	- 평점법 - 기술의 경제적 수명 조정함	- 매출액: 판매계획을 이용하여 추정 - 매출원가 및 판관비: 사업화 주체와 기업경영분석의 비율을 절충하여 추정 - 자본적 지출, 감가상각비, 운전자본증감: 기업경영분석의 비율을 적용	가중평균 자본비용 (WACC)	기술 요소법
수익조정 계수법	- 특허인용 수명지수 (Q2) - 기술의 경제적 수명 조정 안 함	- 매출액: 시장점유율법과 기업경영분석의 매출액증가율을 적용하여 추정 - 매출원가 및 판관비: 유사기업의 비율을 적용하여 추정 - 자본적 지출, 감가상각비, 운전자본증감: 기업경영분석의 비율을 적용	WACC (단, 각종 위험프리미엄 적용 안 함)	기술 요소법
수익차액 추정법	- 가중치법 - 기술의 경제적 수명 조정함	- 매출액: 시계열분석법 중 지수평활법과 기업경영분석의 매출액증가율을 적용하여 추정 - 매출원가 및 판관비: 사업화 주체의 비율을 적용하여 추정 - 자본적 지출, 감가상각비, 운전자본증감: 사업화 주체의 비율을 적용	WACC (단, 사업화 위험프리미엄 적용 안함)	기술 요소법
로열티 수익률법	- 가중치법 - 기술의 경제적 수명 조정함	- 매출액: 시계열분석법 중 추세분석법과 인과관계분석법 중 단순회귀분석법을 적용하여 추정 - 로열티율: 기술 도입자의 평균 영업이익률의 25%를 기준으로 하여 조정계수로 조정	가중평균 자본비용 (WACC)	기술 기여도 없음

▮ 법인세(소득세)

법인세와 소득세는 세법의 개정으로 바뀔 수 있다. 독자들은 최신의 법인세(소득세)를 적용하여 기술평가를 수행해야 한다.

▮ 평가지표

제6부에서 다루는 기술력 평가모형의 평가요인이나 평가지표 그리고 제9부에서 다루는 법정평가의 평가지표는 개정을 통해 바뀔 수 있다. 따라서 독자들은 이들에 관한 최신의 정보를 획득하여 활용해야 한다.

제1부

기술가치평가 일반

제1장
기술가치평가 대상기술

제1절 기술가치평가 대상기술의 요건

1. 등록 지식재산권인 경우 요건

기술가치평가 대상기술(이하 '평가대상기술')은 등록된 지식재산권이어야 한다. 등록된 지식재산권(이하 '등록 지식재산권')은 기술가치평가의 대상과 범위 및 권리 관계가 법적으로 명확하며, 기술가치평가에 관한 분쟁이 발생하면 대상과 범위 및 권리 관계를 토대로 분쟁에 대응할 수 있다.

1) 권리범위 확정

평가대상기술은 청구항과 명세서 그리고 도면 등에 의해 권리의 범위가 명확히 확정(또는 정의)되거나 파악될 수 있어야 한다.

2) 권리자 확정

평가대상기술은 권리자가 확정되어 있어야 하며, 법인기업은 법인 그리고 개인기업은 대표자가 권리자이다. 또한, 공동 권리자가 존재하는지 확인해야 하며,

기술가치평가의 수행에 대해 공동 권리자의 동의가 필요할 경우, 평가를 수행하기 전에 이들의 동의를 받아야 한다. 공동 권리자가 개인이 아닌 경우(예를 들어 대기업, 연구기관, 대학 등), 공동 권리자의 동의를 받는 데 필요한 절차 때문에 시간이 소요된다는 점을 고려해야 한다.

2. 비등록 지식재산권과 비등록 기술인 경우 요건

'비등록 지식재산권'은 출원된 지식재산권을 말하며, '비등록 기술'은 출원 이전 단계의 기술, 노하우(Know-how), 생산 공정이나 공법, 영업비밀 등을 말한다. '비등록 지식재산권'과 '비등록 기술'은 기술가치평가 대상과 범위 그리고 권리 관계가 확정되지 않은 상태이며, 기술가치평가 대상과 범위, 기술가치평가 결과, 권리 관계 등에 관한 분쟁이 발생하면, 기술평가기관이나 기술평가자가 합리적으로 대응하기 어렵거나 불가능하므로 원칙적으로 기술가치평가 대상에서 제외해야 한다.

예외적으로, '비등록 지식재산권'이나 '비등록 기술'에 대해 기술가치평가를 수행해야 한다면, 권리자 및 평가대상기술의 범위를 명확히 확정할 수 있어야 하고, 평가대상기술의 범위에 대해 이해당사자들 간에 합의가 이루어져야 한다. 또, 공정성 시비나 분쟁 발생을 차단하기 위해 이해당사자들의 기술가치평가 결과에 대한 수용 의사를 확인한 후 평가를 수행해야 한다.

1) 평가대상의 확정

'비등록 지식재산권'이나 '비등록 기술'을 대상으로 기술가치평가를 수행할 경우, 평가를 수행하기 전에 평가대상기술의 범위를 명확히 확정하는 절차를 거쳐야 한다. 즉, 평가대상기술인 '비등록 지식재산권'이나 '비등록 기술'의 범위를 '등록 지식재산권'의 청구항과 같은 수준으로 명확히 확정한 상태에서 기술가치평가를 수행해야 한다.

'비등록 지식재산권'을 대상으로 기술가치평가를 수행할 경우, 지식재산권 등록을 위한 심사과정에서 권리자 및 평가대상기술의 범위에 변동이 발생할 수 있음을 기술가치평가에 관련된 이해당사자에게 알려야 하며, 이러한 사실을 기술가치평가서에 명시해야 한다.

2) 이해당사자의 사전합의

‘비등록 지식재산권’이나 ‘비등록 기술’을 대상으로 기술가치평가를 수행할 경우, 평가를 수행하기 전에 기술가치평가에 관련된 이해당사자 사이에 평가대상과 범위 그리고 평가결과의 수용에 대해 합의가 이루어져야 한다.

3. 기타 요건

1) 쟁송 여부

‘등록 지식재산권’ 및 ‘비등록 지식재산권’이나 ‘비등록 기술’에 대해 이해당사자들 사이에 쟁송(爭訟)이 존재하는지 검토해야 한다. 평가대상기술 관련 소송이나 무효심판 등 쟁송이 존재할 경우 기술가치평가를 수행하기 전에 평가에 관련된 이해당사자들로부터 기술가치평가 수행에 관한 동의를 받아야 한다. 단, 법원(법관)의 요구에 의한 감정용 기술가치평가는 예외적으로 이해당사자들의 동의를 받은 것으로 간주할 수 있다.

2) 지식재산권의 적용대상

평가대상기술인 등록 지식재산권 및 비등록 지식재산권 그리고 비등록 기술(이하 이들을 통틀어 ‘지식재산권’이라고 함)이 판매가 목적인 제품에 관한 것인지(즉, 판매가 목적인 최종 제품에 적용되는 지식재산권인지) 또는, 판매가 목적인 최종 제품의 제조나 생산에 관한 것인지에 대해 확인해야 한다(예를 들어, 최종 제품의 생산에 적용되는 장비나 설비에 관한 지식재산권, 건설업 수행을 위한 부품이나 장비에 관한 지식재산권, 용역이나 서비스의 수행을 위한 기구나 부품 그리고 장비 및 설비에 관한 지식재산권 등).

전자와 같이 평가대상기술인 지식재산권이 판매가 목적인 제품에 관한 것이면, 판매를 통한 매출액을 추정하여 기술가치평가를 수행할 수 있다. 그러나, 후자와 같이 평가대상기술인 지식재산권이 판매가 목적인 최종 제품에 관한 것이 아니고, 최종 제품의 제조나 생산에 적용되는 공정용 장비나 설비에 관한 것이거나 건설업 수행에 필요한 부품이나 장비에 관한 것, 또는 용역이나 서비스 제공에 필요한 기구 등에 관한 것이라면 매출액 추정을 달리해야 한다.

구체적으로, 후자와 같이 평가대상기술인 지식재산권이 판매가 목적인 최종 제품에 관한 것이 아닌 경우, 평가대상기술이 적용된 공정용 장비나 설비, 부품이나 장비, 기구 등의 사용을 통해 인력, 시간, 단가, 공수(工數, man-hour)를 개선한 정도(적용 전후의 차이나 비율)를 바탕으로 매출액을 추정하여 기술가치평가를 수행해야 한다. 즉, 최종 제품의 제조에 사용된 공정용 장비나 설비에 관한 지식재산권이 투입된 인력, 시간, 단가, 공수를 개선하여 제품의 매출액에 기여한 정도, 건설업 수행에 사용된 부품이나 장비에 관한 지식재산권이 동 건설업 매출액에 기여한 정도, 용역이나 서비스 제공에 사용된 기구 등에 관한 지식재산권이 용역이나 서비스 매출액에 기여한 정도를 고려해 매출액을 추정하고, 이렇게 추정한 매출액을 바탕으로 기술가치평가를 수행해야 한다.

제2절 기술가치평가 대상인 법상 기술

1. 법상 기술의 정의(기술이전법)

법상 기술은 특허법 등 관련 법률에 따라 등록 또는 출원된 특허, 실용신안, 디자인, 반도체집적회로의 배치설계 및 소프트웨어 등 지식재산권과 이들이 집적된 자본재나 이들 기술에 관한 정보로 정의된다['기술의 이전 및 사업화 촉진에 관한 법률' 즉, '기술이전법' 제2조(정의) 참고].

2. 지식재산권의 분류

지식재산권은 다음 표와 같이 산업재산권, 저작권, 신지식재산권으로 구분할 수 있다.

기술가치평가에 있어서 평가대상기술(지식재산권을 포함한 법상 기술)은 동 기술이 적용된 제품이나 사업과 분리되어 독립적으로 평가될 수 없다. 따라서, 기술평가자는 평가대상기술이 적용된 제품의 범위(또는, 평가대상기술이 적용될 수 있는 제품의 수)와 사업의 영역을 명확히 특정하거나 가정한 이후에 기술가치평가를 수행해야 한다. 즉, 평가대상기술의 범위를 명확히 확정하는 것과 함께, 동 기술이 적용될 수 있는 제품의 범위와 사업의 영역을 특정(또는 가정)한 이후에 기술가치평가를 수행해야 한다.

구분	종류	정의	존속기간
산업재산권	특허권	자연법칙을 이용한 기술적 사상의 창작으로 발명수준이 고도화된 것	출원 후 20년 존속
	실용신안권	기술적 사상의 창작으로 형상, 구조, 조합에 관한 실용성이 있는 고안	출원 후 10년 존속
	디자인권	물품의 형상, 모양, 색채 등 시각을 통해 미감을 느끼게 하는 것	출원 후 20년 존속
	상표권	타인의 상품과 식별하기 위한 기호, 문자, 도형, 입체형상, 색채, 동작 등	등록 후 10년 존속 (10년씩 연장)
저작권	저작권	창작물(시, 소설, 연극, 영화, 미술 등), 사진, 폰트, 음원, 영상, 전시	생존 및 사후 70년 보호
	저작인접권	실연자(가수, 배우, 감독 등), 음반제작자, 방송사업자 등에 부여된 권리	70년(방송은 50년) 보호
신지식재산권	첨단산업재산권	반도체 설계, 생명공학기술	반도체 설계는 등록 후 10년 보호
	산업저작권	컴퓨터 프로그램(저작권법에서 공표 후 50년 동안 보호), 소프트웨어	공표 후 70년 보호
	정보재산권	데이터베이스, 뉴미디어, 영업비밀/노하우(영업비밀보호법, 부정경쟁방지법)	데이터베이스는 제작 후 5년 보호
	기타 (품종보호권 등)	유전자원(품종 등), 프랜차이징, 캐릭터, 도메인명, 맛, 소리, 냄새 등	품종보호권은 20년~25년 보호

제3절 개별 재산권으로서의 지식재산권

등록 지식재산권이나 비등록 지식재산권 그리고 비등록 기술은 특허법, 발명진흥법, 중소기업기술 보호 지원에 관한 법률, 산업기술의 유출방지 및 보호에 관한 법률, 부정경쟁방지 및 영업비밀보호에 관한 법률, 하도급 거래의 공정화에 관한 법률 등에 의해 보호되는 재산권이다. 기술평가자는 등록 지식재산권 및 비등록 지식재산권 그리고 비등록 기술을 포함한 지식재산권 각각이 무형자산이지만, 법적으로 보호받는 개별 재산권이라는 인식을 바탕으로 기술가치평가를 수행해야 한다.

제4절 개별 지식재산권에 대한 기술가치평가 원칙

1. 개별 지식재산권에 대한 건별 기술가치평가

기술가치평가는 개별 재산권인 지식재산권을 대상으로 하므로 지식재산권 각각에 대해 건별로 수행하는 것이 원칙이다. 따라서, 청구항이 서로 무관한 지식재산권들을 묶어서 일괄하여 기술가치평가를 수행할 수 없다. 예를 들어, 사업화 주체가 보유한 청구항이 서로 무관한 4개의 지식재산권을 묶고, 이렇게 묶인 지식재산권에 대해 1회의 기술가치평가를 수행하여 지식재산권의 가치를 산정할 수 없다.

또한, 청구항이 서로 무관한 지식재산권들을 묶어서 가공의 기술을 임의대로 정하여, 즉, 가공의 기술명칭을 정하여 기술가치평가를 수행할 수 없다. 예를 들어, 사업화 주체가 보유한 청구항이 서로 무관한 4개의 지식재산권을 하나로 묶고, 하나로 묶인 지식재산권에 가공의 기술명칭을 부여한 후, 동 가공의 기술명칭에 대해 1회의 기술가치평가를 수행할 수 없다.

2. 개별 지식재산권에 대한 건별 기술가치평가서 작성

기술가치평가는 개별 지식재산권을 대상으로 건별로 수행하며, 기술가치평가서는 개별 지식재산권에 대해 건별로 작성하는 것이 원칙이다.

제5절 다수의 개별 지식재산권에 대한 기술가치평가

1. 다수의 개별 지식재산권에 대한 평가원칙

전술한 바와 같이, 기술가치평가는 서로 구별되는 개별 지식재산권을 대상으로 건별로 수행하고, 건별로 기술가치평가서를 작성하는 것이 원칙이다. 그러나 상황에 따라서 다수의 개별 지식재산권을 대상으로 기술가치평가를 수행하고, 그 결과를 하나의 기술가치평가서에 나타낼 필요가 있다.

다수의 개별 지식재산권을 대상으로 기술가치평가를 수행하고, 그 결과를 하나의 기술가치평가서에 나타낼 경우, 다수의 개별 지식재산권 각각에 대해 기술가치평가를 수행한 결과(각각의 기술가치평가금액 및 평가의견 등)를 하나의 기술가치평가서에 식별되도록 나타내야 한다. 다수의 개별 지식재산권 전체의 기술가치평가금액은 개별 지식재산권의 기술가치평가금액의 합으로서, 기술가치평가서에는 개별 지식재산권의 기술가치평가금액과 이들을 합한 기술가치평가금액을 표시한다.

2. 다수의 개별 지식재산권을 일괄한 기술가치평가

다수의 개별 지식재산권을 대상으로 기술가치평가를 수행할 경우, 이들 개별 지식재산권이 동일 제품에 관한 것인지, 또는 청구항이 서로 유사한지를 살펴서, 이들을 일괄하여(묶어서) 기술가치평가를 수행할 수 있는지 검토할 필요가 있다. 여기서 일괄하여 기술가치평가를 수행한다는 것은, 개별 지식재산권 각각에 대해 건별로 기술가치평가를 수행하지 않고, 이들을 묶어서 1회의 기술가치평가를 수행하는 것을 말한다.

다수의 개별 지식재산권이 동일 제품에 관한 것이며, 이들의 청구항이 유사할 경우 예외적으로 이들을 일괄하여 기술가치평가를 수행할 수 있다(Case 1). 그러나, 다수의 개별 지식재산권이 동일 제품에 관한 것이나 청구항이 유사하지 않거나(Case 2), 동일 제품에 관한 것이 아닌 경우(Case 3, Case 4)에는 일괄하여 기술가치평가를 수행할 수 없다(〈표 1-1〉 참고).

〈표 1-1〉 다수의 개별 지식재산권을 일괄한 기술가치평가 가능 여부

다수의 개별 지식재산권이 동일 제품에 관한 것인지 여부	청구항 유사 여부	일괄평가 가능 여부
여(Case 1)	여	여
여(Case 2)	부	부
부(Case 3)	여	부
부(Case 4)	부	부

1) Case 1: 다수의 개별 지식재산권이 동일 제품에 관한 것이며, 청구항이 유사한 경우

다수의 지식재산권이 동일 제품에 관한 것으로서 청구항이 유사하며, 다수의 지식재산권 전체가 제품에 기여하는 비중(전체 기여비중)과 전체 기여비중에서 개별 지식재산권이 차지하는 비율(개별 기여비율)을 합리적으로 산정할 수 있는 경우에는 이들을 일괄하여 기술가치평가를 수행할 수 있다. 여기서 전체 기여비중은 제품의 가치나 매출, 단가나 원가 그리고 제조에 투입된 인력, 시간, 공수(工數, man-hour)에 기여하는 비중을 말하며, 전체 기여비중과 개별 기여비율은 기술평가자들이 합의하여 결정한다.

청구항의 유사 여부는 청구항의 유사성을 기준으로 판단하며, 다수의 개별 지식재산권의 청구항을 서로 비교한 결과, 각 지식재산권의 청구항 사이에 상호 연관성이나 연속성이 인정되고, 청구항을 수정(또는 개선)하거나 추가(또는 삭제)한 경우에는 청구항의 유사성을 인정할 수 있다(예 1-1 참고).

예 1-1

동일 제품(A)에 관련된 서로 구분되는 지식재산권(a, b)으로서, 청구항(α)의 내용에 있어서 연관성과 연속성이 인정되고, 단순히 청구항을 수정 또는 개선(α°)하거나 일부 청구항을 추가 또는 삭제($\alpha^{\pm}$)한 경우, 이들 지식재산권을 일괄하여 평가할 수 있다. 즉, 하나의 지식재산권이 A+a+α이고, 다른 지식재산권이 A+b+α° 이거나 A+b+$\alpha^{\pm}$인 경우에는 이들 서로 구분되는 지식재산권(a, b)을 일괄하여(묶어서) 평가할 수 있다.

다수의 지식재산권이 동일 제품에 관한 것으로서, 청구항의 유사성이 인정되어 이들 지식재산권을 일괄하여(묶어서) 평가한 경우, 서로 구분되는 개별 지식재산권(a, b)에 대한 기술가치평가 결과(기술가치평가금액과 평가의견)를 하나의 기술가치평가서에 식별되도록 나타내야 한다.

다수의 지식재산권 전체가 제품에 기여하는 비중인 전체 기여비중을 적용해 산출한 다수 지식재산권 전체의 기술가치평가금액에 개별 지식재산권이 차지하는 비율인 개별 기여비율을 곱하여 개별 지식재산권의 기술가치평가금액을 산출하며, 이와 같은 방법을 연역적 방법[1]이라고 한다. 연역적인 방법으로 산출한 개별 지식재산권의 기술가치평가금액을 합하고, 이렇게 합한 금액을 다수 지식재산권 전체의 기술가치평가금액으로서 기술가치평가서에 나타낸다.

2) Case 2: 다수의 개별 지식재산권이 동일 제품에 관한 것이며, 청구항이 유사하지 않은 경우

다수의 지식재산권이 동일 제품에 관한 것이나, 청구항이 유사하지 않은 경우, 이들을 일괄하여 기술가치평가를 수행할 수 없다. 청구항의 유사 여부는 전술한 Case 1과 같이 청구항의 유사성을 기준으로 판단한다. 동일 제품에 관한 지식재산권이지만 청구항이 유사하지 않을 경우, 이들을 일괄하여 기술가치평가를 수행하게 되면, 이들 개별 지식재산권과는 다른 가공의 기술을 가정하여 기술가치평가를 수행하는 결과를 낳게 된다(예 1-2 참고).

1 연역적 방법: 전체에서 개별적인 것을 분리해내는 방법('제7부 기술평가서 작성방법'의 '기술평가서 논리전개' 중 '논리체계' 참고)

예 1-2

동일 제품(A)에 관련된 서로 다른 지식재산권(a, b)으로서, 청구항의 내용에 있어서 상호 연관성과 연속성이 없거나 유사하지 않은 경우(α, β), 이들 지식재산권을 일괄하여 평가할 수 없다. 즉, 하나의 지식재산권이 $A+a+\alpha$이고, 다른 지식재산권이 $A+b+\beta$인 경우, 이들을 일괄하여(묶어서) 평가할 수 없다.

다수의 지식재산권이 동일 제품에 관한 것이나 청구항이 유사하지 않은 경우, 각 지식재산권에 대한 기술가치평가를 건별로 수행하고, 각 지식재산권의 기술가치평가금액을 합하여 전체 지식재산권의 기술가치평가금액을 산출하며, 이와 같은 방법을 귀납적 방법[2]이라고 한다. 귀납적인 방법으로 산출한 개별 지식재산권의 기술가치평가금액을 합하고, 합한 금액을 다수의 지식재산권 전체의 기술가치평가금액으로서 기술가치평가서에 나타낸다.

3) Case 3: 다수의 개별 지식재산권이 동일 제품에 관한 것이 아니며, 청구항이 유사한 경우

다수의 지식재산권이 동일 제품에 관한 것이 아니며, 청구항이 유사한 경우에는 이들을 일괄하여 기술가치평가를 수행할 수 없다. 즉, 다수의 지식재산권이 서로 다른 제품에 관한 것이지만 청구항이 유사한 경우, 각 지식재산권이 적용된 제품이 목표로 하는 시장이 다르므로 이들을 일괄하여 기술가치평가를 수행할 수 없다(예 1-3 참고).

예 1-3

서로 다른 제품(A, B)에 관한 서로 다른 지식재산권(a, b)으로서, 청구항이 유사한 경우(α, $\alpha^{\cong}$), 이들 지식재산권을 일괄하여 평가할 수 없다. 즉, 하나의 지식재산권이 $A+a+\alpha$이고, 다른 지식재산권이 $B+b+\alpha^{\cong}$인 경우, 이들을 일괄하여(묶어서) 평가할 수 없다.

다수의 지식재산권이 동일 제품에 관한 것이 아니며 청구항이 유사한 경우, 개별 지식재산권에 대한 기술가치평가를 건별로 수행하고, 건별로 산출된 기술가치평가 결과(기술가치평가금액이나 평가의견)를 하나의 기술가치평가서에 식별되도록 나타내야 한다. 이 경우, 개별 지식재산권의 기술가치평가금액을 합하여 전체 지식재산권의 기술가치평가금액을 산출하며(귀납적 방법), 이렇게 합한 금액을 다수 지식재산권 전체의 기술가치평가금액으로서 기술가치평가서에 나타낸다.

---

2 귀납적 방법: 개별적인 것을 합하여 전체를 구하는 방법('제7부 기술평가서 작성방법'의 '기술평가서 논리전개' 중 '논리체계' 참고)

4) Case 4: 다수의 개별 지식재산권이 동일 제품에 관한 것이 아니며, 청구항이 유사하지 않은 경우

다수의 지식재산권이 동일 제품에 관한 것이 아니며, 청구항이 유사하지 않은 경우, 이들을 일괄하여 기술가치평가를 수행할 수 없다. 즉, 다수의 지식재산권이 서로 다른 제품에 관한 것으로서 청구항이 유사하지 않은 경우, 각 지식재산권이 적용된 제품의 목표시장이 다르고, 청구항의 유사성도 없으므로 이들을 일괄하여 기술가치평가를 수행할 수 없다(예 1-4 참고)..

예 1-4

서로 다른 제품(A, B)에 관한 서로 다른 지식재산권(a, b)으로서, 청구항이 유사하지 않은 경우(α, β), 이들 지식재산권을 일괄하여 평가할 수 없다. 즉, 하나의 지식재산권이 A+a+α이고 다른 지식재산권이 B+b+β인 경우, 이들을 일괄하여 평가할 수 없다.

다수의 지식재산권이 동일 제품에 관한 것이 아니며, 청구항이 유사하지 않은 경우, 개별 지식재산권에 대한 기술가치평가를 건별로 수행하고, 건별로 산출된 기술가치평가 결과(기술가치평가금액이나 평가의견)를 하나의 기술가치평가서에 식별되도록 나타내야 한다.

이 경우, 개별 지식재산권의 기술가치평가금액을 합하여 전체 지식재산권의 기술가치평가금액을 산출하며(귀납적 방법), 이렇게 합한 금액을 다수의 지식재산권 전체의 기술가치평가금액으로서 기술가치평가서에 나타낸다.

제2장
기술가치평가 방법

제1절 기술가치평가 방법과 전제조건

기술가치평가 방법에는 기술의 적용을 통해 발생하는 미래의 수익(여유현금흐름)을 추정하는 수익접근법(수익추정법), 기술을 개발하기 위해 투입된 과거의 비용을 산정하는 비용접근법(비용산출법), 기술의 거래시장에서 획득한 과거의 거래사례를 참고하는 시장접근법(거래사례참고법) 등이 있다.

기술평가자는 특정 기술가치평가 방법을 적용하기 위해서, 〈표 1-2〉에 나타낸 전제조건인 핵심변수(투입변수)의 추정 가능성과 사업화(개발) 주체 요건을 검토하고, 후술하는 기술가치평가 방법의 응용 가능성을 고려하여 최적의 기술가치평가 방법을 선정해야 한다.

〈표 1-2〉 기술가치평가 방법의 전제조건

기술가치평가 방법 -응용 평가방법	전제조건	
	핵심변수(투입변수)	사업화(개발) 주체 요건
미래의 수익 추정 수익접근법 (수익추정법) - 수익조정계수법 - 수익차액추정법 - 로열티수익률법	① 기술의 경제적 수명 및 여유현금흐름 추정기간 ② 기술이 적용된 제품 관련 여유현금흐름 추정 ③ 기술수명주기, 기술비중, 공정비율 결정 ④ 기술이 적용된 제품 관련 업종의 재무비율 획득 ⑤ 할인율 추정 및 현가계수 결정 ⑥ 기술기여도 추정 ⑦ 조정계수(기술의 경제적 수명, 수익조정, 로열티율) ⑧ 수익개선율(Pr) 결정	- 사업화 또는 개발 주체의 매출실현능력 - 개발 또는 사업화 단계
과거의 비용 산정 비용접근법 (비용산출법) - 비용조정계수법 - 비용차액산출법	① 지출비용 결정 ② 비용지출 시점(始点) 및 종점(終点)과 차년도 결정 ③ 기대이자율 추정, 가산이자율 결정, 현가계수 결정 ④ 인건비의 참여율 및 소·부·장·설의 적용률 결정 ⑤ 조정계수(비용조정)	- 사업화 또는 개발 주체의 지출비용 - 개발 또는 사업화 단계
과거의 사례 참고 시장접근법 (거래사례참고법) - 핵심변수참고법 - 거래금액참고법	① 진성(genuine)의 기술거래사례 확보 ② 거래사례의 거래기준일, 평가방법, 거래금액 획득 ③ 거래시장 및 정보 요건 충족 ④ 제품 및 기술요건 충족 ⑤ 유사성 판단 충족 ⑥ 조정계수(경과연수, 거래금액)	- 개발 또는 사업화 단계

제2절 사업화(개발) 주체

각 기술가치평가 방법을 적용하기 위해서는 기본적으로 사업화 주체와 개발 주체가 존재해야 하며, 사업화 주체와 개발 주체에 따라 기술가치평가 결과가 달라진다. 이는 사업화 주체와 개발 주체에 따라 여유현금흐름 추정을 위해 필요한 매출실현능력과 지출비용(R&D 투입비용) 등이 변하기 때문이다.

1. 사업화(개발) 주체의 계속성

기술가치평가는 기술의 경제적 수명 동안 사업화(개발) 주체가 계속 존속한다는 가정하에 수행한다(계속기업 가정). 따라서, 기술의 경제적 수명 동안 사업화(개발) 주체의 채무불이행(Default)이나 부도(Bankruptcy) 그리고 청산(liquidation)이나 부작위(Nonperformance) 등과 같은 계속성을 훼손하는 가정, 즉 불연속성 가정을 바탕으로 평가를 수행할 수 없다.

기술가치평가 실무에서는 사업화(개발) 주체의 계속성(Continuity, Going concern)을 훼손하는 추정이나 가정(불연속성 가정)을 적용할 수 없다. 예를 들어, 사업화 주체가 기술수명주기상 쇠퇴기까지 자본적 지출을 하는 추정 또는 계속성을 훼손하는 핵심변수(투입변수)의 적용으로 여유현금흐름의 현재가치의 합계가 음(Minus)이 되는 기술가치평가를 수행할 수 없다.

2. 사업화(개발) 주체의 의제

사업화(개발) 주체가 없거나 특정할 수 없는 경우에는 일차적으로 동일 업종에 속한 사업화 단계가 유사한 기업을 사업화 주체로 의제(擬制, Assumption)하여 평가를 수행한다(유사기업을 사업화 주체로 의제). 즉, 유사기업의 매출실현능력이나 지출비용(R&D 투입비용 등) 그리고 시장점유율 등을 인용하거나 동 기업의 매출액증감률 등 재무정보를 이용하여 기술가치평가를 수행할 수 있다.

그러나, 동일 업종에 속한 사업화(개발) 단계가 유사한 기업을 특정할 수 없는 경우에는 일반적으로 동일 업종의 평균 수준의 기업을 사업화 주체로 의제하여 평가를 수행한다(평균기업을 사업화 주체로 의제). 즉, 평균기업의 매출실현능력이나 지출비용 그리고 시장점유율 등을 인용하거나, 평균기업의 매출액증감률 등 재무정보를 이용하여 기술가치평가를 수행할 수 있다.

동일 업종의 평균 수준의 사업화(개발) 주체는 가상의 실체로서, 이들 평균 수준의 사업화(개발) 주체가 속한 모집단의 재무적 실적이나 재무비율 등의 통계로 표현되며, 재무적 실적이나 재무비율은 통계 작성기관에 따라 변할 수 있다. 이러한 변동성을 제거하고 평가의 객관성을 확보하기 위해 기술가치평가를 위해 작성된 업종별 평균 재무정보나 한국은행 기업경영분석의 재무정보를 인용하여 핵심변수(투입변수)나 결정변수(여유현금흐름 변수)를 간접적으로 추정한다.

사업화(개발) 주체를 특정할 수 없어 유사기업이나 평균기업을 사업화 주체로 의제하여 평가를 수행한 경우, 기술평가자는 '사업화(개발) 주체의 능력을 직접 반영하지 않은 기술가치평가'라는 사실을 기술가치평가서에 강조해서 나타내야 한다.

제3절 기술가치평가 방법의 응용

기술가치평가 방법은 평가대상기술이 적용된 제품의 사업화를 추진하는 기업의 특성(사업화 또는 개발 주체인 기업의 규모와 상장이나 비상장 여부 등), 기술이나 시장의 특성(기술의 우월성, 기술의 활용성, 시장 진입성, 시장 성장성 등), 평가대상기술이 적용된 제품 관련 사업의 업종(제조업, 의료용 물질 및 의약품 제조업, 정보서비스업, 건설업, 농업, 어업, 문화산업 등), 사업화 환경(기술이나 시장 그리고 사업상 불확실성, 정부 정책 및 경영상 변동성 등), 사업화 수준(아이디어 단계, 개발 단계, 사업화 단계 등) 등을 반영하기 위해 다양한 형태로 응용될 수 있다.

기업의 특성, 기술이나 시장의 특성, 사업의 업종, 사업화 환경, 사업화 수준 등을 반영하기 위한 기술가치평가 방법의 응용은 핵심변수를 조정(이하 **핵심변수 조정**)하거나, 조정계수를 산출하여 적용(이하 **조정계수 적용**)하는 방식으로 이루어진다.

핵심변수 조정은 기업의 특성, 기술이나 시장의 특성, 사업의 업종, 사업화 환경, 사업화 수준 등을 반영하기 위해 기술의 경제적 수명, 여유현금흐름, 할인율, 기술기여도 등과 같은 핵심변수(투입변수)의 추정방법을 세분하거나 변경하는 것을 말한다.

조정계수 적용은 기업의 특성, 기술이나 시장의 특성, 사업의 업종, 사업화 환경, 사업화 수준 등을 반영하기 위해 조정계수를 산출하여 핵심변수나 결정변수(여유현금흐름 변수)를 조정하는 것을 말한다. 조정계수의 예로서, 기술의 경제적 수명 조정계수, 수익조정계수, 로열티율 조정계수, 비용조정계수, 거래금액 조정계수, 비상장 조정계수, 정보서비스업 조정계수 등이 있다. 특정 기술이나 업종 그리고 특정 산업에 특화된 기술평가기관은 기관의 특성에 맞는 기술가치평가 방법을 개발하거나, 기존의 기술가치평가 방법을 응용 또는 변형하여 적용할 수 있다.

제2부

수익접근법
(수익추정법)

범도찬의수
(번동주의수)

제1장
수익접근법(수익추정법)과 평가사례

제1절 수익접근법(수익추정법)

1. 수익접근법(수익추정법)의 정의와 핵심변수

수익접근법(수익추정법)은 평가대상기술의 사업화를 통해 기술의 경제적 수명 동안에 발생할 여유현금흐름을 추정한 후, 여유현금흐름에 할인율을 적용하여 현재가치로 환산(DCF, Discounted Cash Flow)하는 방법이며, 이런 여유현금흐름의 현재가치 합계액(현가화된 여유현금흐름의 합계액)에 기술요소법 등으로 결정한 기술기여도를 곱하여 평가대상기술의 가치를 산정한다.

수익접근법은 [식 2-1]과 같이 정의되며, 기술의 경제적 수명, 여유현금흐름, 매출액, 할인율, 기술기여도와 같은 핵심변수의 추정이 가능해야 적용할 수 있으며, 미래에 발생할 수익을 추정하여 기술의 가치를 결정한다.

$$V_P = \sum_{t=1}^{n} \frac{CF_t}{(1+r)^t} \times \text{기술기여도} \quad \text{[식 2-1]}$$

여기서,

V_P: 기술가치평가금액, t: 기술의 경제적 수명의 각 기간

n: 기술의 경제적 수명, CF_t: t기간에서의 여유현금흐름

r: 할인율, 기술기여도: 여유현금흐름의 현재가치 합계에서 무형자산 중 기술자산이 기여하는 비율, $\frac{1}{(1+r)^t}$ = 현가계수

2. 기술의 경제적 수명(n)과 여유현금흐름 추정기간

1) 기술의 경제적 수명의 정의

기술의 경제적 수명은 특정 제품에 적용되었거나 적용될 평가대상기술이 경제적 효용성을 유지하는 기간으로 정의된다. 구체적으로, 기술평가기준일부터 특정 제품에 적용된 평가대상기술이 대체기술에 의해 대체되는 시점까지의 기간을 말하며, 대체기술이 평가대상기술의 경제적 효용성을 소멸시키는 시점까지의 기간이다. 여기서, 대체기술은 시기적으로 현존하거나 잠재적이고 미래에 출현이 예상되는 경쟁 또는 유사기술을 모두 포함한다. 법상 지식재산권의 기술의 경제적 수명은 지식재산권의 잔존기간(= 법적 존속기간−출원 이후 기술평가기준일까지 경과기간)을 초과할 수 없다.

사업화 소요기간은 기술의 경제적 수명 초기에 매출이 발생하지 않거나 여유현금흐름의 추정이 이루어지지 않는 기간을 말하며, 동 기간 이후에 여유현금흐름 추정기간이 이어진다. 기술의 경제적 수명, 사업화 소요기간, 여유현금흐름 추정기간을 〈개념과 정의 2-1〉에서 설명한다.

개념과 정의 2-1

개념: 기술의 경제적 수명, 사업화 소요기간, 여유현금흐름 추정기간

① 앞서 정의한 **기술의 경제적 수명**(조정 전 기술의 경제적 수명)에 기술의 경제적 수명 조정계수를 적용하여 기술평가기준일에서의 기술이나 시장 특성을 반영하면 **조정 후 기술의 경제적 수명**이 됨. 조정 후 기술의 경제적 수명은 사업화 소요기간과 여유현금흐름 추정기간의 합으로 표현됨. 즉,

조정 후 기술의 경제적 수명=사업화 소요기간+여유현금흐름 추정기간

(예: 조정 후 기술의 경제적 수명이 10년이고 사업화 소요기간이 초기 2차년도까지인 경우, 이어지는 8년 즉, 3차년도부터 10차년도까지는 여유현금흐름 추정기간이 됨).

주의1: 사업화 소요기간과 조정 후 기술의 경제적 수명을 더하여 여유현금흐름 추정기간으로 할 수 없음(예: 사업화 소요기간 2년과 조정 후 기술의 경제적 수명 10년을 더하여 여유현금흐름 추정기간을 12년으로 할 수 없음).

주의2: 사업화 소요기간이 긴 제약이나 바이오산업의 경우, 사업화 소요기간에 이어지는 여유현금흐름 추정기간의 대용치로서 조정 전 기술의 경제적 수명(Q2값)을 적용할 수 있음[예: 사업화 초기 임상시험에 4년이 소요되는 제약업의 경우, 초기 4년에 이어지는 여유현금흐름 추정기간의 대용치로서 조정 전 기술의 경제적 수명(예: Q2값 8년)을 적용할 수 있음. 자세한 것은 수익조정계수법과 평가사례 참고].

② **사업화 소요기간(연구개발기간)**은 연구개발단계에 있는 기술로서, 동 기술에 의한 매출이 발생하는 시점까지의 기간을 말하며, 조정 후 기술의 경제적 수명의 초기 일부로서 여유현금흐름 추정이 이루어지지 않은 기간임.

③ **여유현금흐름 추정기간**은 매출이 발생하여 여유현금흐름을 추정할 수 있는 기간을 말하며, 동 기간 이후에는 매출이나 여유현금흐름이 발생하지 않는 것으로 가정함. 평가대상기술이 기술평가기준일에 사업화가 완료된 상태이면 여유현금흐름 추정기간은 조정 후 기술의 경제적 수명과 같음[즉, 조정 후 기술의 경제적 수명=사업화 소요기간(0년)+여유현금흐름 추정기간].

평가대상기술의 경제적 수명, 즉 평가대상기술이 경제적 효용성을 유지하는 기간을 객관적인 자료를 통해 절대적인 수치로 나타내는 것은 현실적으로 가능하지 않다. 따라서, 평가대상기술의 경제적 수명은 기술평가기준일에 획득할 수 있는 가장 타당한 자료를 이용하여 추정하며, 여기에 기술평가자 또는 전문가들의 의견을 반영해 결정하는 것이 현실적이다.

기술의 경제적 수명은 원칙적으로 평가대상기술 분야에 다년간 종사한 전문가들의 의견을 수렴하여 **직접적으로 추정**(전문가 예측법)해야 한다. 다른 방법으로는, 기술적인 관점에서 평가대상기술이 속한 기술군의 특허정보(특허의 인용기간, 등록 유지기간, 출원빈도 등)를 이용하거나 재무적인 관점에서 평가대상기술이 적용된 제품 관련 업종군에 속한 기업들의 재무정보를 이용하여 **간접적으로 추정**(과거 자료 활용법)할 수 있다. 또한, 직접적 방법과 간접적 방법을 혼합하여 추정하거나, 동일 기술군(또는 업종군)에 속한 기업의 생존정보 등을 이용하여 추정할 수 있다.

간접적으로 기술의 경제적 수명을 추정(과거 자료 활용법)하는 경우, **기술평가기준일에서의 기술이나 시장의 특성(상황)을 반영하기 위해 기술의 경제적 수명을 조정하는 과정을 거쳐야 한다.** 즉, 기술군이나 업종군의 과거 자료를 이용해 간접적으로 추정된 기술의 경제적 수명에 기술평가기준일에서의 기술이나 시장 상황(특성)을 반영하기 위해 조정계수로 조정하는 과정을 거친다[자세한 것은 후술한 '2) 기술의 경제적 수명 추정법' 참고].

기술의 경제적 수명은 평가대상기술이 경제적 효용성을 유지하는 기간, 즉 대체기술이 특정 제품에 적용된 평가대상기술을 대체하는 시점까지의 기간이기 때문에 **기술수명주기**라는 개념과 함께 설명되어야 한다. 여기서, 기술수명주기는 특정 제품에 적용된 기술의 수명은 자연의 법칙에 따라 도입기, 성장기, 성숙기, 쇠퇴기를 거쳐 소멸하며, 성숙기 이후에는 대체기술이 출현하여 특정 제품에 적용된 기술을 점진적으로 대체하기 시작하고, 쇠퇴기 말에는 경쟁(유사)기술로 대체된다는 개념이다.

기술의 경제적 수명과 기술수명주기 그리고 제품수명주기의 정의와 이들 개념 간의 상호관계를 〈개념과 정의 2-2〉에서 설명한다.

개념과 정의 2-2

개념: 기술의 경제적 수명, 기술수명주기, 제품수명주기

① **기술의 경제적 수명**: 특정 제품에 적용된 평가대상기술이 경제적 효용성을 유지하는 기간이며, 대체기술이 특정 제품에 적용된 평가대상기술의 경제적 효용성을 소멸시키는 시점까지의 기간으로 정의됨.

② **기술수명주기**: 특정 제품에 적용된 평가대상기술은 자연의 순환법칙에 따라 도입기, 성장기, 성숙기, 쇠퇴기를 거쳐 소멸되며, 성숙기 이후에는 대체기술이 출현하여 특정 제품에 적용된 평가대상기술을 점진적으로 대체하기 시작하고, 쇠퇴기 말에는 대체기술로 대체됨.

③ **제품수명주기**: 평가대상기술이 적용된 제품은 시장에 출시되어 자연의 순환법칙에 따라 도입기, 성장기, 성숙기, 쇠퇴기라는 수명주기를 거쳐 퇴출됨. 제품수명주기는 기술혁신과 시장수요에 의해 결정되며, 특정 제품에 적용된 평가대상기술에 대한 기술혁신이 1회 이상 일어나지 않을 경우, 제품수명주기는 1회의 기술수명주기로 끝남(즉, 1회의 기술수명주기에 시장수요가 사라지고 제품이 시장에서 퇴출됨). 그러나, 평가대상기술에 대한 기술혁신이 계속될 경우, 제품수명주기는 다수의 기술수명주기를 거치며 끝날 수 있음(즉, 다수의 기술수명주기 동안 시장수요가 지속되다 시장에서 퇴출됨).

개념들의 상호관계

④ **평가대상기술의 기술수명주기와 제품수명주기**: 특정 제품에 적용된 평가대상기술에 대한 기술혁신이 지속할 경우, 제품수명주기 내에 다수의 기술수명주기가 존재할 수 있음. 특정 제품에 적용된 평가대상기술의 기술수명주기는 제품수명주기 내의 1회의 기술수명주기 또는 제품수명주기 내의 다수의 기술수명주기 중 1회의 기술수명주기를 말함(〈그림 2-1〉 참고).

⑤ **평가대상기술의 기술수명주기와 기술의 경제적 수명**: 특정 제품에 적용된 평가대상기술은 기술의 경제적 수명 동안에 기술수명주기인 도입기, 성장기, 성숙기, 쇠퇴기를 거치게 됨.

기술의 경제적 수명은 기술수명주기라는 개념과 함께 설명되어야 하며, 기술의 경제적 수명 동안 평가대상기술은 도입기, 성장기, 성숙기, 쇠퇴기를 거치게 된다(〈그림 2-1〉 참고). 예를 들어, 기술평가기준일에 평가대상기술이 도입기의 기술로 평가되었다면, 동 기술은 기술의 경제적 수명 동안에 도입기, 성장기, 성숙기, 쇠퇴기를 거치는 것으로 평가되어야 한다. 만약, 평가대상기술이 성장기의 기술로 평가되었다면, 동 기술은 기술의 경제적 수명 동안에 성장기, 성숙기, 쇠퇴기를 거치는 것으로 평가되어야 한다. 또한, 평가대상기술이 성숙기의 기술로 평가되었다면, 동 기술은 성숙기와 쇠퇴기를 거치는 것으로 평가되어야 하며, 평가대상기술이 쇠퇴기의 기술로 평가되었다면, 동 기술은 쇠퇴기만을 거치는 것으로 평가되어야 한다.

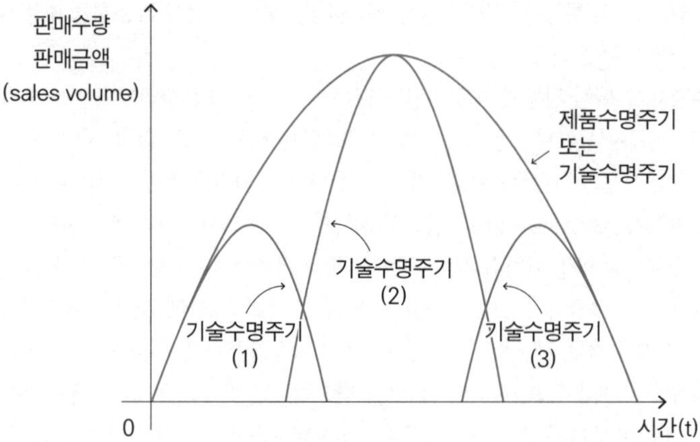

〈그림 2-1〉 기술수명주기

기술의 경제적 수명(n)과 기술수명주기라는 개념에 따라 기술의 경제적 수명 후반기, 즉, 기술수명주기가 성숙기 후반기 이후에 도달하면 대체기술이 특정 제품에 적용된 평가대상기술을 점진적으로 대체하기 시작한다. 또한, 기술의 경제적 수명이 종료되는 시점, 즉, 기술수명주기가 쇠퇴기 말에 도달하면 대체기술이 특정 제품에 적용된 평가대상기술을 대체하여 평가대상기술의 경제적 효용성을 소멸시킨다.

기술평가자는 기술의 경제적 수명과 기술수명주기라는 개념을 이해하고 기술가치평가를 수행해야 한다. 기술평가자는 특정 제품에 적용된 평가대상기술에 대해 기술의 경제적 수명과 사업화 소요기간 그리고 여유현금흐름 추정기간을 결정함과 동시에 기술수명주기를 결정해야 한다. 또한, 기술의 경제적 수명 동안 기술수명주기의 각 주기(도입기, 성장기, 성숙기, 쇠퇴기)가 거치는 기간을 결정하여 기술가치평가를 수행해야 한다.

특정 제품에 적용된 평가대상기술의 기술수명주기와 각 주기가 거치는 기간은 기술평가기준일 현재 기술과 제품을 둘러싼 환경요인인 평가대상기술 및 경쟁기술의 개발(또는 사업화) 단계, 경쟁기술의 존재 여부와 출현 가능성, 경쟁기술이 적용된 제품의 수 및 이들의 시장점유율 등을 고려하여 기술평가자들이 전문성을 바탕으로 합의를 통해 결정한다. 기술수명주기와 각 주기가 거치는 기간은 기술평가자를 포함한 전문가들을 대상으로 수행한 설문조사 또는 이들의 의견을 수렴하는 절차를 통해 결정할 수 있다(예 2-1, 예 2-2 참고).

예 2-1

특정 제품에 적용된 평가대상기술에 대해 기술의 경제적 수명이 9년으로 결정되었음. 기술평가자들은 기술평가기준일 현재 기술과 제품을 둘러싼 환경요인을 분석하여 기술수명주기를 도입기로 결정하였으며, 평가대상기술은 기술의 경제적 수명인 9년 동안 도입기 2년, 성장기 2년, 성숙기 3년, 쇠퇴기 2년을 거치는 것으로 결정함(환경요인을 분석한 결과에 따라 도입기 1년, 성장기 2년, 성숙기 4년, 쇠퇴기 2년 등 다른 결정도 가능함).

예 2-2

특정 제품에 적용된 평가대상기술에 대해 기술의 경제적 수명이 7년으로 결정되었음. 기술평가자들은 기술평가기준일 현재 기술과 제품을 둘러싼 환경요인을 분석하여 기술수명주기를 성장기로 결정하였으며, 평가대상기술은 기술의 경제적 수명인 7년 동안 성장기 2년, 성숙기 3년, 쇠퇴기 2년을 거치는 것으로 결정함(환경요인을 분석한 결과에 따라 성장기 2년, 성숙기 4년, 쇠퇴기 1년 등 다른 결정도 가능함).

기술평가자는 기술의 경제적 수명과 기술수명주기라는 개념의 정의, 그리고 이들 개념의 상호관계를 이해하고 기술가치평가를 수행해야 한다. 이와 같은 개념과 정의 그리고 상호관계에 따라, 기술의 경제적 수명 전반기에 해당하는 기술수명주기인 도입기와 성장기 그리고 성숙기 중기 이전에는 평가대상기술이 적용된 제품의 시장점유율이나 매출액(매출액증가율)은 증가하도록 추정해야 하며, 기술의 경제적 수명 후반기에 해당하는 기술수명주기인 성숙기 중기 이후 및 쇠퇴기에는 평가대상기술이 적용된 제품의 시장점유율이나 매출액(매출액증가율)은 감소하도록 추정해야 한다.

만약, 기술평가자가 기술의 경제적 수명 후반기(예를 들어, 기술수명주기상 쇠퇴기)에도 시장점유율이나 매출액(매출액증가율)이 계속 증가하는 추정을 했거나 자본적 지출이 계속 발생하는 추정을 했다면, 이는 기술의 경제적 수명과 기술수명주기라는 개념과 정의 그리고 이들의 상호관계를 이해하지 못한 상태에서 기술가치평가를 수행했다는 것을 의미한다.

2) 기술의 경제적 수명 추정법

특정 제품에 적용된 평가대상기술이 경제적 효용성을 유지하는 기간, 즉, 기술평가기준일부터 대체기술이 평가대상기술의 경제적 효용성을 소멸시키는 시점까지의 기간으로 정의되는 기술의 경제적 수명은 전술한 바와 같이 직접적(전문가 예측법) 또는 간접적으로 추정(과거자료 활용법)할 수 있으며, 이들을 혼합하여 추정하는 등 다양한 방법으로 추정할 수 있다.

(1) 직접적 추정(전문가 예측법)

직접적 추정, 즉, 전문가 예측법은 평가대상기술에 정통한 기술평가자를 포함한 전문가들의 의견을 기술평가기준일에 수렴하여 기술의 경제적 수명을 결정하므로 기술의 경제적 수명 조정계수를 적용하지 않는다.

직접적 추정은 전문가들의 전문성에 의존하기 때문에 전문가의 주관에 의해 좌우되는 단점이 있으나, 평가대상기술의 개별적 특성(기술이나 시장 상황)을 기술평가기준일에 적절하게 반영할 수 있다는 장점이 있다. 전문가들의 의견은 평가대상기술에 관한 시계열 기술로드맵, 특허맵, 기술트리 등과 같은 자료를 이용하여 수렴하거나, 전문가들을 대상으로 수행한 설문조사를 통해 수렴할 수 있다.

전문가들의 의견수렴을 위해서 시계열 기술로드맵이나 특허맵 또는 기술트리 등과 같은 자료를 시계열로 재분석하여 참고할 수 있다. 그러나 다양하면서도 세분된 평가대상기술에 관한 전문화 또는 특화된 자료를 획득하는 것은 현실적으로 어렵다. 따라서 실무적으로 이러한 방법을 기술가치평가에 적용할 수 없는 경우가 많다.

전문가들의 의견수렴을 위해서 설문조사를 실행할 수 있다. 이 경우, 비용과 시간을 절약하고 실무적인 편의를 위해 기술평가자들을 포함한 전문가들을 대상으로 1회의 설문조사를 실행하는 것이 바람직하다. 전문가들의 의견을 체계적으로 수렴하기 위해서 델파이법(Delphi Method)이나 계층화 분석법(AHP, Analytic Hierarchy Process) 등을 활용할 수 있으나, 비용과 시간이 많이 소요되는 단점이 있어 기술가치평가에 적용하기에는 한계가 있다.

기술의 경제적 수명 결정에 필요한 설문조사(서면이나 전자적 방법으로 작성된 설문서를 이용한 조사)를 위해서는 설문항목의 설계가 필요하며, 설문항목은 기술평가기관의 기준에 따르거나, 기술평가자들이 합의하여 결정한다. 설문서의 표지에는 설문의 취지나 목적 그리고 주의해야 할 사항이 포함되어야 하며, 마지막 페이지에는 설문에 응하는 전문가들에 대한 정보(전공이나 전문분야, 평가대상기술이나 평가대상기술이 적용된 제품에 관련된 분야 종사 기간과 평가이력 등)를 수집하기 위한 항목이 포함되어야 한다.

설문서에는 〈표 2-1〉에 나타낸 것과 같이 평가대상기술의 명칭, 업종 및 기술분류, 지식재산권의 기일정보, 기술평가기준일 등에 관한 일반적인 정보가 포함되어야 한다. 설문항목은 기술(특허 등 지식재산권)이나 시장(제품) 그리고 재무적인 관점에서 기술평가기준일에서의 기술수명주기와 각 기술수명주기가 거치는 기간 그리고 기술의 경제적 수명에 대해 논리적으로 답변할 수 있도록 설계되어야 한다.

기술적인 관점에서 설계한 설문지를 참고용으로 〈표 2-1〉에 제시하였다. 설문서에는 설문에 응하는 전문가가 기술평가기준일에 조사한 선행 및 후행 경쟁기술에 대한 정보(지식재산권 명칭, 출원일 등), 평가대상기술과 선행 및 후행 경쟁기술과의 관계, 평가대상기술과 후행 경쟁기술의 기술수명주기와 이들 기술수명주기의 각 주기가 거칠 것으로 예측되는 기간(○○○○~○○○○년) 등에 관한 질문이 설문항목으로서 포함되어야 한다. 여기서 평가대상기술과 선행 및 후행 경쟁기술과의 관계는 선행 및 후행 경쟁기술과 비교하여 평가대상기술이 원천(핵심, 기초, 표준)기술, 주요 개량(응용, 파생)기술, 보통 개량기술, 하위 개량기술 중에서 어떤 기술로 분류되는지에 대해 판단하는 것을 말한다.

평가대상기술의 기술수명주기와 기술수명주기의 각 주기가 거치는 기간을 추정하기 위해서, 평가대상기술에 대해서는 상용화 여부(상용화, 상용화 前), 후행 경쟁기술에 대해서는 상용화와 상용화 前, 그리고 개발단계로 구분하여 설문지가 설계되어야 한다. 설문에 응하는 전문가들은 우선 평가대상기술과 후행 경쟁기술의 기술수명주기와 이들 기술수명주기의 각 주기가 거칠 것으로 예상되는 기간을 추정한다. 이후, 추정된 기간을 상호 비교하여 평가대상기술의 기술수명주기와 기술수명주기의 각 주기가 거칠 것으로 예상되는 기간 그리고 최종적으로 기술의 경제적 수명을 결정해야 한다(이상 〈표 2-1〉 참고).

〈표 2-1〉 설문서의 설문항목 및 답변 예시(참고용)

<table>
<tr><td>평가대상기술</td><td colspan="3">신축쐐기 구비 펜듈럼 타입 지진격리용 구조물 지지장치</td></tr>
<tr><td>업종분류
(제품 관련 업종)</td><td>표준산업분류코드
(C22229)</td><td>기술분류</td><td>국제특허분류코드
(F16F 15/02)</td></tr>
<tr><td rowspan="2">지식재산권의
기일정보</td><td>출원일</td><td>등록일</td><td>존속기간</td></tr>
<tr><td>2015.04.20</td><td>2015.10.04</td><td>2035.04.20</td></tr>
<tr><td>기술평가기준일</td><td colspan="3">2019.10.12</td></tr>
<tr><td>선행 경쟁기술 정보</td><td colspan="3">- 방향성 마찰진자 지진격리 장치(2000.07 출원)
- 구체 진자운동을 이용한 지진격리 장치(2011.05 출원)
- 마찰진자 지진격리받침 배치구조(2013.10 출원)
- 쐐기를 이용한 면진장치(2014.02 출원)</td></tr>
<tr><td>후행 경쟁기술 정보</td><td colspan="3">- 건축구조용 펜듈럼 면진장치(2018.04 출원)
- 내진성 탄성받침(2018.08 출원)</td></tr>
<tr><td>선행 및 후행 경쟁
기술과의 관계</td><td colspan="3">원천(핵심, 기초, 표준)기술, 주요 개량(응용, 파생)기술, 보통 개량(응용, 파생)기술, 하위 개량(응용, 파생)기술</td></tr>
<tr><td rowspan="8">평가대상기술의
기술수명주기 및
각 주기의 예상기간</td><td rowspan="7">상용화</td><td colspan="2">출원/등록/개발시기/도입기(2015)</td></tr>
<tr><td colspan="2">상용화 시기/성장기(2016~2017)</td></tr>
<tr><td colspan="2">성숙기(2018~2024)</td></tr>
<tr><td colspan="2">기술평가기준년도(2019)</td></tr>
<tr><td colspan="2">쇠퇴기(2025~2026)</td></tr>
<tr><td colspan="2">후행 경쟁기술에 의한 대체 시기(2026)</td></tr>
<tr><td colspan="2">지식재산권 존속기간(2035)</td></tr>
<tr><td>상용화 前</td><td colspan="2">BLANK</td></tr>
<tr><td rowspan="7">후행 경쟁기술의
기술수명주기 및
각 주기의 예상기간</td><td rowspan="5">상용화</td><td colspan="2">출원/개발시기/도입기(2018)</td></tr>
<tr><td colspan="2">상용화 시기/성장기(2019~2021)</td></tr>
<tr><td colspan="2">성숙기(2022~2028)</td></tr>
<tr><td colspan="2">쇠퇴기(2029~2030)</td></tr>
<tr><td colspan="2">지식재산권 존속기간(2038)</td></tr>
<tr><td>상용화 前</td><td colspan="2">BLANK</td></tr>
<tr><td>개발단계</td><td colspan="2">BLANK</td></tr>
<tr><td>기술의 경제적 수명
예측 근거</td><td colspan="3">① 후행 기술과 비교 시, 평가대상기술은 성숙기 5년(2020 초~2024 말)과 쇠퇴기 2년(2025 초~2026 말)으로 추정됨
② 평가대상기술이 후행 기술로 대체되는 시기(2026 말)
③ 기술의 경제적 수명: 7년으로 결정됨
④ 평가대상기술이 보통 개량기술인 점을 감안해 기술의 경제적 수명에 대한 가산 또는 감산은 없음
⑤ 상한값과 하한값은 평가대상기술과 후행 기술의 각 주기가 시작되는 시기의 차이(4년)의 반(1/2)의 평균인 ±2년으로 함</td></tr>
<tr><td>기술수명주기(기간)</td><td colspan="3">성숙기(성숙기 5년, 쇠퇴기 2년)</td></tr>
<tr><td rowspan="2">기술의 경제적 수명</td><td>상한값</td><td>중앙값(수명)</td><td>하한값</td></tr>
<tr><td>9년</td><td>7년</td><td>5년</td></tr>
</table>

평가대상기술과 후행 경쟁기술의 기술수명주기와 기술수명주기의 각 주기가 거치는 기간을 결정하기 위해 고려해야 할 사항으로, 평가대상기술과 선행 및 후행 경쟁기술과의 관계(원천기술은 기간 가산, 하위 개량기술은 기간 감산), 평가대상기술이 지닌 진입장벽(평가대상기술의 권리의 안정성과 원가 우위성 등이 높으면 기간 가산), 후행 경쟁기술의 현황(후행 경쟁기술의 수나 출현빈도, 후행 경쟁기술이 적용된 제품의 시장점유율 등이 높으면 감산) 등이 있다. 이와 같은 사항을 반영하여 기술수명주기의 각 주기가 가산 또는 감산되면 기술의 경제적 수명도 그만큼 가산 또는 감산된다.

평가대상기술과 후행 경쟁기술의 기술수명주기와 기술수명주기의 각 주기가 거칠 것으로 전망되는 기간은 이들 기술(지식재산권)의 출원 및 등록일(월 또는 연도), 기술개발 및 상용화 시기(월 또는 연도), 기술평가기준일(월 또는 연도), 기술수명주기의 각 주기가 거치는 기간(○○○○~○○○○년), 후행 경쟁기술에 의한 대체 시기(월 또는 연도), 지식재산권 존속기간(월 또는 연도) 등을 시간의 흐름 순서에 따라 나열한 후 결정해야 한다.

기술의 경제적 수명을 묻는 설문항목(질문)에 대해 전문가들은 하나의 중앙값 또는 중앙값과 범위(상한값과 하한값)로 답할 수 있으며, 중앙값과 범위에 대해서는 예측의 근거를 제시해야 한다. 기술의 경제적 수명의 상한값과 하한값은 평가대상기술과 후행 경쟁기술의 각 주기가 시작 또는 종료되는 시기를 비교하고, 이들 시작 또는 종료되는 시기의 차의 반(1/2) 값들을 평균하여 구한다. 예를 들어, 평가대상기술과 후행 경쟁기술의 성숙기가 시작되는 시기의 차이가 4년, 쇠퇴기가 시작되는 시기의 차이가 4년인 경우, 성숙기 2년(= 4년 × 1/2)과 쇠퇴기 2년(= 4년 × 1/2)의 평균인 2년을 적용하여 상한값과 하한값은 ±2년으로 결정한다(〈표 2-1〉 참고).

기술의 경제적 수명은 기술평가자들의 합의에 따라, 설문에 응한 전문가들이 제시한 중앙값들의 평균 또는 상한값과 하한값 사이에 존재하는 값 중에서 전문가들이 선정한 값들을 평균하여 결정할 수 있다. 이렇게 구한 기술의 경제적 수명은 기술평가기준일에 전문가의 의견을 수렴한 것이기 때문에 기술의 경제적 수명을 조정하는 과정을 거치지 않는다. 또한, 사업화 소요기간이 필요한 경우, 동 기간은 직접적으로 추정한 기술의 경제적 수명의 초기 일부로서, 여유현금흐름의 추정이 이루어지지 않는 기간이다.

(2) 간접적 추정(과거 자료 활용법)

간접적 추정은 기술적인 관점에서 평가대상기술이 속한 기술군(IPC나 CPC 등 국제특허분류 체계에 따라 분류한 특정한 기술)의 특허정보를 분석하거나, 재무적인 관점에서 평가대상기술이 적용된 제품에 관련 업종군(한국표준산업분류 체계에 따라 분류한 특정한 업종)에 속한 기업들의 재무정보를 분석하여 기술의 경제적 수명을 추정하는 방법이다. 기술군의 특허정보나 업종군의 재무정보를 이용하여 간접적으로 추정한 기술의 경제적 수명은 평가대상기술의 개별적 특성을 일정하게 반영하고 있으며, 평가대상기술의 경제적 수명을 대표하는 것으로 간주한다.

간접적 추정을 위해서 특허정보나 재무정보가 필요하며, 이들 정보에 접근이 어려우면 간접적 추정이 불가능하다. 또한, 기술군에 속한 개별 특허정보 간 차이나 업종군에 속한 개별 재무정보 간 차이가 크거나, 새로 출현하는 기술로서 기술군에 속한 특허정보의 수나 업종군에 속한 재무정보의 수가 충분하지 않을 경우, 이를 이용하여 추정한 기술의 경제적 수명의 통계적 유의성이 저하되는 문제가 발생할 수 있다.

간접적 추정, 즉, 과거자료 활용법은 과거의 특허정보나 재무정보를 활용하기 때문에 기술의 경제적 수명을 객관적으로 결정할 수 있다는 장점이 있다. 그러나 기술군이나 업종군에 속한 정보로부터 추정한 기술의 경제적 수명을 평가대상기술의 경제적 수명으로 간주할 수 있는지에 대한 의문과 함께, 기술평가기준일 시점에서 평가대상기술을 둘러싼 기술이나 시장 관련 특성이나 상황을 반영하지 못한다는 단점을 내포하고 있다.

이러한 단점을 보완하기 위해 조정계수(평점합 또는 가중합)를 산출하여 적용하며, 조정계수는 기술이나 시장 관련 특성이나 상황을 반영하기 위한 평가항목으로 구성된 기술의 경제적 수명 조정계수 평가표를 이용하여 산출한다. 동 평가표의 평가결과를 이용하여 기술평가기준일 시점의 기술이나 시장 관련 특성이 반영된 기술의 경제적 수명, 즉, 전술한 〈개념과 정의 2-1〉에서 설명한 조정 후 기술의 경제적 수명을 결정한다.

① 기술군과 업종군

기술군과 업종군은 일정한 규칙을 따르는 기술분류체계와 업종분류체계 속에서 특정한 군(群)으로 분류된 기술이나 업종을 말한다. 기술분류체계와 업종분류체계는 국제적으로 또는 국가별로 분류의 주체(기관)와 분류의 목적에 따라 다양한 종류가 존재하며, 국내 기술가치평가에서는 일반적으로, 기술분류체계로서 국제특허분류를 이용하며, 업종분류체계로서 한국표준산업분류(KSIC, Korean Standard Industrial Classification)를 이용한다.

기술군은 기술을 일정한 기준에 따라 분류한 체계(기술분류체계) 속에서 특정한 군(群)으로 분류한 기술을 말한다. 일반적으로, 기술은 IPC(International Patent Classification) 또는 CPC(Cooperative Patent Classification) 코드와 같은 국제특허분류에 따라 분류한다. IPC와 CPC 코드는 Section 〉 Class 〉 Sub-class 〉 Main group 〉 Sub-group이라는 5개의 계층적인 분류단위로 구성되며, 일반적으로 Class와 Main group 및 Sub-group은 한 자리 이상의 숫자로, Section과 Sub-class는 한 자리의 알파벳으로 표시한다(예: B28D 05/00 보석류, 결정체의 정밀가공, 예. 반도체 재료; 그에 의한 장치-연마 또는 윤내기에 의한 가공). 이러한 5개의 계층적인 분류단위 중에서 특정한 단위에 속한 다수의 개별 특허의 정보를 이용하여 기술의 경제적 수명을 결정한다. 일반적으로, 동일 Sub-class에 속한 다수의 개별 특허에 관한 정보를 이용하여 기술의 경제적 수명을 결정한다(예: B28D).

업종군은 업종을 일정한 기준에 따라 분류한 체계(업종분류체계) 속에서 특정한 군(群)으로 분류한 업종을 말한다. 업종분류 체계로서 한국표준산업분류는 대분류 〉 중분류 〉 소분류 〉 세분류 〉 세세분류라는 5개의 계층적 분류단위로 구성된다. 한국표준산업분류표(10차)의 대분류는 영어의 알파벳 대문자(A~U)로 표시되는 21개의 대분류 업종을 포함하며, 중분류는 두 자리의 아라비아숫자(01~99)로 표시되는 77개의 중분류 업종을 포함하며, 소분류는 세 자리의 아라비아숫자(011~990)로 표시되는 232개의 소분류 업종을 포함하며, 세분류는 네 자리의 아라비아숫자(0111~9900)로 표시되는 495개의 세분류 업종을 포함하며, 세세분류는 다섯 자리의 아라비아숫자(01110~99009)로 표시되는 1,196개의 세세분류 업종을 포함한다(예: C26129 기타 반도체 제조업, C29271 반도체 제조용 기계 제조업 등).

평가대상기술이 속한 기술군에는 평가대상기술과 동일 또는 유사한 기술(즉, 평가대상기술과 동일 또는 유사한 특허정보)이 분류되어야 하며, 평가대상기술이 적용된 제품 관련 업종군에는 평가대상기술이 적용된 제품과 동일 또는 유사한 제품에 관한 사업을 영위하는 기업(즉, 동일 또는 유사한 제품의 사업화를 수행하는 기업의 재무정보)이 분류되어야 한다. 만약 기술군이나 제품군에 동일 또는 유사한 특허정보나 재무정보가 분류되지 않는다면, 정보의 통계적 유의성이 떨어진다.

기술평가자는 기술가치평가를 수행할 때 평가대상기술의 기술군 분류(기술분류)와 평가대상기술이 적용된 제품의 사업화에 나선 사업화 주체의 업종군 분류(업종분류)를 정확히 하기 위해 노력해야 하며, 기술분류나 업종분류가 기술가치평가 결과에 미치는 영향력을 인식해야 한다.

특허정보 또는 재무정보의 분류 정확성과 통계적 유의성을 높이기 위해서 업종분류체계와 기술분류체계를 결합한 분류체계를 도입할 수 있다(결합분류체계). 예를 들어, 기술적으로 유사하나 분야가 다른 복수의 기술(예: B28D 05/00에 속한 복수의 기술)에 대해 분류의 정확성과 통계적 유의성을 높이기 위해 업종분류 체계 아래에 기술분류 체계를 두어 기술을 분류할 수 있다. 즉, 업종분류 체계 〉 기술분류 체계로서, B28D 05/00에 속한 복수의 기술 중 하나는 C26129 〉 B28D 05/00으로 분류하고, 다른 하나는 C29271 〉 B28D 05/00으로 분류할 경우 분류의 정확성과 통계적 유의성을 높일 수 있다.

이같이 업종분류 체계와 기술분류 체계를 결합한 분류체계를 도입할 경우, 업종분류와 기술분류 각 5개의 계층적 분류단위를 합한 10개의 계층적 분류단위로 구성된 결합분류체계를 구축하게 된다(예: C26129 〉 B28D 05/00와 C29271 〉 B28D 05/00). 이렇게 하면, 분류체계가 지나치게 세분되어 최하 분류단위에 속한 재무정보나 특허정보의 수가 통계적으로 의미 있는 표본인 30개(중심극한정리) 미만이 될 가능성이 크다. 이런 경우, 최하 분류단위에서 한 계층씩 상향으로 이동하면서 표본이 30개 이상이 되는 계층의 정보를 이용하여 기술의 경제적 수명을 추정할 수 있다.

업종분류 체계와 기술분류 체계를 결합한 결합분류체계를 도입할 경우, 분류체계가 지나치게 세분되는 문제를 해결하기 위해 업종분류 체계는 그대로 사용하면서 기술분류 체계를 Section 〉 Class 〉 Sub-class까지만 결합할 수 있다. 예를 들어, 업종분류 체계의 5개 계층적 분류단위와 기술분류 체계의 3개 계층적 분류단위를 합한 8개의 계층적 분류단위로 구성된 결합분류체계를 도입할 수 있다(예: C26129 〉 B28D 또는 C29271 〉 B28D).

② 특허정보 이용법(기술적인 관점)

특허정보 이용법은 평가대상기술이 속한 기술군의 특허정보를 이용하여 기술의 경제적 수명을 결정하는 방법을 말한다. 이때, 이용하는 특허정보로는 평가대상기술과 동일 기술군에 속한 개별 특허의 인용기간별 인용빈도(인용된 횟수, 즉, 피인용 횟수), 등록 유지기간별 등록 유지빈도(유지 횟수), 출원기간별 출원빈도(연도별 또는 차년도별 출원 특허의 수) 등이 있다. 또한, 동일 기술군에 속한 다수의 개별 특허에 관한 특허인용, 특허등록, 특허출원과 같은 정보를 통계적으로 처리하여 기술의 경제적 수명을 결정한다.

인용기간별 인용빈도, 등록유지 기간별 등록 유지빈도, 출원기간별 출원빈도와 같은 정보는 각기 다르게 정의되며, 기술평가기관은 이들 정보 중에서 획득이 가능한 정보를 이용하여 기술의 경제적 수명을 결정한다. 참고로, 개별 특허의 인용기간별 인용빈도에 관한 정보는 국내 특허로부터 확보하기 어렵기 때문에(국내 특허에서 인용 문헌의 기재는 의무가 아님) 미국 특허로부터 확보한 정보를 이용한다.

특허인용수명

인용기간은 동일 기술군에 속한 개별 특허의 피인용 기간, 즉, 인용되는 특허(피인용특허)와 인용하는 특허(인용특허)의 등록일 사이의 기간을 의미하며, 인용빈도는 인용된 횟수(피인용 횟수)를 의미한다. 인용기간별 인용빈도는 두 변수 사이의 관계로서, 동일 기술군에 속한 개별 특허의 인용기간을 X축, 인용빈도(인용된 횟수, 피인용 횟수)를 Y축으로 한 그래프에서 파악하는 것이 편리하다. 인용기간(X)별 인용빈도(Y) 그래프를 작성한 후, 인용빈도가 감소하는 구간에서 인용빈도가 평균보다 낮거나 최저 인용빈도(기술평가기관이 결정)에 미달한 경우 특허인용수명이 종료된 것으로 본다.

예를 들어, 특정 기술군에 속한 특허가 등록된 이후 8년 동안 인용특허들에 의해 인용되었으며, 매 인용기간의 인용빈도가 〈표 2-2〉와 같은 경우, 연(年)평균 인용빈도는 4회(31÷8 = 3.875회의 반올림)이다. 인용빈도가 감소하는 구간에서 인용빈도가 연평균보다 낮은 3회인 6차년에는 기술의 특허인용수명이 종료한 것으로 본다. 이 경우, 인용빈도가 연 5회인 5차년을 특허인용수명으로 하고, 여기에 기술의 경제적 수명 조정계수를 적용하여 동 기술군에 속한 평가대상기술의 조정 후 기술의 경제적 수명을 결정한다.

〈표 2-2〉 인용기간별 인용빈도

(단위: 회)

인용기간(X)	1차년도	2차년도	3차년도	4차년도	5차년도	6차년도	7차년도	8차년도
인용빈도(Y)	2	4	6	8	5	3	2	1

또한, 기술평가기관이 최저 인용빈도를 연 3회로 정한 경우, 인용빈도가 감소하는 구간에서 최저 인용빈도에 미달한 2회인 7차년에 기술의 경제적 수명이 종료한 것으로 본다. 이 경우, 인용빈도가 연 3회인 6차년을 특허인용수명으로 하고, 여기에 **기술의 경제적 수명 조정계수**(자세한 것은 후술한 '③ 기술의 경제적 수명 조정계수'를 참고하기 바람)를 적용하여 동 기술군에 속한 평가대상기술의 **조정 후 기술의 경제적 수명**을 결정한다.

특허등록수명

등록 유지기간은 특허가 등록된 이후 등록이 유지된 기간을 의미하며, 등록 유지빈도는 등록을 유지한 횟수(등록유지 횟수)를 의미한다. 등록 유지기간별 등록 유지빈도는 두 변수 사이의 관계를 나타내며, 동일 기술군에 속한 개별 특허의 등록 유지기간을 X축으로 하고, 등록 유지빈도를 Y축으로 한 그래프에서 파악하는 것이 편리하다. 등록 유지기간(X)별 등록 유지빈도(Y) 그래프를 작성한 후, 등록 유지빈도가 감소하는 구간에서 등록 유지빈도가 평균보다 낮거나 최저 등록 유지빈도(기술평가기관이 결정)에 미달한 경우 특허등록수명이 종료된 것으로 본다.

예를 들어, 특정 기술군에 속한 특허의 등록 유지기간 8차년에 대응하는 등록 유지빈도가 연 6건이고, 평균 등록 유지빈도(또는 최저 등록 유지빈도)가 연 10건이라고 하면, 8차년에는 기술의 특허등록수명이 종료된 것으로 본다. 이 경우, 등록 유지빈도가 11건으로 평균 등록 유지빈도(또는 최저 등록 유지빈도)보다 높은 직전 등록 유지기간인 7차년을 특허등록수명으로 하고, 여기에 **기술의 경제적 수명 조정계수**를 적용하여 동 기술군에 속한 평가대상기술의 **조정 후 기술의 경제적 수명**을 결정한다.

특허출원수명

출원기간별 출원빈도(즉, 연도별 또는 연차별 출원된 특허의 수)는 출원 연도별(연차별)로 동일 기술군에서 출원된 특허의 수를 의미한다. 출원기간별 출원빈도는 두 변수 사이의 관계를 나타내며, 동일 기술군에 속한 개별 특허의 출원기간(즉, 연도 또는 연차)을 X축으로 하고, 출원빈도(즉, 출원된 특허의 수)를 Y축으로 한 그래프에서 파악하는 것이 편리하다. 출원기간(X)별 출원빈도(Y) 그래프를 작성한 후, 출원빈도가 감소하는 구간에서 출원빈도가 평균보다 낮거나 최저 출원빈도(기술평가기관이 결정)에 미달한 출원기간(즉, 연도 또는 연차)에 특허출원수명이 종료된 것으로 본다.

예를 들어, 특정 기술군에 대해 기간별로 특허의 출원빈도를 조사한 결과, 출원기간 10차년에 대응하는 출원빈도가 연 5건으로서, 평균 출원빈도(또는 최저 출원빈도)인 연 9건에 미달한 경우, 10차년에는 기술의 특허출원수명이 종료된 것으로 본다. 이 경우, 출원빈도가 11건으로 평균 출원빈도(또는 최저 출원빈도)보다 높은 직전 연도(또는 차년)인 9차년을 특허출원수명으로 하고, 여기에 기술의 경제적 수명 조정계수를 적용하여 동 기술군에 속한 평가대상기술의 조정 후 기술의 경제적 수명을 결정한다.

특허인용(등록, 출원) 수명지수

특정 기술군에 속한 특허의 인용기간 또는 등록 유지기간 그리고 출원기간 자료를 통계적으로 처리하여 기술의 경제적 수명을 추정할 수 있다. 즉, 특정 기술군에 속한 모든 특허의 인용기간이나 등록 유지기간 그리고 출원기간별 빈도를 순차적으로(오름차순 또는 내림차순) 나열한 후 순차의 평균값(Mean Value), 하위 25%(Q1), 중앙값(Median Value, Q2), 상위 25%(Q3)에 해당하는 기간을 이용하여 기술의 경제적 수명을 추정할 수 있다. 이렇게 구한 평균값, Q1, Q2, Q3를 특허인용(등록, 출원) 수명지수라고 한다. Q1, Q2, Q3를 조정 전 기술의 경제적 수명(특히, 중앙값인 Q2)이라고 한다.

예를 들어, 전술한 〈표 2-2〉에서 인용기간별 31개의 인용빈도를 오름차순으로 나열하면, 빈도기간(빈도年)의 평균값은 4.03년(=125÷31≒4.03년, 125는 31개 인용빈도의 빈도기간의 합), 순차의 25%(하위 25%)에 대응하는 인용기간은 3년(Q1), 순차의 50%(중앙값)에 대응하는 인용기간은 4년(Q2), 순차의 75%(상위 25%)에 대응하는 인용기간(Q3)은 5년이다(〈표 2-3〉 참고).[1]

---

1 오름차순의 순차 25%는 31×0.25=7.75로서 8번째, 50%는 31×0.5=15.5로서 16번째, 75%는 31×0.75

〈표 2-3〉 특허인용 수명지수

(단위: 년)

IPC	IPC 명칭	평균	Q1	Q2	Q3
예제	예제	4.03	3	4	5

특허인용 수명지수의 일례로서, 〈표 2-4〉와 같이 국제특허분류코드(IPC)에 따른 기술군인 H02K(회전-전기기계)에 속한 특허의 인용기간의 평균은 9.44년, 하위 25%는 4년(Q1), 중앙값은 8년(Q2), 상위 25%는 14년(Q3)이다. 일반적으로, **IPC별 특허인용 수명지수는 산업통상자원부의 『기술평가실무가이드』 최신판의 부록 "기술의 경제적 수명"에서 획득하여 평가를 수행한다.**

〈표 2-4〉 H02K의 특허인용 수명지수

(단위: 년)

IPC	IPC 명칭	평균	Q1	Q2(중앙값)	Q3
H02K	회전-전기기계	9.44	4	8	14

전술한 특허인용(등록, 출원)수명 또는 특허인용(등록, 출원) 수명지수에 기술의 경제적 수명 조정계수를 적용하여, 조정 후 기술의 경제적 수명을 결정한다.

③ 기술의 경제적 수명 조정계수

기술평가기준일에서의 평가대상기술의 특성을 반영하기 위해, 〈표 2-5〉와 같은 기술성과 권리성 그리고 시장성 평가지표로 구성된 기술의 경제적 수명 조정계수 평가표의 평점합 또는 가중합을 이용하여 기술의 경제적 수명 조정계수를 구하여 적용한다. 평가지표와 가중치는 계층적으로 설계된 설문항목을 통해 전문가들의 의견을 수렴하여 결정한다(계층화 분석법, 즉 AHP법).

=23.25로서 24번째의 인용기간임(제6부 기술력 평가와 모형의 '백분위 수 분석' 참고).

〈표 2-5〉 기술의 경제적 수명 조정계수 평가표(일례)

기술성과 권리성 평가지표*	평점	가중치	시장성 평가지표*	평점	가중치
1.1 기술의 우월성	−2, −1, 0, 1, 2	7	3.1 시장 진입성	−2, −1, 0, 1, 2	4
1.2 기술의 활용성	−2, −1, 0, 1, 2	4	3.2 시장 성장성	−2, −1, 0, 1, 2	3
1.4 기술의 대체 가능성	−2, −1, 0, 1, 2	5	3.3 정적 경쟁성 (정적 경쟁강도)	−2, −1, 0, 1, 2	4
1.5 기술수명주기 (기술의 진부화)	−2, −1, 0, 1, 2	3	3.4 동적 경쟁성 (동적 경쟁강도)	−2, −1, 0, 1, 2	4
2.4 권리의 안정성 (모방 가능성)	−2, −1, 0, 1, 2	3	3.6 예상 시장점유율	−2, −1, 0, 1, 2	4

* 각 평가지표의 정의와 평가기준은 제10부 참고.

산업통상자원부의 『기술평가실무가이드』에 따르면, 기술의 경제적 수명 조정계수 평가표는 기술성과 권리성 그리고 시장성에 관한 10개의 평가지표로 구성되며, 10개 평가지표의 평점합을 이용하는 **평점법**과 가중합을 이용하는 **가중치법** 중 하나를 선택하여 기술의 경제적 수명 조정계수를 결정한다.

평점법

평점법은 〈표 2-6〉과 같은 평가지표로 구성된 기술의 경제적 수명 조정계수 평가표의 평점합(최소 −20, 최대 20)을 [식 2-2]에 나타낸 기술의 경제적 수명 조정계수를 결정하는 수식[1+(평점합÷20)]에 적용하여 기술의 경제적 수명 조정계수를 구하고, 동 조정계수를 특허인용(등록, 출원) 수명 또는 특허인용(등록, 출원) 수명지수의 중앙값(Q2, 조정 전 기술의 경제적 수명)이나 평균값에 곱하여 조정 후 기술의 경제적 수명을 결정하는 방법이다.

〈표 2-6〉 기술의 경제적 수명 조정계수 평가표(평점법 예시)

기술성과 권리성 평가지표*	평점	시장성 평가지표*	평점
1.1 기술의 우월성	−2, −1, 0, 1, **2**	3.1 시장 진입성	−2, −1, 0, **1**, 2
1.2 기술의 활용성	−2, −1, 0, 1, **2**	3.2 시장 성장성	−2, −1, 0, 1, **2**
1.4 기술의 대체 가능성	−2, −1, 0, **1**, 2	3.3 정적 경쟁성 (정적 경쟁강도)	−2, **−1**, 0, 1, 2
1.5 기술수명주기 (기술의 진부화)	−2, −1, **0**, 1, 2	3.4 동적 경쟁성 (동적 경쟁강도)	−2, **−1**, 0, 1, 2
2.4 권리의 안정성 (모방 가능성)	−2, −1, **0**, 1, 2	3.6 예상 시장점유율	−2, −1, 0, 1, **2**
평점합		8점	

* 각 평가지표의 정의와 평가기준은 제10부 참고.

일례로, 〈표 2-6〉에서 구한 평점합(8점)에 대응하는 기술의 경제적 수명 조정계수는 1.4[=1+(8÷20)]이며, 이 값을 전술한 예시들에서 산출한 특허인용수명 5차년, 특허등록수명 7차년, 특허출원수명 9차년, 그리고 H02K(회전-전기 기계)의 특허인용 수명지수의 Q2값(중앙값)인 8년에 곱하여 각각의 조정 후 기술의 경제적 수명을 계산하면 다음과 같다.

조정 후 기술의 경제적 수명(평점법) = 특허인용(등록, 출원)수명

또는 특허인용(등록, 출원) 수명지수의 $Q2$값이나

평균값×기술의 경제적 수명 조정계수, 즉, $\left(=1+\frac{\text{평점합}}{20}\right)$ ………………………… [식 2-2]

1. 조정 후 기술의 경제적 수명(특허인용수명) = 특허인용수명 5차년 × $(1+\frac{8}{20})$ = 7년

2. 조정 후 기술의 경제적 수명(특허등록수명) = 특허등록수명 7차년 × $(1+\frac{8}{20})$ = 9.8년

3. 조정 후 기술의 경제적 수명(특허출원수명) = 특허출원수명 9차년 × $(1+\frac{8}{20})$ = 12.6년

4. 조정 후 기술의 경제적 수명(인용수명지수) = 인용수명지수 Q2값 8년 × $(1+\frac{8}{20})$ = 11.2년

조정 후 기술의 경제적 수명이 특허권 등 지식재산권의 잔존기간(존속기간에서 경과기간을 차감한 기간으로, 잔존기간=존속기간−경과기간)을 초과할 경우, 지식재산권의 잔존기간을 조정 후 기술의 경제적 수명으로 한다(참고로 특허권의 존속기간은

출원 후 20년이고, 실용신안권의 존속기간은 출원 후 10년임). 일례로, 기술평가기준일 현재 특허권의 잔존기간이 10년이며, 사업화 소요기간이 2년인 경우, 평점법으로 구한 상기 네 가지 조정 후 기술의 경제적 수명에 대한 여유현금추정기간은 다음과 같다.

여유현금흐름 추정기간 = 조정 후 기술의 경제적 수명 – 사업화소요기간

1. 특허권의 잔존기간 10년 > 조정 후 기술의 경제적 수명 7년
   여유현금흐름 추정기간 = 7년 – 2년 = 5년
2. 특허권의 잔존기간 10년 > 조정 후 기술의 경제적 수명 9.8년
   여유현금흐름 추정기간 = 9.8년 – 2년 = 7.8년
3. 특허권의 잔존기간 10년 < 조정 후 기술의 경제적 수명 12.6년
   여유현금흐름 추정기간 = 10년 – 2년 = 8년
4. 특허권의 잔존기간 10년 < 조정 후 기술의 경제적 수명 11.2년
   여유현금흐름 추정기간 = 10년 – 2년 = 8년

가중치법

가중치법은 기술의 경제적 수명 조정계수 평가표의 기술성과 권리성 그리고 시장성 각 평가지표의 평점(5점 척도)에 가중치를 적용하여 계산한 가중합(최소 41, 최대 205)을 계산하고, 동 가중합을 이용하여 획득값을 구한다. 이렇게 구한 획득값과 특허인용(등록, 출원) 수명지수인 Q1, Q2, Q3(조정 전 기술의 경제적 수명)를 [식 2-3]과 [식 2-4]에 적용하여 보간법(Interpolation)으로 조정 후 기술의 경제적 수명을 결정하는 방법이다.

가중치법은 특허인용(등록, 출원) 수명지수가 Q2(중앙값)를 중심으로 Q1과 Q3 사이에서 선형적인 증가나 감소 관계에 있다는 가정 아래 조정 후 기술의 경제적 수명을 결정한다. 조정 후 기술의 경제적 수명은 획득값이 기준값(60점)보다 크면 [식 2-3]과 같이 Q2와 Q3 사이에서 결정되며, 획득값이 기준값(60점)보다 작으면 [식 2-4]와 같이 Q1과 Q2 사이에서 결정된다. 여기서, 기술의 경제적 수명 조정계수는 [식 2-3]의 [(획득값 – 기준값) ÷ (최댓값 – 기준값)]과 [식 2-4]의 [(획득값 – 최솟값) ÷ (기준값 – 최솟값)]을 말한다.

$$= Q2 + (Q3 - Q2) \times \frac{\text{획득값} - \text{기준값}}{\text{최댓값} - \text{기준값}} \quad \text{if. 획득값} \geq \text{기준값} \cdots\cdots \text{[식 2-3]}$$

$$= Q1 + (Q2 - Q1) \times \frac{\text{획득값} - \text{최솟값}}{\text{기준값} - \text{최솟값}} \quad \text{if. 획득값} < \text{기준값} \cdots\cdots \text{[식 2-4]}$$

기술의 경제적 수명 조정계수 평가표에서 가중합은 기술성과 권리성 그리고 시장성 각 평가지표를 5점 척도로 평가한 평점에 가중치를 곱한 값을 합산하여 구한다. 획득값을 구하는 식[(가중합÷205)×100]에 가중합을 적용하여 획득값을 구한 예시를 〈표 2-7〉에 나타내었다.

〈표 2-7〉 기술의 경제적 수명 조정계수 평가표(가중치법 예시)

기술성과 권리성 평가지표*	평점	가중치	시장성 평가지표*	평점	가중치
1.1 기술의 우월성	1, 2, 3, 4, **5**	7	3.1 시장 진입성	1, 2, 3, **4**, 5	4
1.2 기술의 활용성	1, 2, 3, 4, **5**	4	3.2 시장 성장성	1, 2, 3, 4, **5**	3
1.4 기술의 대체 가능성	1, 2, 3, **4**, 5	5	3.3 정적 경쟁성 (정적 경쟁강도)	1, **2**, 3, 4, 5	4
1.5 기술수명주기 (기술의 진부화)	1, 2, **3**, 4, 5	3	3.4 동적 경쟁성 (동적 경쟁강도)	1, **2**, 3, 4, 5	4
2.4 권리의 안정성 (모방 가능성)	1, 2, **3**, 4, 5	3	3.6 예상 시장점유율	1, 2, 3, 4, **5**	4
가중합	160		획득값	(160÷205)×100=**78점**	

* 각 평가지표의 정의와 평가기준은 제10부 참고.

전술한 H02K(회전-전기 기계)의 특허인용 수명지수(〈표 2-4〉 참고)와 〈표 2-7〉의 조정계수 평가표(가중치법 예시)에서 구한 획득값(78점)을 [식 2-3]에 대입하여 조정 후 기술의 경제적 수명을 계산하면 다음과 같다.

1. 획득값(78점)>기준값(60점)

2. 조정 후 기술의 경제적 수명(가중치법)

$$= Q2 + (Q3 - Q2) \times \frac{\text{획득값} - \text{기준값}}{\text{최댓값} - \text{기준값}} = 8 + (14 - 8) \times \frac{78 - 60}{100 - 60} = 10.7\text{년}$$

여기서, 최댓값: 100점(%), 기준값: 60점(%), 기술의 경제적 수명 조정계수: 0.45

만약 〈표 2-7〉의 가중치법 평가표 예시에서 구한 획득값이 60점 미만인 56점인 경우, 획득값(56점)을 [식 2-4]에 대입하여 조정 후 기술의 경제적 수명을 계산하면 다음과 같다.

1. 획득값(56점) < 기준값(60점)

2. 조정 후 기술의 경제적 수명(가중치법)

$$= Q1 + (Q2 - Q1) \times \frac{\text{획득값} - \text{최솟값}}{\text{기준값} - \text{최솟값}} = 4 + (8-4) \times \frac{56-20}{60-20} = 7.6\text{년}$$

여기서, 최솟값: 20점(%), 기준값: 60점(%), 기술의 경제적 수명 조정계수: 0.9

조정 후 기술의 경제적 수명이 특허권 등 지식재산권의 잔존기간(여기서, 잔존기간=존속기간−경과기간)을 초과할 경우, **지식재산권의 잔존기간을 조정 후 기술의 경제적 수명으로 한다.** 기술평가기준일에 특허권의 잔존기간이 9년이며, 사업화 소요기간이 1년인 경우, 가중치법으로 구한 상기 두 가지 조정 후 기술의 경제적 수명에 대한 여유현금추정기간은 다음과 같다.

여유현금흐름 추정기간 = 조정 후 기술의 경제적 수명 − 사업화소요기간

1. 특허권의 잔존기간 9년 < 조정 후 기술의 경제적 수명 10.7년

   여유현금흐름 추정기간 = 9년 − 1년 = 8년

2. 특허권의 잔존기간 9년 > 조정 후 기술의 경제적 수명 7.6년

   여유현금흐름 추정기간 = 7.6년 − 1년 = 6.6년

④ 재무정보 이용법(재무적인 관점)

재무정보 이용법은 평가대상기술이 적용된 제품 관련 동일 업종군, 또는 결합분류체계를 도입한 경우 동일 업종군에 속한 동일 하부 기술군의 차년도별이나 연도별 재무정보(재무제표, 재무지표, 재무비율 등)를 이용하여 기술의 경제적 수명을 추정하는 방법이다. 구체적으로, 재무정보 이용법에서는 동일 업종군, 또는 결합분류체계를 도입한 경우 동일 업종군에 속한 동일 하부 기술군별로 정(Plus)의 여유현금흐름이 발생한 기간을 차년도별이나 연도별로 파악하며, 이렇게 파악된 기간을

기술의 경제적 수명으로 결정한다.

동일 업종군, 또는 결합분류체계를 도입한 경우 동일 업종군에 속한 동일 하부 기술군별로 여유현금흐름을 추정하기 위해서 영업외손익이 반영되지 않은 당기순이익(= 매출액 - 매출원가 - 판매관리비 - 법인세 또는 소득세)에서 자본적 지출과 운전자본증감액을 차감하고, 감가상각비를 가산한다. 추정된 여유현금흐름을 차년도별이나 연도별로 파악하여 연속적으로 정(Plus)의 여유현금흐름이 발생한 기간이나 햇수를 동일 업종군, 또는 동일 업종군에 속한 동일 하부 기술군의 기술의 경제적 수명으로 결정할 수 있다.

현실적으로, 여유현금흐름 추정을 위해 필요한 자본적 지출과 운전자본증감액 등과 같은 재무정보 취득에 한계가 있으므로, 정보 취득이 쉬우면서 여유현금흐름을 대신할 수 있는 재무비율을 포함한 재무지표를 활용할 필요가 있다. 여유현금흐름을 대신하여 기술의 경제적 수명의 추정에 이용할 수 있는 재무지표로는 영업이익, 법인세(소득세) 차감전 순이익, 당기순이익, 영업외손익이 반영되지 않은 당기순이익 등이 있으며, 차년도별이나 연도별로 파악한 이들 재무지표가 매출액 대비 특정 비율 이하로 내려가면 기술의 경제적 수명이 종료된 것으로 본다.

실무적으로 평가대상기술의 사업화에 나선 기업의 재무정보를 이용하여 기술의 경제적 수명을 추정할 경우, 재무지표로 당기순이익을 이용할 수 있다(개별 기업의 재무적 특성을 반영할 필요가 있는 경우에 이용함). 또한, 동일 업종군, 또는 동일 업종군에 속한 동일 하부 기술군의 유사기업들의 재무정보를 이용하여 기술의 경제적 수명을 추정할 경우, 재무지표로 영업외손익이 반영되지 않은 당기순이익을 이용할 수 있다(개별 기업의 재무적 특성을 배제하여 통계적 유의성과 일관성을 확보할 필요가 있는 경우에 이용함).

평가대상기술이나 동 기술이 적용된 제품의 특성이 반영된 재무정보를 이용하여 기술의 경제적 수명을 추정하기 위해서는 업종분류 체계 하부에 기술분류 체계를 도입하여(즉, 결합분류체계를 도입하여) 재무정보를 구축할 필요가 있다. 이를 위해서 기술평가기관은 업종분류와 기술분류를 계층적으로 세분화하여 재무정보를 구축하는 등 독자적으로 기술의 경제적 수명 추정법을 확립하기 위해 노력할 필요가 있다. 일례로, 결합분류체계를 도입하고, 동 분류체계에 따라 한국평가데이터(KoDATA, 구 한국기업데이터)의 재무정보를 재가공하여 구축할 수 있다.

기술의 경제적 수명을 추정하기 위해 이용할 수 있는 재무정보로는 차년도별이나 연도별로 파악이 가능한 사업화 주체의 결산재무제표, 동일 업종군 또는 동일 업종군 내에서 동일 하부 기술군에 속한 유사기업들의 결산재무제표, 통계청의 한국표준산업분류표의 체계에 따라 작성된 한국은행의 기업경영분석, 한국산업기술진흥원이 기술가치평가를 위해 구축한 표준재무정보 등과 같은 자료가 있다.

재무정보는 평가대상기술이 적용된 제품에 관한 것만을 포함해야 하나, 일반적으로 평가대상기술과 무관한 제품이나 평가대상기술과 무관한 사업부서에 관한 정보를 포함할 수 있다. 기술의 경제적 수명을 추정하기 위해서는 평가대상기술이 적용된 제품에 관한 재무정보만을 이용하여 재무비율을 포함한 재무지표를 추출해야 하나, 실무적으로 특정 제품(평가대상기술이 적용된 제품)에 대한 재무지표만을 획득하기가 쉽지 않기 때문에 재무정보 이용법으로 기술의 경제적 수명을 추정하는 것은 현실적으로 어렵다.

재무정보 이용법에서도 기술평가기준일에서의 평가대상기술의 개별적 특성을 반영하기 위해 기술의 경제적 수명 조정계수를 적용해야 한다. 전술한 특허정보 이용법에서와 같이 기술평가기관은 독자적으로 개발한 기술의 경제적 수명 조정계수 평가표를 이용하여 기술의 경제적 수명 조정계수를 산출해 적용해야 한다(전술한 '③ 기술의 경제적 수명 조정계수' 참고).

(3) 혼합적 추정(직접적 추정과 간접적 추정의 절충)

혼합적 추정은 직접적 추정(전문가 예측법)과 간접적 추정(특허정보 이용법 또는 재무정보 이용법과 같은 과거자료 활용법)에 의해 추정한 값들을 절충하여 기술의 경제적 수명을 결정하는 방법이다.

직접적 추정과 간접적 추정에 의한 추정값들을 절충하기 위해서는 기술평가자들의 합의가 필요하며, 추정값들의 평균을 이용하거나, 기술평가자들의 의견 수렴을 통해 추정값들 중에서 선정한 하나의 추정값을 기술의 경제적 수명으로 결정한다.

3. 여유현금흐름

1) 여유현금흐름의 정의와 여유현금흐름 변수

여유현금흐름(CF, Cash Flow)은 평가대상기술이 적용된 제품의 사업화를 추진하는 주체(이하 사업화 주체)의 영업활동을 통해 발생하는 일정 기간의 총현금유입액에서 총현금유출액을 차감한 순현금유입액을 말한다.

여유현금흐름은 영업외손익이 반영되지 않은 당기순이익(= 매출액 - 매출원가 - 판매관리비 - 법인세 또는 소득세)에서 자본적 지출과 운전자본증감액을 차감하고, 감가상각비를 가산하여 [식 2-5]와 같이 산출한다.

$$\text{여유현금흐름}(CF_t) = \text{매출액}_t - \text{매출원가}_t - \text{판매관리비(판관비)}_t$$
$$- \text{법인세(소득세)}_t - \text{자본적지출}_t + \text{감가상각비}_t - \text{운전자본증감액}_t \quad \cdots\cdots\cdots\cdots\cdots \text{[식 2-5]}$$

여유현금흐름 추정에 필요한 매출액, 매출원가, 판매관리비, 법인세(소득세), 자본적 지출, 감가상각비, 운전자본증감액 등 **결정변수**(이하 여유현금흐름 변수)는 평가대상기술이 적용된 제품 관련 사업화 주체의 사업내용(실적이나 계획)을 반영하여 직접적으로 추정하는 것을 원칙으로 한다.

사업화 주체가 없거나 사업내용(계획)을 확인 또는 신뢰할 수 없고, 사업화 주체가 신사업을 영위하거나, 평가대상기술이 적용된 제품 관련 사업실적이나 계획을 분리해서 파악하기 어려운 경우, 여유현금흐름 변수를 직접적으로 추정할 수 없다. 이 경우에는 신뢰할 수 있는 재무정보(재무제표, 재무지표, 재무비율)를 인용하여 여유현금흐름 변수를 간접적으로 추정한다.

여유현금흐름 변수를 간접적으로 추정하기 위해 인용할 수 있는 재무정보로는 유사기업이나 업종별 재무정보가 있으며, 업종별 재무정보에는 평가기관이 자체 구축한 재무정보, **기업경영분석**(한국은행), **표준재무정보**(한국산업기술진흥원에서 획득할 수 있음) 등이 있다. 업종별 재무정보를 이용할 경우, 사업화 주체가 영위하는 업종과 동일 업종의 재무정보를 선정하여 여유현금흐름 변수를 추정하며, 업종별 재무정보가 기술평가에 미치는 영향이 크기 때문에 기술평가자는 사업화 주체의 업종분류와 재무정보 선정에 신중해야 한다.

기술평가자는 업종별 재무정보 중 업종분류 체계상 최하위 단위(예: 소분류, 세분류, 세세분류)에 속한 재무정보를 선정하여 여유현금흐름 변수를 추정해야 한다. 사업내용을 적정하게 대변할 수 없는 업종의 재무정보를 적용하여 여유현금흐름 변수를 과대 또는 과소 추정하거나, 각 여유현금흐름 변수 추정에 서로 다른 재무정보를 적용하여 일관성을 유지하지 못하면 추정의 객관성이나 기술가치평가의 신뢰성이 훼손된다는 점에 주의해야 한다.

2) 여유현금흐름 변수의 추정방법

여유현금흐름 변수는 직접추정을 원칙으로 하나, 직접추정이 어렵다면 혼합추정이나 간접추정인 유사기업 재무정보를 인용한 추정, 업종별 재무정보(기술평가기관 자체 구축, 기업경영분석, 표준재무정보 등) 그리고 기타 추정법을 순차적으로 검토하여 적정한 방법을 선택하여 추정한다.

구분	여유현금흐름 변수 추정방법
직접추정	평가대상기술의 특성, 사업화 주체의 사업실적이나 사업계획 등을 반영하여 기술평가자가 여유현금흐름 변수를 직접적으로 추정하는 방식임.
혼합추정	여유현금흐름 변수의 일부는 직접 추정하고(예: 매출액, 매출원가, 판관비), 나머지는 유사기업이나 업종별 재무정보 등을 이용해 혼합 추정하는 방식임.
간접추정 (유사기업 재무정보 인용추정)	평가대상기술이 적용된 제품과 같거나 유사한 제품의 사업화에 나선 유사기업의 재무정보(재무제표, 재무지표, 재무비율 등을 기업신용정보 조회 사이트에서 입수)를 인용하여 여유현금흐름 변수를 추정하는 방식임. 유사기업은 기술과 제품의 유사성 외에 업종의 동일성과 업력의 유사성을 고려하여 선정해야 함. 특히, 유사기업은 사업화 주체와 업종분류 체계상 최하위 단위(세세분류)까지 같아야 함.
간접추정 (업종별 재무정보 인용추정)	업종별 재무정보에는 기업경영분석과 표준재무정보 등이 있음. 업종분류 체계상 사업화 주체의 업종과 동일성(동일 업종)이 인정되는 최하위 단위(예: 소분류, 세분류, 세세분류)에 속한 재무비율 등을 선정해 적용해야 함. ① 기업경영분석: 한국은행이 표준산업분류 체계에 따라 국세청의 비금융 전체 영리법인의 법인세 신고자료를 참고하여 기업 규모별 재무정보(재무제표, 재무지표, 재무비율)를 분석하여 경제통계시스템(ECOS)을 통해 제공함. ② 표준재무정보: 산업통상자원부, 한국산업기술진흥원이 표준산업분류 체계에 따라 기술보증기금 및 한국평가데이터와 거래하는 표본 기업의 재무자료를 분석하여 기업의 규모나 실적(영업이익률)별 재무정보를 제공함.
기타 추정법	직접추정 또는 혼합추정 등 상기 방식을 통한 여유현금흐름 변수의 추정이 불합리하여 기타 방식이나 원칙에 따라서 추정할 경우(예: 매출원가와 판관비를 사업화 주체가 제시한 재무정보와 기업경영분석의 재무정보를 절충하여 추정하는 경우 등), 그 사유와 추정방법(절충비율 등)을 기술가치평가서에 기술해야 함.

3) 여유현금흐름 변수의 추정원칙

전술한 바와 같이, 여유현금흐름 변수는 매출액, 매출원가, 판매관리비(이하 판관비), 법인세 또는 소득세, 자본적 지출, 감가상각비, 운전자본증감액이 있으며, 이들을 직접적 또는 간접적인 방법 등으로 추정할 수 있다.

매출원가와 판관비 그리고 법인세(소득세)는 매 회계연도 또는 매 차년도에 발생한 매출액에 종속되는 특성이 있으며, 특정 회계연도 또는 특정 차년도에 발생한 자본적 지출이나 감가상각비 그리고 운전자본증감액은 여러 회계연도 또는 여러 차년도에 걸쳐 매출액에 영향을 미치는 특성이 있다.

즉, 자본적 지출이나 운전자본과 같은 물적 자원의 이용을 통해 발생하는 매출액은 여유현금흐름 추정기간에 걸쳐 매 회계연도 또는 매 차년도에 발생하며, 매출원가와 판관비 그리고 법인세(소득세)는 매 회계연도 또는 매 차년도에 발생한 매출액에 종속되어 발생한다.

자본적 지출은 일반적으로 여유현금흐름 추정기간에 걸쳐 단속적으로 발생하나(즉, 특정 회계연도 또는 특정 차년도에만 발생), 여러 회계연도 또는 여러 차년도에 걸쳐 매출액에 영향을 미친다. 또한, 운전자본(매출채권, 재고자산, 매입채무 등)은 직전 차년도의 운전자본과의 관계에서 정의되며, 직전 차년도의 운전자본은 당해 차년도의 매출액에 영향을 미친다.

기술가치평가에서 여유현금흐름 변수를 간접적인 방법으로 추정할 경우, 주어진 재무정보에 대한 변형이 없이 그대로 인용하여 추정하며, 재무정보 인용 시 다음과 같은 여유현금흐름 변수의 특성을 고려해야 한다.

매출원가와 판관비는 매출액에 대응하는 비용으로서, 추정 매출액에 종속되어 매 차년도에 발생하며, 법인세 또는 소득세는 추정 매출액과 추정 매출원가와 판관비에 종속된 영업이익에 대한 세금으로서 매 차년도에 발생한다.

자본적 지출은 일반적으로 단속적으로 발생하여 여러 차년도에 걸쳐 분산되어 매출액에 영향을 미친다. 자본적 지출을 간접적으로 추정할 경우, 직전 차년도 대비 당해 차년도의 매출증가액에 비례하여 발생하는 것으로 가정하여[2] 추정한다.

2 일반적으로, 자본적 지출과 감가상각비는 매 차년도마다 매출액을 위해 새로 발생하는 것은 아니며, 특정 차년도에 발생한 자본적 지출과 감가상각비는 여러 차년도에 걸쳐 매출액에 영향을 미치는 특성 때문

또한 감가상각비는 자본적 지출에 종속되기 때문에 자본적 지출과 마찬가지로 직전 차년도 대비 당해 차년도의 **매출증가액**에 비례하여 발생하는 것으로 가정하여[2] 추정한다. 유·무형자산이 음의 값이 될 수 없다는 점을 고려하여 직전 차년도 대비 당해 차년도의 매출액이 감소하는 경우에는 자본적 지출과 감가상각비가 발생하지 않는 것으로 처리한다(즉, 자본적 지출과 감가상각비는 음의 값, 즉 Minus가 될 수 없음).

직전 차년도의 운전자본은 당해 차년도의 매출액에 영향을 미치며, 이러한 특성을 반영하여 운전자본증감을 간접적으로 추정할 경우, 직전 차년도 대비 당해 차년도의 **매출증감액**에 비례하여 발생하는 것으로 가정하여[3] 추정한다. 운전자본은 유동화 또는 현금화 가능성이 큰 점을 고려하여 직전 차년도 대비 당해 차년도의 매출액이 감소하여도 운전자본증감이 발생하는 것으로 가정한다(즉, 운전자본증감은 음의 값, 즉 Minus가 될 수 있음).

(1) 매출액

매출액은 사업화 주체가 평가대상기술이 적용된 제품의 사업화를 위해 투자한 인적 그리고 물적 자원(유·무형자산에 대한 자본적 지출이나 운전자본)에 의해 매 차년도에 발생한다. 따라서, 매출액은 매 차년도마다 추정하며, 기술가치평가에서는 통상적 방법, 정성적 방법, 정량적 방법 등으로 매출액을 결정한다. 이렇게 결정한 **추정매출액**에 **기술비중**(제5부 매출액 추정방법과 추정사례의 기술수명주기와 기술비중 및 〈개념과 정의 2-5〉 그리고 별첨1 참고)을 곱하면 **기술매출액**이 되며, 기술매출액을 바탕으로 기술가치평가를 수행한다.

(2) 매출원가

매출원가는 매입원가 또는 생산원가를 말하며, 매출을 위해 상품의 매입이나 제품의 생산에 투입된 비용이다. 매출액과 마찬가지로 매 차년도마다 발생하며,

---

에 기술가치평가에서 자본적 지출과 감가상각비가 매출증가액에 비례하여 발생한다고 가정하는 것은 합리적이다.

3 현실적으로, 직전 차년도 운전자본은 당해 차년도 매출액에 영향을 미치기 때문에 기술가치평가에서 운전자본증감이 직전 차년도 대비 당해 차년도의 매출증감액에 비례하여 발생한다고 가정하는 것은 합리적이다.

기술가치평가에서는 기술매출액에 대응하는 원가로서 매 차년도에 발생하는 매출원가를 직접 또는 간접적인 방법 등으로 추정한다.

(3) 판매관리비(판관비)

판관비는 상품의 판매 활동과 기업의 관리를 위해 투입된 비용이다. 매출액과 마찬가지로 매 차년도마다 추정하며, 기술가치평가에서는 기술매출액에 대응하는 판관비로서, 매 차년도에 발생하는 판관비를 직접 또는 간접적인 방법 등으로 추정한다.

(4) 법인세 또는 소득세

기업회계기준이나 법인세 또는 소득세법에서는 법인세 또는 소득세 차감전 순이익을 기준으로 과세한다. 기술가치평가에서는 매출액과 마찬가지로 매 차년도마다 법인세 또는 소득세를 추정하며, 영업이익에 대한 법인세 또는 소득세로서, 법인세나 소득세의 과세표준과 세율을 적용하여 추정한다.

(5) 자본적 지출

자본적 지출은 평가대상기술이 적용된 제품의 사업화(매출)를 위해 제조나 영업활동에 필요한 유·무형자산에 지출한 금액으로, 차년도 단위로 추정한다. 기술가치평가에서 자본적 지출은 직접 또는 간접적인 방법 등으로 추정하며, 간접적인 방법으로 추정할 경우 직전 대비 당해 차년도의 매출증가액에 비례하여 자본적 지출이 발생하는 것으로 가정하여 추정한다.

(6) 감가상각비

감가상각비는 유·무형자산의 노후화에 따라 경제적으로 가치가 하락된 금액을 말하며, 매 차년도마다 추정한다. 기술가치평가에서 감가상각비는 직접 또는 간접적인 방법 등으로 추정하며, 간접적인 방법으로 추정할 경우 직전 대비 당해 차년도의 매출증가액에 비례하여 감가상각비가 발생하는 것으로 가정하여 추정한다.

(7) 운전자본증감

운전자본은 평가대상기술이 적용된 제품의 사업화(매출) 과정에서 구매, 생산, 재고, 판매 등의 활동을 위해 사용된 금액을 말하며, 매 차년도마다 추정한다. 기술가치평가에서 운전자본증감은 직접 또는 간접적인 방법 등으로 추정하며, 간접적인 방법으로 추정할 경우 직전 대비 당해 차년도의 매출증감액에 비례하여 운전자본증감이 발생하는 것으로 가정하여 추정한다.

4. 여유현금흐름 변수의 추정

1) 매출액

(1) 매출액 추정원칙

매출액 추정은 기술의 경제적 수명의 매 차년도 매출액을 결정하는 기술가치평가에서 가장 중요한 과정이다. 본 교재에서는 매출액 추정의 중요성을 고려하여 매출액 추정의 '기본요건과 추정원칙', '매출액 추정법과 사례'를 '제5부 매출액 추정방법과 추정사례'에서 구체적으로 다룬다.

기술의 경제적 수명의 매 차년도 매출액은 기술가치평가금액의 절대적 크기를 결정한다. 따라서 매출액은 평가대상기술이 적용된 제품의 경쟁력, 시장 상황, 사업화 주체의 능력, 기술비중('제5부 매출액 추정방법과 추정사례'와 별첨1 참고) 등을 고려하여 합리적이며 객관적으로 추정되어야 한다.

(2) 매출액 추정법

매출액은 다양한 방법으로 추정할 수 있으며, 매출액 추정법은 통상적 방법, 정성적 방법, 정량적 기법으로 구분할 수 있다.

통상적 방법 (직접, 간접 추정법)	직접추정법	과거 매출실적과 향후 판매계획(판매수량 및 단가) 그리고 판매계획의 실현 가능성을 반영하여 직접 추정	
	시장분석법 (간접)	시장점유율법	시장규모, 성장률, 점유율을 이용하여 추정
		시장집중도법	경쟁업체 수, 시장집중도를 이용하여 추정
	매출액증감률 인용법(간접)	사업화 주체	사업화 주체의 매출액증가율을 인용하여 추정
		유사한 기업	유사한 기업의 매출액증가율을 인용하여 추정
		동일 업종	동일 업종의 매출액증가율을 인용하여 추정
정성적 방법 (매출액 예측법)	델파이법	전문가 설문조사를 통해 추정	
	시장조사법	수요자 설문, 전화, 면접 등을 통해 추정	
	유사사례참조법	제품을 출시한 기존의 회사나 제품을 참고하여 추정	
	기타	경영자, 판매원, 패널 등의 의견을 수렴하여 추정	
정량적 기법 (매출액 예측법)	시계열분석법	이동평균법	단순, 가중 이동평균법을 이용하여 추정
		지수평활법	단순 지수평활법을 이용하여 추정
		추세분석법	독립, 종속변수의 추세를 분석하여 추정
		시계열분해법	복합적인 변동추세를 각기 분해하여 추정
	인과관계분석법	단순 회귀분석	한 개의 독립변수와 한 개의 종속변수의 추세를 분석하여 추정
		다중 회귀분석	한 개 이상의 독립변수와 한 개의 종속변수의 추세를 분석하여 추정
	확산모형법	BASS 확산모형	제품이 시장에서 확산하는 양상을 모델링(혁신계수와 모방계수)
		로지스틱 확산모형	제품이 시장에서 확산하는 양상을 모델링(내부영향계수)

(3) 매출액 추정에 인용하는 출처별 자료

매출액을 추정할 때 인용하는 자료의 출처는 사업화 주체, 시장조사기관, 통계조사기관, 재무정보 제공기관 등이 있으며, 출처별 자료의 종류는 〈표 2-8〉에 나타내었다.

〈표 2-8〉 매출추정에 인용하는 출처별 자료의 종류

출처	자료의 종류
사업화 주체	평가대상기술이 적용된 제품 관련 최근의 매출액, 매출액증가율, 거래처별 판매계획, 수주상황, 판매 수량, 단가 등의 자료
시장조사기관	시장규모, 시장성장률, 경쟁업체 수, 시장점유율, 시장집중도 등 자료
통계조사기관	GDP, 인구증가율, 물가, 교육비, 건설 실적, 각종 보급률, 실태 조사자료, 업종별 재무통계자료 등이 있으며, KOSIS 국가통계포털이나 한국은행 경제통계시스템인 ECOS에서 확보할 수 있음.
재무정보 제공기관	기업경영분석, 표준재무정보, 기업신용정보 조회 사이트, 금융감독원 전자공시시스템 (http://dart.fss.or.kr/)

2) 매출원가와 판매관리비

(1) 매출원가와 판매관리비 추정원칙

매출원가와 판매관리비(이하 매출원가와 판관비)는 사업화 주체의 매출원가와 판관비 관련 재무정보(재무제표, 재무지표, 재무비율 등을 포함)의 신뢰성이 높은 경우, 동 재무정보를 인용하여 직접적으로 추정하는 것을 원칙으로 한다(직접추정). 직접추정이 어려운 경우, 전술한 '여유현금흐름 변수의 추정방법'에서 제시한 바와 같이 혼합추정, 간접추정, 기타 추정법 등을 순차적으로 검토하여 매출원가와 판관비를 간접적으로 추정한다(간접추정).

사업화 주체가 평가대상기술이 적용된 제품과 유사한 제품(즉, 매출원가와 판관비 구조가 유사하며, 목표시장이 같고 동일 기술과 업종으로 분류되는 제품)을 자체적으로 사업화한 실적이 있는 경우에는 유사한 제품(유사제품)의 매출원가와 판관비 관련 재무정보를 이용하여 추정할 수 있다.

평가대상기술이 적용된 제품이 기존 제품과 비교하여 매출원가와 판관비 구조가 다른 신제품이거나 사업화 주체가 창업기업인 경우에는 유사 또는 동일 기술을 적용하여 제품을 사업화한 기업(사업화 단계가 유사한 기업)의 재무정보를 이용하여 매출원가와 판관비를 간접적으로 추정할 수 있다.

매출원가와 판관비의 직접적인 추정이 어렵거나 유사기업의 재무정보 이용이 어려운 경우, 한국은행의 기업경영분석이나 한국산업기술진흥원의 표준재무정보와 같은 업종별 재무정보에서 동일 업종의 재무정보를 인용하여 간접적으로 추정할 수 있다.

(2) 매출원가와 판매관리비 추정법

사업화 주체나 유사기업의 매출원가와 판관비에 관한 재무정보는 〈표 2-9〉와 같이 매출원가와 판관비의 항목별로 파악하며(직접추정), 매출액 대비 매출원가의 비율과 매출액 대비 판관비의 비율을 매출원가와 판관비의 추정에 활용한다. 또한, 사업화 주체의 재무제표에서 매출액 대비 매출원가의 비율(원가비율)과 매출액 대비 판관비의 비율(판관비율)을 인용하여 매출원가와 판관비를 직접 추정할 수 있다.

〈표 2-9〉 매출원가와 판관비의 항목(직접추정)

구분	항목	세부내용	비고
매출원가	재료비	직접재료비(주재료 및 부분품 등 재료비), 간접재료비(소모품, 포장비)	판매 및 생산계획을 참고하여 수량 및 단가로 결정
	노무비	직접노무비(생산인력), 간접노무비(비생산 인력), 주로 급여 및 퇴직금	인원 충원계획 및 노무비를 참고하여 결정
	변동경비	전기, 가스, 수도, 통신비, 외주가공비, 운임 등	재료비나 노무비 제외한 원가 중 매출액에 연동되는 경비로 결정
	고정경비	임차료, 경상개발비, 세금과 공과금, 복리후생비, 보험료, 제조설비 등 유형자산의 **감가상각비**	원가 중 매출액에 연동되지 않는 경비로 결정
판매관리비	인건비	직접인건비, 간접인건비(급여, 복리후생비, 퇴직급여 등)	인원 소요계획 및 인건비 참고하여 결정
	변동 판관비	광고선전비, 물류비, 통신비	인건비 제외한 판관비 중 매출액에 연동되는 판관비로 결정
	고정 판관비	임차료, 접대비, 경상연구개발비, 보험료, 세금과 공과금, 대손상각비, 영업설비 등 유형자산과 무형자산의 **감가상각비**	판관비 중 매출액에 연동되지 않는 판관비로 결정

유사기업의 재무정보 또는 기업경영분석이나 표준재무정보에서 획득한 동일 업종의 재무정보를 인용할 경우, 원가비율과 판관비율과 같은 재무비율을 인용하여 매출원가와 판관비를 간접적으로 추정한다.

① 감가상각비의 원천

재무제표의 매출원가(제조원가명세서)와 판관비는 〈표 2-9〉의 고정경비와 고정판관비에 나타낸 것과 같이 유·무형자산에 대한 감가상각비를 포함하고 있다(대손상각비는 제외). 동 감가상각비는 기업이 회계연도에 보유한 유·무형자산에 대해 회계기준일 시점에 계산한 것이다.

기술가치평가에서 매출원가와 판관비에 포함된 감가상각비는 사업화 주체가 여유현금흐름의 추정이 이루어지는 각 차년도에 실행할 것으로 예상하는 자본적 지출에 대해 계산한 것이다. 따라서 기술가치평가에서 매출원가와 판관비에 포함된 감가상각비는 자본적 지출과 동 자본적 지출에 대한 감가상각비에 의해 결정된다.

기술가치평가에서 매출원가와 판관비에 포함된 감가상각비는 현금유출이 없이 영업이익을 감소시키기 때문에 [식 2-5]와 같이 여유현금흐름 추정 시 가산해야 한다. 이때, 여유현금흐름 [식 2-5]에서 가산하는 감가상각비의 원천은 기술가치평가에 적용한 자본적 지출과 동 자본적 지출에 따른 감가상각비이기 때문에 매출원가와 판관비 추정 시 동 자본적 지출에 따른 감가상각비를 고려해야 한다.

② 매출원가와 판관비의 감가상각비 추정

기술가치평가에서 매출원가와 판관비의 감가상각비를 결정하는 방법은 자본적 지출을 직접적으로 추정(직접추정)하는 경우와 유사기업의 재무정보 또는 업종별 재무정보 등을 이용하여 간접적으로 추정(간접추정)하는 경우로 나누어 볼 수 있다. 직접적으로 추정한 자본적 지출(직접추정)에 대한 감가상각비는 정액법이나 정률법으로 계산하며, 자본적 지출이 실행된 시점(각 차년도의 초기, 중기, 후기)에 따라 감가상각비가 다르게 계산된다.

자본적 지출을 직접적으로 추정하는 경우

자본적 지출을 직접적으로 추정하는 경우는 유형자산이나 무형자산에 대해 각 항목(토지, 건물, 구축물, 기계장치 등의 유형자산 항목과 영업권, 지식재산권, 개발비 등의 무형자산 항목)별로 추정하는 것을 말하며, 구체적인 내용은 후술한 '자본적 지출'에서 기술한다.

자본적 지출을 직접적으로 추정하는 경우, 여유현금흐름 추정기간의 자본적 지출에 대한 감가상각비는 정액법이나 정률법으로 계산하며, 이때 자본적 지출이 실행된 시점도 고려하여 계산한다(자본적 지출이 실행된 차년도에는 중기에 실행된 것으로 하여 계산함). 이렇게 계산된 감가상각비를 〈표 2-9〉의 직접적으로 추정한 매출원가와 판관비의 감가상각비 항목으로 계상하여 매출원가(원가비율)와 판관비(판관비율)를 결정한다. 이때, 구축물이나 기계장치 등의 감가상각비는 매출원가의 감가상각비로, 판매관리를 위한 자본적 지출에 대한 감가상각비는 판관비의 감가상각비로 계상한다.

이같이 계산된 감가상각비와 동 감가상각비를 계상하여 결정된 매출원가와 판관비를 [식 2-5]에 대입하여 여유현금흐름을 추정한다(예 2-3 참고).

예 2-3

자본적 지출을 직접 추정하는 경우의 여유현금흐름 추정(단위: 백만 원)

i) 2차년도 기술매출액 1,200, 매출원가와 판관비 850(감가상각비 포함되지 않음), 법인세 50.6, 자본적 지출(무형자산) 200, 운전자본증감액 50인 경우:
- 자본적 지출은 2차년도 중기에 실행 → 감가상각비의 반만 고려(÷2)
- 내용연수가 5년이라고 가정하여 정액법으로 계산한 2차년도 감가상각비: 20(=200÷5÷2)
- 감가상각비가 포함되지 않은 2차년도 매출원가와 판관비: 850
- 감가상각비(20)가 포함된 2차년도 매출원가와 판관비: 870(=850+20)

ii) 2차년도 여유현금흐름(CF)=1,200(기술매출액)−870(감가상각비가 포함된 2차년도 매출원가와 판관비)−50.6(법인세)−200(자본적 지출)+20(감가상각비)−50(운전자본증감액)=49.4백만 원

자본적 지출과 동 자본적 지출에 대한 감가상각비를 직접적으로 추정하는 경우, 〈표 2-10〉과 같이 매출원가와 판관비도 직접적으로 추정하는 것을 원칙으로 한다. 만약, 직접적으로 추정한 자본적 지출에 따른 감가상각비를 대신하여 간접적으로 추정한 매출원가와 판관비(즉, 재무정보로부터 간접추정)의 감가상각비를 계상하면 논리적 일관성이 훼손된다.

〈표 2-10〉 직접 추정한 자본적 지출에 대한 매출원가와 판관비 추정법

여유현금흐름 변수	자본적 지출	감가상각비	매출원가와 판관비
추정법	직접추정	직접추정	직접추정

자본적 지출을 간접적으로 추정하는 경우

자본적 지출을 간접적으로 추정하는 경우는 유사기업의 재무정보나 업종별 재무정보 등을 이용하여 매출액에서 간접적으로 자본적 지출과 감가상각비를 추정하는 것으로, 이때 이용하는 재무정보에는 유·무형자산 비율(유·무형자산÷매출액)과 감가상각 비율(감가상각비÷매출액)이 있다. 재무정보에 관한 구체적인 내용은 후술한 '자본적 지출'과 '감가상각비'를 참고한다.

자본적 지출을 간접적으로 추정하는 경우, 여유현금흐름 추정기간의 자본적 지출은 각 차년도 매출증가액에 유·무형자산비율을 곱하여 구하며, 감가상각비는 각 차년도 매출증가액에 감가상각비율을 곱하여 구한다. 이 경우 자본적 지출이 실행된 시점은 각 차년도의 초기로 한다.

이같이 계산된 감가상각비를 '감가상각비가 차감된 매출원가와 판관비'에 더하여 매출원가와 판관비를 결정한다. 이때, '감가상각비가 차감된 매출원가와 판관비'는 [식 2-6]과 같이 '기술매출액'에 '감가상각비율이 차감된 원가비율과 판관비율'을 곱하여 구한 값이다.

감가상각비가 차감된 매출원가와 판관비 =
기술매출액 × 감가상각비율이 차감된 원가비율과 판관비율 ·························· [식 2-6]

이같이 계산된 감가상각비와 동 감가상각비를 계상하여 결정된 매출원가와 판관비를 [식 2-5]에 대입하여 여유현금흐름을 추정한다(예 2-4 참고).

예 2-4

자본적 지출을 간접 추정하는 경우의 여유현금흐름 추정(단위: 백만 원)

i) 1차년도 기술매출액 1,000, 2차년도 기술매출액 1,200, 법인세 18.7, 운전자본증감액 50이며,

ii) 동 업종 재무정보에서 유·무형자산비율 30%, 매출원가와 판관비의 감가상각비율 5%, 감가상각비율이 포함된 원가비율과 판관비율이 90%인 경우:
- 2차년도 매출증가액: 200(=1,200−1,000)
- 2차년도 자본적 지출: 60(=200×30%)
- 2차년도 감가상각비: 10(=200×5%)
- 감가상각비율이 차감된 원가비율과 판관비율: 85%(=90%−5%)
- [식 2-6]을 이용하여 구한,
  감가상각비가 차감된 2차년도 매출원가와 판관비: 1,020(=1,200×85%)
- 감가상각비(10)가 포함된 2차년도 매출원가와 판관비: 1,030(=1,020+10)

iii) 2차년도 여유현금흐름(CF)=1,200(기술매출액)−1,030(감가상각비가 포함된 2차년도 매출원가와 판관비)−18.7(법인세)−60(자본적 지출)+10(감가상각비)−50(운전자본증감액)=51.3백만 원

자본적 지출을 간접적으로 추정하는 경우, 추정매출액이 감소하여 자본적 지출이나 감가상각비가 음(Minus)이 되는 차년도에는 자본적 지출이나 감가상각비가 없는 것으로 한다.

자본적 지출을 간접적으로 추정하는 경우, 재무정보에서 구한 매출원가와 판관비의 감가상각비율은 매출원가와 판관비의 감가상각 항목(유·무형자산의 감가상각비)을 합한 비율이다(상기 예 2-4의 5%).

자본적 지출과 동 자본적 지출에 대한 감가상각비를 간접적으로 추정하는 경우, 〈표 2-11〉과 같이 매출원가와 판관비도 간접적으로 추정하는 것을 원칙으로 한다. 간접적으로 추정한 자본적 지출과 동 자본적 지출에 따른 감가상각비를 대신하여 직접적으로 추정한 매출원가와 판관비의 감가상각비를 계상하면 논리적 일관성이 훼손된다.

〈표 2-11〉 간접 추정한 자본적 지출에 대한 매출원가와 판관비 추정법

여유현금흐름 변수	자본적 지출	감가상각비	매출원가와 판관비
추정법	간접추정	간접추정	간접추정

(3) 매출원가와 판매관리비 검증

매출원가와 판관비를 추정한 이후, 합리적으로 추정되었는지 검증해야 한다(즉, 과대 또는 과소 추정 여부 검증). 이를 위해, 기술매출액에서 추정 매출원가와 판관비를 차감한 추정 영업이익률을 사업화 주체나 유사기업의 영업이익률 또는 동 업종 영업이익률과 비교하여 합리성을 검증해야 한다.

매출원가와 판관비는 영업이익을 결정하고, 동 영업이익에 따라 여유현금흐름이 결정된다. 따라서, 매출원가와 판관비는 사업화 주체의 원가관리 능력이나 경상적인 판관비 수준을 반영하여 엄격한 기준에 따라 추정해야 한다. 항목별 분석이나 합리적인 근거제시 없이 기술평가자의 재량에 따라 매출원가와 판관비를 가감하면 기술가치평가의 신뢰성은 훼손된다.

매출원가와 판관비를 추정할 때 합리적인 근거제시나 설명 없이 매출액 대비 매출원가율(원가비율) 또는 매출액 대비 판관비율(판관비율)을 임의대로 낮추어 영업이익률을 높이면, 기술가치평가의 신뢰성은 훼손된다(예를 들어, 항목별로 분석하거나 인용한 원가비율이 80%인데, 합리적인 근거제시나 설명 없이 5%를 차감하여 원가비율을 75%로 한 경우).

감가상각비율이 차감된 원가비율과 판관비율을 이용하여 매출원가와 판관비를 결정하고, 동 매출원가와 판관비 그리고 직접 또는 간접적으로 추정한 자본적 지출로부터 계산한 감가상각비를 [식 2-5]에 대입하면 감가상각비가 상쇄되지 않아 기술가치평가 결과는 왜곡된다.

3) 법인세(소득세)

(1) 법인세(소득세) 추정원칙

법인사업자에 대한 법인세와 개인사업자에 대한 소득세는 영업이익(= 매출액 –

매출원가-판관비)을 기준으로 추정한다. 만약, 이전된 누적결손금을 반영해야 한다면, 해당 차년도 영업이익에서 감산하며, 해당 차년도에 결손금이 발생한다면 다음 차년도로 이월하여 추정한다.

기술가치평가에서 법인세(소득세)차감전 순이익 대신 영업이익을 기준으로 법인세(소득세)를 추정하는 이유는 영업외손익(이자, 환차, 투자, 자산처분 등에 관한 손익)이 평가에 미치는 영향과 불확실성을 제거하기 위한 것이다. 따라서, 기업회계기준이나 법인세(소득세)법에서 법인세(소득세)차감전 순이익을 기준으로 법인세(소득세)를 과세하는 것과는 차이가 있다.

(2) 법인세(소득세) 추정법

법인세나 소득세의 과세표준과 세율은 세법의 개정으로 바뀔 수 있으며, 본 교재에서 적용한 과세표준과 세율을 〈표 2-12〉와 〈표 2-13〉에 나타내었다(세법 개정으로, 2023년 1월 1일부터 법인세 세율은 과세표준별로 1% 하향됨. 또한, 소득세의 세율 6%의 과세표준은 14백만 원 이하, 소득세의 세율 15%의 과세표준은 14백만 원 초과 50백만 원 이하로 바뀜). 법인사업자에 대한 법인세의 과세표준이나 세율은 법인세법 제13조 및 제55조, 개인사업자에 대한 소득세의 과세표준이나 세율은 소득세법 제2조에 따르며, 각 산출 세액에 지방세인 주민세율 10%를 가산한다.

실효 법인(소득)세율 또는 평균 법인(소득)세율은 과세표준과 세율을 적용하여 산정한 법인세나 소득세의 합을 영업이익의 합으로 나눈 백분율로서, 할인율 등의 계산 시 법인세율이나 소득세율로서 적용한다.

〈표 2-12〉 법인세 과세표준과 세율

(단위: %)

과세표준 영업이익	세율* (주민세 포함)	비고 (주민세 포함)
2억 원 이하	10(11)	과세표준 영업이익의 11%
2억 원 초과 200억 원 이하	20(22)	2.2천만 원+2억 원 초과 금액의 22%
200억 원 초과 3,000억 원 이하	22(24.2)	2.2천만 원+43.56억 원+200억 원 초과 금액의 24.2%
3,000억 원 이상	25(27.5)	2.2천만 원+43.56원+677.6억 원+3,000억 원 초과 금액의 27.5%

* 본 교재에 적용한 개정 전 세율이며, 2023년 1월부터 각 구간 세율은 1% 하향됨.

〈표 2-13〉 소득세 과세표준과 세율

(단위: %)

과세표준* 영업이익	세율* (주민세 포함)	비고 (주민세 포함)
12백만 원 이하	6(6.6)	과세표준 영업이익의 6.6%
12백만 원 초과 46백만 원 이하	15(16.5)	79.2만 원+12백만 원 초과 금액의 16.5%
46백만 원 초과 88백만 원 이하	24(26.4)	79.2만 원+561만 원+46백만 원 초과 금액의 26.4%
88백만 원 초과 150백만 원 이하	35(38.5)	79.2만 원+561만 원+11.088백만 원+88백만 원 초과 금액의 38.5%
150백만 원 초과 300백만 원 이하	38(41.8)	79.2만 원+561만 원+11.088백만 원+23.87백만 원+150백만 원 초과 금액의 41.8%
300백만 원 초과 500백만 원 이하	40(44)	79.2만 원+561만 원+11.088백만 원+23.87백만 원+62.7백만 원+300백만 원 초과 금액의 44%
500백만 원 초과	42(46.2)	79.2만 원+561만 원+11.088백만 원+23.87백만 원+62.7백만 원+88백만 원+500백만 원 초과 금액의 46.2%

* 개정전 소득세 과세표준과 세율임. 2023년 1월부터 세율 6%와 세율15%의 과세표준이 바뀜.

4) 자본적 지출

(1) 자본적 지출 추정원칙

자본적 지출은 평가대상기술이 적용된 제품의 개발이나 생산 그리고 영업활동 등 사업화에 필요한 유·무형자산에 대한 투자액을 말하며, 사업화 주체의 투자계획을 바탕으로 직접적으로 추정하는 것을 원칙으로 한다.

사업화 주체가 창업기업이거나 사업계획이 확정되지 않아 자본적 지출을 직접 추정할 수 없는 경우, 유사기업이나 업종별 재무정보에 주어진 비율을 인용하여 간접적으로 추정할 수 있다. 그러나, 사업화 주체의 투자계획을 반영할 수 없으므로 기술가치평가가 왜곡될 수 있다는 점에 유의해야 한다.

유·무형자산에 대한 자본적 지출은 신규투자, 증설투자, 대체투자(재투자와 같이 내용연수가 다한 유·무형자산을 대체하는 투자) 등이 있으며, 자본적 지출은 생산이나 매출에 직접 또는 간접적으로 영향을 미치기 때문에 자본적 지출이 실행된 시점이나 규모는 매출액 추정에 반영되어야 한다.

자본적 지출이 실행되는 시점은 감가상각비 계산에 영향을 미친다(자세한 것은 후술한 감가상각비 참조). 따라서, 자본적 지출이 실행되는 시점을 경우에 따라서 각 차년도의 초기(초), 중기(중), 후기(후)로 구분하여 추정한다. 자본적 지출을 직접적으로 추정하여 지출 시점을 특정할 수 있는 경우, 시점에 따라 각 차년도의 초기와 중기 그리고 후기에 실행되는 것으로 한다. 자본적 지출이 발생한 시점을 특정할 수 없는 경우에는 당해 차년도 중기에 실행되는 것으로 한다. 자본적 지출을 간접적으로 추정하는 경우에는 각 차년도의 초기에 실행되는 것으로 한다.

자본적 지출은 개발이나 생산 그리고 영업활동 등에 필요한 유·무형자산에 대한 투자이며, 자본적 지출을 직접적 또는 간접적으로 추정하는 경우, 이러한 투자의 필요성이 소멸하는 기술의 경제적 수명의 후반기(기술수명주기상 성숙기의 중기 이후와 쇠퇴기에 속한 기간)까지 자본적 지출이 발생하도록 추정하는 것은 기술가치평가의 논리에 반한다.

과도한 자본적 지출을 계상하고 감가상각 후 잔액을 회수(투자액 회수)할 경우 평가결과가 왜곡된다. 따라서 사업화 주체의 투자계획의 타당성을 검증하여 자본적 지출의 추정에 반영해야 하며, 기술평가서에 유·무형자산에 대한 투자 내역을 항목별로 나타내고 각 항목을 설명해야 한다.

토지에 대한 자본적 지출은 감가상각의 대상이 아니며, 투자액 회수에서 전액이 회수되기 때문에 기술평가서에 이러한 상황을 명확히 밝혀 평가결과에 대한 오독이 일어나지 않도록 해야 한다.

(2) 자본적 지출 추정법

자본적 지출은 항목별로 직접적으로 추정하거나, 유사기업의 재무정보나 업종별 재무정보를 이용하여 간접적으로 추정할 수 있다.

① 직접적 추정

유형자산(토지, 건물, 구축물, 기계장치, 비품, 선박 및 차량 운반구 등과 같은 설비자산)과 무형자산(영업권, 지식재산권, 개발비, 라이선스, 프랜차이즈, 임차권리금 등)에 대한 투자액인 자본적 지출은 신규투자, 증설투자, 대체투자로 나눌 수 있다. 자본적 지출은 토지, 건물 및 구축물, 기계장치, 무형자산, 기타 자본적 지출 등의 항목으로 구분하여 직접적으로 추정한다.

계속사업을 영위하는 사업화 주체가 기술평가기준일 현재 기보유 중인 유·무형자산을 이용하여 평가대상기술이 적용된 제품의 사업화를 수행할 경우, 기보유 중인 자산의 기술평가기준일에 산정된 잔존가액 중 평가대상기술의 사업화에 이용된 비율만을 신규투자로 보고 자본적 지출에 반영한다.

자본적 지출이 2개 차년도 이상에 걸쳐 일어난다면, 해당 차년도에 실제 투자된 금액만을 당해 차년도의 자본적 지출로 처리한다. 이때, 자본적 지출이 실행된 시점은 전술한 원칙을 따른다.

② 간접적 추정

기술가치평가에서 자본적 지출을 유사기업의 재무정보나 업종별 재무정보 등을 이용하여 간접적으로 추정할 경우, 자본적 지출이 직전 차년도(직전 연도) 대비 당해 차년도(당해 연도)의 매출증가액에 비례하여 발생하는 특성을 고려하여 추정한다. 따라서 기술가치평가에서 자본적 지출을 간접적으로 추정하는 경우, 자본적 지출은 재무정보(재무상태표)의 유·무형자산 총액이 아닌, [식 2-7]과 같이 직전 차년도(직전 연도) 대비 당해 차년도(당해 연도)의 유·무형자산의 차이의 합으로 나타낼 수 있다.

$$\text{자본적 지출}_{\text{당해차년도}} = (\text{유형자산}_{\text{당해차년도}} - \text{유형자산}_{\text{직전차년도}}) + (\text{무형자산}_{\text{당해차년도}} - \text{무형자산}_{\text{직전차년도}}) \quad \text{[식 2-7]}$$

실무적으로, 자본적 지출은 매출증가액에 비례하는 특성을 반영하기 위해 [식 2-8]과 같이 각 차년도 매출증가액에 재무정보에서 획득한 유·무형자산비율(유·무형자산÷매출액)을 곱하여 추정한다. 이때, 유·무형자산비율은 총자산회전율(매출액÷총자산)과 총자산유·무형자산비율(유·무형자산÷총자산)과 같은 재무정보를 이용하여 산출할 수 있다.

자본적 지출$_t$

= 매출증가액(기술매출액$_t$ − 기술매출액$_{t-1}$) × 유무형자산비율 ······················ [식 2-8]

$$\text{여기서, 유무형자산비율} = \frac{\text{총자산유무형자산비율(유무형자산÷총자산)}}{\text{총자산회전률(매출액÷총자산)}}$$

$$= \frac{\text{유무형자산}}{\text{매출액}} = \frac{\text{유형자산}}{\text{매출액}} + \frac{\text{무형자산}}{\text{매출액}}$$

매출액, 즉 기술매출액이 감소하는 차년도(기술수명주기의 성숙기 중기 이후와 쇠퇴기)에 자본적 지출은 음(Minus)이 된다. 음의 유·무형자산이 존재할 수 없으므로, 동 차년도에는 자본적 지출이 없는 것으로 한다.

자본적 지출을 간접적으로 추정할 때 인용하는 재무정보(재무상태표)상의 유·무형자산은 감가상각비가 차감되지 않은 것이며(직접적으로 추정한 유·무형자산에 대한 자본적 지출도 감가상각비가 차감되지 않은 것임), 동 유·무형자산은 당해 차년도(당해 연도)의 초기부터 사업화에 투입된다.

그러나 일부 교재(『기술평가실무가이드』 등)에서는 자본적 지출을 재무정보를 이용하여 간접적으로 추정하는 경우, '당해 차년도(당해 연도) 말기 유·무형자산은 당해 차년도(당해 연도) 감가상각비가 차감된 수치이기 때문'이라고 설명하면서, [식 2-9]와 같이 감가상각비를 가산하여 자본적 지출을 결정하나, 이러한 설명은 다음과 같은 사유로 타당성이 없다.

자본적 지출$_t$

= 매출증가액(추정 매출액$_t$ − 추정 매출액$_{t-1}$) × 유무형자산비율 + 감가상각비 ··· [식 2-9]

자본적 지출을 간접적으로 추정하기 위해 사용하는 유·무형자산비율(유·무형자산÷매출액)이나 총자산유·무형자산비율(유·무형자산÷총자산)은 특정 연도의 재무정보(재무상태표)상 유·무형자산을 이용하여 계산한다.

특정 연도의 재무정보(재무상태표)상 유·무형자산은 직전 차년도(직전 연도) 말기를 기준으로 보면 감가상각비가 차감된 유·무형자산이나, 당해 차년도(당해 연도) 초기를 기준으로 보면 감가상각비가 차감되지 않은 유·무형자산이다(예를 들어, 2020년 재무상태표상 유·무형자산은 2019년 회계연도 말기 기준으로는 감가상각비가 차감된 유·무형자산이나, 2020년 회계연도 초기 기준으로는 감가상각비가 차감되지 않은 유·무형자산임).

전술한 바와 같이 자본적 지출을 간접적으로 추정하는 경우, 자본적 지출은 각 차년도의 초기에 실행된 것으로 한다. 이때, 자본적 지출 추정을 위해 인용하는 재무정보(재무상태표)상 유·무형자산은 당해 차년도(당해 연도) 초의 감가상각비가 차감되지 않은 유·무형자산을 의미한다. 즉, 감가상각비가 차감되지 않은 유·무형자산으로부터 계산한 유·무형자산비율(유·무형자산÷매출액)과 총자산유·무형자산비율(유·무형자산÷총자산)을 인용하여 자본적 지출을 추정하기 때문에 [식 2-9]와 같이 감가상각비를 가산할 필요가 없다.

또한, 만약 [식 2-9]와 같이 감가상각비를 가산하면, [식 2-5]는 [식 2-10]과 같이 변형되어 감가상각비가 수식 자체에서 상쇄되는 문제가 발생한다.

여유현금흐름(CF) = 매출액 − 매출원가 − 판매관리비(판관비) − 법인세(소득세)
− [식 2-9]의 감가상각비를 가산하여 결정한 자본적 지출
+ 감가상각비 − 운전자본증감액 ························ [식 2-10]

5) 감가상각비

(1) 감가상각비 추정원칙

감가상각비는 자본적 지출을 대상으로 내용연수 동안 추정한다. 기술가치평가에서 매출원가와 판관비에 포함된 감가상각비(대손상각비 제외)는 현금유출이 없이 영업이익을 감소시키며, 이를 상쇄하기 위해 [식 2-5]와 같이 감가상각비를 가산한다. 감가상각비를 간접적으로 추정하는 경우, 감가상각비는 자본적 지출과 마찬가지로 유사기업이나 동 업종의 재무정보(재무상태표, 손익계산서)에서 획득한 감가상각비율을 인용하여 추정한다.

(2) 감가상각비 추정법

감가상각비는 자본적 지출 항목별로 직접적으로 추정하거나, 유사기업 또는 동 업종의 재무정보를 이용하여 간접적으로 추정할 수 있다.

① 직접적 추정

감가상각비는 [식 2-11]과 같이 내용연수 동안 균등 상각하는 정액법과 [식 2-12]와 같이 내용연수 초기에 가속하여 상각하는 정률법이 있다.

$$\text{정액법 감가상각비} = \frac{\text{감가총액(취득원가}-\text{잔존가액)}}{\text{내용연수}} \quad \cdots\cdots\cdots \quad \text{[식 2-11]}$$

$$\text{정률법 감가상각비} = \text{장부가액} \times \text{상각률} \quad \cdots\cdots\cdots \quad \text{[식 2-12]}$$

$$\text{여기서, 장부가액} = \text{취득원가} - \text{감가상각누계액}$$

$$\text{상각률} = 1 - \sqrt[n]{\frac{\text{잔존가액}}{\text{취득원가}}}, \qquad n = \text{상각횟수}$$

감가상각비는 법인세법 시행령 26조(상각범위액의 계산)에 따라 건축물과 무형자산은 정액법, 건축물 외 유형자산은 정률법이나 정액법, 광업권은 생산량비례법이나 정액법으로 추정하며, 토지는 감가상각의 대상이 아니다. 기술가치평가에서 감가상각비는 자본적 지출의 항목별로 건물 및 구축물은 정액법, 기계장치는 정률법, 무형자산은 정액법, 기타 자본적 지출 등은 정률법 또는 정액법을 적용하여 추정한다. 자본적 지출 항목에 따른 내용연수와 상각방법은 〈표 2-14〉에 나타내었다.

〈표 2-14〉 자본적 지출 항목별 감가상각방법

<table>
<tr><th colspan="2">자본적 지출 항목</th><th>내용연수(년)</th><th>상각
방법</th></tr>
<tr><td colspan="2">건물 및 구축물</td><td>20년(연와조, 블록조 등)
40년(철근콘크리트조 등)</td><td>정액법</td></tr>
<tr><td colspan="2">기계장치(‘법인세법 시행규칙’의 별표6 ‘업종별 기준 내용연수 및 내용연수 범위’ 참고)</td><td>업종별 자산의 기준 내용연수</td><td>정률법</td></tr>
<tr><td colspan="2">기타 자본적 지출(‘법인세법 시행규칙’의 별표6)
(유형자산은 정률법, 무형자산은 정액법)</td><td>5년, 또는 업종별 자산의 기준
내용연수 참고</td><td>정률법
정액법</td></tr>
<tr><td rowspan="4">무형자산</td><td>영업권, 특허권, 실용신안권, 상표권</td><td>5년(특허권은 7년)</td><td rowspan="4">정액법</td></tr>
<tr><td>어업권, 채취권, 수리권,
이용/허가/면허권 등</td><td>10년</td></tr>
<tr><td>광업권, 전신전화전용시설 이용권,
수도시설관리권 등</td><td>20년(생산량비례법 등)</td></tr>
<tr><td>댐 사용권</td><td>50년</td></tr>
</table>

자본적 지출이 실행된 시점(초기, 중기, 후기)은 실행 당해 연도와 내용연수 종료 연도의 감가상각비에 영향을 미친다. 즉, 자본적 지출의 실행 시점에 따라 감가상각비의 추정을 달리하며, 자본적 지출이 당해 연도 초기에 실행되는 경우에는 내용연수 종료 때까지 매년 연간 감가상각비를 추정하고, 당해 연도 후기에 실행되는 경우에는 당해 연도의 감가상각비는 없는 것으로 하며, 당해 연도 중기에 실행되는 경우에는 당해 연도와 내용연수 종료 연도의 감가상각비는 연간 감가상각비의 반(1/2)을 적용하여 추정한다.

일반적으로, 기술가치평가에서 자본적 지출을 직접적으로 추정하는 경우, 자본적 지출은 각 차년도 초기나 중기에 실행되는 것으로 하며, 자본적 지출이 실행된 시점을 알 수 없으면 각 차년도 중기에 실행되는 것으로 가정한다.

② 간접적 추정

유사기업이나 동 업종 재무정보 등을 이용하여 감가상각비를 간접적으로 추정할 경우, 자본적 지출과 마찬가지로 감가상각비는 각 차년도 매출증가액에 비례하는 것으로 보아 추정한다. 이 경우, 감가상각비가 음이 되면 감가상각비가 없는 것으로 한다.

감가상각비를 간접적으로 추정할 경우 이용하는 재무정보로는 감가상각비율(감가상각비÷매출액)이 있으며, 감가상각비는 [식 2-13]과 같이 각 차년도 매출증가액에 감가상각비율을 곱하여 구한다.

$$\text{감가상각비}_t$$
$$= \text{매출증가액}(\text{기술매출액}_t - \text{기술매출액}_{t-1}) \times \text{감가상각비율} \cdots\cdots \quad [\text{식 } 2\text{-}13]$$

여기서,

$$\text{감가상각비율} = \frac{\text{감가상각비(제조원가와 판관비의 유무형자산 감가상각비의 합)}}{\text{매출액}}$$

매출액, 즉 기술매출액이 감소하는 차년도에는 감가상각비가 음이 되며, 동 차년도에는 감가상각비가 없는 것으로 한다. 즉, 감가상각비가 양(Plus)이 되는 차년도의 감가상각비만을 추정한다.

6) 운전자본증감액

(1) 운전자본증감액 추정원칙

운전자본증감액은 평가대상기술이 적용된 제품의 사업화 과정에서 보유하게 되는 매출채권이나 재고자산 그리고 매입채무 등과 같은 운전자본 항목에 대한 지출액을 말한다. 여기서, 매출채권이나 재고자산은 제품의 사업화 과정에서 지출한 자본이며, 매입채무는 제품의 사업화 과정에서 지출이 유예된 자본을 말한다. 따라서 운전자본증감액은 매출채권증감액과 재고자산증감액을 합한 값에서 매입채무증감액을 차감하여 산출한다.

운전자본증감액은 사업화 주체의 사업계획이나 실적을 반영하여 직접적으로 추정하는 것이 원칙이다. 그러나 사업화 주체가 창업기업이거나 사업계획이 확정되지 않아 운전자본증감액의 직접적인 추정이 어려운 경우, 유사기업이나 동 업종의 재무정보 등을 이용하여 간접적으로 추정할 수 있다. 이 경우, 사업화 주체의 운전자본 실태를 파악하여 최대한 반영해야 하며, 운전자본증감액 추정에서 발생하는 왜곡의 최소화를 위해 주의해야 한다.

계속사업을 영위 중인 사업화 주체가 기술평가기준일 이전에 지출한 운전자본을 보유한 경우, 기지출한 운전자본을 타당한 근거제시 없이 여유현금흐름 추정에 반영(예를 들어서, 1차년도 운전자본증감액에 반영)하고 최종 연도에 회수하면 기술가치평가에 왜곡이 발생한다는 점에 주의해야 한다.

사업화 주체가 기술평가기준일 현재 평가대상기술이 적용된 제품 관련 계속사업을 영위하면서 매출을 기록하고 있으며, 동 제품의 매출이 여타 제품의 매출과 분리 가능한 경우, 1차년도 운전자본증감액은 1차년도 매출액과 그 직전 차년도 매출액의 차액(즉, 1차년도 매출증감액)에 운전자본소요율을 곱하여 추정한다.

(2) 운전자본증감액 추정법

운전자본증감액은 운전자본 항목별로 직접적으로 추정하거나 유사기업이나 동 업종의 재무정보 등을 이용하여 간접적으로 추정할 수 있다.

① 직접적 추정

사업화 주체는 제품의 사업화를 위해 지출한 매출채권과 재고자산의 합계액에서 지출이 유예된 매입채무를 차감한 금액만큼을 운전자본으로 확보해야 하며, 운전자본증감액은 [식 2-14]와 같이 매출채권증감액과 재고자산증감액의 합계에서 매입채무증감액을 차감하여 결정한다.

운전자본증감액

= (매출채권증감액 + 재고자산증감액) − 매입채무증감액 ………………………… [식 2-14]

여기서, 각 증감액은 해당차년도(t)와 직전차년도($t-1$)의 차액을 말함

② 간접적 추정

운전자본증감액을 간접적으로 추정하는 경우, 운전자본증감액은 각 차년도 매출증감액에 비례하는 것으로 가정하여 추정하며, 음의 매출증감액 발생 차년도를 포함한 여유현금흐름 추정 전 기간에 걸쳐 추정한다.

운전자본증감액 추정에 이용하는 재무정보로는 운전자본소요율이 있으며, 운전자본증감액은 [식 2-15]와 같이 각 차년도 매출증감액에 운전자본소요율(1÷회전율)을 곱하여 결정한다(회전기간이 짧을수록 소요율은 감소함).

운전자본증감액_t

$= \text{매출증감액}(\text{기술매출액}_t - \text{기술매출액}_{t-1}) \times \text{운전자본소요율}$ ………………… [식 2-15]

여기서,

$$\text{운전자본소요율} = \frac{1}{\text{매출채권회전율}} + \frac{1}{\text{재고자산회전율}} - \frac{1}{\text{매입채무회전율}}$$

$$\text{각 회전율} = \frac{365\text{일}}{\text{각 회전기간}}, \text{ 또는}$$

$$\text{매출채권회전율} = \frac{\text{매출액}}{(\text{전기말 매출채권} + \text{당기말 매출채권}) \div 2}$$

$$\text{재고자산회전율} = \frac{\text{매출액}}{(\text{전기말 재고자산} + \text{당기말 재고자산}) \div 2}$$

$$\text{매입채무회전율} = \frac{\text{매출액}}{(\text{전기말 매입채무} + \text{당기말 매입채무}) \div 2}$$

7) 투자액 회수

(1) 투자액 회수 추정원칙

투자액 회수는 감가상각 이후에 남아 있는 자본적 지출의 잔여액과 운전자본의 잔여액 등 사업화 주체가 사업화에 투자한 금액 중 기술의 경제적 수명이 종료되는 시점까지 남아있는 잔여액의 처리에 관한 것이다.

평가대상기술의 사업화를 위해 사업화 주체가 투자한 자본적 지출의 잔여액(= 자본적 지출 합-감가상각비 합)과 운전자본의 잔여액(즉, 운전자본의 누계액)은 기술의 경제적 수명이 종료되는 차년도에 전액 회수하는 것이 원칙이다(즉, 자본적 지출의 잔여액 + 운전자본의 잔여액 = 투자액 회수).

잔여액의 전액회수 원칙에도 불구하고, 자본적 지출에 대해서는 항목별(건물 및 구축물, 기계장치, 무형자산, 기타 자본적 지출 등)로 잔여액의 자산가치를 검토해 회수금액을 결정하며, 운전자본에 대해서는 항목별(매출채권, 재고자산)로 잔여액의 회수 가능성을 검토해 회수금액을 결정한다.

기술의 경제적 수명이 종료되는 차년도에 자본적 지출의 잔여액의 자산가치가 낮거나 거래(현금화)가 어려울 것으로 예측되면 잔여액을 감액하거나 투자액 회수에서 제외해야 한다. 운전자본의 잔여액도 회수가 어려울 것으로 예측되면 잔여액을 투자액 회수에서 제외하거나 감액해야 한다. 자산가치가 낮은 자본적 지출의 잔여액과 회수 가능성이 낮은 운전자본의 잔여액을 과도하게 회수하면 기술가치평가에 왜곡이 발생할 수 있다.

창업기업 등 사업화 주체의 사업계획이 확정되지 않아 자본적 지출과 감가상각비 그리고 운전자본증감액을 간접적으로 추정한 경우, 자본적 지출의 잔여액(자본적 지출 합-감가상각비 합)과 운전자본의 잔여액(즉, 운전자본의 누계액)을 전액 회수하는 것으로 처리할 수 있다.

(2) 투자액 회수 추정법

투자액 회수는 자본적 지출의 잔여액(자본적 지출 합-감가상각비 합)과 운전자본의 잔여액(즉, 운전자본의 누계액)을 기술의 경제적 수명이 종료되는 시점(차년도)에 회수하는 것을 말하며, [식 2-16]과 같이 표현된다. 즉, 투자액 회수는 자본적 지출 합(A)에서 감가상각비 합(B)을 차감한 자본적 지출의 잔여액(A−B)에 운전자본의 잔여액(C)을 가산하여 구한다.

투자액 회수 = 자본적 지출의 잔여액(즉, 자본적 지출 합−감가상각비 합)

+운전자본의 잔여액(즉, 운전자본의 누계액) .... [식 2-16]

즉,

투자액 회수 = (A−B)+C

여기서, A: 자본적 지출 합, B: 감가상각비 합, C: 운전자본의 누계액

감가상각 이후 남아있는 자본적 지출의 잔여액은 기술의 경제적 수명이 종료되는 차년도에 회수하며, 자본적 지출의 항목별로 자산가치를 검토하여 회수금액을 조정한다.

건물이나 구축물 그리고 범용 기계장치 등에 대한 자본적 지출은 거래시장이 존재하면 거래가(시장가치)를 반영해 회수금액을 결정한다. 원칙적으로, 이들의 거래가가 자본적 지출의 잔여액보다 높다고 해서 잔여액 이상으로 회수할 수 없다. 예외적으로, 공급보다 수요가 우세한 거래시장인 경우, 기술평가자의 합의로 잔여액보다 높은 거래가를 회수금액으로 결정할 수 있으나, 거래가를 회수금액으로 결정한 타당한 근거를 제시해야 한다.

특수 구축물이나 기계장치 등에 대한 거래시장이 존재하지 않으면 회수금액이 없는 것으로 처리하거나, 자본적 지출의 잔여액 이하로 회수금액을 조정해야 한다. 무형자산은 거래시장이 있으면 감가상각 이후 잔여액과 상관없이 거래가를 반영해 회수금액을 결정할 수 있으나, 거래시장이 없거나 거래시장이 있어도 거래가 어려울 것으로 판단되면 회수금액이 없는 것으로 한다.

운전자본의 잔여액은 기술의 경제적 수명이 종료되는 차년도에 전액 회수하는 것이 원칙이나, 운전자본의 항목별로 회수 가능성이 낮은 경우에는 회수금액을 조정(감액)한다. 매출채권이나 재고자산에 투입된 운전자본의 잔여액에 대한 회수 가능성을 예측할 수 없거나 회수가 어려우면 회수금액이 없는 것으로 처리한다. 매출채권의 경우 거래처의 신용도 그리고 재고자산의 경우 시장에서의 가치를 고려하여 회수금액을 조정한다.

5. 할인율(r) 추정

1) 할인율의 정의

기술가치평가에서 할인율(r)은 여유현금흐름 추정기간에 발생하는 여유현금흐름을 기술평가기준일의 가치로 환산하기 위한 환산율을 의미한다. 할인율은 일반적으로 기업가치평가에 활용되는 개념으로, 미래에 발생하는 수익을 현재가치(현가)로 환산하거나 미래에 기대하는 목표 수익을 위해 현재 투자해야 할 금액을 산정할 때 이용한다. 한편, 이자율은 현재나 과거를 기준으로 미래나 현재의 수익을 계산할 때 이용하는 기대 이자율(ir)을 의미하며, 할인율과 이자율을 상호 비교하여 〈개념과 정의 2-3〉에 설명하였다.

개념과 정의 2-3

개념: 할인율(환산율), 이자율(기대 이자율)

① **할인율(환산율, r)**: 미래 특정 기간까지 발생할 수익을 현재가치로 환산하거나 미래의 목표 수익을 위해 현재 투자해야 할 금액을 산정할 때 이용(예: 미래 5년 동안 발생할 복리이자 수익을 할인율을 이용해 현가로 환산하며, 이렇게 환산된 금액은 5년 동안 수익을 위해 현재 투자해야 할 금액이 됨).

② **이자율(기대 이자율, ir)**: 현재나 과거를 기준으로 미래나 현재의 특정 기간까지 발생할 수익을 계산할 때 이용(예: 현재 기준 미래 5년 동안 발생할 복리이자 수익의 계산, 과거 기준 현재까지 5년 동안 발생한 수익의 계산)

할인율은 미래의 수익을 현재가치로 환산하는 환산율로서, 수익을 위해 투자된 자본의 종류(타인자본과 자기자본)별로 자본의 조달 및 제품의 사업화에 수반되는 모든 위험요소를 반영하여 결정해야 한다. 할인율이 커지면(위험요소가 증가하면) 여유현금흐름의 현재가치는 감소하고, 할인율이 작아지면(위험요소가 감소하면) 여유현금흐름의 현재가치는 증가하게 된다.

할인율에는 자본(타인자본과 자기자본)의 조달과 제품의 사업화에 수반되는 모든 위험요소가 반영되어야 하나, 모든 위험요소를 파악하여 할인율에 반영하는 것은 현실적으로 어렵다. 이 때문에 실무적으로, 위험프리미엄(Risk premium)이 반영된 타인자본비용(Kd)과 자기자본비용(Ke)을 구하고, 이 둘을 가중 평균한 값을 기술가치평가의 할인율로 이용한다. 여기서, 위험프리미엄은 위험요소를 반영하기 위한 가산금리(Spread)를 의미한다.

타인자본비용(Kd)은 타인으로부터 차입한 자본에 대한 금융비용을 말하며(타인자본 금융비용), 자기자본비용(Ke)은 타인에 대한 직접적인 금융비용의 지출이 없이 장기적으로 운용이 가능한 주주 투자금과 같은 자기자본의 가치 유지를 위해 필요한 수익률을 말한다(자기자본 금융비용).

2) 할인율의 추정원칙

기술가치평가에서는 위험프리미엄이 반영된 타인자본비용(Kd)과 자기자본비용(Ke)을 가중 평균하여 나온 값을 할인율로 이용하며, 이 값을 가중평균자본비용(WACC, Weighted Average Cost of Capital)이라고 한다. 가중평균자본비용은 다음의 [식 2-17]과 같이 표현된다.

기술가치평가의 할인율(r) = 가중평균자본비용($WACC$)

= {타인자본비용(1−법인세율 또는 소득세율)×타인자본구성비}+{자기자본비용×자기자본구성비}

$$= \left\{ Kd(1-\tau) \times \frac{D}{D+E} + Ke \times \frac{E}{D+E} \right\} \qquad \text{[식 2-17]}$$

여기서,

τ: 실효(평균) 법인세율 또는 실효(평균) 소득세율

$$\text{타인자본구성비} = \frac{\text{타인자본비율}(D)}{\text{타인자본비율}(D)+\text{자기자본비율}(E)}$$

$$\text{자기자본구성비} = \frac{\text{자기자본비율}(E)}{\text{타인자본비율}(D)+\text{자기자본비율}(E)}$$

타인자본비용(Kd, 타인자본 금융비용)은 사업화 주체, 유사기업, 상장기업 등의 재무분석을 통해 비교적 객관적인 추정이 가능하며, 주로 상장기업의 타인자본비용을 이용하여 추정한다.

자기자본비용(Ke, 자기자본 금융비용)은 객관적인 측정이 어려운 현실을 고려하여 자본시장에서 취득한 정보로부터 산출한 자본자산가치모형(CAPM, Capital Asset

Pricing Model)을 대용치로 활용하여 추정하며, 주로 상장기업의 CAPM을 이용하여 추정한다.

3) 타인자본비용

타인자본비용(Kd)은 미래에 발생할 수익을 위해 타인으로부터 조달한 자본(부채)에 지급하는 금융비용(이자)을 말한다. 사업화 주체가 비상장 중소기업이면, 타인자본비용은 [식 2-18]과 같이 **상장기업의 업종별 타인자본비용 평균**에 **중소기업 유형별 위험프리미엄**(가산금리)을 가산하여 산출한다.

중소기업의 타인자본비용(Kd)
= 상장기업의 업종별 타인자본비용 평균
+ 중소기업 유형별 위험프리미엄(가산금리) ·· [식 2-18]

중소기업의 유형은 중소기업의 규모에 따라 비상장 대기업, 비상장 중기업, 비상장 소기업, 비상장 창업기업으로 구분한다. 기술평가자는 평가대상기술이 적용된 제품의 사업화에 나서는 사업화 주체의 업종과 규모를 고려하여 어떤 유형의 중소기업으로 분류할지 결정해야 한다.

(1) 상장기업의 업종별 타인자본비용 평균

상장기업의 업종별 타인자본비용 평균은 동일 업종에 속한 상장기업들의 타인자본에 대한 금융비용(이자)의 평균값을 말하며, 업종별로 산출하여 주어진다. 즉, 상장기업의 업종별 타인자본비용 평균은 동일 업종에 속한 각 상장기업의 타인자본비용을 구하고, 이들을 평균하여 산출한다.

각 상장기업의 업종별 타인자본비용은 [식 2-19]와 같이 동일 업종에 속한 상장기업의 재무상태표(대차대조표)의 이자지급성 부채에 대한 손익계산서의 금융비용의 비율로 나타낼 수 있다.

상장기업의 업종별 타인자본비용(%)

$$= \frac{\text{손익계산서의 금융비용}}{\text{재무상태표의 이자지급성 부채}} \times 100 \quad \cdots\cdots \quad [식\ 2\text{-}19]$$

재무상태표의 이자지급성 부채로는 단기차입금이나 장기차입금 그리고 유동성 장기부채나 회사채 등이 있으며, 손익계산서의 금융비용으로는 차입금이나 부채 그리고 회사채 등에 대해 지급한 이자가 있다.

(2) 중소기업 유형별 위험프리미엄

중소기업 유형별 위험프리미엄은 차입금이나 부채 그리고 회사채에 대한 금리를 정할 때 기준금리에 더하는 가산금리이며, 기술가치평가에서는 기준금리에 해당하는 상장기업의 업종별 타인자본비용 평균에 비상장기업의 유형(규모)에 따른 위험을 반영하기 위한 가산금리를 의미한다.

중소기업 유형별 위험프리미엄은 중소기업의 유형별로 주어지며, 〈표 2-15〉에 예시한 국내 민간 채권평가사들의 신용등급별 무보증 회사채 수익률 Spread를 이용하여 산출한다. 〈표 2-15〉에 나타낸 신용등급별 무보증 회사채 수익률 Spread는 회사채 차입기간과 신용등급별로 기준금리에 해당하는 국고채 발행 이자율에 더하는 가산금리를 나타낸다.

〈표 2-15〉 신용등급별 무보증 회사채 수익률 Spread(예시) (2020년 ○월 ○일)

(단위: %)

구분	차입기간 / 신용등급	3개월	6개월	9개월	1년	1.5년	2년	3년	5년	**평균**
국고채	-	0.87	0.88	0.88	0.88	0.93	0.98	1.02	1.19	0.83
무보증 회사채 수익률 Spread	AAA~ A+	생략	생략	생략	생략	생략	생략	생략	생략	생략
	A(기준등급)	1.46	1.49	1.52	1.55	1.59	1.67	1.97	2.58	**1.73**
	A-	1.69	1.73	1.79	1.83	1.89	2.04	2.42	3.18	2.07
	BBB+	2.31	2.69	3.07	3.30	3.69	4.28	5.01	5.31	3.71
	BBB	2.69	3.19	3.65	3.97	4.50	5.22	6.06	6.36	4.46
	BBB-	3.36	3.98	4.58	4.95	5.61	6.37	7.42	7.78	5.51
	BB+ ~B	-	-	-	-	-	-	-	-	-

상기 〈표 2-15〉에 예시한 바와 같이, 신용등급별 무보증 회사채 수익률 Spread에서 각 등급별 평균 Spread를 구하고, 동 평균 Spread와 상장기업의 업종별 타인자본비용 평균을 비교하여 기준 신용등급(기준등급, 일례로 〈표 2-15〉에서는 A등급)을 정한다. 기준등급에 해당하는 평균 Spread(1.73)와 하위 신용등급에 해당하는 평균 Spread들의 차이를 각 중소기업 유형별 위험프리미엄으로 하며, 〈표 2-16〉과 같이 중소기업 유형별 위험프리미엄은 중소기업의 규모가 작아질수록 증가한다.

〈표 2-16〉 중소기업 유형별 위험프리미엄 예시

(단위: %)

중소기업 유형	비상장 대기업 (A~A-)	비상장 중기업 (A~BBB+)	비상장 소기업 (A~BBB)	비상장 창업기업 (A~BBB-)
위험프리미엄	0.34	1.98	2.73	3.78

중소기업 유형별 위험프리미엄은 중소기의 유형(규모)에 따른 위험요소를 반영하기 위한 가산금리이기 때문에 대기업이나 상장기업을 대상으로 한 기술가치 평가에는 적용하지 않는다.

상기 〈표 2-15〉에 예시한 신용등급별 무보증 회사채 수익률 Spread에는 BB+ 신용등급부터 B 신용등급까지의 수익률 Spread와 평균 Spread가 주어지지 않았다. 만약 이들 신용등급에 대한 수익률 Spread와 평균 Spread가 필요하다면, 주어진 AAA 신용등급부터 BBB- 신용등급까지의 수익률 Spread와 평균 Spread에 단순회귀분석법(제5부 매출액 추정방법과 추정사례의 인과관계분석법과 사례 참고요)을 적용하여 추정한다.

(3) 타인자본비용의 추정(예시)

전술한 상장기업의 업종별 타인자본비용 평균과 중소기업 유형별 위험프리미엄을 이용하여 타인자본비용(Kd)을 추정할 수 있다. 한국표준산업분류의 전기장비 제조업(28xxx)과 자동차 및 트레일러 제조업(30xxx)의 상장기업의 업종별 타인자본비용 평균이 각각 4.45%와 4.22%이고, 두 업종의 중소기업 유형별 위험프리미엄이 〈표 2-16〉과 같이 주어질 경우, 이들 두 업종의 타인자본비용을 추정한 예시를 〈표 2-17〉에 나타내었다.

〈표 2-17〉 타인자본비용 추정(예시)

(단위: %)

업종	구분	비상장 대기업	비상장 중기업	비상장 소기업	비상장 창업기업
전기장비 제조업 (28xxx)	상장기업 타인자본비용 평균	4.45			
	유형별 위험프리미엄	0.34	1.98	2.73	3.78
	타인자본비용	4.79	6.43	7.18	8.23
자동차 및 트레일러 제조업(30xxx)	상장기업 타인자본비용 평균	4.22			
	유형별 위험프리미엄	0.34	1.98	2.73	3.78
	타인자본비용	4.56	6.20	6.95	8.00

4) 자기자본비용

자기자본비용(Ke)은 기업이 조달한 자기자본의 가치를 유지하기 위한 최소한의 수익률로서, 자기자본비용 이하의 수익률은 자기자본의 가치를 감소시킨다. 따라서, 기업이 신규투자를 검토할 경우, 이러한 투자를 통해 발생하는 수익률은 반드시 자기자본비용 이상이 되도록 해야 한다.

사업화 주체가 비상장 중소기업인 경우, 자기자본비용은 [식 2-20]과 같이 상장기업의 업종별 CAPM(Capital Asset Pricing Model, 자본자산가치모형)에 위험프리미엄을 가산하여 산출한다. 여기서, 자본자산(Capital Asset)이란 투자자가 미래의 수익을 목표로 보유하고 있는 자산으로서, 주식이나 채권 등과 같은 유가증권을 말한다.

중소기업의 자기자본비용을 추정하기 위해 상장기업의 업종별 CAPM에 가산하는 위험프리미엄은 [식 2-20] 아래에 나타낸 것과 같이 중소기업 유형별 위험프리미엄과 사업화 위험프리미엄의 합으로 나타낼 수 있다. 여기서, 중소기업 유형별 위험프리미엄은 대기업이나 상장기업을 대상으로 한 기술가치평가에서는 고려하지 않는다.

중소기업의 자기자본비용(Ke)

= 상장기업의 업종별 CAPM + 위험프리미엄 ······································ [식 2-20]

여기서,

위험프리미엄 = 중소기업 유형별 위험프리미엄 + 사업화 위험프리미엄

(1) 상장기업의 업종별 CAPM

CAPM(자본자산가치모형)이란 투자자가 보유한 자본자산으로부터 기대하는 수익률(업종별 자본자산의 기대수익률)과 위험을 설명하는 모형이다. 동 모형에 따르면, 상장기업의 자본자산인 개별주식의 기대수익률은 개별주식의 위험 민감계수(β)와 비례관계에 있다.

상장기업의 업종별 CAPM은 [식 2-21]에 나타낸 것과 같이 무위험이자율(Rf)에 개별주식의 위험 민감계수(β)가 반영된 시장위험프리미엄(이를 '업종별 시장위험프리미엄'이라고 함)을 더하여 업종별로 산출한다.

상장기업의 업종별 $CAPM = Rf + \beta\{E(\mathrm{Rm}) - \mathrm{Rf}\}$ ······························ [식 2-21]

if $\beta = 0$, *then* $CAPM = Rf$, if $\beta = 1$, *then* $CAPM = E(\mathrm{Rm})$

여기서,

Rf : 무위험이자율(수익률)

β: 개별주식(혹은 자본자산 또는 기업)의 위험 민감계수

$E(\mathrm{Rm})$: 시장(투자자) 기대수익률, $\{E(\mathrm{Rm}) - \mathrm{Rf}\}$: 시장위험프리미엄

$\beta\{E(\mathrm{Rm}) - \mathrm{Rf}\}$: 업종별 시장위험프리미엄

무위험이자율(Rf)은 지급불이행의 위험이 없는 장기 국고채나 정기예금과 같은 채권의 이자율(수익률)로서, 기술가치평가에서는 〈표 2-15〉의 5년 만기 국고채 발행 이자율(수익률)의 평균을 무위험이자율로 이용할 수 있다.

개별주식의 위험민감계수(β)는 [식 2-22]에 나타낸 것과 같이 전체 주식시장의 체계적 위험에 대한 민감도를 '1'로 하였을 때 개별주식의 위험 민감도를 상대적으로 나타내는 지표이다. 여기서, 전체 주식시장의 체계적 위험은 자본시장의 변동에 따라 자본자산에서 발생하는 제거 불가능한 본질적 위험을 말한다(〈개념과 정의 2-4〉 참고).

개별주식의 위험민감계수(β)

$$= \frac{\text{개별주식의 위험민감도}}{\text{전체주식시장의 체계적 위험에 대한 민감도}(=1)} \quad \text{[식 2-22]}$$

전체 주식시장의 체계적 위험은 시장포트폴리오를 구성하여 투자할 때의 수익률인 **'시장포트폴리오 수익률'**을 말하며, '시장포트폴리오 수익률'의 대용치로 시가총액방식의 종합주가지수 변화율(즉, KOSPI 변화율)이 사용된다. 여기서, **시장포트폴리오**란 주식시장에서 모든 개별주식이 시가총액에서 차지하는 비율대로 투자 포트폴리오를 구성하는 것을 말하며, 이때 발생한 수익률을 시장포트폴리오 수익률이라고 한다(〈개념과 정의 2-4〉 참고).

개념과 정의 2-4

개념: 체계적 위험과 비체계적 위험

① **체계적 위험:** 투자자가 보유한 자본자산에 대한 위험 중 자본시장의 변동에 의한 본질적인 위험으로서, 주식의 분산투자로도 제거할 수 없는 위험임.

② **비체계적 위험:** 투자자가 보유한 자본자산에 대한 위험 중 자본시장의 변동과 무관하게 기업 고유의 요인 때문에 발생하는 위험으로서, 주식의 분산투자로 제거할 수 있는 위험임.

개념: 시장포트폴리오와 시장포트폴리오 수익률

① **시장포트폴리오:** 가장 효율적인 투자를 위해 구성하는 포트폴리오로서, 상장된 모든 기업에 대해 각 기업의 주식이 시가총액에서 차지하는 비율로 분산투자를 할 때의 포트폴리오를 말함(예를 들어, 상장된 모든 기업이 3개이고, 3개 기업의 주식이 시가총액 기준으로 50%, 30%, 20%를 차지할 때, 동 비율로 투자 포트폴리오를 구성하는 것을 말함).

② **시장포트폴리오 수익률:** 시장포트폴리오를 구성하여 투자할 때의 수익률이며, 시가총액 방식의 종합주가지수 변화율(KOSPI 변화율)을 의미함.

따라서, [식 2-22]에 나타낸 개별주식의 위험민감계수(β)는 [식 2-23]에 나타낸 것과 같이 시장포트폴리오 수익률을 '1'로 하였을 때 개별주식 수익률(월간 평균)의 상대적인 변화로 정의할 수 있으며(즉, 시장포트폴리오 수익률의 변화에 대한 개별주식 수익률의 상대적인 변화 비율로서, 시장포트폴리오 수익률 대비 개별주식 수익률의 변화 민감도를 나타냄), 이와 같은 정의는 종합주가지수 변화율을 '1'로 하였을 때 개별주식 주가의 상대적인 변화율(월간 평균)과도 같다.

개별주식의 위험민감계수(β)

$$= \frac{\text{개별주식 수익률의 변화}}{\text{시장포트폴리오 수익률}(=1)} = \frac{\text{개별주식 주가 변화율}}{\text{종합주가지수 변화율}(=1)} \quad \cdots\cdots\cdots \text{[식 2-23]}$$

전술한 시장포트폴리오 수익률 대비 개별주식의 수익률의 변화 민감도, 즉, 개별주식의 위험민감계수(β)를 〈표 2-18〉에 구체적으로 설명하였다. 주가의 변화가 크지 않은 상장기업은 시장포트폴리오 수익률 대비 개별주식의 수익률 변화가 적어 개별주식의 위험민감도가 낮으며(즉, 개별주식의 위험민감계수 $\beta<1$), 주가의 변화가 큰 상장기업은 시장포트폴리오 수익률 대비 개별주식의 수익률 변화가 커 개별주식의 위험민감도가 높다(즉, 개별주식의 위험민감계수 $\beta>1$).

또한, 〈표 2-18〉에 설명한 것과 같이, 개별주식의 위험민감계수(β)가 '0'일 때(이를 Zero β 포트폴리오 수익률이라고 하며, 개별주식의 수익률 변화 = 0인 경우를 말함), [식 2-21]에서 상장기업의 업종별 CAPM은 '무위험이자율(Rf)'이 된다. 개별주식의 위험민감계수(β)가 '1'일 때, [식 2-21]에서 상장기업의 업종별 CAPM은 '시장(투자자) 기대수익률{E(Rm)}'이 되며, '시장(투자자) 기대수익률{E(Rm)}'은 다년간(일반적으로, 최근 10년간)의 평균 시장포트폴리오 수익률을 의미한다.

〈표 2-18〉 개별주식의 위험민감계수(β)의 설명

β값	설명
$\beta=1$	시장포트폴리오 수익률과 개별주식의 수익률 변화가 같음. 이때, CAPM = E(Rm) = 시장(투자자) 기대수익률
$\beta>1$	시장포트폴리오 수익률보다 개별주식의 수익률 변화가 큼
$\beta<1$	시장포트폴리오 수익률보다 개별주식의 수익률 변화가 적음
$\beta=0$	Zero β 포트폴리오 수익률(개별주식 수익률 변화 = 0) 이때, CAPM = Rf(무위험이자율)

기술가치평가에서 개별주식의 위험민감계수(β)는 동일 업종에 속한 개별 상장기업들의 위험민감계수를 평균하여 구한다. 따라서, 개별주식의 위험민감계수(β)가 업종별로 주어지기 때문에 CAPM과 시장위험프리미엄{E(Rm) − Rf}은 업종별로 주어진다.

시장(투자자)기대 수익률{E(Rm)}은 투자자가 주식시장에서 기대하는 수익률로서, 보통 최근 10년간 종합주가지수(KOSPI)의 일간 또는 월간 종가 변화율을 산술평균하여 구한다. 여기서, 10년간 종합주가지수(KOSPI)의 일간 또는 월간 종가 변화율 평균은 10년간 평균 시장포트폴리오 수익률을 의미한다.

시장위험프리미엄{E(Rm)−Rf}은 시장(투자자)기대 수익률에서 무위험이자율을 차감한 것으로, 순수한 시장위험프리미엄을 나타내는 지표로 활용된다. 시장위험프리미엄에 개별주식의 위험민감계수(β)를 곱하여 업종별 시장위험프리미엄을 산출한다.

(2) 위험프리미엄

자기자본비용에서 위험프리미엄은 **중소기업 유형별 위험프리미엄과 사업화 위험프리미엄**의 등의 항목이 있으며, 기술평가기관은 기업의 규모나 업종의 특성을 반영하여 위험프리미엄 항목을 삭제하거나 신설할 수 있다.

중소기업 유형별 위험프리미엄은 타인자본비용과 마찬가지로 비상장기업의 유형(규모)에 따른 위험을 반영하기 위한 가산금리(Spread)를 나타내며, 중소기업의 업종에 따라 유형별로 주어진다.

중소기업의 유형은 중소기업의 규모에 따라 비상장 대기업, 비상장 중기업, 비상장 소기업, 비상장 창업기업으로 구분하며, 기술평가자는 사업화 주체의 업종과 규모를 고려하여 중소기업의 유형을 결정해야 한다.

비상장 중소기업의 경우, 자기자본에 영향을 미치는 중소기업 유형별 위험프리미엄의 추정에 활용할 수 있는 통계 자료의 획득이 어렵다. 따라서, 상장기업을 대상으로 구축된 획득 가능한 통계 자료를 이용하여 중소기업 유형별 위험프리미엄을 추정하는 것이 합리적이다.

중소기업 유형별 위험프리미엄은 획득 가능한 자료인 상장기업의 업종별 개별주식의 위험민감계수(β) 분포를 이용하여 추정한다. 구체적으로, 상장기업의 업종별 개별주식의 위험민감계수(β)가 정규분포에 근사한 것으로 가정하고, 업종별 분포에서 누적(오름차순) 60%, 70%, 80%, 90%에 해당하는 β값을 각각 비상장 대기업, 비상장 중기업, 비상장 소기업, 비상장 창업기업의 유형별 위험프리미엄의 대용치로 활용한다. 〈표 2-19〉에 누적 60%, 70%, 80%, 90%에 해당하는 β값 분포를 전체 업종과 C30xxx 업종에 대해 나타내었다.

〈표 2-19〉 중소기업 유형별 위험프리미엄(예시)

(단위: %)

위험 프리미엄 \ 기업유형	중소기업 유형			
	비상장 대기업 (누적 60%의 β)	비상장 중기업 (누적 70%의 β)	비상장 소기업 (누적 80%의 β)	비상장 창업기업 (누적 90%의 β)
전체 업종의 위험프리미엄	0.60~1.50 사이에 분포	1.40~2.80 사이에 분포	2.20~5.00 사이에 분포	3.30~7.50 사이에 분포
C30xxx업종의 위험프리미엄	0.74	1.54	2.47	3.76

중소기업 유형별 위험프리미엄은 중소기업의 규모가 작아질수록 증가하며, 중소기의 유형(규모)에 따른 위험요소를 반영하기 위한 가산금리이기 때문에 대기업이나 상장기업에 대한 기술가치평가에는 적용하지 않는다.

사업화 위험프리미엄은 가산금리로서 모든 업종에 대해 동일한 평가항목과 수식을 이용하여 산정하며, 기술평가기준일 시점에 평가대상기술의 사업화에 수반되는 위험요소를 평가하여 자기자본비용에 반영하기 위한 것이다. 기술평가기관은 독자적인 방법으로 사업화에 수반되는 위험을 평가하여 사업화 위험프리미엄을 산정할 수 있다.

사업화 위험프리미엄은 〈표 2-20〉과 같이, 사업화에 수반되는 기술과 권리 위험요소 그리고 시장과 사업 위험요소로 구성된 평가지표에 평점을 부여하고, 평점합을 [식 2-24]의 자연로그함수에 적용하여 구한다.

〈표 2-20〉 사업화 위험프리미엄 평가표(예시)

기술과 권리 위험요소*	평점	시장과 사업 위험요소*	평점
1.1 기술의 우월성	5/4/3/2/1	3.1 시장 진입성	5/4/3/2/1
1.4 기술의 대체 가능성	5/4/3/2/1	3.2 시장 성장성	5/4/3/2/1
1.5 기술수명주기(기술의 진부화)	5/4/3/2/1	3.4 동적 경쟁성(동적 경쟁강도)	5/4/3/2/1
2.3 법적 보호강도(침해 가능성)	5/4/3/2/1	4.3 수익성(영업이익률)	5/4/3/2/1
2.4 권리의 안정성(모방 가능성)	5/4/3/2/1	4.5 개발 용이성 or 4.6 생산 용이성**	5/4/3/2/1
평점합		50~10점(실무에서는 최소 20점 이상)	

* 각 평가지표(위험요소)의 정의와 평가기준은 제10부 참고.

** 개발 or 생산단계에 따라 선택하여 평가

산업통상자원부의 『기술평가실무가이드』의 사업화 위험프리미엄 평가표에 따르면, 사업화에 수반되는 위험요소(평가지표)는 기술성 3개, 권리성 2개, 시장성 3개, 사업성 2개 항목으로 구성되며, 이들 위험요소를 5점 척도로 평가하고, 평점합을 이용하여 사업화 위험프리미엄을 결정한다.

사업화 위험프리미엄은 [식 2-24]와 같이 평점합이 높을수록 일정 비율로 위험이 감소하고, 평점합이 낮을수록 일정 비율로 증가하는 자연로그함수를 이용하여 산출하며, 퍼센트로 나타내기 위해 산출값에 100을 곱한다.

$$\text{사업화 위험프리미엄} = -0.0709\ln\{(\text{평점합} \div 10) - 1\} + 0.1001 \quad \cdots\cdots \quad [\text{식 2-24}]$$

투자업계의 비상장 기업가치평가에 적용하는 자기자본비용의 범위(최소 10~25%)를 고려하여, 사업화 위험프리미엄의 최대치는 10.01%(평점합 20점)로 설정한다. 〈표 2-21〉은 일부 평점합에 대한 예시이며, 모든 평점합에 대응하는 사업화 위험프리미엄은 후술하는 〈표 3-1〉과 '별첨2'에 나타내었다.

〈표 2-21〉 사업화 위험프리미엄(일부 평점합에 대한 예시)

(단위: %)

평점합	50	45	40	35	30	25	20
사업화 위험프리미엄	0.18	1.13	2.22	3.51	5.10	7.14	10.01

(3) 자기자본비용의 추정(예시)

한국표준산업분류의 '자동차 및 트레일러 제조업(C30xxx)'에 속한 비상장 기업으로서, 무위험이자율(Rf, 5년 만기 국고채 수익률), 개별주식의 위험민감계수(β), 시장(투자자)기대 수익률{E(Rm)}, 전술한 중소기업 유형별 위험프리미엄이 〈표 2-22〉와 같이 주어진 경우, 상장기업의 업종별 CAPM과 사업화 위험프리미엄을 추정하여 자기자본비용(Ke)을 계산하는 과정을 설명한다.

〈표 2-22〉 자기자본비용 추정 (30xxx 업종)

(단위: %)

업종	Rf	β	E(Rm)	중소기업 유형별 위험프리미엄			
				비상장 대기업	비상장 중기업	비상장 소기업	비상장 창업기업
C30xxx	1.19	1.52	4.41	0.74	1.54	2.47	3.76

① C30xxx 업종에 속한 상장기업의 CAPM은 [식 2-25]와 같다.

$$CAPM = Rf + \beta\{E(\mathrm{Rm}) - \mathrm{Rf}\} = 1.19 + 1.52(4.41 - 1.19) = 6.08\%$$ [식 2-25]

② 사업화 위험프리미엄이 반영되지 않은 '자동차 및 트레일러 제조업(C30xxx)'의 자기자본비용(Ke)을 추정한 예시는 〈표 2-23〉과 같다.

〈표 2-23〉 자기자본비용 추정(예시, 사업화 위험프리미엄 반영 前)

(단위: %)

업종	구분	비상장 대기업	비상장 중기업	비상장 소기업	비상장 창업기업
자동차 및 트레일러 제조업(C30xxx)	상장기업의 CAPM	6.08			
	유형별 위험프리미엄	0.74	1.54	2.47	3.76
	자기자본비용	6.82	7.62	8.55	9.84

③ 사업화 주체가 한국표준산업분류상 '자동차 및 트레일러 제조업(C30xxx)'에 속한 비상장 소기업이며, 〈표 2-20〉의 사업화 위험프리미엄 평가표의 평점합이 40점이고, 동 평점합에 대응하는 사업화 위험프리미엄은 〈표 2-21〉에서 2.22%인 경우, 자기자본비용(Ke)은 [식 2-26]과 같다.

$$\text{자기자본비용}(Ke) = 8.55 + 2.22 = 10.77\%$$ [식 2-26]

5) 타인자본비율(D), 자기자본비율(E), 타인 및 자기자본구성비

사업화 주체의 재무상태표로부터 타인자본비율(D)과 자기자본비율(E)을 직접 산출하여 적용하며, 직접 산출이 불가능한 경우에는 비상장기업의 업종별 타인자본비율이나 자기자본비율에 관한 통계 자료를 인용할 수 있다(기술보증기금이나 한국평가데이터 등에서 수집한 재무제표를 활용하여 타인자본비율이나 자기자본비율에 관한 통계 자료를 생성할 수 있음).

재무상태표의 부채는 이자지급성 부채(단기차입금, 장기차입금, 유동성장기부채, 사채 등)와 비이자지급성 부채(매입채무, 선수금, 충당금 등)로 구성되어 있으며, 타인자본비율은 이자지급성 부채를 이용하여 계산한다.

타인자본비율은 [식 2-27]과 같이 이자지급성 부채비율을 이용하여 계산하며, 자기자본비율은 [식 2-28]과 같이 타인자본비율의 여집합으로 구할 수 있다. 타인자본구성비와 자기자본구성비는 [식 2-29]와 [식 2-30]과 같이 타인자본비율과 자기자본비율을 이용하여 산출한다.

$$\text{타인자본비율}(D) = \text{이자지급성부채비율} = \frac{\text{이자지급성부채}}{\text{이자지급성부채}+\text{자기자본}} \quad \text{[식 2-27]}$$

$$\text{자기자본비율}(E) = 1 - \text{타인자본비율}(D) = \frac{\text{자기자본}}{\text{이자지급성부채}+\text{자기자본}} \quad \text{[식 2-28]}$$

$$\text{타인자본구성비} = \frac{D}{D+E} \quad \text{[식 2-29]}$$

$$\text{자기자본구성비} = \frac{E}{D+E} \quad \text{[식 2-30]}$$

일례로서, [식 2-27]을 이용하여 구한 '자동차 및 트레일러 제조업(C30xxx)'의 타인자본비율이 40.14%로 계산된 경우, 자기자본비율은 [식 2-28]에서 100%−40.14%=59.86%로 주어진다. 이렇게 계산된 타인자본비율과 자기자본비율을 [식 2-29]과 [식 2-30]에 대입하여 구한 타인자본구성비는 40.14%이며, 자기자본구성비는 59.86%가 된다.

6) 할인율 산출(예시)

할인율(r)은 최신 자료로 갱신한 업종별 할인율 산출 참고표(일례로, 산업통상자원부 『기술평가실무가이드』의 부록인 '산업별 할인율')로부터 할인율을 구성하는 항목에 관한 정보를 획득하여 산출하거나, 기술평가기관이나 기술평가자가 업종이나 기업의 특성을 고려하여 할인율을 구성하는 항목들을 직접 산출할 수 있다. 일반적으로, 산업통상자원부 『기술평가실무가이드』 최신판(검색포털에서 '기술평가실무가이드' 검색)의 '산업별 할인율'에서 할인율을 구성하는 항목에 관한 정보를 획득하여 기술가치평가를 수행한다.

상장기업의 기업가치평가에 적용하는 할인율(r)인 가중평균자본비용(WACC)은 상장기업의 타인자본비용(업종별 평균)과 상장기업의 자기자본비용인 CAPM을 가중평균하여 산출한다. 그러나 중소기업인 경우, 기술가치평가에 적용하는 할인율(r)인 가중평균자본비용은 상장기업의 타인자본비용(업종별 평균)과 상장기업의 CAPM에 중소기업 유형별 위험프리미엄 및 사업화에 따른 위험프리미엄을 반영해 산출해야 한다.

한국표준산업분류의 '자동차 및 트레일러 제조업(C30xxx)'에 속한 비상장기업이 보유한 기술의 가치를 평가할 때 참고할 자료로서, 비상장 중소기업 유형별 위험프리미엄이 포함된 타인자본비용과 자기자본비용, 타인자본구성비와 자기자본구성비에 관한 정보를 〈표 2-24〉 자동차 및 트레일러 제조업의 할인율 산출 참고표(예시)에 나타내었다.

본 교재에서 할인율 추정 과정을 설명하기 위해 예시한 '〈표 2-24〉 자동차 및 트레일러 제조업(C30xxx)의 할인율 산출 참고표'의 타인자본비용과 자기자본비용 등의 상세한 추정과정은 전술한 타인자본비용의 추정(예시) 및 자기자본비용의 추정(예시) 등에 설명하였다.

〈표 2-24〉 자동차 및 트레일러 제조업의 할인율 산출 참고표(예시)

(단위: %)

구분	타인자본비용						자기자본비용 (사업화 위험프리미엄이 반영 前)					
업종	타인자본구성비	상장평균	비상장 중소기업 유형				자기자본구성비	CAPM	비상장 중소기업 유형			
			대	중	소	창업			대	중	소	창업
C30xxx	40.14	4.22	4.56	6.20	6.95	8.00	59.86	6.08	6.82	7.62	8.55	9.84

한국표준산업분류의 '자동차 및 트레일러 제조업(C30xxx)'에 속한 비상장 소기업이 보유한 기술의 가치를 평가할 때, 평균(실효) 법인세율이 15% 그리고 사업화 위험프리미엄이 2.22%(사업화 위험프리미엄 평가표의 평점합 40점에 대응한 사업화 위험프리미엄)로 주어진 경우, 할인율(r)은 〈표 2-24〉와 [식 2-31]로부터 8.82%로 계산된다.

타인자본비용(Kd) = 6.95%, 타인자본구성비 = 40.14%

자기자본비용(Ke) = 8.55+2.22 = 10.77%, 자기자본구성비 = 59.86%

기술가치평가의 할인율(r) = 가중평균자본비용($WACC$)

= {타인자본비용(1−법인세율 또는 소득세율)×타인자본구성비}+{자기자본비용×자기자본구성비}

$$= \left\{ Kd(1-\tau) \times \frac{D}{D+E} + Ke \times \frac{E}{D+E} \right\} \qquad \text{[식 2-31]}$$

= {6.95(1−0.1500)×0.4014+10.77×0.5986}

= 2.37+6.45

= 8.82%

7) 업종별 할인율 산출 참고표(예시)

상장기업과 비상장기업이 보유한 기술의 가치를 평가할 때 참고할 자료로서, 비상장 중소기업 유형별 위험프리미엄이 포함된 타인자본비용과 자기자본비용 그리고 타인자본구성비와 자기자본구성비에 대한 정보를 〈표 2-25〉의 일부 업종의 업종별 할인율(r) 산출 참고표에 예시하였다.

〈표 2-25〉 일부 업종별 할인율 산출 참고표(예시)

(단위: %)

구분	타인자본비용						자기자본비용(사업화 위험프리미엄 반영 前)					
업종	타인 자본 구성비	상장 평균	비상장 중소기업 유형				자기 자본 구성비	CA PM	비상장 중소기업 유형			
			대	중	소	창업			대	중	소	창업
10xxx	32.40	3.24	각 업종 상장 평균 + 0.34	각 업종 상장 평균 + 1.98	각 업종 상장 평균 + 2.73	각 업종 상장 평균 + 3.78	67.60	6.32	6.61	7.29	8.21	9.00
20xxx	25.52	3.91					74.48	7.15	7.61	8.69	10.16	11.41
41xxx	49.70	4.68					50.30	6.90	7.29	8.22	9.48	10.56
50xxx	50.29	4.20					49.71	6.21	6.56	7.39	8.51	9.46
60xxx	22.80	4.30					77.20	5.66	5.82	6.20	7.21	7.15
70xxx	20.01	4.95					79.99	8.85	9.20	10.0	11.1	12.01
85xxx	21.18	3.07					78.82	5.57	5.88	6.60	7.57	8.40
95xxx	55.51	4.20					44.49	6.24	6.59	7.42	8.54	9.49

* 실무에서 할인율은 산업통상자원부 『기술평가실무가이드』의 '산업별 할인율'을 참고하여 산출해야 함.

6. 기술기여도 추정

1) 기술기여도의 정의

기술가치평가에서 기술기여도(기술자산기여도)는 할인율을 적용하여 현재가치로 환산한 여유현금흐름의 합계액, 즉, **현가화(現價化)된 여유현금흐름 합계**(여유현금흐름의 현재가치 합계)에서 평가대상기술이라는 기술자산이 기여한 부분을 분리해내어 평가대상기술의 현재가치금액(기술가치평가금액, V_P)을 결정하기 위한 핵심변수(투입변수)를 의미한다.

기술가치평가에서 기술비중과 기술기여도는 서로 다른 개념이기 때문에 기술평가자들은 이들의 차이를 이해하고 평가에 임해야 한다. 기술비중과 기술기여도의 차이에 관한 이해를 돕기 위해 기술비중과 기술요소법에 의한 기술기여도를 〈개념과 정의 2-5〉에서 비교하여 설명한다.

개념과 정의 2-5

개념: 기술비중, 기술기여도(〈그림 2-2〉 참고)

① **기술비중:** 일반적으로, 제품은 평가대상기술 이외에 여러 가지 기술이 적용되어 완성되며, 완성된 제품은 판매되어 매출액으로 기록된다. 따라서, 제품의 판매로서 발생이 예상되는 추정매출액은 평가대상기술 이외에도 여러 기술에 의한 매출액을 포함하고 있다. 기술비중은 매출액 추정단계에서, 제품에 적용된 여러 기술 중에서 평가대상기술에 의한 매출액(즉, 기술매출액)만을 분리해내기 위한 여유현금흐름 변수를 말하며, 기술비중을 구하는 방법은 '제5부 매출액 추정방법과 추정사례'와 '별첨1'에서 자세히 설명한다.

② **기술기여도:** 평가대상기술이 적용된 제품의 개발에는 사업화 주체가 보유한 유형자산과 무형자산(유·무형자산) 그리고 인적자산이 투입되어야 한다. 전술한 기술비중을 적용하여 분리해낸 평가대상기술에 의한 매출액(기술매출액)도 유·무형자산 등의 자산이 기여한 부분을 포함하며, 이러한 기술매출액을 바탕으로 추정한 현가화된 여유현금흐름 합계도 유·무형자산 등이 기여한 부분을 포함하고 있다. 기술기여도는 기술가치평가 최종단계에서, 기술매출액을 바탕으로 추정한 현가화된 여유현금흐름 합계로부터 유·무형자산 중에서도 평가대상기술이라는 기술자산이 기여한 부분만을 분리해내어 평가대상기술의 현재가치금액(기술가치평가금액, V_p)을 결정하기 위한 핵심변수(결정변수)를 말한다.

③ **기술비중과 기술기여도의 관계:** 일차적으로, 매출액 추정단계에서 기술비중을 적용하여 분리해낸 기술매출액(제품에 적용된 여러 기술 중에서 평가대상기술에 의해 발생한 매출액이며, 동 기술매출액은 유·무형자산 등의 자산이 투입되어 발생함), 동 기술매출액을 기초로 산출된 여유현금흐름, 동 여유현금흐름에 할인율을 적용하여 현가화된 여유현금흐름 합계를 구한다. 다음으로, 기술가치평가 최종단계에서 동 현가화된 여유현금흐름 합계의 발생에 기여한 유·무형자산 등의 자산 중에서도 무형자산이 기여한 부분, 동 무형자산이 기여한 부분 중에서도 평가대상기술이라는 기술자산이 기여한 부분을 분리해내기 위한 핵심변수가 기술기여도이다. 기술비중과 기술기여도라는 개념의 정의는 〈그림 2-2〉를 통해 도식적으로 이해할 수 있다.

〈그림 2-2〉 기술비중과 기술기여도의 도식적 이해

2) 기술기여도의 추정원칙

기술기여도는 기술평가자들의 합의로 직접적으로 결정하거나, 기술이전이나 거래에서 관행적으로 적용하는 이익배분 비율을 준용하여 간편하게 결정할 수 있으며, 기술요소법과 같은 체계적인 방법으로 추정할 수 있다. 현가화된 여유현금흐름 합계(여유현금흐름의 현재가치 합계)에서 평가대상기술이라는 기술자산이 기여한 부분을 객관적인 자료를 이용하여 합리적으로 분리해낼 수 있는 경우, 기술기여도는 기술평가자들이 합의하여 직접적으로 결정하는 것을 원칙으로 한다.

3) 기술기여도의 추정법

(1) 직접적인 방법

평가대상기술을 적용한 경우와 적용하지 않는 경우 나타나는 현가화된 여유현금흐름 합계(또는 기술가치평가금액, V_P)의 차이를 객관적인 근거나 자료를 이용하여 설명할 수 있고, 기술평가자가 이러한 설명에 대해 동의하면 기술기여도를 직접적으로 결정하여 적용할 수 있다.

구체적으로, 현가화된 여유현금흐름 합계(여유현금흐름의 현재가치 합계)로부터 평가대상기술이라는 기술자산이 기여한 부분을 객관적인 근거나 자료를 바탕으로 분리하여 평가대상기술의 현재가치금액(기술가치평가금액, V_P)을 결정할 수 있는 경우, 동 근거나 자료를 인용하여 기술기여도를 직접적으로 결정할 수 있다. 그러나, 기술가치평가 실무에서 기술기여도 결정을 위한 객관적인 근거나 자료의 제시 또는 기술평가자의 동의가 어렵다는 한계가 있다.

(2) 관행적인 방법

기술기여도를 관행적으로 결정하는 방법은 기술이전이나 기술거래 과정에서 기술 제공자(또는 특허권자나 매도자)와 기술 도입자(또는 실시권자나 매수자) 등 이해당사자들이 동의하여 관행적으로 적용하는 수익배분 비율을 준용하는 것이다.

관행적인 방법에서, 배분의 대상인 수익은 제품의 판매에 따른 세전 또는 세후 영업이익이나 순이익 등을 말한다. 기술가치평가에서 배분의 대상인 수익은 평가대상기술이 적용된 제품의 판매를 통해 발생한 매출액, 즉, 기술비중이 적용된 매출액인 기술매출액을 기반으로 할인율을 적용하여 산출한 **현가화된 여유현금흐름 합계**(여유현금흐름의 현재가치 합계)를 말한다.

관행적인 방법에서, 기술 제공자(또는 특허권자나 매도자)와 기술 도입자(또는 실시권자나 매수자) 사이에서 수익을 배분하는 비율 중 기술 제공자(또는 특허권자나 매도자)에게 주어지는 수익배분 비율을 기술기여도로 정의한다.

일반적으로, 기술이전이나 기술거래 등의 과정에서 기술 제공자와 기술 도입자 사이에서, 기술 제공자에게는 20%에서 50%의 수익배분이 이루어지고, 기술 도입자에게는 80%에서 50%의 수익배분이 이루어진다. 따라서, 관행적인 방법에서 기술기여도는 약 20%에서 50% 사이에서 결정된다.

관행적인 방법은 이해 당사자들이 동의하는 객관적인 수익배분 비율을 결정하기 어려우므로 적용에 한계가 있다. 이같이 수익배분 비율을 결정하기 어려운 경우에는 후술하는 기술요소법에서 제시하는 **업종별 무형기술자산비율**(〈표 2-26〉 참고)을 관행적인 기술기여도의 대용치로 활용할 수 있다.

(3) 기술요소법

기술요소법은 기술기여도를 결정하는 하나의 방법이다. 즉, 현가화된 여유현금흐름 합계(여유현금흐름의 현재가치 합계)에서 평가대상기술이라는 기술자산, 즉, 기술요소(Technology factor)가 기여한 부분을 분리해서 평가대상기술의 현재가치금액(기술가치평가금액, V_P)을 결정하기 위한 기술기여도 추정방법 중 하나이다.

기술가치평가금액(V_P)은 [식 2-1] 또는 [식 2-32]와 같이 현가화된 여유현금흐름 합계(여유현금흐름의 현재가치 합계)에 기술기여도를 곱하여 결정한다. 각 기술평가기관은 독자적으로 기술요소법에 의한 기술기여도를 추정할 수 있으며, 이를 적용하여 기술가치평가금액(V_P)을 결정할 수 있다.

기술가치평가금액(V_P)
= 현가화된 여유현금흐름합계 × 기술기여도(기술요소법) ………………………… [식 2-32]

산업통상자원부의 『기술평가실무가이드』에서 기술요소법에 의한 기술기여도는 평가대상기술이 적용된 제품 관련 사업이 속한 업종특성과 평가대상기술의 기술특성에 의해 결정된다. 즉, 기술기여도는 업종특성을 반영하기 위한 **업종별 무형기술자산비율**(산업기술요소라고도 함)과 기술특성을 반영하기 위한 **개별기술의 기여비율**에 의해 결정된다고 가정하며, [식 2-33]과 같이 업종별 무형기술자산비율과 개별기술의 기여비율의 곱으로 주어진다.

기술기여도(기술요소법)
= 업종별 무형기술자산비율 × 개별기술의 기여비율 ······ [식 2-33]

① 업종별 무형기술자산비율(업종특성)

업종별 무형기술자산비율(산업기술요소)은 현가화된 여유현금흐름의 합계액에 업종특성을 반영해 기술가치평가금액(V_P)을 결정하기 위한 것이다. **업종별 무형기술자산비율**은 평가대상기술이 적용된 제품 관련 사업이 속한 업종의 유형자산과 무형자산 중에서 **무형자산이 기여하는 비율**, 동 무형자산 중에서도 특히 **기술자산이 기여하는 비율**을 기술기여도(기술요소법)에 반영하기 위한 것으로서, [식 2-34]와 같이 **업종별 무형자산비율**과 **업종별 기술자산비율**의 곱으로 주어진다.

업종별 무형기술자산비율
= 업종별 무형자산비율 × 업종별 기술자산비율 ······ [식 2-34]

[식 2-34]의 업종별 무형자산비율과 업종별 기술자산비율은, 동 비율의 신뢰수준을 높이기 위해, 자본시장에 등록된 상장기업(최근 10년간 코스피나 코스닥에 상장된 기업)으로부터 획득한 자료를 이용하여 산출한다.

업종별 무형자산비율은 상장기업의 시가총액(기업의 시장가치) 및 상장기업의 재무제표에서 획득한 장부상 순자산(자본)이나 부채와 같은 자료를 이용하여 산출한다. 또한, **업종별 기술자산비율**은 상장기업의 재무제표에서 획득한 판관비를 구성하는 요소들을 이용하여 산출한다.

업종별 무형자산비율은 최근 10년간 무형자산비율이 상위 5%에 드는 상장기업을 대상으로 추출하기 때문에 **업종별 최대무형자산비율**(업종 내에서 허용 가능한 최대비율)이라고 하며, 업종별 기술자산비율은 상장기업을 대상으로 평균값을 추출하기 때문에 **업종별 평균기술자산비율**이라고 한다. 따라서 전술한 [식 2-34]는 다음의 [식 2-35]와 같이 표현된다.

업종별 무형기술자산비율
= 업종별 무형자산비율 × 업종별 기술자산비율
= 업종별 최대무형자산비율 × 업종별 평균기술자산비율 ············ [식 2-35]

업종별 최대무형자산비율

산업통상자원부의 『기술평가실무가이드』에서 **업종별 최대무형자산비율**은 [식 2-36]과 같이 동일 업종에 속한 무형자산비율이 상위 5%에 드는 상장기업의 **시가총액**(기업의 시장가치)에서 **무형자산총액**이 차지하는 비율로 정의된다.

$$\text{업종별 최대무형자산비율} = \frac{\text{무형자산총액}}{\text{시가총액}} \quad \cdots\cdots \quad [\text{식 } 2\text{-}36]$$

기술평가기관은 기관과 업종의 특성을 고려하여 [식 2-36]의 분모와 분자를 독자적인 방법으로 결정할 수 있다. 산업통상자원부의 『기술평가실무가이드』에서는 업종별 최대무형자산비율의 과대화를 방지하기 위해 분모인 시가총액에 장부상 부채총액(부채를 자산으로 인식)을 합산하며, 분자의 무형자산총액은 시가총액에서 장부상 순자산총액(여기서, 장부상 순자산총액 = 장부상 자산총액 − 장부상 부채총액)을 차감하여 간접적으로 산출한다. 따라서 [식 2-36]의 업종별 최대무형자산비율은 [식 2-37]과 같이 주어진다.

$$\text{업종별 최대무형자산비율} = \frac{\text{시가총액} - \text{장부상 순자산총액}}{\text{시가총액} + \text{장부상 부채총액}} \quad \cdots\cdots \quad [\text{식 } 2\text{-}37]$$

업종별 평균기술자산비율

산업통상자원부의 『기술평가실무가이드』에서 **업종별 평균기술자산비율**은 무형자산에서 기술자산이 차지하는 비율로 정의되며, 무형자산은 기술자산, 인력자산, 시장자산으로 구성되어 있다고 가정한다. 따라서 업종별 평균기술자산비율은 [식 2-38]과 같이 정의된다.

$$\text{업종별 평균기술자산비율} = \frac{\text{기술자산}}{\text{기술자산} + \text{인력자산} + \text{시장자산}} \quad \cdots\cdots \quad \text{[식 2-38]}$$

기술자산, 인력자산, 시장자산의 대용치로 업종별 상장기업의 재무제표의 판관비를 구성하는 요소 중 경상연구개발비 평균, 교육훈련비 평균, 광고선전비 평균을 각각 이용한다. 따라서, [식 2-38]의 업종별 평균기술자산비율은 [식 2-39]와 같이 주어진다.

$$\text{업종별 평균기술자산비율} = \frac{\text{경상연구개발비 평균}}{\text{경상연구개발비 평균} + \text{교육훈련비 평균} + \text{광고선전비 평균}} \quad \cdots\cdots \quad \text{[식 2-39]}$$

일부 업종에 대한 업종별 최대무형자산비율과 업종별 평균기술자산비율 그리고 업종별 무형기술자산비율(산업기술요소)의 일례를 〈표 2-26〉에 나타내었다. 산업통상자원부 『기술평가실무가이드』는 최신 자료로 갱신한 업종별 무형기술자산비율(산업기술요소)을 제공하고 있으며, 산업통상자원부 『기술평가실무가이드』의 '산업기술요소' 표에서 업종별 무형기술자산비율(산업기술요소)에 관한 정보를 획득할 수 있다.

〈표 2-26〉 업종별 무형기술자산비율 참고표(일례)

업종코드	업종명	업종별 최대 무형자산비율(%)	업종별 평균 기술자산비율(%)	업종별 무형기술 자산비율(%)
01	농업	NA	NA	46.31
10	식료품 제조업	38.13	86.73	33.07 **(제조업 최소)**
20	화학물질 및 화학제품 제조업	53.87	99.28	53.48
30	자동차 및 트레일러 제조업	38.29	91.70	35.11
32	가구 제조업	NA	NA	33.07*
41	종합 건설업	56.85	98.63	56.07

50	수상 운송업	NA	NA	46.31**
60	방송업	46.31	99.99	46.31 **(비제조업 최소)**
70	연구 개발업	72.12	96.85	69.85
85	교육 서비스업	NA	NA	46.31**
90	창작예술 및 여가 서비스업	NA	NA	46.31**

* 업종별 상장기업의 수가 10개 이하인 제조업(예: 가구 제조업 등)은 유사업종 또는 제조업 중 '최소 업종별 무형기술자산비율(예: 식료품 제조업)'을 적용함.

** 업종별 상장기업의 수가 10개 이하인 비제조업(예: 수상 운송업, 교육 서비스업, 창작예술 및 여가 서비스업 등)은 유사업종 또는 비제조업 중 '최소 업종별 무형기술자산비율(예: 방송업)'을 적용함.

② 개별기술의 기여비율(기술특성)

개별기술의 기여비율은 현가화된 여유현금흐름의 합계액에 개별기술의 특성을 반영하여 기술가치평가금액(V_P)을 결정하기 위한 변수이다. 즉, 개별기술의 기여비율은 개별기술의 특성을 기술기여도(기술요소법)에 반영하기 위한 것으로, 기술성과 권리성 평가지표 그리고 시장성과 사업성 평가지표로 이루어진 '개별기술의 기여비율 평가표'의 각 지표를 평가하여 결정한다.

기술성과 권리성 평가지표는 평가대상기술이라는 무형의 기술자산이 제품의 가치창출에 기여하는 수준을 고려하여 평가하며, 시장성과 사업성 평가지표는 평가대상기술이라는 무형의 기술자산이 제품의 시장진입과 사업화에 기여하는 수준을 고려하여 평가한다. 각 평가지표는 현존하거나 출현이 예상되는 경쟁기술과 경쟁제품을 고려하여 상대적으로 평가한다.

각 평가지표에 대한 평가기준은 기술평가기관의 특성에 맞추어 독자적으로 결정할 수 있다. 기술성과 권리성 그리고 시장성과 사업성 평가지표로 이루어진 '개별기술의 기여비율 평가표'의 일례(5점 척도, 모든 평가지표의 가중치가 '1'인 경우)를 〈표 2-27〉에 나타내었다.

산업통상자원부의 『기술평가실무가이드』의 '개별기술의 기여비율 평가표'는 기술성과 권리성 평가지표 10개에 대해 5점 척도로 최소 10점에서 최대 50점까지 점수를 부여하며, 시장성과 사업성 평가지표 10개에 대해 5점 척도로 최소 10점에서 최대 50점까지 점수를 부여한다. 따라서 개별기술의 기여비율은 최소 20점(또는 %)에서 최대 100점(또는 %) 사이에 분포한다.

〈표 2-27〉 개별기술의 기여비율 평가표(일례)

기술성과 권리성 평가지표*			시장성과 사업성 평가지표*		
항목	가중치	점수	항목	가중치	점수
1.1 기술의 우월성	1	1/2/3/4/5	3.1 시장 진입성	1	1/2/3/4/5
1.2 기술의 활용성	1	1/2/3/4/5	3.2 시장 성장성	1	1/2/3/4/5
1.3 기술의 파급성	1	1/2/3/4/5	3.5 수요성	1	1/2/3/4/5
1.4 기술의 대체 가능성	1	1/2/3/4/5	3.6 예상 시장점유율	1	1/2/3/4/5
1.5 기술수명주기 (기술의 진부화)	1	1/2/3/4/5	4.1 가격 및 품질 경쟁성	1	1/2/3/4/5
1.6 기술개발단계 (TRL평가)	1	1/2/3/4/5	4.2 성장성 (매출액증가율)	1	1/2/3/4/5
2.1 권리의 충실성	1	1/2/3/4/5	4.3 수익성 (영업이익률)	1	1/2/3/4/5
2.2 권리범위의 광협	1	1/2/3/4/5	4.4 수익창출기간 (기술의 경제적 수명)	1	1/2/3/4/5
2.3 법적 보호강도 (침해 가능성)	1	1/2/3/4/5	4.5 개발 용이성 or 4.6 생산 용이성**	1	1/2/3/4/5
2.4 권리의 안정성 (모방 가능성)	1	1/2/3/4/5	4.7 자금조달 능력	1	1/2/3/4/5
기술성과 권리성 평점합		10~50점	시장성과 사업성 평점합		10~50점
개별기술의 기여비율(기술성과 권리성 평점합 + 시장성과 사업성 평점합)					20~100점(또는 %)

* 각 평가지표의 정의와 평가기준은 제10부 참고.
** 개발 or 생산단계에 따라 선택하여 평가.

4) 기술기여도(기술요소법)와 기술의 현재가치금액 산출(예시)

한국표준산업분류의 '자동차 및 트레일러 제조업(C30xxx)'에 속한 비상장 기업이 보유한 기술의 가치를 평가하는 경우, '자동차 및 트레일러 제조업(C30xxx)'의 업종별 무형기술자산비율은 〈표 2-26〉의 업종별 무형기술자산비율 참고표에서 〈표 2-28〉과 같이 주어진다. 일반적으로, 업종별 무형기술자산비율(산업기술요소)은 산업통상자원부 『기술평가실무가이드』 최신판의 부록에 있는 '산업기술요소'

에서 획득하여 기술가치평가를 수행한다.

〈표 2-28〉 자동차 및 트레일러 제조업의 무형기술자산비율(일례)

(단위: %)

업종 코드	업종명	업종별 최대 무형자산 비율	업종별 평균 기술자산 비율	업종별 무형기술자산 비율
C30xxx	자동차 및 트레일러 제조업	38.29	91.70	35.11

개별기술의 기여비율 평가표에서 기술성과 권리성 그리고 시장성과 사업성 평가지표의 평점합이 〈표 2-29〉와 같이 나온 경우, 기술요소법에 의한 기술기여도는 [식 2-40]과 같다.

〈표 2-29〉 개별기술의 기여비율

기술성과 권리성 평점합	40	시장성과 사업성 평점합	35
가중치	1	가중치	1
개별기술의 기여비율(기술성과 권리성 평점합 + 시장성과 사업성 평점합)			75점(또는 %)

기술기여도(기술요소법)

= 업종별 무형기술자산비율 × 개별기술의 기여비율

= 35.11% × 75점(또는 %) = 26.33 ······························ [식 2-40]

한국표준산업분류의 '자동차 및 트레일러 제조업(C30xxx)'에 속한 비상장 소기업이 보유한 기술의 가치를 평가한 경우로서, 만약 전술한 할인율 예시의 8.82% 할인율을 적용하여 구한 여유현금흐름의 현재가치 합계(즉, 현가화된 여유현금흐름 합계)가 1,000백만 원이라고 하면, 기술가치평가금액(V_P)은 [식 2-41]과 같이 산출된다.

기술가치평가금액(V_P)

= 여유현금흐름의 현재가치 합계 × 기술기여도(기술요소법)

= 1,000백만 원 × 26.33% = 263.3백만 원 ······························ [식 2-41]

7. 수익접근법(수익산출법)의 기술가치평가 절차

수익접근법(수익산출법)을 이용한 기술가치평가 절차를 다음의 〈그림 2-3〉에 도식적으로 나타내었다.

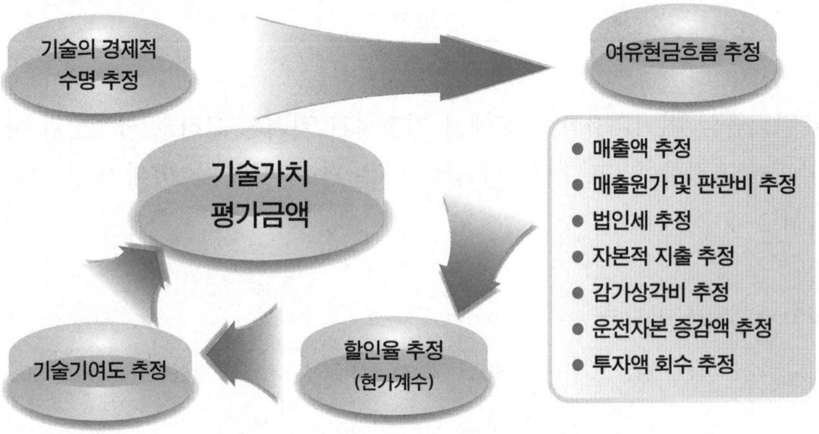

〈그림 2-3〉 수익접근법의 도식적 기술가치평가 절차

제2절 수익접근법(수익산출법)의 평가사례

1. 기술가치평가의 개요

1) 평가대상기술(특허권)

평가대상기술은 〈표 2-30〉에 나타낸 가상의 특허권이다. 이하 동 기술을 대상으로 수행한 수익접근법 기반 기술가치평가를 사례로 설명한다.

〈표 2-30〉 평가대상기술(가상의 특허권)

등록번호 출원번호	등록일 출원일	기술의 명칭(발명의 명칭)	등록 권리자 (사업화 주체**)
10-20xxxxx 10-2018-008xxxx	2019.12.12 2018.07.07	해조류 섬유를 이용한 부직포 제조방법*	㈜xxxxxx [㈜xxxxxx]

* 사업화 단계 기술임.

** 사업화 주체는 중소기업(비상장 소기업)으로 분류됨.

2) 기술분류와 업종분류

평가대상기술의 기술분류와 사업의 업종분류를 〈표 2-31〉에 나타내었다. 기술분류는 국제특허분류(IPC, International Patent Classification)에 따르며, 업종분류는 한국표준산업분류(KSIC)에 따른다. 국제특허분류에 따른 기술분류는 특허의 공고전문이나 등록사항 등에서 확인할 수 있다. 한국표준산업분류에 따른 업종분류는 평가대상기술이 적용된 제품 관련 사업의 업종을 말한다. 따라서, 평가대상기술이 적용된 제품 관련 사업이 신규사업으로서 사업화 주체가 수행하는 기존의 사업과 다를 경우, 업종분류는 신규사업을 중심으로 분류해야 한다.

〈표 2-31〉 기술분류와 업종분류

기술분류	업종분류
D04H 1/425 (직물의 제조, 섬유나 필라멘트 상 재료로 제조된 펠트, 부직포 등 → 셀룰로오스 계열)	C13992 (부직포 및 펠트 제조업)

3) 기일정보

기일정보를 〈표 2-32〉에 나타내었다. 기술평가기준일은 기술평가에 관한 모든 정보가 취합되어 확정된 날짜로서, 평가기간 중의 하루가 되어야 한다. 평가서 제출일은 평가서가 최종적으로 완료되어 제출된 날짜로서, 평가기간의 종료일이나 종료일에 가까운 날짜로 한다. 평가서 유효기간은 평가서 제출문에 표시된 제출일을 기준으로 산정하며, 유효기간은 평가기관의 내부 규정에 정한 기간(일반적으로 평가서 제출일부터 6개월)으로 한다.

〈표 2-32〉 기일정보

기술평가기준일	평가기간	평가서 제출일	평가서 유효기간
2020.04.07	2020.04.02~2020.06.02	2020.06.05	2020.12.05 (평가서 제출일부터 6개월)

2. 기술의 경제적 수명과 여유현금흐름 추정기간

1) 기술의 경제적 수명 추정

기술의 경제적 수명은 평점법과 가중치법으로 추정할 수 있으며, 본 평가에서는 평점법으로 추정한다. 기술의 경제적 수명은 ① 기술의 경제적 수명 조정계수 평가, ② 조정 후 기술의 경제적 수명 산출, ③ 기술의 경제적 수명 결정 과정을 거쳐 추정한다.

(1) 기술의 경제적 수명 조정계수 평가(평점법)

평가대상기술에 대한 기술의 경제적 수명 조정계수를 평점법으로 평가한 결과를 〈표 2-33〉에 나타내었다.

〈표 2-33〉 기술의 경제적 수명 조정계수 평가표(평점법)

기술성과 권리성 평가지표*	평점	시장성 평가지표*	평점
1.1 기술의 우월성	−2, −1, 0, **1**, 2	3.1 시장 진입성	−2, −1, **0**, 1, 2
1.2 기술의 활용성	−2, −1, 0, **1**, 2	3.2 시장 성장성	−2, **−1**, 0, 1, 2
1.4 기술의 대체 가능성	−2, −1, **0**, 1, 2	3.3 정적 경쟁성 (정적 경쟁강도)	−2, **−1**, 0, 1, 2
1.5 기술수명주기 (기술의 진부화)	−2, −1, **0**, 1, 2	3.4 동적 경쟁성 (동적 경쟁강도)	−2, **−1**, 0, 1, 2
2.4 권리의 안정성 (모방 가능성)	−2, −1, **0**, 1, 2	3.6 예상 시장점유율	−2, **−1**, 0, 1, 2
평점합		−2점	

* 각 평가지표의 정의와 평가기준은 제10부 참고.

(2) 조정 후 기술의 경제적 수명 산출(평점법)

평가대상기술의 기술분류인 D04H의 특허인용 수명지수를 〈표 2-34〉에 나타내었다. 평점법에서는 특허인용 수명지수의 중앙값(Q2, 조정 전 기술의 경제적 수명)과 기술의 경제적 수명 조정계수의 평점합을 조정 후 기술의 경제적 수명을 산출하는 수식에 대입하여 기술의 경제적 수명을 산출한다.

〈표 2-34〉 D04H의 특허인용 수명지수

(단위: 년)

IPC	IPC명칭	평균	Q1	Q2(중앙값)	Q3
D04H	직물의 제조	10.45	5	10	15

조정 후 기술의 경제적 수명을 산출하는 [식 2-2]에 대입한 결과, 조정후 기술의 경제적 수명은 [식 2-42]와 같이 9년으로 결정되었다.

조정 후 기술의 경제적 수명(평점법)

$$= \text{특허인용 수명지수의 } Q2\text{값(중앙값)} \times \left(1 + \frac{\text{평점합}}{20}\right)$$

$$= 10\text{년} \times (1 + \frac{-2}{20}) = 9\text{년} \quad \cdots\cdots \quad [식 2-42]$$

(3) 기술의 경제적 수명 결정

기술의 경제적 수명은 지식재산권의 잔존기간을 고려하여 결정한다. 평가대상기술인 특허권의 법적 존속기간은 출원일 이후 20년이며, 특허권의 잔존기간은 [식 2-43]과 같이 특허권의 법적 존속기간(20년)에서 출원일부터 기술평가기준일까지 경과기간을 차감하여 구한다.

특허권의 잔존기간 = 특허권의 법적 존속기간(20년) −
출원일부터 기술평가기준일까지 경과기간 ……………… [식 2-43]

기술의 경제적 수명은 지식재산권의 잔존기간을 초과할 수 없다. 따라서, 조정 후 기술의 경제적 수명이 지식재산권(특허권)의 잔존기간보다 작으면 조정 후

기술의 경제적 수명을 인용하나, 조정 후 기술의 경제적 수명이 지식재산권의 잔존기간보다 크면 지식재산권의 잔존기간을 기술의 경제적 수명으로 인용한다.

- 조정 후 기술의 경제적 수명<지식재산권의 잔존기간 → 조정 후 기술의 경제적 수명 인용
- 조정 후 기술의 경제적 수명>지식재산권의 잔존기간 → 지식재산권의 잔존기간 인용

평가대상기술의 출원일(2018년 7월 7일, 〈표 2-30〉)부터 기술평가기준일(2020년 4월 7일, 〈표 2-32〉)까지 경과기간은 1.75년이다. 따라서, 특허권의 잔존기간은 [식 2-43]으로부터 [식 2-44]와 같이 18.25년이 된다.

특허권의 잔존기간
= 20년 − 출원일부터 기술평가기준일까지 경과기간
= 20년 − 1.75년
= 18.25년 ·· [식 2-44]

조정 후 기술의 경제적 수명은 [식 2-42]에서 9년이고, 지식재산권(특허권)의 잔존기간은 [식 2-44]에서 18.25년이다. 따라서, 조정 후 기술의 경제적 수명이 지식재산권(특허권)의 잔존기간보다 작으므로 기술의 경제적 수명은 조정 후 기술의 경제적 수명인 9년으로 결정한다.

2) 여유현금흐름 추정기간 결정

기술평가기준일에 평가대상기술이 개발단계에 있어 사업화 소요기간이 필요한 경우, 조정 후 기술의 경제적 수명 9년에서 사업화 소요기간을 차감하여 여유현금흐름 추정기간을 결정한다. 예를 들어, 2년의 사업화 소요기간이 필요하면, 조정 후 기술의 경제적 수명 9년 중 초기 1차년도와 2차년도는 매출이 발생하지 않기 때문에 조정 후 기술의 경제적 수명에서 2년을 차감하여 여유현금흐름 추정기간을 결정한다.

평가대상기술은 개발이 완료되어 사업화 단계에 있으며, 1차년도부터 매출이 발생한다. 따라서 사업화 소요기간이 필요하지 않기 때문에 [식 2-45]와 같이 여유현금흐름 추정기간을 9년으로 결정한다. 즉, 본 기술가치평가의 경우, 여유현금흐름 추정기간은 조정 후 기술의 경제적 수명과 같다.

여유현금흐름 추정기간

= 조정 후 기술의 경제적 수명(9년) − 사업화 소요기간(0년) = 9년 ··············· [식 2-45]

만약, 본 기술가치평가에서 전술한 2년의 사업화 소요기간이 필요하다면, 여유현금흐름 추정기간은 7년(3차년도부터 9차년도까지)이 된다. 이때, 2년의 사업화 소요기간(1차년도와 2차년도)에는 매출이 발생하지 않기 때문에 매출액과 여유현금흐름의 추정이 이루어지지 않는다.

3. 여유현금흐름 추정

여유현금흐름은 전술한 [식 2-5]와 같이 영업외손익이 반영되지 않은 당기순이익(=매출액−매출원가−판관비−법인세 또는 소득세)에 자본적 지출과 운전자본증감액을 차감하고, 감가상각비를 가산하여 추정한다.

여유현금흐름의 추정에 필요한 여유현금흐름 변수는 매출액, 매출원가와 판관비, 법인세(소득세), 자본적 지출, 감가상각비, 운전자본증감액이 있으며, 투자액 회수를 포함한 이들의 추정 과정을 설명한다.

1) 매출액 추정

추정된 매출액은 기술가치평가금액의 절대적 크기에 영향을 미치기 때문에 매출액 추정은 평가대상기술이나 시장상황 그리고 기술수명주기나 기술비중 등에 관한 이해가 깊은 기술평가자에 의해 수행되어야 한다.

매출액 추정은 사업화 주체의 판매계획이나 매출실적, 사업화 주체와 유사기업의 재무정보 또는 업종별 재무정보(매출액증가율 등), 시장규모와 시장점유율 그리고 시장성장률 등에 대한 자료를 바탕으로 이루어진다. 자세한 매출액 추정방법은 '제5부 매출액 추정방법과 추정사례'를 참고한다.

기술평가자는 기술의 경제적 수명 동안 제품에 적용된 평가대상기술이 거치는 기술수명주기를 결정해야 한다. 즉, 결정된 기술의 경제적 수명(즉, 여유현금흐름 추정기간) 9년 동안 기술수명주기의 각 주기(도입기, 성장기, 성숙기, 쇠퇴기)가 거치는 기간을 결정하여 기술가치평가를 수행해야 한다.

본 평가에서는 평가대상기술과 동 기술이 적용된 제품을 둘러싼 기술 동향이나 시장환경에 대한 기술평가자들의 의견을 수렴하여, 기술수명주기를 1차년도부터 2차년도까지는 도입기, 3차년도부터 4차년도까지는 성장기, 5차년도 7차년도는 성숙기, 그리고 8차년도부터 9차년도까지를 쇠퇴기로 가정하여 매출액을 추정하였다.

기술비중은 매출액 추정단계에서, 제품에 적용된 여러 가지 기술 중에서 평가대상기술에 의한 매출액을 분리해내기 위한 변수로서, 기술평가자들이 수행한 영향력 평가와 공헌도 평가결과를 이용하여 산출한다. 기술성과 권리성 그리고 시장성과 사업성을 분석한 기술평가자 4인의 공헌도 평가점수(각기 63점, 65점, 70점, 74점)의 평균인 68점을 기술비중을 산출하는 수[식 2-46]에 대입한 결과 기술비중은 66%로 결정되었다.[4]

① 핵심기술이며, 공헌도 평가평균이 X인 경우(공헌도 평가평균 $60 \leq X \leq 100$)

$$\text{기술비중} = 60 + 30 \times \frac{\text{공헌도 평가평균}(X) - \text{기준값}}{\text{최댓값} - \text{기준값}} \quad \cdots\cdots \quad \text{[식 2-46]}$$

여기서, 최댓값: 100, 기준값: 60

② 보조기술이며, 공헌도 평가평균이 X인 경우(공헌도 평가평균 $20 \leq X < 60$)

$$\text{기술비중} = 10 + 50 \times \frac{\text{공헌도 평가평균}(X) - \text{최솟값}}{\text{기준값} - \text{최솟값}} \quad \cdots\cdots \quad \text{[식 2-46']}$$

여기서, 최솟값: 20, 기준값: 60

---

4 기술비중을 산출하는 방법은 '제5부 매출액 추정방법과 추정사례'와 '별첨1'에 설명하였으며, [식 2-46]과 [식 2-46′]은 각각 [식 5-1]과 [식 5-2]와 같다.

(1) 도입기와 성장기의 매출액 추정

기술수명주기의 도입기와 성장기에 해당하는 1차년도부터 4차년도까지의 매출액은 사업화 주체가 제시한 〈표 2-35〉의 판매계획(매출계획)에서 사업화 주체의 생산, 영업, 투자 능력을 고려하여 사업화가 가능한 품목을 선정하고, 이렇게 선정된 품목의 매출실현 가능성을 고려하여 추정한다.

사업화 주체의 4개년(1~4차년도) 판매계획은 사업화 주체가 낙관적 전망을 바탕으로 작성한 것으로, 구체적인 판매처나 단가와 판매수량에 대한 정보를 포함하지 않으며, 판매처의 매입의향을 바탕으로 한 매출실현 가능성이 반영되지 않은 것으로 평가된다.

〈표 2-35〉 사업화 주체의 4개년 판매계획

(단위: 백만 원)

품목	판매처	1차년도	2차년도	3차년도	4차년도
제품A	대형마트 등	500	3,700	9,000	12,000
제품B		-	-	3,000	13,000
제품C		-	2,000	3,000	6,000
제품D	편의점 등	-	1,500	9,000	27,000
제품E	쇼핑몰 등	100	200	200	200
제품F	필터 제조업체	-	-	-	100
합계		600	7,400	24,200	58,300

본 평가에서는 사업화 주체의 투자계획과 생산계획에 대한 검토 그리고 각 제품의 시장진입 가능성과 수요발생 가능성을 고려하여 사업화가 가능한 품목을 제품A, 제품B, 제품C, 제품F로 한정하였다. 또한, 사업화 주체가 기술평가기준일 현재 파악한 판매처별 영업현황과 판매처의 매입의향을 반영하여 매출실현 가능성(〈표 2-36〉의 괄호 안 숫자)을 산정하였으며, 매출실현 가능성을 〈표 2-35〉의 판매계획에 곱하여 산출한 사업화 주체의 4개년(1~4차년도) 추정매출액을 〈표 2-36〉에 나타내었다.

〈표 2-36〉 4개년(1~4차년도) 추정매출액

(단위: 백만 원)

품목	거래처	1차년도	2차년도	3차년도	4차년도
제품A	대형마트 등	300(60%)	1,850(50%)	3,600(40%)	4,800(40%)
제품B		-	-	900(30%)	2,600(20%)
제품C		-	1,000(50%)	1,200(40%)	2,400(40%)
제품F	필터 제조업체	-	-	-	100(100%)
합계		300	2,850	5,700	9,900

(2) 성숙기의 매출액 추정

성숙기(5~7차년도)의 매출액은 업종별 재무정보 중에서 매출액증가율을 인용하여 추정한다. 즉, 한국은행 기업경영분석 중 C13992(부직포 및 펠트 제조업)를 포함하는 C139(기타 섬유제품 제조업) 업종의 2016~2018년도 평균 매출액증가율인 2.27%를 적용하여 성숙기의 매출액을 〈표 2-38〉과 같이 추정하였다.

(3) 쇠퇴기의 매출액 추정

쇠퇴기(8~9차년도)의 매출액은 직전 기술수명주기의 최고 매출액(성숙기인 7차년도의 매출액)을 기준으로, 시장주도기업이 직전 기술수명주기의 최고 매출액을 잠식한다는 논리를 바탕으로 추정한다. 즉, 쇠퇴기의 매출액은 기술평가기준일에 조사된 시장주도기업의 수에 비례하여 감소(반비례)하는 것으로 가정하여 추정한다. 따라서, 기술평가기준일 현재 조사된 시장주도기업의 수가 많을수록 직전 기술수명주기의 최고 매출액에서 이들이 잠식하는 비율은 더 커지게 된다.[5]

시장주도기업(주요 경쟁기업)은 기술평가기관이나 기술평가자들이 업종과 기술의 특성을 고려하여 정의하며, 실무적으로 시장주도기업의 수는 시장성 분석에서 수행하는 시장집중률(CR, Concentration Ratio) 분석을 바탕으로 결정한다.

본 기술가치평가의 시장성 분석에서는 평가대상기술과 같거나 경쟁 관계에 있는 기술을 적용하여 제품의 사업화에 나선 기업을 대상으로 시장집중률 분석을 수행하였다. 본 평가에서는 시장주도기업을 CR≥60%(시장점유율을 합하여 60% 이

5 쇠퇴기 매출액 추정법은 '제5부 매출액 추정방법과 추정사례' 참고.

상)를 충족하는 기업 중에서 최소 10% 이상의 시장점유율을 확보한 기업으로 정의하였으며, 이러한 조건을 충족하는 기업의 수와 평균 시장점유율의 관계를 〈표 2-37〉에 나타내었다.

〈표 2-37〉 CR≥60% 충족 시장주도기업의 수와 평균 시장점유율의 관계

시장주도기업의 수	평균 시장점유율	시장주도기업의 수	평균 시장점유율
2개	30%	3개	20%
4개	15%	5개	12%
6개	- 평균 시장점유율 10% - 다음의 경우에는 시장주도기업의 수를 6개로 함 ① 시장주도기업이 1개인 경우(1개만 10% 이상, 나머지는 미만) ② CR≥60% 기업 중 10% 이상 시장점유율 확보 기업이 없는 경우		

기술평가기준일 현재 CR≥60%를 충족하는 기업 중에서 최소 10% 이상의 시장점유율을 확보한 시장주도기업은 3개인 것으로 조사되었다.

쇠퇴기 최종 차년도인 9차년도의 추정매출액은 직전 기술수명주기의 최고 매출액인 7차년도의 10,590백만 원에서 시장주도기업이 2/3를 잠식하는 것으로 가정하여 추정한다. 즉, 9차년도 추정매출액은 직전 기술수명주기의 최고 매출액을 시장주도기업의 수(3개)로 나누면 3,530백만 원으로 결정된다.

쇠퇴기 중 8차년도 추정매출액은 직전 기술수명주기의 최고 매출액인 7차년도의 10,590백만 원과 쇠퇴기 최종 차년도인 9차년도의 매출액인 3,530백만 원의 차이를 쇠퇴기 기간인 2년으로 나눈 값(3,530백만 원)을 구하고, 이렇게 구한 값만큼 직전 기술수명주기의 최고 매출액(10,590백만 원)에서 감소하도록 하여 결정한다(즉, 10,590백만 원 − 3,530백만 원 = 7,060백만 원).

사업화 주체의 판매계획에서 구한 도입기와 성장기의 추정매출액, 동 업종 평균 매출액증가율을 적용하여 추정한 성숙기의 추정매출액 그리고 쇠퇴기의 매출액 추정원칙을 적용하여 구한 쇠퇴기의 추정매출액에 기술비중을 곱하여 결정한 여유현금흐름 추정기간의 기술매출액을 〈표 2-38〉에 나타내었다(추정매출액에 기술비중을 곱하면 기술매출액이 됨). 〈표 2-38〉에서 매출액 추정단위의 1차년도는 2020.04.07~2021.04.06 이며, 2차년도 이후는 1년씩 전진하며 결정한다.

〈표 2-38〉 매출액 추정결과

(단위: 백만 원)

구분	1차년도	2차년도	3차년도	4차년도	5차년도	6차년도	7차년도	8차년도	9차년도
수명주기	도입기		성장기		성숙기			쇠퇴기	
추정매출액	300	2,850	5,700	9,900	10,125	10,355	10,590	7,060**	3,530*
기술비중	66%								
기술매출액	198	1,881	3,762	6,534	6,683	6,834	6,989	4,660	2,330

* 9차년도 추정매출액 = 7차년도 추정매출액 10,590백만 원 ÷ 3 = **3,530백만 원**

** (7차년도 추정매출액 10,590백만 원 – 9차년도 추정매출액 3,530백만 원) ÷ 쇠퇴기 기간 2년 = **3,530백만 원,**
8차년도 추정매출액 = 7차년도 추정매출액 10,590백만 원 – 3,530백만 원 = **7,060백만 원**

2) 매출원가와 판매관리비 추정

사업화 주체는 2017년도에 설립되었으며, 평가대상기술이 적용된 제품의 판매를 통한 매출실적을 보유하고 있지 않다. 사업화 주체는 1차년도부터 매출액이 발생할 것으로 전망하고 있으므로 동사의 과거 재무정보를 획득하여 기술가치평가를 수행할 수 없는 상황이다.

사업화 주체는 자체적으로 추정한 원가비율과 판관비율을 제시하였다. 동 비율은 〈표 2-39〉에 나타낸 것과 같이 한국은행 기업경영분석의 2018년부터 2016년까지 동 업종(C13992를 대표하는 C133,4,9 기타 섬유제품)의 원가비율 및 판관비율 평균과 비교하여 큰 차이를 보인다. 참고로, 〈표 2-39〉에 나타낸 원가비율과 판관비율은 감가상각비율이 차감된 수치이다.

〈표 2-39〉 원가비율과 판관비율 비교

(단위: %)

구분	사업화 주체 제시	한국은행 기업경영분석			
		2018년	2017년	2016년	평균
원가비율	61.20	79.90	78.42	79.15	79.16
판관비율	25.80	13.34	13.41	11.72	12.82

※ 주의: 표 안의 원가비율과 판관비율은 감가상각비율이 차감된 수치임.

사업화 주체는 원재료인 해조류를 동남아 국가에서 재배하여 수입하기 때문에 한국은행 기업경영분석 대비 원가비율을 크게 낮출 수 있으며, 사업화 초기 영업을 위한 설비와 인건비 그리고 광고비 등에 대한 지출이 증가하기 때문에 한국은행 기업경영분석 대비 판관비율이 높다고 설명하고 있다.

본 평가에서는 사업화 주체의 설명을 일부 수용하여, 〈표 2-40〉에 나타낸 것과 같이 원가비율과 판관비율이 도입기와 성장기를 거치면서 한국은행 기업경영분석의 평균에 일정 비율(원가비율은 4.49%씩 증가, 판관비율은 3.25%씩 감소)로 수렴하고, 성숙기 이후에는 한국은행 기업경영분석의 동 업종 3개년 평균 원가비율 및 판관비율과 같아질 것으로 보았다.

〈표 2-40〉 추정 원가비율과 판관비율

(단위: %)

구분	1차년도	2차년도	3차년도	4차년도	5차년도	6차년도	7차년도	8차년도	9차년도
수명주기	도입기		성장기		성숙기			쇠퇴기	
원가비율	61.20	65.69	70.18	74.67	79.16	79.16	79.16	79.16	79.16
판관비율	25.80	22.55	19.30	16.05	12.82	12.82	12.82	12.82	12.82

※ 주의: 표 안의 원가비율과 판관비율은 감가상각비율이 차감된 수치임.

상기 〈표 2-40〉의 감가상각비율이 차감된 원가비율과 판관비율을 적용하여 추정한 매출원가와 판관비 그리고 기술매출액에서 이들을 차감하여 구한 영업이익을 〈표 2-41〉에 나타내었다.

〈표 2-41〉 감가상각비가 차감된 매출원가와 판관비

(단위: 백만 원)

구분	1차년도	2차년도	3차년도	4차년도	5차년도	6차년도	7차년도	8차년도	9차년도
수명주기	도입기		성장기		성숙기			쇠퇴기	
기술매출액	198	1,881	3,762	6,534	6,683	6,834	6,989	4,660	2,330
매출원가	121	1,236	2,640	4,879	5,290	5,410	5,533	3,689	1,844
판관비	51	424	726	1.049	857	876	896	597	299
영업이익	26	221	396	606	536	548	560	374	187

※ 주의: 표 안의 매출원가와 판관비는 감가상각비가 차감된 수치임.

상기 〈표 2-41〉의 매출원가와 판관비는 감가상각비가 차감된 수치이다. 따라서, 후술하는 〈표 2-45〉의 자본적 지출에 따른 매출원가상각비와 판관비상각비를

〈표 2-41〉의 매출원가와 판관비에 가산하여 〈표 2-42〉와 같이 최종 매출원가와 판관비 그리고 영업이익을 결정한다.

〈표 2-42〉 감가상각비 가산 후 추정 매출원가와 판관비

(단위: 백만 원)

구분	1차년도	2차년도	3차년도	4차년도	5차년도	6차년도	7차년도	8차년도	9차년도
수명주기	도입기		성장기		성숙기			쇠퇴기	
기술매출액	198	1,881	3,762	6,534	6,683	6,834	6,989	4,660	2,330
매출원가	126	1,280	2,689	4,951	5,294	5,414	5,537	3,689	1,844
판관비	52	432	735	1.062	858	877	897	597	299
영업이익	20	169	338	521	531	543	555	374	187

※ 주의: 표 안의 매출원가와 판관비는 감가상각비가 가산된 수치임(쇠퇴기는 제외).

3) 법인세 추정

사업화 주체는 2017년도에 설립된 법인사업자로서, 법인세의 과세표준이나 세율은 법인세법 제13조 및 제55조에 따르며, 각 세율에 지방세인 주민세율 10%를 가산한다(법인세 과세표준과 세율은 〈표 2-12〉 참조).

법인사업자에 대한 법인세는 〈표 2-42〉의 영업이익에 과세표준과 세율을 적용하여 추정한다. 이렇게 추정한 법인세를 〈표 2-43〉에 나타내었으며, 법인세의 합을 영업이익의 합으로 나눈 실효(평균) 법인세율은 16.65%로 계산되었다.

〈표 2-43〉 추정 법인세

(단위: 백만 원)

구분	1차년도	2차년도	3차년도	4차년도	5차년도	6차년도	7차년도	8차년도	9차년도
수명주기	도입기		성장기		성숙기			쇠퇴기	
기술매출액	198	1,881	3,762	6,534	6,683	6,834	6,989	4,660	2,330
매출원가	126	1,280	2,689	4,951	5,294	5,414	5,537	3,689	1,844
판관비	52	432	735	1.062	858	877	897	597	299
영업이익	20	169	338	521	531	543	555	374	187
법인세	2	19	52	93	95	98	100	60	21

4) 자본적 지출 추정

자본적 지출은 사업화에 필요한 유·무형자산에 대한 투자액을 말하며, 사업화 주체의 투자계획을 바탕으로 직접적으로 추정하는 것을 원칙이다. 그러나 기술평가기준일 현재 사업화 주체의 사업계획이 확정되지 않아 자본적 지출의 직접적인 추정이 어려우므로 한국은행 기업경영분석의 동 업종 재무정보에 주어진 비율을 적용하여 간접적으로 추정한다.

한국은행 기업경영분석의 2018년부터 2016년까지 3개년 동 업종 유·무형자산비율(유·무형자산÷매출액)의 평균은 38.48%이며, 동 유·무형자산비율을 각 차년도 매출증가액에 곱하여 자본적 지출을 추정한다(자본적 지출은 직전 차년도 대비 당해 차년도의 매출증가액에 비례하여 발생함).

유·무형자산의 특성상 음의 값이 될 수 없다는 점을 고려하여, 매출액이 감소하는 구간(쇠퇴기)에서는 자본적 지출이 없는 것으로 처리하며, 이렇게 추정한 자본적 지출을 〈표 2-44〉에 나타내었다.

〈표 2-44〉 추정 자본적 지출

(단위: 백만 원)

구분	1차년도	2차년도	3차년도	4차년도	5차년도	6차년도	7차년도	8차년도	9차년도
수명주기	도입기		성장기		성숙기			쇠퇴기	
기술매출액	198	1,881	3,762	6,534	6,683	6,834	6,989	4,660	2,330
매출증가액	198	1,683	1,881	2,772	149	151	155		
자본적 지출	76	648	724	1,067	57	58	60		

5) 감가상각비 추정

기술가치평가에서 매출원가와 판관비에 포함된 감가상각비(대손상각비 제외)는 현금유출이 없이 영업이익을 감소시키며, 이를 상쇄하기 위해 여유현금흐름을 추정할 때 감가상각비를 가산한다.

기술평가기준일 현재 사업화 주체의 사업계획이 확정되지 않아 자본적 지출을 한국은행 기업경영분석의 동 업종 재무정보를 이용하여 간접적으로 추정하였기 때문에 감가상각비도 감가상각비율(감가상각비÷매출액)을 매출증가액에 곱하여 간접적으로 추정한다.

한국은행 기업경영분석의 2018~2016년까지 3개년 동 업종 제조원가명세서의 감가상각비율(제조원가의 감가상각비÷매출액)의 평균은 2.6%, 판관비의 감가상각비율(판관비의 감가상각비÷매출액)의 평균은 0.47%이며, 이들 감가상각비율을 매출증가액에 곱하여 매출원가의 감가상각비와 판관비의 감가상각비를 추정한다(본 기술가치평가에서는 제조원가를 매출원가로 간주함).

매출원가의 감가상각비(매출원가상각비)와 판관비의 감가상각비(판관비상각비) 그리고 이들을 합한 각 차년도 감가상각비를 〈표 2-45〉에 나타내었다. 이렇게 구한 〈표 2-45〉의 매출원가의 감가상각비(매출원가상각비)와 판관비의 감가상각비(판관비상각비)를 〈표 2-41〉의 매출원가와 판관비에 가산하여 〈표 2-42〉의 감가상각비 가산 후 추정 매출원가와 판관비를 결정한다.

감가상각비는 음의 값이 될 수 없으므로 매출액이 감소하는 구간에서는 감가상각비가 없는 것으로 처리하며, 이렇게 추정한 감가상각비를 〈표 2-45〉에 나타내었다.

〈표 2-45〉 추정 감가상각비

(단위: 백만 원)

구분	1차년도	2차년도	3차년도	4차년도	5차년도	6차년도	7차년도	8차년도	9차년도
수명주기	도입기		성장기		성숙기			쇠퇴기	
기술매출액	198	1,881	3,762	6,534	6,683	6,834	6,989	4,660	2,330
매출증가액	198	1,683	1,881	2,772	149	151	155		
매출원가상각비	5	44	49	72	4	4	4		
판관비상각비	1	8	9	13	1	1	1		
감가상각비	6	52	58	85	5	5	5		

6) 운전자본증감액 추정

운전자본증감액은 매출채권과 재고자산 그리고 매입채무와 같은 운전자본 항목의 지출 정도를 말하며, 사업화 주체의 사업계획이나 실적을 반영하여 직접적으로 추정하는 것이 원칙이다. 그러나 사업화 주체가 창업기업이거나 사업계획이 확정되지 않아 직접적인 추정이 어려운 경우, 유사기업의 재무정보나 업종별 재무정보 등을 이용하여 간접적으로 추정할 수 있다.

기술평가기준일 현재 사업화 주체의 사업계획이 확정되지 않았기 때문에 운전자본증감액을 〈표 2-46〉에 나타낸 것과 같이 한국은행 기업경영분석의 2018~2016년까지 3개년 동 업종의 매출채권회전율, 재고자산회전율, 매입채무회전율 평균을 이용하여 구한 운전자본소요율(1÷회전율)을 적용하여 추정한다.

사업화 주체가 확보해야 할 운전자본증감액은 전술한 [식 2-14]와 같이 매출채권증감액과 재고자산증감액의 합계액에서 매입채무증감액을 차감하여 추정하며, 운전자본소요율을 구하는 방법은 [식 2-15]를 참고한다.

〈표 2-46〉 회전율과 운전자본소요율

(단위: 횟수, %)

회전율(횟수)	2018년	2017년	2016년	평균	소요율	운전자본소요율
매출채권회전율	5.54	5.38	5.53	5.48	18.25	18.25－8.07+10.49 =20.67
매입채무회전율	12.21	12.36	12.60	12.39	8.07	
재고자산회전율	9.18	9.54	9.86	9.53	10.49	

운전자본증감액을 간접적으로 추정할 경우, 직전 차년도 대비 당해 차년도의 매출증감액에 비례하여 발생하는 것으로 가정하며, 운전자본이 유동화 또는 현금화 가능성이 큰 점을 고려하여 매출액이 감소하는 구간에서도 운전자본증감이 발생하는 것으로 처리한다. 이렇게 추정한 운전자본증감액을 〈표 2-47〉에 나타내었다.

〈표 2-47〉 추정 운전자본증감액

(단위: 백만 원)

구분	1차년도	2차년도	3차년도	4차년도	5차년도	6차년도	7차년도	8차년도	9차년도
수명주기	도입기		성장기		성숙기			쇠퇴기	
기술매출액	198	1,881	3,762	6,534	6,683	6,834	6,989	4,660	2,330
매출증감액	198	1,683	1,881	2,772	149	151	155	−2,329	−2,330
운전자본증감액	41	348	389	573	31	31	32	−481	−482

7) 투자액 회수 추정

투자액 회수는 사업화 주체가 사업화에 투자한 금액 중 기술의 경제적 수명이 종료되는 시점까지 남아있는 잔여액의 처리에 관한 것으로, 기술의 경제적 수명이 종료되는 차년도에 전액 회수하는 것이 원칙이나 자본적 지출에 대해서는 항목별로 잔여액의 자산가치를 검토해야 하며, 운전자본에 대해서는 항목별로 잔여액의 회수 가능성을 검토해야 한다.

기술평가기준일 현재 사업화 주체의 사업계획이 확정되지 않았기 때문에 자본적 지출과 감가상각비 그리고 운전자본증감액을 간접적으로 추정하였다. 본 평가에서는 자본적 지출의 자산가치에 대한 검토와 운전자본의 잔여액 회수 가능성에 대한 검토를 생략하고, 자본적 지출과 운전자본 잔여액이 전액 회수되는 것으로 처리한다.

투자액 회수는 [식 2-16]과 같이 자본적 지출의 합(A)에서 감가상각비의 합(B)을 차감한 자본적 지출의 잔여액(A-B)에 운전자본의 잔여액(C)을 가산하여 구하며, 이렇게 구한 투자액 회수(금액)를 〈표 2-48〉에 나타내었다.

〈표 2-48〉 투자액 회수

(단위: 백만 원)

자본적 지출의 합 (A)	감가상각비의 합 (B)	자본적 지출의 잔여액 (A-B)	운전자본의 잔여액(C)	투자액 회수 (A-B)+C
2,690	216	2,474	482	2,956

8) 여유현금흐름의 결정

전술한 바와 같이 추정한 기술매출액, 매출원가, 판관비, 법인세, 자본적 지출, 감가상각비, 운전자본증감액, 투자액 회수를 [식 2-5]에 대입하여 결정한 여유현금흐름을 〈표 2-49〉에 나타내었다.

〈표 2-49〉 여유현금흐름

(단위: 백만 원)

구분	1차년도	2차년도	3차년도	4차년도	5차년도	6차년도	7차년도	8차년도	9차년도
수명주기	도입기		성장기		성숙기			쇠퇴기	
기술매출액	198	1,881	3,762	6,534	6,683	6,834	6,989	4,660	2,330
매출원가(-)	126	1,280	2,689	4,951	5,294	5,414	5,537	3,689	1,844
판관비(-)	52	432	735	1,062	858	877	897	597	299
영업이익	20	169	338	521	531	543	555	374	187
법인세(-)	2	19	52	93	95	98	100	60	21
세후 영업이익	18	150	286	428	436	445	455	314	166
자본적 지출(-)	76	648	724	1,067	57	58	60		
감가상각비(+)	6	52	58	85	5	5	5		
운전자본증감액(-)	41	348	389	573	31	31	32	-481	-482
투자액 회수									2,956
여유현금흐름	-93	-794	-769	-1,127	353	361	368	795	3,604

4. 할인율 추정

1) 할인율 결정

비상장기업을 대상으로 한 기술가치평가에서는 위험프리미엄이 반영된 타인자본비용(Kd)과 자기자본비용(Ke)을 가중 평균한 가중평균자본비용(WACC, Weighted Average Cost of Capital)을 할인율로 사용한다.

타인자본비용은 상장기업의 업종별 타인자본비용 평균에 중소기업 유형별 위험프리미엄을 가산하여 산출한다. 자기자본비용은 상장기업의 업종별 CAPM(Capital Asset Pricing Model, 자본자산가치모형)에 중소기업 유형별 위험프리미엄과 사업화 위험프리미엄을 가산하여 산출한다.

할인율(r)은 기술평가자가 할인율을 구성하는 항목(타인자본비용, 자기자본비용, 상장기업의 CAPM, 자기자본 구성비, 위험프리미엄 등)을 직접 계산하여 산출할 수 있으나, 일반적으로 최신 자료로 갱신한 업종별 할인율 산출 참고표(즉, 산업통상자원부

『기술평가실무가이드』의 부록인 '산업별 할인율' 참고표)로부터 할인율을 구성하는 항목에 관한 정보를 획득하여 산출한다. 평가대상기술이 적용된 제품 관련 사업이 속한 C13992 업종을 포함하는 한국표준산업분류의 중분류인 C13xxx 업종의 할인율 산출 참고표를 〈표 2-50〉에 나타내었다.

〈표 2-50〉 C13xxx 업종의 할인율 산출 참고표

(단위: %)

구분	타인자본비용						자기자본비용(사업화 위험프리미엄 반영 前)					
업종	타인 자본 구성비	상장 평균	비상장 중소기업 유형				자기 자본 구성비	CA PM	비상장 중소기업 유형			
			대	중	소	창업			대	중	소	창업
13xxx	43.30	3.89	4.81	5.89	7.12	8.56	56.70	6.20	6.53	7.32	8.40	9.31

기술평가기준일 현재 사업화 주체는 비상장 소기업으로 분류되며, 할인율 계산 시 타인자본비용과 자기자본비용의 중소기업 유형별 위험프리미엄은 〈표 2-50〉에서 비상장 소기업의 자료를 이용해야 한다.

자기자본비용의 사업화 위험프리미엄은 기술평가자들이 평가한 〈표 2-20〉의 사업화 위험프리미엄 평가표의 평점합을 [식 2-24]에 대입하여 구한다. 평가대상기술의 사업화를 둘러싼 기술과 권리 위험요소와 시장과 사업위험요소를 평가한 사업화 위험프리미엄 평가표는 〈표 2-51〉과 같다.

〈표 2-51〉 사업화 위험프리미엄 평가표

기술과 권리 위험요소*	평점	시장과 사업 위험요소*	평점
1.1 기술의 우월성	5/**4**/3/2/1	3.1 시장 진입성	5/4/**3**/2/1
1.4 기술의 대체 가능성	5/4/**3**/2/1	3.2 시장 성장성	5/4/3/**2**/1
1.5 기술수명주기(기술의 진부화)	5/4/**3**/2/1	3.4 동적 경쟁성(동적 경쟁강도)	5/4/3/**2**/1
2.3 법적 보호강도(침해 가능성)	5/4/**3**/2/1	4.3 수익성(영업이익률)	5/**4**/3/2/1
2.4 권리의 안정성(모방 가능성)	5/4/**3**/2/1	4.6 생산 용이성	5/4/**3**/2/1
평점합		**30점**	

* 각 평가지표의 정의와 평가기준은 제10부 참고.

기술평가자들이 평가한 〈표 2-51〉의 사업화 위험프리미엄 평가표의 평점 합인 30점을 [식 2-24]에 대입하여 계산한 사업화 위험프리미엄(별첨2 참고)은 5.10%이다(일부 평점합에 대한 사업화 위험프리미엄은 〈표 2-21〉 참고).

전술한 〈표 2-50〉의 할인율 산출 참고표의 할인율을 구성하는 항목에 관한 자료와 사업화 위험프리미엄(5.10%) 그리고 법인세 추정에서 구한 실효(평균) 법인세율(16.65%)을 [식 2-17] 또는 [식 2-47]에 적용한 결과 할인율은 10.23%로 결정되었다.

타인자본비용(Kd) = 7.12%, 타인자본구성비 = 43.30%

자기자본비용(Ke) = 8.40 + 5.10 = 13.50%, 자기자본구성비 = 56.70%

기술가치평가의 할인율(r) = 가중평균자본비용($WACC$)

= {타인자본비용(1 − 법인세율 또는 소득세율) × 타인자본구성비} + {자기자본비용 × 자기자본구성비}

$$= \left\{ Kd(1-\tau) \times \frac{D}{D+E} + Ke \times \frac{E}{D+E} \right\} \quad \text{[식 2-47]}$$

= {7.12(1 − 0.1665) × 0.4330 + 13.50 × 0.5670}

= 2.57 + 7.66 = 10.23%

2) 현가계수의 결정

현가계수는 [식 2-1]에서 분모인 $(1+r)^t$ 분의 1을 말하며, 각 차년도의 여유현금흐름을 현재가치로 환산하는 계수이다. 각 차년도의 현가계수는 [식 2-47]에 따라 결정된 할인율(r)을 적용하여 계산하며, 이렇게 계산된 각 차년도의 현가계수를 〈표 2-52〉에 나타내었다.

〈표 2-52〉 현가계수

구분	1차년도	2차년도	3차년도	4차년도	5차년도	6차년도	7차년도	8차년도	9차년도
수명주기	도입기		성장기		성숙기			쇠퇴기	
현가계수	0.9072	0.8230	0.7466	0.6773	0.6145	0.5574	0.5057	0.4588	0.4162

5. 여유현금흐름의 현재가치

1) 여유현금흐름의 현재가치 결정

여유현금흐름의 현재가치는 여유현금흐름에 현가계수를 곱하여 결정한다. 본 평가에서는 〈표 2-49〉의 각 차년도 여유현금흐름에 〈표 2-52〉의 각 차년도 현가계수를 곱하여 결정하며, 이렇게 결정된 여유현금흐름의 현재가치를 〈표 2-53〉에 나타내었다.

〈표 2-53〉 여유현금흐름의 현재가치

(단위: 백만 원)

구분	1차년도	2차년도	3차년도	4차년도	5차년도	6차년도	7차년도	8차년도	9차년도
수명주기	도입기		성장기		성숙기			쇠퇴기	
여유현금흐름	-93	-794	-769	-1,127	353	361	368	795	3,604
현가계수	0.9072	0.8230	0.7466	0.6773	0.6145	0.5574	0.5057	0.4588	0.4162
여유현금흐름 현재가치	-84	-654	-574	-763	217	201	186	365	1,500

2) 여유현금흐름의 현재가치 합계

기술가치평가의 전 과정을 〈표 2-54〉에 나타내었으며, 각 차년도의 여유현금흐름의 현재가치를 합하면 394백만 원이 된다.

〈표 2-54〉 여유현금흐름의 현재가치 합계

(단위: 백만 원)

구분	1차년도	2차년도	3차년도	4차년도	5차년도	6차년도	7차년도	8차년도	9차년도
수명주기	도입기		성장기		성숙기			쇠퇴기	
기술매출액	198	1,881	3,762	6,534	6,683	6,834	6,989	4,660	2,330
매출원가(-)	126	1,280	2,689	4,951	5,294	5,414	5,537	3,689	1,844
판관비(-)	52	432	735	1.062	858	877	897	597	299
영업이익	20	169	338	521	531	543	555	374	187
법인세(-)	2	19	52	93	95	98	100	60	21
세후 영업이익	18	150	286	428	436	445	455	314	166

자본적 지출(−)	76	648	724	1,067	57	58	60		
감가상각비(+)	6	52	58	85	5	5	5		
운전자본증감액(−)	41	348	389	573	31	31	32	−481	−482
투자액 회수(+)									2,956
여유현금흐름	−93	−794	−769	−1,127	353	361	368	795	3,604
현가계수	0.9072	0.8230	0.7466	0.6773	0.6145	0.5574	0.5057	0.4588	0.4162
여유현금흐름 현재가치	−84	−654	−574	−763	217	201	186	365	1,500
여유현금흐름 현재가치 합계	394백만 원								

6. 기술기여도 추정

기술기여도는 여유현금흐름의 현재가치 합계[즉, 현가화(現價化)된 여유현금흐름 합계]에서 평가대상기술이라는 기술자산이 기여한 부분을 분리해내어 평가대상기술의 기술가치평가금액(V_P)을 산정하기 위한 핵심변수(투입변수)로서, 본 기술가치평가에서는 기술요소법으로 기술기여도를 추정한다.

기술요소법에 의한 기술기여도는 업종특성을 반영하기 위한 업종별 무형기술자산비율과 기술특성을 반영하기 위한 개별기술의 기여비율을 곱하여 추정한다. 업종별 무형기술자산비율은 업종별 최대무형자산비율과 업종별 평균기술자산비율의 곱으로 결정되며, 개별기술의 기여비율은 기술성 평가항목(권리성 포함)과 사업성 평가항목(시장성 포함)으로 이루어진 '개별기술의 기여비율 평가표'에 점수를 부여하여 산출한다.

1) 업종별 무형기술자산비율 결정

업종별 무형기술자산비율은 평가대상기술이 적용된 제품 관련 사업이 속한 업종의 유·무형자산 중에서 무형자산이 기여하는 비율, 동 무형자산 중에서도 특히 평가대상기술이라는 기술자산이 기여하는 비율을 기술기여도(기술요소법)에 반영하기 위한 것으로서, 업종별 최대무형자산비율과 업종별 평균기술자산비율을 곱하여 결정한다.

일반적으로 업종별 무형기술자산비율은 최신 자료로 갱신한 업종별 무형기술자산비율 참고표(산업통상자원부 『기술평가실무가이드』의 부록인 '산업기술요소' 참고)로부터 업종별 무형기술자산비율에 관한 정보를 획득하여 활용한다. 평가대상기술이 적용된 제품 관련 사업이 속한 C13992 업종을 포함하는 한국표준산업분류의 중분류인 C13xxx 업종의 무형기술자산비율(산업통상자원부 『기술평가실무가이드』의 부록인 '산업기술요소')을 〈표 2-55〉에 나타내었으며, C13xxx 업종의 무형기술자산비율은 45.68%이다.

〈표 2-55〉 C13xxx 업종의 무형기술자산비율

(단위: %)

업종	업종명	업종별 최대 무형자산비율	업종별 평균 기술자산비율	업종별 무형기술자산비율
C13xxx	섬유제품 제조업: 의복제외	NA	NA	45.68

2) 개별기술의 기여비율 결정

개별기술의 기여비율은 기술평가자가 '개별기술의 기여비율 평가표'의 평가지표에 점수를 부여하여 결정한다. '개별기술의 기여비율 평가표'는 기술성과 권리성 평가지표 10개에 대해 5점 척도로 평가하며, 시장성과 사업성 평가지표 10개에 대해 5점 척도로 평가한다. 따라서 기술성과 권리성 그리고 시장성과 사업성의 평점합은 각각 최소 10점에서 최대 50점 사이에 분포한다.

'개별기술의 기여비율 평가표'는 〈표 2-56〉과 같이 기술성과 권리성 그리고 시장성과 사업성을 포함한 총 20개 평가지표로 구성되며, 개별기술의 기여비율은 최소 20점(또는 %)에서 최대 100점(또는 %) 사이에 분포한다. 각 평가지표의 가중치를 '1'로 하여 평가대상기술에 대한 개별기술의 기여비율을 평가하였으며, 그 결과 개별기술의 기여비율은 69점(%)으로 평가되었다.

〈표 2-56〉 개별기술의 기여비율 평가표

기술성과 권리성 평가지표*			시장성과 사업성 평가지표*		
항목	가중치	점수	항목	가중치	점수
1.1 기술의 우월성	1	1/2/3/**4**/5	3.1 시장 진입성	1	1/2/**3**/4/5
1.2 기술의 활용성	1	1/2/3/**4**/5	3.2 시장 성장성	1	1/**2**/3/4/5
1.3 기술의 파급성	1	1/2/3/4/**5**	3.5 수요성	1	1/2/**3**/4/5
1.4 기술의 대체 가능성	1	1/2/**3**/4/5	3.6 예상 시장점유율	1	1/**2**/3/4/5
1.5 기술수명주기 (기술의 진부화)	1	1/2/**3**/4/5	4.1 가격 및 품질 경쟁성	1	1/2/3/**4**/5
1.6 기술개발단계 (TRL평가)	1	1/2/3/4/**5**	4.2 성장성 (매출액증가율)	1	1/2/3/**4**/5
2.1 권리의 충실성	1	1/2/3/**4**/5	4.3 수익성(영업이익률)	1	1/2/3/**4**/5
2.2 권리범위의 광협	1	1/2/**3**/4/5	4.4 수익창출기간 (기술의 경제적 수명)	1	1/2/3/**4**/5
2.3 법적 보호강도 (침해 가능성)	1	1/2/**3**/4/5	4.6 생산 용이성	1	1/2/**3**/4/5
2.4 권리의 안정성 (모방 가능성)	1	1/2/**3**/4/5	4.7 자금조달 능력	1	1/2/**3**/4/5
기술성과 권리성 평점합		**37점**	시장성과 사업성 평점합		**32점**
개별기술의 기여비율(기술성과 권리성 평점합+시장성과 사업성 평점합)				**69점(%)**	

* 각 평가지표의 정의와 평가기준은 제10부 참고.

3) 기술기여도 결정(기술요소법)

기술기여도는 〈표 2-55〉에 나타낸 C13xxx 업종의 무형기술자산비율 45.68%와 〈표 2-56〉의 개별기술의 기여비율 69점(%)을 곱하여 결정하며, 그 결과 기술기여도는 〈표 2-57〉과 같이 31.52%로 결정되었다.

〈표 2-57〉 기술기여도(기술요소법)

(단위: %)

기술기여도＝업종의 무형기술자산비율×개별기술의 기여비율		
업종의 무형기술자산비율	개별기술의 기여비율	기술기여도
45.68	69	31.52

7. 기술가치평가금액의 결정

기술가치평가금액(V_P)은 다음의 [식 2-48]과 같이 여유현금흐름의 현재가치 합계(즉, 현가화된 여유현금흐름 합계액)와 기술기여도의 곱으로 결정된다. 여유현금흐름의 현재가치 합계는 〈표 2-54〉에서 394백만 원, 그리고 기술기여도는 〈표 2-57〉에서 31.52%이며, 이들을 곱한 기술가치평가금액은 124백만 원으로 결정되었다.

$$V_P = \sum_{t=1}^{n} \frac{CF_t}{(1+r)^t} \times \text{기술기여도} \quad \text{[식 2-48]}$$

= 여유현금흐름의 현재가치 합계 × 기술기여도

= 394백만 원 × 31.52% = 124백만 원

제2장
수익접근법(수익추정법)의 응용 I
수익조정계수법과 평가사례

제1절 수익조정계수법

기업의 특성, 기술이나 시장의 특성, 업종의 특성, 사업화 환경이나 수준 등을 기술가치평가에 반영하기 위해서는 핵심변수(투입변수)를 조정하거나 조정계수를 적용 또는 이 두 가지 방법을 모두 활용한다. 핵심변수를 조정하는 것은 기술의 경제적 수명, 여유현금흐름, 할인율, 기술기여도 등과 같은 핵심변수들의 추정방법을 세분 또는 변경이나 추가하는 것을 말한다. 조정계수를 적용하는 것은 기술이나 시장의 특성, 업종의 특성, 상장기업 여부 등을 평가에 반영하기 위해 조정계수를 산출하여 적용하는 것을 말한다.

1. 수익조정계수법의 정의

수익조정계수법은 수익접근법의 핵심변수인 기술의 경제적 수명이나 할인율 등의 추정방법을 변경하고(핵심변수 조정), 수익조정계수를 적용(조정계수 적용)하여 기술가치평가금액을 결정한다. 본 교재에서는 신약개발이 이루어지는 제약이나 바이오산업을 포함하는 '의료용 물질 및 의약품 제조업'의 기술가치평가 사례를 들어 수익조정계수법을 설명한다. 본 사례에서는 연구개발 및 사업화 단계별 성공확률 기반 누적 성공확률과 같은 수익조정계수를 적용하여 업종의 특성을 기술가치평가금액에 반영한다.

'의료용 물질 및 의약품 제조업(C21xxx)'의 경우 연구개발단계(즉, 사업화 소요기간)에 장기간이 소요되는 특성이 있으며, 이러한 특성을 기술가치평가에 반영하기 위해 조정계수를 적용한다. '의료용 물질 및 의약품 제조업' 이외의 업종에 속한 기술로서, 연구개발단계에 3년 이상의 장기간이 소요되거나 연구개발 및 사업화 단계의 누적 성공확률과 같은 조정계수를 적용할 필요가 있는 경우 수익조정계수법으로 기술가치평가금액을 결정할 수 있다.

'의료용 물질 및 의약품 제조업'에 적용한 수익조정계수법은 [식 2-49]와 같이 기본적으로 수익접근법과 같다. 그러나 사업화 소요기간과 조정 전 기술의 경제적 수명(Q2값)을 합하여 기술의 경제적 수명으로 하고, 할인율 계산 시 사업화 위험프리미엄을 적용하지 않는다(핵심변수 조정). 또한 누적 성공확률과 같은 수익조정계수를 여유현금흐름의 현재가치 합계에 곱해(조정계수 적용) 기술가치평가금액(V_{PC})을 결정한다는 점에서 차이가 있다.

$$V_{PC} = \sum_{t=1}^{n} \frac{CF_t}{(1+r)^t} \times 수익조정계수 \times 기술기여도 \quad \text{[식 2-49]}$$

$$= 여유현금흐름의\ 현재가치\ 합계 \times 수익조정계수 \times 기술기여도$$

$$= 조정된\ 여유현금흐름의\ 현재가치\ 합계 \times 기술기여도$$

V_{PC} : 기술가치평가금액, t : 기술의 경제적 수명 각 기간

n: 기술의 경제적 수명 = 사업화 소요기간 + 조정 전 기술의 경제적 수명($Q2$값)

CF_t : t기간에서의 여유현금흐름

r : 할인율(원칙적으로 사업화 위험프리미엄을 적용하지 않음)

수익조정계수: 연구개발 및 사업화의 각 단계별 성공확률을 누적한 누적성공확률

기술기여도: 조정된 여유현금흐름의 현재가치 합계에서 무형자산 중 기술자산이 기여하는 비율

$\frac{1}{(1+r)^t}$ = 현가계수

제약이나 바이오산업과 같이 연구개발단계(사업화 소요기간)에 장기간이 소요되는 업종의 특성을 반영하여, 예외적으로 사업화 소요기간과 조정 전 기술의 경제적 수명(Q2값)을 더하여 기술의 경제적 수명을 결정한다. 즉, 기술의 경제적 수

명 결정에 조정 전 기술의 경제적 수명(Q2값)을 이용한다. 이는 연구개발단계에(즉, 사업화까지) 장기간이 소요되므로, 기술평가기준일에 평가대상기술의 개별적 특성(기술이나 시장 관련 특성)의 반영을 위해 기술의 경제적 수명 조정계수를 적용해야 할 필요성이 낮기 때문이다.

연구개발단계에 장기간이 소요되는 특성이 있는 업종의 지식재산권을 평가할 경우, 지식재산권의 잔존기간(= 법적 존속기간 – 출원 이후 기술평가기준일까지 경과기간)은 '특허권 존속기간 연장 등록출원 제도'에 따라 최대 5년을 가산할 수 있다. 따라서 지식재산권의 잔존기간에 5년을 가산한 기간과 결정된 기술의 경제적 수명을 비교하여 둘 중 짧은 기간을 최종적인 기술의 경제적 수명으로 한다.

할인율 계산 시 사업화 위험프리미엄을 적용하지 않고 중소기업 유형별 위험프리미엄만을 적용하는 것을 원칙으로 한다. 이는 수익조정계수법이 수익조정계수로서 누적 성공확률을 적용함에 따라 사업화에 따르는 위험이 과도하게 반영되는 것을 방지하기 위한 것이다. 그러나 평가대상기술의 사업화에 수반되는 위험요소를 평가하여 사업화 위험프리미엄을 자기자본비용에 반영할 필요가 있다고 판단되는 경우에는 적용할 수 있다.

연구개발 및 사업화 단계별 성공확률은 업종이나 기술 분야에 따라 다르며, 기술평가자들은 입수할 수 있는 객관적인 자료를 인용하여 적용해야 한다. 각 단계별 성공확률은 연구개발 및 사업화의 각 단계에서 다음 단계로 진행될 확률이고, 각 단계별 성공확률을 누적한 값을 다음 단계의 누적 성공확률로 보아 기술가치평가에 반영한다(〈표 2-58〉 참고).

'의료용 물질 및 의약품 제조업'의 하부 업종인 '완제 의약품 제조업'의 경우 신약개발을 추진할 때 각 사업화 단계(사업단계)별로 예상되는 소요기간, 각 단계별 성공확률과 누적 성공확률의 일례를 〈표 2-58〉에 나타내었다.

〈표 2-58〉 의약품 제조업의 연구개발 소요기간 및 성공확률 일례

(단위: 년, %)

사업화 단계 (사업단계)	유효물질	선도물질	선도물질 최적화	전임상	임상			승인 (*NDA)	판매
					1상	2상	3상		
소요기간	1	1.5	2	1	1.5	2.5	2.5	1.5	
각 단계별 성공확률	80	75	85	69	54	34	70	91	100
누적 성공확률	100	80	60	51	35	19	6.5	4.5	4

출처: Paul SM et al. (2010), "How to improve R&D productivity: the pharmaceutical industry's grand challenge," Nature Review Drug Discovery 9(3), 203; 산업통상자원부, 『기술평가 실무가이드』 및 기술보증기금, 『기술가치평가 실무 매뉴얼』 재인용 및 가공.

* NDA: New Drug Application, 승인신청

제2절 수익조정계수법의 평가사례

1. 기술가치평가의 개요

1) 평가대상기술(특허권)

평가대상기술은 〈표 2-59〉에 나타낸 가상의 특허권이다.

〈표 2-59〉 평가대상기술(가상의 특허권)

등록번호 출원번호	등록일 출원일	기술의 명칭(발명의 명칭)	등록 권리자 (사업화 주체**)
10-20xxxxx 10-2016-005xxxx	2017.06.16 2016.03.21	호흡기질환 치료용 조성물 및 제제 (천식, 만성폐쇄성 질환 치료제)*	㈜xxxxxx [㈜xxxxxx]

* 개발단계 기술임.

** 사업화 주체는 중견기업(상장기업)으로 분류됨.

평가대상기술은 천식 등 호흡기질환 치료용 신약에 관한 것으로, 기술평가기준일 현재 임상 1상 완료 후 임상 2상이 시작되었다. 사업화 소요기간(연구개발기

간)은 임상 2상 1년, 임상 3상 2년, 승인(NDA) 1년 등 총 4년이 될 것으로 전망된다. 사업화 주체는 기술가치평가 결과를 바탕으로 사업화 추진방법(사업화 중지, 기술이전이나 거래)을 결정하기 위해 평가를 의뢰하였다.

2) 기술분류와 업종분류

평가대상기술의 기술분류와 사업의 업종분류는 〈표 2-60〉과 같다.

〈표 2-60〉 기술분류와 업종분류

기술분류	업종분류
A61K 31/4184 (의약용, 치과용, 화장용 제제 → 유기 활성 성분을 함유하는 의약품 제제-탄소환과 축합한 것)	C21210 (완제 의약품 제조업)

3) 기일정보

평가대상기술의 기술가치평가 관련 기일정보는 〈표 2-61〉과 같다.

〈표 2-61〉 기일정보

기술평가기준일	평가기간	평가서 제출일	평가서 유효기간
2021.04.08	2021.04.02~2021.05.31	2021.06.05	2021.12.05 (평가서 제출일부터 6개월)

2. 기술의 경제적 수명과 여유현금흐름 추정기간

1) 기술의 경제적 수명 추정

제약이나 바이오산업의 기술의 경제적 수명은 사업화 소요기간(연구개발기간)과 조정 전 기술의 경제적 수명(Q2값)을 합하여 결정하며, 기술의 경제적 수명 조정계수를 적용하여 기술의 경제적 수명을 조정할 필요가 없다.

평가대상기술의 출원일인 2016년 3월 21일부터 기술평가기준일 2021년 4월 8일까지 경과기간은 5년이며, 특허권의 법적 존속기간(20년)에서 출원일부터 기술평가기준일까지 경과기간인 5년을 차감하면 지식재산권(특허권)의 잔존기간은 15년이 된다. 그러나 지식재산권의 잔존기간은 '특허권 존속기간 연장 등록출원 제도'에 따라 5년을 가산할 수 있으며, 이 경우 지식재산권(특허권)의 최대 잔존기간은 20년이 된다.

평가대상기술의 기술분류인 A61K의 특허인용 수명지수는 〈표 2-62〉와 같으며, 조정 전 기술의 경제적 수명(Q2값, 중앙값)은 8년이다. 사업화 소요기간 4년과 조정 전 기술의 경제적 수명(Q2값)인 8년을 합한 12년은 지식재산권(특허권)의 잔존기간인 15년(또는 최대 잔존기간인 20년)보다 짧아 기술의 경제적 수명은 12년으로 결정되었다.

〈표 2-62〉 A61K의 특허인용 수명지수

(단위: 년)

IPC	IPC명칭	평균	Q1	Q2(중앙값)	Q3
A61K	의약용 제제	9.75	4	**8**	13

출처: 산업통상자원부, 『기술평가 실무가이드』; 기술보증기금, 『기술가치평가 실무 매뉴얼』 재인용.

2) 여유현금흐름 추정기간 결정

여유현금흐름 추정기간은 매출이 발생하여 여유현금흐름의 추정이 가능한 기간을 말하며, 초기 사업화 소요기간(연구개발기간) 이후에 이어지는 조정 전 기술의 경제적 수명(Q2값)이 여유현금흐름 추정기간이 된다. 본 평가의 여유현금흐름 추정기간은 [식 2-50]과 같이 초기 사업화 소요기간 4년 이후에 이어지는 조정 전 기술의 경제적 수명(Q2값)인 8년으로 결정되었다.

기술의 경제적 수명

= 사업화 소요기간(4년) + 조정 전 기술의 경제적 수명(Q2값, 8년)

= 사업화 소요기간(4년) + 여유현금흐름 추정기간(Q2값, 8년) = 12년 ………… [식 2-50]

3. 여유현금흐름 추정

여유현금흐름은 영업외손익이 반영되지 않은 당기순이익에서 자본적 지출과 운전자본증감액을 차감하고, 감가상각비를 가산하여 산출한다.

여유현금흐름의 추정에 필요한 여유현금흐름 변수는 매출액, 매출원가와 판관비, 법인세(소득세), 자본적 지출, 감가상각비, 운전자본증감액, 투자액 회수가 있으며, 연구개발 및 사업화 단계별 성공확률과 누적 성공확률을 포함한 이들의 추정 과정을 설명한다.

1) 매출액 추정

매출액 추정은 사업화 주체의 판매계획과 매출실적, 사업화 주체와 유사기업의 재무정보, 업종별 재무정보(매출액증가율 등), 시장규모와 시장성장률 그리고 시장점유율 등에 관한 자료를 바탕으로 이루어진다. 일반적으로 사업화 소요기간(연구개발기간)이 3년 이상인 경우, 기술평가기준일에 사업화 주체로부터 객관적이고 신뢰성 있는 판매계획이나 재무정보를 획득할 수 없다는 점 때문에 시장점유율법 등을 이용하여 매출액을 추정한다.

평가대상기술은 호흡기계(세계보건기구에서 개발한 국제적인 의약품 분류인 ATC코드 2단계 기준, Anatomical Therapeutic Chemical) 치료제 중 천식 및 만성폐쇄성질환 치료용 신약(생약제제)에 관한 것으로, 본 평가에서는 사업화 소요기간(연구개발기간)이 4년이기 때문에 국내외 시장을 대상으로 시장규모와 시장성장률 그리고 시장점유율과 경쟁업체를 파악하여 매출액을 추정한다(시장점유율법).

국내 호흡기계(ATC코드 2단계 기준) 치료제 시장규모는 2019년 기준 약 9,150억 원이며, 2020년에는 COVID-19에 따른 방역 마스크 착용 및 활동량 감소의 영향으로 전년 대비 10% 정도 시장규모가 감소했다(의약뉴스, 2020년 12월 10일 재가공). 세계 호흡기계 치료제 시장규모는 2017년 548억 달러에서 2019년에는 621억 달러로 2013년 이후 매년 연평균 6%씩 성장하였다(BIO ECONOMY BRIEF, 한국바이오협회 한국바이오경제연구센터, Feb. 2019. issue 65).

평가대상기술은 천식 및 만성폐쇄성질환 치료제에 관한 것으로, 국내 시장규모는 2019년 기준 2,857억 원이며, 전체 호흡기계 치료제 시장에서 30%를 차지한다(의약뉴스, 2020년 12월 10일 재가공). 천식 및 만성폐쇄성질환 치료제의 국내 및 해외 시장성장률은 세계 호흡기계 치료제 시장성장률과 같이 기술의 경제적 수명 동안 매년 6%씩 성장할 것으로 전망된다.

호흡기계 치료제의 국가별 세계시장점유율은 2017년 기준으로 미국이 37.1%, 중국이 5.9%, 일본이 4.2%이며(BIO ECONOMY BRIEF, 한국바이오협회 한국바이오경제연구센터, Feb. 2019. issue 65), 국가별 세계시장점유율은 2017년 이후에도 같은 것으로 가정한다.

한국의 호흡기계 치료제 세계시장점유율은 바이오 및 보건의료산업의 기술력과 동 산업 관련 제조업체의 수를 고려할 경우 일본의 세계시장점유율의 절반 수준인 2%로 유추되며, 이들 중 국내 호흡기계 치료제 전문의약품 제조업체가 차지할 것으로 보이는 천식 및 만성폐쇄성질환 치료제의 해외 시장점유율은 0.6%(2% ×30%)로 추정된다. 따라서, 국내 천식 및 만성폐쇄성질환 치료제 제조업체가 차지할 해외 시장규모는 2019년도 기준 세계 호흡기계 치료제 시장규모(621억 달러)의 0.6%인 3.7억 달러로 추정된다.

국내에는 다수의 호흡기계 치료제 전문의약품 제조기업이 시장을 점유하고 있으며, MSD, 안국약품, GSK, 일동제약, 유한양행, 대원제약, UCB, 삼아제약 등이 있다. 향후 사업화 주체를 포함한 6개의 기업이 천식 및 만성폐쇄성질환 치료제(생약제제)의 국내시장 및 국내 기업이 차지할 해외시장을 균점할 것으로 보이며, 사업화 주체의 시장점유율은 17%(1÷6)가 될 것으로 전망된다. 국제적으로는 글락소스미스클라인, 아스트라제네카, 머크, 노바티스, 존슨 앤 존슨, 길리어드 등과 같은 글로벌 기업이 경쟁하고 있다.

기술평가자는 기술의 경제적 수명 동안 제품에 적용된 평가대상기술이 거치는 기술수명주기를 결정해야 한다. 본 평가에서는 기술 동향 및 시장 환경에 대한 기술평가자들의 의견을 수렴하여, 기술수명주기를 1차년도부터 6차년도까지는 도입기, 7차년도부터 8차년도까지는 성장기, 9차년도 10차년도는 성숙기, 그리고 11차년도부터 12차년도까지를 쇠퇴기로 가정하여 매출액을 추정하였다(추정 매출액은 천만 원 단위에서 반올림함).

기술비중은 매출액 추정단계에서, 제품에 적용된 여러 기술 중에서 평가대상기술에 의한 매출액을 분리해내기 위한 것으로, 기술성과 권리성 그리고 시장성과 사업성 분석을 수행한 기술평가자 4인의 영향력 평가와 공헌도 평가결과를 이용하여 산출하였다. 4인의 공헌도 평가점수(각각 84점, 88점, 90점, 94점)의 평균인 89점을 기술비중을 산출하는 [식 2-46] 또는 후술한 [식 5-1]에 대입한 결과 기술비중은 82%로 결정되었다.[6]

(1) 도입기와 성장기의 매출액 추정

기술수명주기상 도입기 중 사업화 소요기간(연구개발기간, 즉 임상시험 및 NDA 기간)을 제외한 5차년도부터 6차년도와 성장기에 해당하는 7차년도부터 8차년도의 국내와 해외 시장규모는 2019년도 기준 천식 및 만성폐쇄성 질환 치료제의 국내 시장규모(2,857억 원)와 국내 업체가 차지할 해외 시장규모(3.7억 달러)에 시장성장률인 6%를 적용하여 추정하였다.

국내 추정매출액은 국내 시장규모와 사업화 주체의 예상 시장점유율(17%)을 곱하여 결정하며, 해외 추정매출액은 원화로 환산된 해외 시장규모(환율 1,100원 적용)에 사업화 주체의 시장점유율(17%)을 곱하여 결정한다.

국내 기술매출액은 국내 추정매출액에 기술비중(82%)을 곱하며, 해외 기술매출액은 해외 추정매출액에 기술비중(82%)을 곱하여 결정한다(기술매출액 = 추정매출액 × 기술비중). 국내 기술매출액과 해외 기술매출액 그리고 이들을 합한 기술매출액 등 도입기와 성장기의 매출액 추정결과는 〈표 2-63〉과 같다. 〈표 2-63〉에서 매출액 추정단위의 1차년도는 2021.04.08~2022.04.07이며, 2차년도 이후는 1년씩 전진하며 결정한다.

6 기술비중 산출방법은 '제5부 매출액 추정방법과 추정사례'와 '별첨1' 참고.

〈표 2-63〉 도입기와 성장기 매출액 추정결과

(단위: 억 원)

구분	1차년도	2차년도	3차년도	4차년도	5차년도	6차년도	7차년도	8차년도
사업단계	임상2상	임상3상		승인	판매			
수명주기	도입기						성장기	
국내 시장규모	3,210*	3,403	3,607	3,823	4,052	4,322	4,581	4,856
국내 추정매출액					689	735	779	826
기술비중	82%							
국내 기술매출액(A)					**565**	**603**	**639**	**677**
해외시장규모(억불)	4.2**	4.4	4.7	5.0	5.3	5.6	5.9	6.3
해외시장규모(억 원)	4,620***	4,840	5,170	5,500	5,830	6,160	6,490	6,930
해외 추정매출액					991	1.047	1,103	1,178
기술비중	82%							
해외 기술매출액(B)					**813**	**859**	**905**	**966**
기술매출액(A+B)					**1,378**	**1,462**	**1,544**	**1,643**

* 2,857억 원×$(1+0.06)^2$ = 3,210억 원

** 3.7억달러×$(1+0.06)^2$ = 4.2억 달러, 반올림한 값임.

*** 4.2억달러×1,100원 = 4,620억 원(원 달러 환율 1,100원 적용)

(2) 성숙기와 쇠퇴기의 매출액 추정

① 성숙기의 매출액 추정

기술수명주기상 성숙기(9~10차년도)의 매출액은 한국은행 기업경영분석의 C21210 업종을 포함하는 C21(의료용 물질 및 의약품 제조업) 업종의 최근 3개년 평균 매출액증가율을 인용하여 추정한다. 사업화 주체가 중견기업인 점을 고려하여 2017~2019년도 동 업종 평균 매출액증가율인 7.4%(C21, 종합)를 8차년도 이후 국내와 해외 기술매출액에 곱하여 성숙기인 9차년도와 10차년도의 기술매출액을 〈표 2-64〉와 같이 추정한다.

② 쇠퇴기의 매출액 추정

기술수명주기상 쇠퇴기(11~12차년도)의 매출액은 직전 기술수명주기의 최고 매출액(성숙기의 10차년도)을 기준으로, 시장주도기업이 직전 기술수명주기의 최고

매출액을 잠식한다는 논리를 바탕으로 추정한다. 즉, 쇠퇴기 매출액은 기술평가기준일 현재 조사된 시장주도기업의 수에 반비례하는 것으로 가정하여 추정한다(전술한 '수익접근법의 평가사례'의 '쇠퇴기의 매출액 추정'과 '제5부 매출액 추정방법과 추정사례'의 '기술의 경제적 수명 단계별 매출액 추정원칙' 참고).

본 기술가치평가에서는 〈표 2-37〉과 같이 시장주도기업을 CR≥60%(시장점유율 합이 60% 이상)를 충족하는 기업 중에서 최소 10% 이상의 시장점유율을 확보한 기업으로 정의하였다. 기술평가기준일 현재 진술한 국내와 해외 기업을 대상으로 시장집중률(CR, Concentration Ratio)을 분석한 결과, 이러한 조건을 충족한 기업은 없는 것으로 조사되었다. 따라서 〈표 2-37〉의 기준에 따라 시장주도기업을 6개로 보아 쇠퇴기의 매출액을 추정하였다.

우선 쇠퇴기 최종 차년도인 12차년도의 매출액은 직전 기술수명주기의 최고 매출액인 10차년도의 국내와 해외 기술매출액 781억 원과 1,115억 원에서 시장주도기업이 5/6를 잠식하는 것으로 가정하여 추정한다. 따라서 12차년도의 국내와 해외 기술매출액은 직전 기술수명주기의 최고 기술매출액을 시장주도기업의 수(6개)로 나누면 국내 130억 원과 해외 186억 원이 된다.

11차년도의 매출액은 다음과 같이 결정한다. 10차년도의 국내와 해외 기술매출액에서 최종 차년도인 12차년도의 국내와 해외 기술매출액을 각각 빼고, 이를 쇠퇴기 기간인 2년으로 나누면 국내 326억 원과 해외 465억 원이 된다. 다음으로, 10차년도의 국내와 해외 기술매출액에서 국내 326억 원과 해외 465억 원을 차감하여 11차년도의 국내와 해외 기술매출액을 결정한다.

시장규모와 시장성장률 그리고 예상 시장점유율과 기술비중을 적용하여 추정한 도입기와 성장기 기술매출액 추정결과, 동 업종 3개년 평균 매출액증가율을 적용한 성숙기 기술매출액 추정결과, 쇠퇴기의 매출액 추정원칙을 적용하여 결정한 쇠퇴기 기술매출액 추정결과를 일괄하여 〈표 2-64〉에 나타내었다.

〈표 2-64〉 기술매출액 추정결과

(단위: 억 원)

구분	1차년도	2차년도	3차년도	4차년도	5차년도	6차년도
사업단계	임상2상	임상3상		승인	판매	
수명주기	도입기					
국내 기술매출액					565	603
해외 기술매출액					813	859
기술매출액					**1,378**	**1,462**
구분	7차년도	8차년도	9차년도	10차년도	11차년도	12차년도
사업단계	판매					
수명주기	성장기		성숙기		쇠퇴기	
매출액 증가율			7.4%(동 업종 평균 매출액 증가율)			
국내 기술매출액	639	677	727	781	455***	130*
해외 기술매출액	905	966	1,038	1,115	650****	186**
기술매출액	**1,544**	**1,643**	**1,765**	**1,896**	**1,105**	**316**

* 12차년도 국내 기술매출액=781억 원÷6=**130억 원**

** 12차년도 해외 기술매출액=1,115억 원÷6=**186억 원**

*** (10차년도 국내 기술매출액 781억 원-12차년도 국내 기술매출액 130억 원)÷쇠퇴기 기간 2년=**326억 원,** 11차년도 국내 기술매출액=10차년도 국내 기술매출액 781억 원-326억 원**=455억 원**

**** (10차년도 해외 기술매출액 1,115억 원-12차년도 해외 기술매출액 186억 원)÷쇠퇴기 기간 2년=**465억 원,** 11차년도 해외 기술매출액=10차년도 해외 기술매출액 1,115억 원-465억 원=**650억 원**

2) 매출원가와 판매관리비 추정

사업화 주체는 설립 이후 40년이 지난 전문의약품 제조기업이며, 평가대상기술인 천식 등 호흡기질환 치료용 신약개발에 나서고 있다. 사업화 주체는 평가대상기술이 적용된 제품의 판매를 통한 매출실적을 보유하고 있지 않기 때문에 동사의 과거 재무정보를 인용하여 기술가치평가를 수행할 수 없다. 따라서 본 기술가치평가에서는 유사기업의 재무정보와 한국은행 기업경영분석의 업종별 재무정보를 비교하여 매출원가와 판관비를 결정한다.

국내에는 다수의 호흡기질환 치료용 전문의약품 제조기업이 존재하며, 본 평가에서는 〈표 2-65〉에 나타낸 것과 같이 A약품, B제약, C제약 등 사업화 주체와 유사한 규모의 기업을 선정하여 이들의 최근 3개년(2020~2018년) 평균 재무정보

(원가비율, 판관비율)를 조사하였다. 〈표 2-65〉의 원가비율과 판관비율은 한국은행 기업경영분석의 2019~2017년까지 3개년 동 업종(C21, 종합)의 감가상각비율(감가상각비÷매출액)이 차감된 수치이다(원가비율에서 3개년 평균 감가상각비율 3.29% 차감, 판관비율에서 3개년 평균 감가상각비율 0.74%를 차감한 수치임).

〈표 2-65〉 유사기업의 재무정보(원가비율, 판관비율)

(단위: %)

구분	A약품	B제약	C제약	평균
원가비율	35.48	40.53	35.93	37.31
판관비율	46.52	41.52	48.09	45.38

※ 주의: 표 안의 원가비율과 판관비율은 동 업종 평균 감가상각비율이 차감된 수치임.
출처: 금융감독원 전자공시시스템(http://dart.fss.or.kr/)

한국은행 기업경영분석의 2019~2017년까지 3개년 동 업종(C21, 종합)의 감가상각비율이 차감된 평균 원가비율 및 판관비율 평균을 〈표 2-66〉에 나타내었다(원가비율에서 3개년 평균 감가상각비율 3.29% 차감, 판관비율에서 3개년 평균 감가상각비율 0.74%를 차감함).

〈표 2-66〉 한국은행 기업경영분석(원가비율, 판관비율)

(단위: %)

구분	2019년	2018년	2017년	평균
원가비율	55.92	55.89	54.52	55.44
판관비율	32.71	32.04	30.77	31.84

※ 주의: 표 안의 원가비율과 판관비율은 감가상각비율이 차감된 수치임.

상기 〈표 2-65〉와 〈표 2-66〉의 원가비율 및 판관비율 평균을 상호 비교한 결과, 유사기업의 원가비율은 판관비율보다 약 8.07% 낮았으나, 한국은행 기업경영분석에서는 원가비율이 판관비율보다 23.60% 높게 나타났다.

한국은행 기업경영분석의 원가비율과 판관비율은 호흡기질환 치료용 전문의약품을 제조하여 판매하는 기업의 특성을 제대로 반영하지 못한 것으로 보인다. 따라서 본 평가에서는 유사기업의 원가비율 및 판관비율 평균을 적용하여 도입기와 성장기 그리고 성숙기와 쇠퇴기의 매출원가와 판관비 그리고 영업이익을 추정하며, 이렇게 추정한 결과를 〈표 2-67〉에 나타내었다.

〈표 2-67〉 감가상각비가 차감된 매출원가와 판관비

(단위: 억 원)

구분	1차년도	2차년도	3차년도	4차년도	5차년도	6차년도
사업단계	임상2상	임상3상		승인	판매	
수명주기	도입기					
기술매출액					1,378	1,462
매출원가					514.13	545.47
판관비					625.34	663.46
영업이익					238.53	253.07
구분	7차년도	8차년도	9차년도	10차년도	11차년도	12차년도
사업단계	판매					
수명주기	성장기		성숙기		쇠퇴기	
기술매출액	1,544	1,643	1,765	1,896	1,105	316
매출원가	576.07	613.00	658.52	707.40	412.28	117.90
판관비	700.67	745.59	800.96	860.41	501.45	143.40
영업이익	267.86	284.41	305.52	328.19	191.27	54.70

※ 주의: 표 안의 매출원가와 판관비는 감가상각비가 차감된 수치임.

상기 〈표 2-67〉의 매출원가와 판관비는 감가상각비가 차감된 수치이기 때문에 후술하는 〈표 2-71〉의 자본적 지출에 따른 감가상각비(매출원가의 감가상각비와 판관비의 감가상각비)를 가산하여 〈표 2-68〉과 같이 최종 매출원가와 판관비 그리고 영업이익을 결정한다.

〈표 2-68〉 감가상각비 가산 후 추정 매출원가와 판관비

(단위: 억 원)

구분	1차년도	2차년도	3차년도	4차년도	5차년도	6차년도
사업단계	임상2상	임상3상		승인	판매	
수명주기	도입기					
기술매출액					1,378	1,462
매출원가					559.47	548.23
판관비					635.54	664.08
영업이익					182.99	249.69
구분	7차년도	8차년도	9차년도	10차년도	11차년도	12차년도
사업단계	판매					
수명주기	성장기		성숙기		쇠퇴기	
기술매출액	1,544	1,643	1,765	1,896	1,105	316
매출원가	578.77	616.26	662.53	711.71	412.28	117.90
판관비	701.28	746.32	801.86	861.38	501.45	143.40
영업이익	263.95	280.42	300.61	322.91	191.27	54.70

※ 주의: 표 안의 매출원가와 판관비는 감가상각비가 가산된 수치임(쇠퇴기는 제외).

3) 법인세 추정

사업화 주체는 법인사업자로서, 법인세 과세표준이나 세율은 법인세법 제13조 및 제55조에 따르며, 각 세율에 지방세인 주민세율 10%를 가산한다(법인세 과세표준 및 세율은 〈표 2-12〉 참고).

법인사업자에 대한 법인세는 영업이익에 과세표준과 세율을 적용하여 추정한다. 이렇게 추정한 법인세를 〈표 2-69〉에 나타내었으며, 법인세의 합을 영업이익의 합으로 나눈 실효(평균)법인세율은 22.40%로 계산되었다.

〈표 2-69〉 추정 법인세

(단위: 억 원)

구분	1차년도	2차년도	3차년도	4차년도	5차년도	6차년도
사업단계	임상2상	임상3상		승인	판매	
수명주기	도입기					
기술매출액					1,378	1,462
매출원가					559.47	548.23
판관비					635.54	664.08
영업이익					182.99	249.69
법인세					40.04	55.81
구분	7차년도	8차년도	9차년도	10차년도	11차년도	12차년도
사업단계	판매					
수명주기	성장기		성숙기		쇠퇴기	
기술매출액	1,544	1,643	1,765	1,896	1,105	316
매출원가	578.77	616.26	662.53	711.71	412.28	117.90
판관비	701.28	746.32	801.86	861.38	501.45	143.40
영업이익	263.95	280.42	300.61	322.91	191.27	54.70
법인세	59.26	63.24	68.13	73.52	41.86	11.81

4) 자본적 지출 추정

기술평가기준일 현재 사업화 주체의 사업계획이 확정되지 않아 자본적 지출의 직접적인 추정이 어렵고, 유사기업의 유·무형자산비율 등 재무정보의 편차가 크기 때문에 한국은행 기업경영분석의 동 업종 재무정보에서 획득한 유·무형자산비율을 이용하여 자본적 지출을 간접적으로 추정한다.

사업화 주체가 중견기업인 점을 감안하여 한국은행 기업경영분석의 2019년부터 2017년까지 3개년 동 업종(C21, 종합) 유·무형자산비율(유·무형자산÷매출액)의 평균인 64.43%를 각 차년도 매출증가액에 곱하여 자본적 지출을 추정한다(자본적 지출과 후술하는 감가상각비는 직전 차년도 대비 당해 차년도의 매출증가액에 비례하여 발생함).

유·무형자산의 특성상 음의 값이 될 수 없다는 점을 고려하여, 매출액이 감소하는 구간(쇠퇴기)에서는 자본적 지출이 없는 것으로 처리하며, 이렇게 추정한 자본적 지출을 〈표 2-70〉에 나타내었다.

〈표 2-70〉 추정 자본적 지출

(단위: 억 원)

구분	1차년도	2차년도	3차년도	4차년도	5차년도	6차년도
사업단계	임상2상	임상3상		승인	판매	
수명주기	도입기					
기술매출액					1,378	1,462
매출증가액					1,378	84
자본적 지출					887.85	54.12
구분	7차년도	8차년도	9차년도	10차년도	11차년도	12차년도
사업단계	판매					
수명주기	성장기		성숙기		쇠퇴기	
기술매출액	1,544	1,643	1,765	1,896	1,105	316
매출증가액	82	99	122	131		
자본적 지출	52.83	63.79	78.61	84.40		

5) 감가상각비 추정

기술가치평가에서 매출원가와 판관비에 포함된 감가상각비(대손상각비 제외)는 현금유출이 없이 영업이익을 감소시키며, 이를 상쇄하기 위해 여유현금흐름을 추정할 때 감가상각비를 가산한다.

한국은행 기업경영분석의 2019년부터 2017년까지 3개년 동 업종(C21, 종합) 제조원가 감가상각비율(제조원가 감가상각비÷매출액)의 평균은 3.29%, 판관비 감가상각비율(판관비 감가상각비÷매출액)의 평균은 0.74%이다. 이들 감가상각비율을 매출증가액에 곱하여 매출원가 감가상각비와 판관비 감가상각비를 추정한다(본 평가에서는 제조원가를 매출원가로 간주함).

이렇게 추정한 매출원가 감가상각비(매출원가상각비)와 판관비 감가상각비(판관비상각비) 그리고 이들을 더한 각 차년도 감가상각비를 〈표 2-71〉에 나타내었으며, 감가상각비는 음의 값이 될 수 없으므로 매출액이 감소하는 구간(쇠퇴기)에서는 감가상각비가 없는 것으로 처리한다. 또한, 〈표 2-71〉의 각 차년도 매출원가 상각비와 판관비 상각비를 〈표 2-67〉의 감가상각비가 차감된 매출원가와 판관비에 더하여 〈표 2-68〉의 감가상각비 가산 후 추정 매출원가와 판관비를 구한다.

〈표 2-71〉 추정 감가상각비

(단위: 억 원)

구분	1차년도	2차년도	3차년도	4차년도	5차년도	6차년도
사업단계	임상2상	임상3상		승인	판매	
수명주기	도입기					
기술매출액					1,378	1,462
매출증가액					1,378	84
매출원가상각비					45.34	2.76
판관비상각비					10.20	0.62
감가상각비					55.54	3.38
구분	7차년도	8차년도	9차년도	10차년도	11차년도	12차년도
사업단계	판매					
수명주기	성장기		성숙기		쇠퇴기	
기술매출액	1,544	1,643	1,765	1,896	1,105	316
매출증가액	82	99	122	131		
매출원가상각비	2.70	3.26	4.01	4.31		
판관비상각비	0.61	0.73	0.90	0.97		
감가상각비	3.31	3.99	4.91	5.28		

6) 운전자본증감액 추정

운전자본증감액은 매출채권과 재고자산 그리고 매입채무와 같은 운전자본 항목의 지출 정도를 말하며, 사업화 주체가 창업기업이거나 사업계획이 확정되지 않아 직접적인 추정이 어려운 경우, 유사기업 재무정보나 업종별 재무정보 등을 이용하여 간접적으로 추정할 수 있다.

기술평가기준일 현재 사업화 주체의 사업계획이 확정되지 않았으며, 본 평가에서는 운전자본증감액을 〈표 2-72〉에 나타낸 한국은행 기업경영분석의 2019년부터 2017년까지 3개년 동 업종(C21, 종합)의 매출회권회전율, 재고자산회전율, 매입채무회전율 평균을 이용하여 구한 운전자본소요율(1÷회전율)을 적용하여 추정한다.

〈표 2-72〉 회전율과 운전자본소요율

(단위: 횟수, %)

회전율(횟수)	2019년	2018년	2017년	평균	소요율	운전자본소요율
매출채권회전율	4.27	3.89	3.65	3.94	25.38	25.38−7.54+19.61 =37.45
매입채무회전율	13.61	13.27	12.91	13.26	7.54	
재고자산회전율	4.98	5.17	5.15	5.10	19.61	

운전자본증감액은 직전 차년도 대비 당해 차년도의 매출증감액에 비례하여 발생하며, 운전자본이 유동화나 현금화 가능성이 큰 점을 고려하여 매출액이 감소하는 구간에서도 운전자본증감이 발생하는 것으로 처리한다. 이렇게 추정한 운전자본증감액을 〈표 2-73〉에 나타내었다.

〈표 2-73〉 추정 운전자본증감액

(단위: 억 원)

구분	1차년도	2차년도	3차년도	4차년도	5차년도	6차년도
사업단계	임상2상	임상3상		승인	판매	
수명주기	도입기					
기술매출액					1,378	1,462
매출증감액					1,378	84
운전자본증감액					516.06	31.46
구분	7차년도	8차년도	9차년도	10차년도	11차년도	12차년도
사업단계	판매					
수명주기	성장기		성숙기		쇠퇴기	
기술매출액	1,544	1,643	1,765	1,896	1,105	316
매출증감액	82	99	122	131	−791	−789
운전자본증감액	30.71	37.08	45.69	49.06	−296.23	−295.48

7) 투자액 회수 추정

자본적 지출과 감가상각비 그리고 운전자본증감액을 간접적으로 추정한 경우, 자본적 지출과 운전자본의 잔여액을 전액 회수할 수 있다. 투자액 회수는 자본적 지출의 합(A)에서 감가상각비의 합(B)을 차감한 자본적 지출 잔여액(A−B)에 운전자본의 잔여액(C)을 가산하여 〈표 2-74〉와 같이 구한다.

〈표 2-74〉 투자액 회수

(단위: 억 원)

자본적 지출의 합 (A)	감가상각비의 합 (B)	자본적 지출의 잔여액 (A−B)	운전자본의 잔여액(C)	투자액 회수 (A−B)+C
1,221.60	76.41	1,145.19	118.35	1,263.54

8) 여유현금흐름의 결정

전술한 매출액 추정, 매출원가와 판관비 추정, 법인세 추정, 자본적 지출 추정, 감가상각비 추정, 운전자본증감액 추정, 투자액 회수 추정 등의 결과를 [식 2-5]에 대입하여 결정한 여유현금흐름을 〈표 2-75〉에 나타내었다.

〈표 2-75〉 여유현금흐름

(단위: 억 원)

구분	1차년도	2차년도	3차년도	4차년도	5차년도	6차년도
사업단계	임상2상	임상3상		승인	판매	
수명주기	도입기					
기술매출액					1,378	1,462
매출원가(−)					559.47	548.23
판관비(−)					635.54	664.08
영업이익					182.99	249.69
법인세(−)					40.04	55.81
세후 영업이익					142.95	193.88
자본적 지출(−)					887.85	54.12
감가상각비(+)					55.54	3.38
운전자본증감액(−)					516.06	31.46
투자액회수(+)						
여유현금흐름					−1,205.42	111.68

구분	7차년도	8차년도	9차년도	10차년도	11차년도	12차년도
사업단계	판매					
수명주기	성장기		성숙기		쇠퇴기	
기술매출액	1,544	1,643	1,765	1,896	1,105	316
매출원가(-)	578.77	616.26	662.53	711.71	412.28	117.90
판관비(-)	701.28	746.32	801.86	861.38	501.45	143.40
영업이익	263.95	280.42	300.61	322.91	191.27	54.70
법인세(-)	59.26	63.24	68.13	73.52	41.86	11.81
세후 영업이익	204.69	217.18	232.48	249.39	149.41	42.89
자본적 지출(-)	52.83	63.79	78.61	84.40		
감가상각비(+)	3.31	3.99	4.91	5.28		
운전자본증감액(-)	30.71	37.08	45.69	49.06	-296.23	-295.48
투자액회수(+)						1,263.54
여유현금흐름	124.46	120.30	113.09	121.21	445.64	1,601.91

4. 할인율 추정

1) 할인율 결정

본 기술가치평가는 중견기업(상장기업)을 대상으로 하므로 타인자본비용(Kd)과 자기자본비용(Ke)을 계산할 때 비상장 중소기업 유형별 위험프리미엄을 가산하지 않는다. 특히, 본 기술가치평가는 '의료용 물질 및 의약품 제조업(C21xxx)'에 속한 기술에 대한 것으로, 여유현금흐름의 현재가치 산정 시 연구개발 및 사업화 단계의 성공확률을 추가(핵심변수 추가)하기 때문에 자기자본비용 계산 시 사업화 위험프리미엄은 적용하지 않는다.

할인율(r)은 업종별 할인율 산출 참고표(산업통상자원부 『기술평가실무가이드』의 부록인 '산업별 할인율' 참고)로부터 할인율을 구성하는 항목에 관한 정보를 획득하여 산출한다. C21xxx 업종의 할인율 산출에 필요한 정보를 〈표 2-76〉에 나타내었으며, 동 정보와 실효(평균) 법인세율(22.40%)을 다음의 [식 2-51]에 적용하여 할인율을 산출한 결과 7.82%로 결정되었다.

〈표 2-76〉 C21xxx 업종의 할인율 산출 참고표

(단위: %)

구분	타인자본비용						자기자본비용(사업화 위험프리미엄 반영 前)					
업종	타인 자본 구성비	상장 평균	비상장 중소기업 유형				자기 자본 구성비	CA PM	비상장 중소기업 유형			
			대	중	소	창업			대	중	소	창업
21xxx	18.61	5.30	6.23	7.30	8.53	9.97	81.39	8.66	9.14	10.26	11.77	13.06

타인자본비용(Kd) = 5.30%, 타인자본구성비 = 18.61%

자기자본비용(Ke) = 8.66%, 자기자본구성비 = 81.39%

기술가치평가의 할인율(r) = 가중평균자본비용($WACC$)

= {타인자본비용(1−법인세율 또는 소득세율)×타인자본구성비}+

{자기자본비용×자기자본구성비}

$$= \left\{ Kd(1-\tau) \times \frac{D}{D+E} + Ke \times \frac{E}{D+E} \right\} \quad \text{[식 2-51]}$$

$= \{5.30(1-0.2240) \times 0.1861 + 8.66 \times 0.8139\}$

$= 0.77 + 7.05 = 7.82\%$

2) 현가계수의 결정

현가계수는 [식 2-49]에서 분모인 $(1+r)^t$ 분의 1을 말하며, 각 차년도의 여유 현금흐름을 현재가치로 환산하는 계수이다. 각 차년도의 현가계수는 [식 2-51]에 따라 계산한 할인율(r)을 적용하여 산출하며, 이렇게 산출한 각 차년도의 현가계수를 〈표 2-77〉에 나타내었다.

〈표 2-77〉 현가계수

구분	1차년도	2차년도	3차년도	4차년도	5차년도	6차년도
사업단계	임상2상	임상3상		승인	판매	
수명주기	도입기					
현가계수					0.6863	0.6365

구분	7차년도	8차년도	9차년도	10차년도	11차년도	12차년도
사업단계	판매					
수명주기	성장기		성숙기		쇠퇴기	
현가계수	0.5903	0.5475	0.5078	0.4710	0.4368	0.4051

5. 여유현금흐름의 현재가치

1) 여유현금흐름의 현재가치 결정

각 차년도 여유현금흐름의 현재가치는 〈표 2-75〉의 각 차년도 여유현금흐름에 〈표 2-77〉의 각 차년도 현가계수를 곱하여 결정하며, 이렇게 결정된 여유현금흐름의 현재가치를 〈표 2-78〉에 나타내었다.

〈표 2-78〉 여유현금흐름의 현재가치

(단위: 억 원)

구분	1차년도	2차년도	3차년도	4차년도	5차년도	6차년도
사업단계	임상2상	임상3상		승인	판매	
수명주기	도입기					
여유현금흐름					−1,205.42	111.68
현가계수					0.6863	0.6365
여유현금흐름 현재가치					−827.28	71.08
구분	7차년도	8차년도	9차년도	10차년도	11차년도	12차년도
사업단계	판매					
수명주기	성장기		성숙기		쇠퇴기	
여유현금흐름	124.46	120.30	113.09	121.21	445.64	1,601.91
현가계수	0.5903	0.5475	0.5078	0.4710	0.4368	0.4051
여유현금흐름 현재가치	73.47	65.86	57.43	57.09	194.66	648.93
여유현금흐름 현재가치 합계	341.24					

2) 수익조정계수(누적 성공확률) 결정

본 평가에서 연구개발 및 사업화 단계별 성공확률은 신약개발을 추진할 때 각 사업단계에서 다음 단계로 진행될 확률을 의미하며, 각 사업단계에서 진행되는 개발 프로젝트 수 대비 다음 단계로 넘어가는 개발 프로젝트의 비율을 의미한다. 각 사업단계의 누적 성공확률은 이전 단계의 성공확률에 이전 단계의 누적 성공확률을 곱하여 결정한다.

평가대상기술은 기술평가기준일 현재 임상 1상 완료 후 임상 2상이 시작되었다(2상 진행). 임상 1상 이후 호흡기질환 치료용 신약개발의 각 단계별 성공확률이 〈표 2-79〉와 같이 주어질 경우, 임상 2상 이후 사업화 단계인 5차년도(판매)까지 누적 성공확률(즉, 수익조정계수)은 20%로 결정되었다.

〈표 2-79〉 연구개발 및 사업화 단계별 성공확률 및 누적 성공확률

(단위: %)

구분	임상1상	임상2상	임상3상	승인(NDA)	판매
단계별 성공확률	65	30	70	95	100
누적 성공확률	(1상 완료)	100(1상 성공)	30	21	20

출처: BIO, Biomedtracker, Amplion, "Clinical Development Success Rates 2006-2015," 기술평가 실무가이드(산업통상자원부) 재가공.

3) 조정 여유현금흐름의 현재가치

수익조정계수인 〈표 2-79〉의 누적 성공확률(20%)을 〈표 2-78〉에 적용하여 구한 조정 여유현금흐름의 현재가치를 〈표 2-80〉에 나타내었다.

〈표 2-80〉 조정 여유현금흐름의 현재가치

(단위: 억 원)

구분	1차년도	2차년도	3차년도	4차년도	5차년도	6차년도
사업단계	임상2상	임상3상		승인	판매	
수명주기	도입기					
여유현금흐름					−1,205.42	111.68
현가계수					0.6863	0.6365
여유현금흐름 현재가치					−827.28	71.08
누적성공확률					20%	
조정 여유현금흐름					−165.46	14.22
구분	7차년도	8차년도	9차년도	10차년도	11차년도	12차년도
사업단계	판매					
수명주기	성장기		성숙기		쇠퇴기	
여유현금흐름	124.46	120.30	113.09	121.21	445.64	1,601.91
현가계수	0.5903	0.5475	0.5078	0.4710	0.4368	0.4051
여유현금흐름 현재가치	73.47	65.86	57.43	57.09	194.66	648.93
누적성공확률	20%					
조정 여유현금흐름	14.69	13.17	11.49	11.42	38.93	129.79
조정 여유현금흐름 합계	68.25					

4) 조정 여유현금흐름의 현재가치 합계

기술가치평가의 전 과정을 〈표 2-81〉에 나타내었으며, 각 차년도의 조정 여유현금흐름의 현재가치 합계는 68.25억 원이다.

〈표 2-81〉 조정 여유현금흐름의 현재가치 합계

(단위: 억 원)

구분	1차년도	2차년도	3차년도	4차년도	5차년도	6차년도
사업단계	임상2상	임상3상		승인	판매	
수명주기	도입기					
기술매출액					1,378	1,462
매출원가(-)					559.47	548.23
판관비(-)					635.54	664.08
영업이익					182.99	249.69
법인세(-)					40.04	55.81
세후영업이익					142.95	193.88
자본적 지출(-)					887.85	54.12
감가상각비(+)					55.54	3.38
운전자본증감(-)					516.06	31.46
투자액회수(+)						
여유현금흐름					-1,205.42	111.68
현가계수					0.6863	0.6365
여유현금흐름 현재가치					-827.28	71.08
누적성공확률					20%	
조정 여유현금흐름					-165.46	14.22
구분	7차년도	8차년도	9차년도	10차년도	11차년도	12차년도
사업단계	판매					
수명주기	성장기		성숙기		쇠퇴기	
기술매출액	1,544	1,643	1,765	1,896	1,105	316
매출원가(-)	578.77	616.26	662.53	711.71	412.28	117.90
판관비(-)	701.28	746.32	801.86	861.38	501.45	143.40
영업이익	263.95	280.42	300.61	322.91	191.27	54.70
법인세(-)	59.26	63.24	68.13	73.52	41.86	11.81
세후영업이익	204.69	217.18	232.48	249.39	149.41	42.89
자본적 지출(-)	52.83	63.79	78.61	84.40		
감가상각비(+)	3.31	3.99	4.91	5.28		
운전자본증감(-)	30.71	37.08	45.69	49.06	-296.23	-295.48
투자액회수(+)						1,263.54

여유현금흐름	124.46	120.30	113.09	121.21	445.64	1,601.91
현가계수	0.5903	0.5475	0.5078	0.4710	0.4368	0.4051
여유현금흐름 현재가치	73.47	65.86	57.43	57.09	194.66	648.93
누적성공확률	20%					
조정 여유현금흐름	14.69	13.17	11.49	11.42	38.93	129.79
조정 여유현금흐름 합계	68.25					

6. 기술기여도 추정

기술기여도는 조정 여유현금흐름의 현재가치 합계(즉, 현가화된 조정 여유현금흐름 합계)에서 평가대상기술이라는 기술자산이 기여한 부분을 분리해내어 기술가치 평가금액(V_{PC})을 결정하기 위한 변수를 의미하며, 본 평가에서는 기술요소법으로 기술기여도를 추정한다. 기술요소법에 의한 기술기여도는 업종특성을 반영하기 위한 업종별 무형기술자산비율과 기술특성을 반영하기 위한 개별기술의 기여비율을 곱하여 결정한다.

1) 업종별 무형기술자산비율 결정

업종별 무형기술자산비율은 평가대상기술이 적용된 제품 관련 사업이 속한 업종의 유·무형자산 중에서 무형자산이 기여하는 비율, 동 무형자산 중에서도 특히 평가대상기술이라는 기술자산이 기여하는 비율을 기술기여도(기술요소법)에 반영하기 위한 것으로서, 업종별 최대무형자산비율과 업종별 평균기술자산비율을 곱하여 결정한다.

업종별 최대무형자산비율과 업종별 평균기술자산비율은 무형기술자산비율 참고표(산업통상자원부 『기술평가실무가이드』의 부록인 '산업기술요소' 참고)로부터 획득할 수 있다. 평가대상기술이 적용된 제품 관련 사업이 속한 C21210 업종을 포함하는 한국표준산업분류의 중분류인 C21xxx 업종의 무형기술자산비율을 〈표 2-82〉에 나타내었으며, C21xxx 업종의 무형기술자산비율은 85.27%이다.

〈표 2-82〉 C21xxx 업종의 무형기술자산비율

(단위: %)

업종	업종명	업종별 최대 무형자산비율	업종별 평균 기술자산비율	업종별 무형기술자산비율
C21xxx	의료용 물질 및 의약품 제조업	88.01	96.89	85.27

2) 개별기술의 기여비율 결정

개별기술의 기여비율은 기술평가자가 '개별기술의 기여비율 평가표'의 평가지표를 평가하여 산출하며, 기술성과 권리성 평가지표 10개와 시장성과 사업성 평가지표 10개를 5점 척도로 평가한 점수를 합하여 결정한다.

〈표 2-83〉 개별기술의 기여비율 평가표

기술성과 권리성 평가지표*			시장성과 사업성 평가지표*		
항목	가중치	점수	항목	가중치	점수
1.1 기술의 우월성	1	1/2/3/**4**/5	3.1 시장 진입성	1	1/2/**3**/4/5
1.2 기술의 활용성	1	1/2/3/**4**/5	3.2 시장 성장성	1	1/2/**3**/4/5
1.3 기술의 파급성	1	1/2/**3**/4/5	3.5 수요성	1	1/2/**3**/4/5
1.4 기술의 대체 가능성	1	1/2/3/**4**/5	3.6 예상 시장점유율	1	1/2/**3**/4/5
1.5 기술수명주기 (기술의 진부화)	1	1/2/3/4/**5**	4.1 가격 및 품질 경쟁성	1	1/2/3/**4**/5
1.6 기술개발단계(TRL 평가)	1	1/**2**/3/4/5	4.2 성장성(매출액증가율)	1	1/**2**/3/4/5
2.1 권리의 충실성	1	1/2/**3**/4/5	4.3 수익성(영업이익률)	1	1/2/**3**/4/5
2.2 권리범위의 광협	1	1/2/3/**4**/5	4.4 수익창출기간 (기술의 경제적 수명)	1	1/2/3/**4**/5
2.3 법적 보호강도 (침해 가능성)	1	1/2/**3**/4/5	4.5 개발 용이성	1	**1**/2/3/4/5
2.4 권리의 안정성 (모방 가능성)	1	1/2/**3**/4/5	4.7 자금조달 능력	1	1/2/3/4/**5**
기술성과 권리성 평점합		**35점**	시장성과 사업성 평점합		**31점**
개별기술의 기여비율(기술성과 권리성 평점합 +시장성과 사업성 평점합)					**66점(%)**

* 각 평가지표의 정의와 평가기준은 제10부 참고.

'개별기술의 기여비율 평가표'는 〈표 2-83〉과 같이 기술성과 권리성, 시장성과 사업성을 포함한 총 20개 평가지표로 구성되며, 각 평가지표의 가중치를 '1'로 하여 평가대상기술에 대한 개별기술의 기여비율을 평가한 결과, 개별기술의 기여비율은 66점(%)으로 결정되었다.

3) 기술기여도 결정(기술요소법)

기술기여도는 〈표 2-82〉에 나타낸 C21xxx 업종의 무형기술자산비율 85.27%와 〈표 2-83〉의 개별기술의 기여비율 66점(%)을 곱하여 결정하며, 그 결과 기술기여도는 〈표 2-84〉와 같이 56.28%로 결정되었다.

〈표 2-84〉 기술기여도(기술요소법)

(단위: %)

기술기여도 = 업종의 무형기술자산비율×개별기술의 기여비율		
업종의 무형기술자산비율	개별기술의 기여비율	기술기여도
85.27	66	56.28

7. 기술가치평가금액의 결정

기술가치평가금액(V_{PC})은 다음의 [식 2-52]와 같이 조정 여유현금흐름의 현재가치 합계(즉, 현가화된 조정 여유현금흐름 합계)에 기술기여도를 곱하여 결정한다. 전술한 바와 같이, 조정 여유현금흐름의 현재가치 합계는 여유현금흐름의 현재가치의 합계에 수익조정계수인 누적 성공확률을 곱하여 결정하였다.

조정 여유현금흐름의 현재가치 합계는 〈표 2-81〉에서 68.25억 원, 기술기여도는 〈표 2-84〉에서 56.28%로 산출되었으며, 이들을 곱한 기술가치평가금액은 38.41억 원으로 결정되었다.

$$V_{PC} = \sum_{t=1}^{n} \frac{CF_t}{(1+r)^t} \times \text{수익조정계수} \times \text{기술기여도} \quad \text{[식 2-52]}$$

= 여유현금흐름의 현재가치 합계×수익조정계수×기술기여도

= 조정 여유현금흐름의 현재가치 합계×기술기여도

= 68.25억 원×56.28% = 38.41억 원

수익조정계수법의 평가사례와 같이 연구개발단계에 3년 이상의 장기간(즉, 사업화 소요기간이 3년 이상)이 소요되는 경우, 사업화 주체가 사업화 단계(유효물질, 선도물질, 선도물질 최적화, 전임상, 임상1상 임상2상, 임상3상, 승인)별로 지출한 비용을 산정하여 기술가치평가를 수행할 수 있다. 이 경우에는 후술하는 비용접근법(비용산출법)을 적용하여 사업화 단계에서 지출한 비용을 현가로 환산하여 기술가치평가금액을 결정한다.

수익조정계수법을 포함하는 수익접근법(수익추정법)은 미래에 발생할 수익을 대상으로 기술가치평가금액을 결정하고, 비용접근법(비용산출법)은 과거에 지출한 비용을 대상으로 기술가치평가금액을 결정한다.

기술평가자는 이해당사자와 협의하여 가장 타당한 기술가치평가방법을 선정해야 한다. 이해당사자가 합의한다면, 미래의 수익을 현재가치로 환산하는 수익접근법(수익추정법)과 과거에 발생한 비용을 현재가치로 환산하는 비용접근법(비용산출법)으로 각각 산정한 기술가치평가금액을 합산하여 최종 기술가치평가금액으로 결정할 수 있다.

제3장
수익접근법(수익추정법)의 응용 II
수익차액추정법과 평가사례

제1절 수익차액추정법

수익접근법(수익추정법)은 조정계수를 적용하거나 핵심변수를 조정하여 응용될 수 있다. 조정계수를 적용하는 것은 기술이나 시장의 특성, 업종의 특성, 상장기업 여부 등을 기술가치평가에 반영하기 위해 조정계수를 산출하여 적용하는 것을 말한다. 핵심변수를 조정하는 것은 기술의 경제적 수명, 매출액을 포함한 여유현금흐름, 할인율, 기술기여도 등과 같은 핵심변수의 추정방법을 세분 또는 변경이나 추가하는 것을 말하며, 본 절에서는 핵심변수 추정방법을 세분하는 수익차액산출법에 관해 설명한다.

1. 수익차액추정법의 정의

수익차액추정법은 평가대상기술의 적용 전후로 발생한 수익의 차액(수익의 증감액)을 추정하며, 이렇게 추정된(또는 측정된) 수익의 차액을 기술가치평가금액으로 결정하는 평가방법이다.

수익차액추정법은 평가대상기술을 적용하기 전과 적용한 후에 나타나는 수익의 차액(일반적으로 수익의 증가액)을 추정하고, 그 수익의 차액을 기술가치평가금액으로 한다는 점에서 기술의 적용에 따른 수익 전체를 대상으로 하는 수익접근법(수익추정법) 또는 수익조정계수법과는 차이가 있다.

평가대상기술인 지식재산권은 판매가 목적인 제품에 관한 것과 판매가 목적인 제품의 제조나 생산에 관한 것(자급적 평가대상기술, 제5부 매출액 추정방법과 추정사례 참고 요망)으로 나눌 수 있다. 후자(자급적 평가대상기술)에는 자사 제품의 제조나 생산에 사용되는 소재와 부품 그리고 장비와 설비(소부장설) 등에 관한 지식재산권, 자체 건설업 수행을 위한 부품이나 장비 등에 관한 지식재산권, 자체 용역이나 서비스 수행을 위한 기구나 부품 등에 관한 지식재산권이 있다.

평가대상기술이 판매가 목적인 제품에 관한 것이면 제품의 판매를 통한 예상 수익, 즉, 여유현금흐름을 추정하여 기술가치평가금액을 결정한다(수익추정법, 수익조정계수법 등). 그러나 후자와 같이 평가대상기술이 판매가 목적인 최종 제품의 제조나 생산 등에 관한 것이면, 동 지식재산권의 적용이 수익에 미치는 영향을 추정(측정)하여 기술가치평가금액을 결정해야 한다. 즉, 지식재산권을 적용하기 전과 적용한 후의 수익의 차액(증감액)을 측정하여 기술가치평가금액을 결정해야 한다.

수익차액산출법은 평가대상기술을 적용하기 전과 적용한 후에 나타나는 수익의 차액을 추정(측정)하기 때문에 전체 기술보다는 전체 기술의 일부를 개량하는 기술의 가치, 또는 생산현장의 공정·수율·비용 등의 개선 활동에서 도출되는 기술의 가치를 평가하는 데 적정한 방법이다.

수익차액산출법에서 추정(측정)하는 수익의 차액은 매출액 또는 매출원가·법인세(소득세)·자본적 지출·운전자본증감액의 증감에 의한 것이며, 주로 매출액이나 매출원가(제조원가)의 증감에 기인한다.

판매가 목적인 최종 제품의 제조나 생산에 관한 평가대상기술은 주로 제조나 생산에 투입되는 인력, 원·부 재료의 투입량, 가공시간이나 속도, 공정 수, 단가 등의 개선을 목표로 하며, 이러한 개선은 매출액의 증가나 매출원가의 감소를 통해 수익의 증가로 나타난다. 즉, 수익차액산출법의 평가대상기술은 노무비(인건비), 원·부 재료비, 내·외부 가공비, 경비 등의 절감을 통한 생산량(매출액) 증가나 매출원가의 감소, 최종적으로 수익의 증가를 목표로 한다. 따라서 수익차액산출법에서 수익의 증가, 즉 수익의 차액은 매출원가(제조원가) 계정을 중심으로 측정되며, 측정계정과 측정항목 그리고 측정단위 등을 〈표 2-85〉에 나타내었다.

〈표 2-85〉 수익차액산출법의 측정계정과 측정항목 등

측정계정	측정항목	측정단위	상위 계정
노무비(인건비)	인원	공수*, 급여 → 금액환산	매출원가 (제조원가)
원·부 재료비	부피, 무게, 수량 등	단위 m^3, kg, 개 → 금액환산	
내·외부 가공비	시간, 가공속도, 공정 수, 수량, 수율 등	단위 시간, m/sec, 개, %, 개/sec → 금액환산	
경비	비용	금액 → 금액환산	

* 공수(MH, MD): 작업에 필요한 인원수를 노동시간(Man-Hour)이나 노동일(Man-Day)로 나타낸 수치

수익차액산출법은 투입된 인원에게 지급한 노무비, 투입된 원·부 재료비, 내·외부 가공비(내부 또는 외부에 위탁한 가공비), 경비(노무비, 재료비, 가공비 등과 같은 비용에 속하지 않은 모든 경비)의 차이를 지식재산권 적용 전후로 비교하여 추정(주로 절감액을 추정)한다. 추정(측정)된 값은 수익개선율(pr)로서, 수익차액산출법의 기술가치평가금액(V_{PAB})을 결정하는 데 적용한다.

[식 2-53]과 같이 표현되는 수익개선율은 매출원가 추정단계에서 결정한다. 단, 지식재산권을 적용한 후에 노무비(인건비), 원·부 재료비, 내·외부 가공비, 경비가 절감되면(즉, 지식재산권 적용 후가 적용 전보다 작으면) 수익개선율의 절댓값을 이용하여 기술가치평가금액을 결정한다.

$$\text{수익개선율}(pr) = \frac{\text{지식재산권 적용 후} - \text{지식재산권 적용 전}}{\text{지식재산권 적용 전}} \times 100(\%) \quad \text{[식 2-53]}$$

수익차액산출법은 ① 우선, 평가대상기술을 적용한 후의 기술가치평가금액(V_{PA})을 다음의 [식 2-54]와 같이 수익접근법(수익추정법)을 이용하여 추정하며, ② 추정한 기술가치평가금액 V_{PA}에 수익개선율(pr)을 적용하여 [식 2-55]와 같이 평가대상기술을 적용하기 전의 기술가치평가금액(V_{PB})을 산정하고, ③ 최종적으로, [식 2-56]과 같이 평가대상기술을 적용한 후의 기술가치평가금액인 V_{PA}에서 평가대상기술을 적용하기 전의 기술가치평가금액인 V_{PB}를 차감하여 수익차액산출법의 기술가치평가금액인 V_{PAB}를 결정한다.

① 평가대상기술을 적용한 후의 기술가치평가금액 결정

$$V_{PA} = \sum_{t=1}^{n} \frac{CF_t}{(1+r)^t} \times \text{기술기여도} \quad \cdots\cdots \text{[식 2-54]}$$

여기서,

V_{PA} : 평가대상기술을 적용한 후의 기술가치평가금액

t : 기술의 경제적 수명 각 기간 n: 기술의 경제적 수명

CF_t : t기간에서의 여유현금흐름 r : 할인율

기술기여도: 여유현금흐름의 현재가치 합계에서 무형자산 중 기술자산이 기여하는 비율

$$\frac{1}{(1+r)^t} = \text{현가계수}$$

② 평가대상기술을 적용하기 전의 기술가치평가금액 산정

$V_{PB} \times (1+pr) = V_{PA}$에서, $$V_{PB} = \frac{V_{PA}}{(1+pr)} \quad \cdots\cdots \text{[식 2-55]}$$

여기서,

V_{PB}: 평가대상기술을 적용하기 전의 기술가치평가금액

pr : 수익개선율([식 2-53]에서 지식재산권 적용 후의 값이 작은 경우 절댓값을 이용)

③ 수익차액산출법의 기술가치평가금액 결정

$$V_{PAB} = V_{PA} - V_{PB} \quad \cdots\cdots \text{[식 2-56]}$$

여기서,

V_{PAB} : 수익차액산출법의 기술가치평가금액

V_{PA} : 평가대상기술을 적용한 후의 기술가치평가금액

V_{PB} : 평가대상기술을 적용하기 전의 기술가치평가금액

제2절 수익차액산출법의 평가사례

1. 기술가치평가의 개요

1) 평가대상기술(특허권)

평가대상기술은 〈표 2-86〉에 나타낸 특허권이며, 기술평가자는 직무발명 보상액 산정을 위해 수익차액산출법으로 기술가치평가를 수행하였다.

〈표 2-86〉 평가대상기술(가상의 특허권)

등록번호 출원번호	등록일 출원일	기술의 명칭(발명의 명칭)	등록 권리자 (사업화 주체**)
10-09xxxxx 10-2017-002xxxx	2018.04.17 2017.05.29	유리판 원료 혼합방법 및 원료 공급장치*	㈜xxxxxx [㈜xxxxxx]

* 사업화 단계 기술임(제품에 관한 특허가 아닌 제품생산용 장비 및 공정에 관한 기술임).
** 사업화 주체는 중견기업(상장기업)으로 분류됨.

2) 기술분류와 업종분류

평가대상기술의 기술분류와 사업의 업종분류는 〈표 2-87〉과 같다.

〈표 2-87〉 기술분류와 업종분류

기술분류	업종분류
C03B 3/00 (제조, 성형 또는 보조공정: 용융로에 장입)	C23111 (판유리 제조업)

3) 기일정보

평가대상기술의 기술가치평가 관련 기일정보는 〈표 2-88〉과 같다.

〈표 2-88〉 기일정보

기술평가기준일	평가기간	평가서 제출일	평가서 유효기간
2020.11.07	2020.11.07~2020.12.20	2020.12.23	2021.06.23 (평가서 제출일부터 6개월)

2. 기술의 경제적 수명과 여유현금흐름 추정기간

1) 기술의 경제적 수명 추정

기술의 경제적 수명은 가중치법으로, ① 기술의 경제적 수명 조정계수 평가, ② 조정 후 기술의 경제적 수명 산출, ③ 기술의 경제적 수명 결정 과정을 거쳐 추정한다(제2부 제1장의 '기술의 경제적 수명 추정법'의 '가중치법' 참고).

(1) 기술의 경제적 수명 조정계수 평가(가중치법)

기술의 경제적 수명 조정계수 평가결과를 〈표 2-89〉에 나타내었다.

〈표 2-89〉 기술의 경제적 수명 조정계수 평가표(가중치법)

기술성과 권리성 평가지표*	평점	가중치	시장성 평가지표*	평점	가중치
1.1 기술의 우월성	1, 2, 3, **4**, 5	7	3.1 시장 진입성	1, 2, **3**, 4, 5	4
1.2 기술의 활용성	1, 2, **3**, 4, 5	4	3.2 시장 성장성	1, **2**, 3, 4, 5	3
1.4 기술의 대체 가능성	**1**, 2, 3, 4, 5	5	3.3 정적 경쟁성 (정적 경쟁강도)	**1**, 2, 3, 4, 5	4
1.5 기술수명주기 (기술의 진부화)	**1**, 2, 3, 4, 5	3	3.4 동적 경쟁성 (동적 경쟁강도)	**1**, 2, 3, 4, 5	4
2.4 권리의 안정성 (모방 가능성)	1, 2, **3**, 4, 5	3	3.6 예상 시장점유율	1, **2**, 3, 4, 5	4
가중합	91		획득값	(91÷205)×100=**44점**	

* 각 평가지표의 정의와 평가기준은 제10부 참고.

(2) 조정 후 기술의 경제적 수명 산출(가중치법)

기술분류인 C03B의 특허인용 수명지수를 〈표 2-90〉에 나타내었다.

〈표 2-90〉 C03B의 특허인용 수명지수

(단위: 년)

IPC	IPC 명칭	평균	Q1	Q2(중앙값)	Q3
C03B	제조, 성형, 보조공정	10.23	5	9	15

가중치법에 의한 조정 후 기술의 경제적 수명은 기술의 경제적 수명 조정계수 평가표의 획득값이 기준값(60점)보다 크면 Q2와 Q3 사이에서 결정되며, 획득값이 기준값(60점)보다 작으면 Q1과 Q2 사이에서 결정된다.

상기 〈표 2-89〉에서 획득값은 44점으로서 기준값(60점)보다 작다. 따라서 가중치법에 의한 조정 후 기술의 경제적 수명은 다음의 [식 2-57]과 같이 Q1과 Q2 사이에서 7년(반내림)으로 결정되었다.

1. 획득값(44점) < 기준값(60점)
2. 조정 후 기술의 경제적 수명(가중치법)

$$= Q1 + (Q2 - Q1) \times \frac{\text{획득값} - \text{최솟값}}{\text{기준값} - \text{최솟값}} = 5 + (9-5) \times \frac{44-20}{60-20} \simeq 7\text{년} \quad \cdots\cdots \quad [\text{식 2-57}]$$

여기서, 최댓값: 100점(%), 최솟값: 20점(%), 기준값: 60점(%)

(3) 기술의 경제적 수명 결정

지식재산권 중 특허권의 잔존기간은 [식 2-58]과 같이 특허권의 법적 존속기간(20년)에서 출원일부터 기술평가기준일까지 경과기간(3.4년)을 차감하여 구하며, 16.6년으로 산출되었다.

특허권의 잔존기간

= 특허권의 법적 존속기간(20년) − 출원일부터 기술평가기준일까지 경과기간(3.4년)

= 16.6년 ······························ [식 2-58]

기술의 경제적 수명은 지식재산권의 잔존기간을 초과할 수 없다. 따라서, 조정 후 기술의 경제적 수명이 지식재산권(특허권)의 잔존기간보다 작으면 조정 후 기술의 경제적 수명을 인용하나, 조정 후 기술의 경제적 수명이 지식재산권(특허권)의 잔존기간보다 크면 지식재산권(특허권)의 잔존기간을 기술의 경제적 수명으로 인용한다.

- 조정 후 기술의 경제적 수명 < 지식재산권의 잔존기간 → 조정 후 기술의 경제적 수명 인용
- 조정 후 기술의 경제적 수명 > 지식재산권의 잔존기간 → 지식재산권의 잔존기간 인용

조정 후 기술의 경제적 수명은 [식 2-57]에서 7년이고, 지식재산권(특허권)의 잔존기간은 [식 2-58]에서 16.6년이다. 따라서 조정 후 기술의 경제적 수명이 지식재산권(특허권)의 잔존기간보다 작으므로 기술의 경제적 수명은 조정 후 기술의 경제적 수명인 7년으로 결정한다.

2) 여유현금흐름 추정기간 결정

평가대상기술은 개발 완료 후 사업화 단계에 있으며, 동 기술에 의해 1차년도 이전부터 매출이 발생하였다. 따라서 사업화 소요기간이 필요하지 않기 때문에 [식 2-59]와 같이 여유현금흐름 추정기간은 7년으로 결정한다.

여유현금흐름 추정기간
= 조정 후 기술의 경제적 수명(7년) − 사업화소요기간(0년) = 7년 …………… [식 2-59]

3. 여유현금흐름 추정

여유현금흐름의 추정에 필요한 여유현금흐름 변수는 매출액, 매출원가와 판관비, 법인세(소득세), 자본적 지출, 감가상각비, 운전자본증감액이 있으며, 투자액

회수를 포함한 이들의 추정 과정을 설명한다.

1) 매출액 추정

매출액은 사업화 주체의 판매계획이나 매출실적, 사업화 주체와 유사기업의 재무정보 또는 업종별 재무정보(매출액증가율 등), 시장규모와 시장점유율 및 시장 성장률 등에 대한 자료를 바탕으로 추정한다. 본 평가에서는 사업화 주체의 매출 실적에 **지수평활법**('제5부 매출액 추정방법과 추정사례' 참고)과 동 업종 평균 매출액증가율을 적용하여 성숙기의 매출액을 추정한다.

기술평가자는 기술의 경제적 수명 동안 제품생산에 적용된 평가대상기술이 거치는 기술수명주기를 결정해야 한다. 평가대상기술은 기술평가기준일 현재 성숙기로 분류되며, 본 평가에서는 1차년도부터 4차년도까지를 성숙기, 5차년도부터 7차년도까지를 쇠퇴기로 가정하여 매출액을 추정한다.

판유리 공정은 원료투입(모래, 석회, 소다, 유리조각 등이 배합된 원료투입, Mixing), 용융(원료를 용융하고 청징, Melting), 성형(판유리 모양 제작, Casting & Rolling), 서냉(표면 응력 조절, Annealing), 연마(Grinding) 및 광택(Polishing), 절단(Cutting) 및 검사, 내부 물류와 기타 공정으로 이루어진다.

평가대상기술은 원판유리 제조에 필요한 원료투입 공정에 관한 것으로, 동 공정만을 대상으로 매출액을 추정할 필요가 있다. 이를 위해서 사업화 주체가 제시한 제조원가 명세서 등의 자료를 참고하여 전체 **공정비용에서 원료투입 공정이 차지하는 비율**(공정비율)을 산정한 결과 18%로 나타났다.

기술비중은 매출액 추정단계에서, 제품에 적용된 여러 기술 중에서 평가대상기술에 의한 매출액을 분리해내기 위한 것으로, 기술평가자들이 수행한 영향력과 공헌도 평가결과를 이용하여 산출한다. 기술평가자 4인의 공헌도 평가점수(53점, 45점, 60점, 56점)의 평균인 53.5점(반올림)을 기술비중을 산출하는 [식 2-60] 또는 [식 5-2]에 대입한 결과 기술비중은 52%로 결정되었다.[7]

---

7 기술비중은 제5부 '매출액 추정방법과 추정사례'와 별첨1 참고.

$$\text{기술비중} = 10 + 50 \times \frac{\text{공헌도 평가평균}(X) - \text{최솟값}}{\text{기준값} - \text{최솟값}} \quad \text{[식 2-60]}$$

여기서, 최솟값: 20, 기준값: 60

(1) 성숙기의 매출액 추정

사업화 주체는 다년간 유리제품(원판유리, 안전유리, 복층유리, 로이유리, 특수유리 등)을 생산하여 판매하고 있으며, 본 평가에서는 평가대상기술이 적용된 원판유리에 한정하여 매출액을 추정한다. 사업화 주체의 과거 6개년(2015~2020년) 원판유리 매출실적을 〈표 2-91〉에 나타내었다.

사업화 주체의 매출실적은 소폭으로 증감을 반복하는 추세를 보이며, 이런 특성을 고려하여 지수평활법(Exponential smoothing method, 제5부 매출액 추정방법과 추정사례 참고)을 적용하여 성숙기에 속한 1차년도 매출액을 추정하고, 2차년도부터 4차년도까지는 동 업종 3개년 평균 매출액증가율을 적용하여 추정한다. 지수평활법의 평활계수(α)는 기술평가자들이 합의하여 0.6으로 결정하였으며, 평활계수를 적용하여 추정한 1차년도 매출액은 〈표 2-91〉과 같다.

〈표 2-91〉 사업화 주체의 매출실적과 1차년도 추정매출액

(단위: 억 원)

연도	2015	2016	2017	2018	2019	2020	1차년도
매출실적*	454	498	474	483 (M1)	466 (M2)	448** (M3)	
추정매출액	475(3개년 매출의 산술평균을 초기 예측값인 F1으로 결정함)			475 (F1)	480 (F2)	472 (F3)	458 (F4)

* 매출실적은 천만 원 단위에서 반올림한 값임(실무에서는 천만 원 단위 이하도 고려해야 함).

** 2020년의 매출실적 = 2020년 10월까지 월간 평균(37.3억 원)×12개월

한국은행 기업경영분석의 C231(유리 및 유리제품) 업종의 2017년부터 2019년까지 평균 매출액증가율은 〈표 2-92〉와 같다.

〈표 2-92〉 C231(유리 및 유리제품) 업종의 평균 매출액증가율

(단위: %)

2017년	2018년	2019년	평균
−1.75	0.02	−2.15	−1.29

성숙기 매출액은 1차년도 추정매출액(458억 원), 동 업종 3개년 평균 매출액증가율(−1.29%), 공정비율(18%), 기술비중(52%)을 적용하여 추정하며, 성숙기의 추정매출액과 기술매출액을 〈표 2-93〉에 나타내었다.

(2) 쇠퇴기의 매출액 추정

쇠퇴기의 매출액은 직전 기술수명주기의 최고 매출액을 기준으로, 기술평가기준일에 조사된 시장주도기업이 최고 매출액을 잠식한다는 논리로 추정한다. 기술평가기준일 현재 CR≥60%를 충족하는 기업 중 시장점유율이 최소 10% 이상인 시장주도기업은 3개인 것으로 조사되었다(〈표 2-37〉 참고).

쇠퇴기 최종 차년도인 7차년도의 추정매출액은 직전 기술수명주기의 최고 매출액인 1차년도의 458억 원에서 시장주도기업이 2/3를 잠식하는 것으로 가정하여 추정한다. 따라서 7차년도 추정매출액은 직전 기술수명주기의 최고 매출액을 시장주도기업의 수(3개)로 나누면 153억 원이 된다.

쇠퇴기 중 5차년도와 6차년도 추정매출액은 1차년도의 458억 원과 쇠퇴기 최종 차년도인 7차년도의 매출액인 153억 원의 차이를 쇠퇴기 기간인 3년으로 나눈 값(102억 원)을 구하고, 이 값만큼 1차년도 추정매출액에서 각각 감소하도록 하여 결정한다. 추정매출액에 공정비율과 기술비중을 적용하여 결정한 쇠퇴기의 기술매출액을 〈표 2-93〉에 나타내었다.

〈표 2-93〉 매출액 추정결과

(단위: 억 원, %)

구분	1차년도	2차년도	3차년도	4차년도	5차년도	6차년도	7차년도
	~'21.11.06	~'22.11.06	~'23.11.06	~'24.11.06	~'25.11.06	~'26.11.06	~'27.11.06
수명주기	성숙기				쇠퇴기		
매출액증가율	지수평활법	−1.29%			−19.1	−28.4	−40.0
추정매출액*	458	452	446	440	356	255	153
공정비율	18%						
기술비중	52%						
기술매출액	42.9	42.3	41.8	41.2	33.3	23.9	14.3

* 추정매출액은 천만 원 단위에서 반올림한 값임(실무에서는 천만 원 단위 이하도 고려해야 함).

2) 매출원가와 판매관리비 추정

평가대상기술은 '유리판 원료 혼합방법 및 원료 공급장치'에 관한 것으로 원료 혼합비율의 개선을 통한 재료비 절감과 공급장치 자동화를 통한 노무비 절감에 기여하며, 2018년 초부터 본격적으로 제조공정에 적용되어 사업화 주체의 수익률을 개선하고 있다.

(1) 수익개선율(pr) 결정

평가대상기술은 주로 매출원가(제조원가)의 재료비와 노무비의 절감에 기여하였으며, 2018년 기준 평가대상기술의 적용 전 3개년과 적용 이후 3개년의 평균 매출원가비율(원가비율)을 〈표 2-94〉에 나타내었다.

〈표 2-94〉 평가대상기술의 적용 전·후 평균 원가비율

(단위: 억 원, %)

연도	2015	2016	2017	2018	2019	2020*
매출실적	454	498	474	483	466	448
매출원가**	365	413	370	355	337	323
- 재료비	168	180	171	143	135	131
- 노무비	61	68	58	49	45	42
- 가공비	17	21	19	24	19	21
- 경비	119	144	122	139	138	129
원가비율**	80.4	82.9	78.1	73.5	72.3	72.1
평균 원가비율**	평가대상기술 적용 전: 80.5%			평가대상기술 적용 이후: 72.6%		

* 2020년의 매출실적, 매출원가 항목은 2020년 10월까지 월간 평균을 이용하여 추정한 값임.
** 매출원가와 원가비율 그리고 평균 원가비율은 감가상각비 또는 감가상각비율이 차감된 수치임.

수익개선율(pr)은 평가대상기술을 적용하기 전·후의 평균 원가비율을 비교하여 측정하며, 평가대상기술을 적용하기 전의 평균 원가비율 대비 평가대상기술을 적용한 이후 평균 원가비율은 [식 2-61]에 나타낸 것과 같이 9.8% 개선(-9.8%)된 것으로 나타났다. 이 경우, 평가대상기술을 적용한 이후 값이 평가대상기술을 적용하기 전보다 작으므로 수익개선율의 절댓값인 9.8%를 이용하여 기술가치평가를 수행한다.

$$\text{수익개선율}(pr) = \frac{72.6-80.5}{80.5} \times 100 = \frac{-7.9}{80.5} \times 100 = -9.8\% \quad \cdots\cdots\cdots\cdots\cdots\cdots \text{[식 2-61]}$$

(2) 매출원가와 판매관리비 추정

매출원가는 평가대상기술이 적용된 이후 3개년(2018~2020년) 평균 원가비율인 〈표 2-94〉의 72.6%(감가상각비율이 차감된 수치임)를 적용하여 추정한다. 평가대상기술이 적용된 이후 3개년 평균 판관비율은 13.7%(감가상각비율이 차감된 수치임)로 조사되었으며, 이를 적용하여 추정한다. 매출원가와 판관비는 감가상각비율이 차감된 수치이기 때문에 후술하는 자본적 지출에 따른 감가상각비를 가산하여 매출원가와 판관비를 결정해야 한다.

전술한 평균 원가비율과 평균 판관비율을 적용하여 산출한 감가상각비가 차감된 매출원가와 판관비를 〈표 2-95〉에 나타내었다.

〈표 2-95〉 감가상각비가 차감된 매출원가와 판관비

(단위: 억 원)

구분	1차년도	2차년도	3차년도	4차년도	5차년도	6차년도	7차년도
	~'21.11.06	~'22.11.06	~'23.11.06	~'24.11.06	~'25.11.06	~'26.11.06	~'27.11.06
수명주기	성숙기				쇠퇴기		
기술매출액	42.9	42.3	41.8	41.2	33.3	23.9	14.3
매출원가(−)	31.15	30.71	30.35	29.91	24.18	17.35	10.38
판관비(−)	5.88	5.80	5.73	5.64	4.56	3.27	1.96
영업이익1	5.87	5.79	5.72	5.65	4.56	3.28	1.96

※ 주의: 표 안의 매출원가와 판관비는 감가상각비가 제외된 수치임.

상기 〈표 2-95〉의 매출원가와 판관비는 감가상각비가 차감된 수치이므로 후술한 〈표 2-99〉의 자본적 지출에 따른 감가상각비를 매출원가에 가산하여 〈표 2-96〉과 같이 최종 매출원가와 판관비 그리고 영업이익을 결정한다. 여기서 자본적 지출이 생산용 기계장치에 대한 것이므로 감가상각비를 매출원가에 가산한다(기계장치는 판관비의 감가상각비와 무관함).

〈표 2-96〉 감가상각비가 가산된 매출원가와 판관비

(단위: 억 원)

구분	1차년도	2차년도	3차년도	4차년도	5차년도	6차년도	7차년도
	~'21.11.06	~'22.11.06	~'23.11.06	~'24.11.06	~'25.11.06	~'26.11.06	~'27.11.06
수명주기	성숙기				쇠퇴기		
기술매출액	42.9	42.3	41.8	41.2	33.3	23.9	14.3
매출원가(–)	32.96	32.31	31.99	31.58	25.61	18.41	10.93
판관비(–)	5.88	5.80	5.73	5.64	4.56	3.27	1.96
영업이익	4.06	4.19	4.08	3.98	3.13	2.22	1.41

3) 법인세 추정

법인사업자에 대한 법인세는 〈표 2-96〉의 영업이익에 〈표 2-12〉의 과세표준과 세율을 적용하여 추정한다. 이렇게 추정한 법인세를 〈표 2-97〉에 나타내었으며, 법인세의 합을 영업이익의 합으로 나눈 실효(평균) 법인세율은 15.65%로 계산되었다.

〈표 2-97〉 추정 법인세

(단위: 억 원)

구분	1차년도	2차년도	3차년도	4차년도	5차년도	6차년도	7차년도
	~'21.11.06	~'22.11.06	~'23.11.06	~'24.11.06	~'25.11.06	~'26.11.06	~'27.11.06
수명주기	성숙기				쇠퇴기		
기술매출액	42.9	42.3	41.8	41.2	33.3	23.9	14.3
매출원가(–)	32.96	32.31	31.99	31.58	25.61	18.41	10.93
판관비(–)	5.88	5.80	5.73	5.64	4.56	3.27	1.96
영업이익	4.06	4.19	4.08	3.98	3.13	2.22	1.41
법인세	0.67	0.70	0.68	0.66	0.47	0.27	0.16

4) 자본적 지출 추정

기술평가기준일 현재 사업화 주체는 성숙기 동안 원판유리 생산용 기계장치에 대한 신규 투자계획을 제시하였다. 본 평가에서는 신규 투자계획과 함께 원판유리 생산에 사용되는 기존 기계장치의 잔존가액을 인정하여 자본적 지출을 추정한다.

기술평가자의 합의로 원판유리 생산용 기계장치에 대한 신규투자가 실행된 시점은 각 차년도의 중기로 하며, 원판유리 생산에 사용되는 기존 기계장치의 잔존가액을 인정하는 시점은 1차년도 초기로 하여 사업화 주체의 자본적 지출을 〈표 2-98〉과 같이 직접 추정하였다.

〈표 2-98〉 자본적 지출 추정

(단위: 억 원)

구분	1차년도	2차년도	3차년도	4차년도	5차년도	6차년도	7차년도
	~'21.11.06	~'22.11.06	~'23.11.06	~'24.11.06	~'25.11.06	~'26.11.06	~'27.11.06
수명주기	성숙기				쇠퇴기		
기계장치(기존)	7.00						
기계장치(신규)		2.00	2.00	2.00			
합계	7.00	2.00	2.00	2.00			

5) 감가상각비 추정

감가상각비는 자본적 지출을 대상으로 정률법을 적용하여 추정하며, 내용연수는 법인세법 시행규칙의 '업종별 기준내용연수 및 내용연수 범위'에서 C23111 업종에 해당하는 10년(상각횟수)을 적용한다.

정률법은 다음의 [식 2-62]로 표현되며, 감가상각 대상인 기계장치의 잔존가치가 낮은 점을 감안하여 잔존가율(잔존가액÷취득원가)을 5%로 하여 상각률을 결정한 결과 0.259가 되었다.

정률법 감가상각비 = 장부가액×상각률 ·· [식 2-62]

여기서, 장부가액 = 취득원가−감가상각누계액

$$\text{상각률} = 1 - \sqrt[n]{\frac{\text{잔존가액}}{\text{취득원가}}}$$ 여기서, n = 내용연수(상각횟수) = 10년

$\frac{\text{잔존가액}}{\text{취득원가}}$ = 잔존가율이며, 잔존가율이 5%인 경우,

$$\text{상각률} = 1 - \sqrt[10]{0.05} = 1 - 0.05^{\frac{1}{10}} = 1 - 0.741 = 0.259$$

자본적 지출의 신규투자가 실행된 시점은 각 차년도 중기이기 때문에 신규투자가 시작된 차년도와 마지막 차년도의 상각액은 상각액의 반(1/2)을 적용한다. 전술한 상각방법과 내용연수 그리고 상각률을 적용하여 추정한 감가상각비를 〈표 2-99〉에 나타내었다.

〈표 2-99〉 감가상각비 추정

(단위: 억 원)

구분	1차년도	2차년도	3차년도	4차년도	5차년도	6차년도	7차년도
	~'21.11.06	~'22.11.06	~'23.11.06	~'24.11.06	~'25.11.06	~'26.11.06	~'27.11.06
수명주기	성숙기				쇠퇴기		
7.0억(1차년)	1.81	1.34	1.00	0.74	0.55	0.40	0.30
2.0억(2차년)		0.26*	0.38	0.29	0.21	0.16	0.06*
2.0억(3차년)			0.26*	0.38	0.29	0.21	0.08*
2.0억(4차년)				0.26*	0.38	0.29	0.11*
감가상각비	1.81	1.60	1.64	1.67	1.43	1.06	0.55

* 신규투자가 시작된 차년도와 마지막 차년도는 상각액의 1/2을 적용함(투자실행 시점이 각 차년도 중기임).

6) 운전자본증감액 추정

운전자본증감액은 매출채권과 재고자산의 합계액에서 지출이 유예된 매입채무를 차감한 금액을 말한다. 본 기술가치평가에서는 사업화 주체가 제시한 매출채권과 재고자산 그리고 매입채무의 회전기간을 이용하여 회전율을 구하고, 동 회전율의 역수인 운전자본소요율을 각 차년도 매출증감액에 곱하여 운전자본증감액을 추정한다.

사업화 주체가 제시한 3개년(2018~2020년, 2020년은 10월까지 회전기간임) 동안 매출채권과 재고자산 그리고 매입채무의 회전기간을 이용하여 운전자본증감액을 추정하며, 동 회전기간으로부터 산출한 회전율(365일÷회전기간)과 3개년 평균 운전자본소요율(1÷회전율)을 〈표 2-100〉에 나타내었다.

운전자본증감액은 〈표 2-101〉과 같이 각 차년도 매출증감액에 3개년 평균 운전자본소요율 0.17(즉, 17%)을 곱하여 추정한다. 사업화 주체는 기술평가기준일 현재 계속사업을 영위하고 있으며, 1차년도 운전자본증감액은 1차년도 기술매출액과 그 직전 차년도의 기술매출액(직전 차년도를 2020년으로 간주하며, 2020년 매출실적 448억 원에 공정비율 18%와 기술비중 52%를 곱하면 41.9억 원으로 산정됨)의 차액에 운전자본소요율을 곱하여 추정한다.

〈표 2-100〉 회전율과 운전자본소요율

(단위: 일, 횟수, %)

구분	2018년			2019년			2020년		
	회전기간	회전율	소요율	회전기간	회전율	소요율	회전기간	회전율	소요율
매출채권	78	4.68	0.21	69	5.29	0.19	63	5.79	0.17
매입채무	37	9.87	0.10	41	8.90	0.11	43	8.49	0.12
재고자산	33	11.06	0.09	29	12.59	0.08	35	10.43	0.10
계산식	0.21+0.09−0.10=0.20			0.19+0.08−0.11=0.16			0.17+0.10−0.12=0.15		
평균값	3개년 평균 운전자본소요율=(0.20+0.16+0.15)÷3=0.17(즉, 17%)								

〈표 2-101〉 추정 운전자본증감액

(단위: 억 원)

구분	1차년도	2차년도	3차년도	4차년도	5차년도	6차년도	7차년도
	~'21.11.06	~'22.11.06	~'23.11.06	~'24.11.06	~'25.11.06	~'26.11.06	~'27.11.06
수명주기	성숙기				쇠퇴기		
기술매출액	42.9	42.3	41.8	41.2	33.3	23.9	14.3
매출증감액	1.0*	−0.6	−0.5	−0.6	−7.9	−9.4	−9.6
운전자본증감액	0.17	−0.10	−0.09	−0.10	−1.34	−1.60	−1.63

* 1차년도 기술매출액 42.9억 원과 그 직전 차년도 기술매출액 41.9억 원(=448억 원×18%×52%)의 차액임.

7) 투자액 회수 추정

투자액 회수는 사업화에 투자한 금액 중 기술의 경제적 수명이 종료되는 시점까지 남아있는 잔여액의 처리에 관한 것으로, 기술의 경제적 수명이 종료되는 차년도에 전액 회수하는 것이 원칙이나 자본적 지출과 운전자본의 항목별 잔여액의 회수 가능성을 검토해야 한다. 본 기술가치평가에서 사업화 주체는 자본적 지출 중 기계장치에 대한 투자계획을 수립하고 있으며, 동 기계장치에 대한 잔여액의 회수 가능성을 검토하여 투자액 회수를 결정한다.

일반적으로, 투자액 회수는 기계장치에 대한 자본적 지출의 합(A, 〈표 2-98〉에서 13억 원)에서 감가상각비의 합(B, 〈표 2-99〉에서 9.76억 원)을 차감한 자본적 지출 잔여액(A−B)에 운전자본 잔여액(C, 〈표 2-101〉에서 −4.69억 원)을 가산하여 결정한다.

그러나 본 평가에서는 기계장치의 잔존가치가 낮은 점을 고려하여 〈표 2-102〉와 같이 기계장치에 대한 각 투자금액에 5%의 잔존가율(잔존가액÷취득원가)을 적용하여 잔존가치를 구하고, 동 잔존가치의 합을 자본적 지출 잔여액(A−B)의 대용치로 인용한다.

〈표 2-102〉 자본적 지출 잔여액의 대용치

(단위: 억 원)

투자금액	1차년도(7억)	2차년도(2억)	3차년도(2억)	4차년도(2억)
잔존가치(5% 적용)	0.35	0.1	0.1	0.1
자본적 지출 잔여액(A-B)의 대용치	0.35+0.1+0.1+0.1=0.65			

상기 〈표 2-102〉의 자본적 지출 잔여액(A-B)의 대용치와 운전자본 잔여액(C)을 이용하여 결정한 투자액 회수(금액)를 〈표 2-103〉에 나타내었다.

〈표 2-103〉 투자액 회수

(단위: 억 원)

자본적 지출의 합 (A)	감가상각비의 합 (B)	자본적 지출 잔여액 (A-B)의 대응치	운전자본의 잔여액(C)	투자액 회수 (A-B)+C
적용 안함	적용 안함	0.65	−4.69	−4.04

8) 여유현금흐름의 결정

전술한 바와 같이 추정한 매출액, 매출원가와 판관비, 법인세, 자본적 지출, 감가상각비, 운전자본증감액, 투자액 회수를 [식 2-5]에 대입하여 결정한 여유현금흐름을 〈표 2-104〉에 나타내었다.

〈표 2-104〉 여유현금흐름

(단위: 억 원)

구분	1차년도	2차년도	3차년도	4차년도	5차년도	6차년도	7차년도
	~'21.11.06	~'22.11.06	~'23.11.06	~'24.11.06	~'25.11.06	~'26.11.06	~'27.11.06
수명주기	성숙기				쇠퇴기		
기술매출액	42.9	42.3	41.8	41.2	33.3	23.9	14.3
매출원가(−)	32.96	32.31	31.99	31.58	25.61	18.41	10.93
판관비(−)	5.88	5.80	5.73	5.64	4.56	3.27	1.96
영업이익	4.06	4.19	4.08	3.98	3.13	2.22	1.41
법인세(−)	0.67	0.70	0.68	0.66	0.47	0.27	0.16
세후 영업이익	3.39	3.49	3.40	3.32	2.66	1.95	1.25
자본적 지출(−)	7.00	2.00	2.00	2.00			
감가상각비(+)	1.81	1.60	1.64	1.67	1.43	1.06	0.55
운전자본증감액(−)	0.17	−0.10	−0.09	−0.10	−1.34	−1.60	−1.63
투자액회수(+)							−4.04
여유현금흐름	−1.97	3.19	3.13	3.09	5.43	4.61	−0.61

4. 할인율 추정

1) 할인율 결정

할인율(r)은 업종별 할인율 산출 참고표(『기술평가실무가이드』의 부록인 '산업별 할인율' 참고)에서 할인율 항목에 관한 정보를 획득하여 산출하며, C23xxx 업종의 할인율 산출에 필요한 정보를 〈표 2-105〉에 나타내었다.

〈표 2-105〉 C23xxx 업종의 할인율 산출 참고표

(단위: %)

구분	타인자본비용						자기자본비용(사업화 위험프리미엄 반영 前)					
업종	타인 자본 구성비	상장 평균	비상장 중소기업 유형				자기 자본 구성비	CAPM	비상장 중소기업 유형			
			대	중	소	창업			대	중	소	창업
23xxx	30.75	4.85	5.78	6.85	8.09	9.52	69.25	7.54	8.11	9.43	11.23	12.76

본 기술가치평가는 중견기업(상장기업)을 대상으로 하므로 타인자본비용(kd)과 자기자본비용(ke)을 계산할 때 중소기업 유형별 위험프리미엄은 가산하지 않으나 자기자본비용의 사업화 위험프리미엄은 가산한다.

자기자본비용의 사업화 위험프리미엄은 기술평가자들이 평가한 〈표 2-106〉의 사업화 위험프리미엄 평가표의 평점합인 25점을 [식 2-24]에 대입하여 구하며, 이렇게 계산한 사업화 위험프리미엄은 7.14%이다(별첨2 참고).

〈표 2-106〉 사업화 위험프리미엄 평가표

기술과 권리 위험요소*	평점	시장과 사업 위험요소*	평점
1.1 기술의 우월성	5/**4**/3/2/1	3.1 시장 진입성	5/4/**3**/2/1
1.4 기술의 대체 가능성	5/4/3/2/**1**	3.2 시장 성장성	5/4/3/**2**/1
1.5 기술수명주기(기술의 진부화)	5/4/3/2/**1**	3.4 동적 경쟁성(동적 경쟁강도)	5/4/3/2/**1**
2.3 법적 보호강도(침해 가능성)	5/4/**3**/2/1	4.3 수익성(영업이익률)	5/4/**3**/2/1
2.4 권리의 안정성(모방 가능성)	5/4/**3**/2/1	4.6 생산 용이성	5/**4**/3/2/1
평점합		**25점**	

* 각 평가지표(위험요소)의 정의와 평가기준은 제10부 참고.

전술한 〈표 2-105〉의 할인율을 구성하는 항목에 관한 자료와 사업화 위험프리미엄(7.14%) 그리고 실효(평균) 법인세율(15.65%)을 다음의 [식 2-63]에 적용하여 할인율(r)을 계산한 결과 11.43%로 결정되었다.

타인자본비용(Kd) = 4.85%, 타인자본구성비 = 30.75%

자기자본비용(Ke) = 7.54+7.14 = 14.68%, 자기자본구성비 = 69.25%

기술가치평가의 할인율(r) = 가중평균자본비용($WACC$)

= {타인자본비용(1−법인세율 또는 소득세율)×타인자본구성비}+ {자기자본비용×자기자본구성비}

$$=\left\{Kd(1-\tau)\times\frac{D}{D+E}+Ke\times\frac{E}{D+E}\right\} \quad \text{[식 2-63]}$$

= {4.85(1-0.1565)×0.3075+14.68×0.6925}

= 1.26+10.17 = 11.43%

2) 현가계수의 결정

현가계수는 [식 2-54]에서 분모인 $(1+r)^t$ 분의 1을 말하며, [식 2-63]으로부터 구한 할인율(r)을 이용하여 산출한 각 차년도의 현가계수는 〈표 2-107〉과 같다.

〈표 2-107〉 현가계수

구분	1차년도	2차년도	3차년도	4차년도	5차년도	6차년도	7차년도
	~'21.11.06	~'22.11.06	~'23.11.06	~'24.11.06	~'25.11.06	~'26.11.06	~'27.11.06
수명주기	성숙기				쇠퇴기		
현가계수	0.8974	0.8054	0.7228	0.6486	0.5821	0.5224	0.4688

5. 여유현금흐름의 현재가치

1) 여유현금흐름의 현재가치 결정

각 차년도 여유현금흐름의 현재가치는 〈표 2-104〉의 각 차년도 여유현금흐름에 〈표 2-107〉의 각 차년도 현가계수를 곱하여 결정하며, 이렇게 결정된 여유현금흐름의 현재가치를 〈표 2-108〉에 나타내었다.

〈표 2-108〉 여유현금흐름의 현재가치

(단위: 억 원)

구분	1차년도	2차년도	3차년도	4차년도	5차년도	6차년도	7차년도
	~'21.11.06	~'22.11.06	~'23.11.06	~'24.11.06	~'25.11.06	~'26.11.06	~'27.11.06
수명주기	성숙기				쇠퇴기		
여유현금흐름	−1.97	3.19	3.13	3.09	5.43	4.61	−0.61
현가계수	0.8974	0.8054	0.7228	0.6486	0.5821	0.5224	0.4688
여유현금흐름 현재가치	−1.77	2.57	2.26	2.00	3.16	2.41	−0.29

2) 여유현금흐름의 현재가치 합계

기술가치평가의 전 과정을 〈표 2-109〉에 나타내었으며, 각 차년도의 여유현금흐름의 현재가치를 합한 결과 10.34억 원이 산출되었다.

〈표 2-109〉 여유현금흐름의 현재가치 합계

(단위: 억 원)

구분	1차년도	2차년도	3차년도	4차년도	5차년도	6차년도	7차년도
	~'21.11.06	~'22.11.06	~'23.11.06	~'24.11.06	~'25.11.06	~'26.11.06	~'27.11.06
수명주기	성숙기				쇠퇴기		
기술매출액	42.9	42.3	41.8	41.2	33.3	23.9	14.3
매출원가(−)	32.96	32.31	31.99	31.58	25.61	18.41	10.93
판관비(−)	5.88	5.80	5.73	5.64	4.56	3.27	1.96
영업이익	4.06	4.19	4.08	3.98	3.13	2.22	1.41
법인세(−)	0.67	0.70	0.68	0.66	0.47	0.27	0.16
세후 영업이익	3.39	3.49	3.40	3.32	2.66	1.95	1.25
자본적 지출(−)	7.00	2.00	2.00	2.00			
감가상각비(+)	1.81	1.60	1.64	1.67	1.43	1.06	0.55
운전자본 증감액(−)	0.17	−0.10	−0.09	−0.10	−1.34	−1.60	−1.63
투자액회수(+)							−4.04
여유현금흐름	−1.97	3.19	3.13	3.09	5.43	4.61	−0.61
현가계수(×)	0.8974	0.8054	0.7228	0.6486	0.5821	0.5224	0.4688
여유현금흐름 현재가치	−1.77	2.57	2.26	2.00	3.16	2.41	−0.29
여유현금흐름 현재가치 합계	10.34						

6. 기술기여도 추정

기술기여도는 여유현금흐름의 현재가치 합계에서 평가대상기술이라는 기술자산이 기여한 부분을 분리하기 위한 변수이다. 본 평가에서는 기술요소법에 따라 업종특성을 반영하기 위한 업종별 무형기술자산비율과 기술특성을 반영하기 위한 개별기술의 기여비율을 곱하여 기술기여도를 추정한다.

1) 업종별 무형기술자산비율 결정

업종별 무형기술자산비율은 유·무형자산 중에서 무형자산이 기여하는 비율, 동 무형자산 중에서도 특히 평가대상기술이라는 기술자산이 기여하는 비율을 기술기여도에 반영하기 위한 것으로서, 업종별 최대무형자산비율과 업종별 평균기술자산비율을 곱하여 결정한다.

업종별 최대무형자산비율과 업종별 평균기술자산비율은 무형기술자산비율 참고표(『기술평가실무가이드』의 부록인 '산업기술요소' 참고)로부터 획득할 수 있다. 평가대상기술이 적용된 제품 관련 사업이 속한 C23111 업종을 포함하는 C23xxx 업종의 무형기술자산비율을 〈표 2-110〉에 나타내었으며, C23xxx 업종의 무형기술자산비율은 56.83%이다.

〈표 2-110〉 C23xxx 업종의 무형기술자산비율 참고표

(단위: %)

업종	업종명	업종별 최대 무형자산비율	업종별 평균 기술자산비율	업종별 무형기술자산비율
C23xxx	비금속 광물제품 제조업	64.71	87.82	56.83

2) 개별기술의 기여비율 결정

개별기술의 기여비율은 '개별기술의 기여비율 평가표'의 평가지표를 평가하여 산출하며, 기술성과 권리성 그리고 시장성과 사업성 평가지표 20개를 5점 척도로 평가한 점수를 합하여 결정한다. 가중치를 '1'로 하여 개별기술의 기여비율을 평가한 결과, 〈표 2-111〉과 같이 60점(%)이 산출되었다.

〈표 2-111〉 개별기술의 기여비율 평가표

기술성과 권리성 평가지표*			시장성과 사업성 평가지표*		
항목	가중치	점수	항목	가중치	점수
1.1 기술의 우월성	1	1/2/3/**4**/5	3.1 시장 진입성	1	1/2/**3**/4/5
1.2 기술의 활용성	1	1/2/**3**/4/5	3.2 시장 성장성	1	1/**2**/3/4/5
1.3 기술의 파급성	1	1/2/**3**/4/5	3.5 수요성	1	1/2/**3**/4/5
1.4 기술의 대체 가능성	1	**1**/2/3/4/5	3.6 예상 시장점유율	1	1/**2**/3/4/5
1.5 기술수명주기 (기술의 진부화)	1	**1**/2/3/4/5	4.1 가격 및 품질 경쟁성	1	1/2/3/4/**5**
1.6 기술개발단계 (TRL평가)	1	1/2/3/4/**5**	4.2 성장성 (매출액증가율)	1	1/**2**/3/4/5
2.1 권리의 충실성	1	1/2/**3**/4/5	4.3 수익성(영업이익률)	1	1/2/**3**/4/5
2.2 권리범위의 광협	1	1/2/**3**/4/5	4.4 수익창출기간 (기술의 경제적 수명)	1	1/2/**3**/4/5
2.3 법적 보호강도 (침해 가능성)	1	1/2/**3**/4/5	4.6 생산 용이성	1	1/2/3/**4**/5
2.4 권리의 안정성 (모방 가능성)	1	1/2/**3**/4/5	4.7 자금조달 능력	1	1/2/3/**4**/5
기술성과 권리성 평점합		**29점**	시장성과 사업성 평점합		**31점**
개별기술의 기여비율(기술성과 권리성 평점합+시장성과 사업성 평점합)				**60점(%)**	

* 각 평가지표의 정의와 평가기준은 제10부 참고.

3) 기술기여도 결정(기술요소법)

기술기여도는 〈표 2-110〉의 업종별 무형기술자산비율 56.83%와 〈표 2-111〉의 개별기술의 기여비율 60점(%)을 곱하여 결정하며, 그 결과 기술기여도는 〈표 2-112〉와 같이 34.10%로 결정되었다.

〈표 2-112〉 기술기여도(기술요소법)

(단위: %)

기술기여도=업종별 무형기술자산비율×개별기술의 기여비율		
업종별 무형기술자산비율	개별기술의 기여비율	기술기여도
56.83	60	34.10

7. 기술가치평가금액의 결정

1) 평가대상기술 적용 후 기술가치평가금액의 결정

평가대상기술 적용 후 기술가치평가금액(V_{PA})은 다음의 [식 2-64]와 같이 여유현금흐름의 현재가치 합계에 기술기여도를 곱하여 결정한다. 여유현금흐름의 현재가치 합계는 〈표 2-109〉에서 10.34억 원, 기술기여도는 〈표 2-112〉에서 34.10%로 결정되었으며, 이들을 곱한 평가대상기술 적용 후 기술가치평가금액(V_{PA})은 3.53억 원으로 산정되었다.

$$V_{PA} = \sum_{t=1}^{n} \frac{CF_t}{(1+r)^t} \times \text{기술기여도} \quad \text{[식 2-64]}$$

= 여유현금흐름의 현재가치 합계×기술기여도

= 10.34억 원×34.10% = 3.53억 원

2) 평가대상기술 적용 전 기술가치평가금액의 결정

평가대상기술 적용 후 기술가치평가금액(V_{PA})에 [식 2-61]에서 산출된 수익개선율(pr)의 절댓값인 9.8%를 적용하여 [식 2-65]와 같이 평가대상기술을 적용하기 전의 기술가치평가금액(V_{PB})을 결정한다.

$V_{PB} \times (1+pr) = V_{PA}$에서,

$$V_{PB} = \frac{V_{PA}}{(1+pr)} = \frac{3.53\text{억 원}}{(1+0.098)} = 3.22\text{억 원} \quad \text{[식 2-65]}$$

3) 수익차액산출법의 기술가치평가금액(V_{PAB}) 결정

평가대상기술을 적용한 후의 기술가치평가금액인 V_{PA}에서 평가대상기술을 적용하기 전의 기술가치평가금액인 V_{PB}를 차감하여 수익차액산출법의 기술가치평가금액인 V_{PAB}를 결정한다.

직무발명 보상액 산정을 위해 수익차액산출법으로 산출한 기술가치평가금액(V_{PAB})은 [식 2-66]과 같이 0.31억 원(31백만 원)으로 결정되었다.

$$V_{PAB} = V_{PA} - V_{PB}$$

$$= 3.53\text{억 원} - 3.22\text{억 원} = 0.31\text{억 원} = 31\text{백만 원} \quad \text{[식 2-66]}$$

제4장
수익접근법(수익추정법)의 응용 III
로열티수익률법과 평가사례

제1절 로열티수익률법

수익접근법(수익추정법)은 핵심변수를 조정하거나 조정계수를 적용 또는 이 두 가지 방법을 모두 활용하여 응용된다. 핵심변수를 조정하는 것은 기술의 경제적 수명, 여유현금흐름, 할인율, 기술기여도 등과 같은 핵심변수의 추정방법을 세분 또는 변경이나 추가하는 것을 말한다. 조정계수를 적용하는 것은 기술이나 시장의 특성, 업종의 특성, 상장기업 여부 등을 기술가치평가에 반영하기 위해 조정계수를 산출하여 적용하는 것을 말한다.

1. 로열티수익률법의 정의

로열티수익률법은 **평가대상기술의 제공으로 발생하는 로열티율, 또는 평가대상기술의 도입으로 발생하는 로열티**(기술이용료, 기술료)**율을** 매출액에 곱하여 기술가치평가금액(V_{PR})을 결정하는 변형된 수익접근법(수익추정법)이다. 로열티수익률법은 수익접근법과 비교하여 수익을 추정하는 방식에 차이가 있다(핵심변수 조정 및 조정계수 적용).

로열티수익률법에서 적용하는 로열티율은 **평가대상기술과 같거나** 유사한 기

술에 대해 수취하거나 지급한 로열티율 또는 업종별 로열티율 그리고 영업이익률이나 순이익률을 대용치로 한 로열티율을 말한다. 평가대상기술과 같거나 유사한 기술에 대해 수취하거나 지급한 로열티율은 실무적으로 획득이 어려운 것이 현실이기 때문에 주로 업종별 로열티율 또는 업종별 영업이익률이나 순이익률을 대용치로 한 로열티율을 이용하여 기술가치평가를 수행한다.

업종별 로열티율은 한국산업기술진흥원과 한국발명진흥회가 수집한 자료를 통계적으로 처리한 것으로, 산업통상자원부의 『기술평가실무가이드』에서 획득할 수 있다(업종별 로열티율 요약 통계). **업종별 영업이익률이나 순이익률을 대용치로 한 로열티율**은 주로 기술 도입자(즉 이용자)나 유사기업의 재무정보 또는 한국은행 기업경영분석의 동 업종 재무정보에서 획득한다.

업종별 로열티율은 갱신이 어렵고 세분된 업종에 대한 로열티율 자료가 부족하며, 일부 업종을 제외하고는 한국은행 기업경영분석의 동 업종 영업이익률과 유사하다. 따라서, 본 교재에서는 이러한 점을 고려하여 **기술 도입자(즉 이용자)나 유사기업의 평균 영업이익률** 또는 **한국은행 기업경영분석의 동 업종 평균 영업이익률**(종합, 대기업, 중소기업의 영업이익률 중에서 선정)을 로열티율로 하여 로열티수익률법의 기술가치평가를 수행한다.

기술 도입자가 평가대상기술의 도입 이후 달성할 것으로 보이는 영업이익률이 과도하게 낮은 경우, 기술 도입자에게 배분되는 수익이 현저히 작아질 수 있다. 이 경우에는 기술 도입자나 유사기업의 평균 영업이익률 또는 한국은행 기업경영분석의 동 업종 평균 영업이익률의 **25%와 50% 사이에서 기술 도입자가 지급**(또는 기술 제공자가 수취)할 로열티율을 결정하는 것이 합리적이다. 또한, **기술의 이용 형태**(전용실시권, 통상실시권)에 따라 이해당사자의 의견을 수렴하여 로열티율을 합리적으로 조정할 필요가 있다.

업종별 로열티율 또는 기술 도입자나 유사기업의 평균 영업이익률 그리고 한국은행 기업경영분석의 동 업종 평균 영업이익률을 로열티율로 할 경우, 동 로열티율에 기술평가기준일에서의 평가대상기술을 둘러싼 기술이나 시장 그리고 사업의 특성을 반영하기 위한 **조정계수**를 적용한다.

로열티율 조정계수는 〈표 2-113〉과 같이 10개의 기술성과 권리성 평가지표 그리고 10개의 시장성과 사업성 평가지표로 구성된 로열티율 조정계수 평가표(일례)에서 산출한 평점합을 [식 2-67]에 적용하여 결정한다.

〈표 2-113〉 로열티율 조정계수 평가표(일례)

기술성과 권리성 평가지표*	평점	시장성과 사업성 평가지표*	평점
1.1 기술의 우월성	−2, −1, 0, 1, 2	3.1 시장 진입성	−2, −1, 0, 1, 2
1.2 기술의 활용성	−2, −1, 0, 1, 2	3.2 시장 성장성	−2, −1, 0, 1, 2
1.3 기술의 파급성	−2, −1, 0, 1, 2	3.4 동적 경쟁성	−2, −1, 0, 1, 2
1.4 기술의 대체 가능성	−2, −1, 0, 1, 2	3.5 수요성	−2, −1, 0, 1, 2
1.5 기술수명주기	−2, −1, 0, 1, 2	3.6 예상 시장점유율	−2, −1, 0, 1, 2
1.6 기술개발단계	−2, −1, 0, 1, 2	4.1 가격 및 품질 경쟁성	−2, −1, 0, 1, 2
2.1 권리의 충실성***	−2, −1, 0, 1, 2	4.2 성장성(매출액증가율)	−2, −1, 0, 1, 2
2.2 권리범위의 광협***	−2, −1, 0, 1, 2	4.3 수익성(영업이익률)	−2, −1, 0, 1, 2
2.3 법적 보호강도 (침해 가능성)***	−2, −1, 0, 1, 2	4.5 개발 용이성 or 4.6 생산 용이성**	−2, −1, 0, 1, 2
2.4 권리의 안정성***	−2, −1, 0, 1, 2	4.7 자금조달 능력	−2, −1, 0, 1, 2
평점합		○○점	

* 각 평가지표의 정의와 평가기준은 제10부 참고.

** 개발 or 생산단계에 따라 선택하여 평가.

*** 비등록 지식재산권이나 비등록 기술은 등록 지식재산권에 준하는 기준으로 평가함.

$$\text{로열티율 조정계수} = 1 + \frac{\text{평점합}}{40} \qquad [\text{식 2-67}]$$

로열티율 조정계수 평가표에서 산출하는 평점합은 −40점에서 +40점 사이에 분포하며, 동 점수를 [식 2-67]에 적용하여 산출한 로열티율 조정계수는 0배(최저)에서 2배(최대) 사이에서 결정된다(즉, −40점은 0배, −20점은 0.5배, 0점은 1배, +20점은 1.5배, +40점은 2배).

로열티수익률법에서 기술의 경제적 수명, 매출액(로열티의 원천인 특정 평가대상 기술에 의한 매출액, 즉, 기술매출액을 의미함)과 기술비중, 법인세, 할인율 등을 추정하는 과정은 수익산출법과 같다. 그러나 로열티율이 기술의 이용에 대한 대가로서 유·무형자산 중에서 평가대상기술이라는 기술자산이 기여한 수준을 나타내므로, 기술기여도는 고려하지 않는다. 로열티수익률법의 기술가치평가금액(V_{PR})은 [식 2-68]과 같이 표현된다.

$$V_{PR} = \sum_{t=1}^{n} \frac{RCF_t}{(1+r)^t} \quad \text{[식 2-68]}$$

여기서,

RCF_t = {(기술매출액$_t$ × 로열티율 × 로열티율조정계수) − 법인세$_t$ or 소득세$_t$}

V_{PR} : 기술가치평가금액, t : 기술의 경제적 수명의 각 기간

n: 기술의 경제적수명, RCF_t: t기간에서의 로열티 여유현금흐름

r: 할인율, $\frac{1}{(1+r)^t}$ = 현가계수

로열티(기술료)에는 착수금(Initial Payment 또는 Up front fee), 경상로열티(Running Royalty, 경상적으로 지급하는 로열티), 정액로열티(Fixed Royalty, 정액을 일시에 지급하는 로열티) 등이 있다. 로열티수익률법에서 산출한 각 차년도의 현가화된 로열티 여유현금흐름은 각 차년도 경상로열티를 의미하며, 각 차년도 경상로열티(즉, 현가화된 RCF_t)를 합하여 기술가치평가금액(V_{PR}), 즉, 정액로열티를 결정한다.

만약 착수금이 있는 경우, 각 차년도의 경상로열티(즉, 현가화된 RCFt)의 합인 기술가치평가금액(V_{PR})에 착수금을 가산하여 전체 기술이용료(기술료)를 결정할 수 있다.

제2절 로열티수익률법의 평가사례

1. 기술가치평가의 개요

1) 평가대상기술(특허권)

평가대상기술은 〈표 2-114〉에 나타낸 가상의 특허권이다. 이하 전용실시권 계약에 따라 기술 도입자인 사업화 주체가 지급할 로열티(기술이용료, 기술료)를 산출할 목적으로 수행한 수익접근법(수익추정법) 기반 기술가치평가를 사례로 들어 설명한다.

〈표 2-114〉 평가대상기술(가상의 특허권)

등록번호 출원번호	등록일 출원일	기술의 명칭(발명의 명칭)	등록 권리자 (사업화 주체**)
10-18xxxxx 10-2019-005xxxx	2019.12.17 2019.02.21	전자책 저작권 보호 시스템 및 복제방지 방법*	㈜xxxxxx [㈜xxxxxx]

* 사업화 단계 기술임.

** 사업화 주체(기술 도입자)는 중소기업(비상장 중기업)으로 분류됨.

2) 기술분류와 업종분류

평가대상기술의 기술분류와 사업의 업종분류는 〈표 2-115〉와 같다.

〈표 2-115〉 기술분류와 업종분류

기술분류	업종분류
G06F 21/10 (프로그램 또는 콘텐츠 보호-저작 판매 또는 허가)	J58222 (응용소프트웨어 개발 및 공급업)

3) 기일정보

평가대상기술의 기술가치평가 관련 기일정보는 〈표 2-116〉과 같다.

〈표 2-116〉 기일정보

기술평가기준일	평가기간	평가서 제출일	평가서 유효기간
2020.09.17	2020.09.17~2020.10.09	2020.10.11	2021.04.11 (평가서 제출일부터 6개월)

2. 기술의 경제적 수명과 여유현금흐름 추정기간

1) 기술의 경제적 수명 추정

기술의 경제적 수명은 가중치법으로 추정하며, ① 기술의 경제적 수명 조정계수 평가, ② 조정 후 기술의 경제적 수명 산출, ③ 기술의 경제적 수명 결정 과정을 거쳐 추정한다(자세한 것은 제2부 제1장의 '기술의 경제적 수명 추정법'에서 '가중치법' 참고).

(1) 기술의 경제적 수명 조정계수 평가(가중치법)

기술의 경제적 수명 조정계수 평가결과를 〈표 2-117〉에 나타내었다.

〈표 2-117〉 기술의 경제적 수명 조정계수 평가표(가중치법)

기술성과 권리성 평가지표*	평점	가중치	시장성 평가지표*	평점	가중치
1.1 기술의 우월성	1, 2, **3**, 4, 5	7	3.1 시장 진입성	1, 2, **3**, 4, 5	4
1.2 기술의 활용성	1, **2**, 3, 4, 5	4	3.2 시장 성장성	1, 2, 3, **4**, 5	3
1.4 기술의 대체가능성	1, 2, 3, **4**, 5	5	3.3 정적 경쟁성 (정적 경쟁강도)	1, 2, **3**, 4, 5	4
1.5 기술수명주기 (기술의 진부화)	1, 2, 3, **4**, 5	3	3.4 동적 경쟁성 (동적 경쟁강도)	1, 2, **3**, 4, 5	4
2.4 권리의 안정성 (모방 가능성)	1, 2, 3, **4**, 5	3	3.6 예상 시장점유율	1, 2, **3**, 4, 5	4
가중합	133		획득값	(133÷205)×100=**65점**	

* 각 평가지표의 정의와 평가기준은 제10부 참고.

(2) 조정 후 기술의 경제적 수명 산출(가중치법)

기술분류인 G06F의 특허인용 수명지수를 〈표 2-118〉에 나타내었다.

〈표 2-118〉 G06F의 특허인용 수명지수

(단위: 년)

IPC	IPC명칭	평균	Q1	Q2(중앙값)	Q3
G06F	디지털 데이터 처리	7.53	3	6	10

가중치법에 의한 조정 후 기술의 경제적 수명은 기술의 경제적 수명 조정계수 평가표의 획득값이 기준값(60점)보다 크면 Q2와 Q3 사이에서 결정되며, 획득값이 기준값(60점)보다 작으면 Q1과 Q2 사이에서 결정된다.

상기 〈표 2-117〉에서 획득값은 65점으로서 기준값(60점)보다 크다. 따라서, 가중치법에 의한 조정 후 기술의 경제적 수명은 [식 2-69]와 같이 Q2와 Q3 사이에서 7년(반올림)으로 결정되었다.

1. 획득값(65점) > 기준값(60점)

2. 조정 후 기술의 경제적 수명(가중치법)

$$= Q2 + (Q3 - Q2) \times \frac{\text{획득값} - \text{기준값}}{\text{최댓값} - \text{기준값}} = 6 + (10 - 6) \times \frac{65 - 60}{100 - 60} \simeq 7\text{년} \quad \cdots\cdots\cdots \quad [\text{식 } 2\text{-}69]$$

여기서, 최댓값: 100점(%), 최솟값: 20점(%), 기준값: 60점(%)

(3) 기술의 경제적 수명 결정

특허권인 지식재산권의 잔존기간은 [식 2-70]과 같이 특허권의 법적 존속기간(20년)에서 출원일부터 기술평가기준일까지 경과기간(1.6년)을 차감하여 구하며, 18.4년을 산출되었다.

특허권의 잔존기간 = 특허권의 법적 존속기간(20년) −
출원일부터 기술평가기준일까지 경과기간(1.6년) = 18.4년 ························ [식 2-70]

기술의 경제적 수명은 지식재산권의 잔존기간을 초과할 수 없다. 따라서, 조정 후 기술의 경제적 수명이 지식재산권(특허권)의 잔존기간보다 작으면 조정 후 기술의 경제적 수명을 인용하나, 조정 후 기술의 경제적 수명이 지식재산권의 잔존기간보다 크면 지식재산권의 잔존기간을 기술의 경제적 수명으로 인용한다.

- 조정 후 기술의 경제적 수명 < 지식재산권의 잔존기간 → 조정 후 기술의 경제적 수명 인용
- 조정 후 기술의 경제적 수명 > 지식재산권의 잔존기간 → 지식재산권의 잔존기간 인용

조정 후 기술의 경제적 수명은 [식 2-69]에서 7년이고, 지식재산권(특허권)의 잔존기간은 [식 2-70]에서 18.4년이다. 따라서 조정 후 기술의 경제적 수명이 지식재산권(특허권)의 잔존기간보다 작으므로 기술의 경제적 수명은 조정 후 기술의 경제적 수명인 7년으로 결정한다.

2) 여유현금흐름 추정기간 결정

평가대상기술은 사업화 단계에 있으며, 사업화 소요기간이 필요하지 않기 때문에 [식 2-71]과 같이 여유현금흐름 추정기간은 7년으로 결정한다.

여유현금흐름 추정기간
= 조정 후 기술의 경제적 수명(7년) – 사업화 소요기간(0년) = 7년 ··············· [식 2-71]

3. 로열티 여유현금흐름 추정

로열티 여유현금흐름(RCF)의 추정에 필요한 여유현금흐름 변수는 매출액, 로열티율, 로열티율 조정계수, 법인세(소득세)가 있으며, 이들의 추정 과정을 설명한다.

1) 매출액 추정

매출액 추정은 사업화 주체의 판매계획과 매출실적, 사업화 주체와 유사기업의 재무정보 또는 업종별 재무정보(매출액증가율 등), 시장규모와 시장점유율 그리고 시장성장률 등에 관한 자료를 바탕으로 이루어진다. 본 평가에서는 전자책 시장규모와 기술을 도입하는 기업(기술 도입자)의 매출액에 추세분석법과 단순회귀분석법을 적용하여 성숙기의 매출액을 추정한다.

기술평가자는 기술의 경제적 수명 동안 제품에 적용된 평가대상기술이 거치는 기술수명주기(이하 수명주기)를 결정해야 한다. 평가대상기술은 기술평가기준일 현재 성숙기로 평가되며, 본 평가에서는 1차년도부터 5차년도까지를 성숙기, 6차년도부터 7차년도까지를 쇠퇴기로 가정하여 매출액을 추정한다.

기술비중은 매출액 추정단계에서, 제품에 적용된 여러 기술 중에서 평가대상 기술에 의한 매출액을 분리해내기 위한 것으로, 기술평가자들이 수행한 영향력 평가와 공헌도 평가결과를 이용하여 산출한다. 기술성(2인)과 권리성 그리고 시장성과 사업성(3인)을 분석한 기술평가자 5인의 공헌도 평가점수(각기 67점, 73점, 78점, 65점, 71점)의 평균인 70.8점을 다음의 기술비중을 산출하는 [식 2-72]에 대입한 결과 기술비중은 68%로 결정되었다.

$$\text{기술비중(기술공헌도)} = 60 + 30 \times \frac{\text{공헌도 평가평균}(X) - \text{기준값}}{\text{최댓값} - \text{기준값}} \quad \cdots\cdots\cdots\cdots\cdots \quad \text{[식 2-72]}$$

여기서, 최댓값: 100, 기준값: 60

국내에는 밀리의 서재, 리디북스, 예스24 북클럽, 교보문고 샘 등의 플랫폼이 시장을 주도하고 있으며, 사업화 주체는 전자책 플랫폼 기업(전자책 유통사)으로서 기술을 도입하여 사업화에 활용할 계획이다.

로열티수익률법을 적용하기 위해서는 [식 2-68]에 나타낸 것과 같이 로열티 수익의 원천인 평가대상기술에 의한 매출액(기술매출액)을 추정해야 한다. 평가대상기술인 전자책 보호 시스템 및 복제방지 기술에 의한 매출액, 즉, 기술매출액은 기술을 도입하는 전자책 플랫폼 기업의 전체 매출 구조에 의해 결정되며, 매출 구조는 수익의 배분 구조에서 추론할 수 있다.

일반적으로 종이책의 수익은 출판사 운영비와 마진으로 약 60%(노무비 등 경상경비와 마진 30%, 종이와 인쇄비용 약 10%, 작가의 인세 약 20% 포함), 서점 등 도·소매상 유통비용과 마진으로 약 40%를 배분한다.

전자책의 경우, 플랫폼 기업이 작가와 계약을 통해 콘텐츠를 온라인에서 제공하기 때문에 일부 단말기 비용 외에 종이와 인쇄비용이 없으며, 작가의 수익(인세)이 50%를 차지한다. 플랫폼 기업은 나머지 50%의 수익에서 노무비 등 경상경비로 30%, **제작비**(파일의 변환, 저작권 보호, 복제방지, 도서등록 등 포함)로 10%, 그리고 마케팅 등 운영비로 10%를 충당한다.

전자책 플랫폼 기업의 수익 배분 구조에서 파일의 변환이나 저작권 보호 그리고 복제방지 등 제작비 수익은 전체 수익의 10%를 차지하며, 동 비율만큼 매출액에서 제작비가 차지하는 것으로 추론할 수 있다.

따라서, 평가대상기술에 의한 매출액(기술매출액)은 전자책 플랫폼 기업의 매출액에 **제작비 비율**과 후술하는 **콘텐츠 비율**(매출액에서 단말기 매출액을 제외한 순수 콘텐츠 매출이 차지하는 비율) 및 **기술비중**을 적용하여 결정한다.

(1) 성숙기의 매출액 추정

본 평가에서는 국내 전자책 시장규모와 평가대상기술을 도입하는 기업의 매출액에 **단순회귀분석법**(Simple regression method)을 적용하여 성숙기인 1차년도부터 5차년도까지 매출액을 추정한다. 이를 위해서, 우선 성숙기인 1차년도 이후 국내 전자책 시장규모를 추정해야 한다.

국내 전자책 시장규모(2014~2019)는 〈표 2-119〉와 같이 한국출판문화산업진흥원(www.kpipa.or.kr)이 조사하여 발표하였다. 기술평가기준일 이후 1차년도부터 5차년도까지 성숙기의 국내 전자책 시장규모는 한국출판문화산업진흥원이 발표한 2014년부터 2019년까지 전자책 시장규모에 **추세분석법**(Trend analysis method)을 적용하여 추정한다.

〈표 2-119〉 국내 전자책 시장규모

(단위: 억 원)

연도	2014	2015	2016	2017	2018	2019*
t_m(기간)	1	2	3	4	5	6
y_m(시장규모)	1,003	1,258	1,724	2,193	2,702	2,800

* 2019년 시장규모는 전망치임. 출처: 한국출판문화산업진흥원.

추세분석법은 엑셀 등의 분석도구를 이용하여 실행하며, 추세분석법으로 구한 〈그림 2-4〉의 수식에서 성숙기의 국내 전자책 시장규모를 추정한다(실무상 다항함수와 R^2값이 유사한 선형함수를 선택하였으며, 자세한 것은 '제5부 매출액 추정방법과 추정 사례'에서 '추세분석법' 참고).

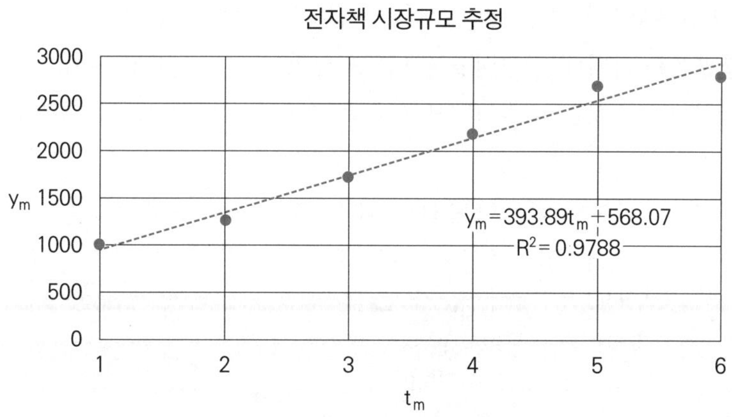

〈그림 2-4〉 전자책 시장규모 추정을 위한 추세분석법

결정계수(R^2)는 0.9788로서 수식의 신뢰성이 높으며, 동 수식을 이용하여 추정한 성숙기의 국내 전자책 시장규모를 〈표 2-120〉에 나타내었다.

〈표 2-120〉 국내 전자책 추정 시장규모

(단위: 억 원)

차년도	1차년도	2차년도	3차년도	4차년도	5차년도
t_m(기간)	7	8	9	10	11
y_m(추정 시장규모)	3,325	3,719	4,113	4,507	4,901

단순회귀분석법을 적용하기 위한 변수인 국내 전자책 시장규모(〈표 2-119〉 참고)와 기술을 도입하는 기업의 매출액을 〈표 2-121〉에 나타내었다. 기업의 매출액은 콘텐츠 매출액과 단말기 매출액으로 구성되며, 콘텐츠 매출액 95%(콘텐츠 비율)와 단말기 매출액 5%로 구성되어 있다.

〈표 2-121〉 단순회귀분석법을 위한 시장규모와 매출액

(단위: 억 원)

연도	2014	2015	2016	2017	2018	2019
x_m(시장규모)	1,003	1,258	1,724	2,193	2,702	2,800
y_m(매출액)*	186.42	316.86	505.24	665.44	792.38	1,146.22

* 콘텐츠 매출액과 단말기 매출액으로 구성되며, 콘텐츠 매출액은 매출액의 95%(콘텐츠 비율)임.

단순회귀분석법은 엑셀 등의 분석도구를 이용하여 실행하며, 시장규모와 매출액의 상관관계를 나타내는 수식을 〈그림 2-5〉와 같이 구한다(R^2값이 가장 큰 거듭제곱식을 선택함, 자세한 것은 '제5부 매출액 추정방법과 추정사례'에서 '단순회귀분석법' 참고).

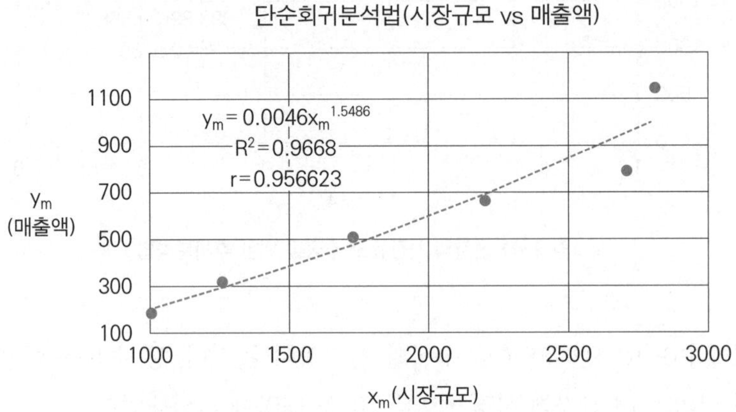

〈그림 2-5〉 매출액 추정을 위한 단순회귀분석법

이렇게 구한 수식의 결정계수(R^2)는 0.9668로서, 수식의 신뢰성은 높다. 국내 전자책 시장규모와 매출액에 대해 CORREL함수를 이용하여 구한 피어슨 상관계수(r)는 0.956623으로서, 〈그림 2-5〉에 나타낸 국내 전자책 시장규모와 매출액은 상관관계가 높다는 것을 알 수 있다.

평가대상기술을 도입하는 기업의 성숙기 추정매출액(y_m)은 〈그림 2-5〉의 수식을 이용하여 결정한다. 즉, 〈표 2-120〉의 1차년도부터 5차년도까지 국내 전자책 추정 시장규모를 x_m으로 하고, 이를 〈그림 2-5〉의 수식에 대입하여 〈표 2-122〉와 같이 성숙기의 추정매출액(y_m)을 결정한다.

〈표 2-122〉 기술을 도입하는 기업의 추정매출액

(단위: 억 원)

차년도	1차년도	2차년도	3차년도	4차년도	5차년도
x_m(추정 시장규모)	3,325	3,719	4,113	4,507	4,901
y_m(추정매출액)	1,308.00	1,555.68	1,818.21	2.094.92	2,385.24

평가대상기술을 도입하는 기업의 1차년도부터 5차년도까지 성숙기의 기술매출

액은 〈표 2-122〉의 **추정매출액**에 **제작비 비율**(추정매출액의 10%) 그리고 **콘텐츠 비율**(95%)과 **기술비중**(68%)을 적용하여 결정하며, 그 결과를 〈표 2-123〉에 나타내었다.

(2) 쇠퇴기의 매출액 추정

쇠퇴기의 매출액은 직전 기술수명주기의 최고 추정매출액을 기준으로, 기술평가기준일에 조사된 시장주도기업이 직전 기술수명주기의 최고 매출액을 잠식한다는 논리로 추정한다. 기술평가기준일 현재 CR≥60%를 충족하는 기업 중에서 최소 10% 이상의 시장점유율을 확보한 시장주도기업은 4개인 것으로 조사되었다(〈표 2-37〉 참고).

쇠퇴기 최종 차년도인 7차년도의 추정매출액은 직전 기술수명주기의 최고 추정매출액인 5차년도의 2,385.24억 원에서 시장주도기업이 3/4을 잠식하는 것으로 가정하여 결정한다. 즉, 7차년도 추정매출액은 직전 기술수명주기의 최고 추정매출액을 시장주도기업의 수(4개)로 나누면 596.31억 원이 된다.

쇠퇴기 중 6차년도 추정매출액은 5차년도의 2,385.24억 원과 7차년도의 596.31억 원의 차이를 쇠퇴기 기간인 2년으로 나눈 값(894.47억 원)을 구하고, 이 값만큼 5차년도 매출액에서 감소하도록 하여 결정한다.

이렇게 결정한 쇠퇴기 **추정매출액**에 **제작비 비율**(추정매출액의 10%) 그리고 **콘텐츠 비율**(95%)과 **기술비중**(68%)을 적용하여 추정한 쇠퇴기의 **기술매출액**을 〈표 2-123〉에 나타내었다.

〈표 2-123〉 매출액 추정결과

(단위: 억 원, %)

구분	1차년도	2차년도	3차년도	4차년도	5차년도	6차년도	7차년도
	~'21.09.16	~'22.09.16	~'23.09.16	~'24.09.16	~'25.09.16	~'26.09.16	~'27.09.16
수명주기	성숙기					쇠퇴기	
매출액증가율	단순회귀분석법(전자책 시장규모는 추세분석법)					−37.5	−60.0
추정매출액	1,308.00	1,555.68	1,818.21	2.094.92	2,385.24	1,490.77	596.31
제작비매출액(10%)	130.80	155.57	181.82	209.49	238.52	149.08	59.63
콘텐츠 비율	95						
기술비중	68						
기술매출액	84.50	100.50	117.46	135.33	154.08	96.31	38.52

2) 로열티율과 로열티율 조정계수 결정

한국은행 기업경영분석의 동 업종(J58222) 최근 3개년(2017~2019년) 평균 영업이익률 또는 기술 도입자(이용자)나 유사기업의 평균 영업이익률을 로열티율로 적용하여 기술가치평가를 수행할 수 있다.

한국은행 기업경영분석의 동 업종(J58222) 최근 3개년(2017~2019년) 평균 영업이익률은 6.75%이며, 기술 도입자(이용자)가 기록하고 있는 최근 3개년 평균 영업이익률은 3.0%이다.

기술 도입자(이용자)가 평가대상기술의 도입 이후에 기대하는 영업이익률이 동 업종 평균 영업이익률과 유사하거나 낮은 경우, 기술 도입자에 배분되는 수익이 현저히 작아질 수 있다. 이 경우에는 기술 도입자(이용자)의 평균 영업이익률이나 한국은행 기업경영분석의 동 업종 평균 영업이익률의 25%에서 50% 사이에서 로열티율을 결정하는 것이 합리적이다.

전용실시권을 허여받을 기술 도입자(이용자)의 평균 영업이익률은 3.0%로서, 동 업종 평균 영업이익률인 6.75%보다 낮은 수준이다. 본 평가에서는 이런 점을 고려하여 이해당사자의 동의 아래 기술 도입자(이용자)의 평균 영업이익률의 25%인 0.75%를 로열티율로 결정하였다.

업종별 로열티율 또는 기술 도입자나 유사기업의 평균 영업이익률 그리고 한국은행 기업경영분석의 동 업종 평균 영업이익률을 로열티율로 할 경우, 동 로열티율에 기술평가기준일 시점에서의 평가대상기술을 둘러싼 기술이나 시장 그리고 사업의 특성을 반영하기 위한 조정계수를 적용한다.

로열티율 조정계수는 〈표 2-124〉와 같은 로열티율 조정계수 평가표에서 산출한 평점합(11점)을 [식 2-67]에 적용하여 결정하며, 로열티율 조정계수는 1.3(반올림)으로 계산되었다.

〈표 2-124〉 로열티율 조정계수 평가표

기술성과 권리성 평가지표*	평점	시장성과 사업성 평가지표*	평점
1.1 기술의 우월성	−2, −1, **0**, 1, 2	3.1 시장 진입성	−2, −1, **0**, 1, 2
1.2 기술의 활용성	−2, **−1**, 0, 1, 2	3.2 시장 성장성	−2, −1, 0, **1**, 2
1.3 기술의 파급성	−2, **−1**, 0, 1, 2	3.4 동적 시장경쟁성	−2, −1, **0**, 1, 2
1.4 기술의 대체 가능성	−2, −1, 0, **1**, 2	3.5 수요성	−2, −1, 0, **1**, 2
1.5 기술수명주기	−2, −1, 0, **1**, 2	3.6 예상 시장점유율	−2, −1, **0**, 1, 2
1.6 기술개발단계	−2, −1, 0, 1, **2**	4.1 가격 및 품질 경쟁성	−2, −1, 0, **1**, 2
2.1 권리의 충실성	−2, −1, **0**, 1, 2	4.2 성장성(매출액증가율)	−2, −1, 0, **1**, 2
2.2 권리범위의 광협	−2, −1, **0**, 1, 2	4.3 수익성(영업이익률)	−2, **−1**, 0, 1, 2
2.3 법적 보호강도	−2, −1, 0, **1**, 2	4.6 생산 용이성	−2, −1, 0, 1, **2**
2.4 권리의 안정성	−2, −1, 0, **1**, 2	4.7 자금조달 능력	−2, −1, 0, 1, **2**
평점합		**11점**	

* 각 평가지표의 정의와 평가기준은 제10부 참고.

3) 세전 로열티 여유현금흐름 추정

세전 로열티 여유현금흐름은 〈표 2-123〉 매출액 추정결과의 기술매출액에 전술한 로열티율과 로열티율 조정계수를 적용하며 결정하며, 〈표 2-125〉와 같이 추정되었다.

〈표 2-125〉 세전 로열티 여유현금흐름

(단위: 억 원, %)

구분	1차년도	2차년도	3차년도	4차년도	5차년도	6차년도	7차년도
	~'21.09.16	~'22.09.16	~'23.09.16	~'24.09.16	~'25.09.16	~'26.09.16	~'27.09.16
수명주기	성숙기					쇠퇴기	
기술매출액	84.50	100.50	117.46	135.33	154.08	96.31	38.52
로열티율	0.75						
로열티율 조정계수	1.3						
세전 로열티 여유현금흐름	0.82	0.98	1.15	1.32	1.50	0.94	0.38

4) 법인세 추정

법인사업자에 대한 법인세는 〈표 2-125〉의 세전 로열티 여유현금흐름에 〈표 2-12〉의 과세표준과 세율을 적용하여 추정한다. 이렇게 추정한 법인세를 〈표 2-126〉에 나타내었으며, 법인세의 합을 세전 로열티 여유현금흐름의 합으로 나눈 실효(평균) 법인세율은 11.14%로 계산되었다.

〈표 2-126〉 추정 법인세

(단위: 억 원, %)

구분	1차년도	2차년도	3차년도	4차년도	5차년도	6차년도	7차년도
	~'21.09.16	~'22.09.16	~'23.09.16	~'24.09.16	~'25.09.16	~'26.09.16	~'27.09.16
수명주기	성숙기					쇠퇴기	
기술매출액	84.50	100.50	117.46	135.33	154.08	96.31	38.52
로열티율	0.75						
로열티율 조정계수	1.3						
세전 로열티 여유현금흐름	0.82	0.98	1.15	1.32	1.50	0.94	0.38
법인세	0.09	0.11	0.13	0.15	0.17	0.10	0.04

5) 로열티 여유현금흐름 추정

로열티 여유현금흐름(RCF)은 〈표 2-126〉의 세전 로열티 여유현금흐름에서 추정 법인세를 차감하여 〈표 2-127〉과 같이 추정되었다.

〈표 2-127〉 로열티 여유현금흐름 추정

(단위: 억 원, %)

구분	1차년도	2차년도	3차년도	4차년도	5차년도	6차년도	7차년도
	~'21.09.16	~'22.09.16	~'23.09.16	~'24.09.16	~'25.09.16	~'26.09.16	~'27.09.16
수명주기	성숙기					쇠퇴기	
매출액증가율	단순회귀분석법(전자책 시장규모는 추세분석법)					−37.5	−60.0
추정매출액	1,308.00	1,555.68	1,818.21	2.094.92	2,385.24	1,490.77	596.31
제작비매출액(10%)	130.80	155.57	181.82	209.49	238.52	149.08	59.63
콘텐츠 비율	95						
기술비중	68						
기술매출액	84.50	100.50	117.46	135.33	154.08	96.31	38.52
로열티율	0.75						
로열티율 조정계수	1.3						
세전 로열티 여유현금흐름	0.82	0.98	1.15	1.32	1.50	0.94	0.38
법인세(−)	0.09	0.11	0.13	0.15	0.17	0.10	0.04
로열티 여유현금흐름(RCF)	0.73	0.87	1.02	1.17	1.33	0.84	0.34

4. 할인율 추정

1) 할인율 결정

할인율(r)은 업종별 할인율 산출 참고표(『기술평가실무가이드』의 부록인 '산업별 할인율' 참고)에서 할인율 항목에 관한 정보를 획득하여 산출한다. 본 기술가치평가는 비상장 중기업을 대상으로 하며, J58222 업종을 포함하는 J58xxx 업종의 할인율 산출에 필요한 정보를 〈표 2-128〉에 나타내었다.

〈표 2-128〉 J58xxx 업종의 할인율 산출 참고표

(단위: %)

구분	타인자본비용						자기자본비용 (사업화 위험프리미엄이 반영 前)					
업종	타인 자본 구성비	상장 평균	비상장 중소기업 유형				자기 자본 구성비	CA PM	비상장 중소기업 유형			
			대	중	소	창업			대	중	소	창업
58xxx	14.37	5.90	6.82	7.89	9.13	10.56	85.63	7.08	7.52	8.55	9.96	11.15

자기자본비용의 사업화 위험프리미엄은 기술평가자들이 평가한 〈표 2-129〉의 사업화 위험프리미엄 평가표의 평점합인 36점을 전술한 [식 2-24]에 대입하여 구하며, 이렇게 구한 사업화 위험프리미엄은 3.24%이다(별첨2 참고).

〈표 2-129〉 사업화 위험프리미엄 평가표

기술과 권리 위험요소*	평점	시장과 사업 위험요소*	평점
1.1 기술의 우월성	5/4/**3**/2/1	3.1 시장 진입성	5/4/**3**/2/1
1.4 기술의 대체 가능성	5/**4**/3/2/1	3.2 시장 성장성	5/**4**/3/2/1
1.5 기술수명주기(기술의 진부화)	5/**4**/3/2/1	3.4 동적 경쟁성(동적 경쟁강도)	5/4/**3**/2/1
2.3 법적 보호강도(침해 가능성)	5/**4**/3/2/1	4.3 수익성(영업이익증가율)	5/4/3/**2**/1
2.4 권리의 안정성(모방 가능성)	5/**4**/3/2/1	4.6 생산 용이성	**5**/4/3/2/1
평점합		**36점**	

* 각 평가지표(위험요소)의 정의와 평가기준은 제10부 참고.

전술한 〈표 2-128〉의 할인율 산출 참고표의 할인율을 구성하는 항목에 관한 자료와 사업화 위험프리미엄(3.24%) 그리고 법인세 추정에서 구한 실효(평균) 법인세율(11.14%)을 이용하여 할인율을 계산할 수 있다. 이들 값을 다음의 할인율을 구하는 [식 2-73]에 적용하여 계산한 할인율(r)은 11.11%로 결정되었다.

타인자본비용(Kd) = 7.89%, 타인자본구성비 = 14.37%

자기자본비용(Ke) = 8.55 + 3.24 = 11.79%, 자기자본구성비 = 85.63%

기술가치평가의 할인율 = 가중평균자본비용($WACC$)

= {타인자본비용(1 − 법인세율 또는 소득세율) × 타인자본구성비} + {자기자본비용 × 자기자본구성비}

$$= \left\{ Kd(1-\tau) \times \frac{D}{D+E} + Ke \times \frac{E}{D+E} \right\} \quad \text{[식 2-73]}$$

$= \{7.89(1-0.1114) \times 0.1437 + 11.79 \times 0.8563\}$

$= 1.01 + 10.10 = 11.11\%$

2) 현가계수의 결정

현가계수는 [식 2-68]에서 분모인 $(1+r)^t$ 분의 1을 말하며, [식 2-73]에서 구한 할인율(r)을 적용한 각 차년도 현가계수는 〈표 2-130〉과 같다.

〈표 2-130〉 현가계수

구분	1차년도	2차년도	3차년도	4차년도	5차년도	6차년도	7차년도
	~'21.09.16	~'22.09.16	~'23.09.16	~'24.09.16	~'25.09.16	~'26.09.16	~'27.09.16
수명주기	성숙기					쇠퇴기	
현가계수	0.9000	0.8100	0.7290	0.6561	0.5905	0.5315	0.4783

5. 로열티 여유현금흐름의 현재가치

1) 로열티 여유현금흐름의 현재가치 결정

각 차년도 여유현금흐름의 현재가치는 〈표 2-127〉의 각 차년도 로열티 여유현금흐름(RCF)에 〈표 2-130〉의 각 차년도 현가계수를 곱하여 결정하며, 이렇게 결정한 로열티 여유현금흐름의 현재가치는 〈표 2-131〉과 같다.

〈표 2-131〉 로열티 여유현금흐름의 현재가치

(단위: 억 원)

구분	1차년도	2차년도	3차년도	4차년도	5차년도	6차년도	7차년도
	~'21.09.16	~'22.09.16	~'23.09.16	~'24.09.16	~'25.09.16	~'26.09.16	~'27.09.16
수명주기	성숙기					쇠퇴기	
로열티 여유현금흐름	0.73	0.87	1.02	1.17	1.33	0.84	0.34
현가계수	0.9000	0.8100	0.7290	0.6561	0.5905	0.5315	0.4783
RCF의 현재가치	0.66	0.71	0.74	0.77	0.79	0.45	0.16

2) 로열티 여유현금흐름의 현재가치 합계

기술가치평가 전 과정을 〈표 2-132〉에 나타내었으며, 각 차년도의 로열티 여유현금흐름의 현재가치를 합한 결과 4.28억 원이 산출되었다.

〈표 2-132〉 로열티 여유현금흐름의 현재가치 합계

(단위: 억 원, %)

구분	1차년도	2차년도	3차년도	4차년도	5차년도	6차년도	7차년도
	~'21.09.16	~'22.09.16	~'23.09.16	~'24.09.16	~'25.09.16	~'26.09.16	~'27.09.16
수명주기	성숙기					쇠퇴기	
매출액증가율	단순회귀분석법(전자책 시장규모는 추세분석법)					−37.5	−60.0
추정매출액	1,308.00	1,555.68	1,818.21	2,094.92	2,385.24	1,490.77	596.31
제작비매출액(10%)	130.80	155.57	181.82	209.49	238.52	149.08	59.63
콘텐츠 비율	95						
기술비중	68						
기술매출액	84.50	100.50	117.46	135.33	154.08	96.31	38.52
로열티율	0.75						
로열티율 조정계수	1.3						
세전 로열티 여유현금흐름	0.82	0.98	1.15	1.32	1.50	0.94	0.38
법인세(−)	0.09	0.11	0.13	0.15	0.17	0.10	0.04
로열티 여유현금흐름	0.73	0.87	1.02	1.17	1.33	0.84	0.34
현가계수	0.9000	0.8100	0.7290	0.6561	0.5905	0.5315	0.4783
RCF의 현재가치(경상로열티)	0.66	0.71	0.74	0.77	0.79	0.45	0.16
RCF의 현재가치 합	4.28(기술가치평가금액, 즉, 정액로열티)						

6. 기술가치평가금액의 결정

각 차년도 로열티 여유현금흐름(RCF)의 현재가치는 각 차년도 **경상로열티**를 의미하며, 이들의 합을 기술가치평가금액, 즉, **정액로열티**로 한다.

$$V_{PR} = \sum_{t=1}^{n} \frac{RCF_t}{(1+r)^t} = 4.28\text{억 원} = 428\text{백만 원}$$

만약 착수금이 있는 경우, 기술가치평가금액(V_{PR})인 4.28억 원(428백만 원)에 착수금을 가산하여 기술 도입자가 지급(즉, 기술 제공자가 수취)할 정액로열티를 결정한다.

제3부

비용접근법 (비용산출법)

제1장
비용접근법(비용산출법)과 평가사례

제1절 비용접근법(비용산출법)

1. 비용접근법(비용산출법)의 정의

비용접근법(비용산출법)은 [식 3-1]과 같이 표현되며, 사업화 주체가 연구개발이나 사업화 단계에서 평가대상기술을 위해 각 차년도에 지출한 지출비용을 산출하고, 동 지출비용에 현가계수를 곱하여 구한 기술평가기준일로 환산된 각 차년도 지출비용을 합하여 기술가치평가금액(V_E)으로 한다.

$$V_E = \sum_{t=1}^{n}\left\{지출비용_t \times (1+ir)^t\right\} \quad \text{[식 3-1]}$$

여기서,

V_E = 기술가치평가금액, ir = 기대이자율, n = 비용발생기간

ir(기대이자율)은 법인세율과 사업화 가산이자율을 포함하여 결정함.

$(1+ir)^t$ = 현가계수

비용접근법에서 산출하는 지출비용은 연구개발이나 사업화에 참여한 인력에 대한 인건비, 소재와 부품 그리고 장비와 설비 등에 지출한 비용(이하 소부장설 구입

비), 간접인력에 대한 인건비와 전기·수도·가스·광열비·통신비 그리고 물류비·보험료·이자 등을 포함한 **간접경비**, 지식재산권 관리비·위탁연구개발비·시험검사비 그리고 외주가공비와 금형비 등을 포함한 **기타 비용**을 말한다. 연구개발이나 사업화 단계에서 이들 비용과 함께 발생한 부가가치세 등을 고려해야 하나 본 교재에서는 편의상 고려하지 않는다.

평가대상기술에 대한 연구개발이나 사업화를 위해 사업화 주체(기술 개발자나 제공자)가 **비용을 지출하기 시작한 시점**[지출시점(始点)]과 지출비용의 **평가대상기술과 연관성**(평가대상기술을 위한 진성의 지출인지 여부)은 사업화 주체가 제시한 지출내역 등의 자료를 바탕으로 기술평가자가 판단한다.

비용접근법에서는 평가대상기술의 연구개발이나 사업화를 위해 사업화 주체가 각 차년도에 지출한 인건비, 소부장설 구입비, 간접경비, 기타 비용의 합에 **기대이자율(ir)로 표현되는 현가계수**를 곱하여 기술평가기준일 시점으로 환산하고, 이렇게 환산된 비용의 합을 기술가치평가금액으로 한다.

'기대이자율(ir)'은 현재를 기준으로 미래 수익을 추정하거나 과거에 지출한 비용을 현재가치로 환산할 때 이용하며, **'할인율'**은 미래 수익을 현재가치로 환산할 때 이용한다. '기대이자율'과 '할인율'은 기술평가기준일에 획득 가능한 자료를 이용하여 결정한 **'환산율'**로서, 상호 대응하는 개념이다.

기대이자율은 할인율과 호환되며, 할인율을 구하는 전술한 [식 2-17]을 이용하여 결정한다. 할인율의 **'사업화 위험프리미엄'**은 '기대이자율'에서는 고위험 고수익 사업을 추진하는 기술 개발자(제공자)에게 부여하는 **'사업화 가산이자율'**이 된다. 또한, 할인율의 **'중소기업 유형별 위험프리미엄'**(일례로 〈표 2-25〉 참고)은 '기대이자율'에서는 **'중소기업 유형별 가산이자율'**이 된다.

사업화 가산이자율은 사업화 주체(기술 개발자나 제공자)에게 부여하는 **인센티브(Incentive)**로서, **사업화 가산이자율 산출표**의 평가지표의 점수로 결정한다. 사업화 가산이자율 산출표의 평가지표는 사업화 위험프리미엄 평가표(〈표 2-20〉 참고)의 평가지표와 동일하며, **사업화 가산이자율 산출표**의 평점합을 [식 2-24]에 대입하여 결정한다.

그러나, 사업화 가산이자율은 인센티브로서 사업화 위험프리미엄을 역순으로 적용하며, **평점합이 높을수록 증가**하고, **평점합이 낮을수록 감소**한다. 예를 들어, 평점합 20점의 사업화 가산이자율은 평점합 50점의 사업화 위험프리미엄인

0.18%, 평점합 50점의 사업화 가산이자율은 평점합 20점의 사업화 위험프리미엄인 10.01%를 적용한다. 각 평점합에 대응하는 사업화 가산이자율과 사업화 위험프리미엄을 〈표 3-1〉에 나타내었다.

〈표 3-1〉 사업화 가산이자율과 사업화 위험프리미엄

(단위: %)

평점합	가산 이자율	위험 프리미엄	평점합	가산 이자율	위험 프리미엄	평점합	가산 이자율	위험 프리미엄
20	0.18	10.01	30	2.22	5.10	40	5.10	2.22
21	0.36	9.33	31	2.46	4.75	41	5.46	1.99
22	0.54	8.72	32	2.71	4.42	42	5.84	1.76
23	0.73	8.15	33	2.97	4.10	43	6.25	1.55
24	0.93	7.62	34	3.24	3.80	44	6.68	1,33
25	1.13	7.14	35	3.51	3.51	45	7.14	1.13
26	1,33	6.68	36	3.80	3.24	46	7.62	0.93
27	1.55	6.25	37	4.10	2.97	47	8.15	0.73
28	1.76	5.84	38	4.42	2.71	48	8.72	0.54
29	1.99	5.46	39	4.75	2.46	49	9.33	0.36
						50	10.01	0.18

중소기업 유형별 가산이자율은 할인율에서 중소기업 유형별 위험프리미엄과 마찬가지로 중소기업의 규모가 작아질수록 증가한다. 이는 사업화 주체(기술 개발자나 제공자)의 규모가 작아질수록 연구개발이나 사업화를 위해 조달한 타인자본이나 자기자본에 대해 지급하는 이자율이 높으며, 이렇게 높은 이자율을 기대이자율(ir)로서 보상해야 하기 때문이다.

비용산출법은 비용을 현재가치로 환산할 때 핵심변수를 조정하거나 조정계수를 적용하여 응용할 수 있으며(비용접근법의 응용 참고), 이러한 응용에 대해서는 기술가치평가를 둘러싼 이해당사자의 합의가 선행되어야 한다.

일부 교재나 기술평가기관에서 사업화 주체가 각 차년도에 지출한 인건비, 소부장설 구입비, 간접경비, 기타 비용 등에 물가상승률이나 임금상승률을 곱하여 기술평가기준일 시점으로 환산된 비용을 산출하고, 이렇게 환산된 비용의 합을 기술가치평가금액으로 하고 있다. 이러한 방법은 사업화 주체나 기술가치평가를 둘러싼 이해당사자들이 물가상승률이나 임금상승률을 기술가치평가의 기준으로 삼는 것에 동의하는 경우에 적용할 수 있다.

비용산출법에서 산출하는 인건비, 소부장설 구입비, 간접경비, 기타 비용 등은 평가대상기술의 연구개발이나 사업화를 위해 지출한 비용만을 의미한다. 따라서, 사업화 주체가 다수의 프로젝트나 사업에 걸쳐 구분이 없이 지출한 총비용만을 제시한 경우, 총비용에서 평가대상기술의 연구개발이나 사업화가 차지하는 비율을 반영해 비용을 재산출해야 한다.

인건비는 평가대상기술의 연구개발이나 사업화에 참여한 평균 인원수와 평균 급여 그리고 참여기간과 참여율을 고려해 결정한다. 소부장설 구입비는 소부장설이 평가대상기술의 연구개발이나 사업화에 사용된 비율(적용률)을 반영해 산출하며, 간접경비는 통상적으로 간접 경비율을 적용하여 결정한다.

후술한 시장접근법(거래사례참고법)과 그 응용인 거래금액참고법은 과거의 거래사례나 거래금액을 참고하여 평가한다. 이러한 방법은 과거에 지출한 비용을 현가로 환산하는 비용접근법(비용산출법)과는 다르지만, 두 방법 모두 과거의 사례(금액)나 자료를 활용한다는 점에서 유사하다.

제2절 비용접근법(비용산출법)의 평가사례

1. 기술가치평가의 개요

1) 평가대상기술(특허권)

평가대상기술은 〈표 3-2〉에 나타낸 가상의 특허권이다. 이하 기술이전이나 거래에 참고(기술이전이나 거래의 기준값 설정)할 목적으로 수행한 비용접근법 기반의 기술가치평가를 사례로 들어 설명한다.

〈표 3-2〉 평가대상기술(가상의 특허권)

등록번호 출원번호	등록일 출원일	기술의 명칭(발명의 명칭)	등록 권리자 (사업화 주체**)
10-19xxxxx 10-2017-007xxxx	2018.10.21 2017.08.16	음식물 쓰레기 탈수장치*	㈜xxxxxx [㈜xxxxxx]

* 연구개발단계 기술임.

** 사업화 주체(기술 제공자)는 중소기업(비상장 중기업)으로 분류됨.

2) 기술분류와 업종분류

평가대상기술의 기술분류와 사업의 업종분류는 〈표 3-3〉과 같다.

〈표 3-3〉 기술분류와 업종분류

기술분류	업종분류
B09B 3/0(고체 폐기물의 파괴 또는 유용하거나 무해한 물질로의 전환)	C28511(주방용 전기기기 제조업)

3) 기일정보

평가대상기술의 기술가치평가 관련 기일정보는 〈표 3-4〉와 같다.

〈표 3-4〉 기일정보

기술평가기준일	평가기간	평가서 제출일	평가서 유효기간
2021.08.19	2021.08.19~2021.09.03	2021.09.06	2022.03.06 (평가서 제출일부터 6개월)

2. 비용의 산출

1) 비용지출의 시점(始点)과 종점(終点) 및 연구개발 단계

기술평가자는 현장실사를 통해 사업화 주체(기술 개발자, 기술 제공자)가 제시한 비용의 지출내역 등의 자료를 바탕으로, 〈표 3-5〉와 같이 비용의 지출시점과 평가대상기술의 연구개발단계를 확인하였다.

〈표 3-5〉 비용의 지출시점과 연구개발단계

지출시점	연구개발단계
2017.07.01 이후	실용화 단계(TRL8, 실제 환경에서 상용품 신뢰성 평가 및 수요처 평가)

비용의 산출은 기술평가기준일(2021.08.19)부터 1년씩 과거로 역진하며 차년도 단위로 이루어진다. 즉, 비용을 인식하는 기준인 차년도는 〈표 3-6〉과 같이 기술평가기준일부터 1년씩 역진한다. 통상적으로, 비용은 회계연도 단위로 기록되기 때문에 비용접근법을 적용하기 위해서는 차년도 단위로 비용을 재산출하는 과정을 거쳐야 한다.

〈표 3-6〉 비용산출을 위한 차년도

구분	1차년도(t=1)	2차년도(t=2)	3차년도(t=3)	4차년도(t=4)
	2021.08.19 (기술평가기준일)~ 2020.08.20 (1차년도 종점)	2020.08.19~ 2019.08.20 (2차년도 종점)	2019.08.19~ 2018.08.20 (3차년도 종점)	2018.08.19~ 2017.08.20 (4차년도 종점)~ 2017.07.01(지출시점)

상기 〈표 3-6〉과 같이 기술평가기준일부터 1년씩 과거로 역진하여 결정한 마지막 차년도 종점(2017.08.20)에서 비용의 지출시점(2017.07.01)까지의 기간이 6개월 이내(1~6개월)이면, 동 기간에 지출한 비용은 마지막 차년도의 현가계수(t=n)를 적용하여 기술평가기준일로 환산한다. 만약, 마지막 차년도 종점에서 비용의 지출시점까지의 기간이 7개월 이상(7~12개월)이면, 동 기간에 지출한 비용은 다음 차년도의 현가계수(t=n+1)를 적용하여 기술평가기준일로 환산한다.

본 평가에서는 4차년도 종점(2017.08.20)에서 비용의 지출시점(2017.07.01)까지의 기간이 1개월 20일로서 6개월 이내이므로, 동 기간에 지출한 비용은 4차년도(t=4)의 현가계수를 적용하여 환산한다. 만약, 4차년도 종점에서 비용의 지출시점까지의 기간이 7개월 이상이면, 동 기간에 지출한 비용은 5차년도(t=5)의 현가계수를 적용하여 환산한다.

2) 비용 지출내역

사업화 주체가 연구개발을 위해 각 회계연도에 지출한 비용은 인건비, 소부장설 구입비, 간접경비, 기타 비용으로 구성된다. 사업화 주체가 지출한 인건비를 각 차년도 단위로 재산출하여 〈표 3-7〉에 나타내었다.

〈표 3-7〉 각 차년도 인건비 지출내역

(단위: 백만 원)

구분	1차년도(t=1)	2차년도(t=2)	3차년도(t=3)	4차년도(t=4)
	2021.08.19~ 2020.08.20	2020.08.19~ 2019.08.20	2019.08.19~ 2018.08.20	2018.08.19~ 2017.07.01
평균 인원수(명)	3	4	5	5
평균 급여(연봉)	32.50	30.50	28.00	26.50
참여기간(개월)	6	10	12	13
참여율(%)	50	60	70	80
인건비	24.38	61.00	98.00	114.83
인건비 합계	298.21			

사업화 주체가 각 회계연도에 지출한 소부장설 구입비와 간접경비(소부장설 구입비의 10%), 적용률(평가대상기술의 연구개발에 사용된 비율로서 50%), 기타 비용을 각 차년도 단위로 재산출하여 〈표 3-8〉에 나타내었다.

〈표 3-8〉 각 차년도 소부장설 구입비 등 지출내역

(단위: 백만 원)

구분	1차년도(t=1)	2차년도(t=2)	3차년도(t=3)	4차년도(t=4)
	2021.08.19~ 2020.08.20	2020.08.19~ 2019.08.20	2019.08.19~ 2018.08.20	2018.08.19~ 2017.07.01
소부장설	40	70	85	60
간접경비	4	7	8.5	6
적용률(%)	50	50	50	50
소부장설 합계1*	22.00	38.50	46.75	33.00
기타 비용	15	21	30	31.5
소부장설 합계2**	37.00	59.50	76.75	64.50
구입비 등 합계	237.75			

* 소부장설 합계1은 소부장설과 간접경비의 합에 적용률인 50%를 곱한 값임(기타 비용은 적용률 대상이 아님).
** 소부장설 합계2는 소부장설 합계1에 기타 비용을 합한 값임.

상기 〈표 3-7〉의 각 차년도 인건비와 〈표 3-8〉의 각 차년도 소부장설 구입비 등을 합한 각 차년도 지출비용의 합계를 〈표 3-9〉에 나타내었다.

〈표 3-9〉 각 차년도 지출비용의 합계

(단위: 백만 원)

구분	1차년도(t=1)	2차년도(t=2)	3차년도(t=3)	4차년도(t=4)
	2021.08.19~ 2020.08.20	2020.08.19~ 2019.08.20	2019.08.19~ 2018.08.20	2018.08.19~ 2017.07.01
인건비	24.38	61.00	98.00	114.83
수부장설 합계2	37.00	59.50	76.75	64.50
지출비용 합계	61.38	120.50	174.75	179.33

3. 비용의 환산

기술가치평가금액 산출을 위해 사업화 주체가 각 차년도에 지출한 인건비, 소부장설 구입비, 간접경비, 기타 비용을 기술평가기준일 시점으로 환산할 필요가 있다. 본 평가에서는 기대이자율(ir)로 표현되는 현가계수를 적용하여 각 차년도의 지출비용 합계를 기술평가기준일로 환산한다.

1) 기대이자율(ir)의 결정

사업화 주체가 지출한 비용을 기술평가기준일 시점으로 환산하기 위한 기대이자율(ir)은 수익접근법에서 산출하는 할인율과 호환된다. 즉, 할인율은 미래의 수익을 현재가치로 환산할 때 이용되나, 과거에 지출한 비용을 현재가치로 환산하기 위한 기대이자율로도 이용될 수 있다.

기대이자율은 업종별 할인율 산출 참고표(산업통상자원부 『기술평가실무가이드』의 부록인 '산업별 할인율' 참고)로부터 할인율을 구성하는 항목에 관한 정보를 획득하여 산출한다. 따라서 할인율에서 '업종별 할인율 산출 참고표'는 기대이자율에서는 '업종별 기대이자율 산출 참고표'가 된다.

본 기술가치평가에서는 이해 당사자의 의견을 수렴하여 기술 제공자에게 부여하는 '사업화 가산이자율'(기술 제공자에게 부여하는 Incentive)을 적용하며, 사업화 가산이자율은 '사업화 가산이자율 산출표'의 평점합을 이용하여 결정한다. 또한, 할인율의 '중소기업 유형별 위험프리미엄'은 '기대이자율'에서는 '중소기업 유형별 가산이자율'이 된다.

평가대상기술이 적용된 제품인 "음식물 쓰레기 탈수장치" 관련 사업이 속한 C28xxx 업종의 기대이자율 산출에 필요한 정보를 〈표 3-10〉에 나타내었으며(산업통상자원부 『기술평가실무가이드』의 부록인 '산업별 할인율' 참고), 동 정보와 실효(평균) 법인세율 그리고 '사업화 가산이자율'을 이용하여 기대이자율을 결정할 수 있다.

〈표 3-10〉 C28xxx 업종의 기대이자율 산출 참고표

(단위: %)

구분	타인자본비용						자기자본비용(사업화 가산이자율 반영 前)					
업종	타인자본구성비	상장평균	비상장 중소기업 유형				자기자본구성비	CAPM	비상장 중소기업 유형			
			대	중	소	창업			대	중	소	창업
28xxx	36.57	4.76	5.68	6.75	7.99	9.42	63.43	6.97	7.48	8.65	10.24	11.60

실효(평균) 법인세율은 사업화 주체의 기존 사업의 영업이익률을 고려하여 과세표준 영업이익 2억 원 이하 구간의 11%(주민세 포함)와 2억 원 초과 200억 원 이하 구간의 22%(주민세 포함)를 평균한 16.5%로 결정하였다.

사업화 가산이자율은 할인율의 사업화 위험프리미엄과 반비례 관계에 있으며, 기술평가자들이 평가한 〈표 3-11〉의 사업화 가산이자율 평가표의 평점합을 이용하여 구한다. 사업화 가산이자율 평가표의 평점합인 29점에 대응하는 사업화 가산이자율은 〈표 3-1〉에서 1.99%로 결정되었다.

〈표 3-11〉 사업화 가산이자율 평가표

기술과 권리 가산요소*	평점	시장과 사업 가산요소*	평점
1.1 기술의 우월성	5/**4**/3/2/1	3.1 시장 진입성	5/4/3/**2**/1
1.4 기술의 대체 가능성	5/4/**3**/2/1	3.2 시장 성장성	5/**4**/3/2/1
1.5 기술수명주기(기술의 진부화)	5/4/**3**/2/1	3.4 동적 경쟁성(동적 경쟁강도)	5/4/3/**2**/1
2.3 법적 보호강도(침해 가능성)	5/4/3/**2**/1	4.3 수익성(영업이익률)	5/4/**3**/2/1
2.4 권리의 안정성(모방 가능성)	5/4/**3**/2/1	4.5 개발 용이성	5/4/**3**/2/1
평점합		**29점**	

* 각 평가지표(가산요소)의 정의와 평가기준은 제10부 참고.

전술한 C28xxx 업종의 기대이자율 산출에 필요한 〈표 3-10〉의 정보와 실효(평균) 법인세율 16.5% 그리고 사업화 가산이자율(기술 제공자에게 부여하는 인센티브) 1.99%를 다음의 [식 3-2]에 적용하여 기대이자율(ir)을 산출한 결과 8.81%로 결정되었다.

타인자본비용(Kd) = 6.75% 타인자본구성비 = 36.57%

자기자본비용(Ke) = 8.65%+1.99% = 10.64% 자기자본구성비 = 63.43%

비용산출법의 기대이자율(ir)

= {타인자본비용(1−법인세율 또는 소득세율)×타인자본구성비}+

{자기자본비용×자기자본구성비}

$$= \left\{ Kd(1-\tau) \times \frac{D}{D+E} + Ke \times \frac{E}{D+E} \right\} \quad \text{[식 3-2]}$$

= {6.75(1−0.1650)×0.3657+10.64×0.6343}

= 2.06+6.75 = 8.81%

2) 현가계수의 결정

현가계수는 [식 3-1]에 나타낸 복리 이자율인 $(1+ir)^t$을 말하며, 〈표 3-9〉에 나타낸 각 차년도의 지출비용 합계를 현재가치로 환산하는 계수이다. 각 차년도의 현가계수는 [식 3-2]에 따라 계산한 기대이자율(ir)인 8.81%를 적용하여 산출하며, 이렇게 산출된 각 차년도 현가계수를 〈표 3-12〉에 나타내었다.

〈표 3-12〉 현가계수

구분	1차년도(t=1)	2차년도(t=2)	3차년도(t=3)	4차년도(t=4)
	2021.08.19~ 2020.08.20	2020.08.19~ 2019.08.20	2019.08.19~ 2018.08.20	2018.08.19~ 2017.07.01
현가계수	1.0881	1.1840	1.2883	1.4018

3) 지출비용의 현재가치 결정

각 차년도 지출비용의 현재가치는 〈표 3-9〉의 각 차년도 지출비용의 합계에 〈표 3-12〉의 각 차년도 현가계수를 곱하여 결정하며, 이렇게 결정된 각 차년도 지출비용의 현재가치를 〈표 3-13〉에 나타내었다.

〈표 3-13〉 지출비용의 현재가치

(단위: 백만 원)

구분	1차년도(t=1)	2차년도(t=2)	3차년도(t=3)	4차년도(t=4)
	2021.08.19~ 2020.08.20	2020.08.19~ 2019.08.20	2019.08.19~ 2018.08.20	2018.08.19~ 2017.07.01
지출 비용	61.38	120.50	174.75	179.33
현가계수	1.0881	1.1840	1.2883	1.4018
지출비용의 현재가치	66.79	142.67	225.13	251.39

4. 기술가치평가금액의 결정

상기 〈표 3-13〉의 각 차년도 지출비용의 현재가치를 합하여 기술가치평가금액으로 하며, [식 3-1]으로부터 기술가치평가금액(V_E)은 685.98백만 원으로 결정되었다.

$$V_E = \sum_{t=1}^{n} \left\{ 지출비용_t \times (1+ir)^t \right\} = 685.98백만\ 원$$

제2장

비용접근법(비용산출법)의 응용 I

비용조정계수법과 평가사례

제1절 비용조정계수법

비용접근법(비용산출법)은 핵심변수를 조정하거나 조정계수를 적용하여 응용될 수 있다. 핵심변수를 조정하는 것은 후술하는 비용차액산출법과 같이 지출비용, 비용 발생기간, 기대이자율과 같은 핵심변수들의 추정방법을 세분 또는 변경이나 추가하는 것을 말한다. 조정계수를 적용하는 것은 기술이나 시장 그리고 사업의 특성, 업종의 특성, 상장기업 여부 등을 기술가치평가에 반영하기 위해 조정계수를 산출하여 적용하는 것으로, 본 장에서는 조정계수를 적용한 응용, 즉, 비용조정계수법에 대해 설명한다.

1. 비용조정계수법의 정의

비용산출법에서는 전술한 [식 3-1]과 같이 각 차년도 지출비용(지출비용t), 기대이자율(법인세율, 기술 제공자나 개발자 인센티브인 사업화 가산이자율을 포함하여 결정), 비용 발생기간(n)과 같은 핵심변수에 의해 기술가치평가금액, 즉 기술의 현재가치가 결정된다. 따라서, 비용산출법에서 조정할 수 있는 핵심변수는 사업화 가산이자율 등으로 한정되어 있다.

기술평가기준일에 수집된 자료를 바탕으로 작성된 기술성과 권리성 그리고 시장성과 사업성 평가의견을 비용접근법의 기술가치평가에 반영하기 위해서 [식 3-3]과 같이 조정계수(이하 비용조정계수)를 적용하는 것이 합리적이며, 이같이 비용접근법을 응용하여 기술가치평가금액을 결정하는 것을 **비용조정계수법**이라고 한다.

$$V_{EC} = \sum_{t=1}^{n} \left\{ \text{지출비용}_t \times (1+ir)^t \right\} \times \text{비용조정계수}$$

$$= \text{조정 전 기술가치평가금액}(V_E) \times \text{비용조정계수} \quad \cdots\cdots \text{[식 3-3]}$$

여기서,

V_{EC} = 조정 후 기술가치평가금액, ir = 기대이자율, n = 비용발생기간

ir(기대이자율)은 법인세율과 사업화 가산이자율을 포함하여 결정함.

$(1+ir)^t$ = 현가계수

비용조정계수는 로열티수익률법에서 로열티율을 조정하기 위해 적용하는 로열티율 조정계수와 동일한 방식으로 산출한다. 즉, 비용조정계수는 로열티율 조정계수 평가표(일례)[〈표 2-113〉 참고]와 동일 평가항목으로 구성된 비용조정계수 평가표(일례)에 평점을 부여하여 결정한다. 비용조정계수 평가표는 기술성과 권리성 그리고 시장성과 사업성의 각 평가항목에 대해 0점을 기준으로 −2에서 +2까지 5점 척도로 평가하며, 산출된 평점합을 이용하여 비용조정계수를 결정한다. 비용조정계수를 산출하기 위한 **비용조정계수 평가표의 평가항목은 기술평가기관이 독자적인 방법으로 결정**할 수 있다.

비용조정계수 평가표(일례)는 〈표 3-14〉와 같이 20개의 기술성과 권리성 그리고 시장성과 사업성 평가지표로 구성되며, 비용조정계수 평가표에서 산출된 평점합을 [식 3-4]에 적용하여 비용조정계수를 결정한다.

$$\text{비용조정계수} = 1 + \frac{\text{평점합}}{40} \quad \cdots\cdots \text{[식 3-4]}$$

〈표 3-14〉 비용조정계수 평가표(일례)

기술성과 권리성 평가지표*	평점	시장성과 사업성 평가지표*	평점
1.1 기술의 우월성	−2, −1, 0, 1, 2	3.1 시장 진입성	−2, −1, 0, 1, 2
1.2 기술의 활용성	−2, −1, 0, 1, 2	3.2 시장 성장성	−2, −1, 0, 1, 2
1.3 기술의 파급성	−2, −1, 0, 1, 2	3.4 동적 경쟁성	−2, −1, 0, 1, 2
1.4 기술의 대체 가능성	−2, −1, 0, 1, 2	3.5 수요성	−2, −1, 0, 1, 2
1.5 기술수명주기	−2, −1, 0, 1, 2	3.6 예상 시장점유율	−2, −1, 0, 1, 2
1.6 기술개발단계	−2, −1, 0, 1, 2	4.1 가격 및 품질 경쟁성	−2, −1, 0, 1, 2
2.1 권리의 충실성***	−2, −1, 0, 1, 2	4.2 성장성(매출액증가율)	−2, −1, 0, 1, 2
2.2 권리범위의 광협***	−2, −1, 0, 1, 2	4.3 수익성(영업이익률)	−2, −1, 0, 1, 2
2.3 법적 보호강도 (침해 가능성)***	−2, −1, 0, 1, 2	4.5 개발 용이성 or 4.6 생산 용이성**	−2, −1, 0, 1, 2
2.4 권리의 안정성***	−2, −1, 0, 1, 2	4.7 자금조달 능력	−2, −1, 0, 1, 2
평점합		○○점	

* 각 평가지표의 정의와 평가기준은 제10부 참고.

** 개발 or 생산단계에 따라 선택하여 평가.

*** 비등록 지식재산권이나 비등록 기술은 등록 지식재산권에 준하는 기준으로 평가함.

비용조정계수 평가표에서 산출하는 평점합은 −40점에서 +40점 사이에 분포하며, 동 점수를 [식 3-4]에 적용하여 산출한 비용조정계수는 0배(최저)에서 2배(최대) 사이에서 결정된다(즉, −40점은 0배, −20점은 0.5배, 0점은 1배, +20점은 1.5배, +40점은 2배).

제2절 비용조정계수법의 평가사례

1. 기술가치평가의 개요

1) 평가대상기술(특허권)

평가대상기술은 〈표 3-15〉에 나타낸 가상의 특허권이며, 기술이전을 목적으로 수행한 비용접근법 기반의 기술가치평가를 사례로 들어 설명한다.

〈표 3-15〉 평가대상기술(가상의 특허권)

등록번호 출원번호	등록일 출원일	기술의 명칭 (발명의 명칭)	등록 권리자 (사업화 주체**)
10-21xxxxx 10-2016-014xxxx	2017.07.10 2016.05.16	선박용 탈황 처리장치*	㈜xxxxxx [㈜xxxxxx]

* 사업화 단계 기술임.
** 사업화 주체(기술 제공자)는 중소기업(비상장 대기업)으로 분류됨.

2) 기술분류와 업종분류

평가대상기술의 기술분류와 사업의 업종분류는 〈표 3-16〉과 같다.

〈표 3-16〉 기술분류와 업종분류

기술분류	업종분류
B01D 53/22 (가스 또는 증기의 분리: 엔진배기가스 등의 정화—확산에 의한 것)	C31114 (선박 구성 부분품 제조업)

3) 기일정보

평가대상기술의 기술가치평가 관련 기일정보는 〈표 3-17〉과 같다.

〈표 3-17〉 기일정보

기술평가기준일	평가기간	평가서 제출일	평가서 유효기간
2021.06.21	2021.06.21~2021.07.04	2021.07.06	2022.01.06 (평가서 제출일부터 6개월)

2. 비용의 산출

1) 비용지출의 시점과 종점 및 사업화 단계

기술평가자는 현장실사를 통해 사업화 주체(기술 제공자)가 제시한 비용의 지출내역 등의 자료를 바탕으로, 〈표 3-18〉과 같이 비용의 지출시점과 평가대상기술의 사업화 단계를 확인하였다.

〈표 3-18〉 비용지출 시점과 사업화 단계

지출시점	사업화 단계
2015.10.10 이후	사업화 단계(사업화 2년차)

비용의 산출은 〈표 3-19〉와 같이 기술평가기준일(2021.06.21)부터 1년씩 과거로 역진하며 차년도 단위로 이루어진다. 5차년도 종점(2016.06.22)의 전일(2016.06.21)부터 비용의 지출시점(2015.10.10)까지의 기간은 8개월 11일로서, 7개월 이상이기 때문에 동 기간에 지출한 비용은 5차년도의 다음 차년도의 현가계수($t=5+1=6$ 즉, 6차년도)를 적용하여 현가로 환산한다.

〈표 3-19〉 비용산출을 위한 차년도

구분	1차년도(t=1)	2차년도(t=2)	3차년도(t=3)	4차년도(t=4)	5차년도(t=5)	6차년도(t=6)
	2021.06.21~ 2020.06.22	2020.06.21~ 2019.06.22	2019.06.21~ 2018.06.22	2018.06.21~ 2017.06.22	2017.06.21~ 2016.06.22	2016.06.21~ 2015.10.10

2) 비용 지출내역

사업화 주체가 연구개발과 사업화를 위해 각 회계연도에 지출한 비용은 인건비, 소부장설 구입비, 간접경비, 기타 비용으로 구성된다. 사업화 주체가 지출한 인건비를 각 차년도 단위로 재산출하여 〈표 3-20〉에 나타내었다.

〈표 3-20〉 각 차년도 인건비 지출내역

(단위: 백만 원)

구분	1차년도 (t=1, 사업화)	2차년도 (t=2, 사업화)	3차년도 (t=3, 개발)	4차년도 (t=4, 개발)	5차년도 (t=5, 개발)	6차년도 (t=6, 개발)
	'21.06.21~ '20.06.22	'20.06.21~ '19.06.22	'19.06.21~ '18.06.22	'18.06.21~ '17.06.22	'17.06.21~ '16.06.22	'16.06.21~ '15.10.10
평균 인원(명)	6	6	4	4	3	3
연평균 급여	34.5	33.3	32.1	29.5	28.1	26.7
참여기간(개월)	12	12	12	12	12	8.36
참여율(%)	33	33	60	65	80	80
인건비	68.31	65.93	77.04	76.70	67.44	44.64
인건비 합계	400.06					

사업화 주체가 각 회계연도에 지출한 소부장설 구입비와 간접경비(간접 경비율은 소부장설 구입비의 7.8~10.5%), 적용률(60~100%), 기타 비용을 각 차년도 단위로 재산출하여 〈표 3-21〉에 나타내었다.

〈표 3-21〉 각 차년도 소부장설 구입비 등 지출내역

(단위: 백만 원)

구분	1차년도 (t=1, 사업화)	2차년도 (t=2, 사업화)	3차년도 (t=3, 개발)	4차년도 (t=4, 개발)	5차년도 (t=5, 개발)	6차년도 (t=6, 개발)
	'21.06.21~ '20.06.22	'20.06.21~ '19.06.22	'19.06.21~ '18.06.22	'18.06.21~ '17.06.22	'17.06.21~ '16.06.22	'16.06.21~ '15.10.10
소부장설	20	30	115	67	56	35
간접경비	2	3	9	7	5	3
적용률(%)	100	100	60	60	70	70
소부장설 합계1*	22.00	33.00	74.40	44.40	42.70	26.60
기타 비용	9	13	55	38	34	15
소부장설 합계2**	31.00	46.00	129.40	82.40	76.70	41.60
구입비 등 합계	407.10					

* 소부장설 합계1은 소부장설과 간접경비의 합에 적용률을 곱한 값임(기타 비용은 적용률 대상이 아님).

** 소부장설 합계2는 소부장설 합계1에 기타 비용을 합한 값임.

상기 〈표 3-20〉의 각 차년도 인건비와 〈표 3-21〉의 소부장설 구입비 등을 합한 각 차년도 지출비용의 합계를 〈표 3-22〉에 나타내었다.

〈표 3-22〉 각 차년도 지출비용의 합계

(단위: 백만 원)

구분	1차년도 (t=1, 사업화)	2차년도 (t=2, 사업화)	3차년도 (t=3, 개발)	4차년도 (t=4, 개발)	5차년도 (t=5, 개발)	6차년도 (t=6, 개발)
	'21.06.21~ '20.06.22	'20.06.21~ '19.06.22	'19.06.21~ '18.06.22	'18.06.21~ '17.06.22	'17.06.21~ '16.06.22	'16.06.21~ '15.10.10
인건비	68.31	65.93	77.04	76.70	67.44	44.64
소부장설 합계2	31.00	46.00	129.40	82.40	76.70	41.60
지출비용 합계	99.31	111.93	206.44	159.10	144.14	86.24

3. 비용의 환산

기술가치평가금액의 산출을 위해 사업화 주체가 각 차년도에 지출한 인건비, 소부장설 구입비, 간접경비, 기타 비용을 기술평가기준일 시점으로 환산할 필요가 있으며, 본 평가에서는 기대이자율로 표현되는 현가계수를 적용하여 각 차년도 지출비용의 합계를 기술평가기준일로 환산한다.

1) 기대이자율의 결정

평가대상기술인 '선박용 탈황 처리장치' 관련 사업이 속한 C31xxx 업종의 기대이자율 산출을 위한 정보를 〈표 3-23〉에 나타내었으며(산업통상자원부 『기술평가 실무가이드』의 부록인 '산업별 할인율' 참고), 실효(평균) 법인세율과 사업화 가산이자율을 이용하여 기대이자율을 결정한다.

〈표 3-23〉 C31xxx 업종의 기대이자율 산출 참고표

(단위: %)

구분	타인자본비용						자기자본비용 (사업화 가산이자율 반영 前)					
업종	타인 자본 구성비	상장 평균	비상장 중소기업 유형				자기 자본 구성비	CA PM	비상장 중소기업 유형			
			대	중	소	창업			대	중	소	창업
31xxx	36.14	4.67	5.59	6.66	7.90	9.33	63.86	7.61	8.15	9.38	11.07	12.51

실효(평균) 법인세율은 사업화 주체의 영업이익률 규모를 감안하여 과세표준 영업이익 2억 원 이하 구간의 11%(주민세 포함)와 2억 원 초과 200억 원 이하 구간의 22%(주민세 포함)를 평균한 16.5%를 적용하였다.

사업화 가산이자율은 기술 제공자에게 부여하는 인센티브로서, 본 평가에서는 이해 당사자의 의견을 수렴하여 사업화 가산이자율을 적용하였다. 사업화 가산이자율은 기술평가자들이 평가한 〈표 3-24〉의 사업화 가산이자율 평가표의 평점합(31점)에 대응하는 가산이자율을 적용하며, 동 평점합에 대응하는 사업화 가산이자율은 〈표 3-1〉에서 2.46%로 결정되었다.

〈표 3-24〉 사업화 가산이자율 평가표

기술과 권리 가산요소*	평점	시장과 사업 가산요소*	평점
1.1 기술의 우월성	5/4/**3**/2/1	3.1 시장 진입성	5/**4**/3/2/1
1.4 기술의 대체 가능성	5/4/**3**/2/1	3.2 시장 성장성	5/4/**3**/2/1
1.5 기술수명주기(기술의 진부화)	5/4/**3**/2/1	3.4 동적 경쟁성(동적 경쟁강도)	5/4/**3**/2/1
2.3 법적 보호강도(침해 가능성)	5/4/**3**/2/1	4.3 수익성(영업이익률)	5/4/**3**/2/1
2.4 권리의 안정성(모방 가능성)	5/4/3/**2**/1	4.6 생산 용이성	5/**4**/3/2/1
평점합		**31점**	

* 각 평가지표(가산요소)의 정의와 평가기준은 제10부 참고.

C31xxx 업종의 기대이자율 산출에 필요한 〈표 3-23〉의 정보와 평균 법인세율 16.5% 그리고 사업화 가산이자율 2.46%를 다음의 [식 3-5]에 적용하여 기대이자율(ir)을 산출한 결과 8.47%로 결정되었다.

타인자본비용(Kd) = 5.59%, 타인자본구성비 = 36.14%

자기자본비용(Ke) = 8.15%+2.46% = 10.61%, 자기자본구성비 = 63.86%

비용산출법의 기대이자율(ir)

= {타인자본비용(1−법인세율 또는 소득세율)×타인자본구성비}+ {자기자본비용×자기자본구성비}

$$= \left\{ Kd(1-\tau) \times \frac{D}{D+E} + Ke \times \frac{E}{D+E} \right\} \quad \cdots\cdots \text{[식 3-5]}$$

= {5.59(1−0.1650)×0.3614+10.61×0.6386}

= 1.69+6.78 = 8.47%

2) 현가계수의 결정

현가계수는 [식 3-3]에 나타낸 복리 이자율인 $(1+ir)^t$을 말하며, 상기 [식 3-5]에 따라 계산한 기대이자율(ir) 8.47%를 적용하여 산출하며, 이렇게 산출된 각 차년도 현가계수를 〈표 3-25〉에 나타내었다.

〈표 3-25〉 현가계수

구분	1차년도 (t=1, 사업화)	2차년도 (t=2, 사업화)	3차년도 (t=3, 개발)	4차년도 (t=4, 개발)	5차년도 (t=5, 개발)	6차년도 (t=6, 개발)
	'21.06.21~ '20.06.22	'20.06.21~ '19.06.22	'19.06.21~ '18.06.22	'18.06.21~ '17.06.22	'17.06.21~ '16.06.22	'16.06.21~ '15.10.10
현가계수	1.0847	1.1766	1.2762	1.3843	1.5016	1.6288

3) 지출비용의 현재가치 결정

각 차년도 지출비용의 현재가치는 〈표 3-22〉의 각 차년도 지출비용의 합계에 〈표 3-25〉의 각 차년도 현가계수를 곱하여 결정하며, 이렇게 결정된 각 차년도 지출비용의 현재가치를 〈표 3-26〉에 나타내었다.

〈표 3-26〉 지출비용의 현재가치

(단위: 백만 원)

구분	1차년도 (t=1, 사업화)	2차년도 (t=2, 사업화)	3차년도 (t=3, 개발)	4차년도 (t=4, 개발)	5차년도 (t=5, 개발)	6차년도 (t=6, 개발)
	'21.06.21~ '20.06.22	'20.06.21~ '19.06.22	'19.06.21~ '18.06.22	'18.06.21~ '17.06.22	'17.06.21~ '16.06.22	'16.06.21~ '15.10.10
지출비용	99.31	111.93	206.44	159.10	144.14	86.24
현가계수	1.0847	1.1766	1.2762	1.3843	1.5016	1.6288
지출비용 현재가치	107.72	131.70	263.46	220.24	216.44	140.47

4. 기술가치평가금액의 결정

조정 후 기술가치평가금액(V_{EC})은 〈표 3-26〉에 나타낸 지출비용의 현재가치의 합계(즉, 조정 전 기술가치평가금액, V_E)에 **비용조정계수**를 적용하여 결정한다.

1) 지출비용의 현재가치 합계

상기 〈표 3-26〉의 각 차년도 지출비용의 현재가치를 합한 것을 조정 전 기술가치평가금액(V_E)이라고 하며, 조정 전 기술가치평가금액(V_E)은 1,080.03백만 원으로 산출되었다.

$$V_E = \sum_{t=1}^{n} \{지출비용_t \times (1+ir)^t\} = 1{,}080.03백만\ 원$$

2) 비용조정계수의 결정

비용조정계수는 〈표 3-27〉에 나타낸 비용조정계수 평가표의 기술성과 권리성 그리고 시장성과 사업성의 각 평가지표에 대해 0점을 기준으로 −2에서 +2까지 5점 척도로 평가하여 산출된 평점합을 이용하여 결정한다.

〈표 3-27〉 비용조정계수 평가표

기술성과 권리성 평가지표*	평점	시장성과 사업성 평가지표*	평점
1.1 기술의 우월성	−2, −1, **0**, 1, 2	3.1 시장 진입성	−2, −1, 0, **1**, 2
1.2 기술의 활용성	**−2**, −1, 0, 1, 2	3.2 시장 성장성	−2, −1, **0**, 1, 2
1.3 기술의 파급성	**−2**, −1, 0, 1, 2	3.4 동적 경쟁성(동적 경쟁강도)	−2, −1, **0**, 1, 2
1.4 기술의 대체 가능성	−2, −1, **0**, 1, 2	3.5 수요성	−2, −1, **0**, 1, 2
1.5 기술수명주기	−2, −1, **0**, 1, 2	3.6 예상 시장점유율	−2, **−1**, 0, 1, 2
1.6 기술개발단계	−2, −1, 0, 1, **2**	4.1 가격 및 품질 경쟁성	−2, **−1**, 0, 1, 2
2.1 권리의 충실성	−2, **−1**, 0, 1, 2	4.2 성장성(매출액증가율)	−2, **−1**, 0, 1, 2
2.2 권리범위의 광협	−2, **−1**, 0, 1, 2	4.3 수익성(영업이익률)	−2, −1, **0**, 1, 2
2.3 법적 보호강도(침해 가능성)	−2, −1, **0**, 1, 2	4.6 생산 용이성	−2, −1, 0, **1**, 2
2.4 권리의 안정성	−2, **−1**, 0, 1, 2	4.7 자금조달 능력	−2, −1, 0, **1**, 2
평점합		**−5점**	

* 각 평가지표의 정의와 평가기준은 제10부 참고.

상기 〈표 3-27〉에서 획득한 평점합(−5점)을 전술한 [식 3-4]에 적용하여 산출한 비용조정계수는 0.875로 결정되었다.

$$비용조정계수 = 1 + \frac{-5}{40} = 1 - 0.125 = 0.875$$

3) 조정 후 기술가치평가금액의 결정

조정 전 기술가치평가금액(V_E)에 비용조정계수를 적용하여 산출한 조정 후 기술가치평가금액(V_{EC})은 945.02백만 원으로 결정되었다.

$$V_{EC} = \sum_{t=1}^{n} \left\{ \text{지출비용}_t \times (1+ir)^t \right\} \times \text{비용조정계수}$$

$$= \text{조정 전 기술가치평가금액} \times \text{비용조정계수}$$

$$= 1{,}080.03\text{백만 원} \times 0.875 = 945.02\text{백만 원}$$

제3장
비용접근법(비용산출법)의 응용 II
비용차액산출법과 평가사례

제1절 비용차액산출법

비용접근법(비용산출법)은 조정계수를 적용하거나 핵심변수를 조정하여 응용될 수 있다. 조정계수를 적용하는 것은 전술한 비용조정계수법에서와 같이 기술이나 시장 그리고 사업의 특성, 업종의 특성, 상장기업 여부 등을 기술가치평가에 반영하기 위해 조정계수를 산출하여 적용하는 것을 말한다. 핵심변수를 조정하는 것은 지출비용, 비용 발생기간, 기대이자율과 같은 핵심변수들의 추정방법을 세분 또는 변경이나 추가하는 것을 말하며, 본 비용차액산출법에서는 핵심변수를 조정하는 응용에 관해 설명한다.

1. 비용차액산출법의 정의

비용차액산출법은 평가대상기술의 적용 전후로 발생하는 지출비용의 차액(이하 비용차액)을 산출하며, 이러한 비용차액을 기술가치평가금액(V_{EB} 또는 V_{EAB})으로 결정하는 방법이다. 비용차액산출법은 전술한 수익차액산출법과 비교하여 산출하는 대상이 비용과 수익이라는 점에서 다르나, 차액을 산출한다는 점에서 같으므로 이들을 상호 비교하여 이해하는 것이 바람직하다.

비용차액산출법에서는 핵심변수인 지출비용의 추정방법을 세분하며, 비용차액에 초점을 맞춘다. 즉, 비용차액산출법은 평가대상기술의 적용 전후에 발생하는 비용차액, 일반적으로 **지출비용의 절감액**에 초점을 맞춘다. 따라서 비용차액산출법은 평가대상기술 적용 전후의 **지출비용의 절감액을 산출하여 기술가치평가금액**으로 하며, 전체 지출비용을 산출하여 기술가치평가금액으로 결정하는 전술한 비용접근법(비용산출법) 또는 비용조정계수법과는 차이가 있다.

평가대상기술인 지식재산권은 **판매가 목적인 제품에 관한 것**과 판매가 목적인 **제품의 제조나 생산에 관한 것**(자급적 평가대상기술, 제5부 매출액 추정방법과 사례 참고 요망)으로 나눌 수 있다. 후자에는 자사 제품의 제조나 생산에 사용되는 소재와 부품 그리고 장비와 설비(이하 소부장설) 등에 관한 지식재산권, 자체 건설업 수행을 위한 부품이나 장비 등에 관한 지식재산권, 자체 용역이나 서비스 수행을 위한 기구나 부품 등에 관한 지식재산권이 있다.

평가대상기술인 지식재산권이 판매가 목적인 제품에 관한 것이면, 연구개발이나 사업화에 지출된 비용을 산출하여 기술가치평가를 수행한다(전술한 비용산출법, 비용조정계수법). 그러나 후자와 같이 평가대상기술인 지식재산권이 판매가 목적인 제품의 제조나 생산에 관한 것이라면, 동 지식재산권의 적용이 지출비용에 미치는 영향(즉, 기술의 적용 전후에 발생하는 비용차액 또는 비용개선율)을 측정하여 기술가치평가를 수행한다. 즉, 평가대상기술인 지식재산권의 적용 전후의 비용차액(일반적으로 지출비용의 절감액)을 산출하여 기술가치평가금액으로 결정하며, 이를 **비용차액산출법**이라고 한다.

비용차액산출법은 평가대상기술의 적용 전후에 발생하는 비용차액(지출비용의 절감액)을 산출하기 때문에 전체 기술보다는 **전체 기술의 일부를 개량하는 기술 또는 생산현장의 공정·수율·비용 등의 개선 활동에서 도출되는 기술**의 가치를 평가하기에 적절하다. 비용차액산출법에서 비용차액은 매출원가(제조원가) 계정을 중심으로 측정되며, 측정계정과 측정항목 그리고 측정단위 등을 〈표 3-28〉에 나타내었다.

〈표 3-28〉 비용차액산출법의 측정계정과 측정항목 등

측정계정	측정항목	측정단위	상위계정
노무비(인건비)	인원	공수*, 급여 → 금액환산	매출원가 (제조원가)
원·부 재료비	부피, 무게, 수량 등	단위 m^3, kg, 개 → 금액환산	
내·외부 가공비	시간, 가공속도, 공정 수, 수량, 수율 등	단위 시간, m/sec, 개, %, 개/sec → 금액환산	
경비	비용	금액 → 금액환산(경비율 적용가)	

* 공수(MH, MD): 작업에 필요한 인원수를 노동시간(Man-Hour)이나 노동일(Man-Day)로 나타낸 수치.

비용차액산출법은 노무비(투입된 인원에 지급한 급여), 원·부 재료비(투입된 원·부 재료비), 내·외부 가공비(내부 또는 외부에 위탁한 가공비), 경비(전술한 비용계정에 속하지 않은 모든 해당 경비)를 지식재산권의 적용 전후로 비교하여 산출하며(주로 지출 비용의 절감액을 산출함), 이렇게 산출된 비용차액을 [식 3-6]에 적용하여 기술가치 평가금액(V_{EB} 또는 V_{EAB})을 결정한다.

$$V_{EAB} = \sum_{t=1}^{n} \left\{ 비용차액_t \times (1+ir)^t \right\} \times 비용조정계수$$

$$= 조정\ 전\ 기술가치평가금액(V_{EB}) \times 비용조정계수 \quad \text{[식 3-6]}$$

여기서,

V_{EAB} = 조정 후 기술가치평가금액, ir = 기대이자율, n = 비용발생기간

제2절 비용차액산출법의 평가사례

1. 기술가치평가의 개요

1) 평가대상기술(특허권)

평가대상기술은 〈표 3-29〉에 나타낸 특허권이다. 이하 사업화 주체에게 제기

된 직무발명보상 관련 소송에 참고할 목적으로 수행한 비용산출법 기반 기술가치 평가를 사례로 들어 설명한다.

〈표 3-29〉 평가대상기술(가상의 특허권)

등록번호 출원번호	등록일 출원일	기술의 명칭(발명의 명칭)	등록 권리자 (사업화 주체**)
10-20xxxxx 10-2018-012xxxx	2019.03.04 2018.01.17	절곡기의 개량된 자재 자동 투입장치*	㈜xxxxxx [㈜xxxxxx]

* 사업화 단계 기술임(제품에 관한 특허가 아닌 제품생산용 장비에 관한 특허임).

** 사업화 주체는 중소기업(비상장 중기업)으로 분류됨.

2) 기술분류와 업종분류

평가대상기술의 기술분류와 사업의 업종분류는 〈표 3-30〉과 같다.

〈표 3-30〉 기술분류와 업종분류

기술분류	업종분류
B21D 43/10 (성형)	C25913 (금속압형제품 제조업)

3) 기일정보

평가대상기술의 기술가치평가 관련 기일정보는 〈표 3-31〉과 같다.

〈표 3-31〉 기일정보

기술평가기준일	평가기간	평가서 제출일	평가서 유효기간
2021.08.30	2021.08.30~2021.09.17	2021.09.20	2022.03.20 (평가서 제출일부터 6개월)

2. 비용차액의 산출

1) 비용지출의 시점과 종점 및 사업화 단계

기술평가자는 현장실사를 통해 사업화 주체가 제시한 비용 지출내역 등의 자료를 바탕으로, 〈표 3-32〉와 같이 비용지출 시점(기술의 적용으로 비용절감이 발생한 시점)과 평가대상기술의 사업화 단계를 확인하였다.

〈표 3-32〉 비용지출 시점과 사업화 단계

지출시점(始点)	사업화 단계
2018.01.10 이후	사업화 단계(사업화 4년차)

비용의 산출은 〈표 3-33〉과 같이 기술평가기준일(2021.08.30)부터 1년씩 과거로 역진하며 차년도 단위로 이루어진다. 3차년도 종점(2018.08.31)의 전일(2018.08.30)부터 비용지출 시점(2018.01.10)까지의 기간은 7개월 20일로서, 7개월 이상이기 때문에 동 기간에 지출한 비용은 3차년도의 다음 차년도 현가계수(t=3+1=4, 즉, 4차년도)를 적용하여 현가로 환산한다.

〈표 3-33〉 비용 환산을 위한 차년도

구분	1차년도(t=1)	2차년도(t=2)	3차년도(t=3)	4차년도(t=4)
	2021.08.30 (기술평가기준일)~ 2020.08.31	2020.08.30~ 2019.08.31	2019.08.30~ 2018.08.31	2018.08.30~ 2018.01.10 (비용지출 시점)

2) 비용차액 산출내역

평가대상기술은 제품생산에 사용되는 절곡기의 자재 투입장치의 개량에 관한 것으로, 가공시간을 단축하여 가공수량을 늘릴 수 있다. 동 개량은 노무비, 내부 가공비, 경비와 같은 비용계정(매출원가 계정)에 영향을 미친다. 비용지출 시점(2018.01.10) 이후 평가대상기술의 적용에 따른 노무비 절감액을 〈표 3-34〉에 나타내었다.

〈표 3-34〉 각 차년도 노무비 절감액

(단위: 백만 원)

구분	1차년도(t=1)	2차년도(t=2)	3차년도(t=3)	4차년도(t=4)
	2021.08.30~ 2020.08.31	2020.08.30~ 2019.08.31	2019.08.30~ 2018.08.31	2018.08.30~ 2018.01.10
투입 인원 감소(명)	1.5	1.5	1.5	1.5
평균 급여(연봉)	26.5	25	23	21.5
참여기간(개월)	12	12	12	7.7
참여율(%)	100	100	100	100
노무비 절감액	39.75	37.50	34.50	20.69

평가대상기술을 적용하기 전 단위 가공수량은 30초당 1개(시간당 120개)이나, 평가대상기술의 적용 이후 가공속도 향상으로 단위 가공수량은 25.5초당 1개(시간당 141개)로서, 가공시간이 15% 감소했다. 이러한 가공시간의 감소는 원·부 재료비의 절감과는 무관하나, 여유 가공시간에 추가 가공(시간당 21개)이 가능하여 내부 가공비와 경비를 절감하는 것으로 파악되었다(〈표 3-35〉 참고).

〈표 3-35〉 각 차년도 내부 가공비와 경비 절감액

(단위: 백만 원)

구분	1차년도(t=1)	2차년도(t=2)	3차년도(t=3)	4차년도(t=4)
	2021.08.30~ 2020.08.31	2020.08.30~ 2019.08.31	2019.08.30~ 2018.08.31	2018.08.30~ 2018.01.10
총 가공수량(개)*	284,256	284,256	284,256	182,398
추가 가공수량(개)**	42,336	42,336	42,336	27,166
개당 가공단가(원)***	1,350	1,400	1,450	1,500
가공비 절감액	57.15	59.27	61.39	40.75
경비 절감액	5.7	5.9	6.1	4.1
가공비와 경비 절감액	62.85	65.17	67.49	44.85

* 시간당 가공수량(141개)을 연간으로 환산함(1일 8시간, 1개월 21일, 12개월), 4차년도는 7.7개월의 가공수량임.

** 평가대상기술 적용 전 시간당 가공수량(120개)을 연간으로 환산하고, 이를 총 가공수량*에서 차감한 수치임.

*** 절곡 공정 수, 수량, 중량 등을 평균하여 개당 가공단가를 결정함.

비용지출 시점(2018.01.10) 이후 평가대상기술의 적용에 따른 각 차년도 내부 가공비와 경비 절감액을 〈표 3-35〉에 나타내었다. 가공시간의 15% 감소는 내부 가공비 절감으로 나타나며, 내부 가공비 절감액은 추가 가공수량에 개당 가공단가를 곱하여 산출한다. 경비 절감액은 내부 가공비 절감액에 경비율 10%를 적용하여 산출하였다.

상기 〈표 3-34〉의 각 차년도 노무비 절감액과 〈표 3-35〉의 각 차년도 가공비와 경비 절감액을 합하여 산출한 각 차년도 비용 절감액, 즉, 비용차액을 〈표 3-36〉에 나타내었다.

〈표 3-36〉 각 차년도 비용차액

(단위: 백만 원)

구분	1차년도(t=1)	2차년도(t=2)	3차년도(t=3)	4차년도(t=4)
	2021.08.30~ 2020.08.31	2020.08.30~ 2019.08.31	2019.08.30~ 2018.08.31	2018.08.30~ 2018.01.10
노무비 절감액	39.75	37.50	34.50	20.69
가공비와 경비 절감액	62.85	65.17	67.49	44.85
비용차액	102.60	102.67	101.99	65.54

3. 비용차액의 환산

상기 〈표 3-36〉의 각 차년도 비용차액에 기대이자율로 표현되는 현가계수를 적용하여 비용차액을 기술평가기준일 시점으로 환산한다.

1) 기대이자율의 결정

평가대상기술 관련 사업이 속한 C25xxx 업종의 기대이자율(ir) 산출을 위한 정보를 〈표 3-37〉에 나타내었다(산업통상자원부 『기술평가실무가이드』의 부록인 '산업별 할인율' 참고).

〈표 3-37〉 C25xxx 업종의 기대이자율 산출 참고표

(단위: %)

구분	타인자본비용						자기자본비용 (사업화 가산이자율 반영 前)					
업종	타인 자본 구성비	상장 평균	비상장 중소기업 유형				자기 자본 구성비	CAPM	비상장 중소기업 유형			
			대	중	소	창업			대	중	소	창업
25xxx	46.02	4.12	5.05	6.12	7.36	8.79	53.98	6.85	7.35	8.52	10.11	11.46

실효(평균) 법인세율은 사업화 주체의 영업이익률 규모를 고려하여 과세표준 영업이익 2억 원 이하 구간의 11%(주민세 포함)를 적용하였다. 이해당사자의 의견을 수렴한 법원의 조정에 의하여, 본 기술가치평가에서는 '**사업화 가산이자율**(기술개발자 인센티브)'**은 적용하지 않는다**.

상기 〈표 3-37〉의 정보와 법인세율(11%)을 다음의 [식 3-7]에 적용하여 기대이자율을 산출한 결과 7.11%로 결정되었다.

타인자본비용(Kd) = 6.12%, 타인자본구성비 = 46.02%

자기자본비용(Ke) = 8.52%, 자기자본구성비 = 53.98%

비용차액산출법의 기대이자율(ir)

= {타인자본비용(1−법인세율 또는 소득세율)×타인자본구성비}+{자기자본비용×자기자본구성비}

$$=\left\{Kd(1-\tau)\times\frac{D}{D+E}+Ke\times\frac{E}{D+E}\right\} \quad \text{[식 3-7]}$$

$$=\{6.12(1-0.1100)\times0.4602+8.52\times0.5398\}$$

$$=2.51+4.60=7.11\%$$

2) 현가계수의 결정

상기 [식 3-7]에 따라 계산한 기대이자율(ir)인 7.11%를 [식 3-6]의 복리 이자율 수식 $(1+ir)^t$에 적용하여 산출한 현가계수를 〈표 3-38〉에 나타내었다.

〈표 3-38〉 현가계수

구분	1차년도(t=1)	2차년도(t=2)	3차년도(t=3)	4차년도(t=4)
	2021.08.30~ 2020.08.31	2020.08.30~ 2019.08.31	2019.08.30~ 2018.08.31	2018.08.30~ 2018.01.10
현가계수	1.0711	1.1473	1.2288	1.3162

3) 비용차액의 현재가치 결정

각 차년도 비용차액의 현재가치는 〈표 3-36〉의 각 차년도 비용차액에 〈표 3-38〉의 각 차년도 현가계수를 곱하여 결정하며, 이렇게 결정된 각 차년도 비용차액의 현재가치를 〈표 3-39〉에 나타내었다.

〈표 3-39〉 비용차액의 현재가치

(단위: 백만 원)

구분	1차년도(t=1)	2차년도(t=2)	3차년도(t=3)	4차년도(t=4)
	2021.08.30~ 2020.08.31	2020.08.30~ 2019.08.31	2019.08.30~ 2018.08.31	2018.08.30~ 2018.01.10
비용차액	102.60	102.67	101.99	65.54
현가계수	1.0711	1.1473	1.2288	1.3162
비용차액의 현재가치	109.89	117.79	125.33	86.26

4. 기술가치평가금액의 결정

본 평가에서는 비용조정계수를 적용하며, 조정 후 기술가치평가금액(V_{EAB})은 조정 전 기술가치평가금액(V_{EB})에 비용조정계수를 적용하여 결정한다.

1) 조정 전 기술가치평가금액(V_{EB})

상기 〈표 3-39〉의 각 차년도 비용차액의 현재가치를 합하여 구한 조정 전 기술가치평가금액(V_{EB})은 439.27백만 원으로 결정되었다.

$$V_{EB} = \sum_{t=1}^{n} \{ 지출비용_t \times (1+ir)^t \} = 439.27백만 원$$

2) 비용조정계수의 결정

비용조정계수는 〈표 3-40〉의 비용조정계수 평가표에서 산출된 평점합을 이용하여 결정한다.

〈표 3-40〉 비용조정계수 평가표

기술성과 권리성 평가지표*	평점	시장성과 사업성 평가지표*	평점
1.1 기술의 우월성	−2, **−1**, 0, 1, 2	3.1 시장 진입성	−2, −1, **0**, 1, 2
1.2 기술의 활용성	**−2**, −1, 0, 1, 2	3.2 시장 성장성	−2, −1, **0**, 1, 2
1.3 기술의 파급성	**−2**, −1, 0, 1, 2	3.4 동적 경쟁성	−2, −1, **0**, 1, 2
1.4 기술의 대체 가능성	**−2**, −1, 0, 1, 2	3.5 수요성	−2, −1, **0**, 1, 2
1.5 기술수명주기	−2, **−1**, 0, 1, 2	3.6 예상 시장점유율	−2, −1, **0**, 1, 2
1.6 기술개발단계	−2, −1, 0, 1, **2**	4.1 가격 및 품질 경쟁성	−2, −1, **0**, 1, 2
2.1 권리의 충실성	−2, **−1**, 0, 1, 2	4.2 성장성(매출액증가율)	−2, −1, **0**, 1, 2
2.2 권리범위의 광협	−2, **−1**, 0, 1, 2	4.3 수익성(영업이익률)	−2, −1, 0, **1**, 2
2.3 법적 보호강도(침해가능성)	−2, **−1**, 0, 1, 2	4.6 생산 용이성	−2, −1, 0, **1**, 2
2.4 권리의 안정성	−2, **−1**, 0, 1, 2	4.7 자금조달 능력	−2, −1, 0, **1**, 2
평점합		−7점	

* 각 평가지표의 정의와 평가기준은 제10부 참고.

상기 〈표 3-40〉에서 획득한 평점합(−7점)을 전술한 [식 3-4]에 적용하여 산출한 비용조정계수는 0.825로 결정되었다.

$$비용조정계수 = 1 + \frac{-7}{40} = 0.825$$

3) 조정 후 기술가치평가금액(V_{EAB})

조정 전 기술가치평가금액(V_{EB})에 비용조정계수를 곱하여 구한 조정 후 기술가치평가금액(V_{EAB})은 362.40백만 원으로 결정되었다.

$$V_{EAB} = \sum_{t=1}^{n} \left\{ \text{비용차액}_t \times (1+ir)^t \right\} \times \text{비용조정계수}$$

$$= \text{조정 전 기술가치평가금액}(V_{EB}) \times \text{비용조정계수}$$

$$= 439.27\text{백만 원} \times 0.825 = 362.40\text{백만 원}$$

제4부

시장접근법 (거래사례참고법)

제1장
시장접근법과 평가사례

제1절 시장접근법(거래사례참고법)

시장접근법(거래사례참고법)은 기술거래시장이 존재해야 하며, 거래사례에서 획득한 거래금액(기술가치평가금액)은 수요와 공급의 법칙에 따라 결정된다는 가정을 바탕으로 한다. 그러나 참고할 수 있는 거래사례나 거래금액에 관한 정보를 얻는 것과 정보를 갱신하는 것이 현실적으로 어렵고, 거래금액이 시장원리에 따라 결정된 것인지 확인하기 어렵다는 점에서 시장접근법을 기술가치평가 실무에 적용하기 어려운 것이 현실이다. 시장접근법과 전술한 비용접근법은 과거의 사례나 비용을 활용한다는 점에서 미래의 수익을 추정하는 수익접근법(수익추정법)과 구분된다.

1. 시장접근법의 정의

시장접근법은 기술거래시장에서 거래사례를 조사하여 획득한 거래금액과 핵심변수 등의 정보를 활용하여 기술가치평가를 수행하는 방법이다. 거래금액은 수익접근법 등의 방법으로 결정된 기술가치평가금액을 말하며, 시장원리를 따르지 않고 거래당사자가 임의로 결정한 거래금액은 배제한다.

시장접근법은 과거의 거래사례를 참고한다는 점에서 미래에 발생할 수익을 추정하는 수익접근법(수익추정법)과 과거에 발생한 비용을 환산하는 비용접근법(비용산출법)과는 구분된다. 그러나 시장접근법이 과거의 사례를 참고하고, 비용접근법이 과거에 발생한 비용을 환산한다는 점에서 활용하는 자료의 시점(과거)에 있어서 공통점이 있다.

2. 시장접근법의 적용조건

시장접근법은 과거에 실행된 거래사례에서 획득한 정보를 참고하여 기술가치평가를 수행하는 방법이다. 따라서 시장접근법을 적용하기 위해서는 거래사례의 기술가치평가방법, 거래금액(기술가치평가금액), 기술평가기준일, 거래기준일(거래일) 등에 관한 정보를 획득할 수 있어야 한다.

시장접근법은 거래금액 등이 거래시장 및 정보에 관한 요건과 제품 및 기술에 관한 요건을 충족해야 적용할 수 있다.

1) 거래시장 및 정보에 관한 요건

시장접근법(거래사례참고법)은 다음과 같은 거래시장 및 정보에 관한 요건을 충족해야 적용할 수 있다.

① 평가대상기술에 대한 진성(眞性)의 거래시장이 존재해야 함
② 거래금액이 수요와 공급의 원칙에 따라 공정하게 결정되어야 함
③ 최신의 거래사례나 거래금액 등의 정보를 쉽게 획득할 수 있어야 함
④ 거래사례나 거래금액 등에 관한 정보의 갱신이 가능해야 함

2) 제품 및 기술에 관한 요건

시장접근법(거래사례참고법)은 다음과 같은 제품 및 기술에 관한 요건을 충족해야 적용할 수 있다.

⑤ 거래사례의 제품과 평가대상기술이 적용된 제품의 목표시장이 유사하거나 같아야 함

⑥ 거래사례와 평가대상기술은 제품과 제품 관련 사업의 업종이 유사하거나 같아야 함. 즉, 제품과 업종이 유사하거나 같아야 함
⑦ 거래사례와 평가대상기술의 기술분류가 유사하거나 같아야 함
⑧ 거래사례와 평가대상기술의 기술내용이 유사하거나 같아야 함

상기 8가지 조건을 모두 충족하는 거래사례를 찾는 것은 어려운 실정이다. 따라서 시장접근법을 기술가치평가에 적용한 사례는 드문 편이다.

3. 시장접근법의 평가방법

시장접근법은 ① 핵심변수참고법과 ② 거래금액참고법으로 구분한다. 핵심변수참고법은 거래사례에서 기술을 도입한 기업으로부터 확보한 핵심변수(투입변수)와 여유현금흐름변수 그리고 재무정보를 이용해 수익접근법으로 평가하는 것을 말한다(기술 도입기업의 정보 활용). 거래금액참고법은 거래사례에서 확보한 거래금액에 거래금액 조정계수를 적용하여 평가하는 것을 말한다.

핵심변수참고법은 수익접근법(수익추정법)에 필요한 핵심변수와 여유현금흐름변수 그리고 재무정보 등을 기술을 도입한 거래사례기업(참고할 거래당사자)으로부터 확보하여 인용한다는 점 이외에 수익접근법과 같다. 따라서 본 절에서는 핵심변수참고법은 제외하고 거래금액참고법을 중심으로 설명한다.

거래금액참고법을 포함한 시장접근법을 적용하기 위해서는 ① 거래사례와 수행할 기술가치평가를 비교하여 유사성을 검증하고(유사성과 동일성 판단), ② 유사성이나 동일성이 인정되면 거래금액을 조정하는 과정(거래금액조정)을 거쳐 평가대상기술의 기술가치평가금액을 결정한다.

1) 유사성과 동일성 판단

거래사례와 수행할 기술가치평가의 유사성과 동일성 판단항목은 ① 평가목적, ② 목표시장, ③ 업종분류, ④ 기술분류, ⑤ 기술내용이 있으며, 판단항목의 필요성과 판단기준 그리고 평가척도(평가기준)를 〈표 4-1〉에 나타내었다.

〈표 4-1〉 유사성과 동일성 판단 평가표

판단항목 (배점)	필요성	판단기준	평가척도 (평가기준)
평가목적 (15점)	평가목적이 다르면 핵심변수, 조정계수, 가정, 평가방법 등이 다르게 됨	평가목적을 비교하여 핵심변수, 조정계수, 가정, 평가방법 등의 유사(10.5점 이상) 또는 동일(13점 이상) 여부 판단	3/6/9/12/15 - 유사성(10.5~13 미만) - 동일성(13 이상~15)
목표시장 (15점)	목표시장이 다르면 평가의 결과도 다르게 나타남	제품이 목표로 하는 시장을 비교하여 유사(10.5점 이상) 또는 동일(13점 이상) 여부 판단	3/6/9/12/15 - 유사성(10.5~13 미만) - 동일성(13 이상~15)
업종분류 (20점)	기술이 적용된 제품 관련 사업의 업종분류가 다르면 시장이 다르게 정의됨	기술이 적용된 제품 관련 사업의 업종(KSIC)을 비교하여 유사 또는 동일 여부 판단 - 세분류가 같으면 14점 이상 - 세세분류가 같으면 18점 이상	4/8/12/16/20 - 유사성(14~18 미만) - 동일성(18 이상~20)
기술분류 (20점)	기술분류가 다르면 업종분류, 목표시장이 다르게 정의됨	기술분류코드(IPC)를 비교하여 유사 또는 동일 여부 판단 - 메인그룹(Main group)이 같으면 14점 이상 - 서브그룹(Sub-group)이 같으면 18점 이상	4/8/12/16/20 - 유사성(14~18 미만) - 동일성(18 이상~20)
기술내용 (30점)	기술명칭과 내용이 다르면 기술분류, 업종분류, 목표시장이 다르게 정의됨	기술명칭과 내용을 비교하여 키워드나 내용의 유사(21점 이상) 또는 동일(27점 이상) 여부 판단(기술의 비교분석 후 판단 필요)	6/12/18/24/30 - 유사성(21~27 미만) - 동일성(27 이상~30)
평점합 (100점)	① 평점합 70점 이상~89점 미만: 유사성 인정(70점 미만은 유사성 불인정) ② 평점합 89점 이상~100점: 동일성 인정		

기술평가자는 판단항목을 판단기준에 따라 평가하며, 평가척도와 평가기준을 참고하여 점수를 부여하고, 유사성과 동일성을 평점합으로 판단한다. **유사성이 인정되는 경우**, 기술평가자들은 합의를 통해 거래사례를 인용하여 평가대상기술에 대한 기술가치평가가 가능한지 판단해야 한다. **동일성이 인정되는 경우**, 기술평가자들은 거래사례를 인용하여 평가대상기술에 대한 기술가치평가를 수행한다. 그러나 거래사례와 수행할 기술가치평가의 유사성과 동일성이 인정되지 않으면(즉, 평점합이 70점 미만이면) 평가를 진행할 수 없다.

2) 거래금액 조정

거래사례와 수행할 기술가치평가의 유사성이나 동일성이 인정되어 거래금액 참고법으로 평가를 수행할 경우, 거래사례에서 확보한 거래금액을 조정하여 기술가치평가금액을 결정한다. 거래금액의 조정은 ① **경과연수 조정**, ② **기술 및 시장과 사업특성 조정**, ③ **기술개발이나 사업화 단계 조정** 등이 있다.

거래금액의 조정은 기술평가기관이 독자적으로 결정하며, 본 교재에서는 ① 경과연수 조정, ② 기술 및 시장과 사업특성 조정을 예로 들어 설명한다. 거래금액의 조정은 거래사례의 기술평가기준일(또는 거래기준일)과 수행할 기술가치평가의 기술평가기준일에서의 **물가**(또는 금리)나 **기술 및 시장과 사업**의 특성을 상호 비교하여 결정한다.

경과연수 조정은 거래사례의 기술평가기준일부터 수행할 기술가치평가의 기술평가기준일까지의 물가(또는 금리) 변화를 거래금액에 반영하기 위한 것으로, **생산자물가지수**나 **시장금리**(https://ecos.bok.or.kr/)를 적용하여 조정한다.

기술 및 시장과 사업특성 조정은 기술과 시장 그리고 사업의 특성을 반영하기 위한 것으로, **거래금액조정계수 평가표**(〈표 4-2〉 참고)의 기술성과 권리성 그리고 시장성과 사업성 평가지표의 평점을 이용하여 결정한다.

거래금액조정계수 평가표에서, 기술성과 권리성 평가지표는 거래사례기술과 비교하여 평가대상기술의 진보성이나 우열의 정도를 거래금액에 반영하기 위한 것이다. 시장성과 사업성 평가지표는 거래사례와 비교하여 기술평가기준일에서의 시장 환경과 사업 환경의 변화를 거래금액에 반영하기 위한 것이다.

기술 및 시장과 사업의 특성을 조정하기 위한 거래금액조정계수 평가표(일례)를 〈표 4-2〉에 나타내었다. 거래금액조정계수 평가표는 10개의 기술성과 권리성 평가지표 그리고 10개의 시장성과 사업성 평가지표로 구성되며, 산출한 평점합을 다음의 [식 4-1]에 적용하여 **거래금액조정계수**를 결정한다.

〈표 4-2〉 거래금액조정계수 평가표(일례)

기술성과 권리성 평가지표*	평점	시장성과 사업성 평가지표*	평점
1.1 기술의 우월성	−2, −1, 0, 1, 2	3.1 시장 진입성	−2, −1, 0, 1, 2
1.2 기술의 활용성	−2, −1, 0, 1, 2	3.2 시장 성장성	−2, −1, 0, 1, 2
1.3 기술의 파급성	−2, −1, 0, 1, 2	3.4 동적 경쟁성	−2, −1, 0, 1, 2
1.4 기술의 대체 가능성	−2, −1, 0, 1, 2	3.5 수요성	−2, −1, 0, 1, 2
1.5 기술수명주기	−2, −1, 0, 1, 2	3.6 예상 시장점유율	−2, −1, 0, 1, 2
1.6 기술개발단계	−2, −1, 0, 1, 2	4.1 가격 및 품질 경쟁성	−2, −1, 0, 1, 2
2.1 권리의 충실성***	−2, −1, 0, 1, 2	4.2 성장성(매출액증가율)	−2, −1, 0, 1, 2
2.2 권리범위의 광협***	−2, −1, 0, 1, 2	4.3 수익성(영업이익률)	−2, −1, 0, 1, 2
2.3 법적 보호강도 (침해 가능성)***	−2, −1, 0, 1, 2	4.5 개발 용이성 or 4.6 생산 용이성**	−2, −1, 0, 1, 2
2.4 권리의 안정성***	−2, −1, 0, 1, 2	4.7 자금조달 능력	−2, −1, 0, 1, 2
평점합		○○점	

* 각 평가지표의 정의와 평가기준은 제10부 참고.

** 개발 or 생산단계에 따라 선택하여 평가.

*** 비등록 지식재산권이나 비등록 기술은 등록 지식재산권에 준하는 기준으로 평가함.

$$\text{거래금액조정계수} = 1 + \frac{\text{평점합}}{40} \quad \text{[식 4-1]}$$

거래금액조정계수 평가표에서 산출하는 평점합은 −40점에서 +40점 사이에 분포하며, 동 점수를 [식 4-1]에 적용하여 산출한 거래금액조정계수는 0배(최저)에서 2배(최대) 사이에서 결정된다(즉, −40점은 0배, −20점은 0.5배, 0점은 1배, +20점은 1.5배, +40점은 2배).

3) 기술가치평가금액의 결정

기술가치평가금액(V_T)은 다음의 [식 4-2]와 같이 거래사례에서 확보한 거래금액에 경과연수 조정과 거래금액조정계수를 곱하여 결정한다.

$$V_T = \text{거래금액} \times \text{경과연수조정} \times \text{거래금액조정계수} \quad \text{[식 4-2]}$$

제2절 시장접근법의 평가사례

1. 기술가치평가의 개요

1) 평가대상기술(특허권)

평가대상기술은 〈표 4-3〉에 나타낸 특허권이다. 평가대상기술의 거래에 참고할 거래금액을 산출할 목적으로 수행한 거래금액참고법 기반 기술가치평가를 사례로 들어 설명한다.

〈표 4-3〉 평가대상기술(가상의 특허권)

등록번호 출원번호	등록일 출원일	기술의 명칭(발명의 명칭)	등록 권리자 (사업화 주체**)
10-19xxxxx 10-2019-019xxxx	2020.06.28 2019.11.23	전기 구동 누출 오일 회수기*	한국○○○○○단 ((주)xxxxxx)

* 사업화 단계 기술(TRL 9).
** 사업화 주체(기술 도입자)는 중소기업(비상장 중기업)으로 분류됨.

2) 기술분류와 업종분류

평가대상기술의 기술분류와 사업의 업종분류는 〈표 4-4〉와 같다.

〈표 4-4〉 기술분류와 업종분류

기술분류	업종분류
E02B 15/04 (기름 또는 유사 부유물의 분리 또는 제거)	C29175 (액체여과기 제조업)

3) 기일정보

평가대상기술의 기술가치평가 관련 기일정보는 〈표 4-5〉와 같다.

〈표 4-5〉 기일정보

기술평가기준일	평가기간	평가서 제출일	평가서 유효기간
2021.01.27	2021.01.27~2021.02.10	2021.02.12	2021.08.12 (평가서 제출일부터 6개월)

2. 거래사례기술의 개요

1) 거래사례기술(특허권)

본 기술가치평가에서 참고할 거래사례기술은 〈표 4-6〉과 같다.

〈표 4-6〉 거래사례기술(가상의 특허권)

등록번호 출원번호	등록일 출원일	기술의 명칭(발명의 명칭)	등록 권리자 (사업화 주체**)
10-17xxxxx 10-2017-017xxxx	2018.03.07 2017.06.19	해양 누출유 수거 시스템*	㈜xxxxxx [㈜xxxxxx]

* 사업화 단계 기술임.

** 사업화 주체는 중소기업(비상장 중기업)으로 분류됨.

2) 거래사례의 기술분류와 업종분류

거래사례기술의 기술분류와 사업의 업종분류는 〈표 4-7〉과 같다.

〈표 4-7〉 기술분류 및 업종분류

기술분류	업종분류
E02B 15/10 (표면으로부터 오염 물질을 제거하는 장치)	C29175 (액체여과기 제조업)

3) 거래사례의 기일정보와 거래금액

거래사례의 기일정보와 거래금액은 〈표 4-8〉과 같다.

〈표 4-8〉 기일정보 및 거래금액

거래기준일	거래기관	평가방법/목적	기술평가기준일	거래금액
2018.06.08	○○○○진흥협회	수익접근법/기술거래	불상(unknown)	85백만 원

3. 기술가치평가(거래금액참고법)

거래금액참고법에서는 ① 거래사례와 수행할 기술가치평가를 비교하여 유사성과 동일성을 판단하고(유사성과 동일성 판단), ② 거래금액을 조정하는 과정(거래금액 조정)을 거쳐 평가대상기술의 기술가치평가금액을 결정한다.

1) 유사성과 동일성 판단

거래사례와 수행할 기술가치평가의 유사성과 동일성 판단항목은 ① 평가목적, ② 목표시장, ③ 업종분류, ④ 기술분류, ⑤ 기술내용으로 구성되며, 유사성과 동일성 판단결과를 〈표 4-9〉에 나타내었다.

〈표 4-9〉 유사성과 동일성 판단 평가표

판단항목 (배점)	판단기준	평가척도 (평가기준)	평점
평가목적 (15점)	평가목적을 비교하여 핵심변수, 조정계수, 가정, 평가방법 등의 유사(10.5점 이상) 또는 동일(13점 이상) 여부 판단	3/6/9/12/15 - 유사성(10.5~13 미만) - 동일성(13 이상~15)	6
목표시장 (15점)	제품이 목표로 하는 시장을 비교하여 유사(10.5점 이상) 또는 동일(13점 이상) 여부 판단	3/6/9/12/15 - 유사성(10.5~13 미만) - 동일성(13 이상~15)	13
업종분류 (20점)	기술이 적용된 제품 관련 사업의 업종분류(KSIC)를 비교하여 유사 또는 동일 여부 판단 - 세분류가 같으면 14점 이상 - 세세분류가 같으면 18점 이상	4/8/12/16/20 - 유사성(14~18 미만) - 동일성(18 이상~20)	20
기술분류 (20점)	기술분류코드(IPC)를 비교하여 유사 또는 동일 여부 판단 - 메인그룹이 같으면 14점 이상 - 서브그룹이 같으면 18점 이상	4/8/12/16/20 - 유사성(14~18 미만) - 동일성(18 이상~20)	17
기술내용 (30점)	기술명칭과 내용을 비교하여 주요 키워드나 내용의 유사(21점 이상) 또는 동일(27점 이상) 여부 판단	6/12/18/24/30 - 유사성(21~27 미만) - 동일성(27 이상~30)	21
평점합 (100점)	평점합이 77점으로 유사성이 인정됨		77

상기 〈표 4-9〉에서 유사성이 인정되었으며, 기술평가자들의 합의로 거래사례의 거래금액을 인용하여 기술가치평가를 수행하는 것으로 결정하였다.

2) 거래금액 조정

거래사례와 수행할 기술가치평가의 유사성이 인정되어 거래금액참고법으로 기술가치평가를 수행할 경우, 거래사례에서 확보한 거래금액을 조정하는 절차를 거쳐 기술가치평가금액을 결정한다. 본 교재에서 거래금액의 조정은 ① **경과연수 조정**, ② 기술 및 시장과 사업특성을 반영하기 위한 **거래금액조정계수**의 적용으로 이루어진다.

경과연수 조정은, 거래사례의 기술평가기준일이 불상(Unknown)이므로, 거래기준일(2018.06.08)부터 평가대상기술의 기술평가기준일(2021.01.27)까지의 물가를 거래금액에 반영하며, 〈표 4-10〉의 '공기 및 액체여과기'의 2018년부터 2020년까지 3개년 생산자물가지수(기본분류)(https://ecos.bok.or.kr/)의 평균인 96.12%를 적용하여 조정한다.

〈표 4-10〉 공기 및 액체여과기의 생산자물가지수

(단위: %)

2015년	2016년	2017년	2018년	2019년	2020년	3개년 평균
100(기준)	98.73	98.02	96.50	96.53	95.33	96.12

기술 및 시장과 사업특성을 반영하기 위한 거래금액조정계수 평가표를 〈표 4-11〉에 나타내었다. 거래금액조정계수 평가표는 10개의 기술성과 권리성 평가지표 그리고 10개의 시장성과 사업성 평가지표로 구성되며, 산출한 평점합(7점)을 [식 4-1]에 적용하여 거래금액조정계수를 계산한 결과 1.175로 결정되었다.

〈표 4-11〉 거래금액조정계수 평가표

기술성과 권리성 평가지표*	평점	시장성과 사업성 평가지표*	평점
1.1 기술의 우월성	−2, −1, **0**, 1, 2	3.1 시장 진입성	−2, −1, 0, **1**, 2
1.2 기술의 활용성	−2, −1, **0**, 1, 2	3.2 시장 성장성	−2, −1, **0**, 1, 2
1.3 기술의 파급성	−2, −1, **0**, 1, 2	3.4 동적 경쟁성	−2, −1, 0, **1**, 2
1.4 기술의 대체 가능성	−2, **−1**, 0, 1, 2	3.5 수요성	−2, −1, 0, **1**, 2
1.5 기술수명주기	−2, **−1**, 0, 1, 2	3.6 예상 시장점유율	−2, −1, **0**, 1, 2
1.6 기술개발단계	−2, −1, 0, **1**, 2	4.1 가격 및 품질 경쟁성	−2, −1, 0, **1**, 2
2.1 권리의 충실성	−2, −1, **0**, 1, 2	4.2 성장성(매출액증가율)	−2, −1, **0**, 1, 2
2.2 권리범위의 광협	−2, −1, **0**, 1, 2	4.3 수익성(영업이익률)	−2, −1, **0**, 1, 2
2.3 법적 보호강도(침해 가능성)	−2, −1, 0, **1**, 2	4.6 생산 용이성	−2, −1, 0, **1**, 2
2.4 권리의 안정성	−2, −1, 0, **1**, 2	4.7 자금조달 능력	−2, −1, 0, **1**, 2
평점합		**7점**	

* 각 평가지표의 정의와 평가기준은 제10부 참고.

$$\text{거래금액조정계수} = 1 + \frac{7}{40} = 1.175$$

3) 기술가치평가금액의 결정

기술가치평가금액(V_T)은 전술한 [식 4-2]와 같이, 거래사례의 거래금액에 경과연수 조정과 거래금액조정계수를 곱하여 결정한다.

$$V_T = \text{거래금액} \times \text{경과연수 조정} \times \text{거래금액조정계수}$$
$$= 85\text{백만 원} \times 0.9612 \times 1.175 = 96\text{백만 원}$$

제5부

매출액 추정방법과 추정사례

제1장
기본요건과 추정원칙

제1절 기본요건

1. 기초요건

1) 무형자산의 평가

기술평가자들은 기술가치평가의 대상이 무형의 재산권, 즉, 무형자산이라는 점을 명확히 인식하고 매출액 추정에 임해야 한다. 무형자산은 유형자산과 동일하게 법적으로 보호되는 재산권이나, 유형자산과 달리 형체가 없으므로 매출액 추정을 포함한 기술가치평가 과정에서 소홀히 다루어질 수 있다. 기술평가자들은 무형자산에 관한 기술가치평가의 과정 및 결과가 재산권을 둘러싼 이해 당사자들 사이의 분쟁에서 법적 쟁송의 대상이 될 수 있다는 것을 인식해야 한다. 또한, 부실한 보고 등 기술가치평가 과정의 불법행위로 인해 상법 제7장 벌칙 규정에 따라 처벌될 수 있음을 인식해야 하고, 객관적이고 공정한 자세로 매출액 추정에 임해야 한다.

2) 논리적 일관성

매출액 추정은 기술가치평가 전 과정 중 가장 중요한 단계로서, 매출액 추정이전의 과정, 매출액 추정 과정, 그리고 매출액 추정 이후의 과정이 일맥상통하도록 논리적 일관성을 유지해야 한다. 예를 들어, 기술수명주기를 성숙기로 분류하였으나 도입기를 가정하여 매출액을 추정한다거나, 기술의 경제적 수명 전기의 매출액증가율을 타당한 근거제시 없이 과도하게 높게 한 경우, 그리고 매출액을 기술의 경제적 수명 후기(기술수명주기상 쇠퇴기)까지 증가하도록 추정하는 것은 기술가치평가의 논리적 일관성에 어긋나게 된다. 또한, 매출액 추정에 적용한 매출액증가율은 업종의 평균값보다 높으나 사업성 평가지표 중 성장성 평가지표(매출액증가율)에는 낮은 점수를 부여하는 등의 모순은 논리적 일관성을 훼손하게 된다.

3) 신뢰성

매출액증가율을 과대하게 적용하거나 매출액이 과대 추정된 경우 매출액 추정의 신뢰성을 담보할 수 없으므로 기술평가자는 매출액이 합리적이고 타당하게 추정되었는지 자체 검증해야 한다. 즉, 추정된 매출액을 사업화 주체의 최근 회계연도(또는 분기, 월) 매출액과 비교하거나, 적용한 매출액증가율을 한국은행 기업경영분석(또는 표준재무정보)의 동 업종 매출액증가율 또는 유사기업의 매출액증가율과 비교하여 검토하는 과정을 거쳐야 한다. 또한, 추정된 매출액과 시장규모를 비교하거나 사업화 주체와 경쟁기업의 시장점유율을 비교하여 시장규모나 시장점유율 대비 합리적으로 매출액이 추정되었는지 검토하는 등 신뢰성 확보를 위한 검증 절차를 거쳐야 한다.

평가대상기술의 우월성과 활용성 그리고 파급성 등이 뛰어나 사업화 주체의 최근 추이에서 벗어난 매출액 추정이 불가피한 경우, 이를 뒷받침하는 근거를 기술평가서에 기술해야 한다. 구체적으로, 추이에서 벗어난 매출액 추정의 타당성을 입증하기 위해서 경쟁기술 대비 평가대상기술의 우월성을 기술하거나 매출처 분석을 바탕으로 판매계획의 실현 가능성을 기술해야 한다. 또한, 매출액과 판매계획의 토대인 생산에 투입될 인적 또는 물적 자원에 대한 투자계획의 실현 가능성, 경쟁상황과 시장수요를 바탕으로 한 시장점유율 확대 가능성에 관한 정량적이고 정성적인 기술이 필수적으로 요구되며, 이러한 것이 기술되지 않는다면 매출액 추정의 신뢰성은 훼손된다.

2. 평가요건

1) 기술평가팀

기술평가팀은 평가대상기술에 대한 기술성, 권리성, 시장성, 사업성 등 평가요인 그리고 회계와 기술가치평가 방법론에 대해 충분한 지식을 보유하고 있는 전문가(즉, 기술평가자)들로 구성되어야 하며, 이들에 의해 매출액 추정이 이루어져야 한다. 특히, 기술평가기관에 소속되지 않은 평가요인 각 분야의 외부 전문가를 포함해 기술평가팀을 구성해야 하며, 이들의 의견을 수렴하여 매출액을 추정해야 한다. 일 인 또는 소수의 전문가들로 기술평가팀을 구성하고, 이들이 전문분야와 무관한 복수의 평가요인에 대해 평가를 수행하면 매출액 추정이나 기술평가결과에 왜곡이 발생할 수 있다.

기술평가팀의 전문가는 기술의 경제적 수명과 기술수명주기 그리고 기술비중과 같은 매출액 추정에 관련된 용어(즉, 개념)의 정의를 이해하고, 평가에 관련된 정확한 용어(즉, 개념)를 구사하거나 기술할 수 있어야 한다. 기술평가팀의 전문가는 매출액 추정을 포함한 기술가치평가 전 과정에 대한 이해도가 높아야 하며, 기술가치평가서를 구성하는 평가요인에 관한 보고서 작성능력을 보유해야 한다.

매출액 추정의 설명력과 타당성을 확보하기 위해서 평가대상기술이나 시장상황 그리고 사업화 여건 등에 정통한 외부 자문위원(기술평가팀에 포함되지 않은 전문가)의 의견을 수렴할 수 있으며, 매출액 추정은 기술평가팀의 전문가와 외부 자문위원의 의견을 종합하여 합리적으로 수행되어야 한다.

2) 현장평가

매출액 추정은 여유현금흐름추정의 첫 단계이며, 기술가치평가금액의 절댓값에 가장 크게 영향을 미친다. 매출액 추정은 개발 및 사업화 현장을 방문하여, 평가대상기술의 개발 및 사업화 추진 담당자(대표자나 책임자)와의 면담을 통해 개발, 인력, 투자, 생산, 영업, 판매 등에 관한 계획을 직접 청취 및 확인하고, 그 결과를 바탕으로 수행되어야 한다. 현장평가에서 파악한 사업화 주체의 인력(개발, 생산, 영업, 관리)구성 및 경력, 설비계획 및 생산능력, 영업계획 및 판매능력, 자금조달능력 등 사업화 역량을 반영하여 매출액을 추정해야 한다. 특히, 매출목표 달성을 위해 필요한 자금조달계획이 수립되어 있는지 파악해야 하며, 동 계획의 실행 가능성, 즉, 현실성이 있는지 고려하여 매출액을 추정해야 한다.

제2절 추정원칙

1. 매출액 추정단위

매출액 추정단위는 매출액을 추정하는 기간을 의미하며, 수익접근법은 기술평가기준일부터 미래로 1년씩 전진하는 차년도로, 비용접근법은 기술평가기준일부터 과거로 1년씩 역진하는 차년도로 한다. 여기서, 기술평가기준일은 평가기간 중의 하루로서, 매출액 추정자료 등 기술가치평가에 필요한 자료가 취합되어 확정된 날짜이며, 기술평가기준일이 바뀌면 추정매출액과 기술가치평가금액이 바뀌게 된다.

수익접근법에서 매출액은 기술평가기준일부터 1년(365일)씩 차년도 단위로 전진하며 기술의 경제적 수명 또는 여유현금흐름 추정기간 동안 추정한다(예 5-1 참고). 그러나, 비용접근법에서 비용은 기술평가기준일부터 1년(365일)씩 차년도 단위로 역진하며 비용지출 시점까지, 즉, 비용지출기간 동안 추정한다.

예 5-1과 같이 수익접근법의 매출액 추정단위를 기술평가기준일부터 1년(365일)씩 차년도로 하는 경우, 각 차년도와 재무정보의 결산기간이 불일치하므로 매출액 추정단위를 결산기간에 일치시켜야 한다는 의견이 있다. 그러나, 이를 위해서는 기술평가기준일을 1월 1일로 가정(즉, 소급)하여 결산기간에 맞추거나, 다음의 예 5-2와 같이 기술평가기준일부터 12월 31일까지를 1차년도로 해야 한다. 전자의 경우 기술평가기준일에서의 기술, 시장, 사업의 특성을 반영할 수 없고, 후자의 경우 1년 미만의 매출액 추정단위가 발생한다.

예를 들어, 매출액 추정단위를 재무정보의 결산기간에 일치시킬 경우, 기술평가기준일에 따라 매출액 추정단위 중 1차년도와 최종 차년도는 1년 미만이 되어 1년(365일) 단위로 매출액 추정단위를 결정할 수 없게 된다. 또한, 1년 미만인 최종 차년도가 기술의 경제적 수명에 가산되어 기확정된 기술의 경제적 수명과 불일치하게 되는 문제가 발생한다(예 5-2 참고).

예 5-1

기술평가기준일부터 1년(365일) 씩 차년도 단위로 매출액을 추정함(수익접근법)

- 재무정보의 결산기간: 01.01~12.31(결산기준일 12.31)인 경우
- 기술평가기준일: 2020.03.20
- 기술의 경제적 수명: 5년
- 매출액 추정단위: ① 1차년도: 2020.03.20 ~ 2021.03.19
  ② 2차년도: 2021.03.20 ~ 2022.03.19
  ③ 3차년도: 2022.03.20 ~ 2023.03.19
  ④ 4차년도: 2023.03.20 ~ 2024.03.19
  ⑤ 5차년도: 2024.03.20 ~ 2025.03.19

구분 (매출액 추정단위)	1차년도	2차년도	3차년도	4차년도	5차년도
추정매출액	-	-	-	-	-

예 5-2

매출액 추정기간을 재무정보의 결산기간에 일치시킬 경우 문제점(수익접근법)

- 재무정보의 결산기간: 01.01~12.31(결산기준일 12.31)인 경우
- 기술평가기준일: 2020.03.20
- 기술의 경제적 수명: 5년(기확정됨)
- 매출액 추정단위: ① 1차년도: 2020.03.20 ~ 2020.12.31
  ② 2차년도: 2021.01.01 ~ 2021.12.31
  ③ 3차년도: 2022.01.01 ~ 2022.12.31
  ④ 4차년도: 2023.01.01 ~ 2023.12.31
  ⑤ 5차년도: 2024.01.01 ~ 2024.12.31
  ⑥ 6차년도: 2025.01.01 ~ 2025.03.19
- 1차년도와 6차년도는 1년 미만이 됨. 또한, 기술의 경제적 수명에 가산되는 6차년도 때문에 기확정된 기술의 경제적 수명 5년과 불일치하게 됨.
- 기술평가기준일이 1월이면 6차년도가 1개월 미만이 되며, 기술평가기준일이 12월이면 1차년도가 1개월 미만이 되어 매출액 추정단위가 지나치게 짧게 결정되는 문제가 있음.

각 차년도의 분기나 반기별로 매출액을 추정하고, 이를 합하여 해당 차년도의 매출액으로 할 수 있다. 또한, 결산기준일(12월 31일)에 확정된 매출액을 인용하여 기술평가기준일(3월 20일)부터 차년도 단위로 매출액을 추정할 경우, 결산기준일의 확정매출액과 기술평가기준일의 추정매출액은 연관성이 있어야 하며, 이들을 비교하여 매출액 추정의 적절성을 검토해야 한다.

여유현금흐름 변수인 매출액의 추정에 사용되는 매출액증가율 등의 인용자료(데이터)는 매출액 추정단위인 차년도 내의 연도(年度)별로 안분하여 적용하는 것이 원칙이며, 자세한 것은 후술한 '5. 인용자료'에 설명하였다.

2. 평가대상기술의 식별

1) 평가대상기술이 적용된 제품만의 매출액 추정

평가대상기술은 동 기술이 적용된 **제품 전체**(즉, 제품 전체를 대상으로 한 기술)에 관한 것일 수도 있고, 동 기술이 적용된 **제품의 일부분**(즉, 제품의 일부를 대상으로 한 기술)에 관한 것일 수도 있다(예 5-3 및 예 5-4 참고). 후자와 같이 평가대상기술이 제품의 일부분에 관한 것일 경우, 매출액은 제품 전체가 아닌 평가대상기술이 적용된 제품 일부분을 대상으로 추정해야 한다. 이때, 제품 일부분에 관한 평가대상기

예 5-3

평가대상기술이 적용된 제품만의 매출액 추정 1

제품은 부품(예: 피스톤 등 자동차용 엔진 부품), 조립품(예: 자동차용 엔진), 완성품(예: 자동차 등 시스템) 등과 같이 계층적으로 분류할 수 있음. 또는, 분류방식에 따라 부품(예: 피스톤)을 조립품으로 인식하고 하위의 부품(피스톤 링, 피스톤 헤드 등)을 계층적으로 분류하거나, 부품(예: 피스톤)을 완성품으로 인식하고 하위의 조립품(피스톤 링, 피스톤 헤드 등)과 부품(압축 링, 오일 링 등) 등으로 분류할 수 있음.

예를 들어, 전자의 분류체계에 따라 평가대상기술이 부품인 '피스톤'에 관한 것이면, 매출액은 조립품인 '자동차용 엔진' 또는 완성품인 '자동차'를 대상으로 추정할 수 없음. 그러나, '피스톤'이 '자동차용 엔진' 또는 '자동차'의 가치를 결정하는 데 기여한 수준을 고려해 매출액을 추정해야 함.

예 5-4

평가대상기술이 적용된 제품만의 매출액 추정 2

건설업이나 서비스업에 관한 기술가치평가에서, 평가대상기술이 적용된 제품(예: 건설업의 맨홀, 서비스업의 광고판)이 건설(예: 하수관거 공사)이나 서비스(예: 전시행사 대행)를 위한 일부 도구로 사용될 수 있음.

예를 들어, 평가대상기술이 '맨홀' 또는 '광고판'에 관한 것이면, 매출액은 '하수관거 공사' 또는 '전시행사 대행' 전체를 대상으로 추정할 수 없음. 그러나, '맨홀' 또는 '광고판'이 '하수관거 공사' 또는 '전시행사 대행'을 통해 기록하는 전체 매출에 기여한 수준을 고려해 매출액을 추정해야 함.

술이 제품 전체의 성능이나 매출에 기여하는 수준, 즉, **평가대상기술이 제품 전체의 가치를 결정하는데 기여하는 수준**을 고려해 매출액을 추정해야 한다.

매출액 추정 과정에서 흔히 범하는 오류는 평가대상기술이 제품이나 건설 또는 서비스의 일부에 관한 것인데도, 제품이나 건설 또는 서비스의 판매(제공)에 따른 전체 매출액을 평가대상기술에 의한 매출액으로 인식하는 것이다. 즉, 평가대상기술이 제품이나 건설 또는 서비스 분류체계상 하위 계층(예: 피스톤, 맨홀, 광고판)에 관한 것인데도, 상위계층(예: 자동차용 엔진 또는 자동차, 하수관거 공사, 전시행사 대행 서비스)을 포함하여 매출액을 추정하는 오류를 범하는 것이다.

이러한 오류를 범하지 않기 위해 기술평가자들은 매출액을 추정하기 전에 **기술이 적용된 제품을 계층적으로 분석하여**, 평가대상기술이 적용된 제품만의 매출액을 추정할 수 있어야 한다. 또한, 건설업이나 서비스업 관련 평가에서, 평가대상기술이나 동 기술이 적용된 제품이 건설이나 서비스에서 차지하는 가치를 식별하여 평가대상기술만의 매출액을 추정할 수 있어야 한다.

기술적인 관점에서, 평가대상기술이 적용된 제품만의 매출액 추정을 위해 기술평가자들은 평가대상기술의 요지나 청구항을 바탕으로 **타 기술이나 제품과 차별되는 특성을 식별해야** 하며, 이렇게 식별된 평가대상기술에 의해 발생하는 매출액만을 추정해야 한다. 이를 통해 평가대상기술과 무관한 기술이나 제품까지 포함해 매출액을 추정하는 오류를 범하지 않아야 한다.

또한, 사업화 주체가 다수의 유사한 제품의 사업화를 추진하고 있으며, 평가대상기술이 다수의 유사한 제품 중 특정한 제품에만 적용된 경우, 동 특정한 제품만을 대상으로 매출액을 추정해야 한다.

2) 자급적 평가대상기술의 매출액 추정

일부 평가대상기술이나 동 기술이 적용된 제품은 판매가 목적인 최종 제품의 제조나 생산에만 적용되는 것으로서, 사업화 주체의 자체 제조공정이나 건설 또는 서비스(용역) 등에 오직 자급적으로 사용될 수 있다(이하 자급적 평가대상기술). 이 경우, 기술평가자는 평가대상기술이나 동 기술이 적용된 제품이 자체 제조공정이나 건설 또는 서비스 등에 적용되어 가치창출에 기여한 수준을 고려해 매출액을 추정해야 한다.

자급적 평가대상기술이 적용된 유무형(有無形)의 제품, 예를 들어, 사업화 주체가 자체 사업에만 사용할 목적으로 제작한 맨홀, 광고판, 소프트웨어 등을 평가할 때, 기술평가자는 사업화 주체 내부에 평가대상기술이 적용된 유무형의 제품을 제조하여 공급하는 별도의 사업 부문이 존재하는 것으로 보아 평가를 수행해야 한다. 즉, 별도의 사업 부문에서 제품을 제조하여 회사 내부의 수요처인 제조나 건설 또는 서비스 등의 사업 부문에 판매(공급)하여 매출액을 기록한다는 가정 아래 기술가치평가를 수행해야 한다.

자급적 평가대상기술이 적용된 부품, 장비, 소프트웨어, 공법, 노하우, 영업비밀 등 유무형의 제품은 자체 공정이나 건설 또는 서비스 등에 적용되어 제조나 생산에 투입되는 인력(공수), 원·부재료 투입량, 원·부재료의 가공시간이나 속도, 공정 수, 단가, 품질 등을 개선하여 가치창출에 기여한다.

자급적 평가대상기술과 동 기술이 적용된 유무형의 제품에 대한 기술가치평가에서, 평가대상기술을 적용하기 전과 후의 인력(공수), 원·부재료 투입량, 가공시간이나 속도, 공정 수, 단가, 품질 등의 개선율로부터 측정된 수익의 차액 또는 비용의 차액으로 기술가치평가금액을 결정할 수 있다. 즉, 전술한 수익차액추정법(제2부 제3장) 또는 비용차액산출법(제3부 제3장)으로 기술가치평가를 수행할 수 있다.

3. 기술수명주기와 기술비중

1) 기술수명주기

기술의 경제적 수명과 기술수명주기에 관한 정의 및 기술의 경제적 수명을 추정하는 방법은 전술한 제2부 제1장 수익접근법(수익추정법)과 평가사례에 나타낸 〈개념과 정의 2-1〉과 〈개념과 정의 2-2〉 등에 설명하였다.

기술의 경제적 수명은 평가대상기술이 경제적 효용성을 유지하는 기간이며, 평가대상기술은 기술의 경제적 수명 동안에 도입기, 성장기, 성숙기, 쇠퇴기라는 기술수명주기(TLC, Technology Life Cycle)를 거친다. 기술수명주기는 제품수명주기(PLC, Product LIfe Cycle) 이론을 기술가치평가에 차용한 것으로, 기술은 자연의 법칙에 따라 시간이 지나면서 도입기, 성장기, 성숙기, 쇠퇴기를 거쳐 소멸한다는 개념이며, 평가대상기술의 고유한 특성을 고려하여 결정하거나 기술군이나 경쟁기술의 기술수명주기를 참고하여 결정한다.

기술평가자는 기술평가기준일부터 기술의 경제적 수명 마지막 차년도까지 평가대상기술이 거치게 되는 기술수명주기와 각 기술수명주기의 기간을 결정한 후 매출액을 추정해야 하며, 각 기술수명주기의 기간은 기술평가자들이 합의하여 결정한다.

기술수명주기는 시간이 지나감에 따라 도입기에서 쇠퇴기까지의 변화를 나타내기 때문에, 성장기 기술로 분류한 후 기술수명주기상 전 단계인 도입기를 가정하거나, 성숙기 기술로 분류한 후 기술수명주기상 전 단계인 도입기나 성장기를 가정하여 매출액을 추정할 수 없다.

평가대상기술이 적용된 제품의 판매실적과 매출액은 기술수명주기상 도입기와 성장기를 거치며 증가하고, 대체기술이 출현하는 성숙기 후기와 쇠퇴기를 거치며 감소하는데, 증가와 감소하는 특성은 통계적으로 정규분포를 따른다(제5부 제2장 매출액 추정법과 사례의 BASS 확산모형 참고).

기술의 경제적 수명 후반기, 즉, 기술수명주기상 성숙기 후기와 쇠퇴기에는 대체기술이 출현하여 평가대상기술을 대체한다는 가정 아래 기술가치평가를 수행한다. 따라서, 기술수명주기상 성숙기 후기와 쇠퇴기까지 매출액이 증가하도록 추정하는 것은 기술수명주기의 정의에 반하게 된다.

2) 기술비중

평가대상기술은 제품이나 건설 또는 서비스 등에 적용되어 매출액 발생에 기여한다. 이때, 평가대상기술이라는 단일 기술이 제품이나 건설 또는 서비스를 구현할 수도 있으나, 일반적으로 평가대상기술이 여러 가지 다른 기술과 함께 적용되어 제품이나 건설 또는 서비스를 구현한다.

따라서, 평가대상기술이 적용된 제품이나 건설 또는 서비스 등에 관한 추정매출액에는 평가대상기술뿐만 아니라 여러 가지 다른 기술에 의한 매출액도 포함되는 것이 일반적이기 때문에, **추정매출액**에서 평가대상기술에 의한 매출액, 즉, 기술매출액만을 분리해낼 필요가 있다.

기술비중은 **매출액 추정단계**에서, 평가대상기술이 적용된 제품이나 건설 또는 서비스를 대상으로 추정한 추정매출액에서 기술매출액을 분리해내기 위한 여유현금흐름 **변수**이다. 기술비중은 기술기여도와 구별되는 개념이며, 기술평가자는 두 개념의 차이를 이해하고 평가에 임해야 한다.

기술기여도는 **기술가치평가 최종단계**에서, 현가화된 여유현금흐름의 합계로부터 유·무형자산 중에서도 특히 평가대상기술이라는 기술자산이 기여하는 부분만을 분리하기 위한 **핵심변수**이다. 기술비중과 기술기여도의 차이는 전술한 제2부 제1장 수익접근법(수익추정법)과 평가사례에 나타낸 〈개념과 정의 2-5〉에 설명하였다.

기술비중을 정량화하기 위해서는 영향력 평가를 통해 평가대상기술이 핵심기술인지 보조기술인지 분류한 이후, 공헌도 평가를 수행한 결과를 바탕으로 기술비중을 결정한다(기술비중 산출방법은 별첨1 참고).

(1) 영향력 평가

영향력 평가는 **평가대상기술**이 적용된 제품의 사업화가 기술, 시장, 사업, 산업에 미치는 **영향력**을 평가하며, 〈표 5-1〉의 영향력 평가표와 같이 10개의 영향력 평가지표를 10점 척도로 평가한다. 평가점수 합이 60점 이상이면 핵심기술, 60점 미만이면 보조기술로 분류하며, 각 평가지표에 대한 평가방법과 지표해설은 '별첨 1'에 나타내었다.

〈표 5-1〉 영향력 평가표

평가지표	평점	평가지표	평점
보유 영향력(기술)	1/2/3/4/5/6/7/8/9/10	시장 영향력(시장)	1/2/3/4/5/6/7/8/9/10
유출 영향력(기술)	1/2/3/4/5/6/7/8/9/10	매출 영향력(사업)	1/2/3/4/5/6/7/8/9/10
기술 영향력(기술)	1/2/3/4/5/6/7/8/9/10	수익 영향력(사업)	1/2/3/4/5/6/7/8/9/10
제품 영향력(시장)	1/2/3/4/5/6/7/8/9/10	사업 영향력(사업)	1/2/3/4/5/6/7/8/9/10
진입 영향력(시장)	1/2/3/4/5/6/7/8/9/10	산업 영향력(산업)	1/2/3/4/5/6/7/8/9/10
평가점수 합(10~100점)		**○○점**	

영향력 평가결과, 핵심기술은 제품의 가치(예를 들어, 매출액이나 영업이익의 규모)를 결정하는 데 영향력이 큰 기술을 말하며, 보조기술은 제품의 가치를 결정하는 데 미치는 영향력은 적으나 제품을 완성하는 데 필요한 보조적인 기술(예를 들어, 뿌리기술)을 말한다.

일반적으로 평가대상기술이 단일 기술로서 제품이나 건설 또는 서비스 전체를 대상으로 하면 핵심기술로 평가되며, 평가대상기술이 여러 가지 다른 기술과 함께 적용되어 제품이나 건설 또는 서비스를 완성할 경우 핵심기술이나 보조기술 중 하나로 평가된다.

영향력 평가는 사업화 주체의 재무제표나 사업화 실적 및 경영진에 대한 선입견을 배제하고 수행해야 한다. 평가대상기술이 제품, 시스템, 공법, 건설, 서비스 등의 전체를 대상으로 하거나 핵심기술이면 60점 이상으로 평가한다. 그러나 평가대상기술이 제품, 시스템, 공법, 건설, 서비스 등의 일부를 대상으로 하거나 보조기술이면 60점 미만으로 평가한다.

(2) 공헌도 평가

공헌도 평가는 평가대상기술이 적용된 제품이 매출 발생에 공헌하는 정도를 평가하며, 전술한 영향력 평가결과(핵심기술, 보조기술)를 고려하여 평가한다. 공헌도 평가는 〈표 5-2〉와 같이 10개의 공헌도 평가지표를 10점 척도로 평가하며(각 지표의 최저평점은 2점), 공헌도 평가표의 평가점수 합을 후술한 [식 5-1]이나 [식 5-2]에 적용하여 기술비중을 산출한다. 공헌도 평가표의 평가지표에 관한 평가방법과 평가기준은 '별첨1'에 나타내었다.

〈표 5-2〉 공헌도 평가표

평가지표	평점	평가지표	평점
원천성	2/3/4/5/6/7/8/9/10	안정성	2/3/4/5/6/7/8/9/10
성장성	2/3/4/5/6/7/8/9/10	대체성	2/3/4/5/6/7/8/9/10
지속성	2/3/4/5/6/7/8/9/10	성숙성	2/3/4/5/6/7/8/9/10
독점성	2/3/4/5/6/7/8/9/10	용이성	2/3/4/5/6/7/8/9/10
확장성	2/3/4/5/6/7/8/9/10	소구성	2/3/4/5/6/7/8/9/10
평가점수 합(20~100점)		○○점	

공헌도 평가 시, 평가대상기술과 함께 금형, 주조, 사출, 용접, 표면처리와 같은 뿌리기술 등 여러 가지 다른 기술이 상호 결합해야 제품이나 건설 또는 서비스 등이 완성된다는 것을 염두에 두고 평가해야 한다. 즉, 제품이나 건설 또는 서비스 등에 평가대상기술과 함께 적용된 여러 가지 다른 기술과의 관계를 고려하고, 평가대상기술이 제품이나 건설 또는 서비스의 완성이나 매출 발생에 공헌하는 상대적인 수준을 평가해야 한다.

공헌도 평가는 사업화 주체의 재무제표나 사업화 실적 및 경영진에 대한 선입견을 배제하고 수행해야 한다. 평가대상기술이 핵심기술이며, 제품, 시스템, 공법, 건설, 서비스 등의 전체를 대상으로 하면 60점 이상 100점 이하로 평가한다. 그러나 평가대상기술이 보조기술이며, 제품, 시스템, 공법, 건설, 서비스 등의 일부를 대상으로 하면 20점 이상 60점 미만으로 평가한다.

(3) 기술비중 산출수식

기술비중은 공헌도 평가표의 평가점수 합을 [식 5-1] 또는 [식 5-2]에 대입하여 산출한다(별첨1 참고). 평가대상기술이 제품, 시스템, 공법, 건설, 서비스 등의 전체를 대상으로 한 핵심기술이며, 기술평가자들의 공헌도 평가점수 평균이 60점 $\leq X \leq$100점인 경우, 기술비중은 [식 5-1]에 적용하여 산출한다.

$$\text{기술비중}(\%) = 60 + 30 \times \frac{\text{공헌도 평가평균}(X) - \text{기준값}}{\text{최댓값} - \text{기준값}} \quad \cdots\cdots \text{[식 5-1]}$$

여기서, 최댓값: 100, 기준값: 60

평가대상기술이 제품, 시스템, 공법, 건설, 서비스 등의 일부를 대상으로 한 보조기술이며, 기술평가자들의 공헌도 평가점수 평균이 20점≤ X 〈 60점인 경우, 기술비중은 [식 5-2]에 적용하여 산출한다.

$$\text{기술비중}(\%) = 10 + 50 \times \frac{\text{공헌도 평가평균}(X) - \text{최솟값}}{\text{기준값} - \text{최솟값}} \quad \cdots\cdots \text{[식 5-2]}$$

여기서, 최솟값: 20, 기준값: 60

[식 5-1]에 따른 기술비중의 최대치는 90%이며, 이는 아무리 우수한 핵심기술이라도 10% 미만의 보조기술을 필요로 한다는 것을 의미한다. 또한, [식 5-2]에 따른 기술비중의 최소치는 10%이며, 이는 아무리 사소한 보조기술이라도 10% 이상의 기술적 가치(매출에 기여)가 있다는 것으로 의미한다.

기술평가기관은 독자적인 방식으로 기술비중을 결정할 수 있으며, 기술비중은 반드시 기술성, 권리성, 시장성, 사업성 등을 평가한 기술평가팀의 전문가와 외부 전문가(외부 자문위원 포함)가 수행한 영향력 및 공헌도 평가결과를 반영하여(즉, 이들의 의견을 수렴하여) 결정해야 한다.

기술비중은 매출액 추정단계에서 결정하는 것이 타당하다. 만약, 매출액 추정단계 이후에 결정하면(예: 기술기여도 추정단계), 평가대상기술과 무관한 매출액을 포함하여 기술기여도 추정단계까지 평가를 수행하는 모순이 발생하며, 기술비중이 매출액과 유리되어(즉, 무관하게) 결정될 수 있다.

4. 기술의 경제적 수명 단계별 매출액 추정원칙

1) 기술의 경제적 수명 초기

기술의 경제적 수명 초기(기술의 경제적 수명의 초기 1/3)는 기술평가기준일에 가까운 시기로서, 사업화 주체의 사업계획을 바탕으로 매출액을 직접적으로 추정할 수 있다. 따라서 기술의 경제적 수명 초기의 매출액은 사업화 주체가 최근 매출실적으로부터 연속적으로 작성하여 제시한 생산계획이나 판매계획(판매처별 제품의 판매 수량과 단가를 기초로 작성됨)을 인용하여 직접적으로 추정하는 것을 원칙으로 한다. 이 경우, 기술평가자는 사업화 주체의 최근 매출실적을 바탕으로 생산계획이나 판매계획의 실현 가능성(즉, 실현 확률)을 검토하고, 이를 반영하여 매출액을 추정해야 한다.

사업화 주체가 확정되지 않았거나 최근 매출실적과 생산계획 또는 판매계획을 인용할 수 없으면, 기술의 경제적 수명 초기의 매출액은 직접적으로 추정할 수 없다. 이 경우, 사업화 주체와 유사한 기업이나 동일 업종의 재무정보(매출액증가율) 또는 시장조사 자료(시장규모, 시장성장률, 시장점유율)를 이용하여 매출액을 간접적으로 추정할 수 있다(〈표 5-3〉 참고). 이 경우, 사업화 주체와 경쟁기업의 예상 시장점유율을 비교하여 매출액 추정의 타당성을 검증하거나, 기술과 업종이 같고 유사한 사업화 단계를 거친 기업의 매출액과 비교하여 매출액 추정의 타당성을 검증해야 한다.

〈표 5-3〉 기술의 경제적 수명 초기의 매출액 추정원칙

직접적 추정	사업화 주체의 생산계획이나 판매계획을 인용하여 직접적으로 추정함.
간접적 추정	- 재무정보(매출액증가율) 등을 이용하여 간접적으로 추정함(1차년도 매출액은 직접적으로 추정할 수 있음). - 시장점유율법 등을 이용하여 간접적으로 추정함.

2) 기술의 경제적 수명 중기

기술의 경제적 수명 중기(기술의 경제적 수명의 중기 1/3)는 기술평가기준일에서 비교적 먼 시기로서, 사업화 주체가 제시한 생산이나 판매계획의 불확실성이 크며, 이를 인용하여 매출액을 추정하면 신뢰성이 떨어진다.

사업화 주체가 제시한 기술의 경제적 수명 중기의 생산 또는 판매계획의 불확실성이 큰 경우, 유사한 기업 또는 동일 업종의 3개년 이상 평균 매출액증가율에 수렴한다는 가정 아래(즉, 평균 매출액증가율만큼 성장), 동 재무비율을 인용하여 간접적으로 매출액을 추정하는 것이 합리적이다.

구체적으로, 최근 매출실적과 생산계획 또는 판매계획 등을 바탕으로 직간접적으로 추정한 기술의 경제적 수명 초기의 매출액증가율이 기술의 경제적 수명 중기에는 유사한 기업 또는 동일 업종의 3개년 이상 평균 매출액증가율에 수렴한다는 가정 아래 매출액을 간접적으로 추정하는 것이 합리적이다(〈표 5-4〉 참고).

〈표 5-4〉 기술의 경제적 수명 중기의 매출액 추정원칙

간접적 추정	유사한 기업 또는 동일 업종의 3개년 이상 평균 매출액증가율에 수렴한다는 가정(평균 매출액증가율만큼 성장한다는 가정) 아래 간접적으로 추정함.

3) 기술의 경제적 수명 후기

기술의 경제적 수명 후기(기술의 경제적 수명의 후기 1/3로서, 기술수명주기상 성숙기 후반부터 쇠퇴기를 말함)는 기술수명주기 이론에 따라 경쟁기술이나 대체기술이 적용된 제품들이 시장점유율을 확대함에 따라 평가대상기술이 적용된 제품은 경쟁우위를 잃게 되어 시장점유율과 매출액이 감소하는 시기이다.

기술의 경제적 수명 후기에 **평가대상기술이 적용된 제품의 시장점유율과 매출액이 감소하는 비율은** 경쟁기술이나 대체기술이 적용된 제품을 출시할 것으로 전망되는 **주요 경쟁기업의 수**(시장주도기업의 수, 〈표 2-37〉 참고)에 의해 결정된다. 즉, 기술평가기준일 현재 시장지배력이 큰 주요 경쟁기업의 수가 많은 경우, 기술의 경제적 수명 후기에는 이들의 수에 비례한 경쟁제품이 출현하여 평가대상기술이 적용된 제품의 시장점유율과 매출액을 잠식하는 것으로 보는 것이 타당하다.

평가대상기술이 적용된 제품의 **매출액을 잠식하는 비율은 기술평가기준일 현재 조사된 주요 경쟁기업의 수**(시장주도기업의 수, 〈표 2-37〉 참고)에 의해 결정된다. 주요 경쟁기업의 수는 기술가치평가서의 시장성 분석에서 수행하는 경쟁성 또는 시장점유율이나 시장집중도 분석을 통해 확인할 수 있다(〈표 5-5〉 참고).

〈표 5-5〉 기술의 경제적 수명 후기의 매출액 추정원칙

간접적 추정	기술평가기준일 현재 조사된 주요 경쟁기업이 기술의 경제적 수명 후기에 평가대상기술이 적용된 제품의 매출액을 잠식한다는 가정 아래 추정함.

기술의 경제적 수명 후기(쇠퇴기)에는 주요 경쟁기업이 평가대상기술이 적용된 제품의 매출액을 잠식한다는 가정에 따라, 쇠퇴기의 매출액은 ① 기술의 경제적 수명 초기나 중기에 기록한 최고 매출액(M)을 주요 경쟁기업의 수(m)로 나누어 기술의 경제적 수명 최종 차년도 매출액(L)을 결정하고(L=M÷m), ② 최고 매출액과 최종 차년도 매출액의 차이(M-L)를 쇠퇴기 기간(n)으로 나눈 값을 산출하며 {p=(M−L)÷n}, ③ 최고 매출액에서 산출된 값(p)만큼 쇠퇴기 동안 매년 감소하도록 산술적으로 결정한다(예 5-5 참고).

예 5-5

기술의 경제적 수명 후기(쇠퇴기)의 매출액 추정

- 기술의 경제적 수명: 7년(성숙기 4년, 쇠퇴기 3년)
- 기술평가기준일 현재 기술수명주기: 성숙기
- 기술의 경제적 수명 초기나 중기의 최고 매출액(M): 2,400백만 원(4차년도)
- 주요 경쟁기업의 수(m): 4개 기업
- 쇠퇴기 기간(n): 3년

① 기술의 경제적 수명 최종 차년도인 7차년도의 추정매출액(L):
L=M÷m=2,400백만 원÷4=600백만 원

② 쇠퇴기에 매년 감소하는 매출액(p):
p={(M-L)÷n}={(2,400백만 원-600백만 원)÷3}=600백만 원

③ 쇠퇴기의 매출액 결정{최고 매출액(M) 기준 매년 p=600백만 원씩 감소}:
쇠퇴기의 매출액은 5차년도에 1,800백만 원(2,400-600), 6차년도에 1,200백만 원(1,800-600)으로 결정됨

구분	1차년도	2차년도	3차년도	4차년도	5차년도	6차년도	7차년도
기술수명	성숙기				쇠퇴기(n=3)		
추정매출액	1,770	1,960	2,150	2,400(M)	1,800	1,200	600(L)

5. 인용자료

기술평가자가 매출액을 추정하는 과정에서 인용하는 자료는 신뢰할 수 있는

조사기관이 발표한 것이어야 하며, 매출액 추정 시 인용의 근거나 자료의 출처를 제시해야 한다. 기술평가자가 매출액과 매출액증가율, 시장규모와 시장성장률 그리고 시장점유율 등과 같은 인용자료를 근거나 출처를 제시하지 않으면 매출액 추정의 신뢰성은 훼손된다.

매출액의 추정 과정에서 흔히 범하는 오류는 서로 다르게 정의되는 인용자료를 혼용하는 것이다. 대표적으로, 매출액증가율과 시장성장률은 서로 다르게 정의되지만, 매출액을 추정하는 과정에서 매출액증가율 대신하여 시장성장률을 적용하는 오류를 범할 수 있다.

판매계획, 매출액과 매출액증가율, 시장규모와 시장성장률 등과 같은 자료를 인용할 경우, 동 인용자료는 다년간에 걸쳐 수집한 데이터 또는 다수의 모집단으로부터 취득한 데이터의 평균치이어야 하며, 기술평가자들은 이와 같은 인용자료를 사용하여 객관성을 확보해야 한다. 일시적으로 발생한 과대한 증가율을 적용하거나, 작은 수의 모집단에서 추출한 성장률이나 점유율 등을 인용할 경우 평가의 공정성을 확보할 수 없다.

일반적으로, 핵심변수나 여유현금흐름 변수의 추정에 인용하는 재무정보나 시장조사자료는 연도로 표시되며, 사업화 주체의 매출계획은 결산기간(결산기간이 1월 1일~12월 31일이면 연도와 동일)으로 표시된다. 이러한 인용자료는 전술한 매출액 추정단위인 차년도 내의 연도별로 안분하여 적용하는 것이 원칙이다. 그러나 실무편의상 기술평가자들의 판단으로, 연도로 안분하지 않고 차년도 단위로 적용할 수 있다(예 5-6 참고).

예 5-6

인용자료의 적용

- 재무정보의 매출액증가율이 2020년 4.5%이고 2021년 6.0%인 경우
- 전술한 예 5-1의 매출액 추정단위 1차년도의 2020년 3월 20일(기술평가기준일)부터 2020년 12월 31일까지는 4.5%, 2021년 1월 1일부터 2021년 3월 19일까지는 6.0%를 적용하여 매출액을 추정하는 것이 원칙임.
- 그러나 실무편의상 기술평가자의 판단으로 1차년도(2020년 3월 20일~2021년 3월 19일)에 4.5%, 2차년도(2021년 3월 20일~2022년 3월 19일)에 6.0%를 적용하여 매출액을 추정할 수 있음.

제2장
매출액 추정법과 사례

매출액 추정법에는 사업화 주체의 판매계획(매출계획)을 이용한 **직접적 추정법**, 사업화 주체와 유사한 기업 및 동일 업종의 매출액증가율 또는 시장점유율을 이용한 **간접적 추정법**이 있다. 또한, 직접적 추정법과 간접적 추정법을 혼합한 **혼합적 추정법**, 수요예측을 위해 개발된 수요예측기법을 차용한 **매출액 예측법**이 있다. 매출액 예측법 중 정량적 기법을 활용하면 수학적이고 통계적인 접근을 통해 객관적인 매출액 추정이 가능하다.

매출액은 직접적 추정법으로 추정하는 것을 원칙으로 하며, 직접적 추정이 어려우면 간접적 추정법, 혼합적 추정법, 매출액 예측법으로 추정할 수 있다. 기술의 경제적 수명 초기의 매출액은 직접적 추정법 등의 방법으로 추정하며, 중기의 매출액은 동일 업종의 평균 매출액증가율에 수렴한다는 가정, 후기의 매출액은 주요 경쟁기업(시장주도기업)이 사업화 주체의 매출액을 잠식한다는 가정 아래 추정하는 것이 합리적이다.

제1절 직접적 추정법과 사례

1. 판매계획 조정법과 사례

1) 추정원칙

판매계획 조정법은 사업화 주체가 제시한 판매처별 판매계획(매출계획)과 동 계획의 연차별 실현 가능성을 기술평가자가 검토하여 매출액을 직접적으로 추정하는 것을 말한다. 판매처별 판매계획은 평가대상기술이 적용된 제품, 건설, 서비스, 용역 등의 판매수량과 판매단가에 관한 정보를 포함해야 하며, 이를 바탕으로 판매처별 매출액을 산정할 수 있어야 한다. 또한, 판매처별 판매계획과 주문서(구매의향서, Letter of Intention, Inquiry)를 대조하거나 판매계획을 판매실적과 비교하여 타당성을 검증할 수 있어야 한다.

평가대상기술이 적용된 제품, 건설, 서비스, 용역 등의 각 판매처별 매출액은 판매수량에 판매단가를 곱하여 산정하며, 각 판매처별 매출액을 합산하여 추정매출액으로 한다. 각 판매처별 매출액은 사업화 주체가 제시한 각 판매처별 연차별 실현 가능성을 조정하여 결정하며, 연차별 실현 가능성은 판매수량의 달성 가능성(% 확률)과 판매단가의 예상 변동률로 결정한다.

판매수량의 달성 가능성은 사업화 주체가 제시한 달성 가능성을 기술평가자들이 조정하여 연차별로 예측하며, 기술의 경제적 수명 전기의 달성 가능성은 비교적 정확히 예측할 수 있으나, 판매계획의 불확실성이 커지는 중기 및 후기의 달성 가능성은 정확히 예측할 수 없다. 기술수명주기 이론에 따라, 기술의 경제적 수명 전기에는 각 판매처별 판매수량의 달성 가능성(% 확률)이 크나 후기에는 작아지게 된다.

판매단가의 예상 변동률도 사업화 주체가 제시한 예상 변동률을 기술평가자들이 조정하여 연차별로 예측하며, 기술의 경제적 수명 전기의 예상 변동률은 예측이 가능하나, 중기 및 후기의 예상 변동률은 예측이 어렵다. 일반적으로, 예상 변동률은 품목별 생산자물가지수를 이용하여 조정하며, 기술의 경제적 수명 후기(성숙기 후기 및 쇠퇴기)로 갈수록 경쟁제품의 출현으로 판매단가는 내려갈 가능성이 커진다.

기술의 경제적 수명 초기(즉, 기술평가기준일에 가까운 차년도)의 매출액은 사업화 주체가 제시한 판매수량의 달성 가능성과 판매단가의 예상 변동률을 조정하여 추정할 수 있다. 그러나 기술의 경제적 수명 중기를 거쳐 후기로 갈수록 사업화 주체가 제시한 판매수량의 달성 가능성과 판매단가의 예상 변동률의 정확성이 떨어지며, 이를 이용하여 추정한 매출액의 신뢰성도 떨어지게 된다. 즉, 기술의 경제적 수명 중기와 후기의 매출액을 사업화 주체가 제시한 판매계획을 조정하여 추정할 경우 신뢰성이 떨어지게 된다.

따라서 기술의 경제적 수명 중기의 매출액은 전술한 바와 같이 유사한 기업 또는 동일 업종의 평균 매출액증가율에 수렴하는 것으로 가정하여 추정하는 것이 합리적이다. 즉, 기술의 경제적 수명 중기의 매출액은 기술의 경제적 수명 초기의 매출액에 유사한 기업 또는 동일 업종의 최근 3개년 이상 평균 매출액증가율을 적용하여 추정하는 것이 합리적이다.

또한 기술의 경제적 수명 후기(즉, 기술수명주기상 쇠퇴기)의 매출액은 전술한 바와 같이 기술평가기준일에 조사된 주요 경쟁기업들(시장주도기업들)이 사업화 주체의 매출액을 잠식한다는 가정 아래 추정하는 것이 합리적이다. 구체적으로 기술의 경제적 수명 후기의 매출액은 기술의 경제적 수명 전기 및 중기에 기록한 최고 매출액을 주요 경쟁기업의 수(시장주도기업의 수)로 나누어 결정한다.

이를 위해서 우선 기술의 경제적 수명 전기 또는 중기에 기록한 최고 매출액을 주요 경쟁기업의 수로 나누어 기술의 경제적 수명의 최종 차년도 매출액을 결정한다. 다음으로, 최고 매출액과 최종 차년도 매출액의 차이를 쇠퇴기 기간으로 나눈 값을 산출한다. 마지막으로, 이렇게 산출된 값만큼 최고 매출액에서 순차적으로 감액하여 쇠퇴기의 각 차년도 매출액을 결정한다.

판매계획 조정법은 사업화 주체의 업력에 관계없이 적용할 수 있으며, 판매수량의 달성 가능성과 판매단가 예상 변동률을 정확히 산정할 수 있는 기술의 경제적 수명 초기(1, 2, 3차년도 등)의 매출액 추정에 활용할 수 있다. 기술평가자는 이렇게 추정된 매출액을 기술평가기준일 이전의 매출실적(사업화 주체의 매출액과 매출액증가율)과 비교하여 타당성을 검증하고, 이를 매출액 추정 의견으로서 기술평가서에 기술해야 한다.

2) 추정방법

사업화 주체로부터 평가대상기술이 적용된 제품(품목)의 판매처별 판매수량과 판매단가 그리고 판매수량의 달성 가능성(% 확률)과 판매단가의 예상 변동률에 관한 정보를 입수할 수 있는 경우, 동 정보를 이용하여 [식 5-3]과 같이 가장 쉽고 정확하게 매출액을 추정할 수 있다.

$$\text{추정매출액} = \sum_{i=1}^{n} \{(\text{판매수량} \times \text{달성 가능성}) \times (\text{판매단가} \times \text{예상 변동률})\}_i \quad \cdots\cdots\cdots \text{[식 5-3]}$$

여기서, i : 판매처

기술평가자는 사업화 주체로부터 입수한 판매계획을 검토하고, 판매처별 그리고 연차별 판매수량의 실현 가능성과 판매단가의 예상 변동률을 조정하여 매출액을 추정한다. 이때, 제품별(품목별) 또는 판매처별 판매단가의 예상 변동률 대신 판매단가의 평균값을 적용할 수 있다.

판매계획 조정법은 판매계획으로부터 매출액을 추정하는 방법이며, 판매수량을 셀 수 있으며, 규격화된 독립 제품으로서 판매단가를 정할 수 있는 경우에 적용한다. 또한, 판매계획 조정법은 패키지로서 일정한 기간에 수행(도급이나 사급 등의 방법으로 수행)하여 횟수나 단가를 정할 수 있는 서비스업이나 용역 그리고 건설업 등의 매출액 추정에도 적용할 수 있다.

3) 추정사례

(1) 평가개요

- 평가대상기술: 오폐수 처리용 미세기포 발생장치
- 기술평가기준일: 2021년 2월 1일
- 기술의 경제적 수명: 9년
- 기술수명주기: 성숙기(기술평가자들의 합의로 성숙기 6년, 쇠퇴기 3년으로 결정)
- 사업화 주체의 최근 3개년 평균 매출액증가율: +13.52%
- 동일 업종의 최근 3개년 평균 매출액증가율: +5.46%(한국은행 기업경영분석)
- 기술비중: 80%(평가대상기술은 단일 기술로서 제품 전체를 구현하는 핵심기술임)
- 주요 경쟁기업의 수(m): 2개 기업
- 사업화 주체가 제시한 3개년 판매계획(반올림)

판매처	1차년도(~2022.01.31)				2차년도(~2023.01.31)				3차년도(~2024.01.31)			
	수량(개)	확률(%)	단가(백만)	매출(백만)	수량(개)	확률(%)	단가(백만)	매출(백만)	수량(개)	확률(%)	단가(백만)	매출(백만)
A	5	100	100	500	7	90	103	649	8	90	107	770
B	4	100	100	400	5	90	103	464	7	80	107	599
C	5	90	100	450	6	80	105	504	8	70	108	605
D	3	90	100	270	4	70	105	294	4	50	108	216
합계	17			1,620	22			1,911	27			2,190

(2) 초기 3개년 추정매출액

사업화 주체가 제시한 판매계획의 수량과 달성 가능성(확률 %)을 조정하여 성숙기에 속한 기술의 경제적 수명 초기 3개년(1~3차년도)의 추정매출액을 〈표 5-6〉과 같이 결정하였다.

〈표 5-6〉 초기 3개년 추정매출액

(단위: 개, %, 백만 원)

판매처	1차년도(~2022.01.31)				2차년도(~2023.01.31)				3차년도(~2024.01.31)			
	수량	확률	단가	매출	수량	확률	단가	매출	수량	확률	단가	매출
A	4	90	100	360	6	90	103	556	7	80	107	599
B	3	90	100	270	4	80	103	330	6	70	107	449
C	4	80	100	320	5	70	105	368	7	60	108	454
D	3	70	100	210	3	60	105	189	5	50	108	270
합계	14			1,160	18			1,443	25			1,772

* 판매단가의 예상 변동률은 사업화 주체의 의견을 반영하여 결정함.

(3) 매출액 결정

성숙기에 속한 나머지 3개년(4~6차년도)의 추정매출액은 동일 업종의 최근 3개년 평균 매출액증가율인 +5.46%를 적용하여 결정하였다(〈표 5-7〉 참고).

쇠퇴기(7~9차년도)의 추정매출액은 ① 기술의 경제적 수명 초기나 중기에 기록한 최고 매출액(M=2,079백만 원)을 주요 경쟁기업의 수(m=2)로 나누어 기술의 경제적 수명 최종 차년도 매출액(L)을 결정하고(L=M÷m=1,040백만 원), ② 최고 매출액과 최종 차년도 매출액의 차이(M-L)를 쇠퇴기 기간(n=3)으로 나눈 값을 산출하며[(M−L)÷n=346백만 원], ③ 최고 매출액(M)에서 산출된 값(346백만 원)만큼 매년 감소하도록 산술적으로 결정하였다(〈표 5-7〉 참고).

기술의 경제적 수명 9년 동안의 추정매출액에 기술비중(80%)을 적용하여 〈표 5-7〉과 같이 기술매출액을 결정하였다.

〈표 5-7〉 매출액 결정

(단위: 백만 원)

구분	1차년도	2차년도	3차년도	4차년도	5차년도	6차년도	7차년도	8차년도	9차년도
	~2022. 01.31	~2023. 01.31	~2024. 01.31	~2025. 01.31	~2026. 01.31	~2027. 01.31	~2028. 01.31	~2029. 01.31	~2030. 01.31
수명 주기	성숙기						쇠퇴기		
추정매출액	1,160	1,443	1,772	1,869	1,971	2,079(M)	1,733	1,386	1,040(L)
기술 비중	80%								
기술매출액	928	1,154	1,418	1,495	1,577	1,663	1,386	1,109	832

제2절 간접적 추정법과 사례

간접적 추정법에는 〈표 5-8〉과 같이 매출액증가율 인용법과 시장점유율법이 있다.

매출액증가율 인용법은 사업화 주체의 매출액증가율, 유사기업의 매출액증가율, 동일 업종의 매출액증가율을 인용하여 매출액을 추정하는 방법이며, 시장점유율법은 기술평가기준일 현재 입수 가능한 최신 시장현황자료나 시장예측자료를 이용하여 매출액을 추정하는 방법이다.

〈표 5-8〉 간접적 추정법

간접적 추정법	매출액증가율 인용법	사업화 주체의 매출액증가율 인용법
		유사기업의 매출액증가율 인용법
		동일 업종의 매출액증가율 인용법
	시장점유율법	시장현황자료 또는 시장예측자료 이용법

1. 사업화 주체의 매출액증가율 인용법과 사례

1) 추정원칙

사업화 주체의 매출액증가율 인용법은 업력 3년 이상인 기업의 최근 3개년 이상 신뢰성이 인정되는 재무정보로부터 산출한 평균 매출액증가율(연평균복합증가율 CAGR, 연평균증가율 AAGR 등)을 인용하여 매출액을 간접적으로 추정하는 것을 말한다. 여기서 최근이란 평가대상기술이 적용된 제품의 판매를 통해 기록한 매출액과 매출액증가율의 평균값을 구할 수 있는 기술평가기준일에 가까운 3년 이상의 기간(연도, 회계연도, 반기, 분기, 월 단위로 3년 이상)을 말한다. 재무정보의 신뢰성은 평가대상기술이 적용된 제품에 의한 매출액을 기록한 재무제표, 부가세신고자료, 매출관리대장 등과 같은 자료의 적정성을 검토하여 기술평가자들이 판단한다.

사업화 주체의 매출액증가율 인용법은 동 매출액증가율을 인용하여 추정한 매출액이 기존 매출액(매출실적)과 비교하여 추세적 유의성이 있는 경우에 적용한다. 따라서 매출에 영향을 미치는 특별한 변수의 발생이 전망되거나, 추정매출액이 추세에서 벗어날 것으로 전망되는 경우에는 사업화 주체의 매출액증가율 인용법을 적용할 수 없다.

사업화 주체의 매출액증가율 인용법으로 추정한 매출액이 기존 매출액과 비교하여 추세적 유의성을 가질 것으로 보이거나 매출액에 영향을 미치는 특별한 변수의 발생이 예상되지 않으면, 기술의 경제적 수명 초기의 매출액은 사업화 주체의 매출액증가율 인용법으로 비교적 정확히 추정할 수 있다.

그러나 기존 매출액(매출실적)과 비교하여 추세적 유의성이 없어지면서 매출액에 영향을 미치는 변수의 발생 가능성을 예측할 수 없는 기술의 경제적 수명 중기나 후기의 매출액을 사업화 주체의 매출액증가율 인용법으로 추정할 경우 신뢰성이 떨어진다.

따라서 기술의 경제적 수명 중기의 매출액은 전술한 바와 같이, 사업화 주체의 매출액증가율 인용법으로 추정한 전기의 매출액에 유사기업 또는 동일 업종의 최근 3개년 이상 평균 매출액증가율을 적용(즉, 평균 매출액증가율에 수렴하는 것으로 가정)하여 추정하는 것이 합리적이다.

또한 기술의 경제적 수명 후기(즉, 기술수명주기상 쇠퇴기)의 매출액은 기술평가 기준일에 조사된 주요 경쟁기업들이 사업화 주체의 매출액을 잠식한다는 가정 아래 추정하는 것이 합리적이다. 즉, 기술의 경제적 수명 전기나 중기에 기록한 최고 매출액을 주요 경쟁기업의 수로 나누어 최종 차년도 매출액을 결정하고, 최고 매출액과 최종 차년도 매출액의 차이를 쇠퇴기 기간으로 나눈 값을 산출한다. 마지막으로, 산출된 값만큼 최고 매출액에서 순차적으로 차감하여 쇠퇴기의 매 차년도 매출액을 결정한다.

사업화 주체의 매출액증가율 인용법에서 전술한 평균 매출액증가율을 대신하여 평균 시장성장률을 적용하여 매출액을 추정할 수 없다. 시장성장률은 특정 시장에서 상품이나 서비스의 연간 판매증가율을 나타낸 지표로서, 매출액증가율을 대신하는 자료가 될 수 없다.

2) 추정방법

추정방법은 업력 3년 미만인 신규사업을 영위하는 기업과 업력 3년 이상인 신규사업 또는 계속사업을 영위하는 기업으로 분류하여 설명한다.

(1) 업력 3년 미만인 기업

업력 3년 미만인 창업기업이 신규사업을 영위하는 경우로서, 재무정보(매출액증가율)를 신뢰할 수 없는 경우에는 **판매계획 조정법, 유사기업 또는 동일 업종의 매출액증가율 인용법, 시장점유율법을 이용하여 매출액을 추정하거나 이들을 혼합한 혼합적 추정법으로 매출액을 추정할 수 있다.**

혼합적 추정법에는 [식 5-4]와 같이, 1차년도 매출액을 판매계획 조정법 등으로 추정하고, 2차년도 이후 매출액을 1차년도 매출액에 유사기업이나 동일 업종의 평균 매출액증가율을 적용하여 추정하는 방법이 있다. 혼합 추정법으로 기술의 경제적 수명 전기의 매출액을 추정한 경우, 중기와 후기의 매출액은 전술한 중기와 후기 매출액 추정원칙에 따라 추정한다.

$(n+1)$차년도 매출액 = n차년도 매출액(판매계획조정법 등) ×

유사기업 또는 동일 업종의 평균 매출액증가율 ………… [식 5-4]

여기서, $n = 1, 2, \cdots$

(2) 업력 3년 이상인 기업

업력 3년 이상인 기업이 3개년 이상 재무정보를 보유한 경우, 평가대상기술이 적용된 제품 관련 사업은 신규사업과 계속사업으로 분류할 수 있다.

신규사업

신규사업이란 사업화 주체가 평가대상기술과 무관하거나 유사한 기술이 적용된 제품 관련 계속사업을 기술평가기준일부터 3년 이상 영위해 재무정보를 보유하지만, 평가대상기술이 적용된 제품 관련 사업은 3년 미만 영위한 경우를 말한다.

이 경우, 신규사업의 매출액 추정에 계속사업의 재무정보(매출액증가율)를 인용할 수 있는지에 대해 검토할 필요가 있다. 신규사업의 매출액 추정에 계속사업의 매출액증가율을 인용하기 위해서는 신규사업과 계속사업의 인적 또는 물적 자원의 공유 수준, 업종과 기술의 유사성에 대해 검토가 필요하다.

인적 또는 물적 자원의 공유 수준은 신규사업의 수행에 있어서 기존의 계속사업에 투입되는 인력이나 시설의 공유 정도(예를 들어, 70% 이상)로 판단한다. 업종의 유사성은 한국표준산업분류 체계상 특정 분류단계(예를 들어, 세분류, 세세분류)로 공통적으로 분류할 수 있는지를 기준으로 판단한다. 기술의 유사성은 산업재산권의 청구항의 내용이 유사한 수준(예를 들어, 70% 이상)이나 기술분류체계에서 특정 분류단계(예를 들어, IPC 체계상 메인그룹, 서브그룹)로 공통적으로 분류할 수 있는지를 기준으로 판단한다.

이와 같은 판단 기준에 따라, 신규사업이 계속사업과 회사의 인적 또는 물적 자원을 공유하는 수준이 높으며, 신규사업과 계속사업 사이에 업종과 기술의 유사성이 인정된다면 신규사업의 매출액 추정에 계속사업의 매출액증가율을 인용할 수 있다.

그러나 인적 또는 물적 자원을 공유하는 수준이 낮으며, 업종과 기술의 유사성이 인정되지 않는다면 신규사업의 매출액 추정에 계속사업의 매출액증가율을 인용할 수 없다. 이 경우에는 전술한 업력 3년 미만인 기업의 매출액 추정방법에 따라 매출액을 추정해야 한다.

계속사업

계속사업이란 사업화 주체가 기술평가기준일로부터 과거 3년 이상 평가대상 기술이 적용된 제품에 관련된 사업을 영위하였고, 3개년 이상 동 제품에 대한 분리된 재무정보(매출액증가율)를 보유한 경우를 말한다.

이 경우, 기술평가자는 최근 3개년 이상의 신뢰성이 인정되는 재무정보로부터 사업화 주체의 평균 매출액증가율(연평균복합증가율 CAGR, 연평균증가율 AAGR)을 산출한다. 그리고, [식 5-5]와 같이, 평균 매출액증가율을 n차년도 매출액(반기, 분기, 월 매출액에서 환산한 연간 매출액 포함) 또는 판매계획 조정법 등으로 산출한 n차년도 매출액에 곱하여 매출액을 추정한다.

$(n+1)$차년도 매출액 = n차년도 매출액×사업화 주체의 평균 매출액증가율 …… [식 5-5]

또는,

$(n+1)$차년도 매출액 = n차년도 매출액(판매계획조정법 등)×
사업화 주체의 평균 매출액증가율

여기서, $n = 1, 2, \cdots$

기술평가자는 이렇게 추정한 매출액을 사업화 주체의 최근 매출실적(매출액과 매출액증가율)과 비교하여 과대 또는 과소 추정 여부를 판단해야 하며, 또한, 사업화 주체가 제시한 매출계획과 비교하여 추정의 타당성을 검증해야 한다.

3) 추정사례 I: 업력 3년 미만인 기업, 신규사업, 혼합 추정법

(1) 평가개요

- 평가대상기술: 네트워크 기반 망 분리 시스템
- 기술평가기준일: 2019년 3월 15일
- 기술의 경제적 수명: 6년
- 기술수명주기: 성장기(기술평가자의 합의로 성장기 1년, 성숙기 3년, 쇠퇴기 2년으로 결정)
- 사업화 주체의 1차년도 추정매출액(판매계획 조정법으로 결정): 1,680백만 원
- 유사기업의 최근 3개년 평균 매출액증가율: +7.88%
- 동일 업종의 최근 3개년 평균 매출액증가율: +5.24%(한국은행 기업경영분석)
- 기술비중: 90%(평가대상기술은 단일 기술로서 제품 전체를 구현하는 핵심기술임)
- 주요 경쟁기업의 수(m): 4개 기업

(2) 매출액 결정

성장기(1차년도)의 추정매출액은 사업화 주체가 제시한 판매계획을 조정하여 결정하였으며(판매계획 조정법), 사업화 주체가 제시한 2차년도 이후의 판매계획과 판매수량의 달성 가능성은 신뢰도가 낮아 채택하지 않았다.

성숙기(2~4차년도)의 추정매출액은 판매계획 조정법으로 결정한 사업화 주체의 1차년도 추정매출액 1,680백만 원에 유사기업의 최근 3개년 평균 매출액증가

율인 +7.88%를 적용하여 결정하였다.

성숙기의 추정매출액은 최근 평가대상기술에 대한 수요가 증가하는 점을 고려하여, 동일 업종의 최근 3개년 평균 매출액증가율인 +5.24%(한국은행 기업경영분석) 대신 매출액증가율이 높은 유사기업의 최근 3개년 평균 매출액증가율인 +7.88%를 적용하여 결정하였다.

쇠퇴기(5~6차년도)의 추정매출액은 ① 기술의 경제적 수명 초기나 중기에 기록한 최고 매출액(M)을 주요 경쟁기업의 수(m)로 나누어 기술의 경제적 수명 최종 차년도 매출액(L)을 결정하고(L=M÷m=527백만 원), ② 최고 매출액과 최종 차년도 매출액의 차이(M-L)를 쇠퇴기 기간(n)으로 나눈 값을 산출하며[(M-L)÷n=791백만 원], ③ 최고 매출액에서 산출된 값(791백만 원)만큼 매년 감소하도록 산술적으로 결정하였다(이상 〈표 5-9〉 참고).

기술의 경제적 수명 6년 동안의 추정매출액에 기술비중(90%)을 적용하여 〈표 5-9〉와 같이 기술매출액을 결정하였다.

〈표 5-9〉 매출액 결정

(단위: 백만 원)

구분	1차년도	2차년도	3차년도	4차년도	5차년도	6차년도
	~'20.03.14	~'21.03.14	~'22.03.14	~'23.03.14	~'24.03.14	~'25.03.14
수명주기	성장기	성숙기			쇠퇴기	
추정매출액	1,680	1,812	1,955	2,109(M)	1,318	527(L)
기술비중	90%					
기술매출액	1,512	1,631	1,760	1,898	1,186	474

4) 추정사례 II: 업력 3년 이상인 기업, 계속사업, 사업화 주체의 매출액증가율 인용법

(1) 평가개요

- 평가대상기술: 고주파 필터의 주파수 보정 회로
- 기술평가기준일: 2020년 4월 17일
- 기술의 경제적 수명: 8년
- 기술수명주기: 성장기(기술평가자의 합의로 성장기 3년, 성숙기 3년, 쇠퇴기 2년으로 결정)
- 동일 업종의 최근 3개년 평균 매출액증가율: +4.76%(한국은행 기업경영분석)
- 기술비중: 75%(핵심기술로 분류됨)
- 주요 경쟁기업의 수(m): 3개 기업
- 사업화 주체의 최근 매출액 추이 및 최근 5개년 평균 매출액증가율(CAGR)

연도	2015	2016	2017	2018	2019	CAGR*
매출액(백만 원)	1,887	1,796	1,911	2,344	2,579	+8.12%

* CAGR = Compound Annual Growth Rate = {(2,579백만 원 ÷ 1,887백만 원)$^{1\div4}$ − 1} ×100 = +8.12%

(2) 매출액 결정

성장기(1~3차년도)의 추정매출액은 최근 3개년 이상 신뢰할 수 있는 재무정보로부터 사업화 주체의 평균 매출액증가율(연평균복합증가율 CAGR +8.12%)을 산출하고, 사업화 주체의 2019년도 매출액(2,579백만 원)에서 평균 매출액증가율인 +8.12%만큼 매년 성장하는 것으로 보아 결정한다.

성숙기(4~6차년도)의 추정매출액은 사업화 주체의 매출액증가율 인용법으로 추정한 3차년도의 추정매출액에서 동일 업종의 최근 3개년 평균 매출액증가율인 +4.76%만큼 매년 성장하는 것으로 보아 결정하였다.

쇠퇴기(7~8차년도)의 추정매출액은 ① 기술의 경제적 수명 초기나 중기에 기록한 최고 매출액(M)을 주요 경쟁기업의 수(m)로 나누어 기술의 경제적 수명 최종 차년도 매출액(L)을 결정하고(L = M ÷ m = 1,249백만 원), ② 최고 매출액과 최종 차년도 매출액의 차이(M − L)를 쇠퇴기 기간(n)으로 나눈 값을 산출하며[(M − L) ÷

n = 1,249백만 원], ③ 최고 매출액에서 산출된 값(1,249백만 원)만큼 매년 감소하도록 산술적으로 결정하였다(〈표 5-10〉 참고).

기술의 경제적 수명 8년 동안의 추정매출액에 기술비중(75%)을 적용하여 〈표 5-10〉과 같이 기술매출액을 결정하였다.

〈표 5-10〉 매출액 결정

(단위: 백만 원)

구분	1차년도	2차년도	3차년도	4차년도	5차년도	6차년도	7차년도	8차년도
	~2021.04.16	~2022.04.16	~2023.04.16	~2024.04.16	~2025.04.16	~2026.04.16	~2027.04.16	~2028.04.16
수명주기	성장기			성숙기			쇠퇴기	
추정매출액	2,788	3,014	3,259	3,414	3,577	3,747(M)	2,498	1,249(L)
기술비중	75%							
기술매출액	2,091	2,261	2,444	2,561	2,683	2,810	1,874	937

2. 유사기업의 매출액증가율 인용법과 사례

1) 추정원칙

업력 3년 미만이거나 업력 3년 이상이지만 사업화 주체가 신뢰성 있는 판매계획이나 재무정보(매출액증가율 등)를 제시할 수 없는 경우, 또는 판매계획이나 재무정보의 변화가 크거나 연속성이 없는 경우에는 유사기업의 최근 3개년 이상 평균 매출액증가율(연평균복합증가율 CAGR, 연평균증가율 AAGR 등)을 인용해 매출액을 간접적으로 추정한다.

유사기업이란 사업화 주체와 업종과 업력 그리고 기업의 규모가 유사하면서, 기술분류체계에서 평가대상기술과 유사한 기술로 분류되는 기술의 사업화를 3년 이상 수행하여 신뢰성 있는 재무정보를 3개년 이상 보유하고 있는 기업을 말한다.

업종의 유사성은 한국표준산업분류 체계에서 특정 분류단계(세분류 또는 세세분류)로 공통으로 분류 가능한지 검토하여 판단하며, 기술의 유사성은 산업재산권의 청구항의 내용이 유사한 수준(예를 들어, 70% 이상)이나 기술분류체계에서 특정 분류단계(IPC 체계에서 서브그룹)로 공통으로 분류 가능한지 검토하여 판단한다. 규모의 유사성은 중소기업기준검토표에 제시된 종업원 수, 자본금, 자기자본, 매출액을 기준으로 판단한다.

기술평가기준일 현재 유사기업과 사업화 주체의 업력이나 기업의 규모에 차이가 있다면, 유사기업이 사업화 주체와 동등한 업력이나 기업 규모일 때 전후의 재무정보(매출액증가율 등)를 인용해 매출액을 추정해야 한다.

유사기업과 사업화 주체의 업종과 업력 그리고 기업의 규모가 유사하고, 평가대상기술이 유사한 것으로 분류되며, 동등한 업력이나 기업 규모일 때의 재무정보가 신뢰할 수 있는 경우, 유사기업의 재무정보를 인용하여 사업화 주체의 매출액을 추정할 수 있다.

일반적으로, 기술의 경제적 수명 중기 및 후기까지 유사기업과 사업화 주체의 재무정보가 비슷한 추세를 보일 것으로 가정할 수 없다. 따라서 기술의 경제적 수명 중기의 매출액은 전술한 바와 같이, 동일 업종의 3개년 이상 평균 매출액증가율에 수렴하는 것으로 가정하여 추정하는 것이 합리적이다. 또한 기술의 경제적 수명 후기(즉, 기술수명주기 쇠퇴기)의 매출액은 전술한 바와 같이, 기술평가기준일에 조사된 주요 경쟁기업이 사업화 주체의 매출액을 잠식한다는 가정 아래 추정하는 것이 합리적이다.

사업화 주체와 유사기업은 경영 및 관리능력(자금조달, 생산, 판매 등의 능력)과 시장 및 사업화 환경의 차이로 인해 달성할 수 있는 매출액의 절대적인 규모가 다를 수밖에 없으며, 이러한 이유로 유사기업의 매출액증가율 대신 유사기업의 매출액을 인용해 사업화 주체의 매출액을 추정할 수 없다.

2) 추정방법

사업화 주체와 업종과 업력 그리고 기업의 규모와 기술이 유사하고, 재무정보가 유사한 추세를 보일 것으로 전망되는 경우, 유사기업의 매출액증가율을 인용하여 사업화 주체의 매출액을 추정할 수 있다.

기술평가자는 최근 3개년 이상의 신뢰성이 인정되는 유사기업의 재무정보로부터 평균 매출액증가율(연평균복합증가율 CAGR, 연평균증가율 AAGR)을 산출한다. 그리고 [식 5-6]과 같이 평균 매출액증가율을 n차년도 매출액(반기, 분기, 월 매출액에서 환산한 연간 매출액 포함) 또는 판매계획 조정법 등으로 산출한 n차년도 매출액에 적용하여 매출액을 추정한다.

$(n+1)$차년도 매출액 = n차년도 매출액 × 유사기업의 평균 매출액증가율 ……… [식 5-6]

또는,

$(n+1)$차년도 매출액 = n차년도 매출액(판매계획조정법 등) × 유사기업의 평균 매출액증가율

여기서, $n = 1, 2, \cdots$

3) 추정사례

(1) 평가개요

- 평가대상기술: 버튼식 샤워 헤드(기술분류: IPC 체계에서 A47K 3/28)
- 업종분류: 한국표준산업분류 체계에서 C29133(탭, 밸브 및 유사장치 제조업)
- 기술평가기준일: 2018년 8월 8일
- 기술의 경제적 수명: 7년
- 기술수명주기: 성숙기(기술평가자의 합의로 성숙기 5년, 쇠퇴기 2년으로 결정)
- 동일 업종(C291)의 최근 3개년 평균 매출액증가율: +4.31%(한국은행 기업경영분석)
- 기술비중: 68%
- 주요 경쟁기업의 수(m): 4개 기업
- 사업화 주체의 최근 2분기(2018년 1, 2분기) 매출액: 335백만 원

- 유사기업의 기술: 절수형 샤워 수전(기술분류: IPC 체계에서 A47K 3/40)
- 유사기업의 업종분류: 한국표준산업분류 체계에서 C29133
- 유사기업의 최근 매출액 추이 및 최근 3개년 평균 매출액증가율(AAGR)

연도	2014	2015	2016	2017	AAGR*
매출액(백만 원)	887	996	1,111	1,204	
증가율(%)		12.29%	11.55%	8.37%	+10.74%

* AAGR(Average Annual Growth Rate) = (12.29 + 11.55 + 8.37) ÷ 3 = +10.74%

(2) 매출액 결정

성숙기(1차년도)의 추정매출액은 사업화 주체의 최근 2분기 매출액 335백만 원을 연간으로 환산하여 결정하였다[(335백만 원÷2)×4=670백만 원].

성숙기(2~3차년도)의 추정매출액은 최근 3개년 이상의 신뢰성이 인정되는 유사기업의 재무정보로부터 평균 매출액증가율(연평균증가율, 즉, AAGR인 +10.74%)을 산출하고, 1차년도 추정매출액(670백만 원)에서 평균 매출액증가율인 +10.74%만큼 매년 성장하는 것으로 보아 결정하였다.

성숙기(4~5차년도)의 추정매출액은 3차년도 추정매출액을 기준으로, 동일 업종의 최근 3개년 평균 매출액증가율인 +4.31%만큼 매년 성장하는 것으로 보아 결정하였다.

쇠퇴기(6~7차년도)의 추정매출액은 ① 기술의 경제적 수명 초기나 중기에 기록한 최고 매출액(M)을 주요 경쟁기업의 수(m)로 나누어 기술의 경제적 수명 최종 차년도 매출액(L)을 결정하고(L=M÷m=224백만 원), ② 최고 매출액과 최종 차년도 매출액의 차이(M−L)를 쇠퇴기 기간(n)으로 나눈 값을 산출하며[(M−L)÷n=335백만 원], ③ 최고 매출액에서 산출된 값(335백만 원)만큼 매년 감소하도록 산술적으로 결정하였다(이상 〈표 5-11〉 참고).

기술의 경제적 수명 7년 동안의 추정매출액에 기술비중(68%)을 적용하여 〈표 5-11〉과 같이 기술매출액을 결정하였다.

〈표 5-11〉 매출액 결정

(단위: 백만 원)

구분	1차년도	2차년도	3차년도	4차년도	5차년도	6차년도	7차년도
	~2019.08.07	~2020.08.07	~2021.08.07	~2022.08.07	~2023.08.07	~2024.08.07	~2025.08.07
수명주기	성숙기					쇠퇴기	
추정매출액	670	742	822	857	894(M)	559	224(L)
기술비중	68%						
기술매출액	456	505	559	583	608	380	152

3. 동일 업종의 매출액증가율 인용법과 사례

1) 추정원칙

업력 3년 미만이거나 업력 3년 이상이지만 사업화 주체가 신뢰할 수 있는 판매계획이나 재무정보(매출액증가율 등)를 제시할 수 없는 경우, 또는 판매계획이나 재무정보의 변화가 크거나 연속성이 없는 경우에는 동일 업종의 최근 3개년 이상 평균 매출액증가율(연평균증가율 AAGR, 연평균복합증가율 CAGR 등)을 인용해 매출액을 간접적으로 추정한다.

동일 업종의 재무정보는 한국표준산업분류 체계에서 동일 업종(산업)으로 분류된 전체 기업의 실적을 나타내며, 전체 기업의 재무실적을 합산한 재무상태표, 손익계산서, 제조원가명세서를 바탕으로 작성된다.

동일 업종의 재무정보는 한국은행이 발간하는 기업경영분석에서 획득하거나, 기술평가기관이 독자적으로 구축하는 재무정보에서 획득할 수 있다. 기술평가기관은 기술가치평가를 위해 한국표준산업분류 체계에 따라 기업을 분류하고 재무정보를 구축할 수 있다. 동일 업종의 재무정보는 한국표준산업분류 체계의 분류단위(대분류, 중분류, 소분류, 세분류, 세세분류)별로 구축하며, 각 분류단위 내에서 기업의 규모(대기업 또는 중소기업, 업력, 매출액, 총자산 등)나 재무실적(영업이익률 등)에 따라 세분하여 구축할 수 있다.

동일 업종의 매출액증가율 인용법은 사업화 주체의 재무실적이 동일 업종에 동조(수렴)할 것으로 가정할 수 있는 기술의 경제적 수명 중기 또는 기술의 경제적 수명 초기의 매출액 추정에 적용할 수 있다.

그러나 기술수명주기 이론에 따라 기술의 경제적 수명 후기까지 동일 업종의 매출액증가율 인용법으로 매출액을 추정할 수 없다. 따라서 기술의 경제적 수명 후기(즉, 기술수명주기 상 쇠퇴기)의 매출액은 전술한 바와 같이 기술평가기준일에 조사된 주요 경쟁기업(시장주도기업)이 사업화 주체의 매출액을 잠식한다는 가정 아래 추정하는 것이 합리적이다.

2) 추정방법

동일 업종의 매출액증가율 인용법은 기술의 경제적 수명 중기의 매출액 추정에 적용하는 것이 가장 타당하다. 또한 기술평가자들의 합의로 기술의 경제적 수명 초기의 매출액 추정에도 적용할 수 있으며, 이 경우 기술의 경제적 수명 중기의 매출액은 혼합적 추정법으로 결정할 수 있다.

동일 업종의 매출액증가율을 인용해 매출액을 추정할 때, **한국표준산업분류체계의 분류단위 중 가장 낮은 분류단위에 속한 재무정보에서 획득한 최근 3개년 이상 매출액증가율을 평균하여 적용한다.**

기술평가자는 최근 3개년 이상의 신뢰할 수 있는 동일 업종의 재무정보로부터 평균 매출액증가율(연평균증가율 AAGR, 연평균복합증가율 CAGR 등)을 산출한다. 그리고 [식 5-7]과 같이, 평균 매출액증가율을 n차년도 매출액(반기, 분기, 월 매출액에서 환산한 연간 매출액 포함) 또는 판매계획 조정법 등으로 산출한 n차년도 매출액에 적용하여 매출액을 추정한다.

$(n+1)$차년도 매출액 = n차년도 매출액×동일 업종의 평균 매출액증가율 ……… [식 5-7]

또는,

$(n+1)$차년도 매출액 = n차년도 매출액(판매계획조정법 등)×
동일 업종의 평균 매출액증가율

여기서, $n = 1, 2, \cdots$

3) 추정사례 I: 기술의 경제적 수명 중기의 매출액 추정

(1) 평가개요

- 평가대상기술: 두발 염색제 및 제조방법
- 업종분류: 한국표준산업분류 체계에서 C20423(화장품 제조업)
- 기술평가기준일: 2020년 10월 23일
- 기술의 경제적 수명: 8년
- 기술수명주기: 성장기(기술평가자의 합의로 성장기 3년, 성숙기 2년, 쇠퇴기 3년으로 결정)
- 동일 업종(C204)의 최근 3개년 평균 매출액증가율: +4.33%(한국은행 기업경영분석)

연도	2017	2018	2019	AAGR*
증가율(%)	2.39	11.81	−1.20	+4.33

* AAGR = (2.39 + 11.81 − 1.20) ÷ 3 = +4.33%

- 기술비중: 77%(핵심기술로 분류됨)
- 주요 경쟁기업의 수(m): 5개 기업
- 사업화 주체의 최근 매출액 추이 및 최근 3개년 평균 매출액증가율(AAGR)

연도	2016	2017	2018	2019	AAGR*
매출액(백만 원)	549	596	651	704	
증가율(%)		8.56	9.23	8.14	+8.64

* AAGR = (8.56 + 9.23 + 8.14) ÷ 3 = +8.64%

- 사업화 주체의 최근 3분기(2020년 1분기, 2분기, 3분기) 매출액: 585백만 원

(2) 매출액 결정

성장기(1차년도)의 추정매출액은 사업화 주체의 최근 3분기 매출액 585백만 원을 연간으로 환산하여 결정하였다[(585백만 원÷3)×4=780백만 원].

성장기(2~3차년도)의 추정매출액은 최근 3개년 이상의 신뢰할 수 있는 사업화 주체의 재무정보로부터 획득한 평균 매출액증가율(연평균증가율, 즉, AAGR인 +8.64%)을 산출하고, 1차년도 추정 매출액(780백만 원)에서 평균 매출액증가율인 +8.64% 만큼 매년 성장하는 것으로 보아 결정하였다.

성숙기(4~5차년도)의 추정매출액은 3차년도 추정매출액을 기준으로, 동일 업종의 최근 3개년 평균 매출액증가율인 +4.33%만큼 매년 성장하는 것으로 보아 결정하였다.

쇠퇴기(6~8차년도)의 추정매출액은 ① 기술의 경제적 수명 초기나 중기에 기록한 최고 매출액(M)을 주요 경쟁기업의 수(m)로 나누어 기술의 경제적 수명 최종 차년도 매출액(L)을 결정하고(L=M÷m=200백만 원), ② 최고 매출액과 최종 차년도 매출액의 차이(M-L)를 쇠퇴기 기간(n)으로 나눈 값을 산출하며[(M-L)÷n=267백만 원], ③ 최고 매출액에서 산출된 값(267백만 원)만큼 매년 감소하도록 산술적으로 결정하였다(이상 〈표 5-12〉 참고).

기술의 경제적 수명 8년 동안의 추정매출액에 기술비중(77%)을 적용하여 〈표 5-12〉과 같이 기술매출액을 결정하였다.

〈표 5-12〉 매출액 결정

(단위: 백만 원)

구분	1차년도	2차년도	3차년도	4차년도	5차년도	6차년도	7차년도	8차년도
	~2021. 10.22	~2022. 10.22	~2023. 10.22	~2024. 10.22	~2025. 10.22	~2026. 10.22	~2027. 10.22	~2028. 10.22
수명주기	성장기			성숙기		쇠퇴기		
추정매출액	780	847	920	960	1,002(M)	735	467	200(L)
기술비중	77%							
기술매출액	601	652	708	739	772	566	360	154

4) 추정사례 II: 기술의 경제적 수명 초기의 매출액 추정

(1) 평가개요

- 평가대상기술: 수액 역류 방지용 필터
- 업종분류: 한국표준산업분류 체계에서 C27199(그 외 기타 의료용 기기 제조업)
- 기술평가기준일: 2017년 2월 3일
- 기술의 경제적 수명: 7년
- 기술수명주기: 성장기(기술평가자의 합의로 성장기 2년, 성숙기 3년, 쇠퇴기 2년으로 결정)
- 동일 업종(C27)의 최근 3개년 평균 매출액증가율: +5.92%(한국은행 기업경영분석)

연도	2014	2015	2016	AAGR*
증가율(%)	2.09	9.02	6.65	+5.92

* AAGR=(2.09+9.02+6.65)÷3=+5.92%

- 기술비중: 56%(수액세트에 사용되는 부품으로서 보조기술로 분류됨)
- 주요 경쟁기업의 수(m): 3개 기업
- 사업화 주체의 최근 매출액 추이 및 최근 3개년 평균 매출액증가율(AAGR)

연도	2013	2014	2015	2016	AAGR*
매출액(백만 원)	2,178	2,099	2,193	2,256	
증가율(%)		-3.63	4.48	2.87	+1.24

* AAGR=(-3.63+4.48+2.87)÷3=+1.24%

(2) 매출액 결정

성장기(1~2차년도)의 추정매출액은 사업화 주체의 최근 회계연도인 2016년도의 매출액 2,256백만 원에 동일 업종의 최근 3개년 평균 매출액증가율인 +5.92%를 적용하여 결정하였다. 즉, 사업화 주체의 매출액증가율(+1.24%)은 동일 업종의 매출액증가율(+5.92%)보다 낮으나, 주사기와 수혈세트의 수요증가와 사업화 주체의 설비 확충 및 판매계획을 고려하여 동일 업종의 매출액증가율을 적용하였다.

성숙기(3~5차년도)의 추정매출액은 2차년도 추정매출액을 기준으로, 사업화 주체의 최근 3개년 평균 매출액증가율(+1.24%)과 동일 업종의 최근 3개년 평균 매출액증가율(+5.92%)의 평균값인 +3.58%만큼 매년 성장하는 것으로 보아 결정하였다[(1.24+5.92)÷2=+3.58%].

쇠퇴기(6~7차년도)의 추정매출액은 ① 기술의 경제적 수명 초기나 중기에 기록한 최고 매출액(M)을 주요 경쟁기업의 수(m)로 나누어 기술의 경제적 수명 최종 차년도 매출액(L)을 결정하고(L=M÷m=938백만 원), ② 최고 매출액과 최종 차년도 매출액의 차이(M−L)를 쇠퇴기 기간(n)으로 나눈 값을 산출하며[(M−L)÷n=938백만 원], ③ 최고 매출액에서 산출된 값(938백만 원)만큼 매년 감소하도록 산술적으로 결정하였다(이상 〈표 5-13〉 참고).

기술의 경제적 수명 7년 동안의 추정매출액에 기술비중(56%)을 적용하여 〈표 5-13〉과 같이 기술매출액을 결정하였다.

〈표 5-13〉 매출액 결정

(단위: 백만 원)

구분	1차년도	2차년도	3차년도	4차년도	5차년도	6차년도	7차년도
	~2018. 02.02	~2019. 02.02	~2020. 02.02	~2021. 02.02	~2022. 02.02	~2023. 02.02	~2024. 02.02
수명주기	성장기		성숙기			쇠퇴기	
추정매출액	2,390	2,532	2,623	2,717	2,814(M)	1,876	938(L)
기술비중	56%						
기술매출액	1,338	1,418	1,469	1,522	1,576	1,051	525

4. 시장점유율법과 사례

1) 추정원칙

시장점유율법은 최신 시장조사자료를 인용해 매출액을 추정하는 방법이며, 시장조사자료는 시장현황정보와 시장예측정보를 포함한다. 시장조사자료는 공신력 있는 시장조사기관이 발표한 자료를 말하며, 특정 제품이나 서비스 등을 대상으로 조사한 시장규모, 시장성장률, 경쟁업체의 수, 시장점유율에 관한 시장현황정보나 시장예측정보를 포함한다.

기술평가자는 시장조사자료가 평가대상기술이 적용된 제품이나 서비스 등에 관한 것인지 검증해야 한다. 시장조사자료가 평가대상기술이 적용된 제품이나 서비스와 무관한 시장을 포함하거나, 시장조사자료가 제품이나 서비스의 부분에 관한 것이면 인용의 타당성을 확보하기 어렵다.

복수의 시장조사기관이 발표한 시장조사자료가 존재할 경우, 기술평가자는 이들을 상호 비교하여 인용할 자료를 결정해야 하고, 기술평가서에 시장조사기관이나 조사한 연도 등에 관한 정보를 명시해야 한다.

시장현황정보를 이용하여 추정한 시장규모 또는 시장예측정보에서 획득한 시장규모는 기술평가기준일 현재 시장규모에 영향을 미치는 변수들이 반영되어 있다고 할 수 있다. 따라서 이들 시장규모는 연도별 연속성과 추세적 유의성이 인정되며, 이들 시장규모와 사업화 주체의 예상 시장점유율을 이용하여 기술의 경제적 수명 초기의 매출액을 추정하는 것은 합리적이다.

그러나 기술평가기준일에서 멀어지는 기술의 경제적 수명 중기 이후에는 시장규모나 시장점유율 등에 영향을 미치는 다양한 변수들이 등장할 수 있으며, 시장규모나 시장점유율의 추세적 유의성도 인정하기 어렵다. 따라서 이들 시장규모와 사업화 주체의 예상 시장점유율을 이용하여 기술의 경제적 수명 중기 이후의 매출액을 추정하면 신뢰성이 훼손된다.

일반적으로, 기술의 경제적 수명 중기의 매출액은 전술한 바와 같이, 동일 업종의 3개년 이상 평균 매출액증가율에 수렴하는 것으로 가정하여 추정하는 것이 합리적이다. 또한 기술의 경제적 수명 후기(즉, 기술수명주기상 쇠퇴기)의 매출액은 기술평가기준일에 조사된 주요 경쟁기업이 사업화 주체의 매출액을 잠식한다는 가정 아래 추정하는 것이 합리적이다.

2) 추정방법

시장점유율법에서는 [식 5-8]과 같이 시장현황정보에서 획득한 시장규모와 시장성장률을 이용하여 각 차년도의 추정 시장규모를 산출하고, 추정 시장규모에 사업화 주체의 예상 시장점유율을 곱하여 매출액을 결정한다. 또한 [식 5-9]와 같이 시장예측정보에서 획득한 시장규모에 사업화 주체의 예상 시장점유율을 곱하여 매출액을 결정한다.

n차년도 매출액 = n차년도 추정 시장규모(시장현황정보에서 획득)×

사업화 주체의 예상 시장점유율 ·································· [식 5-8]

또는,

n차년도 매출액 = n차년도 시장규모(시장예측정보에서 획득)×

사업화 주체의 예상 시장점유율 ·································· [식 5-9]

여기서, $n = 1, 2, \cdots$

일반적으로 시장점유율법으로 매출액을 추정하는 데 필요한 시장규모와 시장성장률은 시장조사자료에서 획득할 수 있으나, 사업화 주체의 예상 시장점유율은 획득이 어렵거나 불가능하다. 이런 경우, 사업화 주체의 예상 시장점유율은 [식 5-10]과 같이 시장규모 대비 사업화 주체의 매출액의 비율로 구하거나, [식 5-11]과 같이 이미 알려진 주요 기업의 매출액과 시장점유율을 이용하여 간접적으로 추산할 수 있다.

사업화 주체의 예상시장점유율

= (사업화 주체의 매출액÷시장규모)×100 ·································· [식 5-10]

사업화 주체의 예상시장점유율

= {(사업화 주체의 매출액÷주요 기업 매출액)×주요 기업 시장점유율}×100 [식 5-11]

시장점유율법으로 매출액을 추정할 경우, 사업화 주체의 시장에서의 비중이나 지위, 즉, 경쟁기업 대비 사업화 주체의 예상 시장점유율이나 순위는 시장현황에 비추어 타당하게 설정되어야 한다.

기술평가자는 사업화 주체의 시장에서의 비중이나 지위를 고려하여 매출액이 합리적으로 추정되었는지 검증해야 하며, 추정매출액을 경쟁기업의 매출액과 비교하여 추정의 타당성을 검증하고 의견을 기술해야 한다.

3) 추정사례 I: 시장현황정보를 이용한 매출액 추정

(1) 평가개요

- 평가대상기술: 이어버드를 구비한 보청기
- 기술평가기준일: 2016년 2월 8일
- 기술의 경제적 수명: 9년
- 기술수명주기: 성장기(기술평가사의 합의로 성장기 3년, 성숙기 3년, 쇠퇴기 3년으로 결정)
- 동일 업종(C27192)의 최근 3개년 평균 매출액증가율: +6.41%(한국은행 기업경영분석)
- 기술비중: 83%(보청기 시스템으로서 핵심기술로 분류됨)
- 주요 경쟁기업의 수(m): 6개 기업
- 사업화 주체의 최근 회계연도(2015년도 가결산) 매출액: 1,557백만 원

- 보청기의 국내 시장규모(2014년): 61,657백만 원
  (출처: 한국보건산업진흥원, "의료기기품목 시장분석", 『보건산업브리프』 Vol. 34, 2015. 07.31.)
- 보청기 국내 시장성장률(2010~2014년): 8.40%
- 시장현황: 상위 7개 기업이 국내시장의 80%를 점유(해외 6개 기업 72%, 국내 1개 기업 8%), 국내 다수 기업(수입 및 제조업체 약 50여 개)이 나머지 20%를 점유, 국내 기업의 수출은 미미함

(2) 매출액 결정

사업화 주체의 예상 시장점유율은 2015년도 사업화 주체의 매출액과 2015년도 보청기 국내 시장규모 66,836백만 원[2014년도 보청기 국내 시장규모와 시장성장률로부터 61,657백만 원 $\times (1+0.084)^1 =$ 66,836백만 원]을 [식 5-10]에 적용하여 추정한다. 이렇게 구한 사업화 주체의 예상 시장점유율 2.33%는 국내 시장현황에 비추어 보아 타당한 것으로 평가되었다.

사업화 주체의 예상시장점유율

=(사업화 주체의 매출액÷시장규모)×100 = (1,557백만 원÷66,836백만 원)×100 = 2.33%

성장기(1차년도)의 추정매출액은 2016년도 추정 보청기 국내 시장규모 72,450

백만 원[2014년도 시장규모와 시장성장률로부터 61,657백만 원×$(1+0.084)^2$=72,450백만 원]과 사업화 주체의 예상 시장점유율을 [식 5-8]에 적용하여 결정한다. 이때, 2016년도 추정 보청기 국내 시장규모를 1차년도 시장규모로 가정하였다.

1차년도 매출액 = 1차년도 추정 시장규모(시장현황정보에서 획득)×
사업화 주체의 예상 시장점유율 = 72,450백만 원×2.33% = 1,688백만 원

성장기(2~3차년도)의 추정매출액은 2차년도 보청기 국내 시장규모 78,536백만 원[2014년도 시장규모와 시장성장률로부터 61,657백만 원×$(1+0.084)^3$=78,536백만 원] 및 3차년도 보청기 국내 시장규모 85,133백만 원[2014년도 시장규모와 시장성장률로부터 61,657백만 원×$(1+0.084)^4$=85,133백만 원]과 사업화 주체의 예상 시장점유율(2.33%)을 [식 5-8]에 적용하여 결정하였다.

성숙기(4~6차년도)의 추정매출액은 3차년도 추정매출액을 기준으로, 동일 업종의 최근 3개년 평균 매출액증가율인 +6.41%만큼 매년 성장하는 것으로 보아 결정하였다.

쇠퇴기(7~9차년도)의 추정매출액은 ① 기술의 경제적 수명 초기나 중기에 기록한 최고 매출액(M)을 주요 경쟁기업의 수(m)로 나누어 기술의 경제적 수명 최종 차년도 매출액(L)을 결정하고(L=M÷m=398백만 원), ② 최고 매출액과 최종 차년도 매출액의 차이(M−L)를 쇠퇴기 기간(n)으로 나눈 값을 산출하며[(M−L)÷n=664백만 원], ③ 최고 매출액에서 산출된 값(664백만 원)만큼 매년 감소하도록 산술적으로 결정하였다(이상 〈표 5-14〉 참고).

기술의 경제적 수명 9년 동안의 추정매출액에 기술비중(83%)을 적용하여 〈표 5-14〉와 같이 기술매출액을 결정하였다.

〈표 5-14〉 매출액 결정

(단위: 백만 원)

구분	1차년도 ~2017. 02.07	2차년도 ~2018. 02.07	3차년도 ~2019. 02.07	4차년도 ~2020. 02.07	5차년도 ~2021. 02.07	6차년도 ~2022. 02.07	7차년도 ~2023. 02.07	8차년도 ~2024. 02.07	9차년도 ~2025. 02.07
수명주기	성장기			성숙기			쇠퇴기		
추정매출액	1,688	1,830	1,984	2,111	2,246	2,390(M)	1,726	1,062	398(L)
기술비중	83%								
기술매출액	1,401	1,519	1,647	1,752	1,864	1,984	1,433	882	330

4) 추정사례 II: 시장예측정보를 이용한 매출액 추정

(1) 평가개요

- 평가대상기술: 암벽 굴착기
- 기술평가기준일: 2017년 3월 17일
- 기술의 경제적 수명: 8년
- 기술수명주기: 성숙기(기술평가자의 합의로 성숙기 5년, 쇠퇴기 3년으로 결정)
- 동일한 업종(C29241)의 최근 3개년 평균 매출액증가율: +3.56%(한국은행 기업경영분석)
- 기술비중: 86%(암벽 굴착기 시스템으로서 핵심기술로 분류됨)
- 주요 경쟁기업의 수(m): 5개 기업
- 사업화 주체의 최근 회계연도(2016년도) 매출액: 2,158백만 원

- 굴착직경 1m 이하 암벽 굴착기의 국내 시장규모(예측)

연도	2017	2018	2019	2020년
시장규모(백만 원)	124,000	132,000	140,000	147,000

출처: 한국건설교통기술평가원, "기계화 자동화 터널 건설을 위한 TBM 기술개발 보고서"

- 주요 기업(독일계 기업)의 2016년도 국내 매출액과 시장점유율: 26,093백만 원, 22.49%
- 시장현황: 독일, 일본, 미국, 스웨덴, 프랑스 기업이 국내 및 세계시장의 80% 이상 점유함

(2) 매출액 결정

사업화 주체의 예상 시장점유율은 사업화 주체의 2016년도 매출액과 주요 기업의 2016년도 국내 매출액과 시장점유율을 [식 5-11]에 적용하여 추정한다. 국내 시장현황에 비추어 보아 사업화 주체의 예상 시장점유율 1.86%는 타당한 것으로 평가되었다.

사업화 주체의 예상 시장점유율

= {(사업화 주체의 매출액÷주요 기업 매출액)×주요 기업 시장점유율}×100

= {(2,158백만 원÷26,093백만 원)×22.49%}×100 = 1.86%

성숙기(1~3차년도)의 추정매출액은 암벽 굴착기의 국내 시장규모와 사업화 주체의 예상 시장점유율(1.86%)을 [식 5-9]에 적용하여 결정한다. 이때, 2017~2019년도 암벽 굴착기의 국내 시장규모(예측)를 1~3차년도 시장규모로 가정하였다.

성숙기(4~5차년도)의 추정매출액은 3차년도 추정매출액을 기준으로, 동일 업종의 최근 3개년 평균 매출액증가율인 +3.56%만큼 매년 성장하는 것으로 보아 결정하였다.

쇠퇴기(6~8차년도)의 추정매출액은 ① 기술의 경제적 수명 초기나 중기에 기록한 최고 매출액(M)을 주요 경쟁기업의 수(m)로 나누어 기술의 경제적 수명 최종 차년도 매출액(L)을 결정하고(L=M÷m=559백만 원), ② 최고 매출액과 최종 차년도 매출액의 차이(M−L)를 쇠퇴기 기간(n)으로 나눈 값을 산출하며[(M−L)÷n=745백만 원], ③ 최고 매출액에서 산출된 값(745백만 원)만큼 매년 감소하도록 산술적으로 결정하였다(이상 〈표 5-15〉 참고).

기술의 경제적 수명 8년 동안의 추정매출액에 기술비중(86%)을 적용하여 〈표 5-15〉와 같이 기술매출액을 결정하였다.

〈표 5-15〉 매출액 결정

(단위: 백만 원)

구분	1차년도	2차년도	3차년도	4차년도	5차년도	6차년도	7차년도	8차년도
	~2018. 03.16	~2019. 03.16	~2020. 03.16	~2021. 03.16	~2022. 03.16	~2023. 03.16	~2024. 03.16	~2025. 03.16
수명주기	성숙기					쇠퇴기		
추정매출액	2,306	2,455	2,604	2,697	2,793(M)	2,048	1,304	559(L)
기술비중	86%							
기술매출액	1,983	2,111	2,239	2,319	2,402	1,761	1,121	481

제3절 매출액 예측법과 사례

매출액 예측법은 수요예측법을 기술가치평가에 차용한 것이며, 수요예측법은 수요를 예측하여 자금, 인력, 장비와 설비, 생산, 영업, 판매, 매출 등에 관한 경영계획을 합리적으로 수립하기 위해 개발된 예측방법이다. 일반적으로 수요예측법에서 예측하는 수요는 생산이나 판매계획에 반영되며, 생산이나 판매는 매출액과 비례하는 관계에 있다. 따라서 이러한 수요예측법을 기술가치평가의 매출액 추정에 이용하는 것은 타당하다고 할 수 있다.

수요예측법에는 〈표 5-16〉과 같이, 기술평가기준일에서 먼 기간인 중기 또는 장기의 수요예측에 주로 이용하는 **정성적 방법**과 기술평가기준일에 가까운 기간인 단기의 수요예측에 주로 이용하는 **정량적 기법**이 있다.

〈표 5-16〉 수요예측법의 종류

정성적 방법	델파이법	전문가 대상 설문조사
	시장조사법	수요자 설문조사, 전화조사, 면접조사 등
	유사사례참고법	기존 회사나 기출시 제품 참고 등
	기타	경영자, 판매원, 패널 등의 의견 수렴법
정량적 기법	시계열분석법	이동평균법(단순 또는 가중 이동평균법)
		지수평활법(단순 지수평활법)
		추세분석법(시계열 단순회귀분석)
		시계열분해법
	인과관계분석법	단순 회귀분석
		다중 회귀분석
	확산모형법	BASS 확산모형
		로지스틱 확산모형

정성적 방법은 신뢰할 수 있는 과거 자료(Data, 즉 측정값)가 없을 때 중기적 또는 장기적인 경영계획을 수립하기 위해 경영자, 판매자나 수요자, 전문가 집단의 의견을 수렴해 수요를 예측하는 방법이다. 정성적 방법에는 전문가 집단의 의견을 수렴하는 **델파이법**과 수요자의 반응을 수집해 반영하는 **시장조사법** 등이 있다.

델파이법은 전문가 집단의 의견을 설문을 통해 수렴하는 방법으로, 전문가들의 의견을 수렴하여 설문항목(수요나 매출 규모, 판매액, 판매 수량 등)을 결정하며, 동 설문항목에 대해 여러 번에 걸쳐 다수의 전문가 집단을 대상으로 2회 이상의 설문을 진행하고, 설문결과를 통계적으로 분석하여 수요예측에 활용하는 방법이다. 시장조사법은 설문, 전화, 면접, 이메일 등의 방법으로 수요자들의 요구사항이나 반응을 수집하여 수요를 예측하는 방법이다.

델파이법이나 시장조사법을 포함한 정성적인 방법은 조사과정에 많은 시간과 인력 그리고 비용이 소요된다. 따라서 이러한 정성적 방법을 매출액 추정에 적용하는 것은 실용적인 측면에서 바람직하지 않다.

정량적 기법은 수요나 생산 그리고 판매와 매출액 등과 같은 과거의 현상을 일정한 형식이나 기준(월, 분기, 반기, 연도와 같은 주기와 금액 등과 같은 단위)에 맞추어 기록한 자료(Data, 이하 측정값)를 이용하여 수요를 예측하거나 매출액을 추정하는 방법이다.

매출액 추정에 이용하는 **측정값**에는 판매실적, 매출액이나 매출액증가율, 시장규모나 시장성장률, 유사한 기업의 매출액이나 매출액증가율, 동일 업종의 매출액이나 매출액증가율, 경제지표, 산업통계 등이 있으며, 이들 측정값은 월, 분기, 반기, 연도 등과 같은 주기와 금액, 증가율 및 증가액, 퍼센트(%) 등과 같은 단위로 측정된다.

정량적 기법에는 대표적으로 **시계열분석법**(Time series analysis), **인과관계분석법**(Causality analysis), **확산모형법**(Diffusion model)이 있다. 정량적 기법은 시간의 경과에 따라 측정값이 일정한 추세나 경향을 보일 때(즉, 시간의 흐름에 따른 추세나 경향), 또는 측정값들 사이에 일정한 추세나 경향(즉, 인과관계에 있는 측정값들 사이의 추세나 경향)을 보일 때 적용할 수 있으며, 유의미한 수준의 추세나 경향을 보이지 않으면 적용할 수 없다.

정량적 기법 중에서 **시계열분석법**은 시간(독립변수)의 경과에 따라 변화한 **측정값**(**종속변수**로서 판매실적, 증감률 및 성장률, 각종 경제지표 및 산업통계 등)의 추세를 이용해 수요를 예측하거나 매출액을 추정하는 방법이며, **이동평균법**, **지수평활법**, **추세분석법**, **시계열분해법** 등이 있다.

정량적 기법 중에서 **인과관계분석법**은 원인과 결과 관계(인과관계)가 성립하는 두 개 이상의 **측정값**(독립변수와 종속변수) 사이에 존재하는 추세를 찾고, 이러한 추세를 이용해 수요를 예측하거나 매출액을 추정하는 방법이며, **단순회귀분석과**

다중회귀분석법 등이 있다.

정량적 기법 중에서 **확산모형분석법**은 신기술이나 제품(특히, 내구성이 있는 소비재 등) 또는 서비스 등이 시장에서 확산하는 과정을 모델링하는 기법이다. 확산모형분석법에는 BASS 확산모형과 로지스틱 확산모형 등이 있으며, 본 교재에서는 BASS 확산모형에 대해서만 설명한다.

1. 시계열분석법과 사례

시간의 경과에 따라 나타나는 측정값의 변동 추세는 수평적 변동(평균값 변동), 추세변동, 계절적 변동, 경기(景氣)변동, 불규칙 변동 등으로 분류할 수 있다. 기술가치평가에서는 이러한 측정값의 변동 추세를 파악해 수요를 예측하는 시계열분석법(Time series analysis)을 적용하여 매출액을 추정하며, **시계열분석법에는 이동평균법, 지수평활법, 추세분석법, 시계열분해법** 등이 있다.

측정값의 변동 추세 중 **수평적 변동**(평균값 변동)은 가장 먼 과거의 측정값을 하나씩 버리고 가장 최근의 측정값을 하나씩 포함하여 평균을 구하면 나타나는 경향과 같이 시간의 경과에 따라 수평적으로 나타나는 변동 추세이고, **추세변동**은 시간의 경과에 따라 증가하거나 감소하는 변동 추세이다. 또한, **계절적 변동**은 계절에 따른 수요변화와 같이 시간의 경과에 따라 일정한 주기로 증감을 반복하는 변동 추세이고, **경기변동**은 경기의 변화와 같이 장기간에 걸쳐 나타나는 변동 추세이다. **불규칙 변동**은 시간의 경과에 따라 측정값이 불규칙하게 변동하는 추세이다.

경기변동은 장기간(보통 3년에서 10년 정도의 주기)에 걸쳐 나타나는 변동 추세로서 측정값의 획득이 어려우며, 장기간에 걸친 변동 추세로서, 이를 파악해 매출액과 같은 단기적인 추세를 예측하기에는 적절하지 않다. **불규칙 변동**은 그 자체에서 유의미한 추세를 읽어낼 수 없으므로 수요를 예측하거나 매출액을 추정하는 데 적용할 수 없다.

일반적으로, **측정값이 변동 추세 중 수평적 변동**(평균값 변동)**과 추세변동 그리고 계절적 변동 추세**를 보이면, 시계열분석법인 **이동평균법, 지수평활법, 추세분석법, 시계열분해법을 적용하여 수요를 예측하거나 매출액을 추정**할 수 있다.

1) 이동평균법과 사례

(1) 추정원칙

시간의 경과(시계열)에 따라 나타나는 측정값의 변동에 추세변동이나 계절변동 그리고 경기변동이 나타나지 않으며, 측정값이 수평적 변동(평균값 변동) 추세를 유지하며 변하는 경우, 이러한 변동의 특성으로부터 예측값(추정값)을 결정하는 방법으로 **이동평균법**(Moving average method)이 이용된다.

이동평균법에는 **단순 이동평균법**과 **가중 이동평균법**이 있으며, 단순 이동평균법은 시계열에 따라 나타나는 측정값들에 동일 가중치를 부여하며, 가중 이동평균법은 시계열에 따라 나타나는 측정값들에 가중치(또는, 합이 '1'인 가중치)를 부여하여 매출액을 추정하는 방법이다.

이동평균법은 측정값이 수평적 변동(평균값 변동) **추세를 유지하는 경우**에 적용한다. 따라서 단기적으로 매출액에 영향을 미치는 특별한 상황이 발생할 것으로 보이지 않거나, 매출액이 수평적 변동 추세를 유지할 것으로 전망되는 경우, 이동평균법으로 기술의 경제적 수명 초기의 매출액을 추정할 수 있다. 이동평균법으로 기술의 경제적 수명 초기의 매출액을 추정할 경우, 기술의 경제적 수명 중기의 매출액은 동일 업종의 3개년 이상 평균 매출액증가율에 수렴하는 것으로 가정하여 추정하는 것이 합리적이다.

이동평균법에서 기술의 경제적 수명 후기(즉, 기술수명주기상 쇠퇴기)의 매출액은 전술한 바와 같이 기술평가기준일에 조사된 주요 경쟁기업(시장주도기업)이 사업화 주체의 매출액을 잠식한다는 가정 아래 추정하는 것이 합리적이다.

(2) 추정방법

단순 이동평균법(Simple moving average method)은 예측하고자 하는 기간(N) 직전까지의 측정값들의 단순 평균치를 추정매출액으로 하는 방법이다. 측정값들의 단순 평균치는 [식 5-12]와 같이 측정값들의 합을 측정기간으로 나누어 구하며, 이러한 측정기간을 **이동평균기간**(N–1)이라고 한다.

$$F_N = \frac{\sum_{t=1}^{N-1}(M_t)}{N-1} \qquad \text{[식 5-12]}$$

F_N: N기의 예측값, M_t: 측정값, $N-1$: 이동평균기간(측정기간)

이동평균기간이 클수록 측정값들의 불규칙한 특성을 효과적으로 제거할 수 있으나 예측하고자 하는 기간의 직전 측정값을 충실히 반영할 수 없다. 따라서 기술평가자들은 기술평가기준일에 가까운 기간(단기)의 매출액을 추정하기 위해서는 기술평가기준일의 직전 기간의 측정값(매출액)을 충실히 반영할 수 있도록 이동평균기간을 결정할 필요가 있다. 또한, 예측값을 왜곡하는 측정값이 포함되지 않도록 이동평균기간을 결정할 필요가 있다.

N기가 지난 후 N기의 측정값(M_N)이 확정된 경우, 동 측정값을 포함한 측정값들의 합을 이동평균기간으로 나누어 N+1기를 추정한다.

가중 이동평균법(Weighted moving average method)은 예측하고자 하는 기간(N) 직전까지의 측정값들의 가중 평균치를 추정매출액으로 하는 방법이다. 측정값들의 가중 평균치를 구하기 위해서는 [식 5-13]과 같이 가중 합산된 측정값을 가중치의 합으로 나누어야 하며, 만약 분모에 나타낸 가중치의 합을 '1'로 하면 측정값들의 가중 평균치는 [식 5-14]와 같이 표현된다.

$$F_N = \frac{\sum_{t=1}^{N-1}(M_t W_t)}{\sum_{t=1}^{N-1} W_t} \qquad \text{[식 5-13]}$$

$$\text{if } \sum_{t=1}^{N-1} W_t = 1, \;\; F_N = \sum_{t=1}^{N-1}(M_t W_t) \qquad \text{[식 5-14]}$$

F_N: N기의 예측값, M_t: 측정값, W_t: 가중치, $N-1$: 이동평균기간(측정기간)

일반적으로, 가중 이동평균법은 [식 5-14]를 이용하며, 이때 각 측정값에 부여하는 가중치의 합은 '1'이 되어야 하고, 추정하는 기간의 직전 측정값(매출액)을 충실히 반영할 필요가 있으면 직전 측정값에 높은 가중치를 부여해야 한다. 가중 이동평균법을 적용할 경우, 가중치와 이동평균기간은 측정값(매출액)의 특성을 고려해 기술평가자들이 합의하여 결정한다.

N기가 지난 후 N기의 측정값(M_N)이 확정된 경우, 동 측정값(M_N)을 포함한 가중 합산된 측정값을 이동평균기간으로 나누어 N+1기를 추정한다.

(3) 추정사례 I: 단순 이동평균법을 응용한 매출액 추정

① 평가개요

- 평가대상기술: 엔진 과급기용 컷-아웃 밸브
- 기술평가기준일: 2020년 4월 23일
- 기술의 경제적 수명: 7년
- 기술수명주기: 성숙기(기술평가자의 합의로 성숙기 5년, 쇠퇴기 2년으로 결정)
- 동일 업종(C29133)의 최근 3개년 평균 매출액증가율: +3.43%(한국은행 기업경영분석)
- 기술비중: 73%(핵심기술로 분류됨)
- 주요 경쟁기업의 수(m): 4개 기업
- 사업화 주체(2011년도 설립)의 매출액, 즉, 측정값의 추이

연도	2015	2016	2017	2018	2019
매출액(백만 원)	2,121	2,777	3,089	2,805	2,916

② 매출액 결정

사업화 주체의 매출액이 2016년 이후 수평적 변동 추세를 보이며, 향후 이러한 추세를 유지할 것으로 전망된다. 매출액이 수평적 변동 추세를 유지하며 변하는 경우, 이동평균법을 적용하여 매출액을 추정한다. 사업화 주체의 매출액 추이에서 2015년도 매출액은 예측값을 왜곡할 가능성이 있으므로 평균값 산출과 이동평균기간의 결정에서 제외한다.

성숙기(1차년도)의 추정매출액은 기술평가기준일 직전의 매출액을 충실히 반영하여 결정한다. 이를 위해, 1차년도 매출액은 이동평균기간을 기술평가기준일에 가까운 2개년으로 하고, 이를 [식 5-12]에 대입하여 결정한다.

연도/차년도	2015	2016	2017	2018 (N=1)	2019 (N=2)	1차년도 (N=3)
매출액(백만 원)	2,121	2,777	3,089	2,805	2,916	
예측값				이동평균기간=2		F_3=2,861

$$F_3 = \frac{\sum_{t=1}^{N-1}(M_t)}{N-1} = \frac{(2{,}805+2{,}916)}{2} = 2{,}861\text{백만 원}$$

성숙기(2차년도)의 추정매출액은 이동평균기간을 3개년 또는 4개년으로 하여 결정할 수 있으며, 2차년도 예측값은 이동평균기간을 기술평가기준일에 가까운 4개년으로 하여 [식 5-12]로부터 결정한다.

연도/차년도	2015	2016 (N=1)	2017 (N=2)	2018 (N=3)	2019 (N=4)	2차년도 (N=5)
매출액(백만 원)	2,121	2,777	3,089	2,805	2,916	
예측값		이동평균기간=4				F_5=2,897

$$F_5 = \frac{\sum_{t=1}^{N-1}(M_t)}{N-1} = \frac{(2{,}777+3{,}089+2{,}805+2{,}916)}{4} = 2{,}897\text{백만 원}$$

성숙기(3~5차년도)의 추정매출액은 2차년도 추정매출액(F_5=2,897백만 원)을 기준으로, 동일 업종의 최근 3개년 평균 매출액증가율인 +3.43%만큼 매년 성장하는 것으로 보아 결정한다.

쇠퇴기(6~7차년도)의 추정매출액은 ① 기술의 경제적 수명 초기나 중기에 기록한 최고 매출액(M)을 주요 경쟁기업의 수(m)로 나누어 기술의 경제적 수명 최종 차년도 매출액(L)을 결정하고(L=M÷m=801백만 원), ② 최고 매출액과 최종 차년도 매출액의 차이(M−L)를 쇠퇴기 기간(n)으로 나눈 값을 산출하며[(M−L)÷n=1,202백만 원], ③ 최고 매출액에서 산출된 값(1,202백만 원)만큼 매년 감소하도록 산술적으로 결정하였다(이상 〈표 5-17〉 참고).

기술의 경제적 수명 7년 동안의 추정매출액에 기술비중(73%)을 적용하여 〈표

5-17〉과 같이 기술매출액을 결정하였다.

〈표 5-17〉 매출액 결정

(단위: 백만 원)

구분	1차년도	2차년도	3차년도	4차년도	5차년도	6차년도	7차년도
	~2021. 04.22	~2022. 04.22	~2023. 04.22	~2024. 04.22	~2025. 04.22	~2026. 04.22	~2027. 04.22
수명주기	성숙기					쇠퇴기	
추정매출액	2,861	2,897	2,996	3,099	3,205(M)	2,003	801(L)
기술비중	73%						
기술매출액	2,089	2,115	2,187	2,262	2,340	1,462	585

(4) 추정사례 II: 가중 이동평균법을 응용한 매출액 추정

① 평가개요

- 평가대상기술: 연성회로기판 검사장비의 자동 정열장치[FPCB 등을 검사하는 장비에 사용되는 자동 정열장치(Auto alignment)로서, 동 장치의 매출액은 검사장비 매출액의 33%를 차지함]
- 기술평가기준일: 2019년 6월 20일
- 기술의 경제적 수명: 6년
- 기술수명주기: 성숙기(기술평가자의 합의로 성숙기 4년, 쇠퇴기 2년으로 결정)
- 동일 업종(C27122)의 최근 3개년 평균 매출액증가율: +10.67%(한국은행 기업경영분석)
- 기술비중: 81%(검사의 정밀도를 결정하는 장치로서 핵심기술로 분류됨)
- 주요 경쟁기업의 수(m): 3개 기업
- 사업화 주체(2004년도 설립)의 매출액, 즉, 측정값의 추이

연도	2014	2015	2016	2017	2018
장비 매출액(A, 백만 원)	9,964	7,807	6,738	6,451	6,922
장비 매출액(B, 백만 원) B=A×0.33	3,288	2,576	2,224	2,129	2,284

② 매출액 결정

사업화 주체의 매출액은 2015년 이후 수평적 변동 추세를 보이며, 향후 이러

한 추세를 유지할 것으로 전망된다. 매출액이 수평적 변동 추세를 유지하며 불규칙하게 변하는 경우, 이동평균법을 적용하여 매출액을 추정한다. 사업화 주체의 매출액 추이에서 2014년도 매출액은 예측값을 왜곡할 수 있어 가중 평균값 산출과 이동평균기간의 결정에서 제외한다.

성숙기(1차년도)의 추정매출액은 기술평가기준일 직전 기간의 매출액을 충실히 반영하여 결정한다. 이를 위해, 1차년도 추정매출액은 이동평균기간을 기술평가기준일에 가까운 3개년으로 하고, 가중치(W_t)는 2016년에 0.1, 2017년에 0.3, 2018년에 0.6을 적용하여 [식 5-14]로부터 결정한다.

연도/차년도	2014	2015	2016 (N=1)	2017 (N=2)	2018 (N=3)	1차년도 (N=4)
장비 매출액(B, 백만 원)	3,288	2,576	2,224	2,129	2,284	
예측값			이동평균기간=3			F_4=2,232

$$F_4 = \sum_{t=1}^{N-1}(M_t W_t) = (2{,}224 \times 0.1) + (2{,}129 \times 0.3) + (2{,}284 \times 0.6) = 2{,}232$$

성숙기(2차년도)의 추정매출액은 이동평균기간을 기술평가기준일에 가까운 4개년으로 하고, 가중치(W_t)는 2015년부터 각각 0.1, 0.2, 0.3, 0.4를 적용하여 [식 5-14]로부터 결정한다.

연도	2014	2015 (N=1)	2016 (N=2)	2017 (N=3)	2018 (N=4)	2차년도 (N=5)
장비 매출액(B, 백만 원)	3,288	2,576	2,224	2,129	2,284	
예측값		이동평균기간=4				F_5=2,255

$$F_5 = \sum_{t=1}^{N-1}(M_t W_t) = (2{,}576 \times 0.1) + (2{,}224 \times 0.2) + (2{,}129 \times 0.3) + (2{,}284 \times 0.4) = 2{,}255$$

성숙기(3~4차년도)의 추정매출액은 2차년도 추정매출액을 기준으로, 동일 업종의 최근 3개년 평균 매출액증가율인 +10.67%만큼 매년 성장하는 것으로 보아 결정한다.

쇠퇴기(5~6차년도)의 추정매출액은 ① 기술의 경제적 수명 초기나 중기에 기록한 최고 매출액(M)을 주요 경쟁기업의 수(m)로 나누어 기술의 경제적 수명 최종 차년도 매출액(L)을 결정하고(L=M÷m=921백만 원), ② 최고 매출액과 최종 차년도 매출액의 차이(M−L)를 쇠퇴기 기간(n)으로 나눈 값을 산출하며[(M−L)÷n=921백만 원], ③ 최고 매출액에서 산출된 값(921백만 원)만큼 매년 감소하도록 산술적으로 결정하였다(이상 〈표 5-18〉 참고).

기술의 경제적 수명 6년 동안의 추정매출액에 기술비중(81%)을 적용하여 〈표 5-18〉과 같이 기술매출액을 결정하였다.

〈표 5-18〉 매출액 결정

(단위: 백만 원)

구분	1차년도	2차년도	3차년도	4차년도	5차년도	6차년도
	~'20.06.19	~'21.06.19	~'22.06.19	~'23.06.19	~'24.06.19	~'25.06.19
수명주기	성숙기				쇠퇴기	
추정매출액	2,232	2,255	2,496	2,762(M)	1,842	921(L)
기술비중	81%					
기술매출액	1,808	1,827	2,022	2,237	1,492	746

2) 지수평활법과 사례

(1) 추정원칙

지수평활법(Exponential smoothing method)은 예측하고자 하는 시점에 가까운 최근 측정값에 가장 큰 가중치를 주어 충실히 반영하며, 오래된 측정값일수록 지수함수적으로 감소한 가중치를 주어 수요를 예측하거나 매출액을 추정하는 방법이다.

지수평활법은 이동평균법과 같이 시계열에 따른 측정값이 추세변동이나 계절변동 그리고 경기변동을 보이지 않으며, 측정값이 수평적 변동(평균값 변동) 추세를 유지하며 변할 때 적용한다.

단기적으로 매출액에 영향을 미치는 특별한 상황이 발생할 것으로 보이지 않거나, 매출액이 수평적 변동 추세를 유지할 것으로 전망되는 경우, 지수평활법으로 기술의 경제적 수명 초기의 매출액을 추정할 수 있다. 지수평활법으로 기술의 경제적 수명 초기의 매출액을 추정할 경우, 기술의 경제적 수명 중기의 매출액은 동일 업종의 3개년 이상 평균 매출액증가율에 수렴하는 것으로 가정하여 추정하는 것이 합리적이다.

지수평활법에서 기술의 경제적 수명 후기(즉, 기술수명주기상 쇠퇴기)의 매출액은 전술한 바와 같이 기술평가기준일에 조사된 주요 경쟁기업이 사업화 주체의 매출액을 잠식한다는 가정 아래 추정하는 것이 합리적이다.

(2) 추정방법

지수평활법은 과거 측정값(M_{N-1})에 '0'과 '1' 사이에 존재하는 평활계수(α)를 곱하여 나온 값과 과거 예측값(F_{N-1})에 $(1-\alpha)$를 곱하여 나온 값을 합산하여 미래의 예측값으로 활용한다. 즉, 지수평활법은 [식 5-15]와 같이 과거 측정값(M_{N-1})과 과거 예측값(F_{N-1})의 차이에 평활계수를 곱하여 나온 값에 과거 예측값(F_{N-1})을 합산하여 미래를 예측한다.

지수평활법을 적용하기 위해서는 [식 5-15]와 같이 과거 측정값(M_{N-1})과 과거 예측값(F_{N-1}) 그리고 평활계수(α)를 결정할 수 있어야 한다.

$$F_N = \alpha M_{N-1} + (1-\alpha)F_{N-1} = \alpha(M_{N-1} - F_{N-1}) + F_{N-1} \quad \text{[식 5-15]}$$

여기서, $0 \leq \alpha(\text{평활계수}) \leq 1$

F_N: N기의 예측값, M_{N-1}: $N-1$기의 측정값, F_{N-1}: $N-1$기의 예측값

지수평활법 공식을 일반화된 전개식으로 표현하면 [식 5-16]과 같다.

$$F_N = \alpha M_{N-1} + \alpha(1-\alpha)M_{N-2} + \alpha(1-\alpha)^2 M_{N-1} + \cdots$$
$$+\alpha(1-\alpha)^{N-2}M_1 + (1-\alpha)^{N-1}F_1 \quad \text{[식 5-16]}$$

여기서, M_1: 초기 측정값, F_1: 초기 예측값

평활계수(α)가 클수록 평활의 효과가 작아 최근 측정값(매출액)을 충실히 반영할 수 있으며, 평활계수가 작을수록 평활의 효과는 커지게 된다. 따라서, 최근 매

출실적을 충실히 반영하기 위해서는 1에 가까운 평활계수를 설정할 필요가 있다. 기술평가자들은 사업화 주체의 최근 매출실적과 향후 매출계획을 충실히 반영할 수 있도록 평활계수를 결정해야 한다.

일반화된 전개식에서 알 수 있듯이, 지수평활법을 적용하기 위해서는 **평활계수**와 함께 **초기 예측값**(F_1)을 결정해야 한다. 초기 예측값은 초기 측정값(M_1)에 대응하는 값이며, 측정값들을 검토하여 초기 측정값을 결정한 후 초기 예측값을 결정해야 한다.

일반적으로 **초기 측정값 이전의 측정값들의 평균**(산술평균값, 가중 이동평균값 등)을 초기 예측값으로 활용하거나, **초기 측정값을 초기 예측값의 대용치**로 활용할 수 있다(다음의 추정사례 참고).

(3) 추정사례

① 평가개요

- 평가대상기술: 실리콘 패턴 이형필름 제조방법 및 이로부터 제조된 이형필름
- 기술평가기준일: 2018년 12월 11일
- 기술의 경제적 수명: 8년
- 기술수명주기: 성장기(기술평가자의 합의로 성장기 2년, 성숙기 3년, 쇠퇴기 3년으로 결정)
- 동일 업종(C22212)의 최근 3개년 평균 매출액증가율: +2.32%(한국은행 기업경영분석)
- 기술비중: 69%(핵심기술로 분류됨)
- 주요 경쟁기업의 수(m): 3개 기업
- 사업화 주체(2008년도 설립)의 매출액 추이

연도	2011	2012	2013	2014	2015	2016	2017
매출액(백만 원)	3,866	3,498	3,629	3,463	4,309	4,160	4,510

- 사업화 주체의 최근 2개년(2016년, 2017년) 매출액증가율: +8.41%

② 매출액 결정

사업화 주체의 연간 매출액이 불규칙하게 변하고 있으나, 2015년도 이후 매출액이 증가한 경향을 고려하여 지수평활법을 적용하여 최근 3개년 매출실적을

충실히 반영한다.

평활계수(α)는 기술수명주기와 사업화 주체의 매출실적 그리고 향후 매출계획을 검토하여 기술평가자들이 합의하여 0.6으로 결정(α = 0.6)하였다. 사업화 주체의 매출액 추이를 고려하여 2015년도 매출액을 초기 측정값(M1 = 4,309백만 원)으로 하며, 초기 예측값(F_1)은 초기 측정값 이전의 4개년 측정값들을 산술평균(F_1 = 3,614백만 원)하여 결정하였다.

~~참고: 초기 측정값인 M_1 = 4,309백만 원을 초기 예측값의 대용치로 활용할 수 있다.~~

연도	2011	2012	2013	2014	2015	2016	2017	1차년도
매출액 (백만 원)	3,866	3,498	3,629	3,463	4,309 (M_1)	4,160 (M_2)	4,510 (M_3)	
예측값	4년 매출액 산술평균 3,614백만 원을 초기 예측값(F_1)으로 결정				3,614 (F_1)	4,031 (F_2)	4,108 (F_3)	4,349 (F_4)

초기 예측값이 결정되면, [식 5-15]을 이용해 순차적으로 F_2와 F_3 그리고 F_4 값을 계산하거나, [식 5-16]과 같은 일반화된 전개식을 이용해 F_4 값을 계산할 수 있다.

성장기(1차년도)의 추정매출액(즉, 예측값 F_4)을 일반화된 전개식인 [식 5-16]을 이용하여 계산하면 다음과 같다.

$$F_4 = \alpha M_3 + \alpha(1-\alpha)M_2 + \alpha(1-\alpha)^2 M_1 + (1-\alpha)^3 F_1$$

$$= (0.6\times 4{,}510) + (0.6\times 0.4\times 4{,}160) + (0.6\times 0.4^2\times 4{,}309) + (0.4^3\times 3{,}614)$$

= 2,706 + 998 + 414 + 231(* 오래된 측정값의 가중치는 지수함수적으로 감소함)

= 4,349백만 원

성장기(2차년도)의 추정매출액은 사업화 주체의 최근 2개년(2016, 2017년) 매출액증가율인 +8.41%를 적용하여 추정한다. 성숙기(3~5차년도)의 추정매출액은 2차년도 추정매출액을 기준으로, 동일 업종의 최근 3개년 평균 매출액증가율인 +2.32%만큼 매년 성장하는 것으로 보아 결정한다.

쇠퇴기(6~8차년도)의 추정매출액은 ① 기술의 경제적 수명 초기나 중기에 기록한 최고 매출액(M)을 주요 경쟁기업의 수(m)로 나누어 기술의 경제적 수명 최종 차년도 매출액(L)을 결정하고(L=M÷m=1,684백만 원), ② 최고 매출액과 최종 차년도 매출액의 차이(M−L)를 쇠퇴기 기간(n)으로 나눈 값을 산출하며[(M−L)÷n = 1,122백만 원], ③ 최고 매출액에서 산출된 값(1,122백만 원)만큼 매년 감소하도록 산술적으로 결정하였다(〈표 5-19〉 참고).

기술의 경제적 수명 8년 동안의 추정매출액에 기술비중(69%)을 적용하여 〈표 5-19〉와 같이 기술매출액을 결정하였다.

〈표 5-19〉 매출액 결정

(단위: 백만 원)

구분	1차년도 ~2019. 12.10	2차년도 ~2020. 12.10	3차년도 ~2021. 12.10	4차년도 ~2022. 12.10	5차년도 ~2023. 12.10	6차년도 ~2024. 12.10	7차년도 ~2025. 12.10	8차년도 ~2026. 12.10
수명주기	성장기		성숙기			쇠퇴기		
추정매출액	4,349	4,715	4,824	4,936	5,051(M)	3,929	2,806	1,684(L)
기술비중	69%							
기술매출액	3,001	3,253	3,329	3,406	3,485	2,711	1,936	1,162

3) 추세분석법과 사례

(1) 추정원칙

시계열(독립변수, t)에 따라 측정한 측정값(종속변수, y, 매출액이나 매출액증가율 등)이 시간의 경과에 따라 증가하거나 감소하는 등 일정한 변동 추세를 보일 때 추세분석법(Trend analysis method)을 이용하여 수요를 예측하거나 매출액을 추정한다.

시계열분석법 중 하나인 추세분석법은 인과관계가 성립하는 두 개의 과거 측정값들(종속변수와 독립변수)의 상호관계를 밝히는 인과관계분석법 중 단순 회귀분석법의 특수한 경우라고 할 수 있다. 즉, 추세분석법은 단순 회귀분석법에서 독립변수가 시계열(t, time)인 경우라고 할 수 있으므로, 시계열 단순 회귀분석법(Time series simple regression analysis method)이라고 할 수 있다.

단기적으로 매출액에 영향을 미치는 특별한 상황이 발생할 것으로 보이지 않거나, 매출액이 시간의 경과에 따라 증가하거나 감소하는 추세변동을 유지할 것으로 전망되는 경우, 추세분석법으로 기술의 경제적 수명 초기의 매출액을 추정할 수 있다. 추세분석법으로 매출액을 추정할 기간은 **기술수명주기**와 **매출액**(종속변수) 추이를 고려해 기술평가자들이 합의하여 결정한다.

추세분석법으로 기술의 경제적 수명 초기의 매출액을 추정할 경우, 기술의 경제적 수명 중기의 매출액은 동일 업종의 3개년 이상 평균 매출액증가율에 수렴하는 것으로 가정하여 추정하는 것이 합리적이다.

추세분석법에서 기술의 경제적 수명 후기(즉, 기술수명주기상 쇠퇴기)의 매출액은 전술한 바와 같이 기술평가기준일에 조사된 주요 경쟁기업(시장주도기업)이 사업화 주체의 매출액을 잠식한다는 가정 아래 추정하는 것이 합리적이다.

(2) 추정방법

종속변수(y, 매출액 등)가 독립변수인 시계열(t)에 따라서 변동(증가나 감소 또는 상호 독립)하는 추세는 [식 5-17]의 선형함수(Linear function), [식 5-18]의 지수함수(Exponential function), [식 5-19]의 로그함수(Logarithmic function), [식 5-20]의 다항함수(Polynomial function) 등과 같은 수식으로 표현(추세의 모델링)할 수 있다.

선형함수: $y = at+b$ ········ [식 5-17]

지수함수: $y = ae^{bt}$(기타, $y = at^b$ 및 $y = ab^t$ 등과 같은 수식) ········ [식 5-18]

로그함수: $y = a\ln t+b$ ········ [식 5-19]

다항함수: $y = at^2+bt+c$(기타, 차수가 높은 다항식) ········ [식 5-20]

* 상기 함수들에서 y는 종속변수, t는 독립변수인 시계열을 나타냄.

* a, b, c는 각 함수의 상수를 나타냄.

측정값들의 변동추세를 수식으로 표현하기 위해서는 **최소자승법**(최소제곱법, Least square method)을 이용한다. 최소자승법은 측정값들의 변동추세를 가장 근사하게 표현하는 수식을 찾는 방법이며, 측정값들에서 가장 가까운 위치를 지나는 **최적의 수식**(추세선의 수식)을 결정할 때 이용한다.

최소자승법은 측정값들에 가장 가까운 곳에 수식에 의한 값(함숫값)들이 위치하도록 하는 방법이며, 이를 위해서 **측정값**(y_m)과 동 측정값에 대응하는 수식에 의한 값(함숫값, y_f)의 차이를 자승(제곱)[1]한 값들의 합이 최소가 되도록 하는 함수의 상수를 찾는다. 즉, (측정값−함숫값)^{2}들의 합이 최소가 되는 함수의 상수를 찾으며, 동 상수는 수학적 수식으로 표현할 수 있다.

(측정값−함숫값)^{2}들의 합이 최소가 되는 상수를 찾기 위한 수학적인 수식은 함수의 종류에 따라 다르다. 일례로, 선형함수인 경우 상수를 결정하는 수학적 수식을 유도하는 과정과 유도된 수식을 예 5-7에 나타내었다.

예 5-7

선형함수에서 (측정값−함숫값)^{2}들의 합이 최소가 되는 상수의 결정

1) 측정값 y_m에 가장 가까운 위치를 지나는 함숫값을 $y_f = at_m + b$라고 하면, 측정값들과 함숫값들의 차를 제곱하여 합한 것은 다음과 같이 수식화 할수 있음.

$$X^2 = \sum_{i=1}^{n}(y_{mi} - y_{fi})^2 = \sum_{i=1}^{n}(y_{mi} - at_{mi} - b)^2$$

2) 측정값과 함숫값의 차를 최소로 만드는 상수 a와 b를 결정하기 위해, 상기 수식을 a와 b 각각에 대해 편미분하고, 두 수식의 값이 '0'이 되도록 연립방정식을 세움.

$$\frac{\partial X^2}{\partial b} = -2\sum_{i=1}^{n} y_{mi} + 2a\sum_{i=1}^{n} t_{mi} + 2bn = 0$$

$$\frac{\partial X^2}{\partial a} = 2a\sum_{i=1}^{n} t_{mi}^2 + 2b\sum_{i=1}^{n} t_{mi} - 2\sum_{i=1}^{n} t_{mi} y_{mi} = 0$$

3) 연립방정식을 풀어서 a와 b를 구하면 다음과 같음.

$$a = \frac{n\left(\sum_{i=1}^{n} t_{mi} y_{mi}\right) - \left(\sum_{i=1}^{n} t_{mi}\right)\left(\sum_{i=1}^{n} y_{mi}\right)}{n\left(\sum_{i=1}^{n} t_{mi}^2\right) - \left(\sum_{i=1}^{n} t_{mi}\right)^2}$$

* a를 먼저 계산한 후 b를 계산해야 함!

$$b = \frac{\sum_{i=1}^{n} y_{mi} - a\sum_{i=1}^{n} t_{mi}}{n}, \text{ 또는 } b = \frac{\left(\sum_{i=1}^{n} t_{mi}^2\right)\left(\sum_{i=1}^{n} y_{mi}\right) - \left(\sum_{i=1}^{n} t_{mi}\right)\left(\sum_{i=1}^{n} t_{mi} y_{mi}\right)}{n\left(\sum_{i=1}^{n} t_{mi}^2\right) - \left(\sum_{i=1}^{n} t_{mi}\right)^2}$$

---

1 측정값과 함숫값의 차이(측정값−함숫값)의 절대값을 구하기 위해 자승(제곱)을 한다. 예를 들어, 차이가 음인 경우(3−5=−2), 양의 값[$(-2)^2=4$]을 구하기 위하여 자승(제곱)을 한다.

매출액 추정을 위해 추세분석법을 이용할 경우 엑셀(Excel)과 같은 도구를 이용하고, 이러한 도구에는 모든 함수에 대해 상수를 찾는 수학적인 수식이 구현되어 있으므로 실무적으로 상수를 찾는 수식을 유도할 필요는 없다. 즉, 상수를 찾는 수학적인 수식은 엑셀과 같은 도구에 구현되어 있으며, 이를 이용하면 쉽게 각 함수별 상수와 최적의 수식을 알 수 있다.

엑셀 등을 이용할 때, 측정값들의 변동추세는 기술평가자의 선택에 따라 선형함수, 지수함수, 로그함수, 다항함수 등 여러 가지 수식으로 나타낼 수 있다. 이들 수식 중 어떤 수식이 측정값의 분포를 가장 근접하게 표현하는지 알아야 하며, 이를 위해 '결정계수'인 R-제곱 값(R^2)을 이용한다.

'결정계수', 즉 R-제곱 값은 [식 5-21]과 같이 함숫값의 편차 제곱의 합(SSR, Residual Sum of Squares)을 측정값의 편차 제곱의 합(SST, Total Sum of Squares)으로 나눈 것으로 정의한다. 함숫값 및 측정값의 편차를 구하기 위해서는 측정값의 평균($\tilde{y}m$)을 이용한다. 즉, 함숫값의 편차는 각 함숫값(y_f)에서 측정값의 평균을 빼서 구하고, 측정값의 편차는 각 측정값(y_m)에서 측정값의 평균을 빼서 구한다.

$$\text{함숫값의 편차} = y_f - \tilde{y}_m$$

$$\text{측정값의 편차} = y_m - \tilde{y}_m$$

$$R^2 = \frac{SSR}{SST} = \frac{(\text{함숫값의 편차 제곱의 합})}{(\text{측정값의 편차 제곱의 합})} = \frac{\sum_{i=1}^{n}\left(y_{fi} - \tilde{y}_m\right)^2}{\sum_{i=1}^{n}\left(y_{mi} - \tilde{y}_m\right)^2} \quad \cdots\cdots \text{[식 5-21]}$$

[식 5-21]에서 알 수 있듯이, 함숫값(y_{fi})이 측정값의 평균($\tilde{y}_m$)과 같으면 R-제곱 값(R^2)은 '0'이 되며($R^2=0$), 함숫값(y_{fi})이 측정값(y_{mi})과 같으면 R-제곱 값은 '1'이 된다($R^2=1$). 즉, R^2는 '0'과 '1' 사이의 값($0 \le R^2 \le 1$)을 가진다.

측정값의 평균은 시계열 그래프에서 측정값의 평균을 지나 시계열(t) 축에 수평하게 그린 직선이며, 함숫값이 측정값의 분포를 가장 잘 표현하지 못한 경우를 나타낸다. 즉, $y_{fi} = \tilde{y}_m$(즉, $R^2=0$)은 함숫값이 측정값을 가장 잘 표현하지 못한 경우를 나타낸다. 그러나, $y_{fi} = y_{mi}$(즉, $R^2=1$)는 함숫값이 측정값과 완전히 일치하는 경우로서, 측정값을 가장 잘 표현하는 경우를 나타낸다.

R-제곱 값은 '1'에 가까울수록 함숫값이 측정값의 추세를 가장 잘 표현하며, 일반적으로 0.7(백분율로는 70%) 이상일 때 수식의 신뢰성을 인정한다. 실무적으로, 측정값의 추세를 나타내는 여러 함수의 R-제곱 값을 비교하여 '1'에 가장 근접한 함수를 선택하여 매출액을 추정한다. 다항함수인 경우, 차수를 높여 R-제곱 값이 '1'에 수렴($R^2 \fallingdotseq 1$)되게 할 수 있으나, 실무상 차수가 2차 이하인 다항식(2차 방정식)에서 산출된 R-제곱 값을 타 함수의 R-제곱 값과 비교하여 다항식을 매출액 추정에 적용할지 결정한다.

전술한 엑셀을 이용하여 추세선의 수식을 구하기 위해서는 연도별 측정값(매출액, 매출액성장율 등)을 셀에 입력하고, 메뉴의 삽입 〉 차트 〉 분산형 차트 〉 추세선 〉 추세선 옵션 〉 함수의 종류 선택/수식을 차트에 표시 선택/R-제곱 값 차트에 표시를 선택하여, 추세선의 수식 및 R-제곱 값(R^2)을 구한다.

(3) 추정사례 I: 선형함수의 상수와 추세선 수식 직접 결정

① 평가개요

- 평가대상기술: 영어교재
- 기술평가기준일: 2016년 6월 25일
- 기술의 경제적 수명: 6년
- 기술수명주기: 성숙기(기술평가자의 합의로 성숙기 4년, 쇠퇴기 2년으로 결정)
- 동일 업종(J58111)의 최근 3개년 평균 매출액증가율: +0.70%(한국은행 기업경영분석)
- 기술비중: 83%(핵심기술로 분류됨)
- 주요 경쟁기업의 수(m): 5개 기업
- 사업화 주체(2010년도 설립)의 매출액 추이

연도	2012	2013	2014	2015
매출액(백만 원)	1,121	2,018	3,042	4,164

② 매출액 결정

성숙기(1차년도)의 추정매출액은 사업화 주체의 매출액 추이를 고려하여 선형함수의 상수(예 5-7의 수식 참고)와 수식을 도출하여 결정한다(선형함수의 상수와 수식 도출 과정은 다음의 표에 나타내었음).

연도	기간(t_m)	연간매출(y_m)	$t_m y_m$	t_m^2
2012	1	1,121	1,121	1
2013	2	2,018	4,036	4
2014	3	3,042	9,126	9
2015	4(=n)	4,164	16,656	16
합과 제곱 (sums and squares)	$\sum_{i=1}^{4} t_{mi} = 10$ $\left(\sum_{i=1}^{4} t_{mi}\right)^2 = 100$	$\sum_{i=1}^{4} y_{mi} = 10{,}345$	$\sum_{i=1}^{4} t_{mi} y_{mi} = 30{,}939$	$\sum_{i=1}^{4} t_{mi}^{\ 2} = 30$
상수 (constants)	$a = \frac{(4 \times 30{,}939) - (10 \times 10{,}345)}{(4 \times 30) - 100} = 1{,}015.3$ $b = \frac{10{,}345 - (1{,}015.3 \times 10)}{4} = 48$			
수식 (equation)	$y_f = at_m + b = 1{,}015.3t_m + 48$			

도출된 선형함수 수식에 t_m=1, 2, 3, 4를 대입하여 측정값 y_m에 대응하는 함숫값 y_f를 산출하며, 수식의 신뢰성은 [식 5-21]로 표현되는 R-제곱 값을 구하여 판단한다(측정값에 대응하는 함숫값과 R-제곱 값을 구하는 과정은 다음의 표에 나타내었음). 이렇게 구한 R-제곱 값은 0.9975로서 선형함수로 표현된 추세선 수식의 신뢰성은 아주 높은 것으로 평가되었다.

측정값(연간매출) (y_m)	함숫값 (y_f)	측정값의 편자 ($y_m - \tilde{y}_m$)	$(y_m - \tilde{y}_m)^2$	함숫값의 편차 ($y_f - \tilde{y}_m$)	$(y_f - \tilde{y}_m)^2$
1,121	1,063	−1,465	2,146,225	−1,523	2,319,529
2,018	2,079	−568	322,624	−507	257,049
3,042	3,094	456	207,936	508	258,064
4,164	4,109	1,578	2,490,084	1,523	2,319,529
측정값 평균($\tilde{y}_m$) =2,586		$\sum_{i=1}^{4} (y_{mi} - \tilde{y}_m)^2 = 5{,}166{,}869$		$\sum_{i=1}^{4} (y_{fi} - \tilde{y}_m)^2 = 5{,}154{,}171$	
$R^2 = \frac{SSR}{SST} = \frac{5{,}154{,}171}{5{,}166{,}869} = 0.9975$					

따라서 성숙기(1차년도) 추정매출액은 추세선 수식에 $t_m=5$를 대입하여 결정하며, 성숙기(2~3차년)의 추정매출액도 동 수식에 $t_m=6$, 7을 대입하여 결정한다(추정매출액은 연도 매출액이지만 차년도 매출액으로 간주함).

1차년도 매출액 = (1,015.3×5)+48 = 5,125백만 원

차년도	1차년도	2차년도	3차년도
기간(t_m)	5	6	7
추정매출액(백만 원)	5,125	6,140	7,155

성숙기(4차년)의 추정매출액은 3차년도 추정매출액 기준으로, 동일 업종의 최근 3개년 평균 매출액증가율인 +0.70%만큼 성장하는 것으로 보아 결정한다.

쇠퇴기(5~6차년도)의 추정매출액은 ① 기술의 경제적 수명 초기나 중기에 기록한 최고 매출액(M)을 주요 경쟁기업의 수(m)로 나누어 기술의 경제적 수명 최종 차년도 매출액(L)을 결정하고(L=M÷m=1,441백만 원), ② 최고 매출액과 최종 차년도 매출액의 차이(M-L)를 쇠퇴기 기간(n)으로 나눈 값을 산출하며[(M−L)÷n=2,882백만 원], ③ 최고 매출액에서 산출된 값(2,882백만 원)만큼 매년 감소하도록 산술적으로 결정하였다(〈표 5-20〉 참고).

기술의 경제적 수명 6년 동안의 추정매출액에 기술비중(83%)을 적용하여 〈표 5-20〉과 같이 기술매출액을 결정하였다.

〈표 5-20〉 매출액 결정

(단위: 백만 원)

구분	1차년도	2차년도	3차년도	4차년도	5차년도	6차년도
	~'17.06.24	~'18.06.24	~'19.06.24	~'20.06.24	~'21.06.24	~'22.06.24
수명주기	성숙기				쇠퇴기	
추정매출액	5,125	6,140	7,155	7,205(M)	4,323	1,441(L)
기술비중	83%					
기술매출액	4,254	5,096	5,939	5,980	3,588	1,196

(4) 추정사례 II: 엑셀을 이용한 추정사례 I의 상수 및 수식 결정

엑셀시트(Sheet)의 셀에 연도별 측정값(매출액)을 입력한다.

연도	t_m	y_m
2012	1	1,121
2013	2	2,018
2014	3	3,042
2015	4	4,164

엑셀시트 메뉴에서 삽입 〉 차트 〉 분산형 차트 〉 추세선 〉 추세선 옵션 〉 함수의 종류 선택/수식을 차트에 표시 선택/R-제곱 값 차트에 표시를 선택하여 추세선의 수식 및 R-제곱 값(R^2)을 구한다.

엑셀을 이용한 매출액 추정(선형함수)

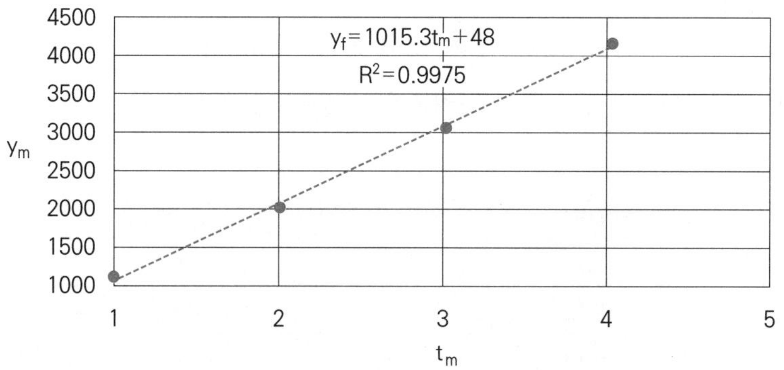

R-제곱 값이 0.9975로서 수식의 신뢰성은 아주 높은 것으로 평가되며, 엑셀의 추세선 수식(선형함수)에 t_m=5, 6, 7을 대입하여 성숙기(1~3차년도)의 추정매출액을 결정한다.

성숙기(4차년도)와 쇠퇴기의 추정매출액 등은 전술한 추정사례 I(선형함수의 상수와 추세선 수식 직접 결정)과 같은 방법으로 결정한다.

(5) 추정사례 III: 엑셀을 이용한 지수함수의 상수와 추세선 수식 결정

① 평가개요

- 평가대상기술: 화장품 용기
- 기술평가기준일: 2018년 7월 21일
- 기술의 경제적 수명: 7년
- 기술수명주기: 성숙기(기술평가자의 합의로 성장기 2년, 성숙기 3년, 쇠퇴기 2년으로 결정)
- 동일 업종(C22232)의 최근 3개년 평균 매출액증가율: +2.40%(한국은행 기업경영분석)
- 기술비중: 66%(핵심기술로 분류됨)
- 주요 경쟁기업의 수(m): 4개 기업
- 사업화 주체(2009년도 설립)의 매출액 추이

연도	2011	2012	2013	2014	2015	2016	2017
매출액(백만 원)	280	219	443	848	1,428	1,789	4,956

② 매출액 결정

성장기(1~2차년도)의 추정매출액은 엑셀에서 구한 추세선의 수식을 이용하여 결정한다. 이를 위해 연도별 측정값(매출액)을 셀에 입력한다.

연도	t_m	y_m
2011	1	280
2012	2	219
2013	3	443
2014	4	848
2015	5	1,428
2016	6	1,789
2017	7	4,956

엑셀시트 메뉴에서 삽입 〉 차트 〉 분산형 차트 〉 추세선 〉 추세선 옵션 〉 함수의 종류 선택/수식을 차트에 표시 선택/R-제곱 값 차트에 표시를 선택하여 추세선의 수식 및 R-제곱 값(R^2)을 구한다.

엑셀을 이용한 매출액 추정(지수함수)

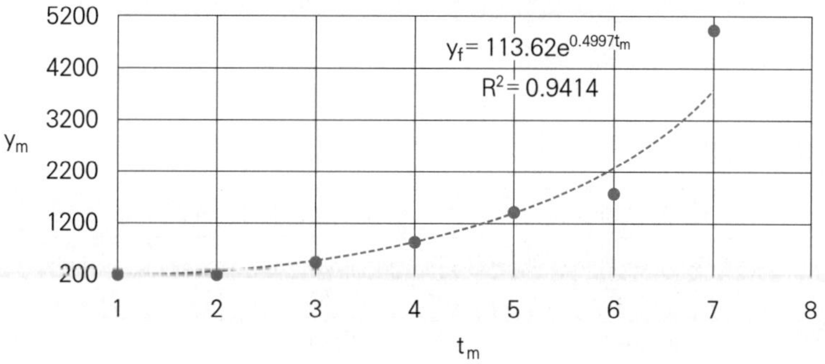

여러 함수의 R-제곱 값을 비교한 결과 지수함수의 값이 가장 크며, 이를 선택하여 추정매출액을 결정한다. 지수함수 수식은 $y_f = 113.62e^{0.4997t_m}$이다.

함수종류	선형함수	지수함수	로그함수	다항함수(2차)
R-제곱 값(R^2)	0.7063	0.9414	0.4971	0.9170

성장기(1~2차년도)의 추정매출액은 기술평가자들의 합의로 지수함수로 표현된 추세선 수식에 t_m=8, 9를 대입하여 결정한다.

차년도	1차년도	2차년도
기간(t_m)	8	9
추정매출액(백만 원)	6,189	10,200

성숙기(3~5차년도)의 추정매출액은 2차년도 추정매출액을 기준으로, 동일 업종의 최근 3개년 평균 매출액증가율인 +2.40%만큼 성장하는 것으로 보아 결정한다.

쇠퇴기(6~7차년도)의 추정매출액은 ① 기술의 경제적 수명 초기나 중기에 기록한 최고 매출액(M)을 주요 경쟁기업의 수(m)로 나누어 기술의 경제적 수명 최종 차년도 매출액(L)을 결정하고(L=M÷m=2,738백만 원), ② 최고 매출액과 최종 차년도 매출액의 차이(M-L)를 쇠퇴기 기간(n)으로 나눈 값을 산출하고[(M-L)÷n=4,108백만 원], ③ 최고 매출액에서 산출된 값(4,108백만 원)만큼 매년 감소하도록 산출적으로 결정하였다(〈표 5-21〉 참고).

기술의 경제적 수명 7년 동안의 추정매출액에 기술비중(66%)을 적용하여 〈표 5-21〉과 같이 기술매출액을 결정하였다.

〈표 5-21〉 매출액 결정

(단위: 백만 원)

구분	1차년도 ~2019. 07.20	2차년도 ~2020. 07.20	3차년도 ~2021. 07.20	4차년도 ~2022. 07.20	5차년도 ~2023. 07.20	6차년도 ~2024. 07.20	7차년도 ~2025. 07.20
수명주기	성장기		성숙기			쇠퇴기	
추정매출액	6,189	10,200	10,445	10,696	10,953(M)	6,846	2,738(L)
기술비중	66%						
기술매출액	4,085	6,732	6,894	7,059	7,229	4,518	1,807

(6) 추정사례 IV: 엑셀을 이용한 로그함수의 상수와 추세선 수식 결정

① 평가개요

- 평가대상기술: 기능성 마스크 팩
- 기술평가기준일: 2018년 11월 15일
- 기술의 경제적 수명: 5년
- 기술수명주기: 성숙기(기술평가자의 합의로 성숙기 3년, 쇠퇴기 2년으로 결정)
- 동일 업종(C20423)의 최근 3개년 평균 매출액증가율: +8.90%(한국은행 기업경영분석)
- 기술비중: 81%(핵심기술로 분류됨)
- 주요 경쟁기업의 수(m): 3개 기업
- 사업화 주체(2012년도 설립)의 매출액 추이

연도	2012	2013	2014	2015	2016	2017
매출액(백만 원)	89	560	835	867	700	1,069

② 매출액 결정

성숙기(1~2차년도)의 추정매출액은 엑셀에서 구한 추세선의 수식을 이용하여 결정한다. 이를 위해 연도별 측정값(매출액)을 셀에 입력한다.

연도	t_m	y_m
2012	1	89
2013	2	560
2014	3	835
2015	4	867
2016	5	700
2017	6	1,069

엑셀시트 메뉴에서 삽입 〉 차트 〉 분산형 차트 〉 추세선 〉 추세선 옵션 〉 함수의 종류 선택/수식을 차트에 표시 선택/R-제곱 값 차트에 표시를 선택하여 추세선의 수식 및 R-제곱 값(R^2)을 구한다.

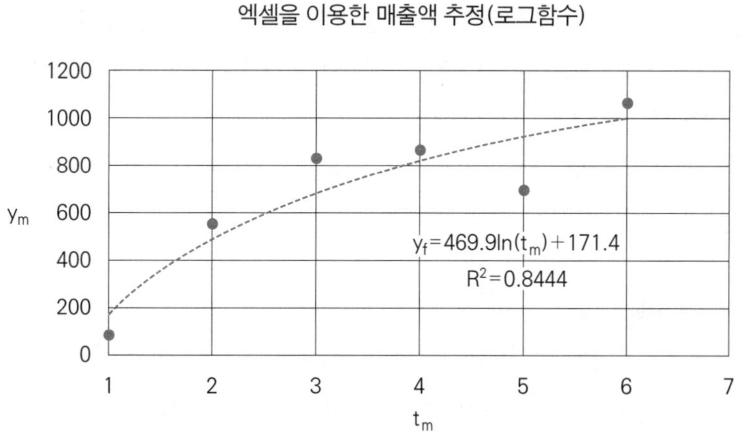

여러 함수의 R-제곱 값을 비교한 결과 로그함수의 값이 가장 크며, 이를 선택하여 추정매출액을 결정한다. 로그함수 수식은 $y_f = 469.9\ln(t_m) + 171.4$이다.

함수종류	선형함수	지수함수	로그함수	다항함수(2차)
R-제곱 값(R^2)	0.7127	0.5871	0.8444	0.8208

성숙기(1~2차년도)의 추정매출액은 기술평가자들의 합의로 로그함수로 표현된 추세선 수식에 $t_m = 7, 8$을 대입하여 결정한다.

차년도	1차년도	2차년도
기간(t_m)	7	8
추정매출액(백만 원)	1,086	1,149

성숙기(3차년)의 추정매출액은 2차년도 추정매출액을 기준으로, 동일 업종의 최근 3개년 평균 매출액증가율인 +8.90%만큼 성장하는 것으로 보아 결정한다.

쇠퇴기(4~5차년도)의 추정매출액은 ① 기술의 경제적 수명 초기나 중기에 기록한 최고 매출액(M)을 주요 경쟁기업의 수(m)로 나누어 기술의 경제적 수명 최종 차년도 매출액(L)을 결정하고(L=M÷m=417백만 원), ② 최고 매출액과 최종 차년도 매출액의 차이(M−L)를 쇠퇴기 기간(n)으로 나눈 값을 산출하고[(M−L)÷n=417백만 원], ③ 최고 매출액에서 산출된 값(417백만 원)만큼 매년 감소하도록 산술적으로 결정하였다(이상 〈표 5-22〉 참고).

기술의 경제적 수명 5년 동안의 추정매출액에 기술비중(81%)을 적용하여 〈표 5-22〉와 같이 기술매출액을 결정하였다.

〈표 5-22〉 매출액 결정

(단위: 백만 원)

구분	1차년도	2차년도	3차년도	4차년도	5차년도
	~2019.11.14	~2020.11.14	~2021.11.14	~2022.11.14	~2023.11.14
수명주기	성숙기			쇠퇴기	
추정매출액	1,086	1,149	1,251(M)	834	417(L)
기술비중	81%				
기술매출액	880	931	1,013	676	338

(7) 추정사례 V: 엑셀을 이용한 다항함수의 상수와 추세선 수식 결정

① 평가개요

- 평가대상기술: CCTV 팬틸트 조절장치
- 기술평가기준일: 2018년 8월 10일
- 기술의 경제적 수명: 8년
- 기술수명주기: 성숙기(기술평가자의 합의로 성숙기 5년, 쇠퇴기 3년으로 결정)
- 동일 업종(C26421)의 최근 3개년 평균 매출액증가율: -5.50%(한국은행 기업경영분석)
- 기술비중: 71%(핵심기술로 분류됨)
- 주요 경쟁기업의 수(m): 5개 기업
- 사업화 주체(2012년도 설립)의 매출액 추이

연도	2013	2014	2015	2016	2017
매출액(백만 원)	30	467	894	1,479	1,515

② 매출액 결정

성숙기(1~3차년도)의 추정매출액은 엑셀에서 구한 추세선의 수식을 이용하여 결정한다. 이를 위해 연도별 측정값(매출액)을 엑셀시트의 셀에 입력한다.

연도	t_m	y_m
2013	1	30
2014	2	467
2015	3	894
2016	4	1,479
2017	5	1,515

엑셀시트 메뉴에서 삽입 〉 차트 〉 분산형 차트 〉 추세선 〉 추세선 옵션 〉 함수의 종류 선택/수식을 차트에 표시 선택/R-제곱 값 차트에 표시를 선택하여 추세선의 수식 및 R-제곱 값(R^2)을 구한다.

엑셀을 이용한 매출액 추정(다항함수)

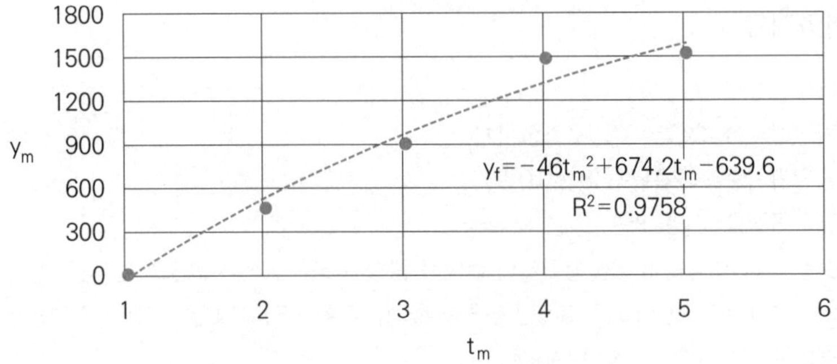

여러 함수의 R-제곱 값을 비교하고, R-제곱 값이 가장 큰 다항함수를 선택하여 추정매출액을 결정하며, 수식은 $y_f = -46t_m^2 + 674.2t_m - 639.6$이다.

함수종류	선형함수	지수함수	로그함수	다항함수(2차)
R-제곱 값(R^2)	0.9579	0.7593	0.9524	0.9758

성숙기(1~3차년도)의 추정매출액은 기술평가자들의 합의로 다항함수로 표현된 추세선 수식에 t_m=6, 7, 8을 대입하여 결정한다.

차년도	1차년도	2차년도	3차년도
기간(t_m)	6	7	8
추정매출액(백만 원)	1,750	1,826	1,810

성숙기(4~5차년도)의 추정매출액은 2차년도 추정매출액(최고 매출액, M)을 기준으로, 동일 업종의 최근 3개년 평균 매출액증가율인 −5.50%만큼 성장하는 것으로 보아 결정한다.

쇠퇴기(6~8차년도)의 추정매출액은 ① 기술의 경제적 수명 초기나 중기에 기록한 최고 매출액(M)을 주요 경쟁기업의 수(m)로 나누어 기술의 경제적 수명 최종 차년도 매출액(L)을 결정하고(L=M÷m=365백만 원), ② 최고 매출액과 최종 차년도 매출액의 차이(M−L)를 쇠퇴기 기간(n)으로 나눈 값을 산출하고[(M−L)÷n=

487백만 원], ③ 최고 매출액에서 산출된 값(487백만 원)만큼 매년 감소하도록 산술적으로 결정하였다(이상 〈표 5-23〉 참고).

기술의 경제적 수명 8년 동안의 추정매출액에 기술비중(71%)을 적용하여 〈표 5-23〉과 같이 기술매출액을 결정하였다.

〈표 5-23〉 매출액 결정

(단위: 백만 원)

구분	1차년도 ~2019.08.09	2차년도 ~2020.08.09	3차년도 ~2021.08.09	4차년도 ~2022.08.09	5차년도 ~2023.08.09	6차년도 ~2024.08.09	7차년도 ~2025.08.09	8차년도 ~2026.08.09
수명주기	성숙기					쇠퇴기		
추정매출액	1,750	1,826(M)	1,810	1,726	1,631	1,339	852	365(L)
기술비중	71%							
기술매출액	1,243	1,297	1,285	1,226	1,158	951	605	259

4) 시계열분해법과 사례

(1) 추정원칙

시계열분해법(Time series decomposition method)은 **측정값의 변동 추세**(수평적 변동, 추세변동, 계절적 변동, 경기변동)**가 복합적으로 나타날 때, 각 변동 추세를 분해하여 매출을 추정하는 방법**이다. 주로 수평적 변동 또는 추세변동이 계절적 변동을 포함할 경우, 측정값에서 특정 요소(주로 분기 또는 반기를 주기로 나타나는 계절적 변동)를 추출 또는 강조하여 매출액을 추정할 때 이용하는 방법이다.

(2) 추정방법

수평적 변동이 계절적 변동을 포함한 경우, 계절적 변동 특성을 추출하기 위해 계절별로 단순 또는 가중 이동평균법을 적용하여 매출액을 추정한다. 이때, 각 계절별 매출액에 이동평균법을 적용하여 추정한 매출액의 합은 연간 매출액에 이동평균법을 적용하여 추정한 매출액과 같다(추정사례 I).

추세변동이 계절적 변동을 포함한 경우, 추세변동 특성을 계절별로 파악하기 위해서 각 계절별 측정값에 추세분석법을 적용하는 방법, 그리고 각 계절별 측정값의 이동평균값에 추세분석법을 적용하고, 이렇게 추정된 이동평균값에 계절지수[2]를 곱하여 매출액을 추정하는 방법이 있다.

전자는 각 계절별 측정값에 추세분석법을 적용하여 계절별 매출액을 추정하고, 각 계절별 매출액을 합산하여 최종적인 매출액을 추정한다. 이때, 각 계절별 매출액에 추세분석법을 적용하여 추정한 매출액의 합은 연간 매출액에 추세분석법을 적용해 추정한 매출액과 같다(추정사례 II).

후자는 각 계절별 측정값의 이동평균값을 구하고, 계절별 이동평균값에 추세분석법을 적용하여 추정 대상 연도의 계절별 이동평균값을 산정하며, 동 추정 대상 연도의 계절별 이동평균값에 계절지수를 곱하여 계절별 매출액을 계산하고, 동 계절별 매출액을 합산하여 추정매출액으로 한다. 후자의 방법은 실무적으로 과정이 복잡하므로 매출액 추정법에서는 다루지 않는다.

(3) 추정사례 I: 수평적 변동이 계절적 변동을 포함한 경우

① 평가개요

- 평가대상기술: 유아용 학습지 및 학습 보조기
- 기술평가기준일: 2017년 5월 10일
- 기술의 경제적 수명: 6년
- 기술수명주기: 성숙기(기술평가자의 합의로 성숙기 4년, 쇠퇴기 2년으로 결정)
- 동일 업종(J58111)의 최근 3개년 평균 매출액증가율: +1.40%(한국은행 기업경영분석)
- 기술비중: 85%(핵심기술로 분류됨)
- 주요 경쟁기업의 수(m): 3개 기업
- 사업화 주체(2005년도 설립)의 매출액 추이

연도	2014	2015	2016	CAGR
매출액(백만 원)	9,170	8,855	9,730	3.01%

2 계절지수는 계절적 변동특성을 분해하기 위한 것으로 계절별(분기 또는 반기) 각 측정값을 계절별 이동평균값 또는 연간 평균값으로 나누어 구한다. 분기 또는 반기별 계절지수가 다수 있는 경우, 각 분기 또는 반기별 계절지수의 평균값을 구하여 적용한다. 계절별 각 측정값을 계절별 이동평균값으로 나누어 계절지수를 구한 경우, 각 계절별 계절지수 평균값의 합은 분기인 경우 4, 반기인 경우 2가 되도록 정규화

② 매출액 결정

성숙기(1차년도)의 추정매출액은 사업화 주체의 매출액이 분기를 주기로 변하는 특성(즉, 계절적으로 변동하는 특성)을 고려하여 결정한다. 이를 위해, 각 분기에 단순 이동평균법을 적용해 1차년도 분기별 매출액을 추정하고(이동평균기간은 2014~2016년까지 3년), 각 분기별 매출액을 합산하여 1차년도 추정매출액을 결정한다.

분기 매출액(백만 원)	2014년	2015년	2016년	1차년도 (추정매출액)
1분기 매출액	1,510	1,350	1,740	1,533
2분기 매출액	3,130	3,370	3,010	3,170
3분기 매출액	2,520	2,155	2,710	2,462
4분기 매출액	2,010	1,980	2,270	2,087
연간 매출액	9,170	8,855	9,730	9,252

이때, 각 분기에 단순 이동평균법을 적용하여 추정한 1차년도 분기별 매출액의 합(9,252백만 원)은 3개년 연간 매출액에 이동평균법을 적용하여 추정한 매출액(9,252백만 원)과 같다.

성숙기(2~3차년도)의 추정매출액은 1차년도 추정매출액을 기준으로, 사업화 주체의 최근 3개년 평균 매출액증가율인 CAGR 3.01%만큼 매년 성장하는 것으로 보아 결정한다.

성숙기(4차년도)의 추정매출액은 3차년도 추정매출액을 기준으로, 동일 업종의 최근 3개년 평균 매출액증가율인 +1.40%만큼 성장하는 것으로 보아 결정한다.

쇠퇴기(5~6차년도)의 추정매출액은 ① 기술의 경제적 수명 초기나 중기에 기록한 최고 매출액(M)을 주요 경쟁기업의 수(m)로 나누어 기술의 경제적 수명 최종 차년도 매출액(L)을 결정하고(L=M÷m=3,319백만 원), ② 최고 매출액과 최종 차년도 매출액의 차이(M−L)를 쇠퇴기 기간(n)으로 나눈 값을 산출하고[(M−L)÷n=3,319백만 원], ③ 최고 매출액에서 산출된 값(3,319백만 원)만큼 매년 감소하도록 산술적으로 결정하였다(〈표 5-24〉 참고).

(Normalization)되어야 한다.

기술의 경제적 수명 6년 동안의 추정매출액에 기술비중(85%)을 적용하여 〈표 5-24〉와 같이 기술매출액을 결정하였다.

〈표 5-24〉 매출액 결정

(단위: 백만 원)

구분	1차년도	2차년도	3차년도	4차년도	5차년도	6차년도
	~'18.05.09	~'19.05.09	~'20.05.09	~'21.05.09	~'22.05.09	~'23.05.09
수명주기	성숙기				쇠퇴기	
추정매출액	9,252	9,531	9,818	9,956(M)	6,638	3,319(L)
기술비중	85%					
기술매출액	7,864	8,101	8,345	8,463	5,642	2,821

(4) 추정사례 II: 추세변동이 계절적 변동을 포함한 경우

① 평가개요

- 평가대상기술: 유해 조류(藻類) 방제제
- 평가기준일: 2018년 7월 8일
- 기술의 경제적 수명: 7년
- 기술수명주기: 성장기(기술평가자의 합의로 성장기 2년, 성숙기 2년, 쇠퇴기 3년으로 결정)
- 동일한 업종(C20499)의 최근 3개년 평균 매출액증가율: +8.86%(한국은행 기업경영분석)
- 기술비중: 77%(핵심기술로 분류됨)
- 주요 경쟁기업의 수(m): 4개 기업
- 사업화 주체(2006년도 설립)의 매출액 추이

연도	2012	2013	2014	2015	2016	2017	CAGR
매출액(백만 원)	6,420	6,560	6,740	6,970	7,240	7,830	4.05%

② 매출액 결정

성장기(1~2차년도)의 추정매출액은 사업화 주체의 매출액이 반기를 주기로 변하는 특성(계절적으로 변동하는 특성)을 고려하여 결정한다.

연도	2012		2013		2014		2015		2016		2017	
반기	1H	2H	1H	2H	1H	2H	1H	2H	1H	2H	1H	2H
매출액 (백만 원)	2,250	4,170	2,310	4,250	2,350	4,390	2,470	4,500	2,620	4,620	2,850	4,980

매출액이 추세변동 특성을 보이면서 동시에 계절적 변동을 포함한 경우, 반기별(1H, 2H)로 추세선의 수식을 구하여 반기별 변동 특성 추출한다. 반기별 추세선의 수식을 구하기 위해 반기별 측정값을 엑셀시트의 셀에 입력한다.

연도 전반기	t_m	y_m	연도 후반기	t_m	y_m
2012 1H	1	2,250	2012 2H	1	4,170
2013 1H	2	2,310	2013 2H	2	4,250
2014 1H	3	2,350	2014 2H	3	4,390
2015 1H	4	2,470	2015 2H	4	4,500
2016 1H	5	2,620	2016 2H	5	4,620
2017 1H	6	2,850	2017 2H	6	4,980

엑셀시트 메뉴에서 삽입 〉 차트 〉 분산형 차트 〉 추세선 〉 추세선 옵션 〉 함수의 종류 선택/수식을 차트에 표시 선택/R-제곱 값 차트에 표시를 선택하여 반기별 추세선의 수식 및 R-제곱 값(R^2)을 구한다.

엑셀을 이용한 매출액 추정(시계열분해법, 1H)

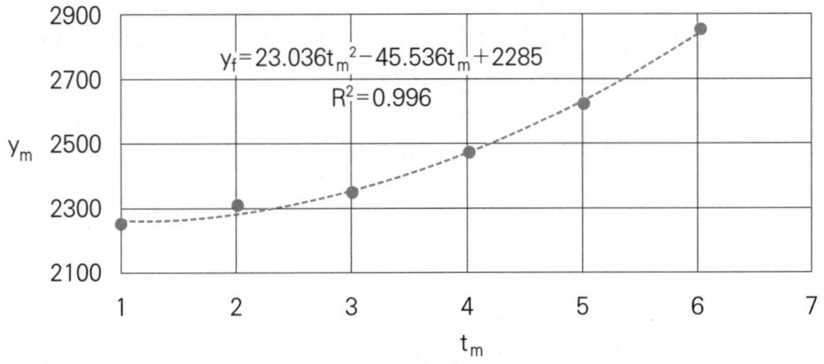

엑셀을 이용한 매출액 추정(시계열분해법, 2H)

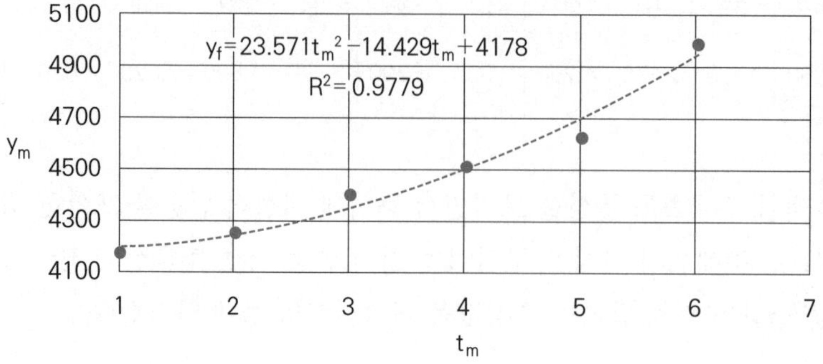

반기별(1H, 2H) 다항함수로 표현된 추세선 수식에 $t_m=7$, 8을 대입하여 1차년도와 2차년도의 반기별 매출액을 구하고, 동 반기별 매출액을 합산하여 성장기(1~2차년도)의 추정매출액을 결정한다.

차년도	1차년도		2차년도	
기간(t_m)	7		8	
반기 매출액(백만 원)	1H=3,095	2H=5,232	1H=3,395	2H=5,571
추정매출액(백만 원)	8,327		8,966	

성숙기(3~4차년도)의 추정매출액은 2차년도 추정매출액을 기준으로, 동일 업종의 최근 3개년 평균 매출액증가율(+8.86%) 대신 사업화 주체의 최근 6개년 평균 매출액증가율인 CAGR 4.05%만큼 매년 성장하는 것으로 보아 보수적으로 결정한다.

쇠퇴기(5~7차년도)의 추정매출액은 ① 기술의 경제적 수명 초기나 중기에 기록한 최고 매출액(M)을 주요 경쟁기업의 수(m)로 나누어 기술의 경제적 수명 최종 차년도 매출액(L)을 결정하고(L=M÷m=2,427백만 원), ② 최고 매출액과 최종 차년도 매출액의 차이(M−L)를 쇠퇴기 기간(n)으로 나눈 값을 산출하고[(M−L)÷n=2,427백만 원], ③ 최고 매출액에서 산출된 값(2,427백만 원)만큼 매년 감소하도록 산술적으로 결정하였다(〈표 5-25〉 참고).

기술의 경제적 수명 7년 동안의 추정매출액에 기술비중(77%)을 적용하여 〈표

5-25>와 같이 기술매출액을 결정하였다.

<표 5-25> 매출액 결정

(단위: 백만 원)

구분	1차년도	2차년도	3차년도	4차년도	5차년도	6차년도	7차년도
	~2019. 07.20	~2020. 07.20	~2021. 07.20	~2022. 07.20	~2023. 07.20	~2024. 07.20	~2025. 07.20
수명주기	성장기		성숙기		쇠퇴기		
추정매출액	8,327	8,966	9,329	9,707(M)	7,280	4,854	2,427(L)
기술비중	77%						
기술매출액	6,412	6,904	7,183	7,474	5,606	3,738	1,869

2. 인과관계분석법과 사례

정량적 기법중 인과관계분석법(Causality analysis)은 원인과 결과 관계(인과관계)가 성립하는 두 개 이상의 측정값(독립변수와 종속변수) 사이에 존재하는 추세나 경향을 찾고, 동 추세를 이용해 수요를 예측하거나 매출액을 추정하는 방법이다. 여기서, 측정값인 독립변수와 종속변수 사이에 성립하는 인과관계 정도는 후술하는 **피어슨의 상관계수**(r)를 이용하여 판단한다.

인과관계분석법은 독립변수의 수에 따라 **단순 회귀분석법**과 **다중 회귀분석법**으로 분류할 수 있다. 단순 회귀분석법은 인과관계가 성립하는 한 개의 독립변수와 한 개의 종속변수 사이에 존재하는 추세를 분석하는 것이고, 다중 회귀분석법은 인과관계가 성립하는 한 개 이상의 독립변수와 한 개의 종속변수 사이의 추세를 분석하는 것이다. 다중 회귀분석법은 한 개 이상의 독립변수가 종속변수에 미치는 영향을 분석하기 때문에 실무적으로 분석과정이 복잡하고 활용 가능성이 적어 매출액 추정법에서 다루지 않는다.

회귀분석(Regression analysis)**법**은 독립변수에 따라 종속변수가 선형적으로 변하는 **선형회귀분석**과 비선형적으로 변하는 **비선형회귀분석**으로 분류할 수 있다. 일반적인 다중 회귀분석 모형을 [식 5-22]에 나타내었으며, 독립변수가 한 개인 비선형회귀분석 모형의 일례를 [식 5-23]에 나타내었다.

다중회귀분석 모형의 수식

$y = a + b_1x_1 + b_2x_2 + \cdots\cdots + b_mx_m$ ······ [식 5-22]

독립변수가 한 개인 비선형 회귀분석 모형의 수식(일례)

$y = ax^2 + bx + c$ ······ [식 5-23]

인과관계분석법은 사업화 주체의 매출액과 인과관계를 갖는 통계조사자료(GDP, 인구증가율, 물가, 교육비, 건설 실적, 각종 보급률, 실태 조사자료, 업종별 재무통계자료 등)를 활용해서 매출액을 추정하며, 통계조사자료는 KOSIS 국가통계포털이나 한국은행 경제통계시스템 등에서 확보할 수 있다.

1) 단순 회귀분석법과 사례

(1) 추정원칙

단순 회귀분석법(Simple regression analysis method)은 한 개의 독립변수와 한 개의 종속변수 사이의 추세를 이용하여 매출액을 추정한다는 점에서 추세분석법과 유사하다. 그러나 추세분석법에서 독립변수는 시계열(t, time)이나 단순회귀분석법에서 독립변수는 시계열이 아닌(Non-time series, 비시계열) 차이가 있다.

또한 추세분석법에서는 예측하고자 하는 종속변수를 구하기 위해서 동 종속변수에 대응하는 독립변수인 시계열을 수식에 대입하나, 단순 회귀분석법에서는 예측하고자 하는 종속변수를 구하기 위해서는 동 종속변수에 대응하는 사전에 예측된 비시계열 독립변수를 수식에 대입해야 한다.

단기적으로 매출액에 영향을 미치는 특별한 상황이 발생할 것으로 보이지 않거나, 매출액이 독립변수에 따라 증가하거나 감소하는 추세를 유지할 것으로 전망되는 경우, 단순 회귀분석법으로 기술의 경제적 수명 초기의 매출액을 추정할 수 있다. 단순 회귀분석법으로 매출액을 추정할 기간은 기술수명주기와 매출액 추이를 고려해 기술평가자들이 합의하여 결정한다.

단순 회귀분석법으로 기술의 경제적 수명 초기의 매출액을 추정할 경우, 기술의 경제적 수명 중기의 매출액은 동일 업종의 3개년 이상 평균 매출액증가율에 수렴하는 것으로 가정하여 추정하는 것이 합리적이다.

단순 회귀분석법에서 기술의 경제적 수명 후기(즉, 기술수명주기상 쇠퇴기)의 매출액은 전술한 바와 같이 기술평가기준일에 조사된 주요 경쟁기업(시장주도기업)이 사업화 주체의 매출액을 잠식한다는 가정 아래 추정하는 것이 합리적이다.

(2) 추정방법

회귀분석법에서 종속변수(y, 매출액 등)가 독립변수(x)에 따라서 변동(증가나 감소 또는 상호 독립)하는 추세는 추세분석법과 동일하게 [식 5-24]의 선형함수(Linear function), [식 5-25]의 지수함수(Exponential function), [식 5-26]의 로그함수(Logarithmic function), [식 5-27]의 다항함수(Polynomial function) 등과 같은 수식으로 표현(추세의 모델링)할 수 있다.

선형함수: $y = ax+b$ ······ [식 5-24]

지수함수: $y = ae^{bx}$(기타 $y = ax^b$ 및 $y = ab^x$ 등과 같은 수식) ······ [식 5-25]

로그함수: $y = a\ln x+b$ ······ [식 5-26]

다항함수: $y = ax^2+bx+c$(기타, 차수가 높은 다항식) ······ [식 5-27]

* 상기 함수들에서 y는 종속변수, x는 독립변수를 나타냄.

* a, b, c는 각 함수의 상수를 나타냄.

측정값(x_m, y_m)들의 변동추세를 수식으로 표현하기 위해서는 최소자승법(최소제곱법, Least square method)을 이용한다. 최소자승법은 측정값들의 변동추세를 가장 근사하게 표현하는 수식을 찾는 방법이며, 측정값들에서 가장 가까운 위치를 지나는 최적의 수식을 결정할 때 이용한다.

최소자승법은 측정값들에 가장 가까운 곳에 **수식에 의한 값**(함숫값, y_f)들이 위치하도록 **함수의 상수를 결정하는 방법**이며, 추세분석법과 동일한 방법으로 함수의 상수를 결정한다(추세분석법 참고). 선형함수의 경우, 측정값과 동 측정값에 대응하는 함숫값의 차이를 자승(제곱)한 값들의 합이 최소가 되도록 하는 함수의 상수를 찾는 수식을 예 5-8에 나타내었다.

예 5-8

선형함수에서 (측정값-함숫값)^{2}들의 합이 최소가 되는 상수의 결정

측정값 y_m에 가장 가까운 위치를 지나는 함숫값을 $y_f = ax_m + b$라고 하면

$$a = \frac{n\left(\sum_{i=1}^{n} x_{mi} y_{mi}\right) - \left(\sum_{i=1}^{n} x_{mi}\right)\left(\sum_{i=1}^{n} y_{mi}\right)}{n\left(\sum_{i=1}^{n} x_{mi}^2\right) - \left(\sum_{i=1}^{n} x_{mi}\right)^2}$$

* a를 먼저 계산한 후 b를 계산해야 함!

$$b = \frac{\sum_{i=1}^{n} y_{mi} - a\sum_{i=1}^{n} x_{mi}}{n}, \text{ 또는 } b = \frac{\left(\sum_{i=1}^{n} x_{mi}^2\right)\left(\sum_{i=1}^{n} y_{mi}\right) - \left(\sum_{i=1}^{n} x_{mi}\right)\left(\sum_{i=1}^{n} x_{mi} y_{mi}\right)}{n\left(\sum_{i=1}^{n} x_{mi}^2\right) - \left(\sum_{i=1}^{n} x_{mi}\right)^2}$$

측정값들의 변동추세는 기술평가자의 선택에 따라 선형함수, 지수함수, 로그함수, 다항함수 등 여러 가지 수식으로 나타낼 수 있다. 이들 수식 중 어떠한 수식이 측정값의 분포를 가장 근접하게 표현하는지 알 필요가 있으며, 이를 위해 엑셀과 같은 분석 도구에 구현된 결정계수인 R-제곱 값(R^2, $0 \le R^2 \le 1$)을 이용한다(자세한 것은 추세분석법의 [식 5-21] 등 참조).

종속변수인 측정값(y_m)은 독립변수인 측정값(x_m)이 증가함에 따라 증가하거나 감소하는 추세를 보이거나, 독립변수에 무관한 관계를 보일 수 있다. 따라서 종속변수인 측정값이 독립변수인 측정값에 따라 어떻게 변동하는지, 즉, **독립변수와 종속변수 사이의 인과관계 정도를 파악할** 필요가 있으며, 이를 위해 전술한 **피어슨의 상관계수**를 이용한다.

피어슨의 상관계수(r)는 [식 5-28]과 같이 독립변수인 측정값과 종속변수인 측정값의 공분산(Covariance)을 독립변수의 표준편차(σx_m)와 종속변수의 표준편차(σy_m)의 곱으로 나눈 것으로 정의된다.

$$r = \frac{Covariance\ (x_m, y_m)}{\sigma x_m \times \sigma y_m} \quad \text{[식 5-28]}$$

실무적으로, 피어슨의 상관계수는 분자(독립변수와 종속변수의 공분산)와 분모(독립변수와 종속변수의 표준편차의 곱)에서 측정값의 수(n)를 상호 소거하면 [식

5-29]와 같이 표현된다.

$$r = \frac{\sum_{i=1}^{n}(x_{mi} - \tilde{x}_m)(y_{mi} - \tilde{y}_m)}{\sqrt{\sum_{i=1}^{n}(x_{mi} - \tilde{x}_m)^2 \times \sum_{i=1}^{n}(y_{mi} - \tilde{y}_m)^2}} \quad \text{[식 5-29]}$$

여기서, $\tilde{x}_m$은 독립변수 x_m의 평균값,

$\tilde{y}_m$은 종속변수 y_m의 평균값을 나타냄.

피어슨의 상관계수(r)는 독립변수에 따라 종속변수가 선형적으로 변화하는 정도(즉, 인과관계 정도)를 나타내는 지표이며, $-1 \leq r \leq 1$ 사이의 값을 가진다. $r=1$인 경우에는 양의 선형관계로서 독립변수와 종속변수가 같은 방향으로 같은 추세로 변화하며, $r=-1$인 경우에는 음의 선형관계로서 독립변수와 종속변수가 반대 방향으로 같은 추세로 변화한다.

$0<r<1$인 경우에는 독립변수가 증가함에 따라 종속변수도 같은 방향으로 증가하며, $-1<r<0$인 경우에는 독립변수가 증가함에 따라 종속변수는 반대 방향으로 감소하며, $r=0$인 경우에는 독립변수와 종속변수가 상호 무관하게 변하는 추세를 나타낸다.

피어슨의 상관계수가 $0.7 \leq r \leq 1$인 경우 독립변수와 종속변수가 강한 선형 정비례 관계를 나타내고, $-1 \leq r \leq -0.7$인 경우 독립변수와 종속변수가 강한 선형 반비례 관계를 나타내며, **강한 선형 정비례 및 강한 선형 반비례 관계를 나타내는 경우 인과관계분석법을 적용하여 매출액을 추정할 수 있다.**

엑셀에서 피어슨의 상관계수를 구하기 위해서는 CORREL함수를 이용하며, 엑셀시트의 셀에 독립변수와 종속변수를 입력하고 CORREL함수를 선택하여 피어슨의 상관계수를 구한다. 즉, 측정값들을 입력하고, 함수삽입 〉 함수선택 〉 CORREL함수 선택 〉 독립변수와 종속변수의 셀 영역을 선택하여 상관계수를 구한다.

(3) 추정사례 I: 피어슨의 상관계수 직접 결정

① 평가개요

- 평가대상기술: 커피 전문점용 커피 추출장치
- 기술평가기준일: 2017년 4월 25일
- 기술의 경제적 수명: 7년
- 기술수명주기: 성숙기(기술평가자의 합의로 성숙기 4년, 쇠퇴기 3년으로 결정)
- 동일 업종(C29250)의 최근 3개년 평균 매출액증가율: +3.56%(한국은행 기업경영분석)
- 기술비중: 63%(핵심기술로 분류됨)
- 주요 경쟁기업의 수(m): 5개 기업
- 사업화 주체(2011년도 설립)의 매출액 추이

연도	2013	2014	2015	2016	CAGR
매출액(백만 원), y_m	1,321	1,577	1,970	2,563	24.72%

② 매출액 결정

성숙기(1~2차년도)의 추정매출액은 사업화 주체의 매출액이 커피전문점 가맹점 수에 비례하는 관계를 고려하여 결정한다. 이를 위해 사업화 주체의 매출액과 커피전문점 통계조사자료(커피전문점 가맹점 수, KOSIS 국가통계포털에서 획득)에 단순회귀분석법을 적용한다.

국가통계포털에서 획득한 2013년부터 2016년까지 커피전문점 가맹점 수는 매년 증가하고 있다. 가맹점 수의 1차년도와 2차년도 예측값(즉, 사전에 예측된 비시계열 독립변수)은 가맹점 수의 증가 추세를 고려하여 2016년 가맹점 수에서 CAGR 22.37%만큼 매년 증가하는 것으로 보아 산출하였다.

연도	2013	2014	2015	2016	1차년도	2차년도
가맹점 수(개), (x_m)	8,456	12,022	14,017	15,494	18,960(예측값)	23,201(예측값)
CAGR(%)	22.37					

커피전문점 가맹점 수(독립변수, x_m)와 사업화 주체의 매출액(종속변수, y_m) 사이의 인과관계 정도를 파악하기 위해 피어슨의 상관계수(r)를 구한다. 피어슨의 상관

계수는 엑셀에서 CORREL함수를 이용하여 쉽게 구할 수 있으나, 본 단순 회귀분석법 매출액 추정사례에서는 피어슨의 상관계수에 대한 이해를 돕기 위해 상관계수 유도과정을 아래 표에 자세히 나타내었다.

x_m	y_m	x_m편차	y_m편차	(x_m편차)^2	(y_m편차)^2	Cov(x_m, y_m)
8,456	1,321	−4,041	−537	16,329,681	288,369	2,170,017
12,022	1,577	−475	−281	225,625	78,961	133,475
14,017	1,970	1,520	112	2,310,400	12,544	170,240
15,494	2,563	2,997	705	8,982,009	497,025	2,112,885
x_m의 평균 =12,497	y_m의 평균= 1,858			Σ[(x_m편차)^2]= 27,847,715	Σ[(y_m편차)^2]= 876,899	Σ[Cov(x_m, y_m)]= 4,586,617
				분산= 27,847,715÷4= 6,961,929	분산= 876,899÷4= 219,225	공분산= 4,586,617÷4= 1,146,654
				표준편차=√분산 =2,639	표준편차=√분산 =468	

$$r = \frac{\sum_{i=1}^{n}(x_{mi}-\tilde{x}_m)(y_{mi}-\tilde{y}_m)}{\sqrt{\sum_{i=1}^{n}(x_{mi}-\tilde{x}_m)^2 \times \sum_{i=1}^{n}(y_{mi}-\tilde{y}_m)^2}} = \frac{1{,}146{,}654}{2{,}639 \times 468} = +0.928$$

여기서, $\tilde{x}_m$은 독립변수 x_m의 평균값,

$\tilde{y}_m$은 종속변수 y_m의 평균값을 나타냄.

커피전문점 가맹점 수(독립변수, x_m)와 사업화 주체의 매출액(종속변수, y_m) 사이에 피어슨의 상관계수는 +0.928로서, 독립변수인 커피전문점 가맹점의 수가 증가할수록 종속변수인 사업화 주체의 매출액도 증가하는 강한 선형 정비례 관계를 보이므로 인과관계분석법을 통해 매출액을 추정할 수 있다.

성숙기(1~2차년도)의 추정매출액은 엑셀에서 구한 추세선의 수식을 이용하여 결정한다. 이를 위해 연도별 커피전문점 가맹점 수(x_m)와 사업화 주체의 매출액(y_m)을 엑셀시트의 셀에 입력한다.

연도	x_m	y_m
2013	8,456	1,321
2014	12,022	1,577
2015	14,017	1,970
2016	15,494	2,563

메뉴의 삽입 〉 차트 〉 분산형 차트 〉 추세선 〉 추세선 옵션 〉 함수의 종류 선택/수식을 차트에 표시 선택/R-제곱 값 차트에 표시를 선택하여, 추세선의 식 및 R-제곱 값(R^2)을 구한다.

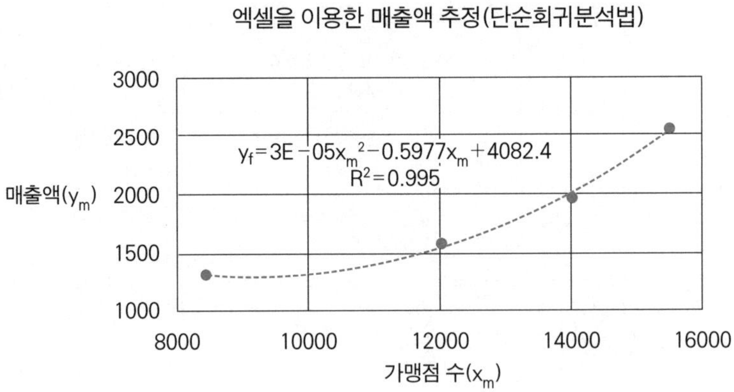

R-제곱 값이 0.995로서 다항함수로 표현된 추세선 수식의 신뢰성은 높은 것으로 나타났으며, 동 수식에 전술한 가맹점 수 1차년도 예측값(x_m = 18,960)과 2차년도 예측값(x_m = 23,201)을 대입하여 매출액을 결정한다.

$$1\text{차년도 매출액}(y_f) = 3E-05x_m^2 + 0.5977x_m + 4{,}082.4 = 3{,}535\text{백만 원}$$

$$2\text{차년도 매출액}(y_f) = 3E-05x_m^2 + 0.5977x_m + 4{,}082.4 = 6{,}364\text{백만 원}$$

성숙기(3~4차년도)의 추정매출액은 2차년도 추정매출액을 기준으로, 동일 업종의 최근 3개년 평균 매출액증가율인 +3.56%만큼 매년 성장하는 것으로 보아 결정한다.

쇠퇴기(5~7차년도)의 추정매출액은 ① 기술의 경제적 수명 초기나 중기에 기록한 최고 매출액(M)을 주요 경쟁기업의 수(m)로 나누어 기술의 경제적 수명 최종 차년도 매출액(L)을 결정하고(L=M÷m=1,365백만 원), ② 최고 매출액과 최종 차년도 매출액의 차이(M−L)를 쇠퇴기 기간(n)으로 나눈 값을 산출하고[(M−L)÷n=1,820백만 원], ③ 최고 매출액에서 산출된 값(1,820백만 원)만큼 매년 감소하도록 산술적으로 결정하였다(〈표 5-26〉 참고).

기술의 경제적 수명 7년 동안의 추정매출액에 기술비중(63%)을 적용하여 〈표 5-26〉과 같이 기술매출액을 결정하였다.

〈표 5-26〉 매출액 결정

(단위: 백만 원)

구분	1차년도	2차년도	3차년도	4차년도	5차년도	6차년도	7차년도
	~'18.04.24	~'19.04.24	~'20.04.24	~'21.04.24	~'22.04.24	~'23.04.24	~'24.04.24
수명주기	성숙기				쇠퇴기		
추정매출액	3,535	6,364	6,591	6,826(M)	5,006	3,185	1,365(L)
기술비중	63%						
기술매출액	2,227	4,009	4,152	4,300	3,154	2,007	860

(4) 추정사례 II: 엑셀을 이용한 피어슨의 상관계수 결정

① 평가개요

- 평가대상기술: SI 유지보수 관련 사업모델
- 기술평가기준일: 2018년 11월 22일
- 기술의 경제적 수명: 6년
- 기술수명주기: 성숙기(기술평가자의 합의로 성숙기 4년, 쇠퇴기 2년으로 결정)
- 동일 업종(J62021)의 최근 3개년 평균 매출액증가율: +4.24%(한국은행 기업경영분석)
- 기술비중: 51%(SI 통합자문 및 구축 관련 기술로서 보조기술로 분류됨)
- 주요 경쟁기업의 수(m): 6개 기업
- 사업화 주체(2008년도 설립)의 매출액 추이

연도	2012	2013	2014	2015	2016	2017	CAGR
매출액(백만 원)	4,779	5,684	5,151	7,589	7,277	6,828	7.40%

② 매출액 결정

성숙기(1~2차년도)의 추정매출액은 **사업화 주체의 매출액이 영업이익률에 반비례하는 관계**를 고려하여 결정한다. 이를 위해 사업화 주체의 매출액과 영업이익률에 단순 회귀분석법을 적용한다. 우선, 사업화 주체의 재무정보에서 2012년부터 2017년까지 영업이익률을 획득한다. 1차년도와 2차년도 영업이익률 예측값(즉, 사전에 예측된 비시계열 독립변수)은 영업이익률의 변동 추세를 고려하여 2017년 영업이익률에서 CAGR −4.95%만큼 매년 감소하는 것으로 보아 결정하였다. 단, 1차년도와 2차년도 영업이익률 예측값은 추세분석법 등을 적용하여 결정할 수도 있다.

연도	2012	2013	2014	2015	2016	2017	1차년도	2차년도
영업이익률(%) (x_m)	7.89	6.66	7.32	5.01	5.57	6.12	5.82 (예측값)	5.53 (예측값)
CAGR(%)	−4.95							

영업이익률(독립변수, x_m)과 매출액(종속변수, y_m) 사이의 인과관계 정도를 파악하기 위해 피어슨의 상관계수(r)를 구한다. 피어슨의 상관계수는 엑셀시트의 셀에 독립변수와 종속변수를 입력하고, 함수삽입 〉 함수선택 〉 CORREL함수 선택 〉 독립변수와 종속변수의 셀 영역을 선택하여 구한다.

x_m	y_m
7.89	4,779
6.66	5,684
7.32	5,151
5.01	7,589
5.57	7,277
6.12	6,828

피어슨의 상관계수(r)는 $r = -0.983$이며, 독립변수인 영업이익률이 감소할수록 종속변수인 사업화 주체의 매출액이 증가하는 **강한 선형 반비례 관계**를 보이므로 인과관계분석법을 통해 매출액을 추정한다. 엑셀시트 메뉴의 삽입 〉 차트 〉 분

산형 차트 〉 추세선 〉 추세선 옵션 〉 함수의 종류 선택/수식을 차트에 표시 선택/R-제곱 값 차트에 표시를 선택하여 추세선의 식 및 R-제곱 값(R^2)을 구한다.

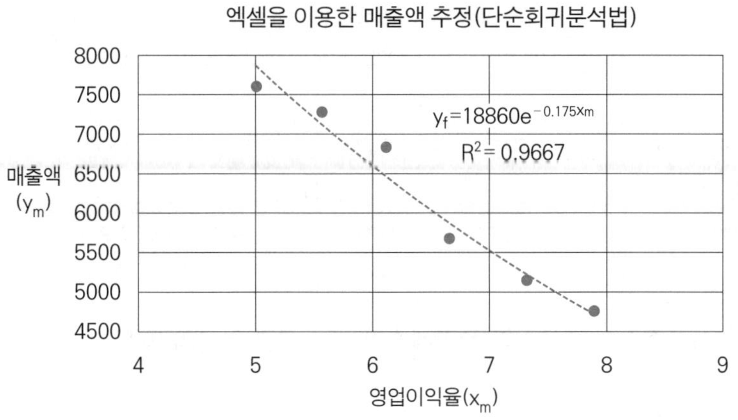

R-제곱 값이 0.9667로서 지수함수로 표현된 추세선 수식의 신뢰성은 높은 것으로 나타났으며, 동 수식에 전술한 영업이익률 1차년도 예측값(x_m=5.82)과 2차년도 예측값(x_m=5.53)을 대입하여 매출액을 결정한다.

1차년도 매출액(y_f) = $18860e^{-0.175x_m}$ = 6,811백만 원

2차년도 매출액(y_f) = $18860e^{-0.175x_m}$ = 7,166백만 원

성숙기(3~4차년도)의 추정매출액은 2차년도 추정매출액을 기준으로, 동일 업종의 최근 3개년 평균 매출액증가율인 +4.24%만큼 매년 성장하는 것으로 보아 결정한다.

쇠퇴기(5~6차년도)의 추정매출액은 ① 기술의 경제적 수명 초기나 중기에 기록한 최고 매출액(M)을 주요 경쟁기업의 수(m)로 나누어 기술의 경제적 수명 최종 차년도 매출액(L)을 결정하고(L=M÷m=1,298백만 원), ② 최고 매출액과 최종 차년도 매출액의 차이(M−L)를 쇠퇴기 기간(n)으로 나눈 값을 산출하고[(M−L)÷n=3,245백만 원], ③ 최고 매출액에서 산출된 값(3,245백만 원)만큼 매년 감소하도록 산술적으로 결정하였다(〈표 5-27〉 참고).

기술의 경제적 수명 6년 동안의 추정매출액에 기술비중(51%)을 적용하여 〈표

5-27〉과 같이 기술매출액을 결정하였다.

〈표 5-27〉 매출액 결정

(단위: 백만 원)

구분	1차년도	2차년도	3차년도	4차년도	5차년도	6차년도
	~2019.11.21	~2020.11.21	~2021.11.21	~2022.11.21	~2023.11.21	~2024.11.21
수명주기	성숙기				쇠퇴기	
추정매출액	6,811	7,166	7,470	7,787(M)	4,543	1,298(L)
기술비중	51%					
기술매출액	3,474	3,655	3,810	3,971	2,317	662

(5) 추정사례 III: 피어슨의 상관계수가 r < 0.7인 경우의 예시

① 평가개요

- 평가대상기술: 아파트 세대용 수전금구
- 기술평가기준일: 2018년 7월 2일
- 기술의 경제적 수명: 5년
- 기술수명주기: 성숙기(기술평가자의 합의로 성숙기 3년, 쇠퇴기 2년으로 결정)
- 동일 업종(C29133)의 최근 3개년 평균 매출액증가율: +1.78%(한국은행 기업경영분석)
- 기술비중: 57%(수전금구에 관한 기술로서 보조기술로 분류됨)
- 주요 경쟁기업의 수(m): 7개 기업
- 사업화 주체(2005년도 설립)의 매출액 추이

연도	2011	2012	2013	2014	2015	2016	2017
매출액(백만 원), (y_m)	5,798	2,914	1,770	2,092	4,970	6,089	2,183

② 매출액 결정

성숙기(1~2차년도)의 추정매출액은 사업화 주체의 매출액과 아파트 건설 실적의 관계를 고려하여 결정하며, 사업화 주체의 매출액과 아파트 건설 실적(KOSIS 국가통계포털에서 획득)에 단순 회귀분석법을 적용한다.

연도	2011	2012	2013	2014	2015	2016	2017
아파트 건설 실적(건) (x_m)	356,762	376,086	278,739	347,687	534,931	506,816	468,116

아파트 건설실적(독립변수, x_m)과 사업화 주체의 매출액(종속변수, y_m) 사이의 인과관계 정도를 파악하기 위해 피어슨의 상관계수(r)를 구한 결과, r=0.539로서 독립변수와 종속변수의 인과관계가 강하지 않아 단순 회귀분석법을 적용하여 매출을 추정하는 것은 타당하지 않다.

3. 확산모형법과 사례

확산모형법(Diffusion model method)은 신기술이나 제품 또는 서비스가 시장에서 확산하는 과정을 모델링하는 방법이며, BASS 확산모형과 로지스틱 확산모형 등이 있다. BASS 확산모형은 자발적으로 제품을 구매하는 소비자 및 기존 소비자(즉, 이미 제품을 구매한 소비자)의 영향에 의한 소비자에 의해 제품(기술, 서비스)에 대한 수요가 확산한다는 가정에서 출발하기 때문에 혼합영향모형이라고 한다. 로지스틱 확산모형은 기존 소비자(즉, 이미 제품을 구매한 소비자)의 영향에 의해 제품(기술, 서비스)에 대한 수요가 확산한다는 가정에서 출발하기 때문에 내부영향모형이라고 한다.

확산모형은 〈그림 5-1〉과 같이 정규분포를 따르며, 시간에 따라 신규로 제품을 채택할 확률 f(t)나 신규로 제품을 구매할 소비자의 수 n(t)는 종형의 커브를 그린다. 또한, 시간에 따라 제품을 채택한 누적 확률 F(t)는 '1'에 'S'자 형태로 수렴하는 연속 증가함수이고, 누적 소비자의 수 N(t)는 잠재적 소비자의 총수인 'm'에 'S'자 형태로 수렴하는 연속증가 함수이다.

정규분표의 평균값과 표준편차를 이용하여 평가대상기술이 적용된 제품(기술, 서비스)이 확산하는 과정을 단계별로 분류할 수 있으며, 각 단계별 확산율을 소비나 수요 또는 매출액 추정에 활용할 수 있다.

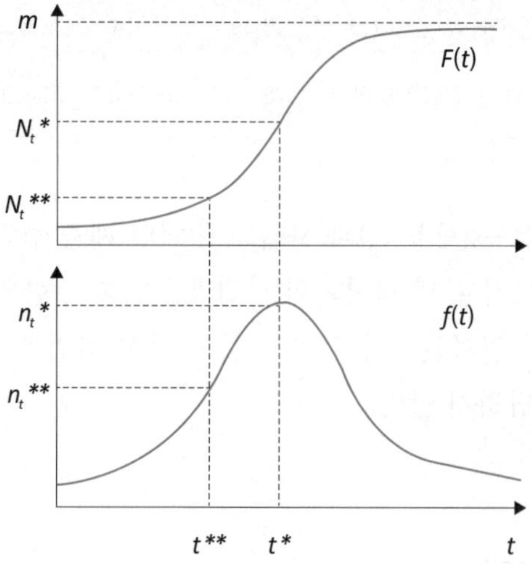

〈그림 5-1〉 확산모형

출처: 홍정식·구훈영, 한국경영과학회지, 제38권 제1호, 2013년 3월, pp. 45-59.

1) BASS 확산모형과 사례

(1) 추정원칙

BASS 확산모형(BASS diffusion model)은 제품(기술, 서비스)이 시장에서 확산하는 양상을 모델링하는 것으로, 특정 시점에서 제품을 구매할 신규 소비자(판매량, 매출 등)의 수는 자발적으로 제품을 구매하는 소비자(혁신적 소비자)와 이미 제품을 구매한 누적 소비자의 영향에 의해 구매하는 소비자(모방적 소비자)의 합에 의해 결정된다는 가정에 기반을 둔다.

(2) 추정방법

소비자가 특정 시점 t에서 신규로 제품을 채택할 확률을 f(t), 소비자가 특정 시점 t까지 제품을 채택한 누적 확률을 F(t), 자발적으로 제품을 구매하는 소비자를 나타내는 계수를 p(혁신계수), 누적 소비자의 영향에 의해 제품을 구매한 소비자를 나타내는 계수를 q(모방계수)라고 하면, f(t)는 [식 5-30]과 같이 표현된다.

$$\frac{f(t)}{(1-F(t))} = p+qF(t),\ \text{즉},\ f(t) = (p+qF(t)) \times (1-F(t)) \quad \cdots\cdots \quad [\text{식 } 5\text{-}30]$$

여기서, $F(t)$는 시간 t가 흐름에 따라 1에 가까워지는 S자 형태의 연속 증가함수이다.

또한, $f(t)$는 정규분포 특성을 보이며, 시간 t에서 $F(t)$의 변화량인 미분으로 나타낼 수 있다.

$$f(t) = \frac{dF(t)}{dt}$$

잠재적 소비자의 총 수를 m, 특정 시점 t에서 제품을 구매할 신규 소비자의 수를 n(t), 특정 시점 t까지 제품을 구매한 누적 소비자의 수를 N(t)라고 하면, n(t)와 N(t)는 [식 5-31]과 [식 5-32]로 표현된다.

$n(t) = mf(t)$, $N(t) = mf(t)$ 두 식을 각각 $f(t)$와 $F(t)$에 대해 표현하면,

$$f(t) = \frac{n(t)}{m} \quad \cdots\cdots \quad [\text{식 } 5\text{-}31]$$

$$f(t) = \frac{N(t)}{m} \quad \cdots\cdots \quad [\text{식 } 5\text{-}32]$$

전술한 [식 5-30], [식 5-31], [식 5-32]를 이용해 특정 시점 t에서 제품을 구매할 신규 소비자의 수 n(t)를 구하면 [식 5-33]과 같다.

$$n(t) = pm + (q-p)N(t) - \frac{q}{m}N(t)^2$$

여기서, $n(t)$는 시간 t에서 $N(t)$의 변화량, 즉 미분으로 나타낼 수 있으므로,

$$n(t) = \frac{dN(t)}{dt} = pm + (q-p)N(t) - \frac{q}{m}N(t)^2 \quad \cdots\cdots \quad [\text{식 } 5\text{-}33]$$

[식 5-33]은 특정 시점 t에서 제품을 구매할 신규 소비자의 수 n(t)를 제품을 채택한 누적 소비자의 수인 N(t)의 함수(즉, 이차방정식)로 나타낸 것이다. [식 5-33]을 변형해 p항과 q항의 합으로 표현할 수 있으며, 이를 통해 특정 시점 t에서 제품을 구매할 신규 소비자의 수 n(t)는 혁신적 소비자 수(p항)와 모방적 소비자 수(q항)의 합으로 표현됨을 알 수 있다.

[식 5-33]은 [식 5-34]와 같은 일반식으로 표현되며, 두 수식의 동일 차수 항을 비교하면, a, b, c는 [식 5-35], [식 5-36], [식 5-37]과 같다.

$$n(t) = a + bN(t) + cN(t)^2 \quad \text{[식 5-34]}$$

$$a = pm \quad \text{[식 5-35]}, \quad b = q - p \quad \text{[식 5-36]}, \quad c = -\frac{q}{m} \quad \text{[식 5-37]}$$

단, 잠재적 소비자의 총 수는 $m>0$이란 조건을 충족해야 함.

[식 5-35]의 a, [식 5-36]의 b, [식 5-37]의 c는 측정값에 단순 회귀분석법, 즉, SPSS(Statistical Package for Social Sciences)나 엑셀 등을 이용한 회귀분석법으로 구할 수 있다. [식 5-35], [식 5-36], [식 5-37]을 이용하여 a, b, c를 계수로 하는 p, q, m 각각에 관한 2차방정식을 세울 수 있으며, 동 2차방정식의 근의 공식으로부터 p, q, m을 계산할 수 있다([식 5-38] 참고).

$$p = \frac{-b+\sqrt{b^2-4ac}}{2}, \quad q = \frac{b+\sqrt{b^2-4ac}}{2}, \quad m = \frac{-b-\sqrt{b^2-4ac}}{2c} \quad \text{[식 5-38]}$$

※ 여기서, $b^2-4ac>0$

※ 실무적으로, 근의 공식을 이용해 $m>0$이란 조건을 충족하는 m을 [식 5-38]을 이용하여 먼저 계산하고, 이렇게 구한 m을 [식 5-37]에 대입하여 q를 계산하며, 최종적으로 [식 5-35]나 [식 5-36]을 이용해 p를 계산한다.

[식 5-33]을 이용해 신규 소비자의 수가 최대가 되는 시점 t^*를 [식 5-39]와 같이 구할 수 있으며(미분방정식을 풀어야 하며, 유도과정은 생략하나 직접 유도해보는 것을 추천함), 이 시점 t^*에서 누적 소비자의 수 $N(t^*)$는 [식 5-40], 그리고 신규 소비자의 수 $n(t^*)$는 [식 5-41]과 같이 표현된다.

$$t^* = \frac{1}{(p+q)} \ln \frac{q}{p} \quad \text{[식 5-39]}, \quad N(t^*) = \frac{m}{2q}(q-p) \quad \text{[식 5-40]}$$

$$n(t^*) = \frac{m(p+q)^2}{4q} \quad \text{[식 5-41]}$$

여기서, 자연로그의 진수 $\frac{q}{p}>0$ 및 t^*는 음수가 될 수 없다는 조건에서 $q>p>0$

매출액 추정에 적용되는 BASS 확산모형은 평가대상기술이 적용된 제품이 시장에서 판매되는 양상(즉, 매출이 발생하는 양상)을 나타내며, 특정 시점에서의 신규 판매량(신규 매출액)은 혁신적 소비자에 의한 판매량(매출액)과 모방적 소비자에 의한 판매량(매출액)의 합으로 나타낼 수 있다. 따라서, BASS 확산모형은 혁신적 소비자와 모방적 소비자에 의해 판매량(매출액)이 결정되는 내구성 있는 소비재(가전제품, 공산품 등)에 대한 기술가치평가에 적용하는 것이 타당하다.

BASS 확산모형을 이용해 매출액을 추정하기 위해서는 다년간에 걸쳐 축적된 **신규 매출액**(신규 판매량, 즉 신규 소비자 n(t)로서 종속변수임)과 **누적 매출액**(누적 판매량, 즉 누적 소비자 N(t)로서 독립변수임)에 대한 자료, 즉, 측정값이 있어야 하며, 동 측정값에 SPSS나 엑셀 등을 이용한 회귀분석법으로 추세선의 식 및 p, q, m을 구한다. 이렇게 구한 p, q, m을 이용해 소비자 수 최대, 즉, 매출(판매) 최대 시점 t^*에서의 $N(t^*)$와 $n(t^*)$를 구할 수 있으며, 추세선의 식을 이용해 매출액(신규 판매량)을 예측할 수 있다.

(3) 추정사례(BASS 확산모형)

① 평가개요

- 평가대상기술: 비전기식 회전 조리기
- 기술평가기준일: 2018년 11월 9일
- 기술의 경제적 수명: 6년
- 기술수명주기: 성숙기(누적 판매량 기준으로 성숙기 4년, 쇠퇴기 2년으로 결정)
- 동일 업종(C28520)의 최근 3개년 평균 매출액증가율: +2.74%(한국은행 기업경영분석)
- 기술비중: 84%(핵심기술로 분류됨)
- 주요 경쟁기업의 수(m): 3개 기업
- 사업화 주체(2009년도 설립)의 8개년 신규 판매량, 제품 개당 평균 판매단가: 200,000원

연도	2010	2011	2012	2013	2014	2015	2016	2017
신규판매량(개), n(t)	2,710	3,130	4,270	4,950	5,490	5,520	5,940	6,050
CAGR	12.16%							

② 매출액 결정

성숙기(1~4차년도)의 추정매출액은 사업화 주체의 신규 판매량 n(t)와 누적 판매량 N(t)에 BASS 확산모형을 적용하여 결정하며, 이를 위해 신규 판매량 n(t)에

대응하는 누적 판매량 N(t)를 계산한다.

연도	2010	2011	2012	2013	2014	2015	2016	2017
신규 판매량(개), n(t)	2,710	3,130	4,270	4,950	5,490	5,520	5,940	6,050
누적 판매량(개), N(t)	0	2,710	5,840	10,110	15,060	20,550	26,070	32,010

독립변수인 누적 판매량 N(t)와 종속변수인 신규 판매량 n(t) 사이의 인과관계 정도를 파악하기 위해 **피어슨의 상관계수**(r)를 구한다. 피어슨의 상관계수는 엑셀시트의 셀에 독립변수와 종속변수를 입력하고, 함수삽입 〉 함수선택 〉 CORREL함수 선택 〉 독립변수와 종속변수의 셀 영역을 선택하여 구한다.

이렇게 구한 **피어슨의 상관계수**는 r=0.9182으로서, 독립변수인 누적 판매량(소비자)과 종속변수인 신규 판매량(소비자)은 강한 **선형 정비례 관계**를 보이므로 인과관계분석법(단순 회귀분석법)으로 매출액을 추정할 수 있다.

엑셀시트의 셀에 독립변수인 누적 판매량 N(t)와 종속변수인 신규 판매량 n(t)를 입력하고, 메뉴의 삽입 〉 차트 〉 분산형 차트 〉 추세선 〉 추세선 옵션 〉 함수 중 차수가 2차인 다항식(2차방정식) 선택/수식을 차트에 표시 선택/R-제곱 값 차트에 표시를 선택하여, 추세선의 수식 및 R-제곱 값(R^2)을 구한다. n(t)는 N(t)에 관한 이차방정식이며, R-제곱 값(R^2)이 0.9728로서 추세선 수식의 신뢰성이 높아 단순 회귀분석법을 이용하여 매출액을 추정한다.

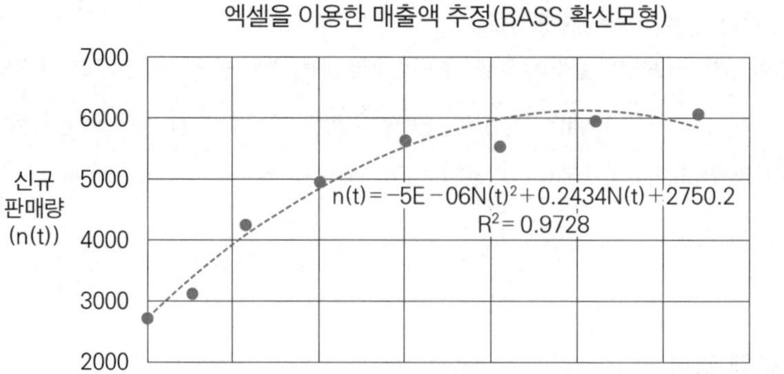

이렇게 구한 추세선의 수식은 [식 5-34]로 표현되는 일반식이다. 추세선의 수식과 [식 5-33]의 동일 차수 항을 비교하여 상수를 결정하며, 상수 a, b, c는 전술한 [식 5-35], [식 5-36], [식 5-37]에서 다음과 같이 표현된다.

$$a = pm = 2{,}750.2, \qquad b = q - p = 0.2434, \qquad c = -\frac{q}{m} = -5E-06$$

실무적으로, a, b, c를 계수로 하는 m에 관한 2차방정식에 근의 공식을 적용하여 [식 5-38]과 같이 m을 구하며, 이렇게 구한 m을 [식 5-37]에 적용해 q값을 구하며, q값을 [식 5-36]에 적용해 p값을 구하면 다음과 같다.

$$m = \frac{-b-\sqrt{b^2-4ac}}{2c} = 58{,}141$$

$$q = -mc = -58{,}141 \times (-5E-06) = 0.2907$$

$$p = q - b = 0.2907 - 0.2434 = 0.0473$$

또한, [식 5-39]를 이용해 신규 판매량이 최대가 되는 시점 t*를 구할 수 있으며, 동 시점 t*에서의 누적 판매량 N(t*)와 신규 판매량 n(t*)를 전술한 [식 5-40]과 [식 5-41]을 이용해 각각 구할 수 있다.

$$t^* = \frac{1}{(p+q)}\ln\frac{q}{p} = \frac{1}{0.0473+0.2907}\ln\frac{0.2907}{0.0473} = 5.4\text{년}$$

$$N(t^*) = \frac{m}{2q}(q-p) = \frac{58{,}141}{2\times 0.2907}\times(0.2907-0.0473) = 24{,}340$$

$$n(t^*) = \frac{m(p+q)^2}{4q} = \frac{58{,}141\times(0.0473+0.2907)^2}{4\times 0.2907} = 5{,}712$$

이와 같은 BASS 확산모형의 계산 결과에 의하면, 신규 판매량이 최대가 되는 시점 t*는 2010년을 기준으로 5.4년(5~6년)이 지난 2015년이나 2016년경이고, 이때 누적 판매량 N(t*)는 24,340개, 그리고 신규 판매량 n(t*)는 5,712개이다. 따라서, 다음의 표에서 알 수 있듯이 추세선의 수식에서 구한 신규 판매량 n′(t)는 2010년부터 증가하여 2015년이나 2016년에 최대치에 이르고, 2017년부터 감소한다.

사업화 주체의 2010년부터 2017년까지 8개년 신규 판매량 n(t)와 누적 판매량 N(t), 그리고 연도별 누적 판매량 N(t)를 추세선의 수식에 대입하여 구한 신규 판매량 n′(t)를 상호 비교하면 다음과 같다.

연도	2010	2011	2012	2013	2014	2015	2016	2017
신규 판매량(개), n(t)	2,710	3,130	4,270	4,950	5,490	5,520	5,940	6,050
누적 판매량(개), N(t)	0	2,710	5,840	10,110	15,060	20,550	26,070	32,010
추세선 수식 신규 판매량(개), n′(t)	2,750	3,373	4,001	4,700	5,282	5,640	5,697	5,418

추세선의 수식을 이용하여 1차년도부터 6차년도까지 신규 판매량 n′(t)를 추정할 수 있다. 이를 위해 2017년 누적 판매량 38,060개(2017년 신규 판매량 6,050개+2016년까지 누적 판매량 32,010개)를 추세선의 수식에 대입하고, 동 판매량에 대응하는 1차년도 신규 판매량(4,771개)을 구하며, 2차년도 이후 신규 판매량도 같은 방법으로 구하여 다음의 표에 나타내었다.

연도, 차년도	2017	1차년도	2차년도	3차년도	4차년도	5차년도	6차년도
신규 판매량(개), n(t)	6,050						
누적 판매량(개), N(t)	32,010	38,060	42,831	46,834	50,017	52,433	54,199
추세선 수식 신규 판매량(개), n′(t)	5,418	4,771	4,003	3,183	2,416	1,766	1,255

BASS 확산모형은 정규분포를 따르며, 정규분포의 평균값과 표준편차를 이용하여 제품이 확산되는 과정을 〈그림 5-2〉와 같이 5단계로 분류한다.

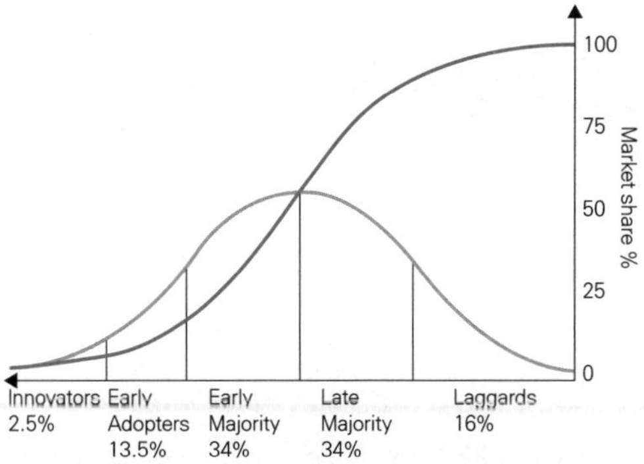

〈그림 5-2〉 신기술 수요곡선과 기술수명주기

출처: Rogers, Everett M. (1995). *Diffusion of Innovations*

각 단계별 확산율 즉, 누적 판매량은 도입기(Innovators)는 2.5%, 성장기 초기(Early adopters)는 13.5%, 성장기(Early majority)는 34%, 성숙기(Late majority)는 34%, 쇠퇴기(Laggards)는 16%이다. 성숙기까지 누적 판매량은 84%이며, 본 BASS 확산모형 추정사례의 경우, 누적 판매량의 84%는 48,838개[=58,141개(m, 잠재적 소비자 총 수)×0.84]이고, 동 수치에 가장 근접한 누적 판매량은 4차년도의 50,017개로서, 4차년도까지를 성숙기로 정의한다. 성숙기(1~4차년도)의 추정매출액은 각 차년도 추세선 수식에서 구한 신규 판매량 n′(t)에 평균 판매단가(200,000원)를 곱하여 결정한다.

쇠퇴기는 영업이익율이 감소하여 수익성이 떨어지는 시기이다. 누적 판매량의 92%(성숙기까지 누적 판매량 84%+쇠퇴기 누적 판매량 16%의 중간값인 8%)인 53,490개[=58,141개(m, 잠재적 소비자 총 수)×0.92]에 가장 근접한 6차년도(누적 판매량 54,199개)까지를 쇠퇴기로 정의한다. 쇠퇴기(5~6차년도)의 추정매출액은 각 차년도 추세선 수식에서 구한 신규 판매량 n′(t)에 평균 판매단가(200,000원)를 곱하여 결정한다.

기술의 경제적 수명 6년 동안의 추정매출액에 기술비중(84%)을 적용하여 〈표 5-28〉과 같이 기술매출액을 결정하였다.

〈표 5-28〉 매출액 결정

(단위: 백만 원)

구분	1차년도	2차년도	3차년도	4차년도	5차년도	6차년도
	~2019.11.08	~2020.11.08	~2021.11.08	~2022.11.08	~2023.11.08	~2024.11.08
수명주기	성숙기				쇠퇴기	
신규 판매량	4,771	4,003	3,183	2,416	1,766	1,255
판매단가	200,000원					
추정매출액	954	800	636	483	353	251
기술비중	84%					
기술매출액	801	672	534	406	296	211

2) 로지스틱 확산모형

(1) 추정원칙

로지스틱 확산모형(Logistic diffusion model)은 제품(기술, 서비스)이 시장에서 확산하는 양상을 모델링한 것으로, 특정 시점에서 제품을 구매할 신규 소비자(판매량, 매출 등)의 수는 이미 제품을 구매한 소비자(기존 소비자)의 영향에 의해 결정된다는 가정에 기반을 둔다. 로지스틱 확산모형은 자발적으로 제품을 구매하는 소비자(혁신적 소비자)는 고려하지 않으며, 단지 기존 소비자의 영향에 의해 제품에 대한 수요가 확산한다는 가정에서 출발하며, 기존 소비자의 영향을 내부영향계수로 하여 수식에 반영한다.

(2) 추정방법

소비자가 특정 시점 t에서 신규로 제품을 채택할 확률을 f(t), 소비자가 특정 시점 t까지 제품을 채택할 누적 확률을 F(t), 기존 소비자의 영향에 의해 제품을 구매할 소비자를 나타내는 내부영향계수를 g라고 하면, f(t)는 [식 5-42]와 같이 표현된다.

$$\frac{f(t)}{(1-F(t))} = gF(t),\ 즉,\ f(t) = gF(t)(1-F(t)) \quad \text{[식 5-42]}$$

여기서, $F(t)$는 시간 t가 흐름에 따라 1에 가까워지는 S자 형태의 연속 증가함수이다.

또한, $f(t)$는 정규분포 특성을 보이며, 시간 t에서 $F(t)$의 변화량인 미분으로 나타낼 수 있다.

$$f(t) = \frac{dF(t)}{dt}$$

잠재적 소비자의 총 수를 m, 특정 시점 t에서 제품을 구매할 신규 소비자의 수를 n(t), 특정 시점 t까지 제품을 구매한 누적 소비자의 수를 N(t)라고 하면, n(t)와 N(t)는 [식 5-43]과 [식 5-44]로 표현된다.

$n(t) = mf(t), N(t) = mf(t)$이며, 두 식을 각각 $f(t)$와 $F(t)$에 대해 표현하면,

$$f(t) = \frac{n(t)}{m} \quad \text{[식 5-43]}, \qquad f(t) = \frac{N(t)}{m} \quad \text{[식 5-44]}$$

[식 5-42], [식 5-43], [식 5-44]를 이용해 특정 시점 t에서 제품을 구매할 신규 소비자의 수 n(t)를 구하면 [식 5-45]와 같다.

$$n(t) = (m-N(t)) \times \left(\frac{g}{m}N(t)\right) = gN(t) - \frac{g}{m}N(t)^2$$

여기서, $n(t)$는 시간 t에서 $N(t)$의 변화량, 즉 미분으로 나타낼 수 있으므로,

$$n(t) = \frac{dN(t)}{dt} = (m-N(t)) \times \left(\frac{g}{m}N(t)\right) = gN(t) - \frac{g}{m}N(t)^2 \quad \text{[식 5-45]}$$

로지스틱 확산모형은 [식 5-45]에서 알 수 있듯이, 특정 시점 t에서 제품을 구매할 신규 소비자의 수 n(t)는 잔존 소비자 수 m−N(t)와 기존 소비자의 영향률 (g/m)N(t)의 곱으로 표현된다. 또한, [식 5-45]의 미분방정식을 풀어서 신규 소비자의 수가 최대가 되는 시점 t^*을 구할 수 있으며, 이 시점 t^*에서 누적 소비자의 수 $N(t^*)$와 신규 소비자의 수 $n(t^*)$를 구할 수 있다.

로지스틱 확산모형은 일반적인 수식으로 표현하는 데 제한이 있고, 확산에 영향을 미치는 요인으로 기존의 소비자만을 고려하기 때문에 현실을 반영하는 데 한계가 있어 매출액 추정법에서는 다루지 않는다.

제6부

기술력 평가와 평가모형

제1장
기술력 평가

제1절 기술력 평가의 정의

기술력 평가란 기술평가의 한 유형으로서, 평가대상기술과 사업화 주체의 인력, 조직, 지원서비스 등을 종합적으로 고려하여 기술의 개발과 흡수 및 혁신능력을 평가하는 것으로, 평가결과는 점수 또는 등급으로 표시된다.

기술력 평가는 기술평가기관이나 수요처의 필요에 따라 만든 다양한 종류가 있으며, 여신이나 보증 심사용 평가, 기술신용등급평가(TCB평가), 벤처투자 촉진에 관한 법률의 '중소기업창업 투자회사' 및 여신전문 금융업법의 '신기술사업 금융회사' 등 벤처캐피탈의 투자심사용 평가, 기술개발 또는 우수기술 사업화 지원을 위한 평가(정책자금 지원을 위한 평가), 코넥스시장의 기술특례상장평가와 코스닥 시장의 기술성장기업 상장특례평가 등이 있다.

기술력 평가의 목적은 사업화 주체가 기술을 사용하여 수익을 창출할 수 있는 능력을 평가하기 위함에 있으며, 평가의 용도는 산업통상자원부 고시 제2016-114호(기술평가기준 운영지침)의 제16조(목적과 용도의 명시)에 의하여 명시함을 원칙으로 한다.

제2절 기술력 평가의 체계

기술력 평가에서 사업화 주체의 경영능력, 기술성, 권리성, 시장성, 사업성 등을 **평가요인**이라고 하며, **기술력 평가표의 대항목**을 구성한다. 대항목(즉, 평가요인)의 하부 분류단위인 **기술력 평가지표**(이하 평가지표)는 **기술력 평가표의 중항목과 소항목**(또는 세부항목)을 **구성한다**(자세한 것은 〈표 6-1〉, 〈표 6-2〉, 〈표 6-3〉 참고).

기술력 평가표의 평가지표는 기술력 평가모형에 투입되며, **기술력 평가모형**은 점수나 등급으로 **기술력 평가결과**를 산출한다(〈그림 6-1〉 참고). 따라서 기술력 평가서에는 각 평가요인을 분석한 평가의견과 평가지표를 평가한 근거가 기술되어야 한다. 기술평가기관은 기관의 특성과 평가목적에 맞는 기술력 평가표 및 기술력 평가모형을 개발해야 하며, 기술력 평가표의 평가지표가 일관성 있게 평가되도록 평가기준을 마련해야 한다.

〈그림 6-1〉 기술력 평가의 체계

제3절 기술력 평가표

1. 평가요인

평가요인은 **기술력 평가표의 대항목**을 말하며, 기본적으로 경영능력, 기술성, 권리성, 시장성, 사업성 등이 있으며, 기술평가기관은 필요에 따라 재무지표, 기술경영능력, 녹색성과 같은 평가요인을 추가할 수 있다.

평가요인은 제약이나 바이오산업, 교육서비스업, 소프트웨어산업(시스템 SW, 응용 SW, 임베디드 SW, 보안 SW 등), 문화산업(게임, 영화, 방송, 연극 등), 에너지 및 환경산업 등과 같은 **업종의 특성**에 맞게 개발될 수 있다. 또한 기업의 형태(예: 1인 기업), 기업의 업력(예: 창업 3년 이내), 기업의 규모(예: 자산이나 매출액 규모) 등과 같은 **기업의 특성**에 따라 개발될 수 있다. 이같이 업종이나 기업의 특성에 따라 평가요인이 바뀌면, 평가요인의 하부를 이루는 평가지표(중항목, 소항목 또는 세부항목)도 새로 개발되어 적용된다.

2. 평가지표

평가지표는 계층적으로 구성된 **기술력 평가표의 중항목과 소항목**을 말하며, 특히, 중항목 아래의 소항목(세부항목)을 말한다. 평가지표는 기술력 평가표의 대항목(즉, 평가요인)의 하부를 구성하며, **변별력이 있는 독립적인 특성**을 가져야 한다. 만약 중항목과 소항목을 구성하는 평가지표 사이에 변별력이 없거나 유사성이 존재하면 기술력 평가결과의 신뢰성은 떨어진다.

평가지표의 수는 대항목인 평가요인의 범위(즉, 개수) 그리고 업종의 특성과 기업의 특성에 따라 결정된다. 일반적으로 **중항목은 최대 15개 이내의** 평가지표 그리고 **소항목**(세부항목)**은 45개 이내의 평가지표**로 구성된다.

평가지표는 기술평가기관이 계층적으로 설계한 평가항목에 관해 기술평가자 또는 기술평가에 정통한 전문가들의 의견을 **계층화 분석법**(Analytic Hierarchy Process, AHP법)으로 수렴하여 결정한다.

계층화 분석법 적용과정에서, 평가항목의 중항목은 중항목끼리 그리고 소항목은 소항목끼리 상대적으로 비교(쌍대비교, Pairwise Comparison)하여 무효한 평가항목은 제거하고, 유효한 평가항목을 선택하여 평가지표로 확정하며, 이때 유효한 평가항목(즉, 확정된 평가지표)의 중요도나 가중치를 결정한다.

기술력 평가결과에 영향을 미치는 유효한 평가지표를 선택하기 위해서는 영향력이 인정되는 평가항목을 골라 계층적으로 설계하여 기술평가자 또는 전문가의 의견을 수렴하는 것이 중요하다. 즉, 평가항목을 설계할 때 중항목과 소항목은 서로 계층적인 관계이어야 하며, 중항목은 중항목끼리 그리고 소항목은 소항목끼리 상호 변별되는 독립적인 특성을 가져야 한다. 또한 중항목 또는 인근 중항목은 소항목 또는 인근 소항목에 대해 지배하는 특성을 가져야 하고, 소항목은 중항목에 종속되는 특성을 가져야 한다.

계층적으로 구성된 평가지표(일부)의 일례를 〈표 6-1〉에 나타내었다.

〈표 6-1〉 평가지표(일부)의 일례

대항목 (평가요인)	중항목 (평가지표)	소항목 (평가지표)*	대항목 (평가요인)	중항목 (평가지표)	소항목 (평가지표)*
경영능력	기술능력	기술 경험수준	시장성	시장특성	시장규모
		기술 지식수준			시장성장률
	관리능력	경영관리 능력		경쟁강도	경쟁기업의 수
		인력관리 능력			경쟁의 변화
		전략실행 능력			예상 시장점유율
기술성	개발실적	지식재산권	사업성	사업화 능력	가격, 품질 경쟁성
		기술개발 실적			생산 가능성
	개발능력	연구개발 투자			자금조달능력
		개발전담부서		영업능력	판매처 확보
		개발인력			인지도

* 각 기술평가기관은 소항목(평가지표)의 평가기준을 마련해야 함.

평가지표는 사업화 역량(경영역량, 기술역량, 시장역량, 사업역량 등)을 평가하는 역량지표(Competence Index, C)와 사업화에 따른 위험(기술위험, 권리위험, 시장위험, 사업위험 등)을 평가하는 위험지표(Risk Index, R)로 구성할 수 있다. 역량지표와 위험지표에는 평가대상기술의 사업화에 따른 역량과 위험을 적정하게 대변할 수 있도록 가중치를 부여할 수 있다. 역량지표와 위험지표로 평가지표를 구성할 경우, 기술력 평가의 결과는 역량지표의 평점합과 위험지표의 평점합의 비율(C÷R)을 이용하여 점수나 등급으로 산출된다.

사업화에 따른 위험이 큰 창업 초기기업이나 제약이나 바이오산업 등 일부 업종에 대해서는 가중치가 부여된 역량지표의 평점합(C)과 위험지표의 평점합(R)의 비율(C÷R)을 이용하여 기술력 평가점수나 평가등급을 결정할 수 있다. 역량지표와 위험지표의 일례를 〈표 6-2〉에 나타내었다.

〈표 6-2〉 역량지표(일부)와 위험지표(일부)의 일례

지표	대항목 (평가요인)	중항목 (평가지표)	소항목 (평가지표)*	지표	대항목 (평가요인)	중항목 (평가지표)	소항목 (평가지표)*
역량 지표	경영역량	기술능력	기술 경험수준	위험 지표	기술위험	완성도	개발단계
			연구개발능력			기술수명	진부화
		관리능력	경영관리능력		권리위험	안정성	침해 가능성
	기술역량	우월성	혁신성			모방성	모방 가능성
		개발능력	기술개발실적		시장위험	경쟁상황	진입장벽
	시장역량	지배력	시장점유율				경쟁강도
		성장성	시장성장률			수요공급	수요공급 특성
	사업역량	영업능력	판매처 확보		사업위험	사업환경	자금조달 가능성
			인지도				투자회수 가능성
		성장성	매출액증가율			법적 요인	제약장려 요인
역량지표의 평점합(C)				위험지표의 평점합(R)			

* 각 기술평가기관은 소항목(평가지표)의 평가기준을 마련해야 함.

3. 기술력 평가표의 구성

기술력 평가표는 〈표 6-1〉과 〈표 6-2〉와 같이 대항목(평가요인)과 중항목(평가지표) 및 소항목(평가지표)으로 구성되며, 각 평가지표에 대한 가중치와 특정 척도(예: 5점 척도)로 표현된 평점을 포함한다. 평가요인과 평가지표를 포함한 기술력 평가표의 일례를 〈표 6-3〉에 나타내었다.

〈표 6-3〉 기술력 평가표의 일례(5점 척도)

대항목 (평가요인)	중항목 (평가지표)	소항목 (평가지표)	가중치	평점(5점 척도)				
				우수(5)	양호(4)	보통(3)	미흡(2)	취약(1)
경영주	이해도	경험수준						
		지식수준						
기술성	우월성	기술의 혁신성						
		기술의 차별성						
시장성	성장성	시장규모						
		시장성장률						
사업성	영업력	수요처의 수						
		판매능력						

제2장
기술력 평가모형

제1절 기술력 평가모형의 구조

기술력 평가모형은 입력변수를 활용하여 출력인 평가점수(백분율 평가점수)나 계급의 수와 폭으로 정의된 평가등급을 산출한다(〈그림 6-2〉 참고).

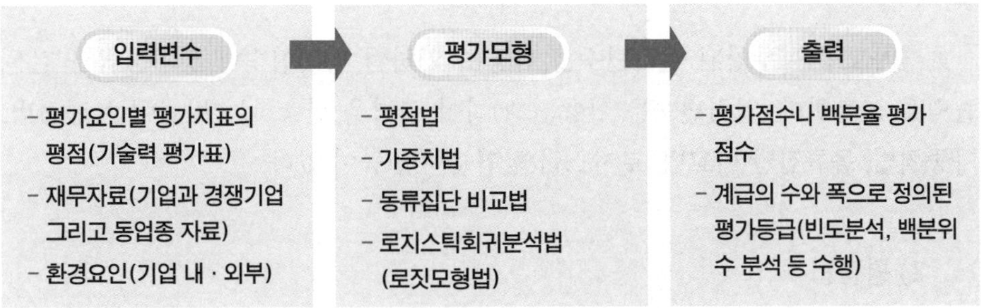

〈그림 6-2〉 기술력 평가모형의 입력변수와 출력

1. 입력변수

입력변수는 평가모형에 투입되는 변수로서, 기술력 평가표의 대항목인 평가요인과 중항목 및 소항목인 평가지표의 평가결과(척도로 평가된 평점: A~E, 1~5등급 등)는 필수적으로 투입된다. 그 밖의 입력변수는 각 기술평가기관이 평가모형 개발과정에서 결정하며, 대표적으로 사업화 주체와 경쟁기업 및 동 업종의 재무자료 그리고 기업(사업)을 둘러싼 **내부 및 외부 환경요인**이 있다. 투입되는 **입력변수들은 상호 독립적이며 변별력이 있어야 한다.**

평가모형에 투입되는 재무자료 중 재무지표로는 매출액증가율, 영업이익률 등이 있으며, **재무비율**로는 부채비율, 매출액 대비 연구개발비 비율, 매출액 대비 이자비용 비율, 영업이익(또는 EBITDA) 대비 차입금 비율, 이자비용 대비 영업이익(또는 이자비용 대비 EBITDA) 비율 등이 있다.

환경요인 중 **기업 내부 환경요인**은 업력, 상시 근로자 수, 상시 근로자 수 대비 연구개발인력 비율, 자체생산이나 외주생산 여부, 자가 공장(사업장) 보유 여부 등을 통해 반영된다. **기업 외부 환경요인**은 종합주가지수, 국채 수익률, 환율, 이자율(금리), 생산자물가지수(한국은행), 업종별 기업경기실사지수(BSI, 한국은행), 제조업 평균가동률(통계청) 등을 통해 반영된다.

2. 평가모형

평가모형은 투입된 입력변수를 활용(조작)하여 평가점수나 평가등급과 같은 출력을 산출한다. 입력변수를 활용(조작)하여 출력을 산출하는 방법에는 **평점법, 가중치법, 동류집단 비교법, 로지스틱 회귀분석법** 등이 있다.

1) 평점법

평점법(Rating Method)은 입력변수의 평점을 단순히 합산하거나 입력변수들의 비율을 이용하여 평가점수나 평가등급과 같은 출력을 산출하는 방법이다. 예를 들어, 전술한 입력변수들의 평점을 합산하거나, 기술력 평가표의 소항목인 각 평가지표의 평점을 합산하여 출력을 산출할 수 있다. 또한, 입력변수들 사이의 비율, 또는 역량지표의 평점합(C)과 위험지표의 평점합(R)의 비율(C÷R)을 이용하여 출력을 산출할 수 있다.

2) 가중치법

가중치법(Weighting Method)은 가장 일반적인 방법이며, 가중치가 부여된 입력변수나 비율을 이용하여 평가점수나 평가등급을 출력하는 방법이다. 즉, 가중치가 부여된 입력변수들의 평점을 합산하거나, 기술력 평가표의 대항목인 각 평가요인 및 중항목과 소항목인 각 평가지표에 가중치를 부여한 후, 각 평가지표의 평점을 합산(가중합)하여 출력을 산출할 수 있다. 또한 가중치가 부여된 입력변수들의 비율, 또는 가중치가 부여된 역량지표의 평점합(C)과 가중치가 부여된 위험지표의 평점합(R)의 비율(C÷R)을 이용하여 출력을 산출할 수 있다. 이때, 가중치는 전문가의 의견을 수렴하여 결정하며, 일례로, 전술한 계층화 분석법(AHP법)을 적용하여 평가지표를 결정하는 과정에서 평가요인이나 평가지표별로 가중치를 결정할 수 있다.

3) 동류집단 비교법

동류집단 비교법(Peer Group Comparison Method)은 동일 기술군이나 업종군 또는 동일 업력으로 분류된 기업(경쟁기업 포함)의 입력변수와 사업화 주체의 입력변수를 비교하여 출력을 산출하는 방법이다. 예를 들어, 동일 기술군이나 업종군 또는 동일 업력으로 분류된 기업(경쟁기업 포함)의 기술력 평가표의 평가결과, 재무자료(재무지표와 재무비율 포함), 기업 내·외부 환경 등을 사업화 주체의 기술력 평가표의 평가결과, 재무자료, 기업 내·외부 환경과 비교하여 출력을 산출할 수 있다.

4) 로지스틱 회귀분석법

(1) 로지스틱 회귀분석법과 평가모형

로지스틱 회귀분석법(Logistic Regression Method)은 변형된 회귀분석법으로서, 평가모형에 투입되는 **입력변수**(즉, 독립변수)에 대응하는 **출력**(즉, 종속변수)을 일정한 범주 이내에서 결정하는 방법이다. 즉, **투입된 독립변수에 대응하는 종속변수를 범주형으로 출력하는 방법**이며, 일반적으로 종속변수를 확률('1'~'0'의 범주)로 출력한다. 실무적으로, 입력변수(독립변수)에 대응하는 출력(종속변수)은 **확률**이나 확률의 비율인 **승산**(Odds) 또는 승산의 비율인 **승산비율**(Odds Ratio)을 이용하여 결정한다.

로지스틱 회귀분석법은 다양한 종류의 입력변수(독립변수)에 대해 출력(종속변수)을 일정한 범위(범주)로 나타내며, 자연과학이나 사회과학적 현상을 확률적으로 설명하는 데 유용한 방법이다. 예를 들어, 전술한 특정 평가요인 또는 평가요인 아래의 특정 평가지표의 평점(입력변수, 즉, 독립변수)에 대응하는 **사업화 위험 가능성** 또는 **사업화 성공 가능성**(출력, 즉, 종속변수)을 확률이나 승산 또는 승산비율로 표현한다.

구체적으로, 평가요인인 '사업성 평점'이 17점 또는 D등급인 경우, 이에 대응하는 사업화 위험 가능성(기업의 폐업이나 채무불이행 등 부실화 가능성)을 확률 0.6(즉, 60%)으로 출력할 수 있다. 또한, 사업성의 하부 평가지표인 '가격 및 품질 경쟁성 평점'이 5점 또는 A등급인 경우, 이에 대응하는 사업화 성공 가능성(기업의 존속이나 경쟁성 향상 가능성)을 승산비율로 출력할 수 있다(예를 들어, 기준 그룹과 비교하여 승산비율 2.5배).

투입되는 입력변수(독립변수)에 대응하는 출력(종속변수)을 결정하기 위해서는 축적된 자료에서 추출된 **평가모형**이 존재해야 한다. 예를 들어, 종속변수인 사업화 위험 가능성을 확률 0.6(즉, 60%)으로 출력하기 위해서는, 축적된 데이터(모집단이나 표본)로부터 추출된 '사업성 평점(독립변수)'과 '사업화 위험 가능성(종속변수)'의 **확률적 상호관계**가 존재해야 한다. 또한, 사업화 성공 가능성을 승산비율 2.5배로 출력하기 위해서는, '가격 및 품질 경쟁성 평점'과 '사업화 성공 가능성'의 관계를 설명하는 **모형**이 존재해야 한다.

(2) 로지스틱 회귀분석법의 이해

일반적인 회귀분석법[1]은 독립변수와 종속변수 모두 **범주에 제한이 없는 연속형**(즉, $-\infty$ ~ $+\infty$ 사이에 분포)이고, 주어진 독립변수의 분포에 최소자승법을 적용하여 결정된 최적의 수식(선형함수, 지수함수, 로그함수, 다항함수 등)을 이용하여 종속

1 회귀분석법은 '제5부 매출액 추정방법과 추정사례'에 기술된 '인과관계분석법과 사례' 중 '단순 회귀분석법과 사례' 참고.

변수, 즉, 미래를 예측한다. 따라서 입력한 독립변수에 대한 종속변수는 수식의 종류에 의해 결정되며, 종속변수는 수식에서 기확정(Pre-determined)된 상태이고, 증감이 일정하다.

이와 같은 일반적인 회귀분석법으로 자연과학이나 사회과학적 현상의 미래를 예측하는 것에는 한계가 있으며, 특히 예측 대상인 종속변수가 범주형이고 비선형(非線形)이면 예측의 정확도가 떨어진다. 종속변수가 **범주형이고 비선형**[2]이라는 것은 독립변수에 대한 종속변수가 일정한 범위 이내에서 비선형적으로 결정되는 것을 말한다. 예를 들어, 종속변수가 확률적으로 '1'과 '0' 또는 '1'과 '5' 사이와 같은 범주에서 비선형적으로 결정되는 경우, 일반적인 선형회귀분석법을 적용할 수 없다.

다항 또는 단항의 독립변수에 대한 종속변수가 범주형이고 비선형이면, 일정한 범주 이내에서 완만한 'S'자형 커브 위에서 종속변수를 결정하도록 일반적인 회귀분석법을 변형하며, 이것을 **로지스틱 회귀분석법**이라고 한다.

로지스틱 회귀분석법에서 종속변수는 확률적으로 표현되며, '1'(p)과 '0'(1-p)의 범주에서 결정된다. 이 경우, 종속변수의 범주('1'과 '0' 사이)는 독립변수의 범주와 불일치하게 되며, 분석의 편의상 종속변수의 범주를 독립변수와 같은 연속형(-∞ ~ +∞)으로 만든다. 이를 위해 종속변수를 **확률의 비율에 자연로그를 취한 로짓**[ln(p÷(1-p))]로 표현한다. 이후, 로짓으로 표현된 수식의 양변에 지수를 취하여 완만한 'S'자형 커브 위에서 종속변수인 확률('1'과 '0' 사이의 범주)을 결정한다.

이같이, 종속변수를 연속형으로 표현하기 위해, **확률의 비율**[(p÷(1-p), Odds라고 함]에 자연로그(Log Unit, Logit, 로짓)를 취하므로, 로지스틱 회귀분석법을 **로짓 모형(Logit Model)법**이라고 한다[이상 〈개념과 정의 6-1〉 참고]. 로지스틱 회귀분석법과 회귀분석법의 특징을 비교하여 〈표 6-4〉에 나타내었다.

로지스틱 회귀분석법에서 **독립변수의 계수와 상수는 최대 우도 추정법**[Maximum Likelihood Estimation(MLE): 우도, 즉, 유사도를 최대로 하는 모수 및 계수와 상수를 추정하는 방법]으로 결정하며, 우도(유사도)를 최대로 하는 계수와 상수를 찾기 위해서는 축적된 모집단이나 표본이 필요하다.

---

2 독립변수에 대한 종속변수가 확률적으로 참(p)과 거짓(1-p), 성공(p)과 실패(1-p), 양호(p)와 불량(1-p), 견실(p)과 부실(1-p), 생존(p)과 사망(1-p), Yes(p)와 No(1-p), 양성(p)과 음성(1-p) 등 제한된 범주에서 "완만한 'S'자형 커브(〈그림 5-1〉 또는 〈그림 5-2〉 참고)"와 같이 비선형적으로 결정되는 경우를 들 수 있음.

〈표 6-4〉 로지스틱 회귀분석법과 회귀분석법의 비교

구분		로지스틱 회귀분석법(로짓모형법)	회귀분석법
변수 형태	독립변수	다항 또는 단항; 범주형, 순서형*, 연속형	연속형(− ∞ ~ +∞ 사이에 분포)
	종속변수	범주형[확률 '1'(p)과 '0'(1−p) 사이]	연속형(− ∞ ~ +∞ 사이에 분포)
변수 사이 관계		비선형(완만한 'S'자형으로 전환)	수식에서 결정된 선형에 따름
종속변수의 표현		확률의 비율로 표현[(p÷(1−p)]	연속형 종속변수로 표현(y)
종속변수의 형태		로짓, 즉, 로그 승산(Log Odds)	연속형 종속변수(y)
계수의 결정		최대 우도 추정법(MLE)	최소자승법
표본의 수		MLE에 필요한 다수의 표본	소수의 표본

* 순서형은 A~E등급과 일정 척도로 구분된 1~5등급(취약, 미흡, 보통, 양호, 우수) 등이 있음.

로지스틱 회귀분석법에서 독립변수는 다항 또는 단항이 가능하다. 종속변수는 승산(Odds), 로그승산(Log Odds, 즉 로짓, Logit), 승산비율과 같은 개념을 바탕으로 하며, 이들을 〈개념과 정의 6-1〉에서 설명한다.

개념과 정의 6-1

개념: 일반적인 회귀분석법과 로지스틱 회귀분석법의 수식

① 일반적인 회귀분석법의 수식은 '제5부 매출액 추정방법과 추정사례'에 기술된 인과관계 분석법의 [식 5-22]부터 [식 5-27]까지로 표현된다. 이에 비해, 로지스틱 회귀분석의 수식은 일반적으로 [식 6-1]과 같이 표현된다.

$$\ln(\frac{p}{1-p}) = ax+b_1x_1+b_2x_2 \cdots b_mx_m+c \quad \text{[식 6-1]}$$

여기서, $a, b_1, b_2, \cdots b_m$은 계수, $x, x_1, x_2, \cdots x_m$은 독립변수, c는 상수임.

본 교재는 [식 6-1]에서 독립변수가 단항(1개)인 다음의 [식 6-2]를 예로 들어, 로지스틱 회귀분석을 표현하는 수식의 결정 과정을 설명한다.

$$\ln(\frac{p}{1-p}) = \ln(Odds) = Logit = ax+c \quad \text{[식 6-2]}$$

② 로지스틱 회귀분석법은 '제5부 매출액 추정법과 추정사례'의 일반적인 회귀분석법의 [식 5-24]에서 종속변수인 좌변의 'y'를 확률적으로 표현한다.

$$y= ax+c \quad \text{[식 5-24]}$$

여기서, 확률적 표현이란 Odds(승산 또는 승률)로 표현하는 것으로, Odds(이하 승산)는 수[식 6-3]과 같이 사건이 두 개의 그룹 중에서 한 그룹에 속할 확률(p)과 다른 그룹에 속할 확률($1-p$)의 비율을 말한다.

$$좌변(y)- \rightarrow \frac{p}{1-p} = Odds = 승산 \quad \text{[식 6-3]}$$

여기서, 확률(p)은 '0'과 '1' 범주에서 결정되며, 승산은 '0'(확률 p가 '0'에 가까운 경우)에서 '$+\infty$'(확률 p가 '1'에 가까운 경우) 범주에서 결정된다. 따라서, [식 5-24]의 좌변 'y'를 승산으로 표현하면, 좌변의 범주(0 ~ $+\infty$)는 우변인 '$ax+c$'의 범주($-\infty$ ~ $+\infty$)와 불일치하게 된다.

③ 좌변과 우변의 범주 불일치를 해결하기 위해, [식 6-3]에 자연로그를 취하여 [식 6-4]와 같이 로그 단위(Log Unit, Logit, 로짓)로 표현한다. 이를 로짓이라고 하며, [식 5-24]의 좌변은 로짓, 즉, Log Odds(로그승산)가 되고, 범주는 $-\infty$ ~ $+\infty$로 확장된다.

$$좌변(y)- \rightarrow \ln\left(\frac{p}{1-p}\right) = \ln(Odds) = Logit = 로그승산 \quad \text{[식 6-4]}$$

결론적으로, [식 5-24]의 좌변을 [식 6-4]로 대체하면 [식 6-2]가 되며, 이를 통해 좌변과 우변의 범주는 일치하게 된다.

④ 로짓으로 표현된 [식 6-2]에서 확률 p를 구할 수 있으며, 수식의 양변에 지수를 취하여 확률 p를 구하면 [식 6-5]와 같이 표현된다.

$$p = \frac{e^{ax+c}}{1+e^{ax+c}} = \frac{1}{1+e^{-(ax+c)}} = \frac{1}{1+e^{-Logit}} \quad \text{[식 6-5]}$$

[식 6-5]는 독립변수 x($-\infty$ ~ $+\infty$)에 대해 종속변수인 확률 p('0'과 '1' 사이의 범주)를 완만한 'S'자형 커브로 나타낸다(상수항 $c=0$을 가정하면, $x=0$일 때 확률 p는 0.5임). 동 수식은 종속변수가 범주형이고, 초기에 완만히 증가해서 중기에 급격히 증가하고, 후기에 다시 완만히 증가하는 비선형의 자연과학이나 사회과학적 현상을 설명하는 데 적용된다.

⑤ [식 6-2]의 우변에서 계수 'a'는 기울기, 'c'는 상수항으로서 절편이다. 독립변수 x에 대응한 확률 p의 변화 추세는 기울기인 'a'에 의해 결정되고, 상수항 'c'는 $x=0$일 때의 확률 p를 결정한다.

⑥ [식 6-2] 또는 [식 6-5]에서, 확률 를 구하기 위해서는 기울기 'a'를 결정할 필요가 있다. 이를 위해, [식 6-2]에서 우변의 독립변수인 x가 범주형으로서, '$x=1$'일 때 확률을 p_1 그리고 '$x=0$'일 때 확률을 p_0라고 가정하고, '$x=1$'과 '$x=0$'일 때의 로짓의 차이를 구하면 [식 6-6]과 같다.

$$\ln\left(\frac{p_1}{1-p_1}\right) - \ln\left(\frac{p_0}{1-p_0}\right) = (a+c)-(0+c) = a \quad \text{[식 6-6]}$$

[식 6-6]의 좌변은 '$x=1$'과 '$x=0$'일 때의 로짓의 차이로서, [식 6-7]과 같이 '$x=1$'과 '$x=0$'일 때의 Log Odds Ratio(로그승산비율)이다.

$$\ln(\frac{p_1}{1-p_1})-\ln(\frac{p_0}{1-p_0})=\ln\left\{(\frac{p_1}{1-p_1})\div(\frac{p_0}{1-p_0})\right\}=\ln(Odds\ Ratio)=a\cdots\cdots \quad \text{[식 6-7]}$$

⑦ [식 6-7]에서, 기울기 'a'는 '$\ln(Odds\ Ratio)$'로 표현된다. [식 6-7]의 양변에 지수함수를 취하여 [식 6-8]과 같이 Odds Ratio(승산비율)를 구한다.

$$\frac{p_1}{1-p_1}\div\frac{p_0}{1-p_0}=Odds\ Ratio=e^a \quad \cdots\cdots \quad \text{[식 6-8]}$$

⑧ 일반적으로, 기울기 'a'와 상수 'c'는 다수의 표본을 통계분석 도구(spss, python, R, Excel)에 투입하여 모수를 추정하는 최대 우도 추정법(MLE)으로 획득하며, 획득한 기울기 'a'를 [식 6-8]에 적용하여 승산비율을 구한다. 최대 우도 추정법에서 기울기와 상수는 투입한 표본의 수가 바뀌면 변하게 된다. 실무에서, 기울기 'a'는 [식 6-7]을 이용하여 구한다. 즉, '$x=1$'일 때의 승산인 $p_1\div(1-p_1)$와 '$x=0$'일 때의 승산인 $p_0\div(1-p_0)$의 비율인 승산비율에 자연로그를 취하여 구한다.

⑨ [식 6-8]의 승산비율(Odds Ratio)은 '$x=1$'일 때의 승산과 '$x=0$'일 때의 승산의 비율을 의미하며, 승산비율 값에 따라 다음과 같이 해석된다.

- 승산비율이 '1': '$x=1$'일 때와 '$x=0$'일 때의 승산에 차이가 없음(효과, 즉, 성공률, 부도율, 사망률 등에 차이가 없음)을 나타낸다.
- 승산비율이 '1' 이상: '$x=1$'일 때의 승산이 '$x=0$'일 때의 승산보다 큼('$x=1$'일 때의 효과, 즉, 성공률, 부도율, 사망률 등이 '$x=0$'일 때와 비교하여 정의 방향으로 커짐)을 나타낸다.
- 승산비율이 '1' 이하: '$x=1$'일 때의 승산이 '$x=0$'일 때의 승산보다 적음('$x=1$'일 때의 효과, 즉, 성공률, 부도율, 사망률 등이 '$x=0$'일 때와 비교하여 부의 방향으로 커짐)을 나타낸다.

로지스틱 회귀분석법(로짓모형법)에서 독립변수가 범주형, 순서형, 연속형인 경우, 각 독립변수에 대해 다음과 같은 세 개의 예를 들어 설명한다(범주형은 예 6-1, 순서형은 예 6-2, 연속형은 예 6-3 참고).

예 6-1

평가모형에 투입되는 '업력'(기업 내부 환경요인)에 대해 독립변수(범주형)로서의 유효성을 검증하고, 가중치를 결정하기 위해, 제조업에 속한 기업의 업력에 따른 폐업과 존속 동향을 조사하여 〈표 6-5〉에 나타내었다.

〈표 6-5〉 제조업의 업력에 따른 폐업과 존속 동향

(단위: 개)

업력 (독립변수)	1년 미만	2년 미만	3년 미만	5년 미만	10년 미만	20년 미만	20년 이상
폐업	1,705	1,300	973	1,575	2,317	1,282	491
존속	16,742	17,688	16,055	28,817	56,089	49,409	30,159
합계	18,447	18,988	17,028	30,392	58,406	50,691	30,650

출처: 국가통계포털(KOSIS), 국내통계 → 기관별 통계 → 중앙행정기관 → 국세청의 국세통계 중 2021년도 부가가치세 → 사업자현황 → 폐업자 현황(사업존속연수) 및 가동사업자 현황(사업존속연수) → 업태별 → 제조업

상기 〈표 6-5〉에서 독립변수인 '업력'을 두 개의 범주, 즉, 5년 미만인 경우와 5년 이상인 경우로 나누어 폐업과 존속 기업의 수를 산출하였으며, 이러한 **범주형(Categorical form)** 독립변수에 대한 승산, 승산비율, 기울기(계수 *a*)를 구하여 〈표 6-6〉에 나타내었다.

〈표 6-6〉 범주형 독립변수에 대한 로짓모형 분석

구분	독립변수(범주형)	
	업력 5년 미만	업력 5년 이상
폐업(개)	5,553	4,090
존속(개)	79,302	135,657
합계	84,855	139,747
폐업확률	5,553÷84,855 = 0.0654(p_1)	4,090÷139,747 = 0.0293(p_0)
존속확률	0.9346($1-p_1$)	0.9707($1-p_0$)
승산(Odds)*	0.0700	0.0302
승산비율(Odds Ratio)	$[p_1 \div (1-p_1)] \div [p_0 \div (1-p_0)] = 0.0700 \div 0.0302 = 2.318$	
기울기(계수 *a*)	[식 6-7]에서, $a = \ln(2.318) = 0.841$	
확률식**, if c=0	$p = \dfrac{1}{1+e^{-0.841x}} = \dfrac{1}{1+e^{-Logit}}$	

* 승산(Odds) = 폐업확률÷존속확률

** 독립변수가 범주형인 경우, 확률식의 x에 특정값을 대입하여 확률을 구할 수 없음(확률식에 대한 이해를 돕기 위해 확률식을 표시함)

상기 〈표 6-6〉에서, 업력 5년 미만인 경우의 승산은 기업 100개가 존속할 때 7개가 폐업

하고, 업력 5년 이상인 경우의 승산은 기업 100개가 존속할 때 3.02개가 폐업하는 것을 의미한다. 또한, 승산비율은 업력 5년 미만인 기업이 업력 5년 이상인 기업에 비교해 폐업이 2.318배임을 나타낸다. 즉, 〈개념과 정의 6-1〉에서 설명한 승산비율이 '1' 이상인 경우로서, 업력 5년 이상 기업이 100개 폐업할 때 업력 5년 미만 기업은 231.8개가 폐업하는 것을 의미한다.

이러한 분석결과에 따라, 두 개의 범주(5년 미만과 5년 이상)로 분류된 업력에 따른 폐업과 존속 동향의 차이가 확연히 나타나므로, 입력변수로서 '업력'의 유효성은 인정된다. 또한, 두 범주 사이의 폐업 동향의 차이인 2.318배를 가중치로 하여 업력(독립변수)에 대한 출력(종속변수)을 산출할 수 있다. 즉, 업력 5년 미만은 업력 5년 이상 기업 대비 폐업, 즉, 사업화 위험 가능성(종속변수)을 2.318배 가중하여 출력을 결정할 수 있다.

만약, 〈표 6-6〉에서 승산을 폐업확률 대비 존속확률(즉, 존속확률 ÷ 폐업확률)로 계산하면, 승산비율은 0.4314(2.318의 역수, 즉, 1 ÷ 2.318)이 된다. 이 경우, 업력 5년 미만은 업력 5년 이상 기업 대비 존속, 즉, 사업화 성공 가능성(종속변수)을 0.4314배 가중하여 출력할 수 있다.

상기 예 6-1과 같이 **독립변수인 x가 범주형**인 경우, 확률을 〈표 6-6〉에 나타낸 확률식에서 구할 수 없다. 즉, 업력 5년 미만에 $x=1$(또는 $x=0$), 업력 5년 이상에 $x=0$(또는 $x=1$)을 부여하고, 이를 확률식에 대입하여 x값에 대응하는 확률을 구할 수 없다. 또한, x를 연속형 독립변수로 보아 x값에 대응하는 확률을 구할 수 없다. 따라서 예 6-1과 같이 **독립변수인 x가 범주형**인 경우, 폐업이나 존속 동향을 분석하기 위해서 **승산과 승산비율**을 활용한다.

그러나 만약 예 6-1에서 **독립변수인 x가 연속형**인 경우라면, 〈표 6-6〉에 나타낸 확률식에 x값을 대입하여 확률을 구할 수 있다. 즉, 독립변수 x가 연속형으로서 $+\infty \sim -\infty$ 사이에 분포할 경우, x에 대응하는 확률(p)을 구할 수 있으며, 수식에서 $x=0$일 때의 확률은 0.5이다($c=0$인 경우).

동 확률식의 x에 '0'을 기준으로 대칭적인 값을 대입할 경우, 예를 들어, $x=+0.5$와 $x=-0.5$를 대입하면, $+0.5$일 때의 확률($p_{+0.5}$)은 0.6036이고, -0.5일 때의 확률($p_{-0.5}$)은 0.3964로 계산되며, 이 두 값의 합은 1이 된다. 즉, $+0.5$일 때의 확률과 -0.5일 때의 확률은 상호 보완관계(Complementary)이며, 이는, -0.5일 때의 확률은 $+0.5$일 때의 확률의 여집합($p_{-0.5}=1-p_{+0.5}$)을 의미한다.

또한, 확률식에서 'c'가 '0'이 아닌 경우($c \neq 0$인 경우), 확률식의 절편($x=0$일 때의 확률)이 변하게 된다. 예를 들어, $c=+0.75$와 $c=-0.75$인 경우, 확률은 각각 $p_{+0.75}=0.6792$와 $p_{-0.75}=0.3208$로서, $c=0$인 경우의 확률인 0.5를 기준으로 상하로 동일한 값(±0.1792)만큼 변하게 된다.

이상과 같은 **연속형 독립변수 x와 확률 p의 관계는 확률식을 도식화한 그래프에서 자명하게 설명된다**(독자나 수험생은 연속형 독립변수 x와 확률 p의 관계 그래프를 직접 그려서 이해하기 바람).

예 6-2

전술한 예 6-1에서는 평가모형에 투입되는 독립변수인 '업력'을 두 개의 범주(5년 미만과 5년 이상)로 구분하여 로지스틱 회귀분석법, 즉, 로짓모형법을 설명하였다. 그러나 실무에서는 독립변수인 '업력'을 두 개 이상의 순서(Order)로 구분하고, 이에 대응하는 종속변수를 출력하는 것이 일반적이다. 이러한 독립변수를 **순서형(Ordinal form)**이라고 하며, ⟨표 6-3⟩에 나타낸 기술력 평가표의 5점 척도 평점인 취약(1), 미흡(2), 보통(3), 양호(4), 우수(5)는 순서형 독립변수의 한 예이다. 이러한 순서형 독립변수에 대해 유효성을 검증하고, 순서별 가중치를 결정할 필요가 있다.

순서형의 예로서, 전술한 ⟨표 6-5⟩에서 독립변수인 '업력'을 1년 미만, 3년 미만, 5년 미만, 10년 미만, 10년 이상 등 5개의 순서로 세분하고, 각 순서의 폐업과 존속 기업의 수를 재산출하여 승산과 승산비율을 구하였다.

여기서, 승산비율은 기준승산 대비 각 순서의 승산의 비율로 결정하며, 기준승산은 일반적으로 가장 높거나 가장 낮은 것을 선택한다. 본 예제에서는 가장 낮은 업력 10년 이상에 해당하는 승산(0.0223)을 기준승산으로 하였으며, 이러한 기준승산 대비 각 순서의 승산 비율을 구하여 ⟨표 6-7⟩에 나타내었다.

⟨표 6-7⟩ 5개의 순서형 독립변수에 대한 로짓모형 분석

업력 (독립변수)	1년 미만	3년 미만	5년 미만	10년 미만	10년 이상
폐업(개)	1,705	2,273	1,575	2,317	1,773
존속(개)	16,742	33,743	28,817	56,089	79,568
합계(개)	18,447	36,016	30,392	58,406	81,341
폐업확률	0.0924	0.0631	0.0518	0.0397	0.0218
존속확률	0.9076	0.9369	0.9482	0.9603	0.9782
승산*	0.1018	0.0673	0.0546	0.0413	0.0223
승산비율**	4.565	3.018	2.448	1.852	1
기울기(계수 a)***	1.518	1.105	0.895	0.617	0

* 승산 = 폐업확률 ÷ 존속확률

** 승산비율은 업력 10년 이상의 승산을 기준으로 산출함.

*** 순서형인 경우, 기울기는 경향 파악에만 참고하며, 확률을 확률식에서 구할 수 없음!

상기 〈표 6-7〉에서, 모든 승산비율은 〈개념과 정의 6-1〉에서 설명한 '1' 이상인 경우에 해당된다. 이는 업력 10년 이상에 속한 기업이 100개 폐업할 때, 업력 1년 미만에 속한 기업은 456.5개, 업력 3년 미만에 속한 기업은 301.8개, 업력 5년 미만에 속한 기업은 244.8개, 업력 10년 미만에 속한 기업은 185.2개가 폐업하는 것을 의미한다.

이러한 분석결과에 따라, 5개의 순서로 분류된 업력에 따른 폐업과 존속 동향의 차이가 확연하므로, 입력변수로서 '업력'의 유효성은 인정된다. 또한, 각 순서의 승산비율을 가중치로 하여 업력(독립변수)에 대한 출력(종속변수)을 결정한다. 즉, 각 순서의 폐업, 즉, 사업화 위험 가능성(종속변수)은 해당 순서의 승산비율을 가중하여 결정한다. 만약, 각 순서의 존속, 즉, 사업화 성공 가능성(종속변수)을 출력해야 한다면, 각 순서의 승산비율의 역수를 가중치로 적용한다.

예 6-3

특정 업종에 속한 다수의 기업에 대한 기술력 평가표가 있는 경우, 동 평가표의 소항목 평가지표의 5점 척도 평점을 로지스틱 회귀분석법의 독립변수로 하여 종속변수인 사업화 위험(폐업) 또는 사업화 성공(존속) 가능성을 확률적으로(즉, '1' ~ '0' 범주) 출력할 수 있다. 여기서, 승산비율을 가중치로 출력하는 경우 5점 척도 평점은 전술한 순서형 독립변수이나, 확률을 가중치로 출력하는 경우에는 **연속형(Continuous form)** 독립변수가 된다.

연속형의 일례로, 기술력 평가표의 평가지표인 '기술의 차별성'의 5점 척도 평점(x)에 대해 독립변수로서의 유효성을 검증하고, 독립변수에 대응하는 종속변수인 사업화 위험(폐업) 또는 사업화 성공(존속) 가능성을 확률적으로 출력하기 위해, 특정 업종의 모집단에서 추출한 36개 표본 기업의 '기술의 차별성' 평점별 '폐업과 존속' 동향을 조사하여 〈표 6-8〉에 나타내었다.

〈표 6-8〉 기술의 차별성 평점별 폐업과 존속 동향(36개 표본 기업)

평점(x)	1	1	1	1	2	2	2	2	2	2	3	3
폐업과 존속*	1	1	0	1	1	1	0	1	1	0	0	1
평점(x)	3	3	3	3	3	3	3	3	3	4	4	4
폐업과 존속*	1	0	0	1	0	1	1	1	0	0	1	0
평점(x)	4	4	4	4	4	4	5	5	5	5	5	5
폐업과 존속*	0	1	0	0	1	0	0	0	0	1	0	0

* 폐업과 존속: '1'은 폐업, '0'은 존속을 나타냄.

상기 〈표 6-8〉에서 평점은 5점 척도이며, 4개 기업이 1점, 6개 기업이 2점, 11개 기업이 3점, 9개 기업이 4점, 6개 기업이 5점으로 평가되었다. 폐업과 존속은 '1'인 경우 폐업이며, '0'인 경우 존속을 나타낸다.

단항(1개)의 연속형 독립변수(x)로 된 〈표 6-8〉에 대한 로지스틱 회귀분석은, ① [식 6-2]의 우변에 있는 기울기(a)와 상수(c)를 결정하고, ② [식 6-5]에서 확률을 구하는 과정으로 진행된다. 로지스틱 회귀분석을 위해 본 교재에서는 엑셀을 이용하며, 기울기(a)와 상수(c)를 결정하기 위해 엑셀의 '해찾기' 기능(옵션 기능임)으로 최대 우도 추정법(MLE)을 수행한다. 이와 같은 엑셀을 이용한 로지스틱 회귀분석의 과정을 정리하면 다음과 같다.

Step 1. 임의의 기울기(a')와 상수(c')를 가정하고, 확률(p')과 우도의 합을 구한다.

1. 평점(x) 및 폐업과 존속의 값(1 or 0)을 엑셀시트의 2개 Column(열)에 입력한다.
2. [식 6-2]의 기울기와 상수를 임의의 값으로 가정한다(예: $a' = 0.001$, $c' = 0.001$ 등).
3. 각 평점(x)에 대응하는 Logit′($= a'x + c'$)을 구한다([식 6-2] 참고).
4. 각 평점(x)에 대응하는 음의 Logit′의 Exponential 값(즉, $e^{-Logit'}$)을 구한다.
5. 각 음의 Logit′의 Exponential 값(즉, $e^{-Logit'}$)을 [식 6-5]에 적용하여 확률(p′)을 구한다.
6. 확률(p′) 및 폐업과 존속의 값(1 or 0)을 이용하여 우도를 구한다. 이때 확률이 p′이고, 폐업과 존속의 값이 n(1 or 0)인 경우, 우도를 구하는 식은 $n \times \ln(p') + (1-n) \times \ln(1-p')$이다.
7. 각 우도를 더하여 우도의 합을 구한다.

Step 2. 최대 우도 추정법(MLE)으로 기울기(a)와 상수(c)를 결정하고, 확률(p)을 구한다.

8. 엑셀의 해찾기로 우도의 합을 최대로 하는 기울기(a)와 상수(c)를 결정한다.
9. 각 평점($x = 1, 2, 3, 4, 5$)에 대응하는 Logit($= ax + c$)을 구한다([식 6-2] 참고).
10. 각 평점(x)에 대응하는 음의 Logit의 Exponential 값(즉, e^{-Logit})을 구한다.
11. 음의 Logit의 Exponential 값을 [식 6-5]에 적용하여 확률(p)을 구한다.

상기 〈표 6-8〉에 나타낸 평점별 폐업과 존속 동향에 대해 엑셀을 이용한 로지스틱 회귀분석을 수행한 결과, 기울기(a)는 -0.695, 상수(c)는 2.098로 결정되었다. 이러한 기울기와 상수를 [식 6-2]의 우변에 대입하여 독립변수인 평점($x = 1, 2, 3, 4, 5$)에 대응하는 로짓을 구할 수 있다. 이렇게 구한 로짓을 이용하여 음의 로짓의 Exponential 값(즉, e^{-Logit})을 계산하며, 이를 [식 6-5]에 적용하여 평점($x = 1, 2, 3, 4, 5$)에 대응하는 종속변수의 가중치, 즉, 확률을 결정하며, 이 과정을 〈표 6-9〉에 나타내었다.

이때, 독립변수인 평점(x)은 연속형이다. 따라서, 기울기와 상수를 [식 6-2]의 우변에 대입하여 독립변수인 평점에 대응하는 로짓을 구할 때, $x = 1, 2, 3, 4, 5$ 이외에 6, 7, 8, … 등 연속적인 값을 대입하여 이들 값에 대응하는 로짓을 계산할 수 있다. 그러나 독립변수인 평점(x)이 5점 척도이므로, $x = 1, 2, 3, 4, 5$에 대응하는 로짓만을 구하며, 이렇게 구한 로짓을 이용하여 $x = 1, 2, 3, 4, 5$에 대응하는 가중치(확률)를 결정한다.

〈표 6-9〉 기술의 차별성 평점에 대응하는 종속변수의 가중치(확률)

평점(x)	1	2	3	4	5
로짓의 수식	$Logit = -0.695x + 2.098$				
음의 로짓의 Exp.	e^{-Logit}				
확률의 수식 즉, [식 6-5]	$p = \frac{1}{1+e^{-Logit}}$				
가중치(확률)	0.803	0.670	0.503	0.336	0.201

상기 〈표 6-9〉는 독립변수인 '기술의 차별성'의 평점(x)에 따른 종속변수인 출력, 즉, 사업화 위험(폐업) 가중치를 나타낸 것이다. 평점이 높아질수록 사업화 위험 가중치(확률)는 감소한다. 실무에서는 평점(x)별 확률을 가중치로 하여 사업화 위험(폐업) 가능성을 출력한다. 만약, 사업화 성공(존속) 가능성을 출력해야 한다면 평점(x)별 확률의 역수를 가중치로 이용한다.

3. 출력

출력은 〈그림 6-2〉에 나타낸 것과 같이, 평가모형에 투입되는 입력변수(독립변수)에 대응하여 산출된 값(종속변수)을 말한다. 출력은 평가모형에 투입되는 평가요인별 평가지표의 평점과 재무자료 그리고 환경요인과 같은 각 입력변수에 일대일로 대응하여 결정된다(예: 평가지표인 '기술의 차별성'을 가중치법 모형에 투입하여 '가중치가 반영된 기술의 차별성'을 출력). 또한, 출력은 평가모형에 투입되는 입력변수들의 조합에 의해 결정된다(예: 평가지표인 '자금조달 가능성'에 로짓모형법을 적용하여 '사업화 위험확률'을 결정하고, 기업 외부 환경요인인 '이자율'에 로짓모형법을 적용하여 '환경 위험확률'을 결정하며, 두 위험확률의 조합을 '사업화 환경 위험도'로 출력).

1) 평가점수

입력변수(독립변수)에 대응하여 산출된 출력(종속변수)의 값을 합하면 평가점수가 된다. 평가점수의 범위는 입력변수(독립변수)에 적용한 평가척도와 가중치(확률,

승산비율 등)에 의해 결정된다. 여기서, 평가척도(Scale)는 평점 체계를 말하며, 기술력 평가에서는 구간척도(Interval Scale, 등간척도라고도 함)를 적용한다. 구간척도는 점수에 따른 순위가 있고, 순위의 간격이 일정한 특징이 있으며, 1, 5, 7, 10점 척도 등이 있다.

기술력 평가에서 각 입력변수는 일반적으로 구간척도인 5점 척도로 평가되며, 각 입력변수의 가중치는 전술한 AHP법 등으로 결정한다. 실무적으로, 입력변수에 평가척도와 가중치를 적용하여 산출된 평가점수는 백분율 평가점수로 전환한다. 입력변수인 각 평가지표에 7점 척도의 가중치가 주어지고, 5점 척도로 평가한 경우에 산출한 평가점수(n)를 백분율 평가점수로 전환한 일례를 〈표 6-10〉에 나타내었다.

〈표 6-10〉 백분율 평가점수 산출(5점 척도)

대항목 (평가요인)	중항목 (평가지표)	소항목 (평가지표)	가중치*	평점(5점 척도)				
				우수(5)	양호(4)	보통(3)	미흡(2)	취약(1)
경영주	이해도	경험수준	6					
		지식수준	3					
기술성	우월성	기술의 혁신성	7					
		기술의 차별성	6					
시장성	성장성	시장규모	5					
		시장성장률	3					
사업성	영업력	수요처의 수	3					
		판매능력	4					
평가점수(n) = Σ(가중치×평점)								
백분율 평가점수 = (n÷185)×100. 여기서, 185는 평가지표가 모두 우수(5)일 때 가중평점의 총합임.								

* AHP법으로 결정한 평가지표의 가중치는 7점 척도임. 모든 평가지표의 가중치를 1로 결정할 수도 있음.

또한, 백분율 가중치가 주어진 입력변수를 특정 척도로 평가하여 백분율 평가점수를 결정할 수 있다(백분율 가중치의 합은 100%임). 입력변수인 각 평가지표에 임의 척도의 백분율 가중치가 주어지고, 5점 척도로 평가한 경우 백분율 평가점수를 산출하는 방법의 일례를 〈표 6-11〉에 나타내었다.

〈표 6-11〉 백분율 가중치와 백분율 평가점수 산출(5점 척도)

대항목 (평가요인)	중항목 (평가지표)	소항목 (평가지표)	백분율 가중치*	평점(5점 척도)				
				우수(5)	양호(4)	보통(3)	미흡(2)	취약(1)
경영주	이해도	경험수준	16%					
		지식수준	8%					
기술성	우월성	기술의 혁신성	20%					
		기술의 차별성	16%					
시장성	성장성	시장규모	12%					
		시장성장률	8%					
사업성	영업력	수요처의 수	8%					
		판매능력	12%					
백분율 평가점수 = Σ(백분율 가중치×평점)×20. 평점이 5점 척도인 경우, 20을 곱하여 백분율로 전환함**								

* 백분율 가중치의 합은 100%이며, 임의의 척도(5, 10, 20점 등)로 부여할 수 있음.
** 평점이 10점 척도인 경우 10을 곱하고, 평점이 20점 척도인 경우 5를 곱하여 백분율로 전환함.

2) 평가등급

기술력 평가결과는 백분율 평가점수로 표시할 수 있다. 그러나, 실무에서는 백분율 평가점수를 일정한 기준에 따라 구간으로 세분하고, 각 구간에 부여한 평가등급으로 표시하는 것이 일반적이다. 예를 들어, 백분율 평가점수에 대해 구간의 수(계급의 수)를 10개로 결정한 경우, 1~10%는 D등급, 11~20%는 CCC등급, … 81~90%는 AA등급, 91~100%는 AAA라는 평가등급을 부여한다. 평가등급은 목적에 따라 D~AAA등급 외에 10~1등급, T10~T1등급, C10~C1등급 등을 부여할 수 있다.

백분율 평가점수를 구간으로 세분하여 평가등급을 부여하기 위해서는 구간의 수(계급의 수)와 구간의 폭(계급의 폭)을 결정해야 한다. 기술력 평가에서 구간의 수(이하 계급의 수)는 일반적으로 10개로 하며, 구간의 폭(이하 계급의 폭)은 백분율 평가점수에 대한 **빈도분석**(Frequency Analysis) 또는 **백분위 수 분석**(Percentile Analysis) 등을 통해 기술평가기관이 독자적으로 결정한다.

(1) 빈도분석

빈도분석(Frequency Analysis)은 축적된 모집단이나 표본과 같은 데이터의 분포특성을 파악하기 위한 분석법이다. 백분율 평가점수로 구성된 데이터(모집단이나 표본)에 대한 빈도분석을 위해서는 **도수분포표**(度數分布表, Frequency Distribution Table), 즉, **빈도분포표**(頻度分布表)를 작성한다.

이론적으로 빈도분포표는 ① 데이터의 최댓값과 최솟값을 파악, ② 계급의 수를 결정(일반적으로 10개), ③ 계급의 폭을 결정, 계급의 폭=[(최댓값−최솟값)÷계급의 수], ④ 최하 계급의 하한값을 결정, ⑤ 최하 계급의 하한값에 계급의 폭을 더하는 순서로 각 계급의 하한값과 상한값 그리고 최상 계급의 상한값을 순차적으로 결정, ⑥ 각 계급에 속한 데이터가 전체 데이터에서 차지하는 퍼센트를 계산하는 순서로 작성한다(예: 10등급 중 4등급에 속한 데이터는 60개로서, 전체 데이터 480개에서 12.5%를 차지한다).

실무적으로, 계급의 수와 계급의 폭 그리고 최하 계급의 하한값 및 최상 계급의 상한값 등은 빈도분포표 작성과 함께 수행한 모집단(Population)이나 표본(Sample)에 대한 **백분위 수**(Percentile) 또는 **모수**(Parameter)나 **통계량**(Statistic)을 참고하여 기술평가기관이 독자적으로 결정할 수 있다. 여기서, 모수나 통계량은 ① 평균(Mean), 중앙값(Median), 최빈값(Mode)과 같은 **중심화 경향**, ② 범위(Range), 평균절대편차(MAD, Mean Absolute Deviation), 분산(Variance), 표준편차(Standard Deviation)와 같은 **산포화 경향**, ③ 왜도(Skewness), 첨도(Kurtosis)와 같은 **비대칭화 경향** 관련 통계를 말한다.

(2) 백분위 수 분석과 몬테카를로 시뮬레이션

백분위 수 분석(Percentile Analysis)은 모집단이나 표본 등 데이터를 오름차순이나 내림차순을 정리하고(일반적으로 오름차순), **데이터 중 가장 큰 값을 '100'으로 하여 나머지 값들의 상대적 위치나 순위를 결정하는 방법**이다. 여기서, 백분위 수(Percentile, %tile)는 **특정 데이터가 백분위에서 차지하는 위치나 순위**를 말한다. 예를 들어, 80 Percentile은 백분위에서 80%의 위치나 순위를 말한다.

오름차순으로 정리한 데이터의 수를 n 그리고 특정 백분위 수를 c(소수점 퍼센트)라고 할 때, **특정 백분위 수 아래**(이하)에는 $n \times c$개의 데이터가 위치하고, 특정 백분위 수 위(이상)에는 $n\times(1-c)$개의 데이터가 위치한다(예 6-4 참고).

예 6-4

오름차순으로 정리한 데이터의 수 $n=20$일 때, 80 Percentile($c=0.80$) 아래에는 $n\times c=$ 16개의 데이터(1번부터 16번까지), 80 Percentile($c=0.80$) 위에는 $n\times(1-c)=4$개의 데이터(17번부터 20번까지)가 존재한다. 또한, 87 Percentile($c=0.87$) 아래에는 $n\times c=$ 17.4개(즉, 17개)의 데이터, 87 Percentile($c=0.87$) 위에는 $n\times(1-c)=2.6$개(즉, 2개)의 데이터가 존재한다.

예 6-4에서와 같이, 백분위 수(c)에 따라 $n\times c$는 정수(80 Percentile인 경우) 또는 소수(87 Percentile인 경우)가 될 수 있다. 특정 백분위 수에 해당하는 데이터는 $n\times c$가 정수 또는 소수인 경우로 나누어 다음과 같이 결정한다. 이러한 결정 방법은 전술한 특정 백분위 수 아래(이하)와 위(이상)에 위치하는 데이터의 갯수에 관한 원칙을 다음의 예 6-5에 적용하여 이해할 수 있다.

$n\times c$가 정수인 경우: $n\times c$와 $(n\times c)+1$번에 위치하는 데이터의 산술평균

$n\times c$가 소수인 경우: $n\times c = m.xx$에서 $m+1$번에 위치하는 데이터

예 6-5

기술력 평가의 백분율 평가점수 모집단에서 표본 60개(즉, 데이터의 수 n=60)를 임의로 추출하여 〈표 6-12〉에 나타내었다(1번부터 60번까지 오름차순으로 정리함).

〈표 6-12〉 기술력 평가의 백분율 평가점수 분포(n = 60)

40.4	43.1	45.7	48.9	50.5	52.7	54.1	56.4	57.7	58.9	59.5	59.9
60.2	61.5	62.6	62.8	63.3	64.5	65.2	65.9	66.2	66.6	67.7	67.9
68.2	68.4	69.1	69.8	70.0	70.7	71.3	72.6	72.8	73.2	73.8	74.0
74.5	74.9	75.2	75.7	76.4	76.9	77.1	77.6	78.5	79.4	80.7	**81.4**
82.6	83.0	85.1	86.8	**88.8**	89.1	90.3	91.7	92.6	94.1	95.2	95.4

상기 〈표 6-12〉에서, 80 Percentile(c=0.80)은 n×c=48로서 정수이다. 이 경우, 80 Percentile(c=0.80)에 해당하는 평가점수는 48번 데이터(81.4점)와 49번 데이터(82.6점)의 산술평균인 82.0점이다. 또한, 87 Percentile(c=0.87)은 n×c=52.20(여기서, m=52)으로서 소수이다. 이 경우, 87 Percentile(c=0.87)에 해당하는 평가점수는 53번(m+1=52+1=53) 데이터인 88.8점이다.

기술력 평가에서 계급의 수는 통상 10개로 한다. 또한, 계급의 폭은 백분위 수(Percentile, %tile)로 결정하며, 모집단이나 표본에 대한 빈도분포표 또는 모수나 통계량을 참고하여 기술평가기관이 독자적으로 결정한다(예 6-6 참고).

예 6-6

백분위 수 분석의 일례로서, 〈표 6-12〉에 나타낸 백분율 평가점수 분포에 대해 임의의 백분위 수(Percentile, %tile)로 결정한 계급의 폭과 동 계급의 폭에 해당하는 평가점수 그리고 동 계급의 폭에 부여한 평가등급을 〈표 6-13〉에 나타내었다(각 계급의 폭에 해당하는 평가점수 결정 방법은 예 6-5 참고).

〈표 6-13〉 백분위 수 분석의 일례

계급의 수	10	9	8	7	6	5	4	3	2	1
계급의 폭 (백분위 수)	7 %tile	15 %tile	25 %tile	37 %tile	51 %tile	65 %tile	79 %tile	87 %tile	94 %tile	100 %tile
평가점수	50.5	58.3	62.7	67.7	71.3	75.5	81.4	88.8	92.6	95.4
평가등급	D	C	CC	CCC	B	BB	BBB	A	AA	AAA

백분율 평가점수의 모집단 또는 〈표 6-12〉와 같은 표본에 몬테카를로 시뮬레이션(Monte Carlo simulation)을 적용하고, 그 결과로서 산출된 값에 백분위 분석을 적용하여 평가등급을 결정할 수 있다(예 6-7 참고).

몬테카를로 시뮬레이션은 모집단이나 표본에 대한 모수나 통계량에 반복적으로 무작위 추출된 난수(Random number)를 적용하여 출력의 범위나 반응을 수학적으로 추정하는 방법이다. 몬테카를로 시뮬레이션을 적용하기 위해서는 모집단이나 표본 등 데이터의 수가 많고, 데이터의 분포가 일정해야 한다. 또한, 난수는 일정한 범위('0' 이상 '1' 미만 등)에서 균일하게 무작위 추출되어야 하며, 데이터는 확률적인 분포(정규분포, 삼각형분포, 균등분포 등)를 따라야 한다.

예 6-7

전술한 <표 6-12>에 나타낸 백분율 평가점수를 대상으로 엑셀을 이용한 몬테카를로 시뮬레이션을 수행하고, 그 결과에 백분위 수 분석을 적용하여 평가등급을 결정하는 방법을 다음과 같이 설명한다.

Step 1. 백분율 평가점수(n = 60)의 평균과 표준편차를 구한다.

1. <표 6-12>의 백분율 평가점수 60개를 엑셀시트의 1개 Column(열)에 입력한다.
2. 백분율 평가점수의 평균(AVERAGE, 70.985)과 표준편차(STDEV.S, 13.1405)를 구한다.

Step 2. 몬테카를로 시뮬레이션을 수행한다(횟수는 설명의 편의상 1,000회로 결정함).

3. 시뮬레이션 횟수를 결정(1,000회)하고, 엑셀시트의 열에 입력(1~1,000회)한다.
4. 1회에 대응하는 열에 평균(AVERAGE = mean = 70.985)과 표준편차(= 13.1405)를 이용한 정규 누적분포의 역함수 값을 구한다. 이때, 정규 누적분포의 역함수를 구하는 수식의 확률(Probability)을 '0' 이상 '1' 미만의 난수[rand()]로 치환한다.
   즉, NORM.INV(probability, mean, std-dev) → NORM.INV(rand(), mean, std-dev)
5. 1,000회 시뮬레이션을 수행한다('지금 계산'을 클릭하면 난수가 바뀌면서 숫자가 바뀜).

Step 3. 시뮬레이션 결과를 대상으로 백분위 수 분석을 수행한다.

6. 시뮬레이션(1,000회) 결과인 백분율 평가점수의 최솟값과 최댓값을 구한다.
7. 계급의 수는 10개, 계급의 폭은 최솟값(29.4)과 최댓값(113.6)을 이용하여 결정한다.
   여기서, 각 계급의 폭(시뮬레이션) = 하위 계급의 폭 + (최댓값 − 최솟값) ÷ 계급의 수
   예) 10등급 계급의 폭 = 29.4 + (113.6 − 29.4) ÷ 10 = 37.8
   9등급 계급의 폭 = 37.8 + (113.6 − 29.4) ÷ 10 = 46.2
8. 계급의 폭을 백분위 수로 전환한다.
9. 각 계급의 데이터 빈도(빈도는 Frequency 함수로 구함)와 데이터의 백분율을 구한다.

엑셀을 이용한 몬테카를로 시뮬레이션 1,000회와 백분위 수 분석결과를 <표 6-14>에 나타내었다. 시뮬레이션 결과는 특정 난수에 관한 것으로, 시뮬레이션 수행에 따라 난수가 바뀌어 <표 6-14>의 숫자는 바뀌게 된다.

〈표 6-14〉 백분위 수 분석의 일례

계급의 수	10	9	8	7	6	5	4	3	2	1
계급의 폭 (시뮬레이션)	37.8	46.2	54.6	63.0	71.5	79.9	88.3	96.7	105.2	113.6
계급의 폭 (백분위 수)	33.3	40.7	48.1	55.5	62.9	70.3	77.7	85.1	92.6	100
데이터 빈도	8	25	73	152	269	219	155	72	23	4
백분율(%)	0.8	2.5	7.3	15.2	26.9	21.9	15.5	7.2	2.3	0.4
평가등급	D	C	CC	CCC	B	BB	BBB	A	AA	AAA

제2절 기술력 평가모형의 사례

1. 기업기술력 평가모형(STBR)

기술력 평가모형은 기술거래, 자금지원, 투·융자, 기업거래 등의 목적으로 2005년도 5개의 기관[3]이 공동으로 개발하여 2006년부터 실무에 적용한 **기업기술력 평가모형**(STBR)과 **기술보증기금의 기술력 평가모형**(KTRS)을 모태로 한다.

기업기술력 평가모형은 Inno-biz 평가지표 등을 참고하여 개발되었으며, 대항목인 4개의 평가요인 아래에 중항목 13개와 소항목 46개의 평가지표로 구성되었다. 2011년 여신·보증 심사용 평가에 적용을 위한 개정을 통해 대항목인 4개의 평가요인 아래 중항목 10개, 소항목 40개의 평가지표로 개편되었다. 개정 후 평가요인과 평가지표를 〈표 6-15〉에 나타내었다.

3 기술보증기금, 한국기술거래소(현, 한국산업기술진흥원), 한국과학기술정보연구원, 산업은행, 한국발명진흥회.

〈표 6-15〉 개정 기업기술력 평가모형의 평가요인과 평가지표

대항목 (평가요인)	중항목(10개) (평가지표)	소항목(40개) (평가지표)
기술경영 및 연구개발능력	기술경영능력	기술경영 경험수준, 기술개발전담조직, 연구개발투자비율, 지재권보유현황, 직무만족도
	연구개발능력	경영자 기술 전문성, 개발인력 전문성, 기술개발 인프라 보유현황, 기술상용화실적, 기술인증보유현황
기술성	기술유용성	혁신성, 기술수명, 파급성, 고객영향, 연구개발지원
	기술경쟁성	차별성, 모방용이성, 회피설계비용, 대체기술여부, 경쟁자 영향
시장성	생산성	산업특성, 산업성장성, 경기변동성, 자원조달특성
	경쟁요소	기업경쟁강도, 제품경쟁성, 구매자교섭력, 공급자교섭력
	시장특성	시장구조, 시장수요, 시장규모, 규제 및 지원
사업성	생산성	부가가치창출능력, 종업원 1인당 부가가치, 노동생산성
	수익성	매출성장성, 영업이익성, 투자자금회수
	마케팅 전략	마케팅 적절성, 판로 다양성

출처: 『기술평가실무가이드』, 산업통상자원부 등의 자료 재가공.

2. 기술신용평가용 기술력 평가모형

기술신용평가용 기술력 평가모형은 기술력 기반 미래성장 가능성이 큰 기업에 자금을 원활히 지원하기 위해 금융위원회 주관(실무는 한국신용정보원, www.kcredit.or.kr)으로 2014년 1월 도입한 기술금융과 함께 2014년 7월부터 은행의 기업을 대상으로 한 여신심사에 적용된 모형이다.

기술신용평가(기술신용평가등급)는 기존의 신용평가(신용평가등급)에 기술력 평가(기술력 평가등급)를 반영(평점합이나 가중합 반영)하여 기업의 신용도를 산출하는 것을 말한다. 따라서, 기술신용평가용 기술력 평가모형은 기술신용평가등급 산출에 반영되는 기술력 평가등급을 결정하는 평가모형이다.

기술금융 도입 초기에는 은행의 기술평가 역량이 미비한 상태였기 때문에, 기술신용평가에 반영하는 기술력 평가는 주로 기술보증기금과 민간 기술신용평가기

관(TCB, Technology Credit Bureau)[4]에서 수행하여 은행에 제공하였다. 그러나 은행이 독자적인 기술평가 역량을 확보하면서 은행[5] 자체적으로 기술력 평가를 수행하는 방향으로 나아가고 있다.

기술신용평가용 기술력 평가는 민간 기술신용평가기관(TCB)과 은행에서 자체적으로 수행하기 때문에, 평가의 주체에 따라 평가의 결과에 편차가 발생하고 평가의 품질이 저하될 수 있다. 이를 방지하기 위해 한국신용정보원은 표준적인 모형 개발과 평가지표 개선, 평가지표의 평가기준 통일 그리고 기술력 평가의 품질관리에 나서고 있다.

기술신용평가용 기술력 평가모형은 수차례 개정을 통해 대항목인 2개의 평가요인 아래에 중항목 8개와 소항목 28개의 평가지표로 개편되었다. 개정 후 평가요인과 평가지표를 〈표 6-16〉에 나타내었다.

〈표 6-16〉 기술신용평가용 기술력 평가모형의 평가요인과 평가지표

대항목 (평가요인)	중항목(8개) (평가지표)	소항목(28개) (평가지표)
기술 사업역량	경영주 역량	대표자의 동 업종 경험, 기술지식, 기술경영능력
	경영진 역량	경영진의 전문성, 참여도
	기술개발 역량	기술개발조직, 기술인력 전문성, 기술개발 및 수상실적, 지식재산권, 연구개발투자비율
	제품화 역량	생산역량, 투자규모 적정성, 자금조달능력
	수익 전망	마케팅 역량, 판매처의 다양성 및 안정성, 투자 대비 회수 가능성
기술 경쟁력	기술 우위성	모방의 난이도, 기술수명, 기술의 완성도, 기술자립도, 활용성
	시장 현황	시장규모, 성장성, 시장경쟁현황, 시장진입 용이성
	제품 우위성	인지도, 비교 우위성, 시장점유율

출처: 금융위원회 보도자료, 에스씨아이(SCI)평가정보 자료 재가공.

기술신용평가용 기술력 평가등급(계급의 수)은 T1~T10까지 10개 등급으로

4 민간 기술신용평가기관(TCB): 한국평가데이터, 나이스평가정보, 이크레더블, 나이스디앤비, 에스씨아이(SCI)평가정보, 한국기술신용평가 등.

5 기술평가역량을 확보한 은행: 산업, 신한, 우리, 하나, 기업, 국민, 농협, 부산, 대구, 경남은행 등.

표시되며, **신용평가등급**(계급의 수)은 AAA, AA, A(+, 0, −), BBB(+, 0, −), BB(+, 0, −), B(+, 0, −), CCC, CC, C, D 등 18개 등급으로 표시된다. **기술신용평가등급**(계급의 수)은 기술력평가등급과 신용평가등급에 가중치를 부여하여 결정하며, 신용평가등급과 같이 18개 등급으로 표시된다.

기술력 평가등급과 신용평가등급 그리고 기술신용평가등급은 기술평가기관, 기술신용평가기관(TCB), 은행 등이 동일한 방법으로 표시하도록 통일되어 있다. 기술력 평가등급 10개 및 신용평가등급과 기술신용평가등급 18개의 **계급의 폭**은 기술평가기관, 기술신용평가기관(TCB), 은행이 동류집단(Peer group)이나 경쟁기업을 대상으로 독자적으로 수행한 재무지표 또는 비재무적 평가지표에 대한 분석을 반영하여 상대적으로 결정한다.

3. 투자용 기술력 평가모형

투자용 기술력 평가모형은 2015년 12월 당시 금융위원회 산하기관인 기술보증기금과 산업통상자원부의 산하기관인 한국산업기술진흥원(KIAT)이 주도하여 개발 완료하여 2016년부터 실무에 적용한 기술력 평가모형이다.

동 모형은 혁신형 중소기업에 대한 기술금융 투자의 활성화를 목표로 **엔젤투자자나 벤처캐피탈** 등이 활용할 수 있도록 개발되었으며, 기업의 안정성과 부실위험예측을 중심으로 개발된 금융권(은행, 보증기관)의 기술력 평가모형과는 달리 기업의 기술력을 기반으로 **성장 가능성**을 예측하여 **투자대상 기업의 발굴과 투자 결정**에 활용하는 것을 목표로 한다.

투자용 기술력 평가모형은 업력과 제품 출시 여부를 기준으로 분류한 3가지 유형의 기업에 대해 소항목인 33개 또는 34개의 평가지표로 평가하였다. 이후, 개정 과정을 거쳐 3가지 유형으로 분류된 **사업화 이전 기업**(창업 7년 이내, 제품 출시 2년 이내), **사업화 이후 기업**(창업 7년 이내, 제품 출시 후 2년 경과), **일반기업**(창업 7년 초과)을 평가하기 위한 대항목인 4개의 평가요인 아래에 중항목 11개와 소항목 25개의 평가지표로 개편되었다. 개정 후 투자용 기술력 평가모형의 평가요인과 평가지표를 〈표 6-17〉에 나타내었다.

투자용 기술력 평가모형은 25개의 소항목 평가지표 각각에 **백분율 가중치**

(〈표 6-11〉 참고, 25개 소항목 가중치 합은 100%)를 부여하고, 소항목 평가지표의 가중합을 평점으로 하여 평가등급을 결정한다. 평가등급은 AAA~C 등 9개 등급으로 표시되며, 9개 등급의 계급의 폭은 기술평가기관(엔젤투자자나 벤처캐피탈 포함)이 독자적으로 결정한다. 일반적으로, 투자용 기술력 평가모형에 의한 평가결과 BBB등급 이상이면 투자 가능, B등급 이상이면 투자 유의, CCC등급 이하이면 투자 부적격으로 판단한다.

〈표 6-17〉 개정 투자용 기술력 평가모형의 평가요인과 평가지표

대항목 (평가요인)	중항목(11개) (평가지표)	소항목(25개) (평가지표)
경영역량	기업가 정신과 신뢰	기업가 정신, 경영주 신뢰성
	경영주 역량	기술경험 수준, 기술지식 수준
	경영진 역량	기술경험 수준, 기술지식 수준
	경영관리 역량	경영관리능력, 투자관리능력
기술역량	기술개발 역량	기술개발인력, 기술개발투자
	기술경쟁력	기술의 혁신성(차별성), 기술완성도, 모방 난이도
	지식재산 역량	권리안정성, 권리행사 제한 가능성, 지식재산 이용률
시장잠재력	시장현황	시장규모, 시장성장성
	시장경쟁성	시장경쟁구조, 경쟁제품과의 비교우위성
사업역량	사업화 역량	생산계획의 타당성(생산역량), 판매처 확보여부(판매처의 다양성과 안정성)
	사업전망	매출전망, 이익전망, 투자회수 전망

출처: 금융위원회와 산업통상자원부 보도자료, 『기술평가실무가이드』 자료 재가공.

4. 기술특례상장용 기술력 평가모형

기술특례상장은 증권거래소(한국거래소)가 개설한 유가증권(주식, 채권, 파생상품 등)시장에 상장하려는 기업의 영업 실적은 미미하나 기술력과 성장성이 우수한 경우, 일반기업 대비 일부 외형요건을 면제 또는 완화하고(예: 코스닥 요건 중 시가총액을 90억 원, 자기자본을 10억 원으로 완화), 기업의 기술력 평가등급이 일정 수준을 충족하면 특별히 상장을 허락하는 제도이다.

기술특례상장에는 바이오 업종에 속한 기업의 상장을 위해 2005년 3월에 도입된 이후 2014년 전 업종으로 확대된 코스닥시장의 기술성장기업 상장특례와 2015년 7월에 도입된 코넥스시장의 기술특례상장이 있다.

기술특례상장용 기술력 평가모형은 코스닥시장에 기술성장기업 상장특례로 상장을 추진하는 기업과 코넥스시장에 기술특례로 상장을 추진하는 기업의 기술성과 시장성을 평가하여 등급으로 표시하는 평가모형이다.

1) 코스닥시장의 기술성장기업 상장특례와 기술력 평가모형

기술성장기업 상장특례는 기술평가제도에 따라 상장을 추진하는 기업이 상장특례 해당 여부를 한국거래소가 지정한 전문평가기관으로부터 평가받고, 동 평가결과 일정 수준 이상의 등급을 받으면 한국거래소가 상장여부를 심사하는 제도이다. 기술평가제도는 상장특례 해당 여부 결정을 위해 공인된 전문평가기관이 기술과 제품에 대해 기술성과 시장성을 평가하는 제도이며, 한국거래소가 지정한 전문평가기관 현황을 〈표 6-18〉에 나타내었다.

〈표 6-18〉 한국거래소가 지정한 전문평가기관 현황

기관 특성	전문평가기관
기업평가업무 수행기관	기술보증기금과 기술신용평가기관(TCB) 6개사*
정부산하 연구평가기관	한국과학기술연구원, 한국과학기술정보연구원, 한국보건산업진흥원, 한국산업기술평가관리원, 한국전자통신연구원, 정보통신기술진흥센터, 한국생명공학연구원, 한국기계전기전자시험연구원, 한국식품연구원, 해양수산과학기술진흥원, 농업기술실용화재단, 한국인터넷진흥원, 정보통신정책연구원, 금융보안원, 한국에너지기술평가원, 국토교통과학기술진흥원, 한국발명진흥회(17개 기관)

* 한국평가데이터, 나이스평가정보, 이크레더블, 나이스디앤비, 에스씨아이(SCI)평가정보, 한국기술신용평가
출처: 한국거래소, "전문평가제도 운영지침"과 홈페이지(http://www.krx.co.kr/) 등.

기술평가제도에 따른 평가절차는 한국거래소의 '전문평가제도 운영지침'에 기술되어 있다. 기업은 평가를 의뢰할 전문평가기관 및 평가 시기 등에 대해 한국거래소와 협의한다. 이후 기술평가신청서(양식)를 작성하고, 신청서를 지정자문인(상장주선인, 상장 주관사로서 시중의 증권사)을 통해 〈표 6-18〉의 전문평가기관 중 두

개의 기관에 제출하여 평가를 신청한다. 전문평가기관은 〈표 6-19〉에 나타낸 평가요인과 평가지표를 포함하는 **기술성장기업 상장특례 기술력 평가모형**에 따라 평가를 수행하며, 30일(외국기업 40일) 이내에 평가를 완료하고, 그 결과를 한국거래소에 통보(제출)한다.

〈표 6-19〉 기술성장기업 상장특례 기술력 평가모형의 평가요인과 평가지표

대항목 (평가요인)	중항목(6개) (평가지표)	소항목(18개) (평가지표)
기술성	기술의 완성도	기술의 진행 정도, 기술의 신뢰성, 기술의 자립도
	기술의 경쟁우위도	기술의 차별성, 기술의 모방 난이도, 기술의 확장성
	기술개발 환경 및 인프라	연구개발 활성화 수준, 경영진의 전문성, 기술인력 등 관리체계
시장성	목표시장의 잠재력	목표시장의 규모 및 성장성, 목표시장의 특성
	제품/서비스의 사업화 수준	사업모델 수립 수준, 자본조달능력, 생산 및 품질관리 역량, 판매처 확보 수준
	제품/서비스의 경쟁력	제품/서비스의 우수성, 제품/서비스의 시장 점유수준, 제품/서비스의 확장 가능성

출처: 한국거래소, "전문평가제도 운영지침".

전문평가기관은 평가등급(18개 평가지표의 평가등급과 종합 평가등급)과 평가의견(각 평가지표에 평가등급을 부여한 근거 기술)을 포함하는 기술력 평가 보고서를 평가 수행의 결과로서 한국거래소에 통보(제출)한다. 기술력 평가 보고서의 종합 평가등급은 10개의 등급(AAA, AA, A, BBB, BB, B, CCC, CC, C, D, 전문평가제도 운영지침의 '전문평가의 평가등급 체계 및 등급별 정의' 참고, 계급의 폭은 전문평가기관이 결정) 중 하나로 표시된다.

평가를 수행한 두 개의 전문평가기관의 평가등급이 각각 A와 BBB 이상이면 기업은 **기술성장기업**으로 인정되며, 상장 예비심사 청구자격이 부여(**상장특례**에 해당)된다. 이후, 한국거래소는 심사(질적·양적심사, 전문가 회의, 상장위원회 심의, 심사결과 확정)과정을 거쳐 기업의 상장여부를 결정한다.

2) 코넥스시장의 기술특례상장과 기술력 평가모형

코넥스(Korea Next Exchange)시장은 2013년 7월 개장한 벤처기업을 포함한 초기 중소기업 전용 유가증권시장이다. 코넥스시장은 진입장벽과 공시부담을 완화한 시장이며, 감사의견 적정과 지정자문인 선임 등 최소의 요건을 충족하면 진입할 수 있다. 코넥스시장의 특례상장에는 기술특례상장(소속부: 스타업기업부)과 크라우드펀딩특례상장(소속부: 크라우드펀딩기업부)이 있다.

기술특례상장은 전술한 지정자문인 선임 의무를 면제한 대신 벤처캐피탈 등 지정기관투자자로부터 **투자유치**(지분 10% 이상, 30억 원 이상)와 **상장 동의**를 받아야 하고, 〈표 6-20〉에 나타낸 기술신용평가기관(TCB) 또는 기술전문평가기관의 기술평가결과 BB등급 이상을 받아야 한다.

〈표 6-20〉 한국거래소가 지정한 기술평가기관 현황

기관 특성	전문평가기관
기술신용평가기관 (TCB)	한국평가데이터, 나이스평가정보, 이크레더블, 나이스디앤비, 에스씨아이(SCI)평가정보
기술전문평가기관	한국과학기술연구원, 한국과학기술정보연구원, 한국보건산업진흥원, 한국산업기술평가관리원, 한국생명공학연구원, 한국전자통신연구원, 정보통신기획평가원, 기술보증기금, 농업기술실용화재단, 한국기계전기전자시험연구원, 한국식품연구원, 해양수산과학기술진흥원, 정보통신정책연구원, 한국인터넷진흥원, 금융보안원, 국토교통과학기술진흥원, 한국에너지기술평가원, 신용보증기금, 한국건설생활환경시험연구원, 한국발명진흥회, 한국산업기술시험원(21개 기관)

출처: 한국거래소의 '전문가 회의 및 기술평가제도 운영지침'과 홈페이지(http://www.krx.co.kr/) 등

기술특례상장을 위한 기술평가절차는 한국거래소의 '전문가 회의 및 기술평가제도 운영지침'에 기술되어 있다. 우선, 기업은 한국거래소와 협의 후 기술평가신청서(지정된 양식)를 작성하여 〈표 6-20〉에 나타낸 기술평가기관에 기술평가를 신청해야 한다. 기술평가기관은 〈표 6-21〉에 나타낸 평가요인과 평가지표를 포함하는 **기술특례상장 기술력 평가모형**에 따라 평가를 수행한다. 기술평가 완료 이후, 기업은 신규상장신청일 기준 6개월 이내에 기술평가기관이 발행한 **기술평가서**(지정된 양식)와 **이해관계 부존재확인서**(지정된 양식)를 한국거래소에 제출해야 한다. 지정된 양식의 기술평가서는 10개의 등급(AAA, AA, A, BBB, BB, B, CCC, CC, C,

D, 계급의 폭은 전문평가기관이 결정) 중 하나로 표시된 기술평가등급과 종합의견을 포함한다.

기술특례상장을 추진하는 기업이 전술한 조건을 모두 충족한 경우, 기업은 외부감사인 선임과 기업시스템 정비를 거쳐 신규상장을 신청한다. 이후, 한국거래소는 지정자문인을 대신하여 기업 전반에 대해 질적 요건을 심사하여 상장 여부를 결정한다. 한국거래소의 질적 요건의 심사는 기술성과 공시능력 그리고 경영 투명성을 바탕으로 하며, 공익과 투자자 보호 여부를 포함하여 진행된다.

〈표 6-21〉 기술특례상장 기술력 평가모형의 평가요인과 평가지표

대항목 (평가요인)	중항목(6개) (평가지표)	소항목(26개) (평가지표)
기술성	기술의 완성도	기술의 완성도, 기술의 자립도 및 확장성, 기술의 모방 난이도
	기술의 경쟁우위도	주력 기술의 차별성, 주력 기술제품의 수명, 기술개발 및 수상(인증)실적, 지식재산권 보유현황, 연구개발 활성화 수준, 연구개발투자 비중과 규모 및 적정성
	기술인력의 수준	기술경영 경험수준, 기술경영 지식수준, 기술경영 관리능력, 주요 경영진의 전문성, 주요 경영진의 사업 몰입도, 최고 기술경영자의 전문성, 기술인력의 전문성
	기술제품의 상용화 경쟁력	기술제품의 생산역량, 기술제품 상용화를 위한 자본조달능력, 기술제품 판매처의 다양성, 기술제품 판매처의 안정성, 기술제품을 통한 부가가치 창출능력
시장성	기술제품의 시장규모 및 성장잠재력	주력 기술제품의 시장규모, 주력 기술제품 시장의 성장성, 주력 기술제품의 시장구조 및 특성
	기술제품의 경쟁력	기술제품의 시장지위, 경쟁제품 대비 비교 우위성

출처: 한국거래소, "전문가 회의 및 기술평가제도 운영지침".

5. 기술보증기금의 기술력 평가모형

기술보증기금의 기술력 평가모형(KTRS, KIBO Technology Rating System)은 기술보증기금이 2005년 특허출원하여 2007년 등록되었으며, 2007년부터 기술평가를 통한 보증업무에 적용한 평가모형이다.

기술보증기금의 기술력 평가모형은 기업의 역량을 종합적으로 평가하여 보증서를 발급하거나 투자 또는 여신심사 등의 목적, 즉, 기술금융을 목적으로 개발되었다. 동 모형은 〈표 6-22〉에 나타낸 대항목인 4개의 평가요인 아래에 중항목 12개, 소항목 33개로 구성된 평가지표의 평가결과에 기업의 내·외부 환경변수를 반영하여 평가등급을 산출한다.

〈표 6-22〉 기술보증기금 기술력 평가모형의 평가요인과 평가지표

대항목 (평가요인)	중항목(12개) (평가지표)	소항목(33개) (평가지표)
경영역량	기술수준	동 업종 경험수준, 기술지식 수준, 기술이해도
	관리능력	기술인력관리, 경영관리능력, 기술경영 전략
	경영진 인적구성 및 팀워크	경영진의 전문지식 수준, 자본참여도, 경영주와 관계 및 팀워크
기술역량	기술개발 추진능력	기술개발전담조직, 기술(디자인)인력
	기술개발 현황	기술개발과 수상(인증)실적, 지식재산권 보유현황, 연구개발투자
	기술혁신성	기술의 차별성, 모방 난이도, 기술의 수명주기상 위치
	기술완성도와 확장성	기술의 완성도, 기술의 자립도, 기술적 파급효과
시장경쟁력	시장현황	목표시장의 규모, 시장 성장성
	경쟁요인	경쟁상황, 법·규제 등 제약/장려요인
	경쟁력	인지도, 시장점유율, 경쟁제품과의 비교 우위성
사업화역량	제품화 역량	생산역량, 투자 규모의 적정성, 자본조달능력
	수익전망	마케팅 역량, 판매처의 다양성 및 안정성, 투자 대비 회수 가능성

출처: 이용훈(2020), "기술금융 평가지표의 판별 유의성에 관한 실증연구", 『벤처창업연구』 제15권 제5호, 43쪽.

기술보증기금의 기술력 평가모형은 기본 모형 외에 기본 모형에서 파생된 8개의 모형이 있으며, 기업의 창업 후 업력, 매출 규모, 기업의 형태(1인 창업, 예비창업, 청년창업), 업종(문화산업 등) 등에 따라 파생된다.

기술보증기금의 기술력 평가모형은 평가지표의 평가결과에 기업의 내·외부 환경변수를 반영하여 평가등급을 산출하거나(전술한 로지스틱 회귀분석법 참고), 가중치가 반영된 평가지표의 평가결과(즉, 평가지표의 가중합)를 이용하여 평가등급을 산출한다.

제7부

기술평가서 작성방법

제1장
기술평가서 작성원칙

제1절 작성원칙(기술평가서)

1. 전문성

기술평가서는 평가에 관한 전문성이 나타나도록 이론과 실무를 겸비한 전문가에 의해 작성되어야 한다. 전문가란 기술평가이론과 실무에 정통하며, 평가대상 기술과 동 기술이 적용된 제품 그리고 동 제품 관련 시장과 사업에 대한 이해가 깊고, 기술평가서 작성법에 정통한 기술평가자를 말한다.

2. 논리성

기술평가서는 논리적 오류가 없도록 작성되어야 한다. 즉, 타당한 근거와 논리를 기초로 점수(등급)를 산출하거나 기술가치평가금액을 결정하는 등 기술평가서 전체에 걸쳐 논리전개의 일관성을 유지해야 한다. 이를 통해, 기술평가서의 논리성이 드러나도록 하여 설명력을 확보해야 한다.

3. 충실성

기술평가서는 기술평가자의 논리를 뒷받침할 객관적인 자료를 바탕으로 충실하게 작성되어야 한다. 즉, 기술평가에 관련된 이해당사자들이 평가과정이나 결과에 대해 신뢰할 수 있도록 최신의 보편타당한 자료(참고문헌 등)를 이용하여 충실하게 작성되어야 한다.

4. 정합성

기술평가서는 평가대상인 기술이나 시장 그리고 사업과 정합성을 유지해야 한다(예: 평가대상기술은 폐수처리장치이나 기술평가서에 물산업에 전체에 대한 시장성 평가의견을 작성한 경우 정합성이 훼손됨). 또한, 글 제목과 평가의견, 종합의견과 평가의견 사이에 정합성이 유지되어야 한다.

5. 가독성

기술평가서는 이해당사자 등 평가서를 활용하는 사람이 이해할 수 있도록 작성되어야 한다. 즉, 기술평가서는 평가에 적용한 논리가 쉽게 전달되도록 작성되어야 하며, 이를 위해 기술평가자는 문법에 맞게 평가의견을 작성하는 등 가독성 확보를 위해 노력해야 한다.

6. 핵심성

기술평가서는 기술이나 시장 그리고 사업 등에 관한 핵심적인 내용을 중심으로 작성되어야 한다. 즉, 기술평가(등급, 점수, 기술가치평가금액 등)와 기술성, 권리성, 시장성, 사업성의 각 세부 평가항목에 관한 평가의견은 부차적인 내용의 중언부언을 배제하고 핵심적인 내용을 중심으로 작성되어야 하며, 핵심변수(투입변수)나 평가지표에 관한 기술평가자의 판단의견이 나타나야 한다.

7. 정확성

기술평가서는 용어, 인용, 참고문헌 등에서 정확성을 유지해야 한다. 기술평가서는 기술평가 관련 규정이나 전문가에 의해 정의되거나 일반적으로 통용되는 용어를 사용하여 작성되어야 한다. 또한, 표와 그림은 본문에서 인용되어야 하고, 참고문헌은 작성방법에 따라 작성되어야 한다.

제2절 작성원칙(기술평가자)

1. 규정숙지

기술평가자들은 기술평가와 기술평가서 작성방법에 관한 규정을 숙지하고 평가에 임해야 해야 한다. 특히, 기술평가기관은 외부 기술평가자나 자문위원에게 기술평가 업무처리방법, 핵심변수(투입변수)를 결정하기 위한 평가지표의 평가방법이나 기준, 기술평가서 작성방법 등에 관해 사전에 교육해야 하며, 이들이 관련 규정을 이해한 후 기술평가에 참여하도록 해야 한다.

2. 정보공유

기술평가자들은 기술평가 수행과 평가의견 작성에 필요한 정보를 공유해야 한다. 기술평가기관은 기술분류, 업종분류, 평가지표 부여점수(등급), 재무정보, 인용자료, 참고문헌 등 기술평가에 필요한 정보나 자료를 기술평가자들이 공유하여 일관성 있는 기술평가서가 작성되도록 해야 한다(예: 기술성과 시장성 기술평가자가

서로 다른 자료를 인용하여 경쟁기업 또는 시장규모나 성장률 등에 대해 상이하게 기술하면 일관성이 훼손됨).

3. 검증수행

기술평가자들은 기술평가와 평가의견을 작성한 후 자체검증을 수행해야 한다. 기술평가기관의 기술평가 책임자는 기술평가자들의 기술평가와 평가의견을 묶어서 완성된 기술평가서를 만들고 검증하며, 품질관리 책임자는 규정과 원칙에 맞게 작성되었는지 내부 품질관리용 점검표에 따라 검증해야 한다.

제2장
기술평가서 논리전개

제1절 논리체계

1. 연역적 논리체계

연역적 논리체계(두괄식 논리전개, Deductive method)는 일반적인 사실에서 특수한 사실을 도출하는 논리전개 방식이다(Particular details from general principles and known facts). 연역적 논리체계에서는 ① 일반화된 현상을 정의하고 가정하며(가설 설정), ② 현상을 지속적으로 광범위하게 관찰하고(관찰), ③ 관찰된 사실을 바탕으로 가설의 채택 여부를 결정하여 특수한 사실을 도출한다(가설 채택).

연역적 논리체계는 두괄식 논리전개 방식이며, 가설 설정에 있어서 오류를 범하지 않도록 주의해야 한다. 연역적 논리체계의 예는 다음과 같다.

① 일반화된 현상을 정의하고 가정(가설 설정): 모든 동물은 죽는다(A → D).
② 현상의 관찰(관찰): 호랑이(A1), 사자(A2), 표범(A3)은 동물이다(A⊃A1, A2, A3).
③ 가설의 채택 여부 결정(가설 채택): 호랑이, 사자, 표범은 죽는다(A1, A2, A3 → D).

2. 귀납적 논리체계

귀납적 논리체계(미괄식 논리전개, Inductive method)는 구체적이고 특수한 사실을 종합하여 일반적인 사실을 도출하는 논리전개 방식이다(General principles from specific and particular details). 귀납적 논리체계에서는 ① 특수한 사실을 관찰하며(관찰), ② 특수한 사실에서 일반적인 패턴을 발견하며(패턴 발견), ③ 관찰된 패턴을 바탕으로 일반적인 사실을 도출한다(잠정적 결론).

귀납적 논리체계는 미괄식 논리전개 방식이며, 특수한 사실의 일반화를 무리하게 시도하는 오류를 범하지 않도록 주의해야 한다. 귀납적 논리체계의 예는 다음과 같다.

① 특수한 사실 관찰: 호랑이(A1), 사자(A2), 표범(A3)은 죽었다(A1, A2, A3 → D).
② 패턴의 발견: 호랑이(A1), 사자(A2), 표범(A3)은 동물이다(A1, A2, A3⊂A).
③ 일반적인 사실 도출(잠정적 결론): 동물은 죽는다(A → D).

제2절 개념, 정의, 이론

1. 개념

개념(Concept)은 관찰을 통해 얻은 결과에서 추출한 공통적인 특성을 말한다. 개념은 특정한 용어로 표현되며, 이론 전개에 필요한 수식의 변수(핵심변수, 투입변수)가 될 수 있다. 개념의 예로서, 속력, 속도, 거리, 시간, 변위, 고도, 온도, 압력, 부피, 기술의 차별성, 시장 성장성, 할인율, 기술기여도 등이 있다.

2. 정의

정의(Definition)는 개념이 동일하게 이해되도록 명확히 의미를 부여하는 것을 말한다. 정의는 특정한 단위나 구체적인 설명을 통해 표현된다. 전술한 개념인 속력의 정의는 단위 시간당 가는 거리, 속도는 단위 시간당의 변위, 기술의 차별성은 유사 또는 경쟁기술과의 차이로 인해 구별되는 특성(상대적으로 정의되며, 품질이나 편의성에서 차별되는 특성)으로 정의된다.

3. 이론

이론(Theory)은 개념들 사이의 관계를 구체적으로 표현하여 현상에 관해 설명하는 것을 말한다. 이론은 개념을 변수로 하여 표현되며, 인과관계를 설명하는 능력(설명력)이나 현상을 합리적이고 객관적으로 표현하는 능력에 의해 평가된다. 이론의 예로서, 전술한 속력=거리÷시간, 속도=거리÷변위, PV=nRT, 수익접근법(수익추정법)의 기술가치평가 수식이나 여유현금흐름 수식 등이 있다.

4. 개념과 정의에서 발생하는 혼선

개념은 동일하거나 일관되게 정의되어야 한다. ① 동일한 개념을 다르게 정의하거나 개념에 대한 정의가 일관되지 않고, ② 서로 다른 개념에 동일하거나 유사한 정의를 내리고, ③ 정의가 일반적으로 받아들여져 있지 않은 개념(용어)을 사용하는 경우 이론의 설명력이나 합리성 그리고 객관성이 떨어진다.

기술평가에서 사용하는 개념과 정의에서 발생하는 혼선의 예로서, 모방 난이도와 모방 용이성, 기술의 경제적 수명과 여유현금흐름 추정기간, 기술의 경제적 수명과 기술의 경제적 내용연수, 기술수명주기와 제품수명주기, 기술가치(또는 기업가치)와 사업가치 등이 있다.

제3장

기술평가서 서식과 작성방법

제1절 기술가치평가서 서식(수익접근법)[1]

1. 서식의 목차(예시)

기술평가기관은 서식의 목차를 독자적으로 정해야 한다.

1 이하 수익접근법(수익추정법) 기반 기술가치평가서의 서식을 예로 들어 설명함.

2. 서식의 체계(예시)

기술평가기관은 서식의 체계를 독자적으로 정해야 한다.

체계	형식	폰트 등
부	로마숫자: Ⅰ, Ⅱ, Ⅲ, Ⅳ …	맑은고딕, 글자크기16, 줄간격 300, 진하게
장	아라비아숫자: 1, 2, 3, 4 …	맑은고딕, 글자크기15, 줄간격 250, 진하게
대항목	한글: 가, 나, 다, 라 …	맑은고딕, 글자크기14, 줄간격 200, 진하게
중항목	아라비아숫자: 1), 2), 3) …	맑은고딕, 글자크기13, 줄간격 180, 진하게
소항목	한글: (가), (나), (다) …	맑은고딕, 글자크기12, 줄간격 160
세항목	아라비아숫자: (1) , (2) , (3) …	맑은고딕, 글자크기12, 줄간격 160
세세항목	①, ②, ③ …	맑은고딕, 글자크기12, 줄간격 160

3. 표와 그림과 수식의 체계와 작성법(예시)

기술평가기관은 표와 그림 그리고 수식의 체계와 작성법을 독자적으로 정해야 한다. 표와 그림의 상단 우측에 단위를 표기하고, 표와 그림의 하단 좌측에 출처를 기입한다(단위와 출처의 글자크기 10, 줄간격 130). 표와 그림 그리고 수식은 반드시 본문에서 인용해야 하며, 표와 그림 그리고 수식의 내용(의미)에 대해 본문에서 설명해야 한다. 표와 그림 그리고 수식에 번호를 부여할 때 체계와 순서(순차)를 지켜야 한다.

구분	제목(번호)의 배치	번호부여 단위	폰트 등	체계 예
표	표의 위(상단) 중간에 배치	부 또는 장 단위	맑은고딕, 글자크기12, 줄간격 160	〈표 Ⅱ-1〉 〈표 2-1〉
그림	그림의 아래(하단) 중간에 배치	부 또는 장 단위	맑은고딕, 글자크기12, 줄간격 160	〈그림 Ⅱ-3〉 〈그림 2-3〉
수식	수식의 번호는 수식의 우측에 배치	부 또는 장 단위	맑은고딕, 글자크기12, 줄간격 160	[식 Ⅱ-2] [식 2-2]

4. 숫자와 금액의 표시방법(예시)

기술평가기관은 숫자와 금액의 표시방법을 독자적으로 정해야 한다.

구분	표시(형식)	잘못된 실례
숫자	소수점 이하 유효자리 통일	소수점 이하가 통일이 안 된 경우: 5회, 7.8회, 4.65회 등
금액	금액 단위 통일	금액의 단위가 통일이 안 된 경우: 120백만 원, 1.2억 원 등

제2절 기술가치평가서 서식 작성법

사업화 주체(기업)	법인인 경우 법인명, 개인사업자인 경우 회사명이나 대표자명 기재
평가대상기술의 명칭	① 등록 지식재산권의 명칭 기재, ② 노하우 등 비등록 또는 출원되지 않은 기술은 평가대상과 범위를 명확히 정의할 수 있는 기술명칭 기재, ③ 다수의 지식재산권(기술)을 평가할 경우 이들을 대표하는 가상의 기술명칭을 정하여 기재할 수 없음, ④ 사업의 명칭(사업계획서상 기술명칭)을 기술명칭으로 기재할 수 없음.
평가서의 용도	금융기관 여신심사참고용, 발명의 사업성 평가용, 개발 및 창업 육성자금 지원 대상자 선정용, 현물출자용, 기술이전 및 거래참고용, 투자참고용, 전략수립참고용, 담보가치 산정용, 법원 제출용 등 기재
제출처	기술평가서를 활용하는 곳(현물출자용은 현물출자를 받을 기업)이나 기술평가료를 지불하는 곳을 기재
제출일	기술평가서의 유효기간을 정하는 기준일로서, 기술평가서 작성을 완료하여 제출하는 날[즉, 평가 종료일이나 종료일 이후 근일(近日)]을 기재
기술평가기간	기술평가 시작일에서 종료일까지의 기간을 기재
기술평가기준일	기술평가에 필요한 모든 정보가 수집 또는 취합되어 확정된 날짜로서, 기술평가기간 중 1일을 기재
평가서 유효기간	제출일부터 6개월이 되는 날짜(종료일 산입)를 기재
차년도 표시	기술평가기준일부터 1년 단위로 하여 'ㅇㅇ차년도'로 기재
업종분류	사업화 주체의 영위 업종과 평가대상기술 관련 사업의 업종이 상이한 경우 평가대상 기술 관련 사업을 중심으로 업종을 분류하여 기재
기술분류	IPC코드가 다수이면 평가대상기술을 대표하는 가장 근접한 코드 기재(기술의 경제적 수명을 평균하여 구할 경우 해당 코드 모두 기재)
종합(요약)의견	평가의견의 주요 항목을 핵심변수나 평가지표 위주로 순차적 요약

글 제목과 평가의견 정합성	글 제목이 요구하는 내용을 작성해야 함(글 제목에 관련된 핵심변수나 평가지표에 점수를 부여한 근거를 중심으로 작성)
평가지표와 평가의견 정합성	평가지표에 부여한 점수(등급)와 평가의견은 정합성을 유지해야 함
평가의견	① 문장은 평문의 종결형 어미(서술식)로 작성해야 함, ② 문법에 맞는 문장으로 평가의견 작성(주술관계, 조사, 능동이나 수동태 등 관련 문법에 맞도록 작성), ③ 문장은 의미가 파악되도록 작성, ④ 불완전한 지시어 사용금지(위, 아래, 다음 등), ⑤ 처음 등장하는 약어는 괄호 안에 원문 기재, ⑥ 기술평가서 서식 및 표와 그림 체계준수
매출액 추정	① 기술의 경제적 수명 후반기까지 매출액이 지속적으로 증가하는 추정은 불가함, ② 매출액 추정에 기술수명주기와 기술비중을 반영해야 함, ③ 평가대상기술과 무관한 매출액을 포함하여 추정할 수 없음, ④ 성장률 등 인용하는 숫자는 근거를 제시해야 함, ⑤ 최근 시장여건이나 최근 매출현황(실적)을 무시한 과대(또는 과소) 매출추정 금지
재무비율	재무비율 적용 시 적용원칙(순서)을 준수하고 일관성을 유지해야 함
평가결과 표기	① 기술가치평가금액을 권리자 수로 나누어 표시할 수 없음, ② 기술기여도를 권리자의 수로 나누어 적용할 수 없음
참고문헌	- 학술논문: 저자, 제목, 잡지명, 권, 호 페이지, 발행 연도 - 단행본: 저자, 도서명, 출판사명, 페이지, 발행 연도 - 인터넷 등: 저자, 제목, 웹주소, 공개한 연도

1. 평가대상기술의 표시 형식(예시)

등록번호 출원번호	등록일 출원일	기술의 명칭(발명의 명칭)	등록 권리자
10-1510XXX 10-2013-xxxxxxx	2014.05.19 2013.12.11	화상 형성시스템의 원격제어장치	(주)○○○○

2. 권리의 존속기한과 잔존기간 표시 형식(예시)

출원번호 (출원일)	기술의 명칭(발명의 명칭)	존속기한 보호기간*	잔존기간**
10-2013-xxxxxxx (2013.12.11)	화상 형성시스템의 원격제어장치	2033.12.11	15년

* 저작권이나 신지식재산권은 보호기간이라고 함.

** 잔존기간은 존속기한(또는 보호기간)에서 출원일부터 기술평가기준일까지 경과기간을 차감하여 결정하며, 소수점은 반올림이나 반내림하여 결정함.

3. 기술가치평가서의 작성분량(예시)

기술평가기관은 서식의 종류별 작성 분량을 독자적으로 정해야 한다.

서식의 종류	작성분량(페이지)	
	최소	최대
기술가치평가서(표준)	80	120
기술가치평가서(약식)	40	60

제3절 기술가치평가서의 구성(예시)

표지	외부 표지	'기술가치평가서', 기관의 명칭 및 CI(상징, 로고 등)
	내부 표지	'기술가치평가서', 평가대상기술의 명칭, 평가용도, CI(상징, 로고 등), 기술평가서 활용에 관한 주의사항
제출문		제출처, 제출일, 기술평가자 및 검증자
목차		서식의 체계에서 대항목이나 중항목까지의 글 제목과 페이지
본문	기술가치평가 결과 및 요약	기술가치평가 결과, 기술가치평가 요약
	기술가치평가	기술가치평가 금액 산출표, 기술가치평가 내역 등
	기술성 및 권리성 분석	기술성 종합의견, 평가대상기술의 개요 및 동향, 기술성 및 권리성 분석, 기술성 및 권리성 평가
	시장성 분석	시장성 종합의견, 시장의 개요, 시장성 평가
	사업성 분석	사업성 종합의견, 사업화 주체의 개요, 사업성 평가, 평가대상기술의 사업화 타당성
참고문헌		전술한 '기술가치평가서 서식 작성법'의 '참고문헌' 작성법에 따라 작성
별첨		별첨자료(부록 등) 첨부

제8부

기술평가서 점검표와 검증사례

제1장
기술평가서 점검표

각 기술평가기관은 기술평가 품질관리 책임자를 지정하고, 품질관리 책임자는 산업통상자원부 고시 제2016-113호의 별표 '내부 품질관리용 점검표'를 기준으로 품질관리 활동을 전개한다. 기술평가기관은 기술력 평가나 기술가치평가 방법에 특화된 **내부 품질관리용 점검표**를 제정하여 품질관리 활동을 수행한다. 수익접근법(수익추정법) 기반 기술가치평가서 점검표(예시)는 〈표 8-1〉과 같으며, 이를 이용하여 기술평가서 검증사례를 설명한다.

수익접근법 기반 기술가치평가서 점검표(예시)는 요건항목, 준수항목, 점검항목, 세부점검항목(수준)과 같이 계층적으로 구성된다. 품질관리 책임자는 기술가치평가서 점검표를 작성하여 기술평가자 또는 기술평가 책임자에게 통보한다. 기술가치평가서 점검표의 작성방법, 기술가치평가의 재수행과 평가서의 재작성 기준, 보완(수정)과 재점검 절차는 다음과 같다.

① 점검표의 평점은 최고점수를 기준으로 5등분하여 부여한다.
(5점: 1/2/3/4/5, 10점: 2/4/6/8,/10, 20점: 4/8/12/16/20, 60점: 12/24/36/48/60)

② 기술가치평가서 점검표의 점검결과(백분율) 60% 이하이면 기술가치평가를 재수행하고 기술가치평가서를 재작성한다.

③ 품질관리 책임자는 기술가치평가서 점검표와 함께 항목별 보완(수정)할 사항을 별도의 서식에 작성 또는 평가서에 표시하여 기술평가자에게 통보한다.

④ 기술평가자는 보완(수정)할 사항을 반영하여 기술가치평가서를 재작성하

거나 보완(수정)해야 하며, 품질관리 책임자는 평가서를 재점검한다.

〈표 8-1〉 수익접근법 기반 기술가치평가서 점검표(예시)

<table>
<tr><th>요건항목</th><th>준수항목</th><th>점검항목</th><th>세부점검항목(수준)*</th><th>배점</th><th>평점</th></tr>
<tr><td rowspan="2">기술가치평가서
형식요건</td><td>서식준수</td><td>서식 준수 점검</td><td>서식 준수 수준
(서식 및 작성항목)</td><td>5</td><td></td></tr>
<tr><td>작성원칙 준수</td><td>작성원칙 준수 점검</td><td>작성원칙 준수 수준
(입력항목 및 체계 등)</td><td>10</td><td></td></tr>
<tr><td rowspan="14">기술가치평가서
품질요건</td><td>전문성 준수</td><td>전문성 준수 점검</td><td>전문성 준수 수준</td><td>5</td><td></td></tr>
<tr><td rowspan="9">규정준수</td><td rowspan="3">기술가치평가
규정준수 점검</td><td>업종분류 적정성 수준</td><td>10</td><td></td></tr>
<tr><td>기술분류 적정성 수준</td><td>10</td><td></td></tr>
<tr><td>여유현금흐름추정
적정성 수준</td><td>60</td><td></td></tr>
<tr><td rowspan="6">평가의견
작성원칙 준수 점검</td><td>평가의견 정합성 수준</td><td>10</td><td></td></tr>
<tr><td>평가의견 가독성 수준</td><td>10</td><td></td></tr>
<tr><td>평가의견 핵심성 수준</td><td>10</td><td></td></tr>
<tr><td>용어 정확성 수준</td><td>5</td><td></td></tr>
<tr><td>인용 정확성 수준</td><td>10</td><td></td></tr>
<tr><td>참고문헌 정확성 수준</td><td>5</td><td></td></tr>
<tr><td rowspan="4">논리성 준수</td><td>기술가치평가
논리성 준수 점검</td><td>기술가치평가
논리성 준수 수준</td><td>10</td><td></td></tr>
<tr><td>평가의견
논리성 준수 점검</td><td>평가의견
논리성 준수 수준</td><td>10</td><td></td></tr>
<tr><td>기술가치평가와
평가의견 사이의
논리성 준수 점검</td><td>기술가치평가와
평가의견 사이의
논리성 준수 수준</td><td>20</td><td></td></tr>
<tr><td>자료의 충실성
준수 점검</td><td>자료의 충실성
준수 수준</td><td>10</td><td></td></tr>
<tr><td colspan="4">평점 합계</td><td>200</td><td>A</td></tr>
<tr><td colspan="2">기술가치평가서 점검결과(백분율)</td><td colspan="4">$= \frac{A}{200} \times 100(\%)$</td></tr>
</table>

* 세부점검항목(수준)은 기술평가기관(품질관리 책임자)이 내부 기준을 마련하여 평가한다.

수익접근법(수익추정법) 기반 기술가치평가서 점검표(예시)의 각 항목별 점검 목적이나 점검 방법을 다음의 제1절 및 제2절에서 설명한다.

제1절 기술가치평가서의 형식요건

1. 서식 준수

기술평가기관은 평가의 목적에 맞게 기술력 평가서나 기술가치평가서의 서식을 독자적으로 제정해야 하며, 모든 종류의 평가서는 서식의 작성원칙이나 방법을 준수하여 작성되어야 한다. 기술가치평가서의 서식은 표지, 제출문, 목차, 본문(기술가치평가 결과요약, 기술가치평가, 기술성 · 권리성 · 시장성 · 사업성 평가의견), 참고문헌, 별첨(첨부자료) 등으로 이루어진다.

형식요건 중 서식준수는 기술평가자가 제정된 서식(기술가치평가서 양식)을 임의로 변경하였는지, 또는 기술가치평가나 평가의견의 작성항목을 임의로 추가하거나 삭제하였는지를 점검하는 것이다.

2. 작성원칙 준수

기술평가기관은 다양한 종류의 기술력 평가서나 기술가치평가서 서식의 작성원칙과 방법(작성 가이드라인)을 정하고 있으며, 모든 종류의 평가서는 정해진 원칙과 방법에 따라 작성되어야 한다. 기술가치평가서 작성원칙과 방법은 기술가치평가서 서식의 각 항목의 작성방법, 체계 및 형식 그리고 작성분량 등에 관한 기준을 규정하고 있다.

형식요건 중 작성원칙준수는 서식의 표지에서부터 참고문헌까지 입력해야 할 각 항목(평가대상기술의 명칭, 제출처, 평가기간, 기술평가기준일, 제출일, 평가서 유효기간, 기술가치평가표의 연도 표시 등), 체계(평가서 각 항목의 체계, 표와 그림 그리고 페이지 등의 번호체계, 목차와 참고문헌 작성체계), 형식(표시 형식), 작성분량 등이 작성원칙에 따랐는지 점검하는 것이다.

제2절 기술가치평가서의 품질요건

1. 전문성 준수

기술가치평가는 기술가치평가 방법론(이론) 및 평가대상기술이나 시장 그리고 사업에 관한 전문적인 지식과 경험을 갖춘 기술평가자에 의해 수행되어야 한다. 또한, 기술가치평가서 작성을 위한 **보고서 작성능력**(문법에 맞추어 논리적으로 작성하는 능력)을 갖춘 기술평가자에 의해 수행되어야 하며, 기술평가자들은 보고서의 내용을 논리적으로 설명할 수 있어야 한다.

전문성이 결여된 기술평가자에 의해 기술가치평가서가 작성될 경우, 사용되는 전문 용어의 혼동, 평가과정 및 평가결과의 왜곡, 평가서의 설명력 저하와 같은 문제들이 발생하기 때문에 각 분야의 전문적 지식과 기술가치평가 경험을 보유한 기술평가자에 의해 평가서가 작성되었는지 점검해야 한다.

2. 규정 준수

기술평가기관은 기술가치평가에 관한 다양한 방법론 및 핵심적인 요건(원칙과 순서)을 기술한 내부 규정을 마련해야 하며, 모든 종류의 기술가치평가는 그 규정에서 정한 원칙과 순서에 따라 수행되어야 한다.

기술평가기관의 내부 규정은 기술가치평가 수행이나 평가의견 작성에 필요한 최소한의 요건을 정하고 있다. 만약, 이러한 규정을 따르지 않으면 기술가치평가의 과정과 결과에 대한 신뢰성이 저하되거나, 기술가치평가서 사이에 일관성이 훼손되므로, 규정을 준수하여 작성되었는지 점검해야 한다.

규정 준수는 기술가치평가와 평가의견의 점검을 통해 확인하며, 좁게는 **내부 규정이 정한 원칙을 준수**하여 기술가치평가가 수행되고 평가의견이 작성되었는지 점검하고, 넓게는 내부 규정에는 없으나 **기술가치평가 방법론**(이론)**을 준수**하여 기술가치평가가 수행되었는지 점검하는 것을 말한다.

1) 기술가치평가 규정준수 점검

① **업종분류 적정성 수준**: 여유현금흐름, 할인율, 기술기여도와 같은 핵심변수(결정변수) 결정과 인용할 재무비율 결정에 중대한 영향을 미치는 업종이 한국표준산업분류표에서 적정하게 분류되었는지 점검한다.

② **기술분류 적정성 수준**: 기술의 경제적 수명을 결정하는 기술분류가 국제특허분류표(평가기관이 독자적으로 기술을 분류할 경우 동 기술분류표)에서 적정하게 분류되었는지 점검한다.

③ **여유현금흐름 추정의 적정성 수준**: 기술가치평가에서 가장 중요한 여유현금흐름 추정이 적정하게 수행되었는지 점검한다. 여유현금흐름 추정은 매출액, 매출원가 및 판관비, 법인세(소득세), 자본적 지출, 감가상각비, 운전자본증감액, 투자액 회수와 같은 여유현금흐름변수의 추정과정을 포함한다.

만약, 기술평가기관이 기술의 경제적 수명, 여유현금흐름, 할인율, 기술기여도와 같은 핵심변수(결정변수)의 추정원칙과 재무비율 적용원칙을 독자적으로 정한 경우, 그 원칙의 준수 여부를 점검해야 한다.

2) 평가의견 작성원칙준수 점검

① **평가의견 정합성 수준**: 평가의견 정합성은 글 제목과 평가의견의 정합여부, 평가대상기술(시장, 제품)과 평가의견의 정합여부, 종합(요약)의견과 평가의견의 정합여부를 점검하는 것을 말한다.

② **평가의견 가독성 수준**: 평가의견을 문법에 맞추어 이해되도록 작성하였는지 점검한다.

③ **평가의견 핵심성 수준**: 평가의견에 평가대상인 기술, 시장, 사업에 관한 핵심적인 내용을 기술하였는지 점검한다.

④ **용어 정확성 수준**: 평가의견 작성에 기술가치평가에 통용되는 용어와 평가대상기술에 관한 전문 용어를 정확히 사용하였는지 점검한다.

⑤ **인용 정확성 수준**: 평가의견에 표와 그림 그리고 수식 등 각종 정보를 빠짐없이 정확하게 기술하거나 인용하였는지 점검한다.

⑥ 참고문헌 정확성 수준: 최신의 참고문헌을 출처와 함께 서식 작성방법에 맞추어 정확히 기재하였는지 점검한다.

3. 논리성 준수

기술가치평가의 논리성 준수는 기술가치평가 과정 전체에 걸쳐 논리적 무오류성을 유지하는 것을 말한다. 기술가치평가 또는 평가의견 자체에 논리적 오류를 포함하고 있는지, 기술가치평가와 평가의견 사이에 논리적 모순점이 있는지 점검한다. 또한, 기술가치평가와 평가의견의 논리를 뒷받침하기 위해 인용하거나 적용한 데이터 등 자료의 충실성에 대해서도 점검한다.

1) 기술가치평가 논리성 준수 점검

기술가치평가 논리성 준수 점검은 기술가치평가 자체의 논리적 일관성을 점검하는 것으로, 기술의 경제적 수명, 여유현금흐름, 할인율, 기술기여도 등 핵심변수를 결정하는 평가지표와 조정계수를 평가기준에 따라 일관성 있게 평가하였는지와 재무비율을 일관성 있게 적용하였는지를 점검한다.

2) 평가의견 논리성 준수 점검

평가의견 논리성 준수 점검은 평가의견 자체의 논리적 일관성을 점검하는 것을 말한다. 즉, 평가요인인 기술성, 권리성, 시장성, 사업성을 구성하는 각 세부항목 사이의 논리적 일관성과 평가요인 사이의 논리적 일관성을 점검한다. 또한, 평가지표 및 동 지표에 대한 평가의견이 평가기준에 따라 평가되고 기술되었는지 점검한다.

3) 기술가치평가와 평가의견 간 논리성 준수 점검

기술가치평가와 평가의견 간 논리성 준수 점검은 기술가치평가와 평가의견 사이의 논리적 일관성과 무오류성을 점검하는 것을 말한다. 구체적으로, 기술의 경제적 수명, 여유현금흐름, 할인율, 기술기여도와 같은 핵심변수를 결정하는 평가지표에 대한 평점부여와 평점부여의 근거를 설명하는 평가의견이 서로 논리적으로 일치하는지 점검한다.

4) 자료의 충실성 준수 점검

기술가치평가의 논리를 강화하기 위해 인용한 데이터 및 표와 그림과 같은 인용 자료의 출처와 근거 그리고 단위 등을 충실하게 제시하였는지와 함께 인용 자료의 최신성(최근 3년 이내의 자료 여부)을 점검한다.

제2장
기술가치평가서 검증사례

제1절 기술가치평가서의 형식요건 검증사례

1. 서식준수 검증사례

1) 평가서 서식 검증

기술평가기관 내부 규정에 따라 제정된 서식(양식)에 맞추어 기술평가서가 작성되었는지 검증하는 것으로서, 기술평가서의 표지에서부터 참고문헌이나 첨부자료까지 각 항목이 순서에 따라 빠짐없이 작성되었는지와 서식을 임의로 변경하였는지 등을 전술한 점검표를 참고하여 검증한다.

검증사례 1)

- 참고문헌을 작성하는 페이지를 누락한 경우

검증사례 2)

- 주요 핵심변수 추정결과 요약의 서식을 변경한 경우(기술기여도나 기술가치평가금액을 등록 권리자 수로 나누기 위해 서식을 변경한 경우)

* '제2장 기술가치평가서 검증사례'에서 기술한 모든 검증사례는 실무에서 검증대상이 된 것들임.

2) 작성항목 검증

기술가치평가서의 작성항목을 제정된 평가서 서식에 따라 작성하였는지 검증하는 것으로, 임의대로 작성항목을 통합하거나 삭제 또는 추가하였는지 등을 전술한 점검표를 참고하여 검증한다.

검증사례 1)

- 작성항목을 임의대로 통합한 경우
  ① '시장특성'과 '시장동향'을 통합하여 작성한 경우

검증사례 2)

- 작성항목을 임의대로 삭제한 경우
  ① '업계현황'과 '경쟁상황' 중 한 항목을 임의대로 삭제한 경우
  ② 작성항목인 '권리범위 분석'을 임의대로 삭제한 경우

검증사례 3)

- 작성항목을 임의대로 추가한 경우
  ① 서식에 없는 항목인 '유사특허 동향'을 임의대로 추가한 경우

2. 작성원칙준수 검증사례

1) 서식의 입력항목 검증

서식의 입력항목이 기술가치평가서 작성원칙(작성법)에 따라 작성되었는지 검증한다. 즉, 평가대상기술의 명칭, 제출처, 기일정보(평가기간, 기술평가기준일, 평가서 제출일, 평가서 유효기간, 기술가치평가표의 연도 표시) 등 각 항목이 작성원칙에 따라 작성되었는지 점검표를 참고하여 검증한다.

(1) 평가대상기술의 명칭 검증

표지나 제출문 그리고 본문 등에 기재하는 평가대상기술의 명칭은 등록된 특

허권이나 실용신안권 등 지식재산권의 명칭으로 한다. 출원 중인 지식재산권을 평가할 경우 출원 중인 지식재산권의 명칭을 기재하며, 생산기술 및 노하우 등은 평가할 대상과 범위를 명확히 나타낼 수 있는 명칭을 이해당사자와 기술평가자가 합의하여 확정한 후 기재한다.

검증사례 1)

- 지식재산권의 명칭 대신 사업계획서 등의 사업이나 기술명칭을 기재하거나 임의대로 기술명칭을 정하여 기재한 경우
  ① 지식재산권의 명칭: 방수공법 및 방수 구조체
  기재된 기술명칭: 자착식 방수시트 및 FRP도막을 적용한 노출방수 공법
  ② 지식재산권의 명칭: 복합 인터페이스가 구비된 전자기기
  기재된 기술명칭: 터치패드 일체형 휴먼복합키보드 ○○○
  ③ 지식재산권의 명칭: 범죄 예방을 위한 방범 시스템
  기재된 기술명칭: IoT 스마트 비상벨 시스템

검증사례 2)

- 다수의 지식재산권을 묶어서 가상의 기술명칭을 기재한 경우
  ① 지식재산권의 명칭: '로봇 청소기용 먼지감지센서'와 '로봇 청소기 제어방법' 등 2건
  기재된 기술명칭: 물걸레 청소 기능을 장착한 로봇 청소기

(2) 제출처 검증

제출처는 원칙적으로 평가료를 지불하고 기술가치평가서를 활용하는 곳이며, 평가료를 지불하는 곳과 평가서를 활용하는 곳이 다를 경우 기술평가기관은 양 당사자와 협의하여 제출처를 결정한다.

검증사례 1)

- 평가료를 지불하고 평가서를 활용하는 곳은 '○○은행'이나 제출처로 '사업화 주체((주)○○○ 등 회사명)'를 기재한 경우

(3) 기일정보(평가기간, 기술평가기준일, 평가서 제출일, 평가서 유효기간, 기술가치평가표의 연도 표시 등) 검증

기술가치평가서에 기재하는 기일정보는 내부 규정에 맞추어 작성해야 한다. 기술평가기준일은 평가에 관련된 모든 정보가 취합되어 확정된 날짜로서 평가기간 중의 하루가 되어야 한다. 평가서 제출일은 평가서를 최종적으로 완료하여 제출하는 날짜로서, 평가기간의 종료일이나 종료일 이후 가까운 날짜로 한다. 평가서 유효기간은 제출문에 표시된 평가서 제출일로부터 기술평가기관의 내부 규정에 정한 기간까지로 한다. 기술가치평가표의 연도는 기술평가기준일로부터 1년 단위로 하여 ○○차년도로 표시한다.

예를 들어, 평가기간이 2018년 4월 1일(시작일)부터 4월 20일(종료일)까지인 경우, 기술평가기준일은 4월 1일부터 4월 20일까지의 기간 중 하루가 되어야 하며(예: 4월 10일), 평가서 제출일은 종료일인 4월 20일이나 종료일에 가까운 날짜(예: 4월 22일 등), 내부 규정에 따른 평가서 유효기간이 6개월인 경우 평가서 유효기간은 평가서 제출일인 4월 20일(또는 4월 22일 등)로부터 6개월이 되는 10월 20일(또는 10월 22일 등)까지가 된다.

또한, 기술가치평가표의 연도는 〈표 8-2〉와 같이 기술의 경제적 수명이 5년인 경우 기술평가기준일인 2018년 4월 10일부터 2019년 4월 9일까지를 1차년도, 2019년 4월 10일부터 2020년 4월 9일까지를 2차년도 등 ○○차년도로 표시한다.

〈표 8-2〉 기술가치평가표의 연도 표시

구분	1차년도	2차년도	3차년도	4차년도	5차년도
	2018.04.10~ 2019.04.09	2019.04.10~ 2020.04.09	2020.04.10~ 2021.04.09	2021.04.10~ 2022.04.09	2022.04.10~ 2023.04.09
추정매출액 (백만 원)	○○○	○○○	○○○	○○○	○○○
-	-	-	-	-	-

검증사례 1)

- 기술평가기준일을 회계연도 시작일로 한 경우

① 전술한 예에서 기술평가기준일을 2018년 1월 1일로 기입한 경우

검증사례 2)

- 기술평가기준일로부터 평가서 유효기간을 정한 경우

① 전술한 예에서 평가서 유효기간을 2018년 10월 10일까지로 한 경우

검증사례 3)

- 기술가치평가표의 연도를 차년도가 아닌 ○○년도로 표기한 경우

연도	2018	2019	2020	2021	2022
추정매출액(백만 원)	○○○	○○○	○○○	○○○	○○○
–	–	–	–	–	–

2) 체계(표와 그림, 페이지, 평가서 각 항목) 및 작성분량 검증

표와 그림의 부번단위와 번호체계가 서식의 작성원칙에 따랐는지 검증하는 것으로, 부번단위(목차의 부 또는 장 등 표와 그림의 번호를 부여하는 단위)와 번호체계(로마숫자와 아라비아숫자 등으로 2단위 또는 3단위로 체계구성)가 서식의 작성원칙을 위반하였는지 검증한다. 특히, 표와 그림은 목차의 부번단위로 부번되어야 하며, 부번단위 내에서 표와 그림은 중복이나 빠짐이 없이 순서대로 부번되어야 한다.

예를 들어, 목차는 부 단위인 "I. 기술가치평가, II. 평가의견", 또는 장 단위인 "1. 기술가치평가, 2. 기술성 평가의견, 3. 시장성 평가의견, 4. 사업성 평가의견" 등과 같이 구성된다. 전자의 부 단위로 구성된 경우, 표와 그림은 〈표 I-1〉, 〈표 II-2〉… 〈표 II-1〉… 및 〈그림 I-1〉, 〈그림 I-2〉… 〈그림 II-1〉…과 같이 각 부 단위로 부번된다. 후자의 장 단위로 구성된 경우 표와 그림은 각 장 단위로 부번된다(〈표 1-1〉, 〈그림 2-2〉 등). 또한, 부번단위 내에서 번호체계가 2 단위로 규정된 경우 일관성을 유지해야 한다(즉, 〈표 I-1-1〉, 〈그림 2-2-1〉와 같은 3 단위 번호체계는 불가함).

표와 그림의 제목(Caption)은 작성원칙에 따라 표의 제목은 표의 위에, 그림의 제목은 그림의 아래에 위치한다. 또한, 표와 그림은 반드시 본문에서 인용하고 설명해야 한다.

페이지 번호체계와 기술가치평가서 각 항목체계(글의 제목체계)가 서식의 작성원칙을 따랐는지 검증해야 한다. 특히, 평가서 각 항목체계는 목차의 번호체계와 일치해야 하며, 로마숫자(I, II…)와 한글(가, 나…) 그리고 아라비아숫자(1, 2…)를 계층적으로 배치하여 체계를 구성하고, 하위 계층으로 갈수록 글자(폰트) 크기가 작아진다. 또한, 평가서 작성원칙은 서식별 최소 및 최대 작성분량을 정하고 있으며, 작성분량이 과도하게 미달하거나 초과하지 않았는지 검증해야 한다.

검증사례 1)

- 표와 그림의 번호체계가 통일이 안 되거나 일관성이 없는 경우
  ① 〈표 Ⅱ-1〉, 〈표 2-2〉, 〈표 Ⅱ-2-1〉, 〈그림 Ⅲ-4〉, 〈그림 3-4-1〉 등 혼용

검증사례 2)

-표와 그림의 번호순서가 틀리거나 표와 그림에 번호를 부여하지 않은 경우

검증사례 3)

- 표와 그림 제목의 위치가 규정을 따르지 않은 경우

검증사례 4)

- 평가서 각 항목체계(글의 제목체계)가 규정을 따르지 않은 경우

제2절 기술가치평가서의 품질요건 검증사례

1. 전문성(전문가 요건) 준수 검증사례

기술가치평가서의 각 항목이 기술가치평가 방법론(이론)과 평가대상기술이나 시장 그리고 사업에 관한 전문적인 지식 그리고 기술가치평가 경험을 보유한 전문가들에 의해 작성되었는지 검증하는 것으로서, 기술가치평가서 각 항목이 전문성이 인정되는 기술평가자들에 의해 직접 작성되었는지 검증한다.

기술가치평가서의 기술가치평가는 평가 경험을 보유한 회계사 등 전문가나

자격증 소지자, 기술성 평가나 평가의견은 평가대상기술 관련 전문가(기술 관련 석·박사학위자, 연구원, 교수, 기업체 종사자 등), 시장성 평가나 평가의견은 평가대상기술이 적용된 제품 관련 시장분석 전문가(시장조사 기관이나 관련 전문가, 기술거래사 등), 사업성 평가나 평가의견은 사업성 평가 전문가(경영지도사, 세무사, 회계사 등)가 수행하거나 작성해야 한다.

검증사례 1)

- 기술성 평가와 평가의견이 평가대상기술과 무관한 비전문가에 의해 수행되고 작성된 경우(비전문가는 지인에게 평가서 작성을 의뢰함, 즉, 대리평가)

검증사례 2)

- 전문분야와 무관한 분야의 평가를 수행한 경우(변리사가 기술성 평가와 기술가치평가를 수행하고, 회계사가 사업성과 시장성 평가를 수행한 경우)

검증사례 3)

- 지식과 자격 및 기술평가 경험이 검증되지 않은 특정 2인이 평가서 전체를 작성한 경우

2. 규정준수 검증사례

기술가치평가와 평가의견이 기술평가기관의 내부 규정이나 기술가치평가 방법론(이론)을 준수하여 수행되거나 작성되었는지 검증한다.

1) 기술가치평가 규정준수 검증

기술가치평가 수행에 필요한 기본적이고 핵심적인 정보로서 업종분류와 기술분류가 정확한지 검증하며, 기술가치평가 결과를 좌우하는 여유현금흐름의 추정이 규정을 준수하여 수행되었는지 검증한다.

(1) 업종분류 적정성 검증

평가대상기술이 적용된 제품 관련 사업의 업종에 따라 기술가치평가에 적용하는 재무비율과 정보는 바뀌게 된다. 즉, 매출액증가율, 원가 및 판관비 비율, 자본적 지출이나 운전자본증감액 추정에 적용하는 **재무비율**이나 할인율의 타인자본비용과 자기자본비용 그리고 기술기여도의 무형기술자산비율 산정에 적용하는 정보는 **업종에 따라 바뀌게 된다.**

이같이 기술가치평가 과정에서 중요한 역할을 하는 업종이 통계청의 한국표준산업분류표에서 적정하게 분류되어 적용되었는지와 기술가치평가 전 과정에서 일관성 있게 적용되었는지 등을 검증한다(검증사례 2 참고). 어떤 업종으로 분류하느냐에 따라 인용하는 재무비율과 정보가 바뀌고, 기술가치평가 결과는 크게 변한다. 업종분류가 적정하지 않거나 일관성이 없는 경우 기술가치평가 결과의 신뢰성이 훼손되며, 나아가 평가대상기술이 적용된 제품 관련 사업의 업종과 무관한 시장성 및 사업성 평가의견을 작성하게 되는 문제가 발생한다.

기술가치평가에 적용할 업종은 **평가대상기술이 적용된 제품 관련 사업을 기준으로 분류**해야 하며(기술을 기준으로 업종을 분류), 기업(사업화 주체)의 영위 업종과 기술가치평가에 적용하는 업종은 다를 수 있다. 기술을 기준으로 한 업종분류가 모호하면, 기업의 **매출액 구성**(제품매출, 상품매출, 용역매출 등 매출액 구성비율)과 **매출원가와 판관비 구성**(매출원가와 판관비의 구성비율은 제조업과 서비스업 등에 따라 차이가 큼) 등을 참고하여 적정한 업종을 선택해야 한다(검증사례 1 참고).

검증사례 1)

- 업종이 적정하게 분류되지 않은 경우
  ① 평가대상기술: 기능성이 부여된 진열대
  ② 기술가치평가에 적용한 업종(기업의 업종): 기타 전문 디자인업(M73209)
  ③ 기업의 매출액 구성(2018년도)

구분	제품매출	상품매출	기타(용역 등 매출)
추정매출액(백만 원)	1,850	300	150
매출액 구성비(%)	80	13	7

④ 기업과 업종(M73209)의 매출원가 및 판관비 구성비율 비교(2018년도)

구분	평가대상기업	업종(M73209)
매출원가율(%)	82	29(평균)
판관비 비율(%)	13	67(평균)

⑤ 업종(M73209)이 평가대상기술과 무관하게 분류되었으며, 매출액 구성상 기업의 업종은 제조업으로 분류되어야 함. 또한, 기업과 업종(M73209)의 매출원가와 판관비 구성비율이 크게 다름을 알 수 있으며, 이를 토대로 기술가치평가를 위한 업종분류가 적정하지 않음을 알 수 있음.

⑥ 검증결과: 본 기술가치평가를 위한 업종은 평가대상기술이 적용된 제품 관련 제조업인 C33934(교시용 모형 제조업)로 분류하는 것이 타당함.

검증사례 2)

- 업종분류와 업종의 적용에 일관성이 없는 경우

① 평가대상기술: QR코드를 이용한 관리 장치 및 그 방법

② 기술가치평가 단계별로 서로 다른 업종을 적용함.

기술가치평가 단계	적용 업종
원가와 판관비 추정/운전자본증감 추정	소프트웨어 개발 및 공급업(J58222)
할인율 추정/기술기여도 추정	컴퓨터 프로그래밍 서비스업(J62010)

판매 목적이 아닌 자체 사업에 사용되는 부품, 장비, 설비에 관한 기술(자급적 평가대상기술)을 대상으로 기술가치평가를 수행할 경우, 기업의 영위업종(예: 주력 사업부문으로서, 건설업이나 서비스업)과 자급적 평가대상기술이 적용된 제품 관련 사업의 업종(예: 비주력 사업부문으로서 제조업)이 다를 수 있다. 이 경우, 비주력 사업부문(제조업)에서 자급적 평가대상기술이 적용된 제품을 생산하여 주력 사업부문(건설업이나 서비스업)에 납품 또는 판매하는 것으로 보아 비주력 사업부문을 기준으로 업종을 분류해야 한다(검증사례 3, 4, 5, 6 참고).

검증사례 3)

- 자체 사업에 사용되는 설비 관련 업종이 적정하게 분류되지 않은 경우
  ① 평가대상기술: LED를 이용한 광고 시스템
  ② 기술가치평가에 적용한 업종(기업의 업종): 전시 및 행사대행업(N75992)
  ③ 업종이 자급적 평가대상기술을 중심으로 분류되어 있지 않음.
  ④ 기업은 주력사업으로 영위하는 업종인 '전시 및 행사대행업(N75992)'에 사용할 목적으로 'LED를 이용한 광고 시스템' 기술을 보유함
  ⑤ 검증결과: 기업의 영위업종은 N75992이나, 자급적 평가대상기술에 대한 기술가치평가에 적용할 업종은 동 기술이 적용된 제품 관련 '전시 및 광고용 조명장치 제조업(C28423)으로 분류하는 것이 타당함. 만약 업종을 N75992로 분류할 경우, 평가대상기술이 적용된 제품 관련 업종인 '전시 및 광고용 조명장치 제조업(C28423)'과 무관한 '전시 및 행사대행업(N75992)'에 대한 시장성 및 사업성 평가의견을 작성하게 되는 문제가 발생함.

검증사례 4)

- 자체 사업에 사용되는 장비 관련 업종이 적정하게 분류되지 않은 경우
  ① 평가대상기술: 탈황설비의 촉매 세정 장비
  ② 기술가치평가에 적용한 업종: 사업시설 및 산업용품 청소업(N74212)
  ③ 업종이 자급적 평가대상기술을 중심으로 분류되어 있지 않음.
  ④ 기업의 매출액 구성(2018년도)

구분	제품매출	상품매출	기타(용역 등 매출)
매출액(백만 원)	850	0	6,550
매출액 구성비(%)	12	0	88

  ⑤ 검증결과: 매출액 구성상 기업의 영위 업종은 N74212로 분류되나, 판매 목적이 아닌 자체 사업에 사용되는 장비 기술(자급적 평가대상기술)에 대한 기술가치평가에 적용할 업종은 동 기술이 적용된 제품 관련 사업이 속한 '그 외 기타 특수목적용 기계 제조업(C29299)'으로 분류하는 것이 타당함.

검증사례 5)

- 상품매출과 작은 규모의 판매를 위한 제품(부품)매출이 공존하는 경우

① 평가대상기술: 다중 전극 고주파 카테터

② 기술가치평가에 적용한 업종: 의료, 정밀 및 과학기기 도매업(G46592)

③ 업종이 평가대상기술을 중심으로 분류되어 있지 않음.

④ 기업의 매출액 구성(2016년도)

구분	제품매출	상품매출	기타(용역 등 매출)
매출액(백만 원)	640	7,850	0
매출액 구성비(%)	8	92	0

⑤ 검증결과: 매출액 구성상 기업의 영위 업종은 G46592로 분류되나, 판매 목적인 제품(부품)에 관한 기술가치평가의 업종은 기술이 적용된 제품 관련 '그 외 기타 의료용 기기 제조업(C27199)'으로 분류하는 것이 타당함.

검증사례 6)

- 기타(용역 등) 매출만 있는 경우

① 평가대상기술: 벽돌 구조체 및 제조방법

② 기술가치평가에 적용한 업종: 건물 및 토목엔지니어링 서비스업(M72121)

③ 업종이 평가대상기술을 중심으로 분류되어 있지 않음.

④ 기업의 매출액 구성(2019년도)

구분	제품매출	상품매출	기타(용역 등 매출)
매출액(백만 원)	0	0	1,900
매출액 구성비(%)	0	0	100

⑤ 검증결과: 매출액 구성상 기업의 영위 업종은 M72121로 분류되나, 건물 및 토목엔지니어링 서비스에 사용할 목적의 제품(부품)에 대한 기술가치평가에 적용할 업종은 평가대상기술이 적용된 제품 관련 '콘크리트 타일, 기와, 벽돌 및 블록 제조업(C23324)'으로 분류하는 것이 타당함.

(2) 기술분류 적정성 검증

기술의 경제적 수명은 다양한 방법으로 추정할 수 있으며, 전문가 예측법 및 기술적인 관점과 재무적인 관점에서 결정할 수 있다. 일반적으로, 기술의 경제적

수명은 기술적인 관점에서 동일 기술군에 속한 특허들의 특허인용수명지수, 특허출원동향, 특허등록유지기간 등을 통계적으로 처리하여 결정하기 때문에 기술의 경제적 수명은 기술분류(기술군)에 의해 결정된다. 즉, 평가대상기술의 기술군에 따라 기술의 경제적 수명은 변하게 된다.

기술분류는 국제특허분류표(기술평가기관이 독자적으로 기술을 분류할 경우 동 기술분류표)에 따른다. 평가대상기술이 등록된 산업재산권일 경우, 기술분류는 동 산업재산권에 표시된 기술분류코드로 확인할 수 있다. 구체적으로, 기술분류코드는 산업재산권의 상세정보나 특허공보에 표시한 국제특허분류 또는 등록사항(또는 등록원부)의 유별에서 확인할 수 있다.

평가대상기술이 등록된 산업재산권일 경우, 한 개 또는 다수의 기술분류코드를 확인할 수 있다. 기술분류코드가 다수인 경우, 기술평가자는 업종분류 등을 참고하여 평가대상기술을 가장 적절히 대변하는 하나의 기술분류코드를 선정하여(또는, 다수 기술분류코드들의 특허인용수명지수의 평균값을 이용하여) 기술의 경제적 수명을 결정해야 한다(검증사례 1, 2 참고). 평가대상기술이 비등록 지식재산권 또는 비등록 기술인 경우, 기술평가자는 국제특허분류표(독자적으로 기술을 분류할 경우 동 기술분류표)에서 가장 적절한 기술분류코드를 선정하여 기술의 경제적 수명을 결정해야 한다.

검증사례 1)

- 기술분류코드가 잘못 선정되어 적용된 경우 I

① 평가대상기술: 택배 수령 및 보관함 비밀번호 인증법

② 기술의 경제적 수명 추정에 적용한 기술분류코드: A47G(가정 및 식탁용구)

③ 기술가치평가에 적용한 업종: C25992(금고제조업, KSIC 개정 전 업종)

④ 업종 고려 시 기술분류코드가 평가대상기술을 대변하지 못함.

⑤ 검증결과: A47G(가정용구 또는 식탁용구), E05B(자물쇠; 자물쇠 부속품; 수갑), G06Q(관리용, 상업용, 감독용 데이터처리 방법)와 같은 다수의 등록된 기술분류코드 중에서 기술의 경제적 수명 추정에 이용할 코드는 E05B가 타당함.

검증사례 2)

- 기술분류코드가 잘못 선정되어 적용된 경우 II

① 평가대상기술: 메쉬 부재와 자석을 이용한 이물질 여과장치

② 기술의 경제적 수명 추정에 적용한 기술분류코드: B01D(분리)

③ 기술가치평가에 적용한 업종: C29199(그 외 기타 일반목적용 기계제조업)

④ 기술분류코드가 평가대상기술을 대변하지 못함.

⑤ 검증결과: B01D(분리), B03C(고체물질 또는 유체로부터 자기 또는 정전기에 의한 고체물질의 분리)와 같은 복수의 기술분류코드 중에서 기술의 특징과 업종을 고려할 경우 B03C로 분류하는 것이 타당함.

(3) 여유현금흐름 추정 적정성 검증

여유현금흐름이란 사업화 주체의 영업활동을 통해 발생하는 일정기간의 총 현금유입액에서 총 현금유출액을 차감한 순 현금유입액을 말하며, 세후 영업이익(=영업이익-법인세 또는 소득세)에서 자본적 지출액과 운전자본증감액을 차감하고, 감가상각비를 더하여 산출한다. 따라서 여유현금흐름 추정을 위해서는 매출액, 매출원가, 판관비, 자본적 지출과 감가상각비, 운전자본증감액, 투자액 회수와 같은 핵심변수(결정변수)의 추정과정을 거쳐야 한다. 여유현금흐름의 추정은 기술가치평가의 타당성을 결정하는 중요한 과정으로서, 기술평가자는 내부 규정 및 원칙(기술가치평가 방법론)에 따라 관련 항목들을 추정해야 한다.

① 매출액 추정 검증

기술의 경제적 수명의 각 차년도 매출액 추정은 기술가치평가금액을 결정하는 가장 중요한 과정이다. 따라서 매출액 추정이 기술가치평가 규정과 원칙에 따라 합리적이며 객관적으로 추정되었는지 검증해야 한다. 기본적으로, 기술의 경제적 수명에 기술수명주기를 반영해 매출액을 추정해야 한다. 즉, 기술의 경제적 수명 동안 평가대상기술은 도입기 → 성장기 → 성숙기 → 쇠퇴기라는 기술수명주기를 거치게 되며, 매출액 추정에 이러한 기술수명주기와 각 주기의 특성을 반영하였는지 검증해야 한다(검증사례 1, 2, 3 참고).

검증사례 1)

- 기술수명주기의 쇠퇴기 특성을 반영하지 않고 매출액을 추정한 경우

① 평가대상기술: 수전금구에 적용하는 카트리지

② 기술의 경제적 수명: 7년

③ 기술수명주기: 기술평가기준일 현재 성숙기 기술로서, 기술의 경제적 수명 7년 중 성숙기 5년과 쇠퇴기 2년의 기술수명주기를 가정함.

④ 매출액 추정표

(단위: 백만 원, %)

구분	1차년도	2차년도	3차년도	4차년도	5차년도	6차년도	7차년도
기술수명주기	성숙기					쇠퇴기	
추청매출액	6,000	7,200	8,496	9,770	10,747	11,284	11,623
매출액증가율	-	20	18	15	10	5	3

⑤ 매출액증가율은 쇠퇴기까지 계속 감소하지만, 매출액은 기술수명주기 특성에 반하여 쇠퇴기까지 증가하는 추세를 유지하고 있음.

⑥ 검증결과: 기술의 경제적 수명 후반기인 쇠퇴기까지 매출액이 지속적으로 증가하는 추정은 쇠퇴기 특성을 반영하지 않은 오류임.

검증사례 2)

- 기술수명주기의 성장기 특성을 반영하지 않고 매출액을 추정한 경우

① 평가대상기술: 전자책 보호 시스템

② 기술의 경제적 수명: 8년

③ 기술수명주기: 기술평가기준일 현재 성장기 기술로서, 기술의 경제적 수명 8년 중 성장기 4년, 성숙기 2년, 쇠퇴기 2년의 기술수명주기를 가정함.

④ 매출액 추정표

(단위: 백만 원, %)

구분	1차년도	2차년도	3차년도	4차년도	5차년도	6차년도	7차년도	8차년도
기술수명주기	성장기				성숙기		쇠퇴기	
추청매출액	4,500	4,200	3,850	3,500	3,300	3,300	2,000	1,000
매출액증가율	-	-7	-8	-9	-6	0	-40	-50

⑤ 성장기 동안 음의 매출액증가율과 함께 매출액은 기술수명주기 특성에 반하여 지속적으로 감소함.

⑥ 검증결과: 기술의 경제적 수명 전반기인 성장기에 매출액이 지속적으로 감소하는 추정은 성장기 특성을 반영하지 않은 오류임.

검증사례 3)

- 기술수명주기와 매출액 추정표의 기술수명주기가 불일치한 경우

① 평가대상기술: 난방용 패널 구조체

② 기술의 경제적 수명: 8년

③ 기술수명주기: 기술평가기준일 현재 성숙기 기술로 가정함.

④ 매출액 추정표

(단위: 백만 원, %)

구분	1차년도	2차년도	3차년도	4차년도	5차년도	6차년도	7차년도	8차년도
기술수명주기	성장기			성숙기			쇠퇴기	
추청매출액	2,000	2,200	2,640	2,904	3,049	3,049	2,033	1,016
매출액증가율	-	10	20	10	5	0	-33	-50

⑤ 검증결과: 기술수명주기를 성숙기로 가정하였으나, 매출액 추정표에는 기술의 경제적 수명 8년 중 성장기 3년, 성숙기 3년, 쇠퇴기 2년의 기술수명주기를 가정한 오류가 있음. 구체적으로, 기술평가기준일 현재 성숙기 기술로 평가하였기 때문에 매출액 추정표에는 성숙기와 쇠퇴기만을 가정해야 하나 성장기 3년을 고려한 것은 오류임(즉, 성숙기 이전 단계인 도입기나 성장기를 가정할 수 없음).

매출액 추정은 평가대상기술이 적용된 제품에 의해 발생한 매출액만을 대상으로 해야 한다. 만약, 평가대상기술과 무관한(즉, 매출액 추정의 대상이 아닌 기술이 적용된) 제품의 매출을 포함할 경우 매출액이 과도하게 추정되는 문제가 발생한다. 또한, 평가대상기술이 적용된 제품이 기업의 전체 제품 중의 일부분인데도, 기업의 전체 매출을 평가대상기술이 적용된 제품의 매출액으로 처리하면 매출액이 과도하게 추정되는 문제가 발생한다(검증사례 4, 5 참고).

검증사례 4)

- 평가대상기술과 무관한 제품의 매출액을 포함하여 추정한 경우
  ① 평가대상기술: 접착력이 강화된 치아 수복물
  ② 평가대상기술이 적용된 제품은 지대치, 지르코니아 크라운, 도재층을 포함한 치아 수복물로 구성되어 있음.
  ③ 검증결과: 평가대상기술은 지대치, 지르코니아 크라운, 도재층에 관한 것으로, 매출액 추정 시 평가대상기술이 적용된 제품과 무관한 에칭액, 레진(Resin), 지그겔과 같은 제품을 포함하여 매출액을 과도하게 추정함.

검증사례 5)

- 평가대상기술이 적용된 제품을 포함한 회사 전체 매출을 추정매출액으로 처리한 경우
  ① 평가대상기술: 휴대전화 방수장치
  ② 사업화 주체의 제품 구성: 휴대전화 방수장치, 휴대전화 거치대, 방향제 등
  ③ 검증결과: 평가대상기술인 휴대전화 방수장치와 무관한 제품인 휴대전화 거치대와 방향제 등을 포함한 회사 전체 매출액을 추정매출액으로 하여 과도하게 추정함.

평가대상기술이 적용된 제품이 완성품의 일부분을 차지하나, 완성품에 의해 발생한 매출액 전체를 추정매출액으로 하면 매출액이 과도하게 추정되는 문제가 발생한다(검증사례 6 참고).

검증사례 6)

- 평가대상기술이 완성품의 일부분(즉, 구성품)에 관한 것인데도 완성품의 매출을 추정매출액으로 한 경우
  ① 평가대상기술: 사료 혼합공급기의 변속장치(기어박스)
  ② 평가대상기술은 완성품인 사료 혼합공급기에 사용되는 변속장치에 관한 것으로, 변속장치는 사료 혼합공급기의 구성품에 해당함.
  ③ 검증결과: 평가대상기술이 적용된 사료 혼합공급기의 변속장치를 대상으로 매출을 추정해야 하나, 평가대상기술이 적용된 제품을 포함하는 완성품인 사료 혼합공급기의 매출액을 추정매출액으로 하여 과도하게 추정함.

평가대상기술이 적용된 제품이 공사나 용역 그리고 서비스를 제공하기 위한 부분품으로 사용되는 경우, 동 제품에 의한 매출액을 포함한 공사나 용역 그리고 서비스에 의한 전체 매출액을 추정매출액으로 하면 매출액이 과도하게 추정되는 문제가 발생한다(검증사례 7 참고).

검증사례 7)

- 평가대상기술이 적용된 제품에 의한 매출액을 포함한 공사나 용역 그리고 서비스에 의한 전체 매출액을 추정매출액으로 한 경우
  ① 평가대상기술: 도장용 부스에 사용하는 배기장치
  ② 사업화 주체의 업종: 건물용 기계장비 설치 공사업(F42202)
  ③ 평가대상기술은 사업화 주체가 건물용 기계장비 설치 공사업을 수행할 때 사용하는 부분품(부품)에 관한 특허로서, 도장 및 도색 작업을 수행하는 도장용 부스에 사용되는 대기오염 방지시설인 국소 배기장치에 관한 것임.
  ④ 검증결과: 도장용 부스에 사용하는 배기장치는 사업화 주체의 공사에서 부분품으로 사용됨. 따라서, 매출액 추정은 부분품인 도장용 부스 배기장치만을 대상으로 해야 하나, 동 제품을 포함한 사업화 주체가 수행한 공사 전체 매출액을 추정매출액으로 하여 과도하게 추정함.

평가대상기술이 다른 여러 기술과 함께 적용되어 제품이나 공사 그리고 용역(서비스)을 완성할 경우, 제품이나 공사 그리고 용역(서비스)에 적용된 여러 기술 중에서 평가대상기술이 차지하는 비중, 즉 기술비중을 고려해 매출액을 추정해야 하며, 기술비중은 기술평가기관의 내부 규정(기술비중 산출 방법)에 따라 결정한다.

기술비중을 고려하지 않고 매출액을 추정하면 평가대상기술 이외의 기술까지 포함한 기술가치평가금액을 산정하는 문제가 발생하며, 결과적으로 정확한 기술가치평가금액을 산정할 수 없게 된다(검증사례 8, 9 참고).

검증사례 8)

- 기술비중을 고려하지 않고 매출액을 추정한 경우 I

① 평가대상기술: 능동형 마그네틱 베어링 제어 장치

② 평가대상기술은 롤투롤(Roll to Roll) 인쇄 장비에 사용되는 베어링을 제어하는 능동형 자기 구동기에 관한 것으로, 인쇄 정밀도와 생산성을 향상하는 데 기여함.

③ 검증결과: 능동형 마그네틱 베어링 제어 장치를 구현하기 위해서는 핵심기술인 평가대상기술 이외에 여러 보조기술이 적용되며, 핵심기술인 평가대상기술이 기여한 만큼의 기술비중을 고려하여 매출액을 추정해야 함.

검증사례 9)

- 기술비중을 고려하지 않고 매출액을 추정한 경우 II

① 평가대상기술: 다이캐스팅용 사출 슬리브의 냉각구조 및 방법

② 평가대상기술은 다이캐스팅용 사출 슬리브의 내구성 및 수명을 연장하고, 금형 제품의 생산성 향상에 기여함.

③ 검증결과: 평가대상기술인 다이캐스팅용 사출 슬리브의 냉각구조 및 방법을 구현하기 위해서는 보조기술인 평가대상기술 이외에 여러 보조기술과 핵심기술이 적용되며, 보조기술인 평가대상기술이 기여한 만큼의 기술비중을 고려하여 매출액을 추정해야 함.

매출액 추정은 기술평가기준일 현재 기업(사업화 주체)의 사업화 업력과 매출실적(매출액 규모나 매출액증가율)을 고려해 합리적으로 추정해야 한다. 기업의 업력과 최근 월, 분기, 연도 매출실적을 고려하지 않고 추정의 근거도 제시하지 못하는 경우, 실현 가능성을 무시한 현실성 없는 매출액 추정이 되며, 결과적으로 매출액 추정의 신뢰성이 떨어지는 문제가 발생한다(검증사례 10 참고).

검증사례 10)

- 매출액을 과대 추정한 경우

① 평가대상기술: 후면투사 스크린

② 기술평가기준일: 2017년 4월 19일

③ 사업화 주체 설립일(영업개시일): 2015년 10월 20일

④ 사업화 주체 최근 매출실적: 2016년도(43백만 원), 2017년도 1분기(7백만 원)

⑤ 매출액 추정표

(단위: 백만 원, %)

구분	1차년도	2차년도	3차년도	4차년도	5차년도	6차년도	7차년도
추청매출액	4,900	9,800	13,500	18,000	16,500	12,300	8,200
매출액증가율	-	100	38	33	−8	−25	−33

⑥ 검증결과: 업력이 2년 미만인 사업화 주체의 최근 매출실적을 고려할 경우 1차년도와 그 이후의 추정매출액의 실현 가능성은 적음. 일반적으로, 큰 폭으로 매출액이 증가하기 위해서는 설비투자와 운전자본 및 수요처 확보가 선행되어야 한다. 본 검증사례의 경우, 설비(장비)나 인력 등에 관한 투자(자금)계획과 수요처 별 생산 및 판매계획을 매출액 추정의 근거로 제시해야 함.

② 매출원가 및 판매관리비 추정 검증

매출원가와 판관비는 매출총이익과 영업이익에 영향을 미치기 때문에 합리적인 근거를 바탕으로 추정해야 한다. 사업화 주체(기업)가 평가대상기술이 적용된 제품을 생산하거나 판매한 실적을 보유하고 있는 경우, 동 제품에 대한 매출원가와 판관비의 항목별 분석을 통해 직접 추정하거나 재무제표의 매출원가와 판관비 비율(원가비율과 판관비율)을 인용하여 추정하는 것이 원칙이다. 사업화 주체(기업)가 창업기업이거나 평가대상기술이 적용된 제품을 생산하거나 판매한 실적이 없는 경우, 기업경영분석이나 표준재무정보 그리고 유사기업(또는 기업 내 타 사업부문)의 원가비율과 판관비율을 인용하여 간접적으로 추정해야 한다.

매출원가와 판관비 항목에 대한 분석이 없거나, 매출원가와 판관비 비율을 기술평가자가 근거제시 없이 임의대로 낮추거나 높여 적용할 경우 평가결과가 왜곡되기 때문에 이를 중점적으로 검증해야 한다(검증사례 1, 2 참고).

검증사례 1)

- 근거제시 없이 매출원가와 판관비 비율을 임의대로 결정한 경우

① 평가대상기술: 연성회로기판 검사장치

② 사업화 주체는 2006년 3월 설립된 업력 12년 이상의 기업이며, 다년간 평가대상기술 관련 제품을 생산하여 판매한 실적과 재무자료를 보유하고 있음.

③ 매출원가와 판관비 비율 결정: 사업화 주체의 최근 3개년 평균 매출원가 비율은 78.5%, 판관비 비율은 16.4%임. 평가대상기술의 부가가치를 고려하여 매출원가 비율은 3개년 평균 대비 10% 낮은 70.7%, 판관비 비율은 3개년 평균 대비 5% 낮은 15.6%로 결정하여 적용함.

④ 검증결과: 매출원가와 판관비 비율(원가비율과 판관비율)을 타당한 근거제시 없이 임의대로 각각 10%와 5% 낮게 결정하여 적용할 수 없음.*

검증사례 2)

- 타당한 근거제시 없이 매출원가 비율(원가비율)을 임의대로 결정한 경우

① 평가대상기술: 매핑 기능 블루투스 IoT 키보드

② 사업화 주체는 업력 2년 미만의 창업기업으로 재무자료가 없음.

③ 매출원가 비율 결정: 2016년도 한국은행 기업경영분석의 동 업종(C26329) 매출원가 비율은 87.42%임. 사업화 주체의 의견을 인용해 매출원가 비율을 동 업종 대비 20% 낮은 69.94%로 결정하여 적용함.

④ 검증결과: 사업화 주체의 매출원가 항목에 대한 분석을 바탕으로 한 타당한 근거제시 없이 매출원가 비율을 20% 낮게 적용할 수 없음*

* 타당한 근거제시 없이 원가비율과 판관비율을 낮게 적용하면 영업이익율이 증가하고, 평가결과(기술가치평가금액)에 왜곡이 발생함!

③ 자본적 지출과 감가상각비 추정 검증

자본적 지출은 평가대상기술의 사업화에 필요한 유·무형자산에 대한 투자액(신규, 증설, 대체 투자액)을 말하며, 토지, 건물 및 구축물, 기계장치, 무형자산, 기타 자본적 지출과 같은 항목으로 분류하여 추정한다. 자본적 지출은 사업화 주체의 항목별 투자계획을 참고하여 타당성이 인정되는 항목만을 반영하여 직접 추정하는 것을 원칙으로 한다.

기술평가기준일 현재 기보유 중인 자산(이미 실행된 자본적 지출)이 평가대상기술의 사업화에 사용되는 경우, 평가대상기술의 사업화에 기여한 부분만큼을 자본적 지출로 처리할 수 있다. 또한, 자본적 지출이 2년 이상에 걸쳐 발생하면 매년 투

자되는 부분만큼 나누어 반영해야 한다.

자본적 지출은 원칙적으로 기술수명주기의 쇠퇴기, 즉, 기술의 경제적 수명 후반기에는 발생할 수 없다. 또한, 유·무형자산에 대한 자본적 지출은 일반적으로 생산이나 매출에 영향을 미치기 때문에 매출액 추정에 이를 반영해야 한다. 따라서, 유·무형자산에 대한 자본적 지출의 시기와 규모가 매출액 추정에 반영되었는지 검증해야 한다(검증사례 1 참고).

검증사례 1)

- 자본적 지출이 매출액 추정에 반영되지 않거나, 자본적 지출 추정 시 기술의 경제적 수명을 고려하지 않은 경우

① 평가대상기술: 차량 측·후방 충돌방지 시스템

② 자본적 지출과 매출액 추정

(단위: 백만 원, %)

구분	1차년도	2차년도	3차년도	4차년도	5차년도	6차년도	7차년도
기술수명주기	성장기		성숙기			쇠퇴기	
자본적 지출	150		100		100	100	50
추청매출액	3,400	4,080	4,488	4,938	3,930	3,086	1,235

③ 검증결과: 1차년도와 3차년도의 자본적 지출은 2차년도 및 4차년도의 매출액증가를 위해 필요한 추가적인 자본적 지출(증설투자)로서 타당성이 인정됨. 그러나, 5차년도부터 7차년도까지는 매출액이 계속 감소하는 상황에서 근거제시 없이 자본적 지출이 발생하여 논리적 타당성을 상실함. 특히, 기술수명주기가 쇠퇴기이며, 기술의 경제적 수명이 종료되어 가는 시점인 6차년도와 7차년도까지 타당한 근거제시 없이 자본적 지출이 발생하도록 추정하는 것은 기술의 경제적 수명과 기술수명주기에 대한 이해 부족에 기인한 오류임.

감가상각비는 자본적 지출로서 투자한 유·무형자산을 대상으로 하며, 내용연수 동안 정액법이나 정률법을 적용하여 추정한다. 일반적으로, 건물 및 구축물 그리고 무형자산에는 정액법, 기계장치나 기타 자본적 지출에는 정률법을 적용하여 상각한다. 자본적 지출의 실행 시기는 감가상각비에 영향을 미치며, 자본적 지출이 당해 차년도 중기(6개월)에 실행된 경우 당해 차년도와 내용연수 종료 차년도의

감가상각비는 반(1/2)을 적용한다.

감가상각비가 자본적 지출 항목별로 규정에 맞는 상각방법을 적용하여 추정되었는지 검증하며, 자본적 지출의 실행 차년도와 내용연수 종료 차년도의 감가상각비가 규정에 맞게 추정되었는지 검증해야 한다(검증사례 2 참고).

검증사례 2)

- 자본적 지출이 실행된 차년도의 감가상각비 추정이 틀린 경우
  ① 평가대상기술: 엑스레이 검출장치
  ② 기술의 경제적 수명: 6년
  ③ 감가상각비(내용연수 10년, 정액법, 자본적 지출은 중기에 실행)

(단위: 백만 원)

구분	1차년도	2차년도	3차년도	4차년도	5차년도	6차년도
기술수명주기	성숙기				쇠퇴기	
자본적 지출	300	200	100			
감가상각비	30	50	60	60	60	60

④ 검증결과: 자본적 지출이 차년도 중기에 실행된 경우, 자본적 지출이 실행된 차년도와 내용연수 종료 차년도의 감가상각비는 반(1/2)을 적용함. 따라서, 1차년도 15백만 원, 2차년도 40백만 원, 3차년도 55백만 원으로 추정해야 함.

④ 운전자본증감액 추정 검증

운전자본은 영업활동에 필요한 매출채권, 재고자산, 매입채무 때문에 발생하는 자금이며, 기업은 매출채권과 재고자산의 합에서 지출이 유예된 매입채무를 차감한 금액만큼을 영업활동을 위해 보유해야 한다.

운전자본증감액은 매출채권과 재고자산의 합에서 매입채무를 차감하여 직접 추정할 수 있다. 재무정보를 인용하여 추정할 경우, **매출증감액에 운전자본소요율(기업이나 동 업종의 평균 운전자본소요율)을 곱하여 간접적으로 추정**한다. 여기서, 운전자본소요율은 운전자본회전율의 역수이며, 매출증감액은 당해 차년도와 직전 차년도(또는 직전 연도)의 매출액 차이를 말한다.

1차년도의 운전자본증감액 추정을 위한 매출증감액 계산 시 사업의 형태에

따라 1차년도의 직전 차년도 매출액에 대한 검토가 필요하다. 평가대상기술이 적용된 제품 관련 사업이 신규사업이면 1차년도의 직전 차년도의 매출액은 없으며, 계속사업이면 직전 차년도의 매출액이 있을 수 있다. 따라서 신규사업이면, 1차년도의 직전 차년도의 매출액이 없으므로 1차년도의 추정매출액에 운전자본소요율을 곱하여 운전자본증감액을 추정한다. 그러나 계속사업이면서 1차년도의 직전 차년도의 매출액이 있으면, 1차년도와 직전 차년도의 매출액 차액에 운전자본소요율을 곱하여 운전자본증감액을 추정한다.

평가대상기술이 적용된 제품 관련 사업이 계속사업이면, 1차년도와 직전 차년도의 매출액 차액(즉, 매출증감액)을 반영해 운전자본증감액을 추정하였는지 검증해야 한다(검증사례 1 참고). 또한, 평가대상기술이 적용된 제품의 사업화와 무관한 운전자본을 산입하였는지 여부 등을 검증해야 한다(검증사례 2 참고).

검증사례 1)

- 계속사업으로서 1차년도의 직전 차년도(또는 직전 연도) 매출액을 반영하지 않고 운전자본증감액을 추정한 경우

① 평가대상기술: 스마트 미러용 소프트웨어

② 동 업종(58222, 응용소프트웨어 개발 및 공급업) 평균 운전자본소요율

구분	매출채권	재고자산	매입채무
회전율(회)	6.4	42.4	18.3
소요율(1/회전율)	0.1563(A)	0.0236(B)	0.0547(C)
동 업종 평균 운전자본소요율(%)	(A+B−C)×100=(0.1563+0.0236−0.0547)×100=12.52(%)		

③ 운전자본증감액 추정

(단위: 백만 원)

구분	직전 연도	1차년도	2차년도	3차년도	4차년도	5차년도	6차년도
수명주기		성숙기				쇠퇴기	
추정매출액	1,888 (실적)	3,230	3,878	4,556	4,911	3,274	1,637
운전자본증감액		404	81	85	44	−205	−205

④ 검증결과: 평가대상기술이 적용된 제품은 기술평가기준일 현재 계속사업으로서 1차년도의 직전 연도에 매출액이 발생하였으며, 이를 운전자본증감액 추정 시 반영해야 함. 따라서, 1차년도 운전자본증감액은 1차년도의 추정매출액(3,230백만 원)과 직전 연도 매출액(1,888백만 원, 실적)의 차액에 운전자본소요율(12.52%)을 곱해서 168백만 원으로 추정해야 하나, 1차년도 매출액(3,230백만 원)에 운전자본소요율(12.52%)을 곱해서 404백만 원으로 추정함.

검증사례 2)

- 계속사업으로서 평가대상기술의 사업화와 무관한 운전자본을 산입한 경우

① 평가대상기술: 전기차용 전력변환장치

② 1차년도 운전자본증감액 직접추정

(단위: 백만 원)

구분	매출채권	재고자산	매입채무
직전 연도	3,510	1,688	1,359
1차년도	5,674	2,813	3,749
1차년도 운전자본증감액	(5,674−3,510)+(2,813−1,688)−(3,749−1,359)=899		

③ 검증결과: 사업화 주체는 평가대상기술인 전기차용 전력변환장치 외에 통신 단자함을 포함한 다수의 통신용 부품의 사업화를 통해 매출을 기록하고 있음. 1차년도 운전자본증감액은 평가대상기술인 전기차용 전력변환장치에 대한 매출채권과 재고자산 그리고 매입채무를 이용하여 추정해야 하나, 평가대상기술과 무관한 통신용 부품 등에 관한 매출채권과 재고자산 그리고 매입채무가 포함된 자료를 인용하여 추정함.

⑤ 투자액 회수 추정 검증

투자액 회수는 자본적 지출 잔여액(자본적 지출 합−감가상각비 합)에 운전자본 잔여액을 합산하여 추정한다. 자본적 지출 잔여액은 건물 및 구축물, 기계장치, 무형자산, 기타 자본적 지출과 같이 투자된 자산 관련 거래시장이 존재할 경우 예상 거래가 등을 반영해 조정해야 한다.

거래시장이 존재하지 않는 무형자산이나 특수 구축물 그리고 기계장치 등에

관한 자본적 지출 잔여액은 잔존가치(감가상각 후 잔존가치) 이하로 조정해야 한다. 거래시장이 존재한 경우 시장가치를 반영해 자본적 지출 잔여액을 조정하며, 시장가치가 자본적 지출 잔여액보다 높다고 해서 잔여액 이상으로 회수할 수 없다(특수한 거래시장의 경우, 기술평가자의 합의로 가능).

운전자본 잔여액은 전액회수가 원칙이나 매출채권이나 재고자산 그리고 매입채무의 특성을 반영하여 결정해야 한다. 특히, 운전자본 중 매출채권은 매출처의 신용도와 회수 가능성을 고려해야 하며, 재고자산은 악성 재고인지 여부와 처분 가능성을 판단해 운전자본 잔여액을 결정해야 한다.

투자액 회수 검증에서는 과도하게 자본적 지출과 운전자본증감액을 추정하고, 이들을 투자액 회수에 반영하여 기술가치평가를 왜곡하였는지 살펴보아야 한다한다(검증사례 1 참고). 또한, 자본적 지출 잔여액과 운전자본 잔여액을 결정할 때 타당한 근거를 제시하였는지 검증해야 한다(검증사례 2 참고).

검증사례 1)

- 과도하게 자본적 지출과 운전자본증감액을 추정하고, 이를 투자액 회수에 반영한 경우

① 평가대상기술: 히알루론산 필러

② 자본적 지출(무형자산인 특허권)과 투자액 회수 추정

(단위: 백만 원)

구분	1차년도	2차년도	3차년도	4차년도	5차년도	6차년도	7차년도
추정매출액	8,100	10,100	12,000	14,300	14,300	12,700	11,400
기술수명주기	성장기			성숙기		쇠퇴기	
자본적 지출(A)	200	200	200	150	150		
감가상각비(B)*	14	43	72	97	118	129	129
운전자본증감액(C)**	2,932	724	688	833	0	−579	−471
투자액회수(D)	D = A누계액−B누계액 + C누계액 = 900−602 + 4,127 = 4,425						

* 자본적 지출(무형자산인 특허권)의 감가상각비 계산: 정액법으로 내용연수는 7년으로 함.
**운전자본증감액 계산: 신규사업이며, 동 업종 평균 운전자본소요율 36.2%를 적용함.

③ 검증결과: 1차년도부터 5차년도까지 자본적 지출(무형자산인 특허권)을 추정한 근거(설명)가 없으며, 자본적 지출의 잔여액(900 − 602 = 298백만 원)이 거래시장 상황을 반영할 경우 합리적인지 설명이 필요함.

또한, 합리적인 설명 없이 신규사업의 1차년도 매출액을 과도하게 추정하여 1차년도 운전자본증감액(2,932백만 원)이 비정상적으로 크며, 성장기와 성숙기인 1차년도부터 4차년도까지 추정매출액은 급격히 증가하나 쇠퇴기인 6차년도와 7차년도의 추정매출액은 소폭 감소하기 때문에 운전자본 누계액(C누계액=4.127백만 원)이 과도하게 크게 추정됨. 또한, 사업화 주체의 매출채권이나 재고자산 그리고 매입채무를 검토하여 운전자본 잔여액의 회수 가능성을 분석하는 과정이 생략됨.

검증사례 2)

- 타당한 근거 없이 자본적 지출 잔여액과 운전자본 잔여액을 결정한 경우
  ① 평가대상기술: 건물 외장재 고정구조와 공법
  ② 투자액 회수 결정: 무형자산은 0% 회수, 무형자산을 제외한 자본적 지출은 20% 회수, 운전자본은 100% 회수하는 것으로 가정함.
  ③ 검증결과: 타당한 근거제시 없이 각 자산의 회수율을 정하였으며, 결과적으로 회수 가능성에 대한 검토 없이 임의대로 각 자산의 잔여액을 결정함.

2) 평가의견 작성원칙 준수 검증

기술가치평가서의 평가의견이 작성원칙에 따라 작성되었는지 검증하는 것으로, 특히 평가의견의 정합성, 가독성, 핵심성, 정확성(용어나 인용 그리고 참고문헌의 정확성)에 대해 검증한다.

(1) 평가의견 정합성 검증

평가의견의 정합성 검증에서는 글 제목에 부합한 평가의견을 작성하였는지 여부, 평가대상기술이나 동 기술이 적용된 제품 그리고 관련 시장에 대한 평가의견을 작성하였는지 여부, 종합(요약)의견이 평가의견(본문)을 충실히 요약하였는지 여부 등을 살펴본다(검증사례 1, 2, 3 참고).

검증사례 1)

- 글 제목에 부합하지 않은 평가의견을 작성한 경우
  ① 글 제목은 '선행특허 분석'인데, 글 제목과 관계없는 '기술의 차별성 확보의 중요성 등'에 대해 평가의견을 작성함.
  ② 글 제목은 '동 업계 현황'인데, 글 제목과 관계없는 '사업화 주체의 기술개발 실적과 기술개발 전망'에 대해 평가의견을 작성함.
  ③ 글 제목은 '경쟁 현황'인데, 글 제목과 관계없는 '시장동향이나 시장전망'에 대해 평가의견을 작성함.

검증사례 2)

- 평가대상기술(제품)이나 시장을 중심으로 평가의견을 작성하지 않은 경우
  ① '기술의 정의 및 특성' 항목에서 평가대상기술인 '특허권의 핵심 내용과 구성(즉, 발명의 요약) 그리고 특징'을 중심으로 평가의견을 작성하지 않음.
  ② 평가대상기술은 '수처리장 펌프제어 시스템' 또는 '부유물질 제거 및 수질 정화장치'에 관한 것이나, 시장성 평가의견은 '수처리 펌프제어 시스템' 또는 '수질 정화장치'에 대한 것이 아닌 '물 산업' 전반에 대하여 작성함.
  ③ 평가대상기술은 'OLED 기판 이송용 롤러'에 대한 것이나, 시장성 평가의견은 'OLED 기판 이송용 롤러'에 대한 분석이 없이 '디스플레이 시장 및 OLED 패널 제조용 장비 시장'만을 대상으로 하여 작성함.

검증사례 3)

- 종합(요약)의견이 평가의견(본문)을 정확하게 요약하지 않은 경우
  ① 종합(요약)의견이 기술성, 권리성, 시장성, 사업성 각 평가의견의 핵심적인 내용(핵심 변수나 평가지표에 대한 기술평가자의 평가의견 등)을 요약하지 않음.
  ② 종합(요약)의견과 기술성, 권리성, 시장성, 사업성 각 평가의견(본문)이 상이함.

(2) 평가의견 가독성 검증

평가의견의 가독성은 평가의견이 이해되는 정도를 말하며, 평가의견의 가독성에서는 문법에 맞추어 문장을 작성하였는지 여부, 의미가 전달되도록 평가의견을 작성하였는지 여부, 명확한 지시어를 사용하였는지 여부 등을 검증한다(검증사례 1, 2, 3 참고).

검증사례 1)

- 문법에 맞추어 문장을 작성하지 않은 경우

① 주술(주어와 술어) 관계 오류와 능동문과 수동문 오류

예시) 신청기술은 초고압케이블에 적용 가능하여 한국전력과도 사전 협의 진행 중이며, 최근 3년간 신청기술과 관련하여 2014년 4,121백만 원, 2015년 4,431백만 원, 2016년 3,519백만 원의 매출이 발생하고 있다.

② 주어가 없는 문장

예시) (주)○○피플의 보유기술인 특허를 포함한다.

③ 조사(주격, 목적격) 사용상 오류

예시1) 평가대상기술이 사업화하여 관련 시장에 성공적으로 진입하는 경우~

예시2) 하우징 배선을 연결하는 배선공정이 수행한 후~

검증사례 2)

- 의미가 파악되지 않는 이해 불가능한 문장을 작성한 경우

예시) 본 평가대상기술은 평가대상기술이 적용된 수처리장 펌프실 감시제어시스템의 기술로 평가대상기술이 속한 산업분류인 기기용 자동측정 및 제어장치 제조업에 대한 자료가 충분하지 않아 이 기술을 적용하여 사업이 시행되는 수처리사업을 활용하여 간편법 방식을 적용하여 기술수명주기 기간 동안의 매출액을 추정하였다.

검증사례 3)

- 불명확한 지시어(다음, 아래, 위, 상기 등)를 사용한 경우

예시1) 평가대상기술을 다음의 그림을 이용하여 설명한다.

예시2) 시장성장률 데이터는 아래 표에 나타내었다.

(3) 평가의견 핵심성 검증

평가의견의 핵심성은 평가의견에 평가대상기술, 평가대상기술이 적용된 제품, 시장, 사업에 관한 핵심적인 내용을 기술한 정도를 말한다. 평가의견 핵심성에서는 기술성과 권리성 그리고 시장성과 사업성 평가의견이 서로 혼재되어 작성되었는지 여부, 핵심변수(투입변수) 결정에 적용되는 평가지표에 점수나 등급을 부여한 근거를 기술평가자가 충실히 작성하였는지 여부 등을 검증한다(검증사례 1, 2 참고).

검증사례 1)

- 기술성, 시장성, 사업성 평가의견이 혼재되어 있는 경우

① 기술성 평가의견에 시장성과 사업성에 관한 평가의견을 기술함.

② 시장성 평가의견에 사업성에 관한 평가의견을 기술함.

③ 시장성 평가의견에 기술성 평가지표의 등급부여 근거를 작성함.

④ 사업성 평가의견에 시장성 평가의견을 기술함.

검증사례 2)

- 기술평가자가 평가지표에 점수(등급)를 부여하고 관련 근거를 명확히 기술하지 않은 경우

① 기술성과 권리성 그리고 시장성과 사업성의 각 평가지표에 점수나 등급을 부여했으나, 점수나 등급을 부여한 근거를 평가의견에 기술하지 않음.

(4) 용어 정확성 검증

용어 정확성은 기술가치평가에 사용되는 용어(개념)를 정확히 이해하고 올바른 용어를 사용하여 평가의견을 작성한 정도를 말한다. 용어 정확성에서는 내용연수와 기술의 경제적 수명, 기술의 경제적 수명과 기술수명주기 등과 같은 개념을 이해하고 평가의견을 작성하였는지 등을 검증한다(검증사례 1, 2, 3 참고).

검증사례 1)

- 내용연수와 기술의 경제적 수명을 혼용한 경우

① 내용연수 대신 경제적 내용연수라는 용어를 사용함.

예시) 경제적 내용연수는 유·무형 자산에 대한 상각기간으로 정액법과 정률법이 있다.

② 기술의 경제적 수명 대신 경제적 내용연수라는 용어를 사용함.

예시) 경제적 내용연수는 기술이 적용된 제품을 통해 수익을 창출할 수 있는 기간이다.

검증사례 2)

- 기술의 경제적 수명과 기술수명주기를 혼용한 경우

① 기술수명주기 대신 경제적 수명이라는 용어를 사용함.

예시) 경제적 수명을 고속성장기, 안정성장기, 쇠퇴기로 구분한다.

② 기술수명주기 대신 제품수명주기라는 용어를 사용함.

예시) 제품수명주기를 도입기, 성장기, 성숙기, 쇠퇴기로 정의하였다.

검증사례 3)

- 기타 부적절한 용어를 사용한 경우
  ① 기술수명주기에 성장기 후기, 고도(고속, 안정) 성장기 등을 임의대로 가정하여 매출액 추정에 적용함.

(5) 인용 정확성 검증

인용 정확성은 표, 그림, 수식, 단위와 같은 정보를 정확히 평가의견에 기술한 정도를 말한다. 인용 정확성에서는 평가의견에 표와 그림 그리고 수식을 정확히 인용하고 설명한 정도, 표와 그림 그리고 수식에 사용된 단위와 평가의견에 사용된 단위의 통일성 등을 검증한다(검증사례 1, 2, 3, 4 참고).

검증사례 1)

- 표와 그림 그리고 수식을 평가의견(본문)에서 인용 또는 설명하지 않은 경우
  ① 삽입된 표와 그림 그리고 수식을 평가의견(본문)에서 인용하지 않음.
  ② 표와 그림 그리고 수식을 평가의견에서 인용은 했으나 설명하지 않음.

검증사례 2)

- 평가의견(본문)과 무관한 표와 그림을 사용한 경우

검증사례 3)

- 동일한 표와 그림을 여러 번 사용한 경우
  예시) 동일한 그림(또는 표)을 기술성과 시장성 평가의견에 중복하여 사용함.

검증사례 4)

- 표, 그림, 수식, 평가의견에 사용한 단위가 통일되지 않은 경우
  ① 표와 그림 그리고 수식에 사용한 단위와 평가의견에 사용한 단위가 상이함.
  예시) 표와 그림은 ○○○백만 원 단위이나 평가의견에는 ○억 원 단위로 기술함.

(6) 참고문헌 정확성 검증

참고문헌 정확성은 기술가치평가나 평가의견 작성에 활용한 참고문헌을 작성방법에 따라 정확히 누락 없이 기재한 정도를 말한다. 참고문헌의 정확성에서는

참고문헌의 누락 여부, 참고문헌을 본문에서 인용하였는지 여부, 참고문헌이 작성 방법에 따라 작성되었는지 여부 등을 검증한다(검증사례 1, 2, 3 참고).

검증사례 1)
- 참고문헌을 누락하고 작성하지 않은 경우

검증사례 2)
- 참고문헌을 본문에서 인용하지 않은 경우

검증사례 3)
- 참고문헌의 작성방법을 따르지 않은 경우

3. 논리성 준수 검증사례

기술가치평가에서 논리성은 평가의 신뢰성 확보를 위해 필요한 기본적인 요건이며, 평가과정 전체에 걸쳐 논리적으로 상충하는 자료, 가정, 판단 등이 존재하면 안 된다. 논리성 준수에서는 기술가치평가나 평가의견 자체뿐만 아니라 기술가치평가와 평가의견 사이의 논리적 일관성이나 무오류성이 유지되고 있는지와 논리성을 뒷받침하기 위해 기술평가자가 인용한 숫자나 자료(데이터)의 출처나 신뢰성을 검증한다.

1) 기술가치평가 논리성 준수 검증

기술가치평가 과정에서의 논리적 일관성과 무오류성을 유지하고 있는지를 검증하는 것으로, 기술평가자들이 기술의 경제적 수명, 할인율, 기술기여도와 같은 핵심변수를 결정하기 위한 평가지표에 점수나 등급을 일관성 있게 부여하였는지, 각종 점유율이나 성장률 그리고 증감률의 근거를 제시하며 논리에 맞게 적용하였는지 등을 검증한다(검증사례 1, 2 참고).

검증사례 1)

- 핵심변수를 결정하는 평가지표에 부여한 점수(등급)에 일관성이 없는 경우

① 평가지표인 '기술의 차별성'에 대해 할인율에서는 3점(C등급)을 부여하였으나 기술 기여도에서는 4점(B등급)을 부여하여 일관성을 상실함.

② 평가지표인 '기술수명주기'에 대해 매출액 추정에서는 성장기로 가정하였으나, 기술 기여도에서는 성숙기로 평가하여 일관성을 상실함.

검증사례 2)

- 점유율, 성장률, 증감률 등을 타당한 근거제시 없이 적용한 경우

① 타당한 근거제시 없이 시장점유율과 매출액증가율을 가정하여 적용함.

예시 1) 시장점유율은 도입기에는 10%씩 증가, 성장기에는 최고 20%가 되도록 매년 2.5%씩 증가, 쇠퇴기에는 전년 대비 3.3%씩 감소하는 것으로 가정하였다.

예시 2) 사업화 주체의 오랜 업력과 신뢰도 그리고 대표이사의 경험과 노하우를 바탕으로 2차년도에는 50%의 매출액증가율을 달성하는 것으로 가정하였다.

② 타당한 근거제시 없이 매출액증가율 대신 시장성장률을 적용함.*

예시) 성장기의 매출액은 환경산업의 시장성장률인 7.0%씩 성장하는 것으로 가정하였다.

* 매출액증가율과 시장성장률은 수식과 정의가 다르며, 상호 대용이 불가능함.

또한, 기술가치평가 논리성 준수에서는 여유현금흐름 변수 추정 시 재무비율을 일관성 있게 적용하였는지에 대해서 검증한다(검증사례 3 참고).

검증사례 3)

- 재무비율 적용에 일관성과 타당성이 없는 경우

① 타당한 설명 없이 매출원가와 판관비 추정에 사업화 주체의 평균 재무비율, 자본적 지출 추정에 한국은행 기업경영분석의 재무비율, 운전자본증감액 추정에 유사기업의 재무비율을 적용하여 일관성을 상실함.

② 매출원가와 판관비 추정에 유사기업의 재무비율을 적용하였으나, 사업화 주체의 업종과 유사기업의 업종이 상이함(즉, 평가대상기술 관련 사업도 영위하나 주력사업의 업종이 다른 유사기업의 재무비율을 적용함).

③ 사업화 주체가 평가대상기술을 다년간 사업화하여 신뢰성 있는 재무정보를 확보하고 있는데도 한국은행 기업경영분석의 재무비율을 적용함.

④ 매출액 추정 시 동 업종 평균 매출액증가율을 적용한 경우, 평가지표인 성장성에 3점(C등급)을 부여해야 하나 5점(A등급)을 부여하여 타당성을 상실함.

⑤ 매출액 추정 시 동 업종 평균 매출액증가율보다 높은 매출액증가율을 적용하였으나 평가지표인 성장성에 3점(C등급) 이하를 부여하여 일관성을 상실함.

예시) 매출액 추정에 적용한 매출액증가율은 32%이고, 동 업종 평균 매출액증가율은 10%이나 평가지표인 성장성에 3점(C등급) 또는 2점(D등급)을 부여함.

⑥ 기술의 경제적 수명 초기(특히 1~4차년도, 기술수명주기의 쇠퇴기 제외)에 동 업종 평균 매출액증가율 대비 과대한 매출액증가율을 적용하였으나,[1] 이런 사실을 평가지표인 성장성 평가에 반영하지 않음.[2]

예시)

(단위: 백만 원)

구분	1차년도	2차년도	3차년도	4차년도
추정매출액	800	2,400	3,600	4,500
매출액증가율(%)*	-	200	50	25

[1] 동 업종 평균 매출액증가율은 5.1%이나 2~4차년까지 매출액증가율*은 200~ 25%임.

[2] 평가지표인 성장성에 3점(C등급) 또는 2점(D등급)을 부여함.

⑦ 매출원가율을 결정할 때 타당한 근거제시 없이 한국은행 기업경영분석의 매출원가율에서 5% 또는 10%를 차감하여 적용하거나, 한국은행 기업경영분석 매출원가율의 80% 또는 90%를 적용하여 영업이익률을 높임.

기술가치평가 논리성 준수에서는 기술가치평가 결과를 올바르게 나타냈는지에 대해서 검증한다(검증사례 4, 5 참고). 기술평가기관은 기술가치평가금액을 산정할 뿐이며, 이해관계자의 동의 없이 임의대로 등록 권리자의 수나 주주의 지분을 반영하여 기술가치평가금액을 표시하거나 기술기여도를 변경할 수 없다. 등록 권리자가 다수인 경우, 각 등록 권리자에게 귀속되는 기술가치평가금액은 등록 권리자들이 결정할 사안이다.

검증사례 4)

- 등록 권리자가 다수인 기술의 평가결과를 올바르게 표시하지 않은 경우

① 평가대상기술:

등록번호	등록일	기술의 명칭(발명의 명칭)	등록 권리자
10-1X14X7X	2016.05.28	콘크리트 파일과 강관 이음장치	(주)XX건설, (주)XX산업

② 주요 핵심변수(투입변수) 추정결과 요약

주요 핵심변수	추정결과
기술의 경제적 수명(년)	9
할인율(%)	11.4
여유현금흐름의 현재가치 합(백만 원)	2,620
기술기여도(%)	35.5
기술가치평가금액(백만 원)	930÷2=465

③ 기술가치평가금액은 930백만 원으로 표시해야 하나, 등록 권리자가 2인이고, 기술가치평가 신청인(사업화 주체)이 2인 중 1인인 (주)XX건설인 점을 고려하여 기술가치평가금액을 930백만 원의 반(1/2)인 465백만 원으로 표시함.

④ 검증결과: 평가대상기술의 등록권리자가 다수(n)인 경우, 기술평가자가 임의대로 등록권리자의 수를 고려해 기술가치평가금액을 1/n로 표시할 수 없음.

검증사례 5)

- 등록 권리자가 다수인 평가대상기술의 기술기여도를 변경한 경우

① 평가대상기술

등록번호	등록일	기술의 명칭(발명의 명칭)	등록 권리자
10-X6X4X7X	2017.03.18	마이크로 니들	XXX엠(주), 김XX

② 주요 핵심변수(투입변수) 추정결과 요약

주요 핵심변수	추정결과
기술의 경제적 수명(년)	7
할인율(%)	12.5
여유현금흐름의 현재가치 합(백만 원)	1,750
기술기여도(%)	35.2÷2=17.6
기술가치평가금액(백만 원)	308

③ 평가대상기술의 등록 권리자는 XXX엠㈜과 김XX이며, 본 평가는 사업화 주체인 XXX엠㈜을 대상으로 하고 있어, 이를 평가에 반영하기 위해 기술기여도 35.2%의 반(1/2)인 17.6%를 최종 기술기여도로 적용함.

④ 검증결과: 등록 권리자가 다수(n)인 경우, 기술평가자가 임의로 권리자의 수를 고려해 기술기여도를 1/n로 하여 기술가치평가금액을 결정할 수 없음.

2) 평가의견 논리성 준수 검증

기술성, 권리성, 시장성, 사업성 등에 관한 평가의견이 논리적 일관성과 무오류성을 유지하고 있는지를 검증하는 것으로, 논리적 모순(충돌) 없이 각 평가의견 항목들이 일관성 있게 작성되었는지, 평가지표에 부여한 점수(등급)와 평가의견이 부합하는지, 평가지표의 평가기준에 맞추어 점수(등급)를 부여하고 평가의견을 기술하였는지 등을 검증한다(검증사례 1, 2, 3 참고).

검증사례 1)

- 각 평가의견 항목들 사이에 논리적 모순(충돌)이 있는 경우
  - ① 평가지표인 '기술의 혁신성'에 관한 평가의견이 기술성(기술의 정의 및 특성)과 사업성(제품 경쟁력)에서 상호 모순되거나 일관성 없이 기술되어 있음.
  - ② 평가지표인 '예상 시장점유율'에 관한 평가의견이 시장성(동 업계현황)과 사업성(수익전망)에서 상호 모순되거나 일관성 없이 기술되어 있음.

검증사례 2)

- 평가지표에 부여한 점수(등급)와 평가의견이 부합하지 않은 경우
  - ① 평가지표인 '시장 성장성'에 3점(C등급)을 부여하였으나, 동 평가지표에 대해 5점(A등급)에 해당하는 평가의견이 기술되어 있음.

검증사례 3)

- 평가기준을 따르지 않고 평가지표에 점수(등급)를 부여하고 평가의견을 기술한 경우
  - ① 평가지표인 '수익창출기간(기술의 경제적 수명)'에 대해 평가기준에 의거하여 점수(등급)를 부여하지 않았으며, 결과적으로, '수익창출기간(기술의 경제적 수명)'에 관한 평가의견이 평가기준과 다르게 기술됨.
  - ② 평가지표인 '성장성(매출액증가율)'은 평가기준에 따라 기술가치평가에 적용한 매출액증가율과 동 업종 평균 매출액증가율을 비교하여 점수를 부여하고 평가의견을 기술해야 하나, 기술가치평가에서 적용한 매출액증가율과 사업화 주체의 과거 매출액증가율을 비교하여 점수를 부여하고 평가의견을 기술함.
  - ③ 평가지표인 '수익성(영업이익률)'은 평가기준에 따라 기술가치평가에서 산출한 영업이익률과 동 업종 평균 영업이익률를 비교하여 점수를 부여하고 평가의견을 기술해야 하나, 기술가치평가에서 산출한 영업이익률과 사업화 주체의 과거 영업이익률을 비교하여 점수를 부여하고 평가의견을 기술함.

3) 기술가치평가와 평가의견 사이의 논리성 준수 검증

기술가치평가와 평가의견 사이에 논리적 일관성과 무오류성을 유지하고 있는지 검증하는 것으로, 기술가치평가에서 기술의 경제적 수명, 할인율, 기술기여도와 같은 핵심변수를 결정하는 평가지표에 부여한 점수(등급)와 이에 관한 평가의견이 일치하는지, 기술가치평가에서 매출액 추정을 위해 적용한 매출액증가율 또는 시장성장률이나 시장점유율이 평가의견의 매출액증가율 또는 시장성장률이나 시장점유율과 상호 일치하는지 등을 검증한다(검증사례 1, 2 참고).

검증사례 1)

- 평가지표에 대해 기술가치평가와 평가의견에서 상이하게 평가한 경우
  ① 기술가치평가에서 평가지표인 '권리의 안정성'에 4점(B등급)을 부여하였으나, 평가의견에서는 '권리의 안정성'에 대해 2점(E등급)에 해당하는 것으로 기술하여 일관성을 상실함.
  ② 기술가치평가에서 평가지표인 '기술수명주기'를 성장기 초기로 평가하여 5점(A등급)을 부여하였으나, 평가의견에서는 '기술수명주기'를 성숙기로 평가하여 3점(C등급)에 해당하는 의견을 기술하여 논리적으로 일관성을 상실함.
  ③ 기술가치평가에서 평가지표인 '성장성(매출액증가율)'과 '수익성(영업이익률)'에 5점(A등급)을 부여하였으나, 평가의견에서는 성장성과 수익성 각각에 대해 4점(B등급)과 3점(C등급)에 해당하는 것으로 의견을 기술하여 논리적으로 일관성을 상실함.

검증사례 2)

- 기술가치평가와 평가의견 간 인용한 숫자나 자료가 상이하여 논리적 일관성을 상실한 경우
  ① 기술가치평가에서 매출액 추정에 적용한 매출액증가율과 사업성 평가의견에서 기술한 매출액증가율이 상이함.
  ② 기술가치평가에서 매출액 추정에 적용한 시장규모와 시장성장률 그리고 시장점유율이 평가의견에서 기술한 시장규모와 시장성장률 그리고 시장점유율과 상이함.
  ③ 기술가치평가에서 매출액 추정을 위해 인용한 매출액증가율, 시장규모, 시장성장률, 시장점유율 등에 관한 자료의 출처가 평가의견에서 인용한 매출액증가율, 시장규모, 시장성장률, 시장점유율 등에 관한 자료의 출처와 상이함.

4) 자료의 충실성 준수 검증

기술가치평가와 평가의견의 논리전개를 위해 인용한 자료(데이터)의 출처와 근거를 충실히 제시하였는지 검증하는 것으로, 인용한 자료의 출처를 제시하였는지와 최신의 자료를 인용하였는지 그리고 인용자료에 대한 판단의견을 기술하였는지 등을 검증한다(검증사례 1, 2, 3 참고).

검증사례 1)

- 인용한 자료의 출처를 제시하지 않은 경우

① 기술가치평가에서 매출액 추정을 위해 인용한 매출액증가율, 시장규모, 시장성장률, 시장점유율에 관한 자료의 출처를 제시하지 않음.

② 시장성 평가의견에서 인용한 시장규모, 시장성장률, 시장점유율에 관한 자료의 출처를 제시하지 않음.

검증사례 2)

- 최신의 자료를 인용하지 않은 경우

① 기술가치평가와 평가의견에 적용한 동 업종 평균 매출액증가율이나 시장성장률이 4년 또는 5년 전에 발간된 자료에서 인용한 것임.

② 시장규모, 시장성장률, 시장점유율에 관한 최신의 자료를 획득할 수 있지만, 과거의 자료를 인용하여 기술가치평가를 수행하고 평가의견을 작성함.

검증사례 3)

- 복수의 조사기관이 발표한 자료가 혼재한 경우

① 복수의 조사기관이 발표한 시장규모, 시장성장률, 시장점유율에 관한 서로 다른 자료가 기술가치평가서에 등장하며, 특정 조사기관의 자료(데이터)를 채택한 것에 대한 기술평가자의 판단의견이 없음.

제9부

기술평가의 법적 배경과 현물출자

제1장
법정평가의 종류

법정(法定)평가에는 주로 중소기업을 대상으로 기술혁신능력, 기술의 사업화 능력, 핵심기술의 수준을 평가지표 평가를 통해 점수와 등급으로 나타내는 확인(선정, 인증)평가가 있다. 또한, 기술력 평가와 기술가치평가가 있으며, 기술력 평가와 기술가치평가를 기술평가라고 한다(기술이전법 제2조).

제1절 확인(선정, 인증)평가

확인(선정, 인증)평가는 기술, 제품, 사업, 기업을 특정한 평가지표에 따라 평가하여, 적합성을 확인하거나 해당하는 기업을 선정하고 기술이나 제품 그리고 기업을 인증하는 것으로, ① 벤처기업 확인평가, ② 기술혁신형 중소기업 및 경영혁신형 중소기업 선정평가, ③ 녹색기술 인증평가와 녹색기술제품 및 녹색전문기업 확인평가, ④ 신기술 및 신제품 인증평가 등이 있다.

1. 벤처기업 확인평가

벤처기업 확인평가는 벤처기업육성에 관한 특별조치법(벤처기업법) 제2조의2(벤처기업의 요건)와 동법 제25조(벤처기업의 해당 여부에 대한 확인), 제25조의3(벤처기업확인기관의 지정 등), 제25조의4(벤처기업확인위원회)에 근거를 두며, 기술 자체가 아닌 중소기업의 기술혁신능력에 대한 평가이다.

벤처기업법의 하위 시행령과 규칙(요령)으로는 벤처기업육성에 관한 특별조치법 시행령 제18조의4(벤처기업확인서의 유효기간)와 동 시행령 제18조의7(벤처기업확인기관의 지정 요건), 벤처기업육성에 관한 특별조치법 시행규칙 제8조(벤처기업 해당 여부의 확인 절차)와 동 시행규칙 제9조(벤처기업확인기관의 지정 등) 및 제10조(벤처기업확인위원회의 구성 및 운영 등), 벤처기업확인요령(중소벤처기업부 고시)의 제3장(벤처기업확인위원회)과 동 요령 제4장(벤처기업확인 전문평가기관) 및 제5장(벤처기업확인 절차) 등이 있다.

벤처기업 확인평가는 벤처기업육성에 관한 특별조치법 제2조의2(벤처기업의 요건)에 따른 벤처투자유형, 연구개발유형, 혁신성장유형, 예비벤처유형 등 4가지 유형에 신청기업이 해당하는지를 확인하는 평가이며, 벤처기업확인서의 유효기간은 확인일부터 3년이다.

1) 벤처투자유형

중소기업창업투자회사, 벤처투자조합, 신기술사업금융업자, 한국벤처투자 등의 ① 투자금액이 5천만 원 이상, ② 기업의 자본금 중 투자금액 합계가 10%(문화산업진흥기본법상 제작자 법인은 7%) 이상을 충족하는 기업

2) 연구개발유형

① 기업부설연구소 또는 연구개발전담부서 그리고 기업부설창작연구소 또는 기업창작전담부서를 보유한 기업, ② 신청일 직전 4분기 연구개발비 5천만 원 이상, 동 기간 연간 총매출액에 대한 연구개발비의 합계가 차지하는 비율 5% 이상(창업 후 3년 미만 기업은 미적용)으로서 중소벤처기업부장관이 업종과 매출액 규모별

로 고시하는 비율 이상, ③ 벤처기업확인 전문평가기관으로부터 성장성이 우수한 것으로 평가받은 기업

3) 혁신성장유형(예비벤처유형 포함)

① 벤처기업확인 전문평가기관으로부터 기술의 혁신성과 사업의 성장성이 우수한 것으로 평가받은 기업. 혁신성장유형에 해당하는지 확인하기 위한 평가지표는 제조업용과 플랫폼 기반 IT 서비스업용 및 바이오·의약품용으로 구분되며, 제조업용 신규(3년 미만과 이상)와 재확인 기업의 평가지표를 〈표 9-1〉에 나타내었다. 또한, 예비벤처(법인이나 개인사업자 등록을 준비 중인 자)유형용 평가지표를 〈표 9-2〉에 나타내었다. 벤처기업확인 전문평가기관의 장은 중소벤처기업부장관과 협의하여 평가항목 내에서 평가지표와 배점을 조정하여 평가할 수 있다.

〈표 9-1〉 혁신성장유형의 평가지표(제조업용, 신규 및 재확인 기업)

대분류	중분류	소분류 평가지표(정성, 정량)**	신규(배점) 3년 미만	신규(배점) 3년 이상	재확인(배점)
기술 혁신성*	기술개발기반	연구조직 및 기술인력의 전문성(정량)	30	20	20
		연구개발비 투자현황(정량)	-	20	10
	기술개발활동	기술개발 계획의 적절성(정성)	30	20	10
		R&D 실적(정량)	10	10	20
	기술개발성과	기술의 차별성(정성)	20	20	30
		지식재산권 보유현황(정량)	10	10	10
사업 성장성*	사업화 기반	고용상승률(정량)	-	10	10
		목표시장 설정의 적절성(정성)	20	20	10
	사업화 활동	기업가 정신 기반의 사업계획의 적절성(정성)	50	40	30
		협업실적(정량)	10	10	10
	사업화 성과	자금운용 계획의 타당성(정성)	20	20	20
		사업성과(정량)	-	-	20

* 기술 자체에 대한 평가가 아님.
** 2023.05.01 개정하여 적용하는 평가지표임!

〈표 9-2〉 예비벤처유형용 평가지표

대분류	중분류	평가지표(정성, 정량)**	배점
기술 혁신성*	기술개발기반	연구조직 및 기술인력의 전문성(정량)	20
	기술개발활동	기술개발 계획의 적절성(정성)	40
	기술개발성과	기술의 차별성(정성)	40
사업 성장성*	사업화기반	목표시장 설정의 적절성(정성)	40
	사업화활동	기업가 정신 기반의 사업계획의 적절성(정성)	40
	사업화성과	자금운용 계획의 타당성(정성)	20

* 기술 자체에 대한 평가가 아님.

** 2023.05.01 개정하여 적용하는 평가지표임!

전술한 4가지 유형(예비벤처유형 포함 4가지)에 신청기업이 해당하는지는 〈표 9-3〉에 나타낸 유형별 벤처기업확인 전문평가기관에서 평가한다(예비벤처유형의 전문평가기관은 기술보증기금임). 유형별 벤처기업확인 전문평가기관의 평가결과는 벤처기업확인위원회의 심의와 의결을 거쳐 확정된다.

〈표 9-3〉 유형별 벤처기업확인 전문평가기관

벤처기업 유형	벤처기업확인 전문평가기관
벤처투자유형	한국벤처캐피탈협회
연구개발유형	신용보증기금, 중소벤처기업진흥공단
혁신성장유형 (예비벤처유형 포함)	기술보증기금(또한, 예비벤처유형에 대한 전문평가기관임), 연구개발특구진흥재단, 한국과학기술정보연구원, 한국농업기술진흥원, 한국발명진흥회, 한국생명공학연구원, 한국생산기술연구원, 나이스평가정보(주), 한국평가데이터(주)

2. 기술혁신형 중소기업 및 경영혁신형 중소기업 선정평가

기술혁신형 중소기업(이노비즈기업)과 경영혁신형 중소기업(메인비즈기업) 선정평가는 중소기업 기술혁신 촉진법 제15조(기술혁신형 중소기업 발굴·육성)와 제15조

3(중소기업의 경영혁신 촉진 지원사업) 등에 근거를 둔다.

중소기업 기술혁신 촉진법의 하위 시행령과 규칙(요령)으로는 **중소기업 기술혁신 촉진법 시행령** 제13조(기술혁신형 중소기업 및 경영혁신형 중소기업 선정 등), **기술혁신형 중소기업**(Inno-Biz, 이노비즈) **제도 운영규정**의 제6조(이노비즈 평가기준), 제7조(이노비즈 신청), 제11조(이노비즈 선정), 제15조(유효기간 연장), 그리고 **경영혁신형 중소기업**(Main-Biz, 메인비즈) **제도 운영규정** 제6조(메인비즈 평가기준), 제7조(메인비즈 신청), 제11조(메인비즈 선정), 제15조(유효기간 연장) 등이 있다.

기술혁신형 중소기업(이노비즈기업) 선정평가는 기술혁신능력과 기술의 사업화 능력 그리고 기술혁신 경영능력 등을 평가지표의 평가기준에 따라 평가하며, 경영혁신형 중소기업(메인비즈기업) 선정평가는 경영혁신 인프라와 경영혁신 활동 그리고 경영혁신성과를 평가지표의 평가기준에 따라 평가한다. 따라서, **기술혁신형 중소기업(이노비즈기업)과 경영혁신형 중소기업(메인비즈기업) 선정평가는 기술 자체를 대상으로 한 평가가 아니다.**

1) 기술혁신형 중소기업(이노비즈기업)

기술혁신 활동을 통하여 기술경쟁력의 확보가 가능하거나 미래에 성장 가능성이 있는 중소기업으로서, 중소기업 기술혁신 촉진법 제15조에 따라 중소벤처부장관이 선정한 기업을 말한다.

기술혁신형 중소기업 선정을 위한 **평가기관**은 기술혁신형 중소기업(Inno-Biz) 제도 운영규정 제2조(정의)에 **기술보증기금**이 지정되어 있다.

이노비즈 평가지표의 개발, 제도개선, 이노비즈넷 관리 · 운영, 현장평가 업무관리 등 이노비즈 사업의 효율적인 관리를 위한 **관리기관**은 기술혁신형 중소기업 제도 운영규정 제2조(정의)에 (사)**중소기업기술혁신협회**(이하 이노비즈협회)이 지정되어 있다.

이노비즈기업 선정을 위한 평가는 기술혁신형 중소기업 제도 운영규정 제6조(이노비즈 평가기준)에 따라 제조업, 비제조업, 소프트웨어업, 환경업, 바이오업, 건설업, 전문디자인업, 농업 등 8개의 업종별 **기술혁신시스템 평가지표**(1,000점 만점, 해당 항목 체크형과 5지선다형)와 평가기관이 이노비즈넷을 통하여 고시한 **기술평가표**를 이용하여 수행한다.

기술혁신시스템 평가지표의 일례(제조업)를 〈표 9-4〉에 나타내었으며, 각 평가지표(대항목)의 평가방법과 고려사항 그리고 체크항목은 이노비즈 제도 운영규정의 별표3 '기술혁신시스템 평가지표'에 구체적으로 제시되어 있다.

기업은 자가진단 평가점수가 650점 이상이면 이노비즈기업 선정을 신청할 수 있다. 평가기관의 기술혁신시스템 평가지표 평가결과 700점 이상(A등급), 800점 이상(AA등급), 900점 이상(AAA등급)이고, 기술평가등급이 B등급 이상이면 이노비즈기업으로 선정하며, 유효기간은 발급일부터 3년이다.

유효기간 연장평가는 4개 부문 23개 평가지표로 구성된 기술·경영진단평가표(100점에 60점 이상이면 3년 연장, 해당 항목 체크형과 5지선다형)를 이용하여 수행한다(연장평가는 평가기관이 관리기관에 위탁하여 수행).

〈표 9-4〉 기술혁신시스템 평가지표(제조업)

부문	대항목	문항수	배점
Ⅰ. 기술혁신 능력	1. R&D 활동지표	2	50
	2. 기술혁신 체제	6	85
	3. 기술축적 시스템	5	105
	4. 기술분석 능력	4	60
	계	17	300
Ⅱ. 기술사업화 능력	1. 기술의 제품화 능력	4	90
	2. 기술의 생산화 능력	8	130
	3. 마케팅 능력	6	80
	계	18	300
Ⅲ. 기술혁신 경영능력	1. 경영혁신 능력	5	91
	2. 변화대응 능력	4	74
	3. 경영자의 가치관	2	35
	계	11	200
Ⅳ. 기술혁신 성과	1. 기술경쟁력 변화 성과	3	50
	2. 기술경영성과	9	110
	3. 기술적 성과(예측)	4	40
	계	16	200
총계		62	1,000

2) 경영혁신형 중소기업(메인비즈기업)

경영혁신 활동을 통하여 경쟁력의 확보가 가능하거나 미래에 성장 가능성이 있는 중소기업으로서, 중소기업 기술혁신 촉진법 제15조3에 따라 중소벤처부장관이 선정한 기업을 말한다. 경영혁신형 중소기업(메인비즈기업) 선정을 위한 **평가기관**은 경영혁신형 중소기업(Main-Biz) 제도 운영규정 제2조(정의)에 **신용보증기금, 기술보증기금, 한국생산성본부**가 지정되어 있다.

메인비즈 평가지표의 개발, 제도개선, 메인비즈넷 관리 · 운영, 평가점검단 및 평가기관협의회 운영 등 메인비즈 사업의 효율적인 관리를 위한 **관리기관**은 경영혁신형 중소기업 제도 운영규정 제2조(정의)에 (사)**한국경영혁신중소기업협회**(이하 메인비즈협회)가 지정되어 있다.

메인비즈 선정을 위한 평가는 경영혁신형 중소기업 제도 운영규정 제6조(메인비즈 평가기준)에 따라 제조업, 도 · 소매업, 건설업, 지식서비스업, 일반서비스업 등 5개의 업종별 **경영혁신형 중소기업 평가지표**(1,000점 만점, 5지선다형)를 이용하여 수행한다.

제조업의 경영혁신형 중소기업 평가지표는 3개의 전략 방향(경영혁신인프라, 경영혁신활동, 경영혁신성과) 아래 10개의 범주와 23개 평가항목 그리고 50개 평가지표(5지선다형)로 구성되어 있다. 각 평가지표의 정의와 평가내용 그리고 평가방법과 착안사항은 메인비즈 제도 운영규정 별표1 '경영혁신형 중소기업 평가지표'에 구체적으로 제시되어 있다.

기업은 **자가진단 평가점수**가 **600점 이상**이면 메인비즈기업 선정을 신청할 수 있다. 평가기관의 경영혁신형 중소기업 평가지표 또는 경영혁신 진단 평가표(연장평가인 경우)에 따른 평가점수가 **900점 이상**(창조형), **800점 이상**(성장형), **700점 이상**(기본형), **600점 이상**(기초형, 예비 메인비즈기업)인 기업을 메인비즈기업으로 선정하며, **유효기간은 발급일부터 3년**이다.

메인비즈기업 선정을 연장(3년 연장)하기 위한 평가는 3개 전략 방향 아래의 31개 평가지표로 구성된 **경영혁신 진단 평가표**(1,000점, 5지선다형)를 이용하여 수행한다(메인비즈 제도 운영규정 참고).

3. 녹색기술 인증평가, 녹색기술제품 및 녹색전문기업 확인평가

녹색기술 인증평가와 녹색기술제품 및 녹색전문기업 확인평가는 기후위기 대응을 위한 **탄소중립·녹색성장 기본법**(이하 탄소중립기본법[1]) 제60조(녹색기술·녹색산업의 표준화 및 인증 등)의 제2항과 제66조의 제4항 등에 근거를 둔다. 또한, 하위 시행령과 규칙(요령)으로는 **탄소중립기본법 시행령** 제57조(녹색기술 등의 적합성 인증 및 녹색전문기업 확인), **녹색인증제 운영요령**이 있다.

녹색기술이란 기후변화대응 기술(기후변화대응 기술개발 촉진법) 및 에너지 이용 효율화 기술, 청정생산기술, 신·재생에너지 기술, **자원순환**(자원순환기본법) 그리고 친환경 기술 등 사회·경제 활동의 전 과정에 걸쳐 화석에너지의 사용을 대체하고 에너지와 자원을 효율적으로 사용하여 탄소중립을 이루고 녹색성장을 촉진하기 위한 기술을 말한다.

녹색기술제품이란 녹색기술이 적용되어 에너지·자원의 투입과 온실가스 및 오염물질의 발생을 최소화한 제품을 말한다. **녹색전문기업**이란 창업 후 1년이 지난 기업으로서, 기업의 총 매출액에서 녹색기술과 녹색기술제품에 의한 매출액이 20% 이상인 기업을 말한다(후술한 〈표 9-8〉 참고).

녹색인증은 녹색기술인증과 녹색기술제품 확인 및 녹색전문기업 확인으로 구분되며, 유효기간은 발급일부터 3년(1회에 한해 3년 연장 가능)이다.

녹색인증 전담기관은 한국산업기술진흥원(KIAT)이며, 전담기관은 8개 중앙행정기관 산하에 지정된 **녹색인증 평가기관**(〈표 9-5〉에 나타낸 준정부기관, 기타 공공기관, 연구관리 전문기관)의 녹색인증 평가결과를 심의하고, 인증 여부를 확정하는 **녹색인증심의위원회**를 구성·운영한다.

---

1 기존의 저탄소 녹색성장 기본법은 탄소중립기본법의 제정(2021.09.24)과 함께 폐지되었으며, 탄소중립기본법은 2022.09.25부터 시행되었다.

〈표 9-5〉 중앙행정기관 산하 녹색인증 평가기관

중앙행정기관	녹색인증 평가기관	중앙행정기관	녹색인증 평가기관
산업통상자원부	한국산업기술진흥원 한국산업기술평가관리원 한국에너지기술평가원	국토교통부	국토교통과학기술진흥원
중소벤처기업부	기술보증기금	농림축산식품부	농림식품기술기획평가원
과기정통부	한국산업기술진흥협회 한국방송통신전파진흥원	해양수산부	해양수산과학기술진흥원
환경부	한국환경산업기술원	문화체육관광부	한국콘텐츠진흥원 한국문화관광연구원

녹색인증을 받고자 하는 자(신청자)는 녹색인증 전담기관인 한국산업기술진흥원에 평가를 신청하고, 녹색인증 전담기관은 녹색인증 평가기관에 평가를 의뢰한다. 녹색인증 평가기관의 평가결과는 녹색인증심의위원회의 심의를 거쳐 확정된다.

녹색기술인증은 신청기술이 인증대상 녹색기술(10개 대분류 아래의 중분류와 소분류로 된 분류번호에 속한 기술)에 속하고, 신청기술이 소분류 아래에 세분류된 핵심(요소)기술의 기술수준을 충족하며, 〈표 9-6〉에 나타낸 기술성과 녹색성에 관한 7개의 평가항목 점수가 70점 이상이면 부여된다(녹색인증제 운영요령 참고). 즉, 녹색기술인증은 신청기술의 기술수준 충족여부와 함께 기술성과 녹색성 점수로 결정한다.

〈표 9-6〉 기술성과 녹색성 평가항목별 배점

기술성(60점)	녹색성(40점)
기술의 완성도(10점), 기술의 탁월성(15점) 기술의 차별성(20점), 기술의 권리성(5점) 기술의 파급성(10점)	환경기대효과(30점) 정책부합성(10점)

녹색기술제품 확인서는 〈표 9-7〉의 녹색기술인증 확인, 제품생산 가능여부, 품질경영, 제품성능 등 4개 항목을 모두 만족한 경우에 발급한다.

〈표 9-7〉 녹색기술제품 확인기준

녹색기술인증 확인	제품생산 가능여부	품질경영	제품성능
- 녹색기술인증 보유여부 - 제품기능 발현에 녹색기술의 핵심적 기여도 - 신청 제품(모델) 보유 여부	- 생산시설 보유 여부 및 생산 지속성(OEM 제조는 증빙 요)	품질경영 관련 인증(ISO 등) 보유 유무	외부 또는 자체 시험·인증 증빙

녹색전문기업 확인서는 사업기간과 매출액 비중이 〈표 9-8〉을 충족하는 경우에 발급한다.

〈표 9-8〉 녹색전문기업 확인기준

사업기간	매출액 비중
창업 후 1년이 지난 기업	인증된 녹색기술과 확인된 녹색기술제품에 의한 직전년도 매출액의 합이 기업의 직전년도 총매출액의 20% 이상

4. 신기술 및 신제품 인증평가

신기술이란 국내에서 최초로 개발된 기술이나 기존 기술을 혁신적으로 개선·개량한 우수한 기술을 말하며, 신제품이란 신기술을 적용하여 실용화가 완료된 제품 중 성능과 품질이 우수한 제품으로서 경제적·기술적 파급효과가 큰 제품을 말한다.

신기술 및 신제품 인증평가는 〈표 9-9〉에 나타낸 인증을 부여하는 중앙행정기관(부와 청)의 법령에 근거하며, 본 교재는 산업신기술에 대해 설명한다. 산업신기술은 산업기술혁신촉진법(산업기술혁신법) 제15조의2(신기술인증 및 신기술적용제품 확인)와 제16조(신제품의 인증) 등에 근거를 둔다.

동 법의 하위 시행령과 규칙(요령)으로는 ① 산업기술혁신촉진법 시행령 제18조(신기술 인증의 절차), 제18조의2(신기술 인증의 기준 및 대상), 제18조의3(신기술 인증의 유효기간 등), 제18조의4(신기술적용제품의 확인의 절차), 제18조의5(신제품 인증의 절차), 제19조(신제품 인증의 기준 및 대상), 제20조(신제품 인증의 유효기간 등), 제57조(권한의 위임·위탁 등)의 5항(인증업무위탁) 및 6항(인증평가기관) 그리고 7항(인증업무 총괄지원기관) 등이 있다.

또한, ② **산업기술혁신촉진법 시행규칙** 제2조(신기술 인증신청), 제2조의4(신제품적용 확인신청), 제2조의5(신제품 인증신청)와 ③ **신기술(NET) 인증제도 운영요령** 제3조(신기술인증의 대상 및 신청·접수), 제4조(신기술의 심사·평가절차 및 방법), 제5조(1차 심사, 서류·면접심사), 6조(2차 심사, 현장확인심사), 7조(3차 심사, 종합회의심사), 8조(신기술의 선정) 등이 있다.

〈표 9-9〉 신기술 명칭과 관련 법령 및 주관기관

행정기관	신기술 명칭	관련 법령	주관기관
산업통상자원부	산업신기술	산업기술혁신촉진법	국가기술표준원(한국산업기술진흥협회)
국토교통부	건설신기술	건설기술진흥법 건설기술관리법	국토교통과학기술진흥원
	교통신기술	국가통합교통체계효율화법	
	물류신기술	물류정책기본법	
행정안전부	방재신기술	자연재해 대책법	방재협회
농림축산식품부	농업기계신기술	농업기계화 촉진법	농촌진흥청
	농림식품신기술	농림식품과학기술 육성법	농림식품기술기획평가원
환경부	환경신기술	환경기술 및 환경산업 지원법	한국환경산업기술원
보건복지부	보건의료신기술	보건의료기술 진흥법	한국보건산업진흥원
해양수산부	해양수산신기술	해양수산과학기술 육성법 물류정책기본법	해양수산과학기술진흥원
	해양수산 물류신기술		
산림청	목재제품신기술	목재의 지속 가능한 이용에 관한 법률	한국임업진흥원

신기술 및 신제품 인증평가는 신청기술에 대해 전문가들이 1, 2, 3차에 걸쳐 평가지표(심사기준)에 점수를 부여하거나 평가의견서를 기술하는 방식으로 진행된다(신청기술에 대한 전문가의 지표평가 또는 의견기술).

1차 심사는 서류와 발표(면접)평가로서, 심사위원의 합산점수 평균이 중소·중견기업인 경우 100점 만점에 70점 이상(중소·중견기업 이외의 경우 75점 이상)이면 2차 심사에 상정한다.

2차 심사는 현장확인심사로서, 2차 심사에 참석한 심사위원 3/4 이상이 찬성하면 3차 심사에 상정한다. 3차 심사는 종합회의심사로서, 재적위원 과반수의 출석과 출석위원 2/3 이상이 신기술인증에 동의하는 경우 신기술인증 예정기술로 선정된다.

신기술 및 신제품 인증의 유효기간은 공고일부터 3년의 범위에서 신기술로 인증할 때 정하는 기간으로 하며, 3년의 범위 이내에서 신기술 인증기간을 연장할 수 있다.

제2절 기술평가

기술평가로 분류되는 기술력 평가와 기술가치평가는 기술의 이전 및 사업화 촉진에 관한 법률(기술이전법) 제6장 기술평가체제의 확립 아래 제32조(기술평가의 활성화), 제34조(기술평가 기법의 개발 및 보급), 제35조(기술평가기관의 지정 등) 등에 근거를 둔다.

기술이전법의 하위 시행령과 규칙(요령)으로는 기술이전법 시행령 제32조(기술평가기관의 지정기준 등), 제33조(기술평가기관의 지정취소기준 등)와 산업통상자원부 고시 제2016-113호(기술평가 품질관리지침), 산업통상자원부 고시 제2016-114호(기술평가기준 운영지침), 산업통상자원부 고시 제2016-115호(기술거래기관, 사업화 전문회사 및 기술평가기관 지정요령)가 있다.

기술평가 시 산업통상자원부 고시 제2016-114호(기술평가기준 운영지침) 제16조(목적과 용도의 명시)에 따라 평가의 목적과 용도를 명시해야 한다.

1. 이전 및 거래분야: 기술의 매매, 라이선스의 가격 결정 등을 위함
2. 금융분야: 기술의 담보권 설정 또는 투자유치를 위함
3. 현물출자분야: 기술 또는 지식재산권의 현물출자를 위함
4. 전략분야: 기업의 가치증진, 기술상품화, 분사, 장기 전략적 경영계획 수립 등을 위함
5. 청산분야: 기업의 파산 또는 구조조정에 따른 자산평가, 채무상환계획 수립

등을 위함

6. 소송분야: 지식재산권 침해, 채무불이행, 기타 재산분쟁 관련 소송을 위함
7. 세무분야: 기술의 기증, 처분, 감가상각을 위한 세무계획 수립 및 세금납부 등을 위함
8. 기타분야: 특례상장 등을 위함

산업통상자원부 고시 제2016-114호(기술평가기준 운영지침) 제19조(평가요인)에 따라 기술평가 시 평가대상기술의 기술성, 권리성, 시장성, 사업성 등 **평가요인**을 분석하고, 분석결과를 **평가지표**를 통해 **평가모형**에 반영하여 **점수나 등급**을 산출하거나(기술력 평가), 분석결과를 **평가지표**를 통해 **핵심변수**(투입변수)에 반영하여 기술의 가치를 결정한다(기술가치평가). 따라서, 평가요인 분석결과는 평가지표나 핵심변수와 높은 연관성을 가져야 한다.

1. 기술력 평가

기술력 평가는 산업통상자원부 고시 제2016-114호(기술평가기준 운영지침) 제2조(정의)와 제31조(기술력 평가의 목적), 제32조(기술력 평가의 평가항목) 등에서 정의하고 있다.

기술력 평가란 기술평가의 한 유형으로, 평가대상기술과 사업화 주체의 인력, 조직, 지원서비스 등을 종합적으로 고려하여 기술개발과 흡수 및 혁신능력을 평가하는 것으로, **평가결과는 점수나 등급 등으로 표시된다.**

기술력 평가의 목적은 사업화 주체가 기술을 사용하여 수익을 창출할 수 있는 능력을 평가하기 위함에 있으며, 그 용도는 전술한 제16조(목적과 용도의 명시)에 의하여 명시함을 원칙으로 한다.

기술력 평가에는 여신 또는 보증 심사용 평가(TCB평가 등 기술신용평가용 평가), 창투사의 투자심사용 평가, 코넥스시장의 기술특례상장평가, 코스닥시장의 기술성장기업 상장특례평가, 기술개발 또는 우수기술 사업화 지원을 위한 평가 등 기술평가기관이 필요에 따라 만든 다양한 종류가 있다.

사업화 주체의 경영능력, 기술성, 권리성, 시장성, 사업성 등 평가요인별 평가

지표는 기술력 평가표를 구성한다. 기술력 평가표의 평가결과 등 입력변수는 기술력 평가모형에 투입되며, 출력인 평가결과는 평가점수나 백분율 평가점수 또는 평가등급으로 표시된다('제6부 기술력 평가와 평가모형' 참고).

2. 기술가치평가

기술가치평가는 산업통상자원부 고시 제2016-114호(기술평가기준 운영지침) 제2조(정의)와 제36조(기술가치평가법), 제37조(시장접근법), 제38조(수익접근법), 제39조(원가접근법), 제40조(로열티공제법) 등에서 정의하고 있다.

기술가치평가란 기술평가의 한 유형으로서, 사업화가 되거나 예정인 기술을 통하여 창출하는 경제적 가치를 시장에서 일반적으로 인정된 기술가치평가 원칙과 방법론에 따라 평가하여 화폐단위로 나타내는 것을 말한다. 기술가치평가에서 기술성, 권리성, 시장성, 사업성 등의 평가요인을 분석한 결과는 평가지표를 통해 핵심변수(투입변수)의 결정에 반영되며, 핵심변수는 독립변수로서 종속변수인 기술가치평가금액을 결정한다.

기술가치평가서에는 평가요인을 분석한 내용과 함께 각 평가요인별 평가지표에 등급이나 점수를 부여한 근거가 기술되어야 한다. 각 기술평가기관은 기관의 특성에 맞는 평가요인별 평가지표를 개발해야 하며, 평가지표가 일관성 있게 평가되도록 평가지표 평가기준을 마련하여야 한다.

제3절 법정평가의 평가방법 비교

평가의 분류	법정평가	평가방법
확인평가 선정평가 인증평가	벤처기업 확인평가	① 평가지표 배점(配点)평가 ② 평가지표 평가기준에 의한 평가 ③ 기술 자체가 아닌 기술 혁신성에 대한 평가임
	이노비즈 (메인비즈)기업 선 정평가	① 평가지표 배점평가(5지선다형 또는 선택형) ② 평가지표 평가기준에 의한 평가 ③ 기술 자체가 아닌 기술혁신 또는 기술사업화 능력에 대한 평가임
	녹색인증 및 확인평가	① 인증 대상기술에 대한 평가 ② 인증 대상기술의 기술수준 평가 ③ 인증 대상기술이 충족해야 할 기술수준은 전담기관이 전문가(기관) 등의 자문을 받아 설정해 놓음 ④ 인증 또는 확인기준 충족여부로 결정
	신기술(신제품) 인증평가	① 평가지표 배점평가 ② 신청기술에 대한 전문가들의 평가 ③ 세 차례에 걸친 평가(면접심사, 현장심사, 종합심사) ④ 기술의 신규성, 진보성, 차별성 평가
기술평가	기술력 평가	① 전문가의 평가요인 분석 ② 평가지표 배점평가 ③ 평가지표 평가기준에 의한 평가 ④ 평가지표 등을 입력변수로 한 기술력 평가모형에 의한 평가 ⑤ 기술력 평가모형의 출력은 평가점수 또는 평가등급으로 표현됨 ⑥ 평가서에 평가의견 작성
	기술가치평가	① 전문가의 평가요인 분석 ② 평가지표 배점평가 ③ 평가지표 평가기준에 의한 평가 ④ 평가지표가 반영된 핵심변수 ⑤ 핵심변수(독립변수)에 의한 기술가치평가금액 결정(종속변수) ⑥ 평가서에 평가의견 작성

제2장
기술평가 관련 법령

기술가치평가를 통한 현물출자에 관한 상위 법률은 상법이며, 상법에 근거한 법령으로서 기술이전법 및 기술가치평가 관련 산업통상자원부 고시, 벤처기업육성에 관한 특별조치법과 발명진흥법을 순차적으로 설명한다.

제1절 상법

기술가치평가는 상법의 주식회사 설립(변태설립 사항인 현물출자) 및 신주의 발행 그리고 벌칙에 관한 규정에 근거를 두고 있다. 법인설립이나 신주발행 시 무형자산의 현물출자를 위해서는 기술가치평가를 거쳐야 한다.

기술평가자는 무형자산의 현물출자에 있어 검사인 또는 감정인의 지위에 있으며, 상법 제7장 벌칙 규정에 따라 검사인, 감정인, 공증인이 ① 부실한 보고를 하거나 사실을 은폐한 때, ② 직무에 관하여 부정한 청탁을 받고 재산상의 이익을 수수, 요구 또는 약속한 때, ③ 과태료에 처할 행위를 한 경우에 대해 5년 이하의 징역이나 1,500만 원 이하의 벌금 또는 500만 원 이하의 과태료에 처해진다.

1. 상법 제4장 주식회사 중 제1절 설립

상법 제4장 주식회사 중 제1절 설립은 현물출자를 포함한 변태설립사항(제290조), 발기설립의 경우 납입과 현물출자의 이행(제295조), 발기설립의 경우 임원의 선임(제296조), 이사 감사의 조사 보고와 검사인의 선임청구(제298조), 검사인의 조사 보고(제299조), 현물출자 등의 증명(제299조의2)에 관한 규정을 포함하고 있다.

제290조(변태설립사항)

1. 발기인이 받을 특별이익과 이를 받을 자의 성명
2. 현물출자를 하는 자의 성명과 그 목적인 재산의 종류, 수량, 가격과 이에 대하여 부여할 주식의 종류와 수
3. 회사성립 후에 양수할 것을 약정한 재산의 종류, 수량, 가격과 그 양도인의 성명
4. 회사가 부담할 설립비용과 발기인이 받을 보수액

제295조(발기설립의 경우의 납입과 현물출자의 이행)

① 발기인이 회사의 설립 시에 발행하는 주식의 총수를 인수한 때에는 지체 없이 각 주식에 대하여 그 인수가액의 전액을 납입하여야 한다.

② 현물출자를 하는 발기인은 납입기일에 지체 없이 출자의 목적인 재산을 인도하고 등기, 등록 기타 권리의 설정 또는 이전을 요할 경우에는 이에 관한 서류를 완비하여 교부하여야 한다.

제296조(발기설립의 경우의 임원선임)

① 전조(제295조)의 규정에 의한 납입과 현물출자의 이행이 완료된 때에는 발기인은 지체 없이 의결권의 과반수로 이사와 감사를 선임하여야 한다.

② 발기인의 의결권은 그 인수주식의 1주에 대하여 1개로 한다.

제298조(이사·감사의 조사·보고와 검사인의 선임청구)

① 이사와 감사는 취임 후 지체 없이 회사의 설립에 관한 모든 사항이 법령 또는 정관의 규정에 위반되지 아니하는지의 여부를 조사하여 발기인에게 보

고하여야 한다.

② 이사와 감사 중 발기인이었던 자·현물출자자 또는 회사성립 후 양수할 재산의 계약당사자인 자는 제1항의 조사·보고에 참가하지 못한다.

③ 이사와 감사의 전원이 제2항에 해당하는 때에는 이사는 공증인으로 하여금 제1항의 조사·보고를 하게 하여야 한다.

④ 정관으로 제290조 각 호의 사항을 정한 때에는 이사는 이에 관한 조사를 하게 하기 위하여 검사인의 선임을 법원에 청구하여야 한다. 다만, 제299조의2의 경우에는 그러하지 아니하다.

제299조(검사인의 조사·보고)

① 검사인은 제290조 각 호의 사항과 제295조에 따른 현물출자의 이행을 조사하여 법원에 보고해야 한다(후술하는 '다. 현물출자에 의한 증자' 참고).

② 제1항은 다음 각 호의 어느 하나에 해당할 경우 적용하지 아니한다.

1. 제290조 제2호 및 제3호의 재산총액이 자본금의 5분의 1을 초과하지 아니하고 대통령령으로 정한 금액을 초과하지 아니한 경우

제299조의2(현물출자 등의 증명)

제290조 제1호 및 제4호에 기재한 사항에 관하여는 공증인의 조사·보고로, 제290조 제2호 및 제3호의 규정에 의한 사항과 제295조의 규정에 의한 현물출자의 이행에 관하여는 공인된 감정인의 감정으로 제299조 제1항의 규정에 의한 검사인의 조사에 갈음할 수 있다. 이 경우, 공증인 또는 감정인은 조사 또는 감정결과를 법원에 보고하여야 한다.

2. 상법 제4장 주식회사 중 제4절 신주의 발행

상법 제4장 주식회사 중 제4절 신주의 발행은 발생사항의 결정(제416조), 현물출자의 검사(제422조)에 관한 규정을 포함하고 있다.

第416조(발생사항의 결정)

회사 성립 후에 주식을 발행하는 경우, 다음의 사항으로서 정관에 규정이 없는 것은 이사회가 결정한다.

1. 신주의 종류와 수
4. 현물출자를 하는 자의 성명과 그 목적인 재산의 종류, 수량, 가액과 이에 대해 부여할 주식의 종류와 수

第422조(현물출자의 검사)

① 현물출자를 하는 자가 있는 경우에, 이사는 第416조 第4호의 사항을 조사하게 하기 위하여 검사인의 선임을 법원에 청구하여야 한다. 이 경우 공인된 감정인의 감정으로 검사인의 조사에 갈음할 수 있다(후술하는 '다. 현물출자에 의한 증자' 참고).

1. 第416조 第4호의 현물출자의 목적인 재산의 가액이 자본금의 5분의 1을 초과하지 아니하고, 대통령령으로 정한 금액을 초과하지 아니하는 경우 제1항을 적용하지 아니한다.

3. 상법 제7장 벌칙

상법 제7장 벌칙은 회사재산을 위태롭게 하는 죄(第625조), 발기인, 이사 기타의 임원의 독직죄(第630조), 과태료에 처할 행위(第635조)에 관한 규정을 포함하고 있다.

第625조(회사재산을 위태롭게 하는 죄)

第622조 第1항에 규정된 자, 검사인, 第298조 第3항·第299조의2·第310조第3항 또는 第313조第2항의 공증인이나 第299조의2, 第310조 第3항 또는 第422조 第1항의 감정인이 다음의 행위를 한 때에는 5년 이하의 징역 또는 1천500만 원 이하의 벌금에 처한다.

1. 주식 또는 출자의 인수나 납입, 현물출자의 이행, 第290조, 第416조 第4호 또는 第544조에 규정된 사항에 관하여 법원·총회 또는 발기인에게 부실한

보고를 하거나 사실을 은폐한 때

제630조(발기인, 이사 기타의 임원의 독직죄)

① 제622조와 제623조에 규정된 자, 검사인, 제298조 제3항 · 제299조의2 · 제310조 제3항 또는 제313조 제2항의 공증인이나 제299조의2, 제310조 제3항 또는 제422조 제1항의 감정인이 그 직무에 관하여 부정한 청탁을 받고 재산상의 이익을 수수, 요구 또는 약속한 때에는 5년 이하의 징역 또는 1,500만 원 이하의 벌금에 처한다.

제635조(과태료에 처할 행위)

① 회사의 발기인, 설립위원, 업무집행사원, 업무집행자, … 검사인, 공증인, 감정인이 다음 각 호의 어느 하나에 해당하는 행위를 한 경우에는 500만 원 이하의 과태료를 부과한다.

제2절 기술의 이전 및 사업화 촉진에 관한 법률(약칭: 기술이전법), 시행령과 시행규칙

기술이전법은 ① 공공연구기관에서 개발된 기술이 민간부문으로 이전되어 사업화되는 것을 촉진하고, ② 민간부문에서 개발된 기술이 원활히 거래되고 사업화될 수 있도록 관련 시책을 수립 · 추진함으로써 산업 전반의 기술경쟁력을 강화하여 국가경제의 발전에 이바지함을 목적으로 한다.

동 법은 제1장 총칙, 제2장 기술이전 · 사업화 촉진계획의 수립, 제3장 기술이전 · 사업화 기반의 확충, 제4장 기술이전 · 사업화의 촉진, 제5장 기술이전 · 사업화에 대한 금융지원, 제6장 기술평가체제의 확립 등으로 구성되어 있다.

동 법은 ① 기술, 기술이전, 기술평가에 대한 법적 정의를 규정하고 있으며, ② 기술거래기관의 지정 및 기술거래사의 등록, ③ 기술지주회사의 설립, 출자회사의 설립 등, 기술의 현물출자 등에 대한 특례, ④ 기술평가와 기술평가기관의 지정 등에 관한 법적 근거를 제공한다.

1. 기술이전법 제1장 총칙, 제2조(정의)

이 법에서 사용하는 용어의 뜻은 다음과 같다.

1. '기술'이란 다음 각 목의 어느 하나에 해당하는 것을 말한다.

가. 「특허법」등 관련 법률에 따라 등록 또는 출원된 특허, 실용신안, 디자인, 반도체집적회로의 배치설계 및 소프트웨어 등 지식재산

나. 가목의 기술이 집적된 자본재(資本財)

다. 가목 또는 나목의 기술에 관한 정보

라. 그 밖에 가목부터 다목까지에 준하는 것으로서 대통령령으로 정하는 것 (이전 및 사업화가 가능한 기술적 · 과학적 또는 산업적 노하우)

2. '기술이전'이란 양도, 실시권 허락, 기술지도, 공동연구, 합작투자 또는 인수 · 합병 등의 방법으로 기술이 기술보유자(해당 기술을 처분할 권한이 있는 자를 포함한다)로부터 그 외의 자에게 이전되는 것을 말한다.

4. '기술평가'란 사업화를 통하여 발생할 수 있는 기술의 경제적 가치를 가액(價額) · 등급 또는 점수 등으로 표현하는 것을 말한다.

10. '공공연구기관첨단기술지주회사'(이하 '기술지주회사'라 한다)란 공공연구기관이 보유하고 있는 기술의 사업화를 목적으로 다른 회사의 주식(지분포함)의 소유를 통하여 해당 회사의 사업을 지배하거나 관리 · 지원하는 것을 주된 사업으로 하는 회사로서 제21조의3에 따라 등록된 회사를 말한다.

2. 기술이전법 제3장 기술이전·사업화 기반의 확충

제10조(기술거래기관의 지정·취소 및 지원), 동법 시행령 제16조

① 관계중앙행정기관의 장은 기술이전 · 사업화 촉진을 위하여 기술거래를 위한 전담인력 등 대통령령으로 정하는 기준을 갖춘 자를 기술거래기관으로 지정할 수 있다.

• **동법 시행령 제16조(기술거래기관의 지정기준 등)**

1. 법 제14조에 따른 기술거래사(이하 "기술거래사"라 한다), 변호사, 변리사, 공인회계사 또는 기술사 자격을 취득한 사람으로서 법 제10조 제2항의 사업에 종사할 수 있는 사람 3명 이상을 상시 고용할 것.

제14조(기술거래사의 등록·육성 및 지원), 동법 시행령 제21조

① 기술이전·사업화에 관한 전문지식이 있는 사람은 산업통상자원부장관에게 기술거래사로 등록할 수 있다.

• **동법 시행령 제21조(기술거래사의 자격 등)**

1. 변호사, 변리사, 공인회계사 또는 기술사 자격을 취득한 사람으로서 기술이전·사업화 분야에 종사한 경력이 3년 이상일 것

3. 기술이전법 제4장 기술이전·사업화의 촉진

제21조의3(기술지주회사의 설립)

① 공공연구기관은 단독으로 또는 다른 공공연구기관과 함께 기술지주회사를 설립할 수 있다.

⑤ 공공연구기관은 기술지주회사에 기술 등을 현물출자(이전)할 수 있다.

* 지배구조로서, 공공연구기관은 기술지주회사의 주식 50% 이상 보유하고 기술지주회사는 출자회사의 주식 20% 이상 보유해야 함.

제21조의4(출자회사의 설립 등)

① 기술지주회사는 보유한 기술을 활용하여 직접 출자회사를 설립하거나 제3의 회사의 주식 또는 지분을 인수하여 출자회사로 편입할 수 있다.

③ 기술지주회사가 출자회사에 기술 등을 현물출자하는 경우에는 제23조를 준용한다. 기술지주회사가 제21조의3 제5항에 따라 현물출자 받은 기술

등을 대통령령으로 정하는 기간 내에 다시 출자회사에 현물출자하는 경우에는 현물출자 받을 당시의 가치평가결과를 원용하여 법원에 보고할 수 있다.

제23조(기술의 현물출자 등에 대한 특례)

① 기술을 기업에 현물출자하려는 자가 기술진흥원 또는 제35조에 따른 기술평가기관의 평가를 받은 경우 그 평가 내용은 「상법」 제299조의2 또는 제422조에 따라 공인된 감정인이 감정한 것으로 본다.

② 제1항의 경우 기술진흥원 등의 기술평가를 담당하는 자는 「상법」 제625조, 제630조 및 제635조를 적용할 때에는 감정인으로 본다.

4. 기술이전법 제6장 기술평가체제의 확립

제35조(기술평가기관의 지정 등), 동법 시행령 제32조

① 관계중앙행정기관의 장은 기술이전·사업화의 촉진을 위하여 기술평가를 위한 전담인력 및 관리조직 등 대통령령으로 정하는 기준을 갖춘 기관을 기술평가기관으로 지정할 수 있다.

② 제1항에 따라 지정된 기술평가기관은 다음 각 호의 사업을 한다.

1. 기술평가
2. 기술평가 수요의 조사 및 분석
3. 기술평가정보의 수집·분석·유통 및 관련 정보망 구축
4. 기술평가정보의 공동 활용 및 확산을 위한 사업

③ 관계중앙행정기관의 장은 기술평가기관이 다음 각 호의 어느 하나에 해당하면 그 지정을 취소할 수 있다. 다만, 제2호, 제4호 또는 제5호에 해당하면 그 지정을 취소하여야 한다.

1. 지정된 후 연간 기술평가 실적이 대통령령으로 정하는 건수 이하(연간 기술평가 실적이 대통령령으로 정하는 건수인 10건 이하)
2. 거짓이나 그 밖의 부정한 방법으로 지정을 받은 경우
3. 제4항에 따른 통보의무를 3회 이상 이행하지 아니한 경우

④ 기술평가기관은 기업의 경영·영업상 비밀의 유지 등 대통령령으로 정하는 특별한 사유가 있는 경우를 제외하고는 제2항 제1호·제3호 및 제4호에 따른 기술평가정보를 산업통상자원부장관에게 통보하여야 한다.

• 동법 시행령 제32조(기술평가기관의 지정기준 등)

① 법 제35조 제1항에서 '기술평가를 위한 전담인력 및 관리조직 등 대통령령으로 정하는 기준을 갖춘 기관'이란 다음 각 호의 요건을 모두 갖춘 법인을 말한다.

1. 다음 각 목의 전문가 모두를 상시 고용할 것
   가. 기술거래사, 변호사, 변리사, 공인회계사, 감정평가사 또는 기술사 자격을 취득한 사람으로서 법 제35조 제2항 각 호에 따른 사업(이하 이 조에서 "기술평가사업"이라 한다)에 종사할 수 있는 전문가 3명 이상
   나. 기술평가사업에 5년 이상 종사한 전문가 7명 이상
2. 기술평가사업을 수행하기 위한 관리조직을 가지고 있을 것
3. 산업통상자원부장관이 정하여 고시하는 기준에 따른 기술평가모델을 보유할 것
4. 산업통상자원부장관이 정하여 고시하는 기준에 따른 기술평가에 관한 정보의 수집·관리·유통 등을 위한 정보망을 보유할 것

제3절 기술평가 관련 산업통상자원부 고시

1. 거래기관, 사업화 전문회사, 기술평가기관 지정요령(제2016-115호)

이 요령은 「기술의 이전 및 사업화 촉진에 관한 법률」 제10조 및 동법시행령 제16조 내지 제17조의 규정에 따른 기술거래기관과 법 제12조의2 및 영 제19조의2 내지 제19조의3 규정에 의한 사업화전문회사, 법 제35조 및 영 제32조 내지 제33조 규정에 의한 기술평가기관의 지정·관리 등에 관한 세부사항을 정함을 목적

으로 한다.

기술평가기관 지정현황(2023년)

영역	기술평가기관
공공영역 (20개)	한국산업기술진흥원, 기술보증기금, 한국보건산업진흥원, 한국산업은행, 한국발명진흥회, 전자부품연구원, 한국과학기술정보연구원, 국방기술품질원, 중소기업진흥공단, 농업기술실용화재단, 연구개발특구진흥재단, 한국과학기술연구원, 한국기계연구원, 한국생명공학연구원, 한국생산기술연구원, 한국전자통신연구원, 국토교통과학기술진흥원, 해양수산과학기술진흥원, 신용보증기금, (사)중소기업기술혁신협회
민간영역 (12개)	나이스평가정보㈜, ㈜윕스, 특허법인 다래, 특허법인 다나, ㈜이크레더블, 특허법인 도담, 한국기업데이터㈜, ㈜나이스디앤비, ㈜티밸류, ㈜케이티지, ㈜에스와이피, ㈜다래전략사업화센터

2. 기술평가기준 운영지침(제2016-114호)

이 기준은 「기술의 이전 및 사업화 촉진에 관한 법률」 제32조 및 동법 시행령 제32조 제1항 제3호, 제4호에 따라 기술평가 관련 용어, 기술평가자의 행위규범, 평가원칙과 방법, 보고방법 등을 표준화하여 기술평가의 객관성과 신뢰성을 확보하고 기술이전과 사업화 촉진에 기여함을 그 목적으로 한다.

3. 기술평가 품질관리지침(제2016-113호)

본 지침은 「기술의 이전 및 사업화 촉진에 관한 법률」 제32조에 따른 기술평가가 최적의 품질을 유지할 수 있도록 관리함으로써 평가절차의 일관성, 기술평가 품질의 고도화를 통해 기술평가의 객관성과 신뢰성을 확보하여 기술이전 및 사업화 촉진에 기여함을 그 목적으로 한다.

제4절 벤처기업육성에 관한 특별조치법(약칭: 벤처기업법), 시행령과 시행규칙, 벤처기업확인요령(중소벤처기업부 고시)

벤처기업법은 벤처기업으로의 전환과 벤처기업의 창업을 촉진하여 산업의 구조조정과 경쟁력을 높이는 데에 기여하는 것을 목적으로 한다. 벤처기업법은 제1장 총칙, 제2장 벤처기업 육성기반의 구축 등으로 구성되어 있다. 벤처기업법은 ① 벤처기업의 요건, ② 벤처기업 육성을 위한 추진체계의 구축, ③ 자금공급의 원활화, ④ 기업활동과 인력 공급의 원활화, ⑤ 입지 공급의 원활화에 관한 규정을 포함하고 있다.

1. 벤처기업법 제2장 벤처기업 육성기반의 구축

제2절 자금공급의 원활화, 제6조(산업재산권 등의 출자 특례)

① 벤처기업에 대한 현물출자 대상에는 특허권·실용신안권·디자인권, 이에 준하는 기술과 그 사용에 관한 권리(이하 '산업재산권 등')를 포함한다.

② 기술평가기관이 산업재산권 등의 가격을 평가한 경우 그 평가 내용은 「상법」 제299조의2와 제422조에 따라 공인된 감정인이 감정한 것으로 본다.

제5절 발명진흥법, 시행령

이 법은 발명을 장려하고 신속하고 효율적인 권리화, 사업화를 촉진하여 산업의 기술경쟁력을 높이고 국민경제 발전에 이바지함을 목적으로 한다.

1. 발명진흥법 제1장 총칙, 제2조(정의)

이 법에서 사용하는 용어의 뜻은 다음과 같다.

1. "발명"이란 「특허법」·「실용신안법」 또는 「디자인보호법」에 따라 보호 대상이 되는 발명, 고안 및 창작을 말한다.

4. "산업재산권"이란 「특허법」·「실용신안법」·「디자인보호법」 또는 「상표법」에 따라 등록된 특허권, 실용신안권, 디자인권 및 상표권을 말한다.

2. 발명진흥법 제4장 발명의 사업화 촉진

제28조(발명의 평가기관 지정 등), 동법 시행령 제12조

① 특허청장은 국공립 연구기관, 정부출연연구기관, 민간연구기관, 기술성·사업성 평가를 수행하는 기관을 발명의 평가기관으로 지정할 수 있다.

② 제1항에 따른 평가기관으로 지정받으려는 자는 대통령령으로 정하는 전문인력과 시설을 갖추어야 한다.

• 동법 시행령 제12조(기술평가기관의 지정 등)

① 발명진흥법 제28조 제1항에 따라 발명의 평가기관으로 지정받으려는 자는 제2항 각 호를 증명할 수 있는 자료를 특허청장에게 제출해야 한다.

② 평가기관으로 지정을 받으려는 자는 다음 요건을 모두 갖추어야 한다.

1. 발명의 평가업무를 수행할 전문인력 모두를 상시 고용할 것
   가. 변리사, 회계사, 기술사, 박사학위를 소지한 사람: 2명 이상
   나. 발명의 평가 관련 업무에 3년 이상 종사한 사람: 3명 이상
2. 발명의 평가업무를 수행하기 위한 전담조직을 갖출 것
3. 발명의 평가업무 수행에 필요한 평가 시설 및 장비 등을 보유할 것

발명의 평가기관 지정현황(2023년)

영역	발명의 평가기관
공공영역 (8개)	한국건설생활환경시험연구원, 한국기계전기전자시험연구원, 한국화학융합시험연구원, 기술보증기금, 한국과학기술정보연구원, 한국산업은행, 농업기술실용화재단, 신용보증기금
민간영역 (25개)	㈜윕스, 특허법인 다래, 특허법인 다나, 나이스평가정보(주), ㈜이크레더블, 특허법인 도담, ㈜케이티지, 한국평가데이터(주), ㈜나이스평가디앤비, ㈜국민은행, 농협은행 주식회사, ㈜우리은행, 유미특허법인, 주식회사 주원아이피 (주)신한은행, (주)하나은행, 특허법인 시공, 특허법인 알피엠, 특허법인 영비, 특허법인 해안, (사)중소기업기술혁신협회, 주식회사 리다임그룹, (주)제이디리서치, 한국기술신용평가(주), 한국특허평가(주)

제6절 법령과 실무에서 고려해야 할 사항

1. 평가대상기술의 권리관계와 평가범위

기술이전법은 '기술'에 '대통령령으로 정하는 것으로서 이전 및 사업화가 가능한 기술적 · 과학적 또는 산업적 노하우'를 포함하고 있다. 이 경우 기술적 · 과학적 또는 산업적 노하우는 지식재산권으로 등록되어 있지 않은 비등록 재산권이나 비등록 기술을 포함한다. 만약 비등록 재산권이나 비등록 기술의 법적 권리관계가 명확하지 않은 경우, 이들에 대한 평가 행위가 이해당사자나 제3자에 의해 분쟁의 대상이 될 수 있다. 기술가치평가 실무에서는 등록 지식재산권을 평가하는 것이 원칙이며, 만약 기술적 · 과학적 또는 산업적 노하우 등 비등록 재산권이나 비등록 기술을 평가해야 할 경우, ① 법적 권리관계를 명확히 한 이후 ② 기술가치평가 대상인 기술의 범위를 확정하는 과정을 거쳐야 한다.

2. 다수의 기술(지식재산권)에 대한 평가원칙

등록된 개별 지식재산권은 무형자산으로서 법적으로 보호되고 있어 개별적으로 평가하는 것이 원칙이다. 그러나, 일부 실무에서는 다수의 유사 또는 무관한 지식재산권을 묶어서 일괄적으로 기술가치평가금액을 산정하고 있다. 다수의 지식재산권을 평가할 경우, 이들의 상호관계(파생기술, 동일 제품 적용 여부)를 파악하고, 일괄하여 평가하는 것이 타당한지 검토해야 한다(본 교재 제1부의 제1장 제5절 참고).

3. 기술가치평가 용어의 정의

기술가치평가에서 사용하는 일부 용어는 산업통상자원부 고시 등에 정의되어 있으나 실무에서 사용하는 다수의 용어(개념)에 대한 정의가 없어 기술평가자들이 유사한 용어를 혼용하고 있다. 기술가치평가는 법률적 행위이기 때문에 기술평가자는 통용되는 용어를 사용해야 하며, 통용되는 용어가 아닌 경우 용어를 명확히 정의한 후 기술가치평가서를 작성해야 한다.

제3장
현물출자에 의한 증자

기술가치평가를 통해 무형자산을 현물로 출자할 경우, 행정절차에 상당한 기간이 소요된다. 현물출자는 검사인 위치에 있는 감정인의 신주발생 조사 보고서(이하 감정인 조사보고서)에 대한 법원의 인가와 현물출자 재산 인도 그리고 세금(등록세와 교육세) 납부 등 행정적인 절차를 거쳐 완료된다.

제1절 현물출자의 절차

1. 현물출자에 필요한 서류

현물출자를 위해서 신청인인 법인이나 현물출자자가 준비해야 할 서류는 〈표 9-10〉과 같다.

〈표 9-10〉 현물출자 시 준비서류

1	기술가치평가서(원본)	2	법인등기부등본
3	법인인감증명서	4	법인인감도장
5	주주명부 사본	6	주주 전원의 도장
7	특허등록원부	8	사업자등록증 사본
9	과반수 이상 이사의 개인 인감도장과 인감증명서(이사 3인 이상인 경우)		
10	과반수 이상 주주의 개인 인감도장과 인감증명서(이사 3인 이하인 경우)		

2. 현물출자의 행정적 절차

일반적으로, 현물출자는 출자를 위해 밟아야 하는 행정적 절차를 파악하고 있는 법무사나 변호사에 의뢰하여 진행한다. 현물출자를 위해 신청인(법인, 현물출자자)이 거쳐야 할 행정적 절차는 다음과 같다.

1) 감정인(공인된 기술평가기관)에 기술가치평가 신청: 신청인
2) 기술가치평가서 원본 발행: 감정인(기술평가기관) → 신청인
3) 신청인(법인, 현물출자자) 내부 절차와 준비서류: 신청인
   - 주주총회 의사록이나 주주 전원 서면결의서 또는 이사회 의사록
   - 신주식 배정표
   - 주식인수증 및 주식청약서
   - 현물출자 재산 인도증
   - 정관
4) 감정인의 조사보고서에 대한 인가신청: 신청인 → 법원
   - 감정인의 조사보고서는 감정인이 발행한 기술가치평가서 원본의 주요 내용을 요약하여 작성(후술한 '감정인의 조사보고서' 서식 참고)
   - 전술한 현물출자 시 준비서류와 상기 3)의 준비서류를 구비하여 신청
   - 비송사건으로 신청(각 지방법원의 민사신청과)
5) 감정인의 조사보고서 인가: 법원 → 신청인
   - 감정인의 조사보고서 인가서 부본을 신청인에게 송달

6) 송달된 인가서를 첨부하여 등기신청: 신청인 → 관할 법원 상업등기소

7) 세금(등록세, 지방교육세)의 납부: 신청인 → 관할 구청

- 등록세(기술가치평가금액의 4/1,000, 즉 0.4%)
- 교육세(등록세액의 20%)

8) 기타 비용의 납부

- 대행 수수료
- 공증료, 증지대 등

제2절 현물출자의 사례

1. 출자대상기술

신청인인 기업의 대표이사 외 3인은 외부 투자를 유치하여 증자할 계획이며, 외부 투자자의 자본금 투자(현금)에 대응하여 이들이 보유한 특허권 2건을 법인에 현물로 출자하기 위하여 기술가치평가를 신청하였다. 현물출자 대상기술은 〈표 9-11〉에 나타내었으며, 감정인인 기술평가기관은 수익접근법(수익추정법)으로 기술가치평가를 수행하였다.

〈표 9-11〉 현물출자 대상기술(가상의 특허권)

등록번호 출원번호	등록일 출원일	기술의 명칭(발명의 명칭)	권리자 (신청인**)
10-071xxxx 10-2014-0019xxx	2015.02.21 2014.08.16	플라즈마 장치의 웨이퍼 홀딩장치 외 1건*	㈜xxxxxx [㈜xxxxxx]

* 사업화 단계 기술임.

** 신청인은 중소기업(비상장 중기업)으로 분류됨.

2. 행정절차

현물출자를 위한 행정적인 절차에 요구되는 기간이나 비용 등을 참고하도록 〈표 9-12〉에 사례를 들어 설명하였다.

〈표 9-12〉 현물출자 사례의 출자까지의 절차(예시)

순번	기간	업무 내용	업무주체
1	2020.08.21	현물출자 상담 및 대상기술 검토	신청인 기술평가기관
2	2020.09.13	기술가치평가 신청 및 서류제출(기술가치평가료: 22,000,000원)	신청인
3	2020.09.21	감정인(검사인으로서 기술평가기관)의 현장평가	신청인 기술평가기관
4	2020.11.15	감정인의 '감정인 조사보고서' 완료(기술가치평가서 원본 발행)	기술평가기관
5	2020.12.17	신청인의 현물출자 관련 내부 절차와 서류 준비	신청인
6	2020.12.23	감정인 조사보고서(즉, 신주발행 조사) 인가 신청	신청인
7	2021.01.13	감정인 조사보고서(즉, 신주발행 조사) 인가	법원
8	2021.01.17	현물출자 증자신청(등기신청)	상업등기소
9	2021.01.22	등록세 지방교육세 납부 (등록세: 5,568,000원, 지방교육세: 1,113,600원)	관할 구청
10	2021.01.23	법인등기부 등본 수령(현물출자 증자완료)	신청인
11	2021.01.23	법무사 대행비와 기타 비용납부 (대행 수수료: 573,100원, 기타 비용: 266,000원)	신청인

제3절 감정인 조사보고서

1. 감정인 조사보고서의 내용

감정인 조사보고서는 감정인인 기술평가기관이 독자적으로 제정하여 사용할 수 있으며, 기본적으로 신청인, 감정평가인(감정평가자), 위임인, 현물출자자 정보,

조사감정의 목적, 조사감정 사항, 현물출자 목적재산의 표시, 현물출자 가액, 부여할 주식의 종류와 수 등에 관한 정보를 포함해야 한다.

2. 감정인 조사보고서 서식

감정인 조사보고서(예시)

신 청 인: 주식회사 ○○○(경기도 ○○시 ○○○○로 ○○-○○)
대표이사 김○○

감정평가인: ○○○○ ○○○○○○평가원(서울시 ○○구 ○로 ○○-○○ 806호)

감정평가자: 공학박사 ○○○, 기술평가사 ○○○, 공학박사 ○○○ 공인회계사 ○○○, 변리사 ○○○

감정을 위임한 이사: 주식회사 ○○○(법인번호)
대표이사 김○○(주민번호)
본점 주소: 경기도 ○○시 ○○○○로 ○○-○○,
전화번호: (031) ○○○-○○○○, (010) ○○○○-○○○○

---

1. 조사감정의 목적

감정인은 상법 제422조(현물출자의 검사)와 기술이전법 제23조(기술의 현물출자 등에 관한 특례) 그리고 *벤처기업법 제6조(산업재산권 등의 출자 특례)에 따라, 주식회사 ○○○의 대표이사 김○○ 외 3인이 공동 권리자인 특허권의 현물출자를 위한 감정으로서 기술가치평가를 수행함.

2. 조사감정 사항

상법 제416조 1호 신주의 종류와 수, 제416조 4호 현물출자를 하는 자의 성명과 그 목적인 재산의 종류, 수량, 가격과 이에 대하여 부여할 주식의 종류와 수.

(1) 현물출자자의 성명, 주민등록번호, 주소
- 김○○(○○○○○○-○○○○○○○), 경기도 ○○시 ○○구 ○○로 ○○-○○
- 박○○(○○○○○○-○○○○○○○), 충청남도 ○○시 ○○구 ○○로 ○○-○○
- 유○○(○○○○○○-○○○○○○○), 경기도 ○○시 ○○구 ○○로 ○○-○○
- 이○○(○○○○○○-○○○○○○○), 전라남도 ○○시 ○○구 ○○로 ○○-○○

(2) 현물출자 목적재산의 표시(종류와 수량)

- 특허권1: 발명의 명칭(등록번호 10-066XXXX-XXXX)
- 특허권2: 발명의 명칭(등록번호 10-067XXXX-XXXX)

(3) 현물출자 가액

목적재산	기술가치평가액	평가금액합계	출자주식 수 (액면가액)	현물출자 가액
특허권 1	244,000,000원	437,000,000원	4,370,000주 (100원)	437,000,000원
특허권 2	193,000,000원			

(4) 부여할 주식의 종류와 수

- 보통주식 4,370,000주
- 현물출자자별 주식의 수(현물출자자의 합의에 따름)

현물출자자	부여할 주식의 수
김○○(○○○○○○-○○○○○○○)	1,092,500주
박○○(○○○○○○-○○○○○○○)	1,092,500주
유○○(○○○○○○-○○○○○○○)	1,092,500주
이○○(○○○○○○-○○○○○○○)	1,092,500주

3. 조사감정 방법 및 의견

본 조사감정을 실시함에 있어서, 관련 법규에 따라 성실하고 공정하게 평가하였으며, 현물출자 목적재산인 특허권의 기술성, 권리성, 시장성, 사업성을 분석한 결과를 토대로 수익접근법에 의거 기술의 가치를 산정하였습니다.

(별첨: 기술가치평가서)

2020. ○○. ○○.

감정평가인: ○○○○ ○○○○○○평가원
○○○○○○ 평가원장 ○○○ 인

○○지방법원 귀중

* 벤처기업법 제6조(산업재산권 등의 출자 특례)는 신청인이 벤처기업법 제2조의2에 따른 벤처기업임을 확인받은 기업이면 삽입함.

제10부

평가지표의 정의와 평가기준

제1장
평가지표 일반

각 기술평가기관은 통계적 분석을 바탕으로 기관의 특성에 맞는 평가지표를 개발하여 기술평가에 적용한다. 기술평가자에 의한 평가지표 평가결과는 독립변수인 핵심변수(투입변수) 또는 평가모형에 반영되어 종속변수인 기술가치평가금액 또는 평가등급(점수)을 결정한다.

평가지표는 정성적인 것과 정량적인 것이 있다. 각 기술평가기관은 기술평가자가 평가지표를 자의적으로 해석하는 것을 방지하고, 기술평가의 일관성을 유지하기 위해 정량적인 평가지표의 비중을 높일 필요가 있다.

각 기술평가기관의 평가요인(기술성, 권리성, 시장성, 사업성)별 평가지표는 명칭이나 정의 및 평가기준이 통일되지 않아 평가지표 개발에 참고하기 어렵다. 따라서, 각 기술평가기관의 평가지표를 비교 검토하여 범용성이 높은 유사 지표를 선정하고, 이들을 통합할 필요가 있다. 저자는 기술가치평가금액이나 평가등급 결정에 영향력이 큰 유사 평가지표들을 선정하고, 이들을 통합한 범용 평가지표를 제시하여 평가지표 개발에 참고하도록 하였다.

통합된 각 평가지표는 정의와 평가기준 그리고 등급과 평점으로 구성된다. 기술평가자는 각 평가지표에 점수를 부여하거나 평가의견을 작성하기 전에 평가요인별 평가지표의 정의와 평가기준을 정확히 이해할 필요가 있다.

기술평가기관이나 기술평가 책임자는 평가지표의 정의와 평가기준에 따라 평가가 수행될 수 있도록 사전에 기술평가자에게 교육해야 하며, 기술평가 품질관리지침(고시 제2016-113호) 제6조의 품질관리 책임자는 기술평가서가 평가지표의 정의와 평가기준에 따라 작성되었는지 검증해야 한다.

평가지표의 명칭이나 정의 등은 개정을 통해 바뀔 수 있으며, 신규 평가지표가 제정되어 구 지표를 대체할 수 있다. 따라서 기술평가기관은 평가지표를 개정 또는 제정할 때 이들을 체계적으로 관리할 필요가 있다. 이를 위해 저자는 평가요인별 각 평가지표(기술성 6개, 권리성 5개, 시장성 6개, 사업성 7개)에 계층적으로 번호를 부여하고, 이들을 체계적으로 관리할 수 있도록 하였다. 이를 통해 신규 또는 파생된 평가지표의 제정 이력, 기존 평가지표의 개정 이력 그리고 유사한 평가지표의 검색에 활용하도록 하였다.

제2장
기술성 평가지표(참고용)

1.1 기술의 우월성(혁신성, 경쟁성, 차별성)

정의: 기술의 우월성은 현존하는 경쟁 또는 유사기술(이하 경쟁기술)과 비교하여 평가대상기술의 혁신성, 경쟁성, 차별성 평가등급을 종합하여 평가한다.

평가기준: 평가대상기술의 혁신성, 경쟁성, 차별성의 평가기준은 다음과 같으며, 기술의 우월성은 이들 3개 하위 평가지표의 평가등급을 종합하여 평가함.

1.1.1 기술의 혁신성

현존하는 경쟁기술과 비교하여 평가대상기술의 혁신적 특성을 평가함. 즉, 경쟁기술과 비교하여, 원천/핵심/기초/표준기술(a), 주요 개량/응용/파생기술(b), 보통 개량/응용/파생기술(c), 하위 개량/응용/파생기술(d), 혁신성 없는 기술(e) 중에서 어떤 기술로 분류되는지를 평가함.

1.1.2 기술의 경쟁성

현존하는 경쟁기술의 수와 이들에 대한 경쟁적 특성(경쟁력)을 평가함. 즉, 경쟁기술과 비교하여, 경쟁기술이 없고 경쟁력이 우수(a), 경쟁기술이 3개 이하로 소수이고 경쟁력이 양호(b), 경쟁기술이 5개 이하이고 경쟁력이 보통(c), 경쟁기술이 5개 이상이고 경쟁력이 미흡(d), 경쟁기술이 다수이고 경쟁력이 매우 미흡(e) 중에서 선택하여 평가함.

1.1.3 기술의 차별성

현존하는 경쟁기술과 비교하여 기술적 원리나 구성 그리고 성능 등에서 차별적 특성을 평가함. 즉, 경쟁기술과 비교하여, 차별적 특성이 우수(a), 차별적 특성이 양호(b), 차별적 특성이 보통(c), 차별적 특성이 미흡(d), 차별적 특성이 매우 미흡(e) 중에서 선택하여 평가함.

등급과 평점:

A. 기술의 우월성이 우수함(혁신성 경쟁성, 차별성 평가에서 a가 2개 이상).
B. 기술의 우월성이 양호함(혁신성 경쟁성, 차별성 평가에서 b가 2개 이상).
C. 기술의 우월성이 보통임(혁신성 경쟁성, 차별성 평가에서 c가 2개 이상).
D. 기술의 우월성이 미흡함(혁신성 경쟁성, 차별성 평가에서 d가 2개 이상).
E. 기술의 우월성이 취약함(혁신성 경쟁성, 차별성 평가에서 e가 2개 이상).

참고: 경우의 수는 125개이며, 3개의 하위 평가지표(혁신성, 경쟁성, 차별성)의 부여 등급 중 a가 2개 이상(A등급)은 10.4%, b가 2개 이상(B등급)은 24.8%, c가 2개 이상(C등급)은 29.6%, d가 2개 이상(D등급)은 24.8%, e가 2개 이상(E등급)은 10.4%임.

등급	A	B	C	D	E
연속평점	5	4	3	2	1
대칭평점	+2	+1	0	−1	−2

1.2 기술의 활용성

정의: 기술의 활용성은 평가대상기술이 사업화 주체(기술의 제공자나 도입자 포함)의 사업에 미치는 영향력, 평가대상기술을 개선하거나 응용 또는 대체하기 위한 연구개발이 계속될 가능성, 동 연구개발의 결과물이 평가대상기술이 적용된 제품에 활용될 가능성 등을 고려하여 평가한다.

평가기준: 평가대상기술이 사업화 주체가 수행하는 사업에 미치는 영향력과 계속해서 연구개발이 수행되어 제품에 활용될 가능성을 평가함.

- 평가대상기술과 사업화 주체가 수행하는 사업의 연관성을 토대로 평가하며, 사업화 주체의 사업과 유리된 일반적인 기술의 활용성을 평가하는 것이 아님.
- 기술의 활용성이 높으면 연구개발이 계속될 것이며, 이러한 연구개발의 결과물은 평가대상기술이 적용된 제품에 계속 활용될 가능성이 크다고 할 수 있음.

등급과 평점:

A. 평가대상기술은 원천/핵심/기초/표준기술로서 사업화 주체의 사업에 미치는 영향력은 절대적이며, 기술평가기준일 이후에도 연구개발이 지속되며(5년 이상), 동 연구개발의 결과물이 제품에 계속 활용될 것으로 전망됨.

B. 평가대상기술은 주요 개량/응용/파생기술로서 사업화 주체의 사업에 미치는 영향력은 크며, 기술평가기준일 이후 일정 기간(3년 이상) 연구개발이 계속되며, 동 연구개발의 결과물은 수회(약 3~4회)에 걸쳐 제품에 활용될 것으로 전망됨.

C. 평가대상기술은 보통 개량/응용/파생기술로서 사업화 주체의 사업에 미치는 영향력은 보통이며, 기술평가기준일 이후 일정한 기간(1년 이상) 연구개발이 계속되며, 동 연구개발의 결과물은 수회(약 1~2회)에 걸쳐 제품에 활용될 것으로 전망됨.

D. 평가대상기술은 하위 개량/응용/파생기술로서 사업화 주체의 사업에 미치는 영향력은 낮은 수준이며, 기술평가기준일 이후 일정한 기간(1년 미만) 연구개발이 계속되나 동 연구개발의 결과물이 제품에 활용될지는 불확실함.

E. 평가대상기술이 사업화 주체의 사업에 미치는 영향력은 미미한 수준이며, 기술평가기준일 이후 연구개발이 계속될 가능성이 작음.

등급	A	B	C	D	E
연속평점	5	4	3	2	1
대칭평점	+2	+1	0	−1	−2

1.3 기술의 파급성

정의: 기술의 파급성은 평가대상기술이 다른(또는 유사) 기술이나 제품에 응용되어 새로운 시장을 개척할 가능성을 평가하며, 기술의 파급성이 크다는 것은 사업화 기회와 이익창출기회가 많아진다는 것을 의미한다.

평가기준: 기술의 파급성은 평가대상기술이 타 기술 분야에 확대 적용되거나 다른 제품에 확장 적용될 가능성을 평가함. 제품이 다르면 목표시장이 다르며, 평가대상기술이 다른 제품에 확장 적용되면 새로운 시장을 개척하는 것을 말함(기술의 확대 적용 → 확장된 제품 → 새로운 시장의 개척).

- 타 기술 분야에 확대 적용될 가능성은 국제특허분류(IPC) 체계의 5개 계층적 분류(Section〉Class〉Sub-class〉Main group〉Sub-group) 중에서 최하위 분류단위인 Sub-group 내부에서 또는 상부 분류단위로 확대 적용될 가능성이 클수록 우수함(예: 평가대상기술의 IPC가 H03B 5/10이면, H03B 5/8이나 H03B 5/12 등과 같이 Sub-group 내에서 확대 또는 H03B 7/xx나 H03C x/xx 등 상부 분류단위에 확대 적용될 가능성이 크면 우수).
- 다른 제품에 확장(즉, 다른 제품 관련 산업에 확장)되어 적용될 가능성은 한국표

준산업분류(KSIC) 체계의 5개 계층적 분류(대분류 〉 중분류 〉 소분류 〉 세분류〉 세세분류) 중에서 평가대상기술이 적용된 제품 관련 업종의 최하위 분류단위인 세세분류 내부에서 또는 상부 분류단위로 확장 적용될 가능성이 클수록 우수함.

- 국제특허분류 체계와 한국표준산업분류 체계를 이용한 평가가 적절치 않은 경우, 평가대상기술이 확대 적용될 수 있는 기술 분야의 수를 조사하거나, 평가대상기술이 확장 적용될 수 있는 제품이나 업종의 수를 조사하여 평가함.

등급과 평점:

A. IPC나 KSIC에서 7개 이상의 분류단위로 확대 또는 확장되거나(내부 또는 상부 분류단위로 확대 또는 확장) 7개 이상의 기술 분야나 제품에 적용 가능함.

B. IPC나 KSIC에서 5개 이상의 분류단위로 확대 또는 확장되거나(내부 또는 상부 분류단위로 확대 또는 확장) 5개 이상의 기술 분야나 제품에 적용 가능함.

C. IPC나 KSIC에서 3개 이상의 분류단위로 확대 또는 확장되거나(내부 또는 상부 분류단위로 확대 또는 확장) 3개 이상의 기술 분야나 제품에 적용 가능함.

D. IPC나 KSIC에서 2개의 분류단위로 확대 또는 확장되거나(내부 또는 상부 분류단위로 확대 또는 확장) 2개의 기술 분야나 제품에 적용 가능함.

E. IPC나 KSIC에서 단일 분류단위 또는 단일 기술 분야나 제품에 적용 가능함.

등급	A	B	C	D	E
연속평점	5	4	3	2	1
대칭평점	+2	+1	0	−1	−2

1.4 기술의 대체 가능성

정의: 기술의 대체 가능성은 대체기술이 평가대상기술을 대체할 가능성을 평가한다. 대체기술은 현존하거나 잠재적이고, 미래에 출현이 예상되는 기술을 모두 포함하며, 대체기술이 없으면 평가대상기술의 장기 독점력이 높아지는 것을 의미한다.

평가기준: 대체기술은 평가대상기술이 달성한 기술적 효과와 비교하여 유사하거나 더 높은 수준의 기술적 효과를 낼 것으로 기대되는 기술을 말하며, 대체기술은 평가대상기술과 기술적인 원리나 구성이 같거나 다를 수 있음. 또한, 대체기술은 평가대상기술이 적용된 제품과 동일 제품에 적용되는 기술이며, 대체기술과 평가대상기술이 적용된 제품은 동일 시장을 목표로 함.

- 기술의 발전(개발)추세에 대한 시계열 분석을 수행하고, 평가대상기술을 대체할 현존하는 기술이나 잠재적인 기술(연구개발단계에 있는 기술) 또는 출현이 예상되는 대체기술의 수와 이들 대체기술의 출현이 전망되는 시점을 고려하여 평가함.
- 대체기술의 수와 대체기술이 출현할 것으로 전망되는 시점, 즉 사업성 평가지표인 '4.4 수익창출기간(기술의 경제적 수명)'의 중간 시점을 고려하여 평가함[예: 사업성 평가지표인 '4.4 수익창출기간(기술의 경제적 수명)'이 12년, 9년, 6년, 3년이며, 이들의 중간 시점인 6년, 4.5년, 3년, 1.5년을 기준으로 동 시점 이후에는 대체기술이 출현하는 것으로 봄]. 단, 대체기술이 출현할 것으로 전망되는 시점을 주된 특성으로 평가함.

등급과 평점:

A. 현존하거나 잠재적인 대체기술이 없고, 장기적으로(6년 이상) 대체기술이 출현할 가능성이 작음(평가대상기술이 장기적인 독점력 유지).

B. 현존하거나 잠재적인 대체기술이 3개 이하로 소수이며, 중장기적으로(4.5년 이상) 대체기술이 평가대상기술을 대체할 가능성이 있음(중장기적 독점력 유지).

C. 현존하거나 잠재적인 대체기술이 5개 이하이며, 중기적으로(3년 이상) 평가대상기술을 대체할 가능성이 있음(중기적 독점력 유지).

D. 현존하거나 잠재적인 대체기술이 5개 이상이며, 단기적으로(1.5년 이상) 대체기술이 평가대상기술을 대체할 가능성이 있음(단기적 독점력 유지).

E. 현존하거나 잠재적인 대체기술이 다수이며, 단기적으로(1.5년 미만) 대체기술이 평가대상기술을 대체할 가능성이 매우 큼.

등급	A	B	C	D	E
연속평점	5	4	3	2	1
대칭평점	+2	+1	0	−1	−2

1.5 기술수명주기(기술의 진부화)

정의: 기술수명주기는 기술평가기준일 현재 평가대상기술이나 기술군이 기술수명주기 중 어느 위치에 있는지 파악하여 평가대상기술의 진부화 수준을 평가한다.

평가기준: 기술수명주기란, 평가대상기술은 모든 자연현상과 마찬가지로 도입기 → 성장기 → 성숙기 → 쇠퇴기라는 진부화 과정을 거치며, 성숙기 이후 또는 기술의 경제적 수명의 중간기 이후에는 대체기술이 출현하여 평가대상기술을 대체하기 시작하고, 쇠퇴기 말에는 대체기술이 평가대상기술을 대체한다는 개념임. 대체기술의 출현은 평가대상기술의 진부화를 촉진함.

참고 1(기술수명주기와 제품수명주기): 제품수명주기는 특정 기술이 적용된 제품이 시장에 출시되어 도입기 → 성장기 → 성숙기 → 쇠퇴기를 거친다는 개념임. 제품수명주기는 기술혁신과 시장수요에 의해 결정되며, 제품수명주기는 1회 또는 다수의 기술수명주기를 포함할 수 있음.
참고 2(기술수명주기와 기술의 경제적 수명): 기술의 경제적 수명은 평가대상기술이 경제적 효용성을 유지하는 기간이며, 기술의 경제적 수명 내에서 평가대상기술은 도입기 → 성장기 → 성숙기 → 쇠퇴기라는 기술수명주기를 거치게 됨.

- 기술수명주기는 기술의 진화(발전) 단계와 기술의 동향(전망)에 관한 조사를 통해 결정함. 평가대상기술이나 기술군이 제품에 도입되는 단계(신규로 도입되는지 여부), 국제특허분류(IPC) 내에서 평가대상기술이나 기술군의 상대적 위치, 평가대상기술과 대체기술의 상대적 위치(출현의 선후 관계) 등을 파악하여 평가함.

- 도입기(새로운 기술의 출현, 기술이 제품에 신규로 도입되는 단계), 성장기(기술과 제품에 관한 관심과 수요가 높아지는 단계), 성숙기(기술의 일반화, 다수의 경쟁기업이 제품 출시, 대체기술의 출현 및 대체 시작 단계), 쇠퇴기(경쟁의 심화, 대체기술로 상당히 대체된 단계) 중 평가대상기술이나 기술군이 어디에 위치하는지 판단함.

등급과 평점:
A. 도입기에서 성장기 초기에 있는 기술(신규로 도입되는 기술)임.
B. 성장기에 있는 기술로 진부화에 상당한 기간이 소요됨.
C. 성숙기에 있는 기술로 진부화가 시작됨(대체기술의 출현).
D. 성숙기 중기 이후에 있는 기술로 대체기술에 의한 진부화가 진행됨.
E. 쇠퇴기에 있는 기술로 대체기술에 의한 진부화가 상당히 진행됨.

등급	A	B	C	D	E
연속평점	5	4	3	2	1
대칭평점	+2	+1	0	−1	−2

1.6 기술개발단계(TRL 평가)

정의: 기술개발단계(TRL, Technology Readiness Level)는 사업화 주체가 사업화를 위해 개발하거나 도입한 평가대상기술의 완성도를 평가하는 것으로, 사업화 대상인 평가대상기술의 완성된 수준(즉, 사업화를 위해 평가대상기술이 준비된 수준)을 일반적으로 인정된 기술개발단계 측정지표를 이용하여 평가한다.

평가기준: 기술개발단계는 평가대상기술이 속한 기술군이 아닌 평가대상기술 자체를 대상으로 판단하며, 평가대상기술을 구성하는 핵심 요소기술이 사업화를 위해 준비된 수준을 평가함.

- 기술개발단계는 소재(소자), 부품(재료), 장비, 소프트웨어, 공법, 시스템 등과 같이 평가대상기술이 속한 분야에 따라 다르게 정의될 수 있으나, 일반적

으로 인정된 다음의 기술개발단계 측정지표의 9개 TRL단계 중 평가대상기술이 어느 단계에 속한 기술인지를 평가함.

기술개발단계 측정지표

연구단계	TRL단계	정의
기초연구단계	TRL1단계	기초이론 및 실험
	TRL2단계	아이디어 정립 및 특허출원
실험실 단계	TRL3단계	실험 또는 모사를 통한 실험실에서 기본 성능 검증
	TRL4단계	샘플을 이용한 실험실에서의 핵심 성능평가
시제품 단계	TRL5단계	시제품 제작 및 성능평가(*WS)
	TRL6단계	파일럿(Pilot) 규모의 시제품 제작 및 성능평가(**ES)
실용화 단계	TRL7단계	실제 환경에서 상용품 신뢰성 평가 및 수요처 평가
	TRL8단계	상용품 인증 및 표준화와 인허가 취득
사업화단계	TRL9단계	상용품 생산(양산, 사업화)

* WS: Working Sample

** ES: Engineering Sample

등급과 평점:

A. 기술개발단계가 사업화 단계(TRL9단계)에 있음.

B. 기술개발단계가 실용화 단계(TRL8~TRL7단계)에 있음.

C. 기술개발단계가 시제품 단계(TRL6~TRL5단계)에 있음.

D. 기술개발단계가 실험실 단계(TRL4~TRL3단계)에 있음.

E. 기술개발단계가 기초연구 단계(TRL2~TRL1단계)에 있음.

등급	A	B	C	D	E
연속평점	5	4	3	2	1
대칭평점	+2	+1	0	−1	−2

제3장
권리성 평가지표(참고용)

2.1 권리의 충실성

정의: 권리의 충실성은 특허권 등 지식재산권의 명세서(청구항)가 권리를 명확히 설명하기 위해 충실히 작성되었는지를 평가하는 것으로서, 명세서나 청구항이 충실히 작성되면 평가대상기술이 적용된 제품과 사업을 충분히 보호할 수 있고, 기술의 사업화를 통한 가치창출에도 긍정적인 영향을 미친다.

평가기준: 특허권 등 지식재산권의 명세서나 청구항에 기재된 내용이 충실히 작성되었는지 판단함. 미등록 지식재산권을 평가하는 경우, 등록 지식재산권 수준으로 평가대상기술과 평가범위를 명확히 확정하여 판단해야 함.

- 청구항과 기술적 구성요소가 명확하게 기재되어 있는지와 권리 주장을 위한 청구항의 수가 적정한지를 평가함.
- 청구항의 구성과 상호관계 그리고 기술적 구성요소의 결합관계를 바탕으로 평가함. 예를 들어, 독립항과 종속항 그리고 기술적 구성요소가 계층적으로 기재되어 있는지(depth 1, depth 2 등과 같은 계층화)와 비교 및 실시예의 적정성을 판단해야 함.

등급과 평점:

A. 특허권 등 지식재산권의 명세서(청구항)에 기재된 내용이 명확하고, 청구항의 구성과 상호관계(구성요소의 결합관계)가 계층적이고 청구항의 수가 적정하며, 비교 및 실시예가 충실히 작성됨.

B. 특허권 등 지식재산권의 명세서(청구항)에 기재된 내용은 비교적 명확하며, 청구항의 구성과 상호관계(구성요소의 결합관계)가 계층적이고 청구항의 수가 적정함.

C. 특허권 등 지식재산권의 명세서(청구항)에 기재된 내용 및 청구항의 구성과 상호관계(구성요소의 결합관계)를 파악할 수 있음.

D. 특허권 등 지식재산권의 명세서(청구항)에 기재된 내용 및 청구항의 구성과 상호관계(구성요소의 결합관계)를 파악하는 것이 어려움.

E. 특허권 등 지식재산권의 명세서(청구항)에 기재된 내용 및 청구항의 구성과 상호관계가(구성요소의 결합관계) 명확하지 않음.

등급	A	B	C	D	E
연속평점	5	4	3	2	1
대칭평점	+2	+1	0	−1	−2

2.2 권리범위의 광협

정의: 권리범위의 광협은 특허권 등 지식재산권의 권리를 행사할 수 있는 범위가 넓거나 좁은 정도를 평가한다. 권리범위가 넓을수록 평가대상기술이 적용된 제품과 사업을 보호할 수 있는 범위가 확대되고, 기술의 사업화를 통한 가치창출에도 긍정적인 영향을 미친다.

평가기준: 특허권 등 지식재산권의 명세서나 청구항에 기재된 내용이 넓게 또는 좁게 작성되었는지 판단함. 미등록 지식재산권을 평가하는 경우, 등록 지식재산권 수준으로 평가대상기술과 평가범위를 명확히 확정하여 판단해야 함.

- 권리범위의 광협은 청구항에 구체적인 한정이 없고, 청구항이 포괄적인 상위 개념으로 기재되어 권리범위가 넓은지를 평가함. 또는, 심사과정에서 청구범위가 축소되거나 하위 구성요소를 추가하여 권리범위가 좁은지를 평가함.
- 청구항 및 기술적 구성요소가 한정적(세부적)이며 협소(상세)한지에 대한 분석을 바탕으로 평가함. 예를 들어, 기술적 구성요소의 수치(비율, 농도 포함) 그리고 형상과 설치 위치 등을 구체적으로 한정한 경우, 권리범위는 좁음(즉, 구성요소가 한정되어 보호되는 부분이 협소함). 그러나, 이 경우 후술하는 '2.4 권리의 안정성(모방 가능성)'은 높게 평가될 수 있음(즉, 모방 가능성이 작으며, 모방의 입증이 쉬움).

등급과 평점:

A. 청구항 및 기술적 구성요소에 구체적인 한정이 없으며, 포괄적인 상위개념으로 기재되어 권리범위가 넓어 잠재적인 제품 또는 사업까지 보호할 수 있음.

B. 청구항 및 기술적 구성요소에 구체적인 한정이 없으며, 청구항에서 주장하는 권리범위가 넓어 사업화 대상 제품 또는 사업을 보호할 수 있음.

C. 청구항 및 기술적 구성요소에 일부 구체적인 한정이 있으나, 청구항에서 주장하는 권리범위가 사업화 대상 제품 또는 사업을 보호할 수 있음.

D. 심사과정에서 청구범위가 축소되었거나 하위 구성요소를 추가하였으며, 수치와 형상 그리고 설치 위치 등의 한정으로 청구항 및 기술적 구성요소가 협소하여 사업화 대상 제품 또는 사업을 충분히 보호하지 못함.

E. 청구항 및 기술적 구성요소가 한정적이고 협소하며, 권리범위가 좁아 사업화 대상 제품 또는 사업을 보호하기 어려움.

등급	A	B	C	D	E
연속평점	5	4	3	2	1
대칭평점	+2	+1	0	−1	−2

2.3 법적 보호강도(침해 가능성)

정의: 법적 보호강도는 선행 지식재산권이 평가대상기술을 침해할 가능성, 즉, 국내 및 해외 선행문헌(기술, 특허)에 의한 침해 또는 무효화(무효심판) 가능성을 평가한다. 법적 보호강도가 높을수록 평가대상기술이 적용된 제품과 사업에 대한 위험요소(침해 또는 무효화)는 감소한다.

평가기준: 평가대상기술의 법적 보호강도는 침해 가능성과 반비례 관계에 있으며, 선행문헌에 의한 침해 가능성을 바탕으로 법적 보호강도를 평가함.

- 침해 가능성은 「특허법」 제62조 각호에 기재된 거절 이유, 「특허법」 제29조제1항(신규성), 제29조제2항(진보성), 제42조제4항(청구범위 기재) 등을 기준으로 선행문헌에 의한 침해 가능성 판단함.

침해 가능성은 선행하는 지식재산권 등 문헌에 의한 문헌침해(구성요소 완비의 원칙, All Element Rule, 특허발명의 모든 구성요소를 실시하여야만 특허권이 침해된다는 법리)나 균등침해(문헌침해를 하지 않았어도 기존 특허의 구성요소를 단순 용이하게 변형 또는 치환하거나 과제해결의 원리가 동일한 경우 특허권이 침해된다는 법리) 가능성을 분석한 평가의견을 반영하여 평가함.

- 청구항 및 기술적 구성요소의 관계(구성요소의 결합관계)를 바탕으로 침해(문헌침해, 균등침해)와 무효화 가능성, 침해 입증의 용이성과 기재불비 여부 등을 평가함.

등급과 평점:

A. 권리의 법적 보호강도가 높아 타인에 의한 침해 가능성이 매우 낮음.

B. 청구항의 구성과 상호관계(구성요소의 결합관계)상 타인에 의한 침해와 무효화 가능성이 적고 침해 입증이 용이하여 법적 보호강도는 양호한 수준임.

C. 청구항의 구성과 상호관계(구성요소의 결합관계)상 타인에 의한 침해와 무효화 가능성이 있으나 침해 입증이 가능하여 법적 보호강도는 보통 수준임.

D. 청구항의 구성과 상호관계(구성요소의 결합관계)상 타인에 의한 침해와 무효화가 쉽고, 침해 입증이 용이하지 않아 법적 보호강도는 낮은 수준임.
E. 기재불비 등으로 권리의 법적 보호강도가 낮아 무효화 가능성 있고, 침해 입증이 어려움.

등급	A	B	C	D	E
연속평점	5	4	3	2	1
대칭평점	+2	+1	0	–1	–2

2.4 권리의 안정성(모방 가능성)

정의: 권리의 안정성은 후행 지식재산권의 회피나 모방으로부터 평가대상기술이 안정적으로 보호받을 가능성, 즉, 후행문헌이나 타인(제3자)의 모방으로부터 법적으로 보호되는 수준을 평가한다. 권리 안정성이 높을수록 모방이 어려우며, 평가대상기술이 적용된 제품이나 사업이 안정적으로 경쟁력과 지배력을 유지할 수 있다.

평가기준: 평가대상기술의 권리의 안정성은 회피나 모방 가능성과 반비례 관계에 있으며, 후행문헌에 의한 모방 가능성을 바탕으로 권리의 안정성을 평가함.

- 모방 가능성은 「특허법」 제62조 각호에 기재된 거절 이유, 「특허법」 제29조제1항(신규성), 제29조제2항(진보성), 제42조제4항(청구범위 기재) 등을 기준으로 후행문헌에 의한 모방 가능성 판단함. 또한, 후행하는 지식재산권 등 문헌에 의한 문헌침해, 특히, 균등침해 가능성을 검토하여 평가함.
- 지식재산권의 등록 여부, 리버스 엔지니어링 용이성, 모방에 요구되는 비용과 기간, 타인의 모방이 사업에 미치는 영향 등을 고려하여 평가함. 특히, 청구항 및 기술적 구성요소가 한정적(세부적)이거나 협소(상세)한지에 대한 분석을 바탕으로('2.2 권리범위의 광협' 참고), 회피나 모방 가능성과 모방 입증의 용이성을 평가함.

등급과 평점:

A. 권리의 안정성이 높아 타인에 의한 회피나 모방 가능성이 매우 낮음.

B. 청구항 및 기술적 구성요소가 세부적이고 상세하여 타인에 의한 회피나 모방 가능성이 적고, 모방 입증이 용이하여 권리의 안정성은 양호한 수준임.

C. 청구항 및 기술적 구성요소에 구체적 한정이 없어 타인에 의한 회피나 모방 가능성이 있으나, 모방 입증이 가능하여 권리의 안정성은 보통 수준임.

D. 청구항 및 기술적 구성요소가 구체적 한정 없이 포괄식으로 기재되어 타인에 의한 회피나 모방이 쉽고, 모방 입증이 쉽지 않아 권리의 안정성은 낮은 수준임.

E. 권리의 안정성이 낮아 모방이 가능하고, 모방 입증이 어려움.

등급	A	B	C	D	E
연속평점	5	4	3	2	1
대칭평점	+2	+1	0	−1	−2

2.5 IP 포트폴리오의 적절성(선택적 평가지표)

정의: 평가대상기술에 관한 IP 포트폴리오 구축 수준을 평가한다. 구체적으로, 기술평가기준일 현재 국내외에 출원된 패밀리 특허의 존재 여부, PCT 출원 여부, 개별 국가 진입 가능성 등을 평가한다.

제4장
시장성 평가지표(참고용)

3.1 시장 진입성

정의: 시장 진입성은 기술평가기준일 현재 평가대상기술이 적용된 제품과 같거나 기능이 유사한 제품으로 시장에서 경쟁하는 국내외 경쟁기업을 대상으로 수행한 시장집중도 분석을 바탕으로 평가한다. 시장집중도 분석은 시장집중률(MCR, Market Concentration Ratio)과 허핀달-허쉬만 지수(HHI)를 이용하여 수행한다.

평가기준: 시장집중률은 상위 경쟁기업들의 시장점유율(%)을 합한 수치임. 시장집중도는 MCR1(상위 1개 기업), MCR2(상위 2개 기업), MCR3(상위 3개 기업), MCR4(상위 4개 기업), MCR5(상위 5개 기업)의 시장점유율로 판단함. 상위 3개 이하 소수의 기업이 과점, 복점, 독점하면 시장집중도는 높아짐.

- 허핀달-허쉬만 지수는 입수 가능한 경쟁기업들의 백분율 시장점유율(또는, 소수점 시장점유율)을 제곱하여 합한 수치임. HHI가 2,000(0.2) 이상이면 시장집중도가 높은 시장이고, 500(0.05) 미만이면 시장집중도가 아주 낮은 시장으로 판단함.
- 시장집중도가 높아질수록 경쟁강도가 커져 시장진입이 어려워지며, 시장집중도가 낮아질수록 경쟁강도가 낮아져 시장진입이 쉬워짐.

시장 진입성 판단기준

MCR 기준	MCR1≥50% (독점, monopoly)	MCR2≥75% (복점, duopoly)	MCR3≥75% (과점, oligopoly)	MCR4≥90% (monopolistic)	MCR5<50% (nonmonopolistic)
HHI 기준	HHI≥4,000(0.4) 아주 높은 집중도 (E 등급)	2,000(0.2)≤ HHI<4,000(0.4) 높은 집중도 (D 등급)	1,000(0.1)≤ HHI<2,000(0.2) 중간 집중도 (C 등급)	500(0.05)≤ HHI<1,000(0.1) 낮은 집중도 (B 등급)	0<HHI<500 (0.05) 아주 낮은 집중도 (A 등급)

등급과 평점:

A. 아주 낮은 집중도의 시장으로 시장진입이 용이함.

B. 낮은 집중도의 시장으로 시장진입이 비교적 용이함.

C. 중간 집중도의 시장으로 시장진입이 가능한 수준임.

D. 높은 집중도의 시장으로 시장진입이 어려운 수준임.

E. 아주 높은 집중도의 시장으로 시장진입이 매우 어려움.

주의: 시장 진입성 판단기준에 따라 평가하며, 시장집중도 분석이 불가능한 제품은 C 등급으로 평가함.

3.2 시장 성장성

정의: 시장 성장성은 **평가대상기술이 적용된 제품의 시장성장률**(제품의 시장성장률)과 동 제품 관련 사업이 속한 **상위 업종의 시장성장률**(상위 업종의 시장성장률)을 비교한 **비율**(배수)로 평가하며, 배수가 크면 성장기의 제품으로 판단한다.

평가기준: 제품의 시장성장률은 시장성 분석에서 획득한 평가대상기술이 적용된 제품의 국내 시장성장률이며, 과거 시장자료로부터 통계적 기법(이동평균법, 회귀 또는 추세분석법 등)을 이용하여 연속적으로 예측된 1차년도 시장성장률을 말함.

- 상위 업종의 시장성장률은 평가대상기술이 적용된 제품 관련 사업의 상위 업종의 시장성장률임. 일례로, 산업연구원의 산업통계 분석시스템에서 제

공하는 40대 제조업과 20대 서비스업의 국내 시장규모를 이용할 수 있음 [산업통계 분석시스템의 산업통계 접근 경로: https://www.istans.or.kr/mainMenu.do → 산업별 통계 → 60대 산업분류(40대 제조업과 20대 서비스업) → 업종선택 → 수요부문 → 시장규모].

- 동 분석시스템에서 획득한 상위 업종의 과거 국내 시장규모에 통계적 기법을 적용하거나 CAGR을 계산해 1차년도 시장성장률을 예측함. 이때, 산업통계 분석시스템의 산업분류연계표에서 ISTANS코드에 대응한 표준산업분류코드를 확인해야 함.
- 시장 성장성은 제품의 시장성장률과 상위 업종의 시장성장률의 상대적 비율로 판단함[상대적 비율(배수)=제품의 시장성장률÷상위 업종의 시장성장률]. 상대적 비율(배수)이 높을수록 시장 성장성이 뛰어나며, 이 경우, 평가대상기술이 적용된 제품의 수명주기는 도입기에서 성장기에 분포할 가능성이 큼[제품수명주기는 전술한 1.5 기술수명주기(기술의 진부화) 참고].

등급과 평점:

A. 상대적 비율(배수)이 5 이상이며, 시장 성장성이 우수함(제품수명주기: 도입기에서 성장기 초기).

B. 상대적 비율(배수)이 3 이상이며, 시장 성장성이 양호함(제품수명주기: 성장기).

C. 상대적 비율(배수)이 1 이상이며, 시장 성장성이 보통임(제품수명주기: 성숙기).

D. 상대적 비율(배수)이 1 미만이며, 시장 성장성이 보통 이하임(제품수명주기: 성숙기 중기 이후).

E. 상대적 비율(배수)이 0.5 이하이며, 시장 성장성이 아주 낮음(제품수명주기: 쇠퇴기).

등급	A	B	C	D	E
연속평점	5	4	3	2	1
대칭평점	+2	+1	0	−1	−2

3.3 정적 경쟁성(정적 경쟁강도)

정의: 정적 경쟁성(정적 경쟁강도)은 기술평가기준일 현재 평가대상기술이 적용된 제품과 같거나 기능이 유사한 제품으로 시장에서 경쟁하는 국내외 경쟁기업의 수를 바탕으로 평가한다. 구체적으로, 정적 시장 경쟁성은 국내외 경쟁기업의 수와 우월적인 시장 지배자의 유무에 대한 분석을 바탕으로 평가한다.

평가기준: 국내외 경쟁기업의 수는 시장성 분석을 통해 확보한 국내외 경쟁기업의 수를 이용하거나, 경쟁기업들의 소수점 시장점유율을 제곱하여 합한 허핀달-허쉬만 지수(HHI)의 역수를 이용하여 구할 수 있음(HHI는 전술한 '3.1 시장 진입성' 참고).

- 시장집중도('3.1 시장 진입성' 참고) 분석에서 구한 소수점 허핀달-허쉬만 지수의 역수는 동일 시장점유율을 갖는 경쟁기업의 수(n)를 나타내며, 정적 경쟁성은 정적 경쟁성(정적 경쟁강도) 판단기준의 경쟁기업 수를 기준으로 평가함.
- 우월적인 소수의 경쟁기업이 시장을 지배하면 시장진입이 어렵고, 시장의 정적 경쟁강도는 높아짐. 그러나 우월적인 시장 지배자가 존재하지 않으면 다수의 기업이 시장을 분점하여 시장진입이 용이하고, 정적 경쟁강도는 낮아짐.

정적 경쟁성(정적 경쟁강도) 판단기준

HHI 기준	HHI≥0.4 아주 높은 집중도	0.2≤HHI<0.4 높은 집중도	0.1≤HHI<0.2 중간 집중도	0.05≤HHI<0.1 낮은 집중도	0≤HHI<0.05 아주 낮은 집중도
경쟁 기업 수 (n)	3개 이하 (E등급)	5개 이하 (D등급)	10개 이하 (C등급)	20개 이하 (B등급)	20개 초과 (A등급)

등급과 평점:

A. 다수의 기업이 시장을 분점하여 경쟁강도는 매우 낮음(우월적 지배자 없음).

B. 비교적 다수의 기업이 시장을 분점하여 경쟁강도는 비교적 낮음.

C. 10개 이하의 기업이 시장을 분점하여 경쟁강도는 보통 수준임.
D. 우월적 시장 지배자(5개 이하)에 시장이 집중되어 경쟁강도는 비교적 높음.
E. 소수의 우월적 시장 지배자(3개 이하)에 시장이 집중되어 경쟁강도는 매우 높음.

주의: 1) 정적 경쟁성(정적 경쟁강도) 판단기준을 참고하여 평가하며, 시장집중도 분석이 불가능한 제품은 C등급으로 평가함.
2) 시장성 분석을 통해 확보한 국내외 경쟁기업의 수를 판단기준에 적용하여 평가할 수 있음.

등급	A	B	C	D	E
연속평점	5	4	3	2	1
대칭평점	+2	+1	0	−1	−2

3.4 동적 경쟁성(동적 경쟁강도)

정의: 동적 경쟁성(동적 경쟁강도)은 기술평가기준일 전후로 시장에서 나타나는 경쟁상황의 동적인 변화 양상을 평가하는 것으로, 신제품 출현빈도와 경쟁상황의 변화를 조사하거나 예측하여 평가한다.

평가기준: 신제품 출현빈도는 기술평가기준일 전후로 평가대상기술이 적용된 제품과 같거나 기능이 유사한 신제품(대체품 포함)이 시장에 출현하는 빈도를 말하며, 연도별로 신제품이 출현하는 빈도를 조사하거나 예측하여 평가함.

신제품 출현빈도가 높으면(즉, 대체기술이나 경쟁제품의 출현이 잦으면) 시장의 동적 경쟁강도가 높고, 평가대상기술이 적용된 제품의 시장 안정성은 낮다고 평가할 수 있음(기술성 평가지표인 '1.4 기술의 대체 가능성'을 참고하여 평가하기 바람).

- 경쟁상황의 변화는 기술평가기준일 전후로 시장에서 신규 경쟁기업의 출현, 기존 경쟁기업들의 부침(생성과 소멸), 기존 경쟁기업들의 시장점유율 변

화(선두 기업의 순위변화), 신규 또는 기존 경쟁기업들 사이의 제휴나 M&A 활성화 정도를 파악하여 평가함. 경쟁상황의 변화가 심하면 시장의 동적 경쟁강도가 높고, 평가대상기술이 적용된 제품의 시장 안정성은 낮다고 평가할 수 있음.

- 동적 경쟁성(동적 경쟁강도)은 신제품 출현빈도와 경쟁상황의 변화를 조사 또는 예측하여 평가하는 것을 원칙으로 함. 신제품 출현빈도와 경쟁상황의 변화를 모두 조사 또는 예측하기 어려운 경우, 두 가지 특성 중에서 측정이 가능한 주된 특성을 기준으로 평가함.

등급과 평점:

A. 신제품 출현빈도가 아주 낮고, 경쟁상황의 변화가 없는 시장임.
B. 신제품 출현빈도가 낮고, 경쟁상황의 변화가 심하지 않은 시장임.
C. 신제품 출현빈도가 보통이고, 경쟁상황의 변화가 보통인 시장임.
D. 신제품 출현빈도가 높고, 경쟁상황의 변화가 심한 시장임.
E. 신제품 출현빈도가 매우 높고, 경쟁상황의 변화가 매우 심한 시장임.

등급	A	B	C	D	E
연속평점	5	4	3	2	1
대칭평점	+2	+1	0	−1	−2

3.5 수요성

정의: 수요성은 평가대상기술이 적용된 제품에 대한 시장의 수요와 공급특성을 평가하는 것으로, **수요공급 분석과 수요특성 분석을 바탕으로 평가한다.**

평가기준: 수요공급 분석은 수요자(또는, 공급자)의 수와 수요량(또는, 공급량)에 관한 것으로 수요자나 공급자 우위를 평가함. 수요특성 분석은 거래 기간과 거래 수량, 단가의 변화, 수요의 경기변동 민감성 분석을 바탕으로 거래 안정성을 평가함.

- 수요공급 분석은 수요자(또는 공급자)의 수와 수요량(또는 공급량)에 관한 조사를 바탕으로, 수요자 우위 시장(즉, 공급자 열위 시장) 또는 공급자 우위 시장(즉, 수요자 열위 시장)을 판단하는 것임.

  수요공급 분석은 수요에서 공급에 이르기까지 수요공급 사슬(Demand and Supply Chain)분석이나 전후방 산업 분석을 토대로 수행함. 수요자의 수와 수요량(즉, 수요능력)이 공급자의 수와 공급량(즉, 공급능력)보다 많으면 공급자 우위 시장으로 판단하며, 반대이면 수요자 우위 시장으로 판단함.
- 수요특성 분석은 거래 기간과 거래 수량, 단가의 변화, 경기변동 민감성 분석을 바탕으로 수요자와 공급자의 거래 안정성을 평가하는 것임.

  수요자와의 거래 기간이 길거나 거래 수량의 변화가 적고, 단가의 변화가 적으며, 수요의 경기변동 민감성이 낮아 거래 안정성이 높으면 필수품으로 판단함. 그러나, 거래 기간이 짧거나 거래 수량의 변화가 많고, 단가의 변화가 크며, 수요의 경기변동 민감성이 높아 거래의 안정성이 낮으면 필수품이 아닌 것으로 판단함.

등급과 평점:

A. 수요가 많은 공급자 우위 시장이며, 거래 안정성이 매우 높아 수요성은 우수함(필수품으로 판단).

B. 공급자 우위 시장이며, 거래 안정성이 높아 수요성은 양호함.

C. 수요와 공급이 균형을 이룬 시장이며, 거래 안정성과 수요성은 보통임.

D. 수요자 우위 시장이며, 거래 안정성이 낮아 수요성은 미흡함.

E. 공급이 많은 수요자 우위 시장이며, 거래 안정성이 매우 낮아 수요성은 취약함(필수품이 아닌 것으로 판단).

등급	A	B	C	D	E
연속평점	5	4	3	2	1
대칭평점	+2	+1	0	−1	−2

3.6 예상 시장 점유율

정의: 예상 시장점유율은 사업화 주체가 평가대상기술이 적용된 제품으로 시장에서 점유율을 확보할 가능성을 평가하며, 사업화 주체의 추정시장점유율 또는 평균시장점유율을 예상 시장점유율(M) 판단기준과 비교하여 결정한다.

평가기준: 예상 시장점유율은 시장성 분석에서 결정한 사업화 주체의 추정시장점유율을 예상 시장점유율 판단기준과 비교하여 평가함. 또한, 사업화 주체가 주요 경쟁기업 중 하나인 경우, 사업화 주체의 평균시장점유율(즉, 100÷주요 경쟁기업의 수)을 예상 시장점유율 판단기준과 비교하여 평가함.

- 예상 시장점유율(M) 판단기준은 100%를 '3.3 정적 시장 경쟁성'에서 결정한 동일 시장점유율을 갖는 경쟁기업의 수(n)로 나누어 결정함(즉, 100%÷n, 반올림).
- 예를 들어, 시장성 분석에서 결정한 사업화 주체의 추정시장점유율이 7%이면, 예상 시장점유율은 D등급으로 평가한다. 또한, 사업화 주체가 주요 경쟁기업 중 하나이고, 시장성 분석에서 파악한 주요 경쟁기업의 수가 6개이면, 사업화 주체의 평균시장점유율은 100%÷6≃16.7%로서, 예상 시장점유율은 C등급으로 평가한다.

예상 시장점유율(M) 판단기준

HHI 기준	HHI≥0.4 아주 높은 집중도	0.2≤HHI<0.4 높은 집중도	0.1≤HHI<0.2 중간 집중도	0.05≤HHI<0.1 낮은 집중도	0≤HHI<0.05 아주 낮은 집중도
경쟁 기업 수 (n)	3개 이하 3≥n	5개 이하 3<n≤5	10개 이하 5<n≤10	20개 이하 10<n≤20	20개 초과 n>20
예상 시장 점유율 (M)	M≥33% (A)	33%>M≥20% (B)	20%>M≥10% (C)	10%>M≥5% (D)	5%>M (E)

등급과 평점:

A. 아주 높은 수준(M≥33%)의 시장점유율을 차지할 것으로 전망됨.

B. 높은 수준(33%〉M≥20%)의 시장점유율을 차지할 것으로 전망됨.

C. 중간 수준(20%〉M≥10%)의 시장점유율을 차지할 것으로 전망됨.

D. 낮은 수준(10%〉M≥5%)의 시장점유율을 차지할 것으로 전망됨.

E. 5% 미만의 시장점유율을 차지할 것으로 전망됨.

주의: 예상 시장점유율 판단기준을 참고하여 평가하며, 시장집중도 분석이 불가능한 제품은 C등급으로 평가함.

등급	A	B	C	D	E
연속평점	5	4	3	2	1
대칭평점	+2	+1	0	−1	−2

제5장
사업성 평가지표(참고용)

4.1 가격 및 품질 경쟁성

정의: 가격 및 품질 경쟁성은 평가대상기술이 제품에 적용되어 가격 경쟁력 또는 품질 경쟁력을 향상하는 정도를 평가하며, 평가대상기술이 제조원가(또는 매출원가)를 낮추는 경우 가격 경쟁력을 높일 수 있으며, 평가대상기술이 제품의 품질을 높이는 경우 소비자의 가격 수용성을 높일 수 있다.

평가기준: 가격 경쟁성은 평가대상기술의 적용을 통해 제조원가(또는 매출원가)를 낮추고, 이를 통해 판매가를 낮추어 가격 경쟁력을 높이는 능력을 평가함. 또한, 품질 경쟁성은 평가대상기술이 적용된 제품의 품질을 기존 또는 경쟁제품보다 높이고, 제품의 가치 향상을 통해 소비자의 가격 수용성을 높이는 능력을 평가함.

- 가격 경쟁성은 평가대상기술이 적용된 제품의 제조원가(매출원가)를 기존 제품 또는 경쟁제품의 제조원가(매출원가)와 비교하여 평가하며, 품질을 훼손하지 않고 제조원가(매출원가)를 낮추는 능력을 평가함(예: 제조원가를 15% 개선함). 품질을 훼손하지 않고 제조원가(또는 매출원가)를 낮추기 위해서는 평가대상기술의 적용을 통해 제조(생산)에 투입되는 비용, 인력, 시간, 단가, 공수 등을 개선해야 함. 판관비의 절감을 통해 판매단가를 낮추는 것은 가격 경쟁성과 무관함.

- 품질 경쟁성은 평가대상기술이 적용된 제품의 가격을 기존 또는 경쟁제품과 비교하여 평가하며, 제품의 가격을 기존 또는 경쟁제품보다 올리면 소비자가 수용하는 정도, 즉 가격 수용성이 높아지는 정도를 예측하여 평가함(예: 가격 수용성을 10% 개선함).
- 가격 경쟁성 또는 품질 경쟁성 분석을 바탕으로 평가함. 두 가지 경쟁성 중 주된 경쟁성이 있는 경우, 그 경쟁성을 이용하여 평가할 수 있음.

등급과 평점:

A. 평가대상기술의 적용을 통해 가격 또는 품질 경쟁력이 20% 이상 향상됨.
B. 평가대상기술의 적용을 통해 가격 또는 품질 경쟁력이 10% 이상 향상됨.
C. 평가대상기술의 적용을 통해 가격 또는 품질 경쟁력이 5% 이상 향상됨.
D. 평가대상기술의 적용을 통해 가격 또는 품질 경쟁력이 향상되지 않음.
E. 평가대상기술의 적용은 가격 또는 품질 경쟁력 향상과 무관함.

등급	A	B	C	D	E
연속평점	5	4	3	2	1
대칭평점	+2	+1	0	−1	−2

4.2 성장성(매출액증가율)

정의: 재무비율 중에서 성장성 지표는 매출액증가율, 영업이익증가율, 순이익증가율 등이 있으며, 성장성은 평가대상기술이 적용된 제품의 사업화를 통해 달성할 것으로 기대되는 매출액증가율로 평가한다. 평가대상기술이 파생 제품에도 적용된 경우에는 이를 포함하여 성장성(매출액증가율)을 결정한다.

평가기준: 성장성(매출액증가율)은 동 업종 평균 매출액증가율 대비 기술가치평가에 적용한 평균 매출액증가율의 배수(비율)로 평가함. 여기서, 매출액증가율(기술가치평가에서는 기술매출액증가율과 동일)은 전기 대비 당기 매출액의 증가율을 의미하며, 연도(한국은행 기업경영분석에서는 연도 단위 매출액증가율임) 또는 차년도(기

술가치평가에서는 차년도 단위 매출액증가율임) 단위로 산출함.

- 동 업종 평균 매출액증가율은 한국은행 기업경영분석에서 획득한 동 업종의 최근 평균 매출액증가율(3개년 이내)임. 여기서, 동 업종은 기술가치평가에 적용한 평가대상기술이 적용된 제품 관련 사업의 업종을 의미함.
- 기술가치평가에 적용한 평균 매출액증가율은 기술의 경제적 수명 초기(3차년도 이내)나 기술의 경제적 수명 전체 기간의 매출액증가율을 평균하여 구함. 평균 매출액증가율은 기업의 재무자료 보유 여부와 재무자료의 신뢰성에 따라 다음과 같이 분류할 수 있음.
  1) 재무자료가 있는 기업: 기업의 과거 재무실적(판매실적, 매출액이나 매출액증가율 등)으로부터 직접 산출하여 기술가치평가에 적용한 평균 매출액증가율
  2) 재무자료가 없거나 보유한 재무자료의 신뢰성(인용의 타당성)이 낮은 기업: 간접적 추정법이나 매출액 예측법과 같은 매출액 추정방법으로 구한 매출액 또는 매출액증가율을 이용하여 구한 평균 매출액증가율

등급과 평점:

A. 동 업종 평균 매출액증가율 대비 5배 이상의 평균 매출액증가율
B. 동 업종 평균 매출액증가율 대비 3배 이상의 평균 매출액증가율
C. 동 업종 평균 매출액증가율 대비 1배 이상의 평균 매출액증가율
D. 동 업종 평균 매출액증가율 대비 1배 미만의 평균 매출액증가율
E. 동 업종 평균 매출액증가율 대비 0.5배 이하의 평균 매출액증가율

등급	A	B	C	D	E
연속평점	5	4	3	2	1
대칭평점	+2	+1	0	−1	−2

4.3 수익성(영업이익률)

정의: 재무비율 중에서 수익성 지표는 매출총이익률, 영업이익률, 총자산순이익률(ROA), 자기자본순이익률(ROE) 등이 있으며, **수익성은 평가대상기술이 적용된 제품의 사업화를 통해 달성할 것으로 기대되는 영업이익률로 평가한다.** 평가대상기술이 파생 제품에도 적용된 경우에는 이를 포함하여 수익성(영업이익률)을 결정한다.

평가기준: 수익성(영업이익률)은 동 업종 평균 영업이익률 대비 기술가치평가에서 산출한 평균 영업이익률의 배수(비율)로 평가함. 여기서, 영업이익률은 매출액(기술가치평가에서는 기술매출액) 대비 영업이익의 비율이며, 연도(한국은행 기업경영분석에서는 연도 단위 영업이익률임) 또는 차년도(기술가치평가에서는 차년도 단위 영업이익률임) 단위로 산출함.

- 동 업종 평균 영업이익률은 한국은행 기업경영분석에서 획득한 동 업종의 최근 평균 영업이익률(3개년 이내)임. 여기서, 동 업종은 기술가치평가에 적용한 평가대상기술이 적용된 제품 관련 사업의 업종을 의미함.
- 기술가치평가에서 산출한 평균 영업이익률은 기술의 경제적 수명 초기(3차년도 이내)나 기술의 경제적 수명 전체 기간의 영업이익률을 평균하여 구함. 평균 영업이익률은 기업의 재무자료 보유 여부와 재무자료의 신뢰성에 따라 다음과 같이 분류할 수 있음.
  1) 재무자료가 있는 기업: 기업의 과거 재무실적(영업이익률)으로부터 직접 산출하여 기술가치평가에 적용한 평균 영업이익률
  2) 재무자료가 없거나 보유한 재무자료의 신뢰성(인용의 타당성)이 낮은 기업: 간접적 추정법이나 매출액 예측법('제5부 매출액 추정방법과 추정사례' 참고)으로 결정한 기술매출액에서 매출원가와 판관비를 차감하여 산출한 평균 영업이익률

등급과 평점:

A. 동 업종 평균 영업이익률 대비 3배 이상의 평균 영업이익률
B. 동 업종 평균 영업이익률 대비 2배 이상의 평균 영업이익률
C. 동 업종 평균 영업이익률 대비 1배 이상의 평균 영업이익률
D. 동 업종 평균 영업이익률 대비 1배 미만의 평균 영업이익률
E. 동 업종 평균 영업이익률 대비 0.5배 이하의 평균 영업이익률

등급	A	B	C	D	E
연속평점	5	4	3	2	1
대칭평점	+2	+1	0	−1	−2

4.4 수익창출기간(기술의 경제적 수명)

정의: 수익창출기간은 평가대상기술이 적용된 제품의 사업화를 통해 수익을 창출할 수 있는 기간을 의미한다. 수익창출기간은 기술의 경제적 수명을 의미하며, 기술의 경제적 수명의 특정 기간을 기준으로 수익산출기간을 평가한다.

평가기준: 기술의 가치(기술가치평가금액)의 크기는 주로 평가대상기술이 적용된 제품의 사업화를 통해 달성할 수 있는 매출액 규모와 수익성에 의해 결정됨.

- 수익성은 평가대상기술이 적용된 제품의 사업화를 통해 달성할 것으로 기대되는 영업이익률과 함께 수익창출기간에 의해 결정됨.
- 수익창출기간은 평가대상기술이 적용된 제품의 사업화를 통해 수익(영업이익)을 창출할 수 있는 기간으로서, 기술가치평가 과정에서 결정한 기술의 경제적 수명을 의미함. 따라서, 수익창출기간은 기술의 경제적 수명을 이용하여 평가하며, 기술의 경제적 수명 6년을 기준으로 이보다 길면 수익창출기간이 양호한 것으로 평가함.
- 기술의 경제적 수명은 기술평가기준일로부터 평가대상기술이 경제적 효용성을 유지하는 시점까지의 기간이며, 기술의 경제적 수명 이내에서 평가대

상기술은 도입기 → 성장기 → 성숙기 → 쇠퇴기라는 기술수명주기를 거치게 됨. 기술의 경제적 수명과 기술수명주기와의 관계는 '1.5 기술수명주기(기술의 진부화)'를 참고하기 바람.

- 수익창출기간은 기술가치평가 과정에서 결정한 기술의 경제적 수명을 이용하여 평가하며, 기술의 경제적 수명 6년을 기준(보통 수준, C등급)으로 ±3년 단위로 등급을 결정함.

등급과 평점:

A. 수익창출기간(기술의 경제적 수명)이 12년 이상임.

B. 수익창출기간이 9년 이상임.

C. 수익창출기간이 6년 이상임.

D. 수익창출기간이 3년 이상임.

E. 수익창출기간이 3년 미만임.

등급	A	B	C	D	E
연속평점	5	4	3	2	1
대칭평점	+2	+1	0	−1	−2

4.5 개발 용이성

정의: 개발 용이성은 개발단계에 있는 기술에 대해, 기술개발 완료 때까지 소요될 것으로 예상되는 기간(기술개발 기간)과 예상되는 비용(기술개발 비용)의 규모를 고려하여 평가한다.

평가기준: 기술개발 기간은 기술평가기준일부터 기술개발이 완료될 때까지 추가로 소요될 것으로 예상되는 기간을 말하며, 기술개발 비용은 기술평가기준일부터 기술개발이 완료될 때까지 사업화 주체가 추가로 지출해야 할 비용을 말함.

- 기술개발 기간은 '1.6 기술개발단계(TRL평가)' 평가결과를 반영하여 평가

하며, 기술개발단계(TRL)가 높아질수록 기술개발 기간이 짧아지는 것으로 봄. 기술개발단계의 정의는 '1.6 기술개발단계(TRL평가)'의 '기술개발단계(TRL) 측정지표'를 참고하기 바람.

- 기술개발 비용은 '1.6 기술개발단계(TRL평가)' 평가결과를 반영하여 평가하며, 기술개발단계가 높아질수록 기술개발 비용은 감소하는 것으로 봄. 기술개발 완료 이후에 상용화를 위해 추가로 투입하는 생산자금을 평가하는 '4.6 생산 용이성'과는 구별되는 평가지표임.
- 개발 용이성은 기술개발이 완료될 때까지 추가로 소요되는 기술개발 기간과 추가로 소요되는 기술개발 비용을 주된 특성으로 하여 평가함.

등급과 평점:

A. 추가적인 기술개발 기간 및 추가적인 기술개발 비용은 필요하지 않음(사업화 단계 기술, TRL9단계).

B. 1년 이하의 추가적인 기술개발 기간과 3억 원 이하의 추가적인 기술개발 비용이 소요될 것으로 예상됨(실용화 단계 기술, TRL7~8단계).

C. 2년 이하의 추가적인 기술개발 기간과 6억 원 이하의 추가적인 기술개발 비용이 소요될 것으로 예상됨(시제품 단계 기술, TRL5~6단계).

D. 3년 이하의 추적적인 기술개발 기간과 9억 원 미만의 추가적인 기술개발 비용이 소요될 것으로 예상됨(실험실 단계 기술, TRL3~4단계).

E. 3년 이상의 기술개발 기간과 9억 원 이상의 추가적인 기술개발 비용이 소요될 것으로 예상됨(기초연구 단계 기술, TRL1~2단계).

등급	A	B	C	D	E
연속평점	5	4	3	2	1
대칭평점	+2	+1	0	−1	−2

4.6 생산 용이성

정의: 생산 용이성은 평가대상기술이 적용된 제품이 개발 완료되었거나 생산 단계에 있는 경우, 동 제품을 용이하게 생산할 수 있는지에 대한 평가로서, 생산 인프라 구축 용이성과 생산 환경을 분석하여 평가한다.

평가기준: 생산 용이성은 평가대상기술이 적용된 제품을 생산하는 데 필요한 생산인프라 구축 용이성과 생산 환경에 대해 평가함.

- 생산 인프라 구축 용이성은 생산에 필요한 장비나 설비 구축의 용이성에 대한 평가로서, 외주생산 가능성, 기존 설비 활용 가능성, 장비나 설비 구축에 대규모 자금(생산자금)을 투입해야 할 필요성 등을 분석하여 평가함.
- 생산 환경은 원부자재(원료, 부품, 자재 등) 조달 용이성에 대한 평가로서, 원부자재 수급 관련 공급자의 수, 공급자 접근성, 원가관리 용이성(원부자재 가격의 안정성), 재고관리 용이성, 물류비용 등을 고려하여 평가함.
- 생산 인프라 구축 용이성과 생산 환경에 대한 분석을 바탕으로 평가하며, 둘 중에서 주된 특성을 기준으로 평가할 수 있음.

등급과 평점:

A. 생산 인프라 구축 용이성과 생산 환경이 우수함(100% 외주 또는 기존 생산설비를 활용하여 생산할 수 있으며, 원부자재 조달이 용이함).

B. 생산 인프라 구축 용이성과 생산 환경이 양호함(10억 원 이하의 생산자금 투입이 필요하며, 50% 이상 외주나 기존 생산설비를 활용하여 생산할 수 있음. 원부자재 조달이 비교적 용이함).

C. 생산 인프라 구축 용이성과 생산 환경이 보통 수준임(20억 원 이하의 생산자금 투입이 필요하며, 10% 이상 외주나 기존 생산설비를 활용하여 생산할 수 있음. 원부자재 조달이 가능한 수준임).

D. 생산 인프라 구축 용이성과 생산 환경이 취약한 수준임(50억 원 미만의 생산자금 투입이 필요하며, 원부자재 조달이 어려운 수준임).

E. 생산 인프라 구축 용이성과 생산 환경이 매우 취약한 수준임(50억 원 이상의

대규모 생산자금 투입이 필요하며, 원부자재 조달이 매우 어려운 수준임).

등급	A	B	C	D	E
연속평점	5	4	3	2	1
대칭평점	+2	+1	0	−1	−2

4.7 자금조달 능력

정의: 자금조달 능력은 사업화 주체가 평가대상기술의 사업화에 필요한 자금을 용이하게 조달할 수 있는 능력을 평가하며, 자금의 내부조달능력과 외부조달능력 그리고 외부조달환경을 분석하여 평가한다.

평가기준: 사업화에 필요한 자금은 내부조달과 외부조달로 구분되며, 사업화 주체의 외부조달능력 대비 내부조달능력의 비율과 외부조달환경을 분석하여 평가함.

- 내부조달능력은 이자 등 자금조달비용이 없거나 사용기한이 없는 자금을 조달할 수 있는 능력(영업활동이나 비영업활동을 통한 내부유보자금 확보 능력)을 말함.
- 외부조달능력은 자금조달비용과 사용기한이 있는 자금의 조달능력을 말하며, 직접금융능력과 간접금융능력으로 구분됨.
  1) 직접금융능력은 ① 신용평가등급에 따라 결정되는 이자의 지급능력과 원금의 만기상환능력을 평가하는 채권시장, 그리고 ② 상장 가능성과 배당성향을 평가하는 자본시장(주식이나 VC 포함)을 통한 자금조달능력을 말함.
  2) 간접금융능력은 신용도, 이자지급능력 및 담보제공능력, 기술력 등을 평가하는 금융기관(은행이나 보증기관 등)을 통한 자금조달능력을 말함.
- 외부조달환경은 평가대상기술에 대한 정부 지원책(보증, 투자 등)의 활성화, 채권시장이나 자본시장 그리고 금융기관으로부터 자금조달 환경을 분석하여 평가함.

등급과 평점:

A. 평가대상기술의 사업화에 필요한 자금의 60% 이상을 내부조달할 수 있으며, 자금의 외부조달환경은 우수한 수준임.

B. 평가대상기술의 사업화에 필요한 자금의 50% 이상을 내부조달할 수 있으며, 자금의 외부조달환경은 양호한 수준임.

C. 평가대상기술의 사업화에 필요한 자금의 40%(제조업 내부조달 평균) 이상을 내부조달할 수 있으며, 자금의 외부조달환경은 보통 수준임.

D. 평가대상기술의 사업화에 필요한 자금의 30% 이상을 내부조달할 수 있으며, 자금의 외부조달환경은 미흡한 수준임.

E. 평가대상기술의 사업화에 필요한 자금의 20% 이상을 내부조달할 수 있으며, 자금의 외부조달환경은 취약한 수준임.

등급	A	B	C	D	E
연속평점	5	4	3	2	1
대칭평점	+2	+1	0	−1	−2

별첨1
기술비중 산출방법

1. 기술비중의 산출: 기술의 영향력과 공헌도 평가를 통해 산출

1) 영향력 평가: 평가대상기술이 핵심기술인지 보조기술인지를 판단한다.
2) 공헌도 평가: 영향력 평가를 반영하여 공헌도를 평가하며, 공헌도 평가점수를 이용하여 평가대상기술이 제품의 매출 발생에 공헌한 정도인 기술비중을 결정한다.

2. 영향력 평가

1) 영향력 평가 시 주안점

- 평가대상기술의 개발과 동 기술이 적용된 제품의 사업화가 기술, 시장, 사업, 산업에 미치는 영향력을 평가한다.
- 평가 시 회사의 재무제표나 대표자에 대한 선입견을 배제해야 한다.

지침: 평가대상기술이 제품, 시스템, 공법, 서비스 등의 전체를 대상으로 하거나 핵심기술이라고 판단되면 60점 이상으로 평가하며, 제품 등의 일부를 대상으로 하거나 보조기술이라고 판단되면 60점 미만으로 평가한다.

2) 영향력 평가지표

평가지표		지표해설
기술	보유 영향력	평가대상기술의 보유가 사업화 주체의 사업에 미치는 영향력
	유출 영향력	평가대상기술의 유출이 사업화 주체의 사업에 미치는 영향력
	기술 영향력	평가대상기술이 동일 기술군에 속한 경쟁기술에 미치는 영향력
시장	제품 영향력	평가대상기술이 적용된 제품이 동일 시장에 기진입한 경쟁제품(경쟁기술이나 기존 기술이 적용된 제품)의 판매에 미치는 영향력
	진입 영향력	평가대상기술이 적용된 제품이 경쟁제품의 시장진입에 미치는 영향력
	시장 영향력	평가대상기술이 적용된 제품이 시장의 경쟁구도에 미치는 영향력
사업	매출 영향력	평가대상기술이 적용된 제품이 사업화 주체의 매출에 미치는 영향력
	수익 영향력	평가대상기술이 적용된 제품이 사업화 주체의 수익에 미치는 영향력
	사업 영향력	평가대상기술이 적용된 제품이 사업화 주체의 사업에 미치는 영향력
산업	산업 영향력	평가대상기술이 적용된 제품의 사업화가 연관산업에 미치는 영향력

3. 공헌도 평가

1) 공헌도 평가 시 주안점

- 평가대상기술이 매출에 공헌하는 정도를 평가한다(기술비중 결정).
- 제품 등은 평가대상기술 이외에도 다수의 기술이 적용되어 완성된다는 것을 염두에 두고 평가한다. 즉, 제품 등은 평가대상기술 이외에도 금형, 주조, 사출, 용접, 표면처리와 같은 뿌리기술 또는 여타 기술들이 결합하여 완성되므로, 평가대상기술이 제품의 완성이나 매출의 발생에 공헌하는 상대적인 정도(즉, 기술비중)를 고려해야 한다.

지침: 공헌도 평가 시 다음을 준수하여 평가한다.
- 영향력 평가에서 핵심기술(60점 이상)은 공헌도 평가 시 60점 이상으로 평가
- 영향력 평가에서 보조기술(60점 미만)은 공헌도 평가 시 60점 미만으로 평가

2) 공헌도 평가지표

평가지표	평가기준
원천성	제품에 적용된 평가대상기술이 원천기술 또는 응용(개량)기술로서 매출발생에 공헌하는 정도(원천기술 10~9점, 원천 응용기술 8~7점, 응용 개량기술 6~5점, 개량 부분기술 4~3점, 주변기술 2점)
성장성	제품에 적용된 평가대상기술이 매출성장에 공헌하는 정도
지속성	제품에 적용된 평가대상기술이 지속적인 매출발생에 공헌하는 정도 (기술의 경제적 수명으로 결정: 10년 이상 10~9점, 8년 이상 8~7점, 6년 이상 6~5점, 4년 이상 4~3점, 2년 이상 2점)
독점성	제품에 적용된 평가대상기술이 독점적인 매출발생에 공헌하는 정도(기존 또는 경쟁제품에 영향받지 않고 독립적으로 매출을 일으키는 특성)
확장성	제품에 적용된 평가대상기술이 파생적 매출발생(매출확대)에 공헌하는 정도
안정성	제품에 적용된 평가대상기술이 지식재산권으로서 안정적인 매출발생에 공헌하는 정도(등록 10~9점, 출원 8~7점, 출원대기 6~5, 노하우 4~3점, 기타 2점)
대체성	제품에 적용된 평가대상기술이 경쟁제품을 대체 또는 잠식하여 매출발생에 공헌하는 정도
성숙성	제품에 적용된(될) 평가대상기술이 개발되어 매출이 발생하기까지 소요기간 TRL: 9단계 / 8~7단계 / 6~5단계 / 4~3단계 / 2~1단계 점수: 10~9 / 8~7 / 6~5 / 4~3 / 2
용이성	제품에 적용된 평가대상기술을 통한 매출실현의 용이성(기존제품 또는 경쟁제품의 수, 경쟁기업의 수, 동적 경쟁강도를 고려하여 판단한 매출발생의 용이성)
소구성	제품에 적용된 평가대상기술이 매출을 유발하는 정도

4. 영향력 및 공헌도 평가표

- 기술평가자 또는 기술가치평가, 기술성, 권리성, 시장성, 사업성 등에 관한 자문위원 전원이 10점 척도의 영향력 평가표와 공헌도 평가표의 모든 평가지표를 평가한다. 각 기술평가자 또는 자문위원의 평가점수 합을 평균하여 기술비중을 결정한다.
- 공헌도 평가표는 최소 2점 이상으로 평가한다(즉, 최저평점은 2점).
- 영향력과 공헌도 평가의 지침 그리고 지표해설과 평가기준에 따라 6점을 중심으로 가산 또는 감산하여 평가한다.

1) 영향력 평가표

평가지표		1	2	3	4	5	6	7	8	9	10
기술	보유 영향력										
	유출 영향력										
	기술 영향력										
시장	제품 영향력										
	진입 영향력										
	시장 영향력										
사업	매출 영향력										
	수익 영향력										
	사업 영향력										
산업	산업 영향력										
평가점수 합											

- 영향력 평가결과 60점 이상이면 핵심기술, 60점 미만이면 보조기술임.

2) 공헌도 평가표

평가지표	1	2	3	4	5	6	7	8	9	10
원천성										
성장성										
지속성										
독점성										
확장성										
안정성										
대체성										
성숙성										
용이성										
소구성										
평가점수 합										

- 영향력 평가결과, 핵심기술이면 공헌도 평가점수 합이 60~100점이 되도록 평가함. 영향력 평가결과, 보조기술이면 공헌도 평가점수 합이 20~59점이 되도록 평가함. 공헌도 각 평가지표의 최저평점은 2점임.

5. 기술비중 산출수식

영향력 평가결과	공헌도 평가평균	기술비중 산출수식
핵심기술	X	$60+30\times\frac{\text{공헌도 평가평균(X)}-\text{기준값}}{\text{최댓값}-\text{기준값}}$ 여기서 최댓값: 100, 기준값: 60 60 ≦ X ≦ 100
보조기술	X′	$10+50\times\frac{\text{공헌도 평가평균(X}'\text{)}-\text{기준값}}{\text{최댓값}-\text{기준값}}$ 여기서 최댓값: 20, 기준값: 60 20 ≦ X′ ≦ 60

- 핵심기술의 기술비중은 최대 90점 이하이며, 보조기술의 기술비중은 최소 10점 이상임. 즉, 최대 공헌도 점수(100점)인 핵심기술은 매출 발생에 최소 10%의 보조기술이 필요하며, 최소 공헌도 점수(20점)인 보조기술은 매출 발생에 최소 10% 이상 공헌하는 것으로 보아 기술비중 산출수식을 결정함.

별첨2

사업화 가산이자율과 사업화 위험프리미엄

평점합	가산 이자율	위험 프리미엄	**평점합**	가산 이자율	위험 프리미엄	**평점합**	가산 이자율	위험 프리미엄
20	0.18	10.01	30	2,22	5.10	40	5.10	2,22
21	0.36	9.33	31	2.46	4.75	41	5.46	1.99
22	0.54	8.72	32	2.71	4.42	42	5.84	1.76
23	0.73	8.15	33	2.97	4.10	43	6.25	1.55
24	0.93	7.62	34	3.24	3.80	44	6.68	1,33
25	1.13	7.14	35	3.51	3.51	45	7.14	1.13
26	1,33	6.68	36	3.80	3.24	46	7.62	0.93
27	1.55	6.25	37	4.10	2.97	47	8.15	0.73
28	1.76	5.84	38	4.42	2.71	48	8.72	0.54
29	1.99	5.46	39	4.75	2.46	49	9.33	0.36
						50	10.01	0.18

감사의 글

저자는 본 교재를 기술평가 실무에서 활용할 수 있도록 이론과 사례를 중심으로, 기술평가에 관한 총서를 발간한다는 마음가짐으로 집필하였습니다.

저자는 2001년 이후 현재까지 기술보증기금, 해양수산과학기술진흥원, 중소기업기술혁신협회에서 기술평가 실무를 담당하고 있습니다. 기술평가 분야 종사하면서 기술평가 실무에 참고할 수 있는 교재를 찾아보았으나, 기술평가에 관한 교재가 소수이고, 이들 소수의 교재는 실무와 유리된 이론을 중점적으로 다루고 있는 것을 알게 되었습니다. 이러한 현실에서, 저자는 실무를 바탕으로 풍부한 사례를 제시할 수 있는 교재를 개발할 필요성을 느껴 2017년부터 본 교재를 집필하였습니다.

또한, 저자는 기술평가 전 분야를 아우르는 종합적인 교재(총서)가 부재한 사실을 알게 되었습니다. 특히, 기술평가 실무에서 가장 중요한 매출액 추정방법을 전문적으로 다루는 교재가 없는 것이 현실이며, 기술평가서 검증사례나 기술평가에 관한 법적 배경 또는 현물출자 방법, 기술력 평가방법 등을 다루는 교재가 없는 것이 현실입니다. 이에 따라, 저자는 본 교재를 기술평가에 관한 다양한 분야를 포함하는 총서로 기획하여 집필하였습니다.

특히, 기술평가에 관한 이론이나 실무에 대해 일부 전문가들 사이에 이견이 있을 수 있다는 점을 고려할 때, 일부 독자나 전문가는 저자가 교재에서 주장하는 이론이나 사례에 대해 다른 견해를 가질 수 있습니다. 저자는 이러한 이견을 언제라도 받아들일 것이며(sks37248@naver.com), 강호제현과 재야고수들의 고견을 수렴하여 추후 교정에 반영할 것입니다.

아무쪼록, 본 교재가 지식재산학 전공자, 기술평가 자격 관련 수험생, 기술평가나 감정 분야에 입문하려는 독자, 그리고 보유한 기술의 평가방법에 관심이 있는 벤처기업 및 기술과 경영 혁신형 기업에 종사하는 독자 여러분에게 유익하게 쓰이기를 바랍니다. 마지막으로, 교재를 집필하는 과정에서 도움을 주신 기술보증기금과 해양수산과학기술진흥원 그리고 중소기업기술혁신협회의 선후배, 기술평가 분야의 동료 전문가와 응원해 주신 지인 및 친인척 여러분에게 감사의 마음을 전합니다.

2024년 6월
손광식